欢迎订阅中国智库专辑《中国上市公司业绩评价报告》

订阅回执

<table>
<tr><td>订阅单位</td><td colspan="3"></td><td>传真</td><td></td></tr>
<tr><td>收件人</td><td></td><td>联系电话</td><td></td><td>E-mail</td><td></td></tr>
<tr><td>邮寄地址</td><td colspan="3"></td><td>邮编</td><td></td></tr>
<tr><td colspan="2">报告类别</td><td>定价（元）</td><td>数量</td><td>金额（小计）</td><td>是否开票</td></tr>
<tr><td colspan="2">2018《中国上市公司业绩评价报告》</td><td>480</td><td></td><td></td><td rowspan="3"></td></tr>
<tr><td colspan="2">2017《中国上市公司业绩评价报告》</td><td>480</td><td></td><td></td></tr>
<tr><td colspan="2">2016《中国上市公司业绩评价报告》</td><td>480</td><td></td><td></td></tr>
<tr><td colspan="6">合计金额（大写）　　万　　仟　　佰　　拾　　元</td></tr>
<tr><td>发票信息</td><td colspan="5">发票抬头：
税　　号：
地　　址：
单位名称：
收 件 人：　　联系电话：　　邮编：</td></tr>
<tr><td colspan="6">汇款方式</td></tr>
<tr><td colspan="6">银行汇款
开户行：中国建设银行股份有限公司北京隆庆街支行
账号：11050171770000000369
收款单位：国研文化传媒集团股份有限公司</td></tr>
</table>

联系方式：

联系人：刘先生　电话：010-67894472　18610364034

电子邮箱：283845372@qq.com

DRC 国务院发展研究中心学术指导
中国发展出版社编辑出版

2018 PERFORMANCE EVALUATION REPORT OF CHINESE LISTED COMPANIES

中国上市公司业绩评价报告

中国上市公司业绩评价课题组 著

图书在版编目（CIP）数据

2018中国上市公司业绩评价报告 / 中国上市公司业绩评价课题组编著.
北京：中国发展出版社，2018.6

ISBN 978-7-5177-0874-2

Ⅰ.①2… Ⅱ.①中… Ⅲ.①上市公司－经济评价－
中国－2018 Ⅳ.①F279.246

中国版本图书馆CIP数据核字（2018）第108976号

书　　名： 2018中国上市公司业绩评价报告
著作责任者： 中国上市公司业绩评价课题组
出 版 发 行： 中国发展出版社
（北京市西城区百万庄大街16号8层　100037）
标 准 书 号： ISBN 978-7-5177-0874-2
经　销　者： 各地新华书店
印　刷　者： 北京天宇万达印刷有限公司
开　　本： 889mm × 1194mm　1/16
印　　张： 29.25
字　　数： 580千字
版　　次： 2018 年 6 月第 1 版
印　　次： 2018 年 6 月第 1 次印刷
定　　价： 480.00元

联 系 电 话： （010）68990646　67899620
购 书 热 线： （010）67894472　68990686
网 络 订 购： http：//zgfzcbs.tmall.com
网 购 电 话： （010）68990639　88333349
本 社 网 址： http://www.develpress.com.cn
电 子 邮 件： cheerfulreading@sina.com

中国智库

2018

中国上市公司

业绩评价报告

中国上市公司业绩评价课题组

顾　　问：孟建民　国务院国有资产监督管理委员会副主任

隆国强　国务院发展研究中心副主任、研究员

组　　长：包月阳　中国发展出版社社长

王子林　中联企业管理集团董事局主席

邬红兵　国务院国资委财务监管局局长

副 组 长：孙庆红　国务院国有重点大型企业监事会副局级专职监事

刘绍娓　国务院国资委财务监管局副局长

马　骏　国务院发展研究中心企业研究所所长、研究员

任兴洲　国务院发展研究中心市场经济研究所原所长、研究员

李佐军　国务院发展研究中心资源与环境政策研究所副所长、研究员

陈道富　国务院发展研究中心金融研究所副所长、研究员

车海刚　中国发展出版社副总编辑兼中国发展观察杂志社副总编辑

张诗雨　中国发展出版社社委会成员兼中国发展观察杂志社副社长

杨良敏　中国发展观察杂志社副总编辑

范树奎　中联资产评估集团有限公司董事长

姚庚春　中兴财光华会计师事务所首席合伙人

穆东升　中联财联网科技有限公司总裁

潘　明　中联企业管理集团合伙人

成　　员：杜　嘉　国研文化传媒集团股份有限公司市场运营部主任、课题协调人

宋东坡　中国发展出版社第四编辑部主任、国研书院总经理

韩　僮　中民国资创新产业发展投资有限公司首席战略官

李进安　上海厚有安资产管理公司董事长

范鹏宇　中国发展出版社第四编辑部副主任、国研书院副总经理

邓艳芳　中联税务师事务所有限公司董事长

严晓健　中联造价咨询有限公司董事长

金　阳　中联国际资信评估有限公司合伙人

编　　辑：韩荣、陈志红、周良、鲁杰钢、刘松、陶涛、吴晓光、蒋卫峰、刘艳伟、李昱霖、康珊

目 录

第一部分 中国上市公司评价总报告

第二部分 中国上市公司行业业绩评价报告

第三部分　中国上市公司税收分析报告

附　录

第一部分

中国上市公司评价总报告

第一章　中国上市公司业绩评价宏观经济背景

2017年，中国经济稳中向好、好于预期，经济活力、动力和潜力不断释放，稳定性、协调性和可持续性明显增强，实现了平稳健康发展。经济结构不断优化，新兴动能加快成长，质量效益明显提高。消费需求对经济增长的拉动作用保持强劲，投资增长稳中略缓、结构优化，进出口较快增长。

一、国际经济大环境的影响

1. 全球经济环境增长进一步上升。2017年世界经济增长稍高于预期，GDP增长高于上年。根据相关机构（IMF，国际货币基金组织）2018年1月份研究，2017年全球经济增长率为3.7%，欧洲和亚洲地区的经济态势较为突出，2016年全球经济增长率为3.1%，2015年全球经济增长率为2.5%，由此可见2017年，全球经济增速有所提高。

2. 全球CPI涨幅提升、大宗商品价格态势稳定。2017年，发达国家和发展中国家CPI同比分别上涨1.7%和4.1%，同上年相比分别上涨0.9个百分点和回落0.2个百分点。国际市场大宗商品价格在2016年触底反弹基础上，保持相对稳定态势，部分品种价格进一步上涨。2017年全年，作为大宗商品风向标的原油市场表现差强人意，主要原因是需求增长疲软，一些生产国减产仅仅起到消化库存作用，供过于求的状况没有根本改变。

2017年8月下旬以来，欧洲经济表现良好，提振欧洲石油市场信心，而美国国内供应充足，导致布伦特油价与纽约油价差距迅速拉大。有色金属市场整体表现强劲。2017年以来，伦敦金属交易所（LME）铜、铝、铅、锌期货结算价涨幅在16%~23%之间，仅镍和锡分别小幅下跌0.5%和1%。国际局势动荡不安，避险需求刺激纽约金价上涨11.7%。铁矿石价格经历2017年初飙升后，因供应过剩转而调头向下，其间剧烈震荡，多次出现一个月内涨跌幅度超过20%的情况，至9月末，大连商品交易所（DCE）铁矿石期货价格比年初下跌28%。

3. 国际金融市场总体趋稳。一是全球主要发达国家货币政策分化明显，美联储三次加息并启动缩表，欧洲央行缩减量宽，日本依然保持宽松政策和收益率曲线目标；二是世界范围内短期政治风险消退、经济强劲复苏，欧洲央行逐渐迈上紧缩之路，欧元对美元大涨近13%；三是数字虚拟货币在争议中井喷，金融科技加速发展，金融科技监管引人瞩目。

二、国内宏观经济指标

（一）GDP（国内生产总值）

2017年，国内生产总值达827122亿元，比上年增长6.9%。

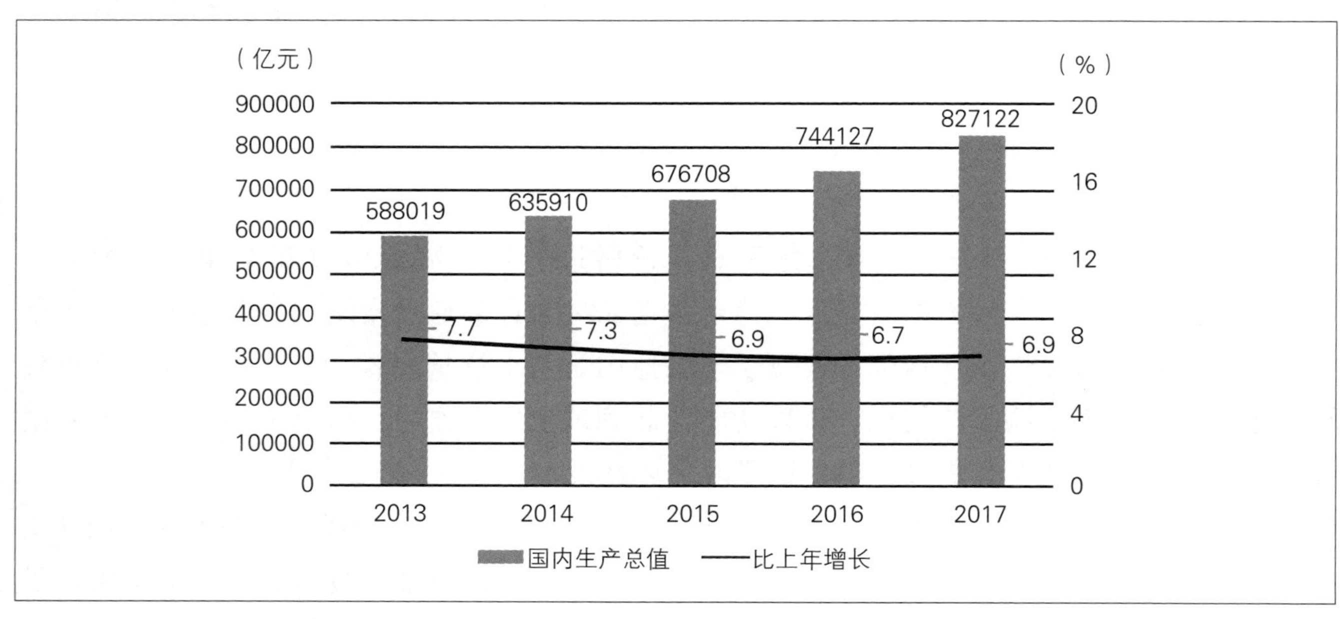

图1－1　2013~2017年国内生产总值及其增长速度

（二）投资

2017年全社会固定资产投资（不含农户） 631684亿元，比上年增长7.2个百分点。

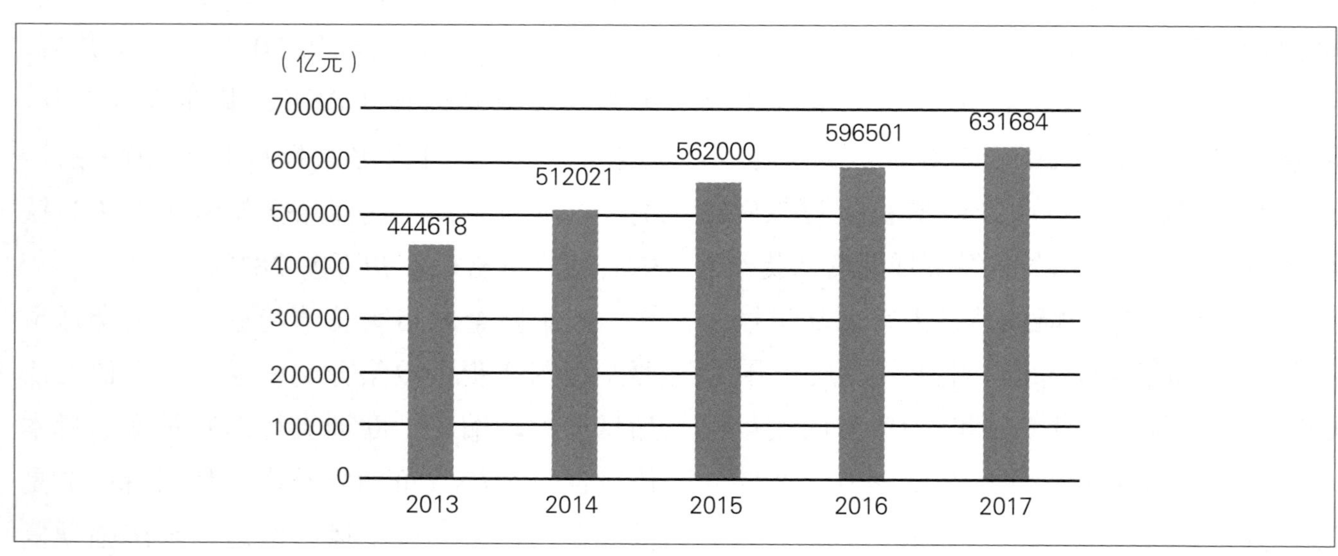

图1－2　2013~2017年全社会固定资产投资

（三）出口

2017年全年货物进出口总额277923亿元，比上年增长14.2%。其中，出口153321亿元，增长10.8%；进口124602亿元，增长18.7%。货物进出口差额（出口减进口）28718亿元，比上年减少4734亿元。对“一带一路”沿线国家进出口总额73745亿元，比上年增长17.8%。其中，出口43045亿元，增长12.1%；进口30700亿元，增长26.8%。

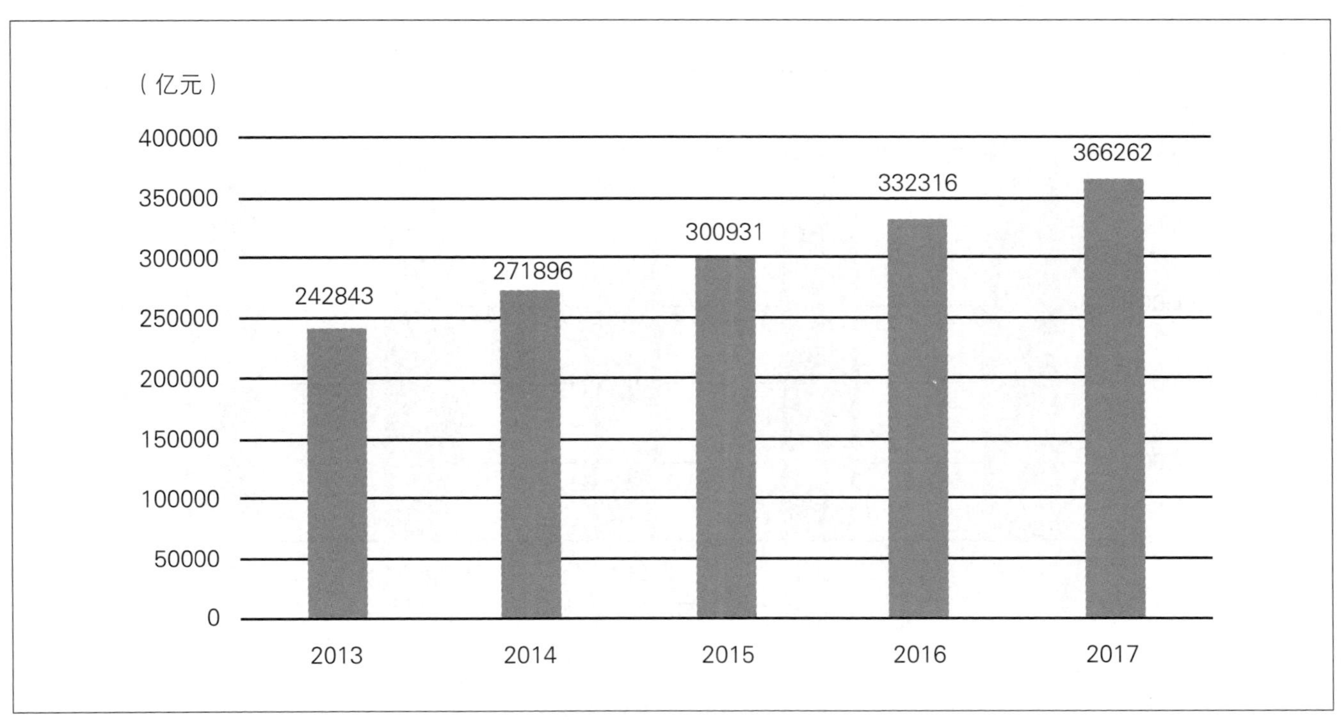

图1－3　2013~2017年货物进出口总额

（四）消费

2017年社会消费品零售总额366262亿元，比上年增长10.2%。按经营地统计，城镇消费品零售额314290亿元，增长10.0%；乡村消费品零售额51972亿元，增长11.8%。按消费类型统计，商品零售额326618亿元，增长10.2%；餐饮收入额39644亿元，增长10.7%。

在限额以上企业商品零售额中，粮油、食品、饮料、烟酒类零售额比上年增长9.7%，服装、鞋帽、针纺织品类增长7.8%，化妆品类增长13.5%，金银珠宝类增长5.6%，日用品类增长8.0%，家用电器和音像器材类增长9.3%，中西药品类增长12.4%，文化办公用品类增长9.8%，家具类增长12.8%，通讯器材类增长11.7%，建筑及装潢材料类增长10.3%，汽车类增长5.6%，石油及制品类增长9.2%。

（五）价格

2017年全国居民消费价格上涨1.6%，涨幅比2016年回落0.4个百分点，食品价格下降1.4%，是2003年以来首次出现下降，影响CPI下降约0.29个百分点。

工业生产者出厂价格由2016年下降1.4%，转为上涨6.3%，结束了2012年以来连续五年的下降态势。生产资料价格波动较大，生活资料价格走势平稳。2017年，工业消费品价格上涨1.7%，影响CPI上涨约 0.57 个百分点。2017 年，生产资料价格上涨 8.3%，影响 PPI 上涨约 6.13 个百分点，是推动 PPI 上涨的主要因素。生活资料价格上涨 0.7%，影响 PPI 上涨约 0.17 个百分点。生活资料价格涨幅相对较小，主要是因为生活资料多为面向消费市场的产品，市场竞争激烈。

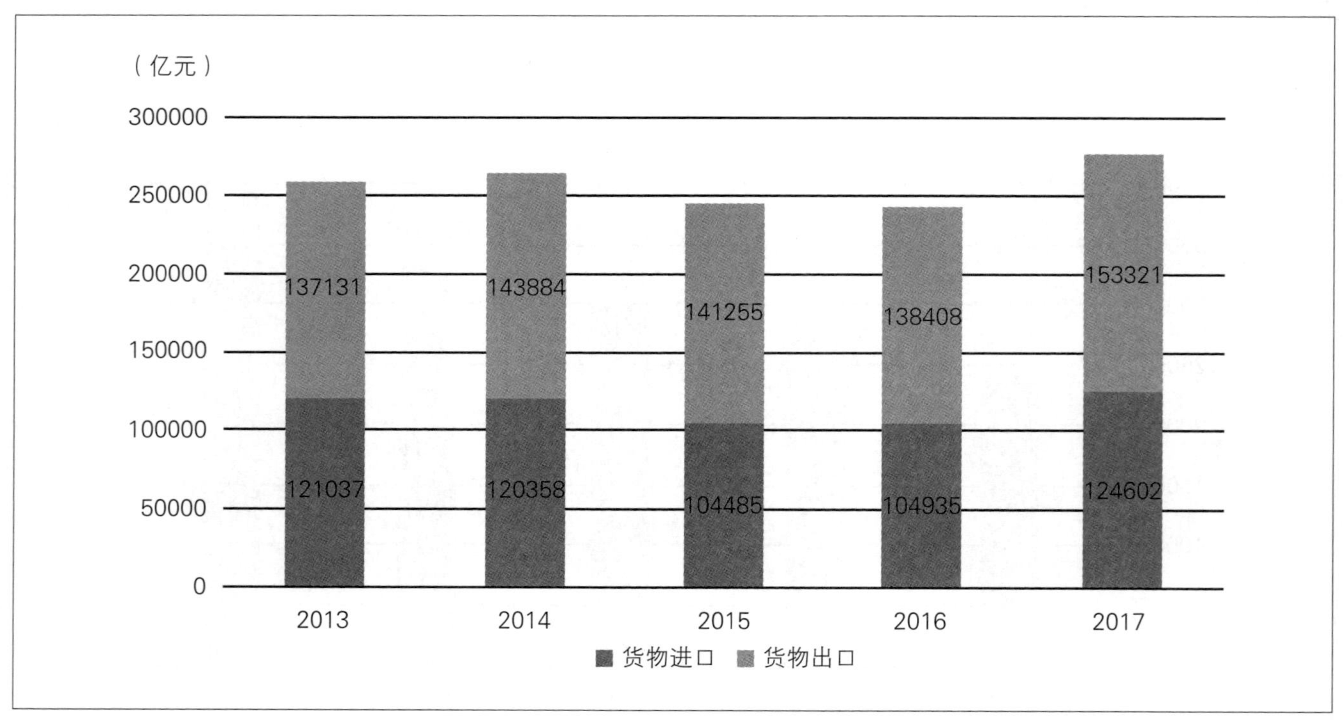

图 1－4　2013~2017 年社会消费品零售总额

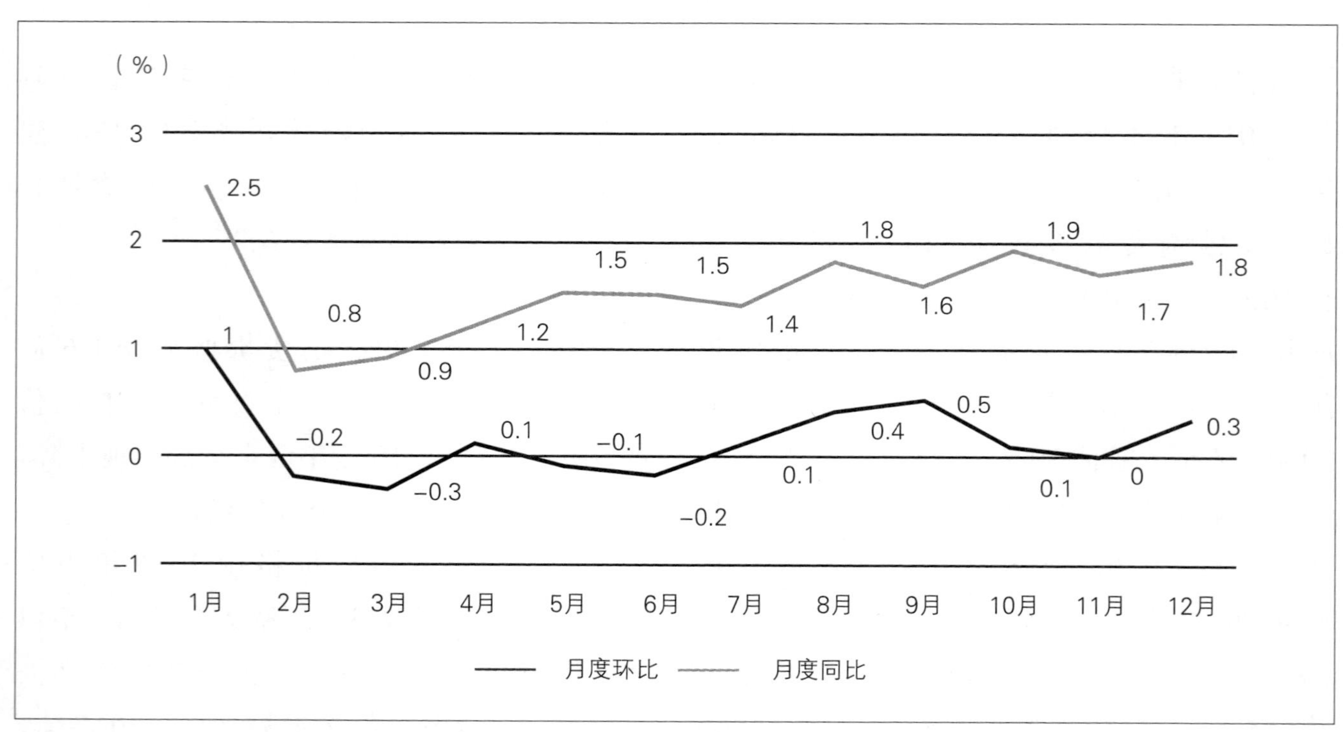

图 1－5　2017 年居民消费价格月度涨跌幅度

（六）就业

截至2017年末，全国就业人员77640万人，其中城镇就业人员42462万人。2017年末城镇登记失业率为3.90%，比上年末下降0.12个百分点，2016年末城镇登记失业率为4.02%，2015年末的城镇登记失业率为4.05%。可见，近年来我国城镇登记失业率持续降低。2017年，全年全员劳动生产率为101231元/人，比上年提高6.7%。

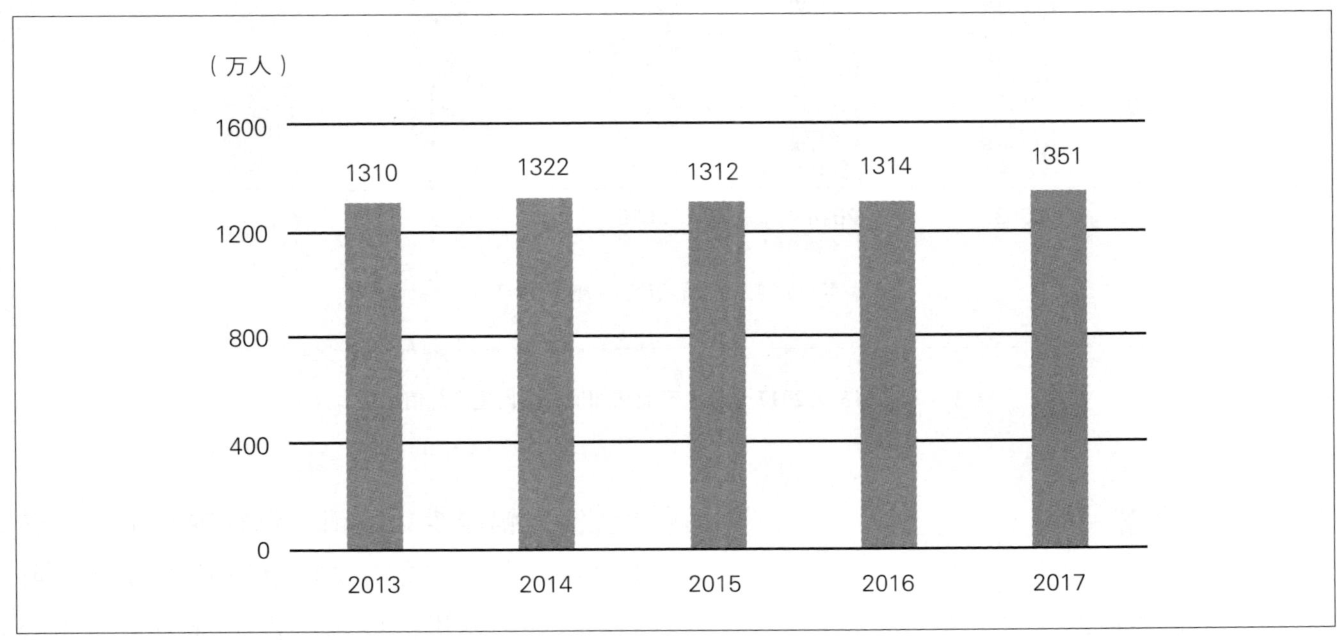

图1－6 2012~2016年城镇新增就业人数

（七）国际收支

2017年，我国国际收支状况稳健，跨境资金流动从净流出转为基本平衡。2017年，经常账户顺差1720亿美元，与同期国内生产总值（GDP）之比为1.4%；2017年，我国储备资产因国际收支交易（不含汇率、价格等非交易因素影响）增加915亿美元，其中，外汇储备增加930亿美元，在国际货币基金组织的储备头寸等减少15亿美元；直接投资净流入638亿美元；国际收支口径的货物贸易顺差4761亿美元，虽较2016年历史高位有所下降，但仍显著高于2014年度及以前各年度水平；服务贸易逆差2423亿美元，较上年增长33%。

（八）PMI（中国制造业采购经理指数）

采购经理指数以百分比来表示，常以50%作为经济强弱的分界点；当指数高于50%时，被解释为制作业经济扩张的讯号；当指数低于50%时，反映制造业经济萎缩。

表1－1 2017年全年PMI指数（中国制造业采购经理指数）

月份	1月	2月	3月	4月	5月	6月	7月	8月	9月	10月	11月	12月
PMI（%）	51.3	51.6	51.8	51.2	51.2	51.7	51.4	51.7	52.4	51.6	51.8	51.6

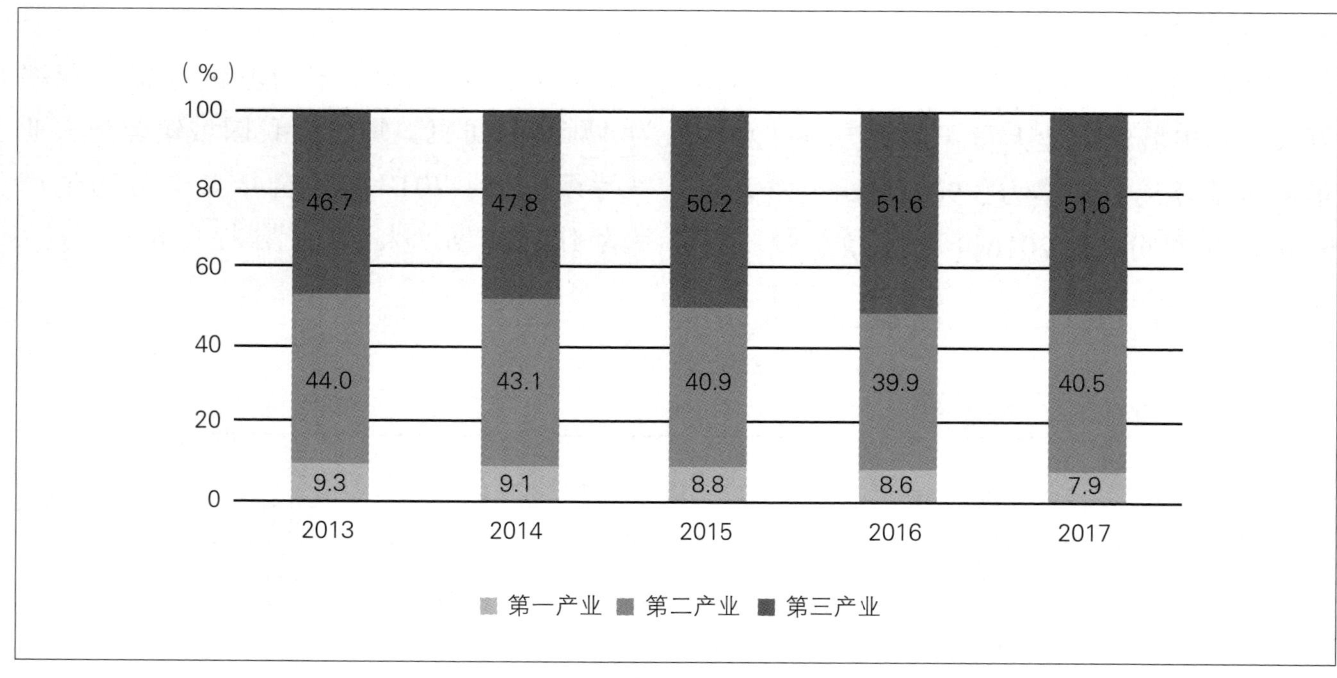

图 1－7　2013 ~ 2017 年三大产业增加值占国内生产总值比重

三、宏观经济特征

（一）供给侧结构性改革持续推进

1. 经济结构调整稳步推进

消费在经济增长中发挥主要拉动作用。2017 年，第一、第二产业所占比重继续呈下降态势，而第三产业所占比重则连续上升。2017 年，第三产业增加值 427032 亿元，占国内生产总值比重上升到 51.6%，增长 8.0%。

2. 持续深化“放管服”改革，加快转变政府职能

截至 2017 年底，针对长期存在的重审批、轻监管、弱服务问题，我们减少微观管理、直接干预，注重加强宏观调控、市场监管和公共服务。国务院部门行政审批事项削减 44%，非行政许可审批彻底终结，中央政府层面核准的企业投资项目减少 90%，行政审批中介服务事项压减 74%，职业资格许可和认定大幅减少。取消、停征或免征房屋转让手续费等 43 项中央行政事业性收费，降低 7 项收费标准；取消、停征或减免城市公用事业附加等 5 项政府性基金，降低 2 项征收标准；取消工业企业结构调整专项资金。

3. 工业经济发展加速

在供给侧结构性改革和创新驱动发展战略的推动下，传统产业加快改造提升，高技术制造业和装备制造业保持较好发展势头，工业经济延续了速度趋稳、结构优化、效益改善、质量提高的良好态势。工业增速回升，企业利润增长 21%。工业向中高端迈进，技术含量高、资源消耗少、符合转型升级方向的新产业新产品快速增长。2017 年高技术制造业和装备制造业增加值同比分别增长 13.4% 和 11.6%，分别快于规模以上工业 6.7 和 4.9 个百分点。

（二）新的发展动能不断增强

1. “互联网 +”行动持续开展，大数据、

云计算、物联网广泛应用。新兴产业蓬勃发展，传统产业深刻重塑。实施“中国制造2025”，推工业强基工程、智能制造、绿色制造等重大工程，先进制造业加快发展。出台现代服务业改革发展举措，服务新业态新模式异军突起，促进了各业融合升级。采取措施增加中低收入者收入，推动传统消费提档升级、新兴消费快速兴起，网上零售额年增长30%以上，社会消费品零售总额年均增长11.3%。

2. 惠民领域投资力度加大，政府投资撬动作用显著。2017年，高速铁路运营里程从9000多公里增加到2.5万公里、占世界2/3，高速公路里程从9.6万公里增加到13.6万公里，新建改建农村公路127公里，新建民航机场46个，开工重大水利工程122项，完成新一轮农村电网改造，建成全球最大的移动宽带网。

3. 坚持创新引领发展，激发社会创造力。2017年创新发展战略继续实施，创新生态环境得到进一步优化，逐渐形成了多主体协同、全方位推进的创新局面。新设14个国家自主创新示范区，带动形成一批区域创新高地。以企业为主体加强技术创新体系建设，涌现一批具有国际竞争力的创新型企业和新型研发机构。各类市场主体达到9800多万户。国内有效发明专利拥有量增加两倍，技术交易额翻了一番。

（三）股票市场总体回温

1. 整体稳定，但风格明显。2017年总体上股市表现波澜不惊，从3096点涨至3307点。上半年弱势反弹，年中猛跌，下半年震荡反弹。整体而言，2017年股市较为平稳，是属于价值投资的一年。股市风格明显，以贵州茅台、格力电器为代表的优质大盘股，股价屡创新高，被市场追捧为“漂亮50”。且股市呈现出清晰的二八分化情况，即市场中仅有20%的股票上涨，而80%的股票则呈现出不同程度下跌。

2. 证券市场监管力度加大，资本市场环境转好。2017年，证监会监管力度加大，罚没金额和禁入人数均创历史新高，证监会处理的要案大案增多。市场表现一扫过去的投机浓重氛围。A股加入MSCI（摩根士丹利资本国际公司），与国际接轨，推动中国资本市场改革与演进。

3. 宏观环境影响。2017年中国宏观经济见底反弹，有力推动了价值投资的结构性行情。受脱虚向实、去杠杆等宏观货币政策的导向影响，增量资金流入股市不大，股市仍是存量资金博弈状况，虽然楼市缓慢降温，但资金未明显流入股市。同时，美联储处于加息周期，影响了资金流入股市。

四、宏观经济政策

（一）积极的财政政策

2017年，经济趋势性下降空间有所收窄，仍存在着一定的下行压力。财政收入增长压力主要来自投资增长，财政运行基本保持平稳状态，财政体制改革与发展卓有成效，促进了经济社会平稳健康发展。全国一般公共预算收入172566.57亿元，比2016年同口径增长7.4%。中央一般公共预算支出95076.99亿元，完成预算的99.3%，增长5.4%。加上补充中央预算稳定调节基金3175.39亿元，支出总量为98252.38亿元。收支总量相抵，中央财政赤字15500亿元，与预算持平。中央政府性基金收入3824.77亿元，为预算的103.2%，增长6.4%，地方政府性基金本级收入91447.54亿元，增长7.7%。

1. 强化财政监督。组织开展地方预决算公开、扶贫资金使用管理、中央部门财经纪律执行情况、工业企业结构调整专项奖补资金等监督检查，强化了监管，保障了财政资金的使用效率。

2. 加强地方政府债务管理。依法规范地方政府举债融资，强化地方政府债务限额管理。印发《关于进一步规范地方政府举债融资行为的通知》《关于坚决制止地方以政府购买服务名义违法违规融资的通知》等文件，设定“正面清单”和“负面清单”。组织核查部分市县和金融机构违法违规融资担保行为，公开曝光处理结果。继续开展地方政府债务风险评估和预警，督促指导地方有效防范政府债务风险，有效地控制了政府债务风险。

3. 深化财金体制改革。陆续进行了系列财税改革和出台了系列政策，完善政府预算体系，强化预算绩效管理；推进税制改革和税收立法，完善增值税制度；在10个省份进行了水资源税改革试点；分领域推进中央与地方财政事权和支出责任划分改革。实施减税降费政策，进一步减轻企业负担；调整优化支出结构，确保对重点领域和项目的支持力度，严控一般性支出，提高财政资金使用效率，着力支持在打好防范化解重大风险、精准脱贫、污染防治的攻坚战方面取得扎实进展，推动解决发展不平衡不充分问题，从而有利于经济稳定增长和财政良性运行；加快金融体制改革，完善金融服务体系，支持金融机构扩展普惠金融业务，规范发展地方性中小金融机构，着力解决小微企业融资难、融资贵问题；深化多层次资本市场改革，推动债券、期货市场发展；拓展保险市场的风险保障功能，深化利率汇率市场化改革，保持人民币汇率在合理均衡水平上的基本稳定。

（二）稳健中性的货币政策

2017年，稳健中性的货币政策取得了较好效果，在有效抑制金融体系杠杆的同时，保持了经济平稳较快增长。银行体系流动性中性适度，货币信贷和社会融资规模平稳增长，利率水平总体适度，人民币对美元双边汇率弹性进一步增强，双向浮动的特征更加显著，人民币汇率预期总体平稳。2017年末，广义货币供应量M2余额同比增长8.2%；人民币贷款余额同比增长12.7%，比年初增加13.5万亿元，同比多增8782亿元；社会融资规模存量为174.6万亿元，同比增长12.0%。2017年末，人民币对美元汇率中间价为6.5342元，较上年末升值6.16%。

1. 张弛有度开展公开市场操作，公开市场操作利率适当上行。在通过中期借贷便利（MLF）、抵押补充贷款（PSL）等工具弥补银行体系中长期流动性缺口的同时，以7天期为主合理搭配逆回购期限品种，不断提高操作的前瞻性、灵活性和精准性。并根据“削峰填谷”的需要推出2个月期逆回购、临时准备金动用安排（CRA）等工具品种，丰富央行流动性工具箱。2017年，中国人民银行累计开展逆回购操作21.2万亿元。年末，公开市场逆回购操作余额为12500亿元。2017年2月3日和3月16日，公开市场操作利率先后两次上行，幅度均为10个基点，主要反映了市场资金供求状况和利率走势的变化，也有利于引导市场预期。12月14日美联储加息当日，公开市场操作利率再次随行就市上行5个基点，符合市场预期方向。宣布对普惠金融实施定向降准政策，促进金融资源向普惠金融领域倾斜。

2. 完善和健全金融机制，支持国民经济重点领域和薄弱环节。积极运用信贷政策支持再贷款、再贴现和抵押补充贷款等工具引导金融机构加大对小微企业、“三农”和棚改等国民经济重点领域和薄弱环节的支持力度。合理增加支农、支小再贷款额度，重点向深度贫困地区、真抓实干成效明显地方倾斜。积极探索完善扶贫再贷款正向激励机制，通过上海票据交易所开展再贴现电子化操作，提高再贴现业务办理效率，有效发挥再贴现政策的精准滴灌效应。截至2017年末，全国支农再贷款余额为2564亿元，支小再贷款余额为929亿元，扶贫再贷款余额为1616亿元，再贴现余额为1829亿元。进一步完善抵押补充贷款管理，改进监测评估制度，强化激励约束机制，加大对国民经济重点领域和薄弱环节的信贷支持，促进降低实体经济融资成本。2017年，中国人民银行向三家银行提供抵押补充贷款共6350亿元。推广将信贷资产质押和央行内部（企业）评级试点，进一步完善各项制度流程和央行内部（企业）评级系统。

3. 持续深化市场化改革。继续深入推进利率市场化改革，一方面，继续培育金融市场基准利率体系；另一方面，不断健全市场利率定价自律机制。同时，有序推进同业存单和大额存单的发行交易。进一步完善人民币汇率市场化形成机制，保持人民币汇率在合理均衡水平上的基本稳定。初步确立“收盘价＋一篮子货币汇率变化＋逆周期因子”的中间价报价机制。降低微观经济主体的汇兑成本，促进双边贸易和投资。全面落实开发性金融机构、政策性银行改革方案。着力完善存款保险制度功能。

五、对2018年宏观经济的几点展望

2018年全球经济回暖上行趋势明显，主要经济体自国际金融危机以来首次实现同步增长，国际贸易和投资走出低谷。我国经济基本面长期向好的趋势没有改变。中国发展有巨大的潜能，新型城镇化、服务业、高端制造业以及消费升级有很大的发展空间，回旋空间也比较大。但同时也要看到结构性矛盾仍较突出，结构调整和改革任重道远，防范化解重大风险的任务仍然艰巨。从国际环境看，发达经济体货币政策调整可能对全球经济、资本流动造成冲击，我们仍将面临高度复杂多变的国际环境。

（一）保持宏观经济政策稳定连续

1. 推动高质量发展和建设现代化经济体系的要求，紧紧围绕服务实体经济、防控金融风险、深化金融改革三项任务，创新金融调控思路和方式，保持政策的连续性和稳定性，为供给侧结构性改革和高质量发展营造中性适度的货币金融环境。

2. 健全货币政策和宏观审慎政策双支柱调控框架，深化利率和汇率市场化改革，增强利率调控能力，加大市场决定汇率的力度，实施好稳健中性的货币政策，保持人民币汇率在合理均衡水平上的基本稳定。

3. 扎实推进金融改革开放，大力发展普惠金融，在服务实体经济、支持创业创新和新动能培育上发挥更大作用，打好防范化解重大金融风险攻坚战。

（二）深化供给侧结构性改革

1. 优化行业转型升级。综合运用财政专项资金、政府投资基金等方式，支持“中国制造2025”重点领域建设，促进工业与互联网深度融合。实施“互联网+服务升级”行动，支持传统服务业转型升级和现代服务业加快发展，培育新增长点。深入推进农业供给侧结构性改革。

2. 继续推进“三去一降一补”。用好中央财政专项奖补资金，支持钢铁、煤炭行业去产能。继续推进解决国有企业历史遗留问题、支持中央企业处置“僵尸企业”和治理特困企业工作。

3. 继续落实创新驱动发展战略，推动提升科技创新能力。大力支持公共科技活动，加大对基础研究的投入力度。加快实施国家科技重大专项、科技创新2030－重大项目。充分发挥激励机制作用，加速科技成果向现实生产力转化。促进创业创新和小微企业发展。深入开展小微企业创业创新基地城市示范，对拓展小微企业融资担保规模、降低担保费用成效明显的地区给予奖励。设立国家融资担保基金，完善普惠金融发展专项资金政策。

（三）深入挖掘新的增长点，提高发展动能

1. 支持实施乡村振兴战略，完善农业支持保护制度。实施“大专项+任务清单”管理，探索建立涉农资金统筹整合长效机制。健全农业信贷担保体系和农业风险分担机制，启动实施三大粮食作物完全成本保险试点。深化粮食价格形成机制改革。扩大耕地轮作休耕制度试点。加大优质粮食工程实施力度，加快发展现代农业。大力支持农业科技创新，尝试多种形式适度规模经营，推进农垦改革发展。

2. 推动区域协调发展，大幅增加中央对地方一般性转移支付，重点增加均衡性转移支付、老少边穷地区转移支付、民生政策托底保障财力补助等。推动省级财政进一步下沉财力，支持加快实施三大战略。落实相关规划要求，支持高起点规划、高标准建设雄安新区。大幅压减工业生产许可证，强化产品质量监管。全面开展质量提升行动，推进与国际先进水平对标达标，弘扬工匠精神，来一场中国制造的品质革命。

3. 挖掘发展互联网新动能。做大做强新兴产业集群，实施大数据发展行动，加强新一代人工智能研发应用，在医疗、养老、教育、文化、体育等多领域推进“互联网+”。发展智能产业，拓展智能生活。运用新技术、新业态、新模式，大力改造提升传统产业。加大网络提速降费力度，实现高速宽带城乡全覆盖，扩大公共场所免费上网范围，明显降低家庭宽带、企业宽带和专线使用费，取消流量“漫游”费，移动网络流量资费年内至少降低30%，让群众和企业切实受益，为数字中国建设加油助力。推动集成电路、第五代移动通信、飞机发动机、新能源汽车、新材料等产业发展，实施重大短板装备专项工程，发展工业互联网平台，创建“中国制造2025”示范区。

资料来源：

1. 国家统计局网站
2. 国家商务部网站
3.《2018 年政府工作报告》
4.《关于 2017 年中央和地方预算执行情况与 2018 年中央和地方预算草案的报告》
5.《2017 年第四季度中国货币政策执行报告》

第二章　中国上市公司业绩评价结果综述

2017 年是实施“十三五”规划的重要一年，也是供给侧结构性改革的深化之年。随着党的十九大的胜利召开，在世界经济整体回暖的大背景和积极财政政策助力供给侧结构性改革的双重驱动下，2017 年 A 股业绩整体向好，市场表现呈现结构性牛市，价值投资尽显魅力。

2017 年 A 股市场指数呈现分化，上证综指上涨 6.56%，深成指上涨 8.48%，而创业板指下跌 10.67%。创业板指数全年表现不佳，在于尚处在对前期高估值的修复中。在宏观经济企稳回升的暖流下，2017 年 A 股上市公司的业绩表现也是一片欣欣向荣，营业总收入（不包括金融和 B 股，本文以下如无特指按此口径；本书除第二部分第十三、十四章，如无特指，全部上市公司也按此口径。）较上年增长 21.02%。在“去产能、去库存、去杠杆、降成本、补短板”五大任务的积极推进下，实体行业上市公司业绩表现尤为抢眼。A 股上市公司 2017 年其中主板公司业绩表现平稳向好，与整体趋势一致；中小板、创业板公司的营业收入和净利润保持了高速增长，呈现良好的成长性。

一、上市公司业绩评价结果

按照中国上市公司业绩评价体系，本书以统一的评价标准为测算基准，运用功效系数法，同时结合上市公司的市场表现，对 2017 年度中国上市公司业绩进行评价。从整体综合评价得分情况来看，3382 户上市公司的业绩评价得分在 2017 年整体小幅上涨。2017 年综合得分 61.75 分，与 2016 年综合得分 61.42 分相比上升了 0.33 分。

2017 年与 2016 年全部 A 股上市公司在财务效益、资产质量、偿债风险、发展能力和市场表现各方面得分情况如图 2-1 所示。从图 2-1 可以看出，2017 年全部 A 股上市公司除在发展能力上略有下降外，在其余各方面均有所上升，从而促使综合得分较 2016 年有所上涨。其中 2017 年发展能力的下降，究其根本，在于资本扩张率和总资产增长率的下降，使得 2017 年的发展能力在营业收入增长率和营业利润增长率增长尤为显著的情况下，仍处于下降趋势。

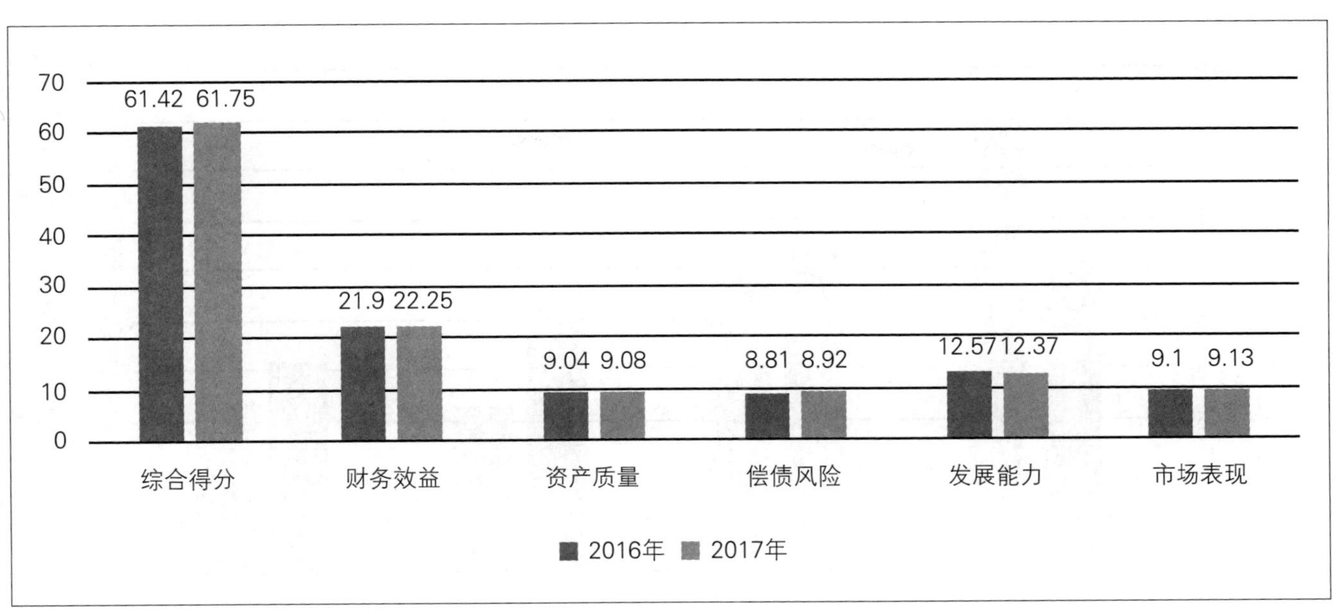

图 2－1　2016～ 2017 年全部 A 股上市公司各项能力得分情况对比

图 2–2 列示了 2016~2017 年各行业综合得分情况变化。从图 2–2 可以看到，得益于“十九大”提出的供给侧结构性改革深入推进，钢铁、采掘、有色金属、国防军工等行业综合得分较上年有不同程度提高，其中钢铁行业增长尤为显著，主要原因在于“地条钢”的取缔，这一举措既改善了钢铁行业产能严重过剩的现状，也提高了整个行业的盈利能力与经营效益；2017 年 A 股市场事态高涨，使得非银金融行业综合得分较上年有明显升高。除此之外，农林牧渔和传媒行业综合得分较上年有较大幅度下降，其中农林牧渔行业下降的一大原因是环保壁垒提高，周期盈利中枢上升。

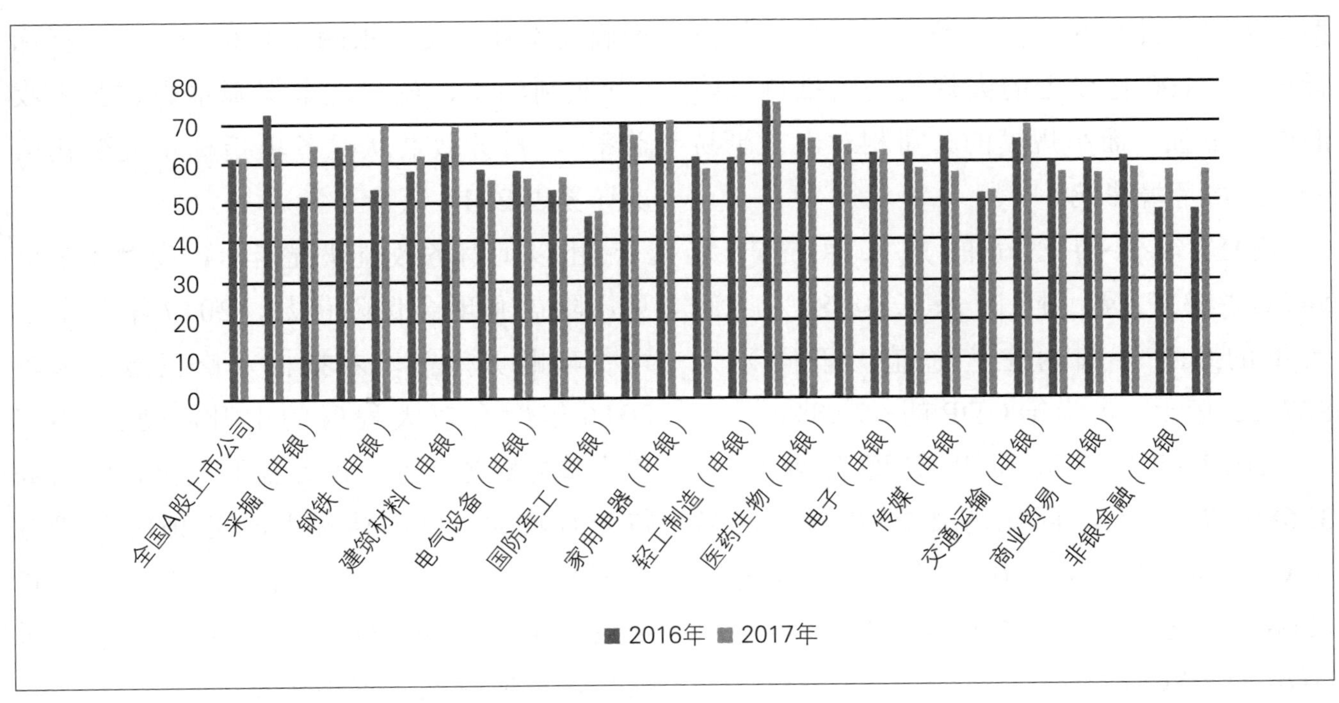

图 2－2　2016～2017 年各行业综合得分情况对比

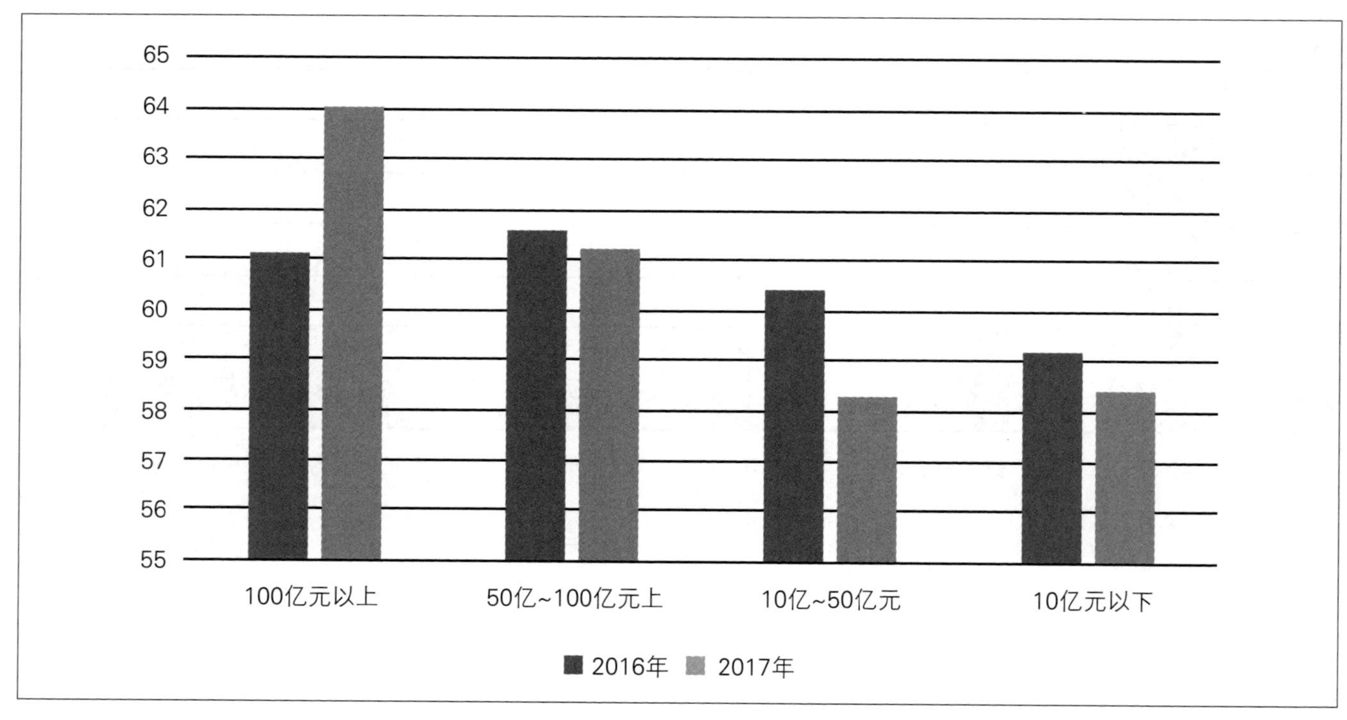

图 2－3 2016~2017 年各规模上市公司综合得分情况对比

图 2–3 列示了 2016~2017 年各规模上市公司综合得分情况。从图 2–3 可以看出，除规模 100 亿元以上的上市公司在 2017 年综合评分大幅增长外，其余各规模上市公司在 2017 年综合评分均有不同幅度下降，其中，规模在 10 亿 ~50 亿的上市公司下降幅度最大。由此可见，面对整体经济环境的下行压力，100 亿以上的大规模公司抵御风险的能力更强，而小规模的公司相对而言更易受到经济环境影响。

2017 年上市公司的期末总资产为 542422.53 亿元，同比增长 14.82%，而当年的 GDP（国内生产总值，下同）为 827122 亿元，占当年 GDP 的 65.58%。

2017 年上市公司共实现营业收入 326803.73 亿元，同比增加 21.02%，占当年 GDP 的 39.51%。2017 年实现营业利润 23686.25 亿元，同比增加 42.01%，占当年 GDP 的 2.86%。

下面分别从财务效益、资产质量、偿债风险、发展能力和市场表现五个方面对评价结果逐一说明。

（一）财务效益状况

2017 年上市公司的财务效益状况平均得分为 22.25 分。评价财务效益状况的指标包括两个基本指标（扣除非经常性损益净资产收益率和总资产报酬率）和三个修正指标（营业利润率、盈利现金保障倍数、股本收益率）。财务效益状况各项指标年度变化情况详见表 2–1。

由以上财务效益状况指标年度对比表可见，除盈利现金保障倍数，2017 年上市公司各项财务效益基本指标及修正指标都较 2016 年度有较大程度的上升，使得 2017 年度整体财务效益状况在盈利现金保障倍数得分有较大下降的情况下，较 2016 年仍有所上升，可见 2017 年上市公司的现金流状况较 2016 年有明显好转，利润可靠性有所提高，但应收款比重仍然较大。

表 2－1　财务效益状况指标年度对比表

分析指标		2017 年上市公司平均值	2016 年上市公司平均值	增长率（%）
基本指标	净资产收益率（%）	7.99	6.77	18.02
	总资产报酬率（%）	5.91	5.32	11.090
修正指标	营业利润率（%）	7.25	6.14	18.078
	盈利现金保障倍数	1.34	1.88	−28.723
	股本收益率（%）	42.46	34.9	21.662
综合得分		22.25	21.9	1.598

1. 行业分析

图 2–4 列示了各行业财务效益得分在 2016~2017 年度之间的变化。采掘、钢铁、有色金属、建筑材料、机械设备、国防军工、轻工制造、非银金融等行业有较大程度的改善，农林牧渔、计算机、传媒、通信、公用事业、综合等行业有一定程度降低。

从 2017 年各行业上市公司财务效益指标评分看来，食品饮料行业虽较去年有所下降，但仍以 28.46 分位列各行业榜首，较上市公司平均财务效益指标评分高出 6.21 分，此外建筑材料、家用电器和房地产行业

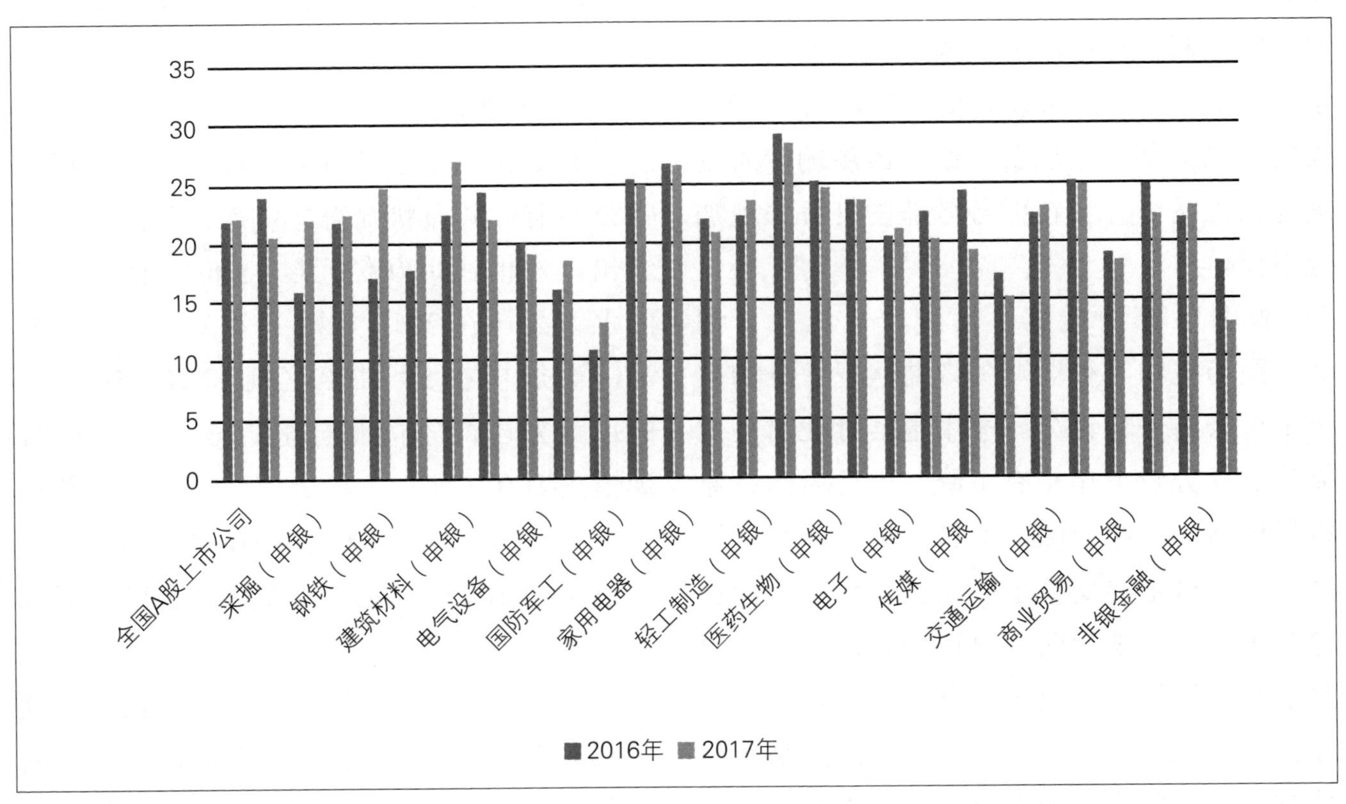

图 2－4　2016~2017 年各行业财务效益得分

也分别以26.93分、26.6分、25.06分远超上市公司平均水平。2017年度，食品饮料行业89家上市公司实现营业利润1050.83亿元，占上市公司全部实现营业利润总额的4.44%，较2016年的772.16亿元增长36.09%。从各项财务效益基本指标和修正指标看，食品饮料行业净资产收益率、总资产报酬率、已获利息倍数、营业利润率、总股本收益率、应收账款周转次数等指标都远高于其他行业，进而拔得头筹。排在食品饮料行业之后的是建筑材料行业，2017年度，建筑材料行业上市公司实现的营业利润为476.94亿元，占上市公司全部实现营业利润总额的2.01%，较2016年的225.94亿元增长111.09%，涨幅较为明显。从各项财务效益基本指标和修正指标情况看，家用电器行业除盈利现金保障倍数指标外，其余各项指标都优于A股上市公司的平均水平，尤其是扣除非经常性损益的净资产收益率及总股本收益率这两个指标，高于A股上市公司平均水平的2倍之多。可以看出，2017年平稳增长的居民消费水平以及供给侧改革的深入推进为以上两个行业在财务效益的良好表现加分不少。

此外，家用电器、房地产、汽车、钢铁、医药生物等行业财务效益状况评分均高于上市公司平均评分。家用电器行业财务效益状况评分较上年稍有下降，主要原因是原材料价格的持续上涨，但其评分仍保持在较高水平，这主要受益于产品技术和结构的加速升级。而钢铁行业的快速增长，则主要受益于供给侧结构性改革。以上各行业扣除非经常性损益净资产收益率、总资产报酬率和总股本收益率均高于上市公司平均水平，但盈利现金保障倍数则普遍低于平均水平，营业利润率相差较大，房地产行业营业利润率最高。

休闲服务、采掘、化工、交通运输、非银金融、公用事业等行业财务效益状况评分与上市公司平均水平基本持平。从各项财务效益状况指标来看，以上各行业指标较上市公司平均水平略高或略低，盈利能力处于市场平均水平，非银金融营业利润率表现突出。

农林牧渔、有色金属、电气设备、机械设备、国防军工、通信、商业贸易、综合等行业财务效益状况评分显著低于上市公司平均水平。其中，有色金属行业在经历了联合减产后，2016年才逐渐开始回暖，2017年伴随供给侧改革的推进持续上涨，但较平均水平仍有一定差距。而国防军工的高增长率一定程度上受益于政府的高额补贴。此外，农林牧渔行业财务效益状况评分较去年有大幅度下降，一方面是禽流感带来的禽畜价格持续走低，另一方面是环保压力的不断加大。

2、规模分析

图2-5列示了2016~2017年各规模上市公司财务效益状况得分情况。从图中可以看出，规模在100亿元以上和10亿元以下的上市公司在2017年财务效益得分有所提高，而规模在50~100亿元和10~50亿元的上市公司得分有不同程度的下降。其中，规模在100亿元以上的上市公司财务效益得分上升幅度较大，规模在10~50亿元的上市公司在2017年的财务效益方面得分下降幅度较大。

100亿以上规模企业实现利润总额19440.62亿元，占上市公司全部实现利润总额的81.21%，实现归属于母公司股东的

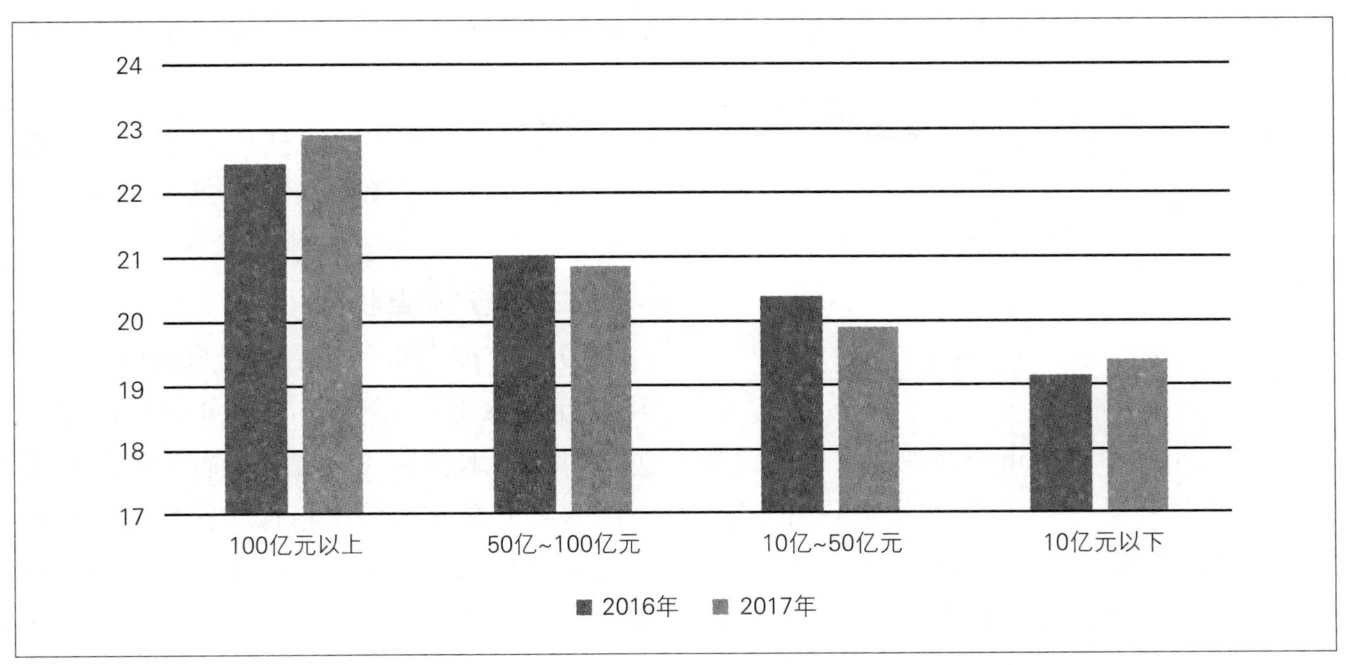

图 2－5 2016~2017 年各规模上市公司财务效益得分情况对比

净利润 13355.06 亿元，占上市公司全部实现归属于母公司股东的净利润的 79.33%；2017 年财务效益得分为 22.92 分，高于上市公司均值 3.01%，扣除非经常性损益净资产收益率、盈利现金保障倍数和股本收益率均高于上市公司平均水平；而总资产报酬率和营业利润率则略低于上市公司平均值。

50 亿 ~100 亿规模企业实现利润总额 2279.50 亿元，占上市公司全部实现利润总额的 9.52%，实现归属于母公司股东的净利润 1743.46 亿元，占上市公司全部实现归属于母公司股东的净利润的 10.36%；2017 年财务效益得分为 20.87 分，低于上市公司平均值 6.20%，扣除非经常性损益净资产收益率、盈利现金保障倍数和股本收益率均低于上市公司平均值，而营业利润率、总资产报酬率也略高于上市公司平均水平。

10~50 亿规模企业实现利润总额 2048.99 亿元，占上市公司全部实现利润总额的 8.56%，实现归属于母公司股东的净利润 1601.05 亿元，占上市公司全部实现归属于母公司股东的净利润的 9.51%；2017 年财务效益得分为 19.89 分，低于上市公司平均值 10.61%，扣除非经常性损益净资产收益率、盈利现金保障倍数和股本收益率都低于上市公司平均值，而总资产报酬率和营业利润率略高于上市公司平均水平。

10 亿以下规模企业实现利润总额 168.77 亿元，占上市公司全部实现利润总额的 0.71%，实现归属于母公司股东的净利润 135.51 亿元，占上市公司全部实现归属于母公司股东的净利润的 0.80%；2017 年财务效益得分为 19.40 分，低于上市公司平均值 12.81%，扣除非经常性损益净资产收益率、盈利现金保障倍数和股本收益率都大幅低于上市公司平均值，而总资产报酬率和营业利润率略高于上市公司平均水平。

3. 中联五强

从上市公司的财务效益指标来看，排在前五家的情况如下表 2–2 所示：

表 2－2　2017 年度中国上市公司财务效益中联五强排行榜

名次	股票代码	股票简称	财务效益得分
1	600585	海螺水泥	35
2	601006	大秦铁路	35
3	601225	陕西煤业	35
4	600519	贵州茅台	35
5	601088	中国神华	35

2017 年度中联上市公司业绩评价中财务效益得分并列第一名的上市公司共有 7 家，得分均为 35.00，前五名按总体评分排序。财务效益得分排名前 5 家的上市公司企业规模均为 100 亿元以上企业，其中：2 家来自制造行业、2 家来自采掘行业，另外 1 家来自交通运输行业。

以上行业 2017 年度整体财务效益状况除盈利现金保障倍数外，均远高于上市公司平均水平，贵州茅台再次上榜。

（二）资产质量状况

2017 年度上市公司的资产质量状况平均得分为 9.08 分。评价资产质量状况的指标包括两个基本指标（总资产周转率和流动资产周转率）和两个修正指标（存货周转率和应收账款周转率）。资产质量状况各项指标年度变化情况见表 2－3 所示。

表 2－3　资产质量状况指标年度对比表

分析指标		2017 年上市公司平均值	2016 年上市公司平均值	增长率（%）
基本指标	总资产周转率（次）	0.64	0.61	4.92
	流动资产周转率（次）	1.23	1.19	3.36
修正指标	存货周转率（次）	2.77	2.64	4.92
	应收账款周转率（次）	8.16	7.89	3.42
综合得分		9.08	9.04	0.44

从上表可以清晰地看出，2017 年上市公司总资产质量略高于 2016 年的水平，各项资产质量状况基本指标和修正指标都较 2016 年有不同程度的上升。各项指标均有所增长说明各类资产的经营质量和利用效率在 2017 年均有上升趋势，总资产、流动资产、存货和应收账款分别对应的公司营运能力、存货管理和收账情况在 2017 年度都有所改善。

1. 行业分析

图 2-6 列示了各行业 2016~2017 年度各行业资产质量状况得分，可见除了建筑材料和综合行业有较大幅度增长，房地产快速降低外，其他各行业基本维持不变。

2017 年资产质量状况表现最突出的行业为农林牧渔，资产质量状况得分为 15.00 分。由于行业特点，加上近年来互联网经济的快速发展，农产品直销渠道进一步拓广，从而减少了传统批发中的诸多中间环节，缩短了流通时间，农林牧渔行业多年一直位于资产质量状况评分榜首。其他行业中，化工行业、钢铁、交通运输、公用事业、综合等

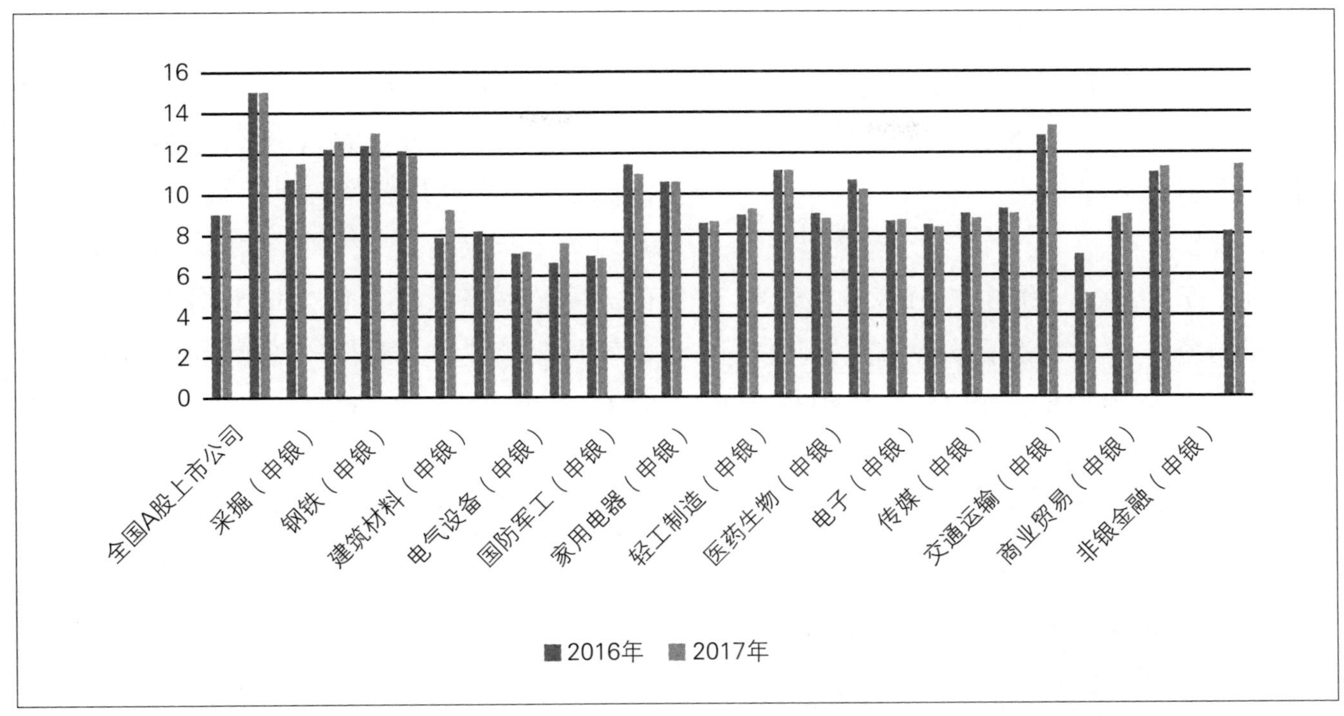

图 2-6 2016~2017 年各行业资产质量得分情况对比

行业也远远超出上市公司资产质量状况平均得分。就农林牧渔、化工和钢铁、交通运输行业而言，其各项指标都高于上市公司平均水平，而应收账款周转率最是突出，分别为 20.06 次、20.26 次、37.5 次和 14.18 次，高于上市公司平均水平 2 倍左右。公用事业行业因为其庞大的资产规模，总资产周转率低于上市公司平均水平，其余指标均显著高于上市公司平均水平。由于公用事业行业属于重资产、自然垄断、政府约束力较强的行业，因此总资产周转率远远低于其他行业属于正常现象。从指标来看，公用事业行业存货周转率非常高，但应收账款周转率低于平均水平，说明投资的回收速度较慢，行业特色较为明显。

此外，采掘、汽车、家用电器、食品饮料、休闲服务等行业的资产质量状况得分都高于上市公司平均水平。从各项资产质量状况指标来看，以上各行业均高于上市公司平均水平或与其相当。采掘、食品饮料、休闲服务行业因其应收账款占收入比率较小的行业特点而具备较高的应收账款周转率。汽车、家用电器行业因其高销量、低库存的特点而具备较高的存货周转率。

建筑材料、通信、轻工制造、商业贸易等行业资产质量状况得分与上市公司平均水平相近，各项指标在上市公司平均水平上下波动不大。建筑装饰、电气设备、机械设备、国防军工、纺织服装、电子、计算机、传媒、房地产等行业资产质量状况指标均低于上市公司平均水平。其中，房地产行业的资产质量状况得分最低，从各项指标来看，除应收账款周转率维持在 17.99% 的较高水平外，但其余各指标均大幅低于平均水平。房地产行业的存货周转率、总资产周转率和流动资产周转率远远低于上市公司平均水平，其主要原因是房地产行业出台从传统的需求端抑制向供给侧增加进行转变，限购限贷限售叠加土拍收紧的政策，使得房价增速变缓，大量房屋搁置，成交率下降，存货周转变缓，资金紧张，致使其资产质量指标明显低于上市公司平均水平。

2. 规模分析

图 2-7 列示了 2016~2017 年各规模上市公司的资产质量状况得分情况。从图中可以看出，各个规模的上市公司在 2017 年的资产质量得分均有不同程度上升。

100 亿以上规模企业 2017 年资产质量得分为 9.23 分，高于上市公司平均值 1.65%，总资产周转率等于上市公司平均值，流动资产周转率略高于上市公司平均水平，存货周转率略低于上市公司平均水平，应收账款周转率为 9.28 次，高于上市公司平均值 1.12 次。

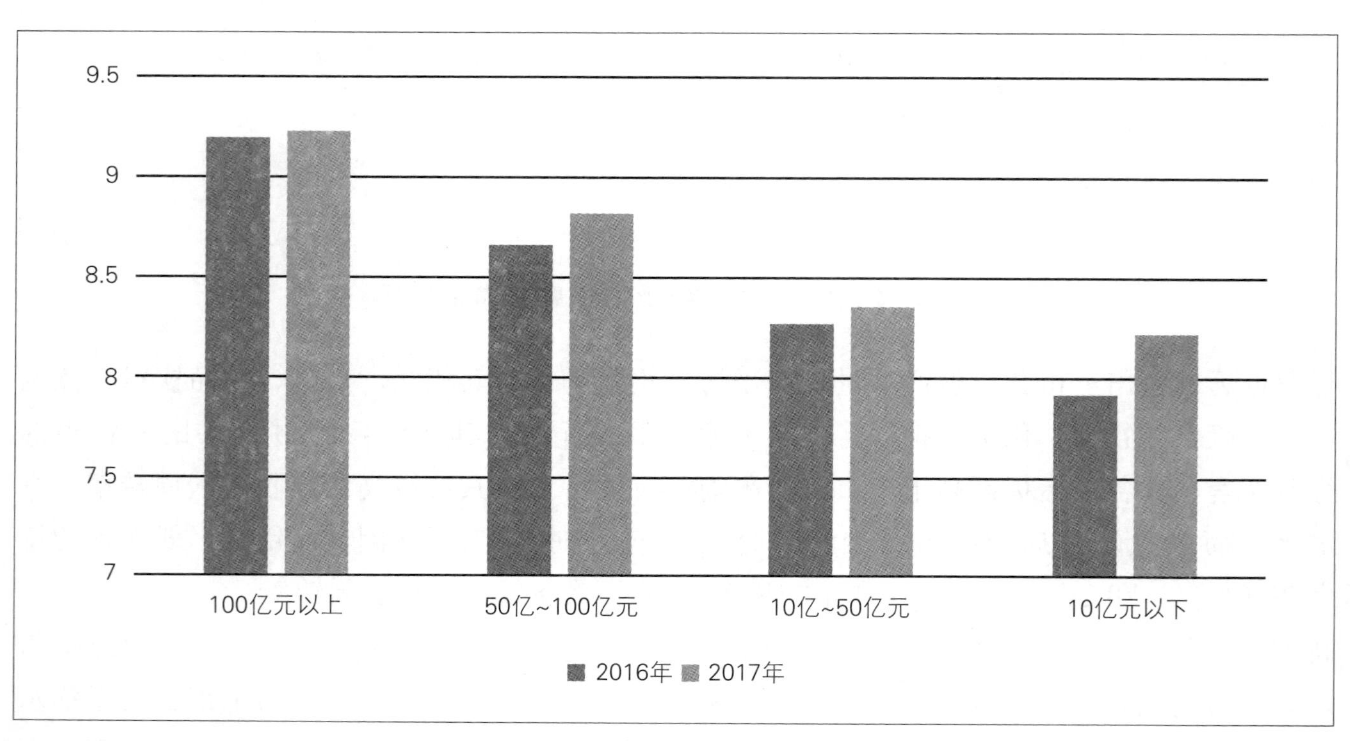

图 2－7 2016~2017 年各规模上市公司资产质量得分情况对比

50 亿 ~100 亿规模企业 2017 年资产质量得分为 8.83 分，低于上市公司平均值 2.75%，总资产周转率、流动资产周转率和存货周转率都略高于上市公司平均水平，应收账款周转率低于上市公司平均水平。

10 亿 ~50 亿规模企业 2017 年资产质量得分为 8.36 分，低于上市公司平均值 7.93%，存货周转率略高于上市公司平均水平，流动资产周转率、总资产周转率和应收账款周转率均低于上市公司平均值，应收账款周转率最为显著为 4.52 次，比上市公司平均水平低 3.64 次。

10 亿以下规模企业 2017 年资产质量得分为 8.22 分，低于上市公司平均值 9.47%，在各种规模上市公司中资产质量得分最低。存货周转率高于上市公司均值，总资产周转率等于上市公司均值，流动资产周转率和应收账款周转率都低于上市公司平均值，尤其应收账款周转率为 3.84 次，较低于上市公司平均水平低 4.32 次，而存货周转率仅次于规模为 50 亿 ~100 亿元的上市公司水平，高于上市公司平均值。

3. 中联五强

从 2017 年上市公司质量状况得分来看，有 111 家公司质量指标得分为满分，占上市公司总数的 3.28%。资产质量中联五强排行榜中列示的 5 家为资产质量得分相同情况下综合得分较高的上市公司。

表 2-4　2017 年度中国上市公司资产质量中联五强排行榜

名次	股票代码	股票简称	资产状况得分
1	002120	韵达股份	15
2	600271	航天信息	15
3	001979	招商蛇口	15
4	601888	中国国旅	15
5	300015	爱尔眼科	15

位列上市公司资产质量中联五强的公司中，有三家为社会服务行业。2017 年，共享经济的快速发展以及人们生活条件、消费能力的进一步提升，带动了社会服务行业的发展，除应收账款周转率外，其余各项指标均高于平均水平，存货周转率最为显著。

（三）偿债风险状况

2017 年度上市公司的偿债风险状况平均得分为 8.92 分。评价偿债风险状况的指标包括两个基本指标（资产负债率、获利倍数）和三个修正指标（速动比率、现金流动负债比率和带息负债比率）。偿债风险状况各项指标年度变化情况见表 2-5。

从 2-5 表可以看出，2017 年度上市公司整体盈利能力持续上升使得获利倍数指标显著增长，同比上涨 11.43%。速动比率较上一年度稍有增加，其余各项指标均有不同程度下降。但是，综合来看，上市公司的偿债能力比 2016 年度略有上升。这是由于获利倍数显著增长，上市公司获利能力显著增强，偿债能力有所提升，同时资产负债率有所降低，负债比率下降，说明偿债压力稍有降低能较好抵御偿债风险。

表 2-5　偿债风险状况比较表

分析指标		2017 年上市公司平均值	2016 年上市公司平均值	增长率（%）
基本指标	资产负债率（%）	60.19	60.47	-0.46
	获利倍数	4.97	4.46	11.43
修正指标	速动比率	79.6	79.23	0.47
	现金流动负债比率	10.9	13.11	-16.86
	带息负债比率（%）	49.72	51.03	-2.57
综合得分		8.92	8.81	1.25

1. 行业分析

图 2-8 列示了各行业在 2016~2017 年偿债风险得分情况。其中，采掘、钢铁、建筑材料、机械设备、国防军工、通信行业在偿债能力方面有较大程度的改善，公用事业、非银金融、综合行业偿债风险上升明显。

在偿债风险控制方面，表现较好的行业有建筑材料、家用电器、食品饮料、计算机、传媒等。以上行业的偿债风险得分均高于上市公司平均水平，偿债风险各项指标中获利倍数和速动比率更是远远高于上市公司的均值，反映出较强的偿债能力。此外，农林牧渔、采掘、化工、机械设备、汽车、纺织服装、医药生物、休闲服务、电子等行业的偿债风险得分也高于上市公司平均水平。

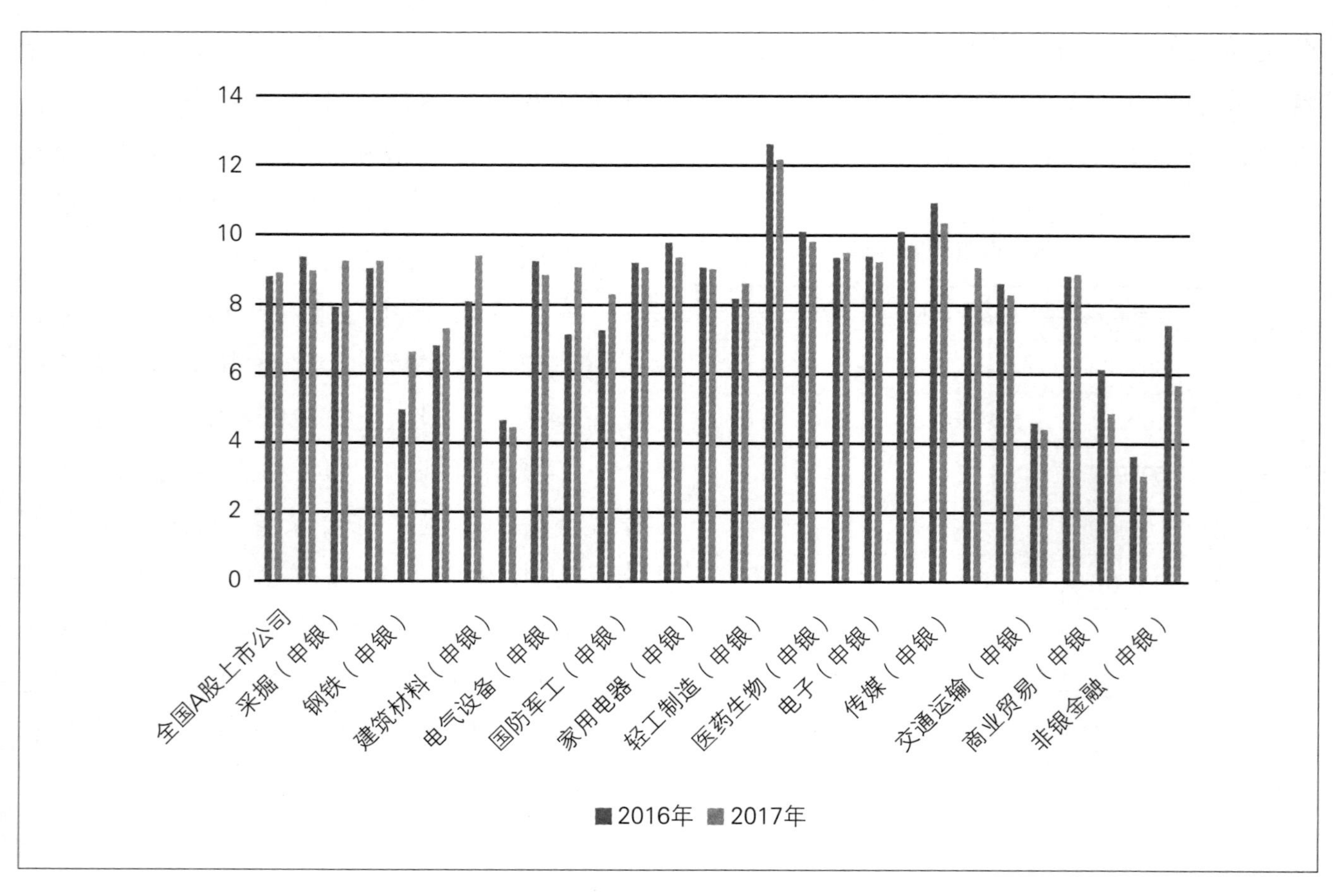

图 2－8　2016～2017 年各行业偿债风险得分情况对比

钢铁、有色金属、建筑材料、建筑装饰、国防军工、轻工制造、交通运输、房地产、公用事业、非银金融、综合等行业偿债风险得分低于上市公司平均水平。其中，尤以非银金融、房地产和建筑装饰行业得分最低。非银金融上市公司的已获利息倍数，远低于平均水平，说明其净收益相较于利息费用较低，偿债能力较弱。房地产上市公司的偿债风险修正指标即速动比率、现金流动负债比率和带息负债比率 3 个指标均远远低于上市公司均值，并且资产负债率较高且呈现上升趋势，反映出偿债能力趋弱的发展态势。现金流动负债比率最为突出，仅为 1.03，说明经营现金净流量只能满足偿还负债的要求，无法进行下一步投资，资金压力大，偿债压力重。建筑装饰行业各项偿债指标均低于平均水平，其中现金流动负债比率仅为平均值 1/5，主要原因是行业趋于稳定，产品服务趋于同质，竞争加剧，同时房地产行业限购政策不断完善，使得房地产行业增速逐步放缓，进一步缩小了建筑装饰市场，导致经营现金流下降。

2. 规模分析

图 2-9 列示了 2016~2017 年各规模上市公司的偿债风险状况得分情况。从图中可以看出，2017 年各规模上市公司偿债风险得分变动幅度不大，规模在 100 亿元以上和 10 亿元以下的上市公司在 2017 年的偿债风险得分稍有上升，规模在 50 亿 ~100 亿元和 10 亿 ~50 亿元的上市公司偿债风险得分稍有下降。

100 亿以上规模企业 2017 年偿债风险得分为 7.95 分，相比上市公司平均值低约 10.87%。资产负债率、现金流动负债比率和带息负债比率均高于上市公司平均水平；速动比率和获利倍数均低于上市公司平均水平，其中速动比率为 72.51%，较上市公司平均水平低约 8.91%。

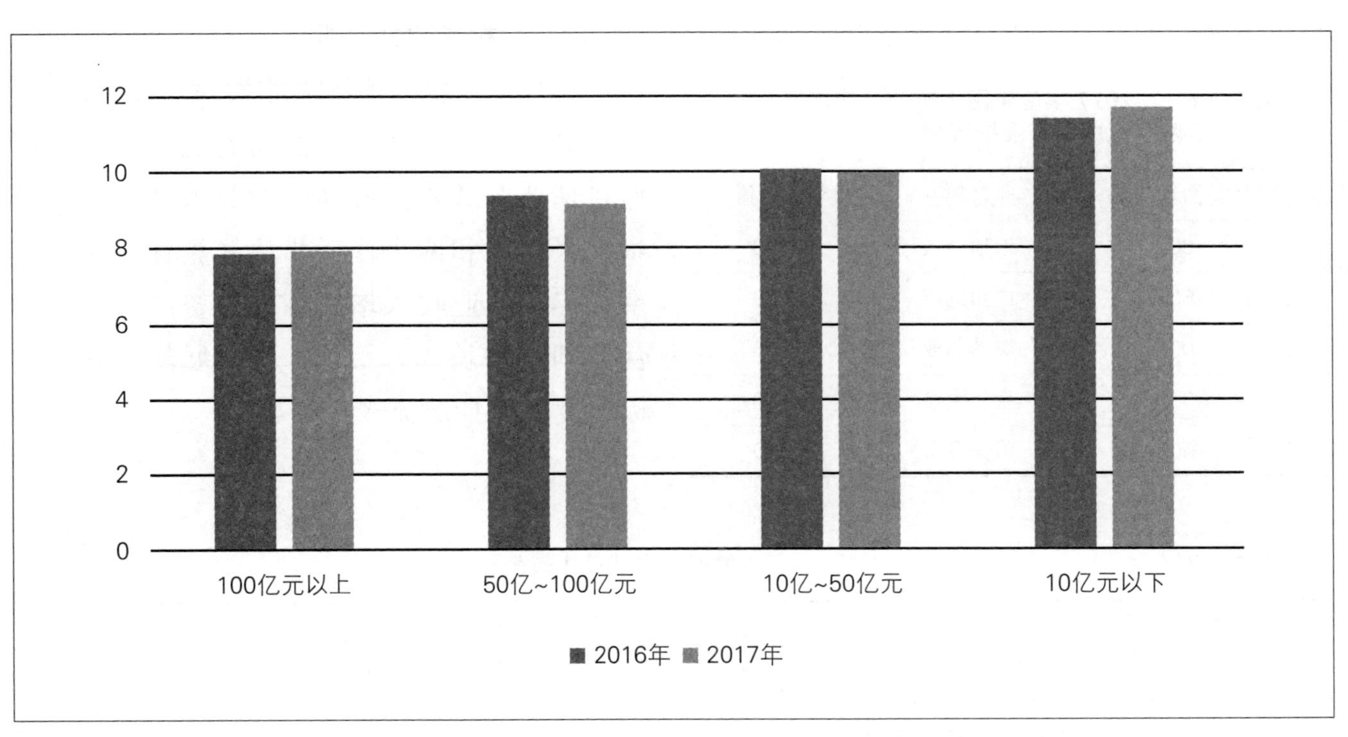

图 2－9　2016~2017 年各规模上市公司偿债风险得分情况对比

50 亿 ~100 亿规模企业 2017 年偿债风险得分为 9.2 分，相比上市公司平均值高约 3.14%。速动比率、带息负债比率和已获利息倍数均高于上市公司平均水平，其中速动比率为 110.72%，较上市公司平均水平 79.6% 高约 39.10%；资产负债率、现金流动负债比率低于上市公司平均水平。

10 亿 ~50 亿规模企业 2017 年偿债风险得分为 10.04 分，相比上市公司平均值高约 12.56%。其已获利息倍数、速动比率和现金流动负债比率均远高于上市公司平均水平，其中速动比率为 147.74%，较上市公司平均水平 79.6% 高约 85.60%；资产负债率和带息负债比率低于上市公司平均水平。

10 亿以下规模企业 2017 年偿债风险得分为 11.71 分，相比上市公司平均值高约 31.28%，资产负债率和带息负债比率均远低于上市公司平均水平，已获利息倍数、现金流动负债比率和速动比率远高于上市公司平均水平，其中速动比率为 251.07%，较上市公司平均水平 79.6% 高约 2.15 倍。

从资产规模可以看出，伴随着资产规模的增加，资产负债率上升，其偿债能力得分逐渐降低。

3. 中联五强

从上市公司的偿债风险指标来看，偿债风险得分并列最高分 15.00 分的共有 16 家。偿债风险状况中联五强排行榜中列示的 5 家为偿债风险得分相同情况下综合得分较高的上市公司。排在前五家的情况如下表 2–6 所示：

表 2 – 6　2017 年度中国上市公司偿债风险状况中联五强排行榜

名次	股票代码	股票简称	偿债风险得分
1	603160	汇顶科技	15.00
2	603043	广州酒家	15.00
3	002773	康弘药业	15.00
4	600201	生物股份	15.00
5	603730	岱美股份	15.00

总体看来，上市公司偿债能力得分的分值差距较小，得分并列最高的 16 家上市公司有 13 家属于制造行业，2 家属于信息技术行业，1 家属于采掘业，资产负债率普遍较低，最高为 22.74%。较低的负债导致的速动比率和现金流动负债比率普遍较高，而由于付息债务较少，带息负债比率几乎为零，已获利息倍数差距较大。由此，以上上市公司具备优良的偿还债务的能力。

（四）发展能力状况

2017 年度上市公司的发展能力状况平均得分为 12.37 分。评价发展能力状况的指标包括两个基本指标（营业收入增长率和资本扩张率）和四个修正指标（累计保留盈余率、三年营业收入增长率、总资产增长率和营业利润增长率）。2017 年发展能力各项指标年度变化情况见表 2–7。

表 2 – 7　发展能力状况比较表

分析指标		2017 年上市公司平均值	2016 年上市公司平均值	增长率（%）
基本指标	营业收入增长率（%）	21.02	10.52	99.81
	资本扩张率（%）	14.21	18.07	–21.36
修正指标	累计保留盈余率（%）	41.07	40.98	0.22
	三年主营业务平均增长率（%）	9.58	4.25	125.41
	总资产增长率（%）	14.82	18.94	–21.75
	营业利润增长率（%）	42.01	30.69	36.88
综合得分		12.37	12.57	–1.59

上市公司的发展能力是公司能否持续稳定经营的一个重要方面，2017 年度较 2016 年度营业收入增长率和三年主营业务平均增长率有较大幅度增长，增长率分别高达 99.81% 和 125.41%；营业利润增长率也较为可观，同去年相比增长了 36.88%；累计保留盈余率小幅增长，说明 2017 年各行业上市公司靠自身经营积累盈余的能力有所增

强。但综合得分较去年稍有下降，主要原因在于资本扩张率和总资产增长率的大幅下降，资本规模有所降低。

1. 行业分析

图 2–10 列示了各行业在 2016~2017 年发展能力得分情况，可知今年总体情况较去年有所下降，除采掘、钢铁、建筑材料、交通运输等行业较上年有较大程度的改善外，农林牧渔、国防军工、汽车、休闲服务、计算机、传媒、房地产、商业贸易、非银金融、综合等众多行业发展能力得分均有较大幅度下降。供给侧结构性改革的有力推动是采掘、钢铁、建筑材料、交通运输等行业发展能力上升的重要原因。非银金融行业则受证券业及金融业监管趋严影响明显。

2017 年发展能力评分最高的行业有建筑材料、家用电器、电子和交通运输等，以上行业发展能力评分都在 13.50 分以上，单各项指标表现差异性较大，营业收入增长率和三年营业收入率均远远超出上市公司平均水平，但其余指标则表现各异，其中电子行业累计保留盈余率和营业利润增长率均为达到上市公司平均水平，而交通运输业，营业利润增长率远高于平均水平，总资产增长率和资本扩张率却与平均水平相差较远。建筑材料行业以 14.06 分在发展能力中排名第一，与 2016 年相比增长迅速，营业收入增长率为 34.19%，超上市公司平均水平 62.65%；营业收入增长率、总资产增长率、平均资本扩张率和营业利润增长率也都远远高于上市公司平均水平。家用电器行业在发展能力表现评分持续上涨，同样远超上市公司平均水

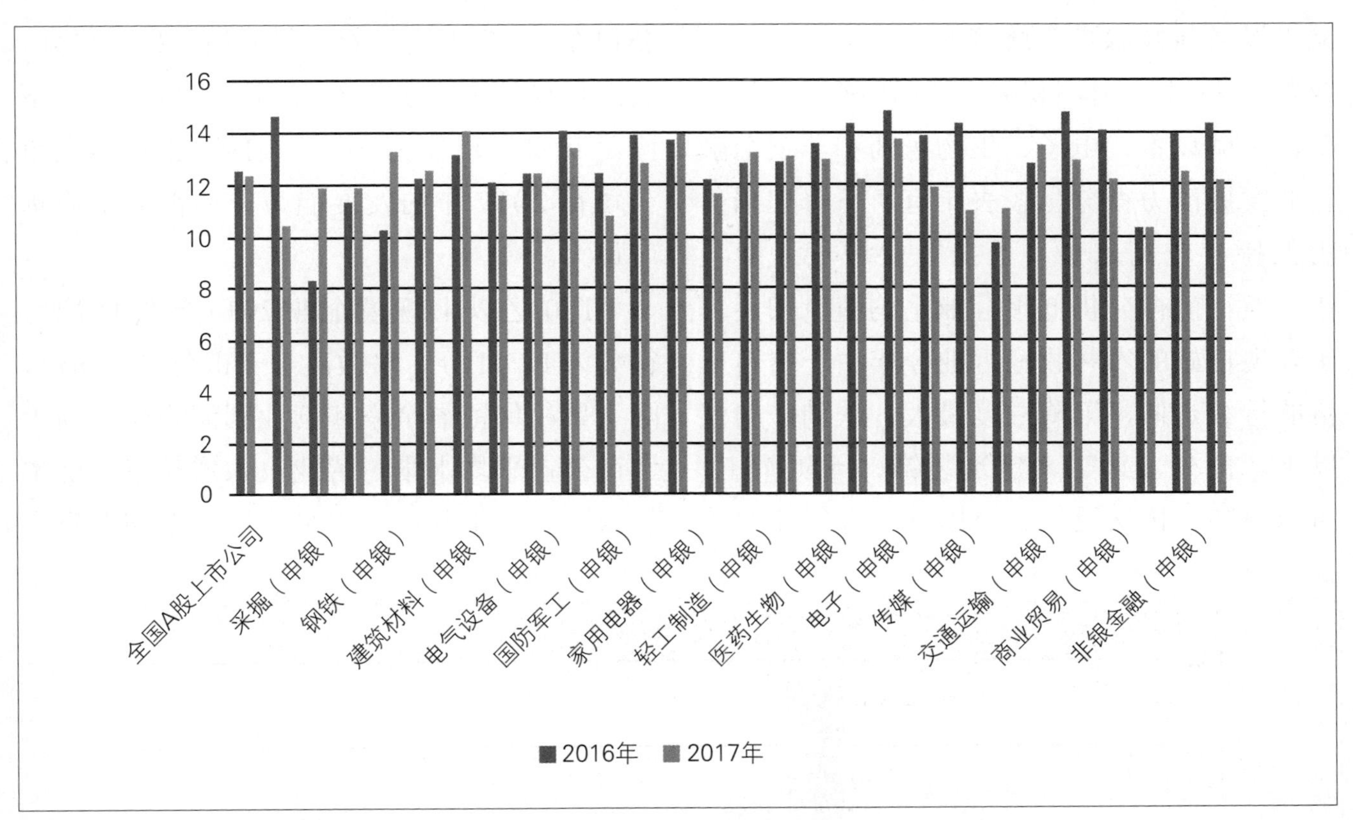

图 2－10　2016~2017 年各行业发展能力得分情况对比

平，排名第二。2017年，随着三四线市场的不断开拓，同时产品技术和结构升级加速，进一步推动家电更新换代，需求量稳步提升。此外，钢铁、机械设备、汽车、轻工制造、食品饮料、生物医药、非银金融等行业也高于上市公司平均水平。钢铁行业在供给侧结构性改革的不断深入的政策下，落实去产能方案，转型升级、优化布局，从而提升行业发展能力。汽车行业在面临着购置税减半以及新能源推广政策的刺激需求下，营业收入和营业利润保持了较高增长率。汽车、机械设备、电子、生物医药和非银金融行业发展能力得分虽较去年有所下降但总体仍保持在较高水平。采掘行业增长速度最快，但目前得分仍低于行业平均值，相反去年表现良好的农林牧渔行业今年由于禽畜价格的持续走低，下降幅度最大，跌到平均值以下。此外，化工、建筑装饰、国防军工、纺织服装、传媒通信、公用事业等行业的发展能力指标得分均低于上市公司平均水平。2017年度，公用事业行业垫底，低至10.34分，农林牧渔行业紧随其后，通信和化工行业依然分数不高。这几个行业营业收入和营业利润处于微弱增长或负增长的状态。

2. 规模分析。

图2-11列示了2016~2017年各规模上市公司的发展能力状况得分情况。从图中，可以看出，除了规模在10亿元以下的上市公司在2017年发展能力得分稍有提高以外，其余规模的上市公司都有不同程度的得分下降。其中，规模为50亿~100亿元的上市公司在2017年的发展能力方面得分下降幅度最大。

100亿以上规模企业2017年发展能力得分为12.41分，略微高于上市公司平均值，除了累积保留盈余率和营业利润增长率高于上市公司平均水平，营业收入增长率、资本扩张率、三年营业收入平均增长率和总资产

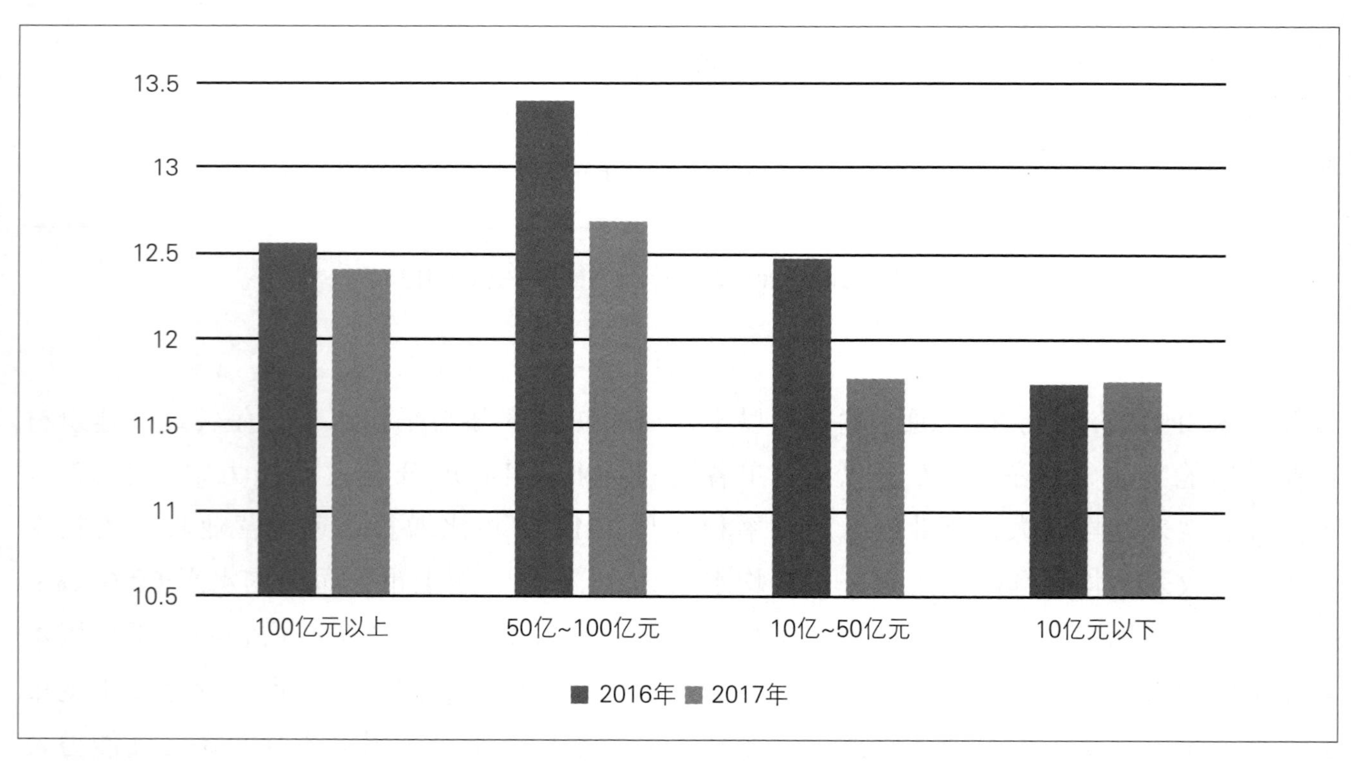

图2-11 2016~2017年各规模上市公司发展能力得分情况对比

增长率均低于上市公司平均水平。

50 亿 ~100 亿规模企业 2017 年发展能力得分为 12.69 分，高于上市公司平均值 2.59%，营业收入增长率、资本扩张率、三年营业收入增长率、总资产增长率、营业利润增长率均高于上市公司平均水平，累积保留盈余率略低于上市公司平均水平。

10 亿 ~50 亿规模企业 2017 年发展能力得分为 11.78 分，低于上市公司平均值 4.77%，除资本扩张率和总资产增长率略高于上市公司平均水平外，其他各项指标均低于上市公司平均水平。

10 亿以下规模企业 2017 年发展能力得分为 11.76 分，低于上市公司平均值 4.93%。资本扩张率和总资产增长率高于上市公司平均水平，其中，资本扩张率为 28.22%，是上市公司均值 14.21% 的 1.99 倍。而其他各项指标均远低于上市公司平均水平，其中，累计保留盈余率仅为 14.37%。

从各种规模上市公司发展能力得分来看，50 亿 ~100 亿规模的上市公司摘得桂冠。10 亿以下规模的上市公司发展能力得分最低，远低于上市公司平均水平。除了累计保留盈余率和资本扩张率，不同规模上市公司各项指标与上市公司平均水平的比较，基本与得分规律相符。累计保留盈余率随着上市公司的规模增加而逐渐增大，而资本扩张率则随着上公司规模的增加而逐渐减小。

3. 中联五强

从上市公司的发展能力指标来看，共有 9 家上市公司以 20 分的满分获得上市公司发展能力最高分。发展能力中联五强排行榜中列示的 5 家为发展能力得分相同情况下综合得分较高的上市公司。排在前五家的情况如表 2–8 所示。

表 2–8　2017 年度中国上市公司发展能力状况中联五强排行榜

名次	股票代码	股票简称	发展能力得分
1	601238	广汽集团	20.00
2	600188	兖州煤业	20.00
3	600309	万华化学	20.00
4	600406	国电南瑞	20.00
5	000537	广宇发展	20.00

上述上市公司发展能力状况得分较高的原因主要有：企业核心竞争力的提高，以广汽集团为例，2017 年广汽集团逐渐提高自主品牌的占有比例，同时大力发展新能源汽车；供给侧结构性的改革的深入实施使得煤炭价格居高不下；重大资产重组为企业带来业绩的提升。

（五）市场表现状况

2017 年度上市公司的市场表现状况平均得分为 9.13 分，较上年得分有所上升。评价市场表现状况的指标包括市场投资回报率和股价波动率。

2017 年上市公司平均股价波动率为 92.63%，较 2016 年的上市公司股价波动率 82.91% 有较大幅度增长，说明 2017 年度上市公司股价较 2016 年波动幅度较大，但与 2014 年 124.99% 和 2015 年 182.00% 的股价波动率相比股价较为平缓。而市场投资回报率则连续两年大幅下降，从 2015 年 74.18% 跌到 2016 年的 5.21%，到 2017 年市场投资回报率已跌为负数 −14.59%

2014~2016 年，上市公司的股价与其整体业绩之间的正相关关系逐渐减弱，甚至背离情况显著。但随着2017年上市公司的业绩在证监会趋严监管措施和新的政策红利驱动下表现突出，各板块业绩增速较上年均有较大提升，业绩景气度迅速回升，市场投资回报率虽降为负数，但其余各项指标逐渐回暖，上市公司股价与其整体业绩间的正相关关系逐渐显现。

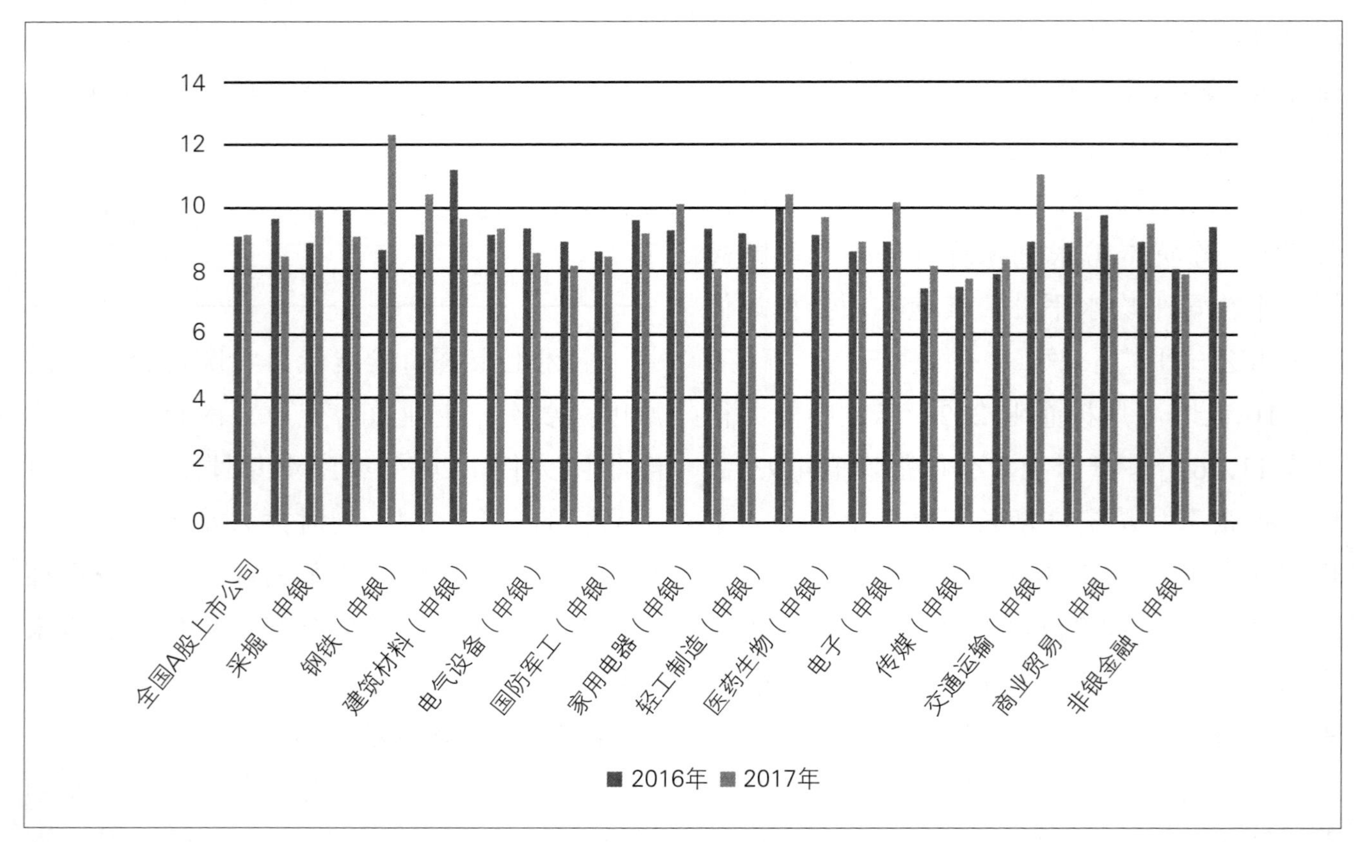

图 2－12　2016~2017 年各行业市场表现得分对比

1. 行业分析

图2−12列示了各行业在2016~2017年度市场表现得分情况，如图所示，钢铁行业不仅摘得市场表现桂冠，且较2016年度市场表现得分提升的幅度最大。此外，有色金属、交通运输、房地产、电子、采掘等行业均较上一年度有更加优异的市场表现。农林牧渔、建筑材料、商业贸易、综合、纺织服装等行业在2017年的市场表现较2016年有较大幅度的下降，其中建筑材料下降幅度最大。

2017年，在市场表现方面，钢铁行业以12.32的高分摘得桂冠，较上年增长率高达41.45%，该行业市场投资回报率也高达18.18%，但与此同时该行业也伴随着较高的股价波动率。其他得分较高的行业包括交通运输、有色金属、食品饮料、电子等。从指标来看，各个行业股价波动率都比较大，和上市公司平均股价波动率差距不明显，因此以上行业的良好表现主要源于远远高于上市公司平均水平的市场投资回报率。

2017年，市场表现得分较低的行业包括纺织服装、计算机、传媒、通信、非银金融和综合等行业。这些行业市场投资回报率明显低于上市公司平均水平。

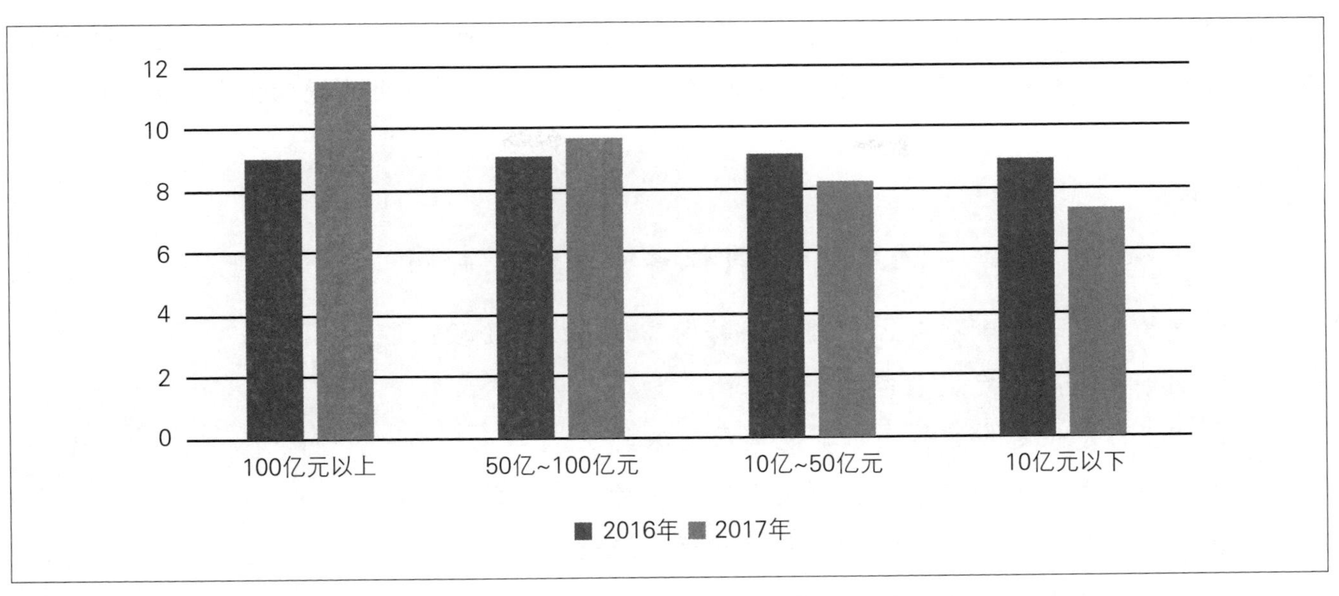

图 2－13　2016~2017 年各规模上市公司市场表现得分情况对比

2. 规模分析

图 2–13 列示了 2016~2017 年各规模上市公司市场表现状况的得分情况。从图中可以看出，规模在 100 亿元以上和 50 亿 ~ 100 亿元的上市公司在 2017 年市场表现得分有所提高，其中 100 亿元以上规模的上市公司市场表现得分增长率高达 27.43%；而规模在 10 亿 ~50 亿元和 10 亿元以下的上市公司有不同程度的得分下降。其中，规模 10 亿元以下的上市公司在 2017 年的市场表现方面得分下降幅度较大，较上年降低 18.08%。

100 亿以上规模企业 2017 年市场表现得分为 11.52 分，较上市公司平均水平得分高 26.18%，投资回报率为 3.37%，为各规模上市公司最高水平。

50 亿 ~100 亿规模企业 2017 年市场表现得分为 9.63 分，略微高于上市公司平均水平，投资回报率为 –12.54 %，高于上市公司平均水平。

10 亿 ~50 亿规模企业 2017 年市场表现得分为 8.23 分，较上市公司平均水平低 9.86%，投资回报率为 –21.71%，比上市公司平均水平低约 48.80%。

10 亿以下规模企业 2017 年市场表现得分为 7.34 分，较上市公司平均水平低 19.61%，投资回报率为 –24.62%，较上市公司平均水平低 68.75%。

从不同规模上市公司的市场表现来看，2017 年，100 亿以上规模的上市公司市场投资回报率最高，同时市场表现得分也远高于其他规模；10 亿以下规模的上市公司市场表现得分和投资回报率均为最低水平。

3. 中联五强

从上市公司的市场表现指标来看，市场表现较好的前五位如下表 2–9 所示。

表 2–9　2017 年度中国上市公司市场表现状况中联五强排行榜

名次	股票代码	股票简称	市场表现得分
1	600377	宁沪高速	15
2	600600	青岛啤酒	15
3	601766	中国中车	15
4	600674	川投能源	15
5	600320	振华重工	15

在2017年上市公司市场表现中联五强名单的上市公司中，有3家来自制造行业，1家来自公用事业行业，另外1家则来自交通运输业。五家上市公司的企业规模均在100亿元以上。

资料链接：

2017年中国证券市场十大新闻

✧ 党的十九大胜利召开，中国经济转向高质量发展阶段；
✧ 国务院金融稳定发展委员会成立；
✧ IPO常态化稳步运行，融资规模居全球前列；
✧ 再融资和减持新规出台，制度环境和市场生态得到优化；
✧ 资管新规出台，同类资管产品监管标准统一；
✧ 银证保重拳惩治违法违规行为；
✧ A股纳入MSCI新兴市场指数，资本市场对外开放步伐加快；
✧ A股波动率创历史新低，结构性分化明显；
✧ 新三板优化分层标准，引入集合竞价；
✧ 中国联通打响集团整体混改"第一枪"。

资料来源：《中国证券报》

二、上市公司业绩评价结果分析

（一）上市公司高质量、创新发展，交出靓丽成绩单

整体来看，2017年沪深两市全体上市公司的合计营业收入增速高达21.02%，是2016年增速的两倍，创近年新高。

沪市"大蓝筹"，高质量发展。沪市营业收入为22.67万亿元，增速为19.19%，归母净利润增速为17.76%。以"上证50"为代表的"大蓝筹"在2017年度一改过去两年归母净利润负增长的颓势，本年归母净利润增速为13.92%，占全部A股归母净利润近半，带领A股业绩扶摇直上。

深市创新引领，发展动能强劲。深市营业收入为10.01万亿元，增速为25.38%，归母净利润增速为20.67%。其中，深市主板归母净利润增速高达31.81%，拉动深市整体业绩抢眼；中小板企业归母净利润增速高达21.77%，持续保持创新增长的活力；创业板企业归母净利润三年来首次出现负增长，但是以通裕重工、碧水源、易事特、长信科技等为代表的"创蓝筹"仍保持强劲的增势。

从业绩贡献度来看，截至2017年底沪市A股上市公司数量占全部上市公司的39.38%，营业收入合计占全部上市公司的69.37%，归属于母公司股东的净利润合计占全部上市公司的61.02%，在"大蓝筹"的拉动下，体量持续优于深市。从增速来看，深市A股上市公司业绩增速高于全部上市公司整体水平，发展速度优于沪市。

2017年，沪深两市合计有2816家上市公司经营业绩实现了正增长，占比八成以上，其中169家上市公司在2017年度实现

了业绩翻番。在供给侧改革的推动下，重工业在“三去一降一补”的作用下轻装上阵，实体企业业绩回暖，成为上市公司业绩迅速改善的重要阵地和领头羊。

在国家“一带一路”政策的引导下，相关行业如建筑材料、电气设备、交通运输等行业的营业收入较上一年度均有较大程度的增长。

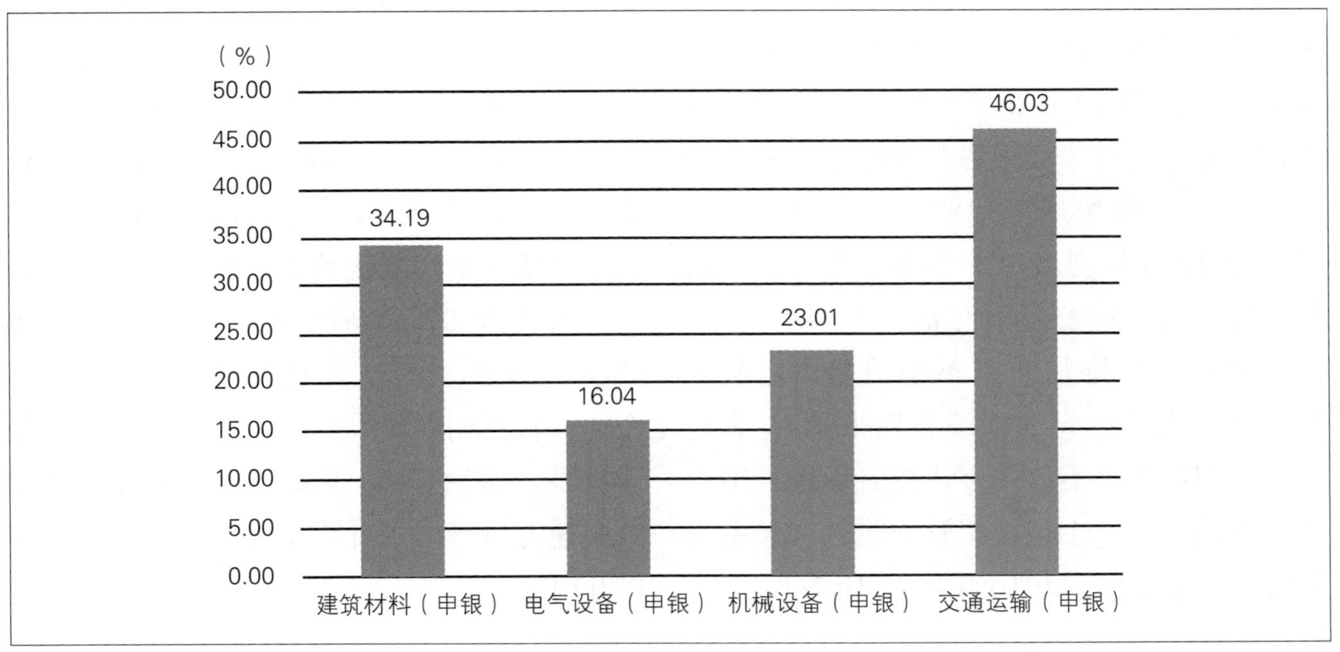

图 2－14　2017 年一带一路相关行业营业收入增长率

（二）供给侧结构性改革不断深化，助力实体产业业绩增长提速

受益于供给侧结构性改革的持续推进，加大去库存、结构调整、产业升级逐步显现效果，逐渐淘汰高污染、高耗能、产能严重过剩的部分传统行业，煤炭、钢铁、有色金

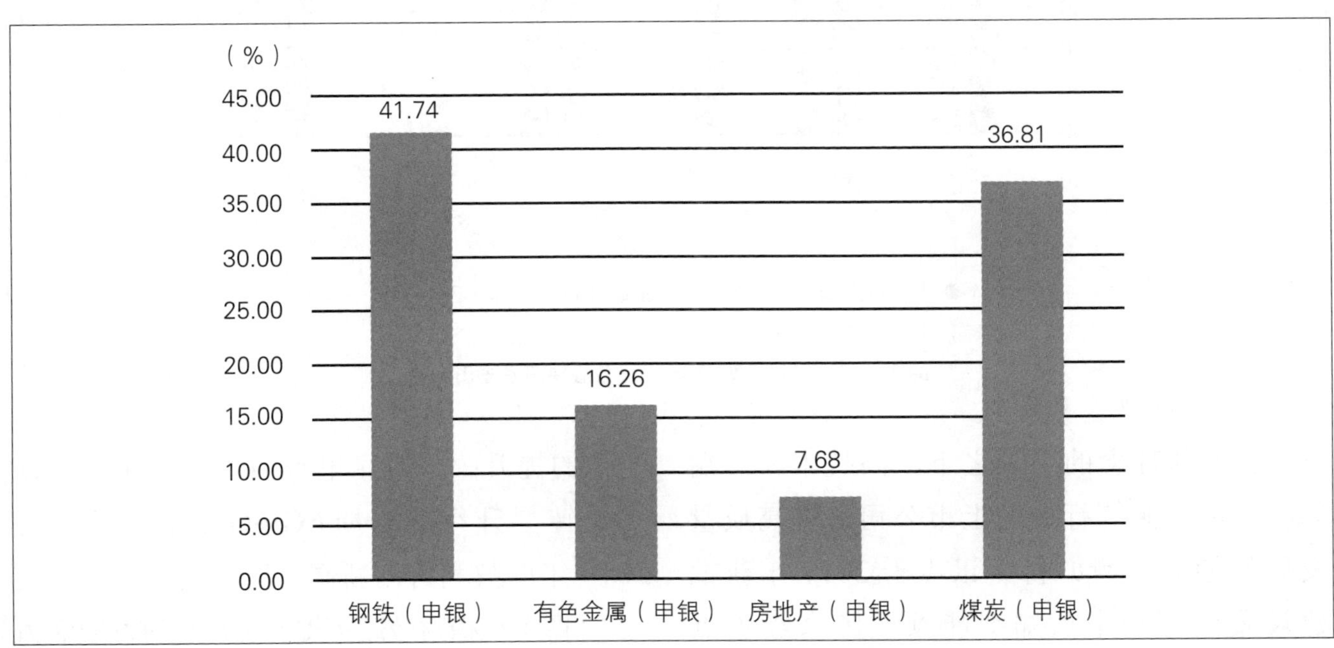

图 2－15　2017 年钢铁、有色金属、房地产、煤炭行业营业收入增长率

属等传统行业的景气度有所回升，行业收入增长率大幅上升，盈利能力明显提升。尤其是钢铁行业和煤炭行业，在2017年度的营业收入增长率分别高达41.74%和36.81%。

房地产行业的“去库存”是2017年中央经济工作会议确定的供给侧改革重大任务之一。在2017年多变的经济和政策环境下，房地产行业“去库存”取得了积极的进展，2017年度房地产行业上市公司存货周转率较2016年度增长了70%。然而楼市的调控政策及金融去杠杆政策，对房地产行业的“去库存”进程亦是不小的阻力。从房地产行业上市公司的业绩表现来看，“去库存”的积极效用不敌楼市调控的寒冰，2017年度房地产行业上市公司营业收入增长率为7.68%，远远低于2016年度的30.76%。

（三）上市公司研发投入加大，技术创新提升发展动能

党的十八大以来，创新发展成为“创新、协调、绿色、开放、共享”五大发展理念之首，我国致力瞄准世界科技前沿，全面提升自主创新能力，力争在基础科技领域作出大的创新、在关键核心技术领域取得大的突破。上市公司作为我国优质企业的主力，积极落实国家战略，2017年度A股上市公司整体研发费用支出为5442亿元，较2016年度增长28.07%，研发费用增速较2016年度的19.97%有了大幅提升，可见上市公司在加大自主创新研发力度上的主观能动性显著提升。从图2-16可见，除创业板研发支出增速有所下滑以外，A股各版块的增速都提升明显。

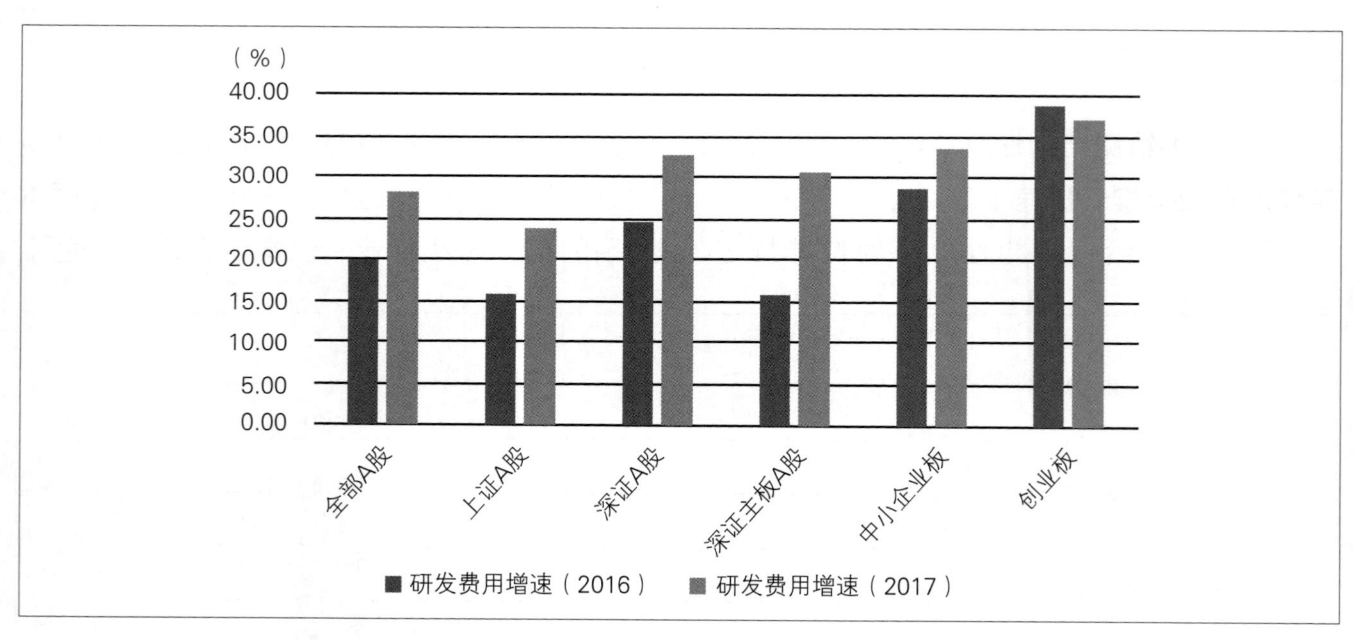

图2-16 2016~2017年A股各版块研发支出增速

在创新理念的引领之下，高技术、高端装备、新能源等行业的上市公司呈现高质量发展的趋势。例如科大讯飞于2017年获批建设我国第一个认知智能领域国家级重点实验室，致力于我国人工智能产业自主创新能力的提升；亨通光电致力于智能电网领域高端转型升级，布局5G/6G通讯技术，在2017年度盈利再创新高。

（四）积极财政政策提升上市公司发展活力

2017年，我国继续实施积极的财政政

策，继续深入推进财税体制改革。2016年，我国全面推行的营改增和资源税改革在减轻企业税负方面成效卓著，2017年继续完善营改增的政策，进一步扩大减税效应，同时清理规范基金和收费，取消、调整和规范行政事业性收费项目。从A股上市公司的税负情况看，2015~2017年平均税负率（支付的各项税费/营业总收入）分别为8.44%、8.43%和7.81%，2017年度有显著的下降。可见，本轮财政体制改革减税力度很大程度的减轻了上市公司的负担，逆经济形势增长活力尽现。2018年，财政部再度加大减税力度，将原执行17%和11%增值税率的应税行为税率分别调整为16%和10%，制造业、建筑、房地产等实体性行业将持续受益。2018年3月25日，财政部负责人在2018中国发展高层论坛上表示，今年财政部将继续调整增值税税率水平，并按三档变两档的方向进行，重点降低制造业、交通运输等行业的税率，进一步激发市场主体活力，促进实体经济发展。

从各行业税负情况看，历年税负率最高的行业是房地产行业，在各行业税负都有所下降的情况下，房地产行业的税负率有上升的趋势。其次是金融业，食品饮料行业也处于高位。最低的是钢铁行业，与此前几年钢铁行业的低迷业绩表现不无关联。

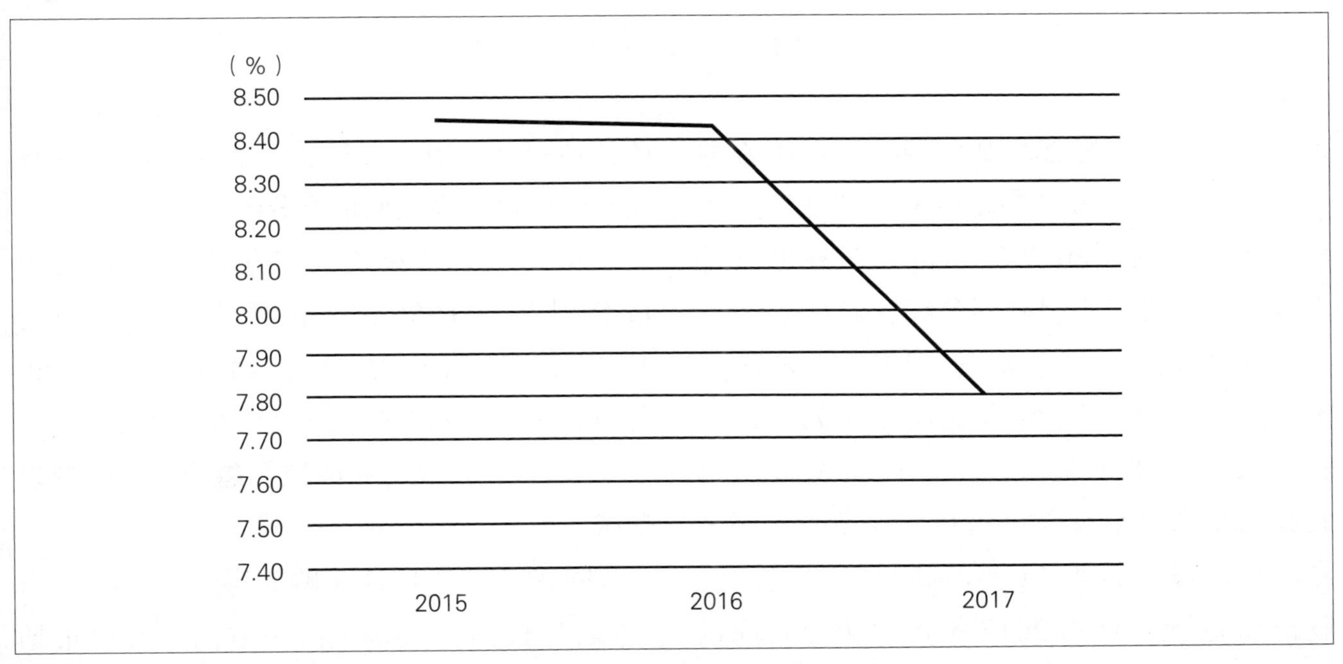

图2－17　2015~2017年A股税负率变化

2017年度，居于上市公司纳税榜首地位的大户仍然是中国石化和中国石油，支付税负总额分别为3283亿元和2929亿元。工商银行也突破了千亿。排在前十名的除了“两桶油”、工农中建招商五大银行，还有中国平安、中国神华、中国建筑。

（五）上市公司高增长高分红，现金分红成为主流

自2006年以来，中国证监会不断推出鼓励上市公司积极分红的系列政策，沪深两市也通过从严监管高送转、ST股炒作、“忽悠式”重组等方式落实该系列政策，不断强化监管，支持、鼓励现金分红，使得A股上

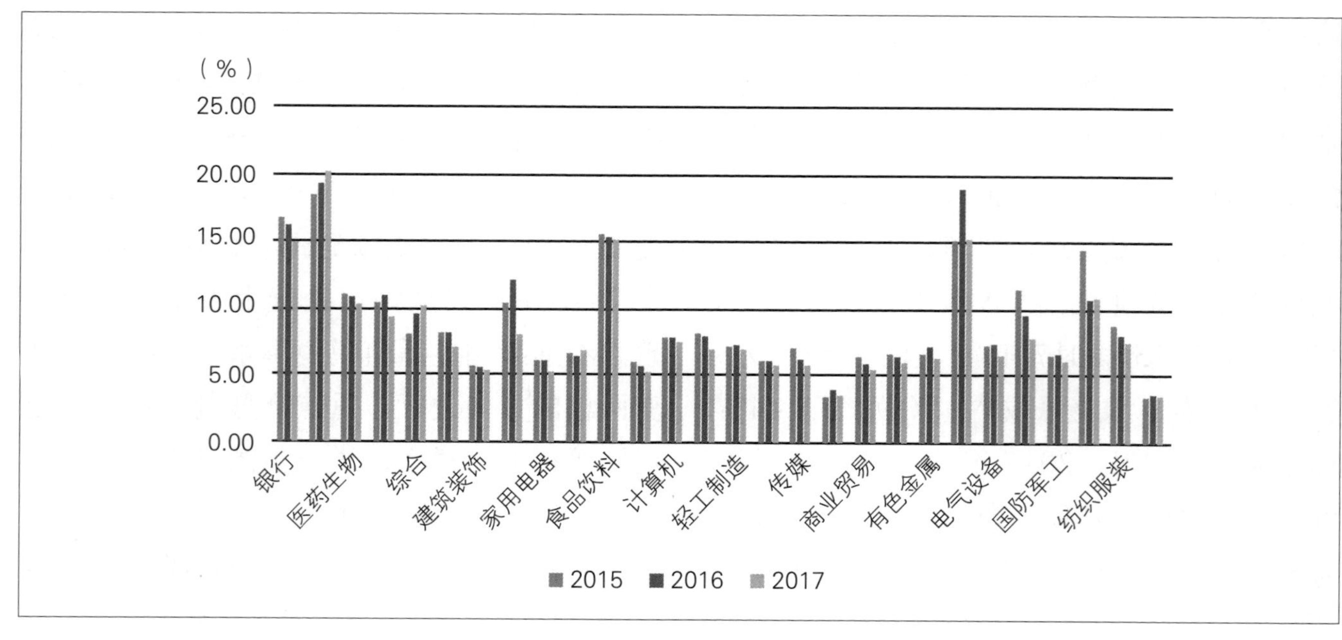

图 2－18　2015~2017 年 A 股各行业税负率变化

市公司现金分红意愿愈加浓烈，近八成 A 股公司现金分红，分红稳定性和数量也有了很大改善。同时，2017 年上市公司业绩普遍大幅上涨，进一步提升其分红意愿。

从每股分红金额来看，2017 年共有 50 家上市公司每股分红金额超过 1 元，占所有上市公司的 1.42%，其中宣布发放的每股股利最高的上市公司仍是分红肥牛贵州茅台，每股股利接近 11 元，高出第二名洋河股份 8.45 元。这与 2017 年贵州茅台六成以上净利润增速不无关系。从现金分红家数来看，共有 716 家，占所有上市公司数量的 20.38%，现金分红达百亿的上市公司共有 13 家，比 2016 年多 6 家，其中中国石化、招商银行、长江电力、中国神华、兴业银行、中国石油、中国银行 7 家上市公司是 2016 年现金分红总额未达到 100 亿的，而 2016 年现金分红上百亿的中信银行在 2017 年有所降低，仅有 73.21 亿。现金分红总额最高的两家上市公司则分别是工商银行和农业银行，可见国有银行仍旧最为慷慨，其中现金分红最高的工商银行，现金分红总额达 631.70 亿，已连续十年保持高比例现金分红。

2015~2017 年连续三年进行分红的上市公司共有 1666 家，占所有上市公司的 47.42%，较 2016 年增加 741 家，其中深市公司有 1030 家，沪市公司有 630 家。

（六）上市公司并购监管趋严，并购交易骤减

回顾 2016 年的并购市场，“监管”与“创新”成两大关键词：一方面，股票市场的大幅波动，使监管机构加强了对企业并购活动的监管；另一方面，面对人民币持续贬值、资金出境政策收紧的新形势，跨境换股、私募可交换债等创新，并购形式得以发挥应用。2017 年，“严监管”仍然是主旋律。从 2017 年 2 月再融资新政到 2017 年 5 月董监高减持新规的发布，再到 2017 年 9 月信息披露新规的发布，证监会对于“忽悠式”、“跟风式”及盲目跨界重组均采取了高压态势，对于并购重组政策作出新的窗口指导，严控套利行为，要求并购重组时所做的

业绩承诺不可变更、不可调整；通过股东大会对已完成的并购重组约定的业绩承诺进行调整，也要被严控。

受再融资新政影响，2017 年上市公司并购重组审核总数为 175 家，相比 2016 年的 267 家，数量明显下降，并购重组活动整体降速。与此同时，TMT（电信、媒体和科技）行业更是遇冷明显，尤其是影视、游戏、体育等文娱板块行业交易金额与交易数量分别下降 58% 和 35%，但企业服务、物流、电商行业的交易数量较 2016 年减少较缓。从整体来看，跨界收购仍然是监管关注的重点，此外，业绩承诺的可实现性也是交易受阻的重要原因。

（七）国有上市公司控股股东混改纵深升级，综合效果显著

2016 年以来，国有企业混合所有制改革加速“落地”，国有控股上市公司积极适应经济发展新常态，遵循市场经济规律和企业发展规律，开展一系列市场化改革，以“规范运作、互利共赢、互相尊重、长期合作”的“十六字”混合原则，走出一条以国民共进方式进行市场化改革和行业结构调整的新路。

2017 年，中国联通打响了央企集团整体混改第一枪，成功引进战略投资者，中国联通集团由绝对控股转为相对控股，一边打造精简高效的组织结构，一边推出员工股票激励计划，全面提升公司活力及内生动力。中国联通 2017 年年报显示，其营业成本已经显著下降。

2018 年 4 月，发改委、国资委推出第三批混改示范项目，涵盖了中央企业和部分地方国企，实现了电力、石油、天然气、铁路、民航、电信、军工等七大重要领域全覆盖，并延伸到国有经济较为集中的一些重要行业。国企混改进一步纵深升级。2018 年 3 月以来，多家地方国资上市公司在控股股东层面开启混改。

第三章　2017 年度“中联百强”上市公司

一、2017 年度“中联百强”上市公司评价结果

按照中国上市公司业绩评价体系，我们以统一测算的评价标准为基准，运用功效系数法，对截至 2018 年 5 月 4 日公布年报的 A 股 3382 家上市公司（不包括 B 股上市公司和金融行业）业绩进行了评价，得出了 2017 年度中联上市公司价值百强排行榜（以下简称：“中联百强”）。其中，广汽集团以综合得分 92.7 分获得冠军，海螺水泥、大秦铁路、三钢闵光、韵达股份、陕西煤业、分众传媒、兖州煤业、新钢股份和万华化学分列排行榜的第 2~10 名。具体信息见表 3-1。

表 3-1　　中联百强排行榜表

排名	证券代码	单位名称	综合得分	排名	证券代码	单位名称	综合得分
1	601238	广汽集团	92.7	17	000651	格力电器	83.9
2	600585	海螺水泥	88.8	18	600167	联美控股	83.8
3	601006	大秦铁路	88.5	19	600104	上汽集团	83.8
4	002110	三钢闽光	87.7	20	601888	中国国旅	83.7
5	002120	韵达股份	87.3	21	600009	上海机场	83.6
6	601225	陕西煤业	86.3	22	300015	爱尔眼科	83.6
7	002027	分众传媒	85.8	23	002555	三七互娱	83.4
8	600188	兖州煤业	85.7	24	000568	泸州老窖	83.4
9	600782	新钢股份	85.3	25	600688	上海石化	83.3
10	600309	万华化学	85.3	26	002572	索菲亚	83.3
11	600271	航天信息	84.6	27	000537	广宇发展	83.3
12	001979	招商蛇口	84.6	28	600516	方大炭素	82.9
13	603288	海天味业	84.3	29	002468	申通快递	82.7
14	000333	美的集团	84.2	30	002078	太阳纸业	82.6
15	600019	宝钢股份	84.1	31	002415	海康威视	82.5
16	600406	国电南瑞	84	32	000858	五粮液	82.4

续表

排名	证券代码	单位名称	综合得分	排名	证券代码	单位名称	综合得分
33	000338	潍柴动力	82.4	67	000022	深赤湾 A	79.5
34	600276	恒瑞医药	82.1	68	000538	云南白药	79.4
35	002016	世荣兆业	82	69	601088	中国神华	79.3
36	000069	华侨城 A	82	70	300144	宋城演艺	79.3
37	600801	华新水泥	81.9	71	002714	牧原股份	79.2
38	600519	贵州茅台	81.9	72	002075	沙钢股份	79.2
39	603898	好莱客	81.5	73	600887	伊利股份	79.1
40	002233	塔牌集团	81.4	74	603885	吉祥航空	79
41	600230	沧州大化	81.3	75	603866	桃李面包	79
42	000581	威孚高科	81.3	76	000513	丽珠集团	79
43	002833	弘亚数控	81.2	77	603599	广信股份	78.9
44	300433	蓝思科技	81	78	600703	三安光电	78.9
45	000786	北新建材	80.9	79	300070	碧水源	78.9
46	002601	龙蟒佰利	80.7	80	601003	柳钢股份	78.8
47	002304	洋河股份	80.6	81	600409	三友化工	78.8
48	601678	滨化股份	80.5	82	002092	中泰化学	78.8
49	601021	春秋航空	80.5	83	000825	太钢不锈	78.8
50	600507	方大特钢	80.5	84	603160	汇顶科技	78.7
51	600004	白云机场	80.5	85	601155	新城控股	78.7
52	002508	老板电器	80.5	86	000418	小天鹅 A	78.7
53	000423	东阿阿胶	80.5	87	600763	通策医疗	78.6
54	601012	隆基股份	80.4	88	603338	浙江鼎力	78.5
55	002597	金禾实业	80.2	89	600900	长江电力	78.5
56	300072	三聚环保	80.1	90	300347	泰格医药	78.4
57	002466	天齐锂业	80.1	91	300571	平治信息	78.3
58	600380	健康元	80	92	002310	东方园林	78.3
59	600690	青岛海尔	79.9	93	002128	露天煤业	78.3
60	600282	南钢股份	79.8	94	000830	鲁西化工	78.3
61	002648	卫星石化	79.8	95	603515	欧普照明	78.2
62	002241	歌尔股份	79.8	96	600808	马钢股份	78.2
63	600273	嘉化能源	79.7	97	600436	片仔癀	78.2
64	000895	双汇发展	79.7	98	601111	中国国航	78.1
65	603816	顾家家居	79.6	99	600741	华域汽车	78.1
66	600270	外运发展	79.6	100	002372	伟星新材	78.1

注：当年 IPO 上市或借壳上市的公司并未参与。

从评价得分结果来看，2017 年中联百强表现优异，算数平均得分为 81.31 分，比全部上市公司算数平均得分 54.09 分高出 27.22 分，高于平均水平 50.32%。

从市场价值来看，2017 年中联百强整体总市值为 85481.06 亿元，占纳入评价范围内 3382 家上市公司全部市值的 17.99%；中联百强户均市值为 854.81 亿元，为全部上市公司（不包括 B 股上市公司和金融行业）户均市值的 6.08 倍，表明中联百强市值平均规模明显高于全部上市公司平均水平。中联百强平均市盈率为 16.41 倍，为全部上市公司平均市盈率的 55.90%，表明中联百强市场价值与业绩表现相称，更具投资价值；中联百强平均市净率为 2.86 倍，为全部上市公司平均市净率的 1.30 倍，表明中联百强的净资产增值幅度远小于全部上市公司平均水平，“资产泡沫”较小。相比 2016 年，今年中联百强整体市值增长 54.80%，表明今年中联百强业绩得到市场认可，市盈率增长了 7.81%，市净率增长了 8.23%，这是因为 2016 年蓝筹市场较好。

从经营规模来看，中联百强 2017 年度实现营业总收入 44097.55 亿元，占全部上市公司的 13.49%，户均水平为全部上市公司户均水平的 4.56 倍。净利润 5509.06 亿元，占全部上市公司的 27.32%，户均水平为全部上市公司户均水平的 7.64 倍，表明户均盈利能力显著高于平均水平。经营活动产生的现金流量净额 5731.36 亿元，占全部上市公司的 28.96%，户均水平为全部上市公司户均水平的 9.79 倍，表明户均经营现金流状况明显优于全部上市公司平均水平。中联百强 2017 年度资产总额 63892.82 亿元，占全部上市公司的 11.78%，户均水平为全部上市公司户均水平的 3.98 倍。净资产总额 29866.71 亿元，占全部上市公司的 13.83%，户均水平为全部上市公司户均水平的 4.68 倍。相比 2016 年，今年中联百强营业收入增长 38.47%，净利润增长 43.95%，经营活动产生的现金流量净额增长 24.78%，资产总额增长 24.67%，净资产增长 43.03%%，表明今年中联百强业绩成长性好，盈利能力进一步增强，现金流状况明显改善，整体经营规模大幅增长。

从经营质量来看，中联百强 2017 年度整体净资产收益率为 19.10%，为全部上市公司平均水平的 2.39 倍，盈利效益明显高于平均水平。中联百强 2017 年度整体总资产周转率为 0.76 次，为全部上市公司平均水平的 1.18 倍，周转效率明显高于全部上市公司平均水平。中联百强 2017 年度整体资产负债率为 53.25%，小于全部上市公司的平均水平 60.19%。中联百强 2017 年度整体收入增长率为 31.72%，为全部上市公司平均水平的 1.51 倍，发展速度明显快于全部上市公司平均水平。中联百强 2017 年度整体市场投资回报率为 50.09%，全部上市公司平均水平为 -14.59%，中联百强市场回报表现明显优于全部上市公司平均水平。

以上数据表明中联百强集聚了经营效益好、资产质量优、发展潜力大的上市公司。

资料链接：

广汽集团产销破200万创新发展全面加速

2017年，广汽集团在产销业绩创新高的同时，广汽集团发展质量也进一步提升，旗下三大板块整车企业集体向上，研发、整车、零部件、金融、商贸五大产业协同发展持续深化，“电动化、国际化、网联化”创新突破全面加速。

2017年12月29日，召开的广汽集团董事会上公布的2017年产销数据显示，自主品牌（广汽传祺）产销量超50万辆，产销同比增幅超30%；日系合资业务方面，广汽本田整体销量稳步增长，2017年销量累计超过70万辆，同比增长超10%；广汽丰田实现质与量的均衡稳健增长，2017年累计销售近45万辆；广汽三菱大幅超额完成目标，销量突破10万大关，全年累计销量11.5万辆，同比增长约105%。欧美合资业务方面，广汽菲克全年产销突破20万辆，销量净增约36%。

2017年12月19日，基于传祺GS4打造的广汽三菱“祺智”车型成功下线，进一步体现了广汽集团对中外合资公司的支持和贡献，更开创了中国汽车产业合资历史新的篇章。自2013年以来，广汽集团汽车销量首次跻身百万俱乐部，在时隔四年后的2017年即迈上200万辆台阶，实现翻番的跨越式增长。

资料来源：网通社。

二、2017年度“中联百强”上市公司评价指标分析

本次业绩评价分别从财务效益状况、资产质量状况、偿债风险状况、发展能力状况、市场表现状况五个方面进行，中联百强上市公司均优于全部上市公司平均水平，下面分别从上述五个方面对中联百强上市公司的财务指标进行分析：

（一）财务效益

表3–2列示了中联百强上市公司财务效益状况评价结果。根据财务效益状况指标具体分析：与全部上市公司平均值比较，2017年中联百强上市公司财务效益指标除盈利现金保

表3–2 中联百强财务效益状况比较表

分析指标		2017年上市公司平均值	2017年百强值	与上市公司平均值比值	2016年百强值	同比增长率（%）
基本指标	扣除非经常性损益净资产收益率	7.99%	19.10%	2.39	19.45%	–1.81
	总资产报酬率	5.91%	12.54%	2.12	11.09%	13.04
修正指标	营业利润率	7.25%	15.32%	2.11	14.04%	9.12
	盈利现金保障倍数	1.34	1.10	0.82	1.27	–13.32
	股本收益率	42.46%	152.19%	3.58	143.07%	6.37

障倍数外，基本指标和其他修正指标均远高于全部上市公司平均水平；与2016年中联百强情况相比较，除扣除非经常性净资产收益率和盈利现金保障倍数低于去年，其他指标均不同幅度的优于去年，总体而言，中联百强上市公司财务效益状况较去年略有提升。就中联百强具体上市公司的财务效益得分情况而言，100家上市公司财务效益全部超过全部上市公司平均水平，其中海螺水泥、大秦铁路、陕西煤业、贵州茅台、中国神华和长江电力6家上市公司在财务效益方面获得35分满分，与其他中联百强上市公司相比表现明显突出。

（二）资产质量

表3–3列示了中联百强上市公司资产质量状况评价结果。从资产质量状况指标来看，四项指标均高于全部上市公司平均水平，表明中联百强资产质量状况良好。与2016年中联百强情况相比，除应收账款周转率略低于上年以外，总资产周转率、流动资产周转率和存货周转率均有提高，表明中联百强资产质量明显优于去年。就资产质量得分情况而言，中联百强中有90家上市公司超过全部上市公司平均水平，其中韵达股份、航天信息、招商蛇口、中国国旅、爱尔眼科等14家中联百强上市公司在资产质量方面获得15分满分，表现优于中联百强其他公司。

表3–3 中联百强资产质量状况比较表

分析指标		2017年上市公司平均值	2017年百强值	与上市公司平均值比值	2016年百强值	同比增长率（%）
基本指标	总资产周转率（次）	0.64	0.76	1.18	0.71	7.43
	流动资产周转率（次）	1.23	1.58	1.28	1.09	45.18
修正指标	存货周转率（次）	2.77	4.68	1.69	2.00	133.41
	应收账款周转率（次）	8.16	17.50	2.15	17.85	–1.94

（三）偿债风险

表3–4列示了中联百强上市公司偿债风险状况评价结果。从偿债风险状况指标

表3–4 中联百强偿债风险状况比较表

分析指标		2017年上市公司平均值	2017年百强值	与上市公司平均值比值	2016年百强值	同比增长率
基本指标	资产负债率	60.19%	53.25%	0.88	59.26%	–10.13%
	获利倍数	4.97	14.17	2.85	14.86	–4.66%
修正指标	速动比率	79.60%	93.72%	1.18	86.20%	8.73%
	现金流动负债比率	10.90%	21.04%	1.93	20.40%	3.15%
	带息负债比率	49.72%	42.74%	0.86	33.24%	28.60%

来看，全部指标优于全部上市公司平均水平。与2016年的情况相比，2017年度中联百强偿债风险明显降低。从中联百强具体公司来看，中联百强上市公司中有75家企业偿债风险综合得分高于全部上市公司平均水平。汇顶科技偿债风险综合得分为满分15分，另外恒瑞医药、弘亚数控、桃李面包得分14.99分，接近满分，明显优于中联百强其他公司水平。

（四）发展能力

表3-5列示了中联百强上市公司发展能力状况评价结果。从具体指标来看，中联百强所有指标均明显优于全部上市公司平均水平，说明中联百强发展能力较强。与2016年中联百强上市公司发展能力状况相比，除营业收入增长率和三年营业收入增长率有所提高外，资本扩张率、累计保留盈余率和总资产增长率均有降低，主要原因在于2016年中联百强中蓝筹股占比较大。从中联百强具体公司来看，中联百强上市公司中有97家企业综合得分高于全部上市公司平均水平。广汽集团、兖州煤业、万华化学、国电南瑞、广宇发展、新城控股发展能力综合得分为满分20分，明显优于中联百强其他公司水平。

表3-5 中联百强发展能力状况比较表

分析指标		2017年上市公司平均值	2017年百强值	与上市公司平均值比值	2016年百强值	同比增长率（%）
基本指标	营业收入增长率	21.02%	31.72%	1.51	23.78%	33.40
	资本扩张率	14.21%	21.04%	1.48	27.19%	-22.62
修正指标	累计保留盈余率	41.07%	62.29%	1.52	63.65%	-2.13
	三年营业收入增长率	9.58%	13.80%	1.44	13.40%	2.99
	总资产增长率	14.82%	21.74%	1.47	31.28%	-30.50
	营业利润增长率	42.01%	64.17%	1.53	34.51%	85.96

（五）市场表现

表3-6列示了中联百强上市公司市场表现状况评价结果。从市场表现情况指标具体来看，中联百强企业市场投资回报率远高于全部上市公司平均水平，股价波动率略高于全部上市公司平均水平。与2016年相比，市场投资回报率和股价波动率均大幅增加。从具体公司来看，中联百强市场表现方面得分全部高于全部上市公司平均水平。以上数据表明2017年度中联百强市场表现优异。

表3-6 中联百强市场表现状况比较表

分析指标	2017年上市公司平均值	2017年百强值	与上市公司平均值比值	2016年百强值	同比增长率（%）
市场投资回报率	-14.59%	50.09%	-3.43	18.34%	173.15
股价波动率	92.63%	107.93%	1.17	80.35%	34.33

三、2017 年度“中联百强”上市公司分布特点

2017 年是实施“十三五”规划的重要一年，是供给侧结构性改革的深化之年。党的十九大报告明确指出，我国经济已由高速增长阶段转向高质量发展阶段。在需求管理政策效应逐步释放和市场预期明显改善的综合作用下，全球经济稳步复苏，中国经济趋稳向好的态势更加巩固，经济增长的结构、质量、效益积极转变，向高质量发展迈出新步伐。2017 年全国 GDP 达到 827122 亿元，这是中国经济总量首次突破 80 万亿元，按可比价格计算，GDP 增速为 6.9%。

2017 年我国经济运行态势亮点众多，概括而言就是：总体平稳、稳中有进。经济保持稳步增长，投资结构持续优化，供给侧结构性改革深入推进，先进产能稳步发展，优质供给加快孕育，落后产能陆续退出。综观 2017 年，上市公司主动适应国家推动经济转型升级的战略发展大局，实现经营的质量效率动力变革，取得了可喜的成绩。中联百强作为中国经济的领头羊更是交上了一份靓丽的答卷。中联百强具有以下特点。

（一）行业结构稳中向好，制造业继续领跑

2017 年是中国经济转型相当关键的一年，中国经济趋稳向好的态势更加巩固，结构调整不断深化，经济结构不断优化，产业结构不断升级，创新提供新动力，这些特征在中联百强上市公司中得到充分体现。制造业是中国经济的第一大产业，也是维系着中国经济发展的命脉产业，占中国经济比例达 29.34%。2017 年制造业增加值增长 7.2%，在全国 GDP 实现 6.9% 的增速中起到举足轻重的作用。习近平在江苏徐州市考察徐工集团重型机械有限公司时谈到，发展实体经济，就一定要把制造业搞好，当前特别要抓好创新驱动，掌握和运用好关键技术。中联百强排名充分体现了这一点，制造业在百强中占比过半。按证监会行业分类中联百强分布于 11 个行业，其中：制造业坐拥 63 个席位，比 2016 年增加 3 家企业，高新技术企业在百强中的占比不断增加，新兴产业转型升级态势加快，中国制造业迈上新的台阶；社会服务业由去年的 5 家增至 8 家，主要原因在于随着我国社会经济的发展，人民生活条件越来越好，消费水平提高，我国社会的主要矛盾已经转变为人民日益增长的美好生活需要和不平衡不充分的发展之间的矛盾；房地产行业家数减少一半有余，这主要是因为 2017 国家对房地产行业实施了大规模的调控政策，有专家学者称楼市将全面进入“限购 + 限贷 + 限价 + 限售”的四限时代；综合类行业加入中联百强当中；农、林、牧、

表 3–7　中联百强行业分布表

行业	2017 年	2016 年
制造业	63	60
信息技术业	6	5
社会服务业	8	5
农、林、牧、渔业	1	4
交通运输、仓储业	8	6
建筑业	1	2
房地产业	5	11
电力、煤气及水的生产和供应业	2	1
传播与文化产业	1	5
采掘业	4	1
综合类	1	0

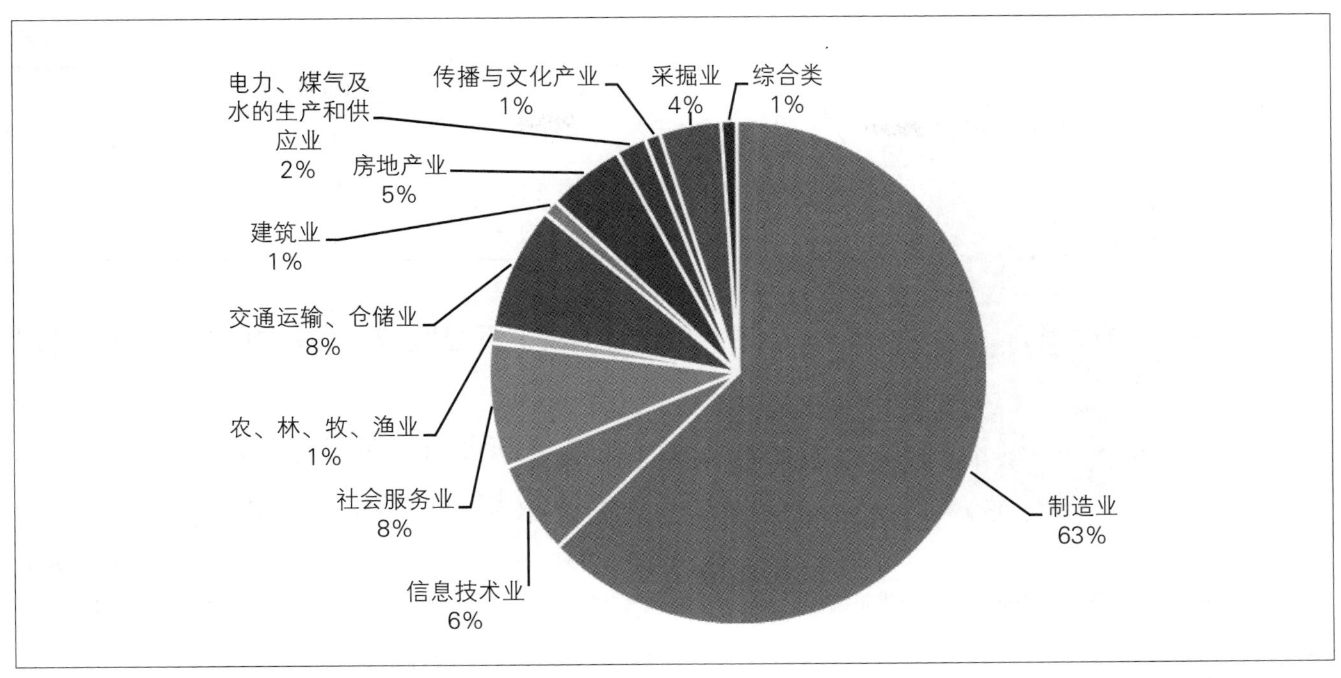

图 3－1　2017 年中联百强行业分布

渔业，传播与文化产业，信息技术业相较于 2016 年有所下降；社会服务业，交通运输、仓储业，电力、煤气及水的生产和供应业有所上升；采掘业增加了 3 家，表明我国的基础性产业有了质的提升。

（二）并购重组目的多元，百强占比明显降低

2017 年中国证监会为了防控市场风险，提升上市公司重组质量，从严审核并购重组，抑制了一些虚假重组项目，证监会审核通过并购重组项目较 2016 年有较大程度下降，2017 年度中联百强中有 10 家上市公司进行了并购重组，仅有 4 家完成了并购重组，相比 2016 年减少 14 家。4 家完成并购重组的企业分别是美的集团、国电南瑞、三七互娱和广宇发展。其中美的集团进行了横向整合，国电南瑞进行了业务转型，三七互娱进行了多元化战略，光宇发展完成了整体上市。4 家企业均通过并购重组实现自我积累与外延扩张的紧密结合，做优做强，提升了综合竞争力，实现业绩高速增长。

表 3–8　　中联百强并购重组统计表

并购目的	2017 年	2016 年
横向整合	1	12
多元化战略	1	2
业务转型	1	0
整体上市	1	1
资产调整	0	3
合计	4	18

（三）中联百强整体分布均匀，逾十载企业“历久弥香”

从中联百强上市公司的上市年份来看，2017 年中联百强名单中，上市时间在 10 年以上的公司最多，占比 53%，上市 5 年以内和上市 6~10 年的中联百强各占 25% 左右，整体分布较为均匀。上市 4~5 年中联百强占比 4%，是上市 2~3 年中联百强的 1/3。主要原因在于 2013 年上市的中联百强仅为 1 家，当年上市的公司仅为两家。

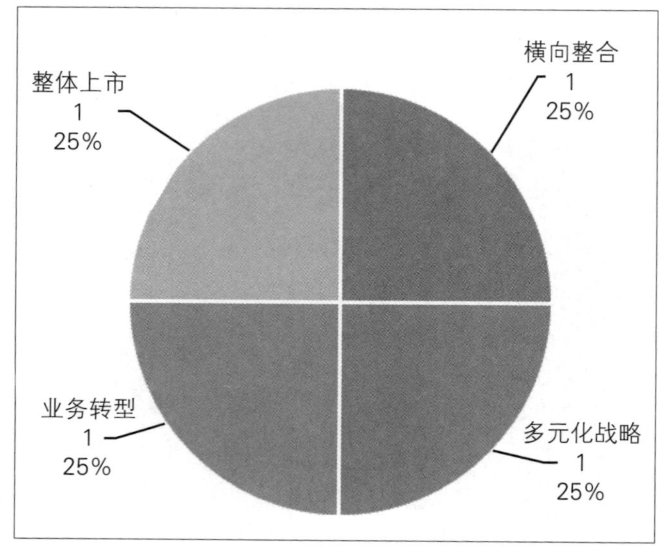

图 3－2　2017 年中联百强并购重组统计

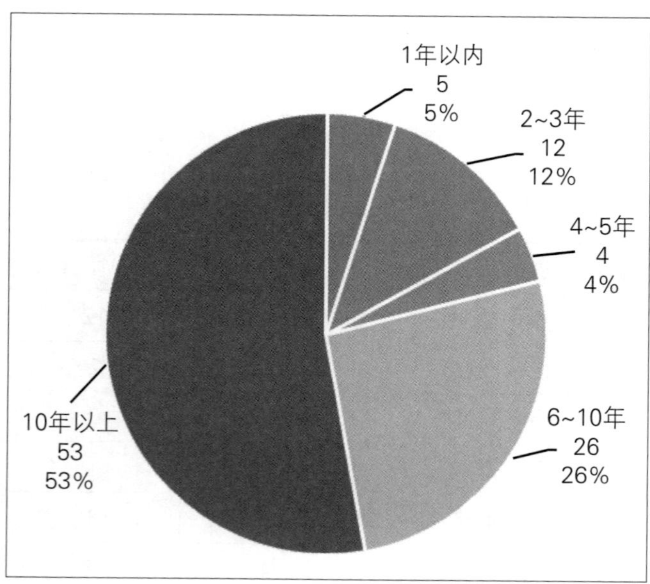

图 3－3　2017 年中联百强上市时间分布

与 2016 年相比，上市 10 年以上中联百强占比稳定在一半左右，5 年内和 6~10 年两个区间相差不大。上市 2~3 年内中联百强差别较大，主要原因是在本年度中联百强中，2015 年上市的公司数量为 9 家。

表 3-9　　中联百强上市时间分布表

上市年份	2017 年	2016 年
1 年内	5	6
3 年内	17	11
5 年内	21	22
10 年内	47	51
10 年以上	53	49

（四）百强区域分布集中，东部地区遥遥领先

从中联百强分布省份来看，2017 年广东省共有 17 家，位列第一，浙江省和北京位列二三位，前三名共计 40 家，说明中联百强主要聚集于经济较为发达、资本市场较为活跃的东部地区。2016 年省份排名中，前两名基本一致，前三名的省份共计 46 家。但 2016 年百强分布于 19 个省份，相比今年更为集中。

2017 年 GDP 排名前五位的省份为广东、江苏、山东、浙江、河南。与各省份 GDP 排名相比，广东、江苏、浙江和山东百强分布与 GDP 排名基本一致，但河南百强分布明显弱于其 GDP 排名，在中联百强省份排名中排第 8 位。说明河南百强企业数量表现弱于其经济大省的地位。

表 3-10　　中联百强省份分布表

序号	省份	2017 年	2016 年
1	广东省	17	19
2	浙江省	13	17
3	北京	10	6
4	山东省	9	6
5	上海	8	8
6	江苏省	8	10
7	安徽省	5	6
8	四川省	3	5
9	河南省	3	3
10	陕西省	2	1
11	山西省	2	0

续表

序号	省份	2017 年	2016 年
12	内蒙古自治区	2	2
13	辽宁省	2	0
14	江西省	2	0
15	湖南省	2	4
16	湖北省	2	2
17	河北省	2	1
18	福建省	2	2

续表

序号	省份	2017 年	2016 年
19	云南省	1	1
20	新疆维吾尔自治区	1	1
21	天津	1	0
22	贵州省	1	2
23	广西壮族自治区	1	0
24	甘肃省	1	0
25	重庆	0	4

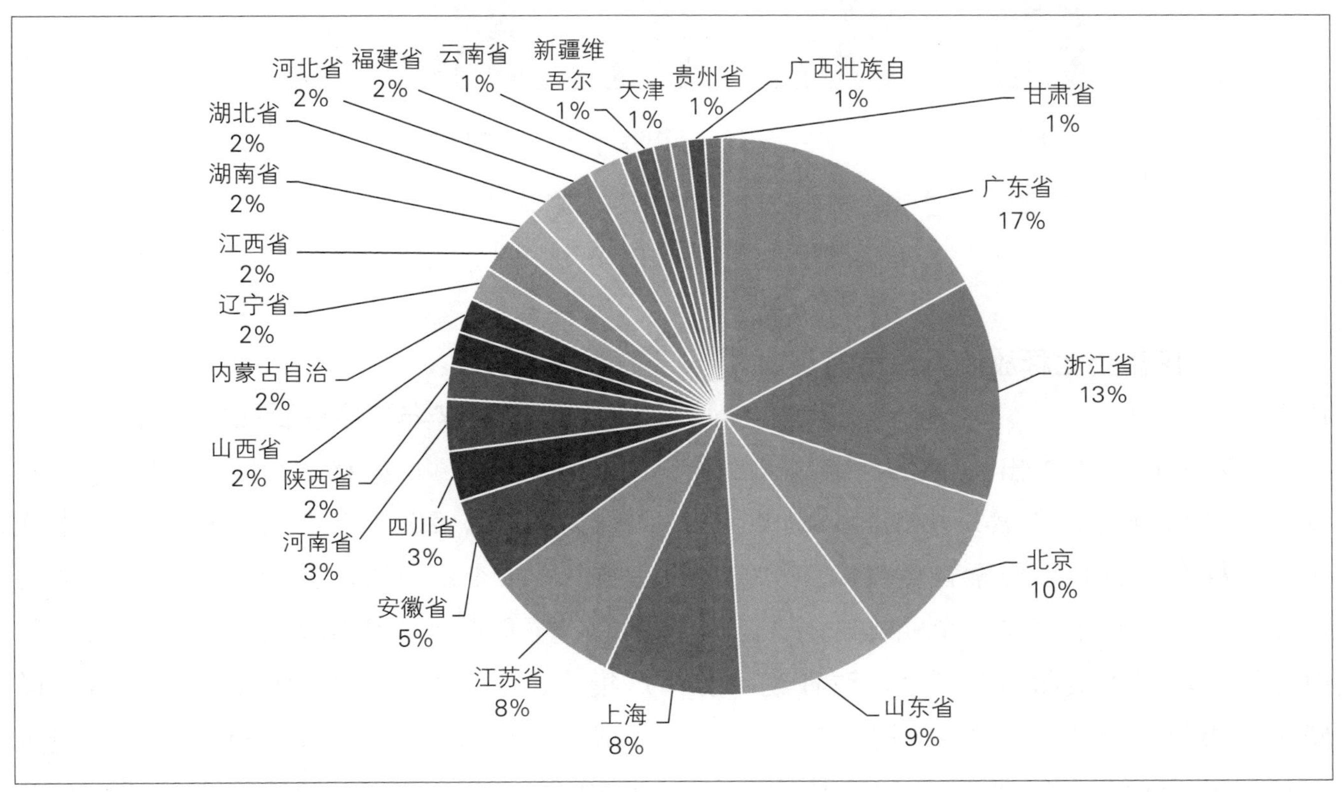

图 3－4　2017 年中联百强省份分布

（五）“四板块”局面稳，主板市场发展较快

2017 年是新兴经济转型之年，我国经济发展稳中偏好，上市公司整体经营状况良好。但是随着国家政策出台，不同行业间业绩差距较为显著，传统行业衰退，新兴经济发展势头高涨，政策效应联动，双创局面一片向好，经济结构优化升级。2017 年四大板块的分布相比于 2016 年变化不大，上海主板市场增加了 7 家，中小企业板由 2016 年的 30 家下降到 24 家，深圳主板仍为 18 家，创业板减少 1 家，变动幅度较小，比较稳定。中小板中业绩优异的公司数量继续维持了高增长，资产规模和盈利能力大幅度提升，上海主板市场企业数量增多。四板块的增减趋势表明，我国经济发展态势良好，未来将会创造更多效益。

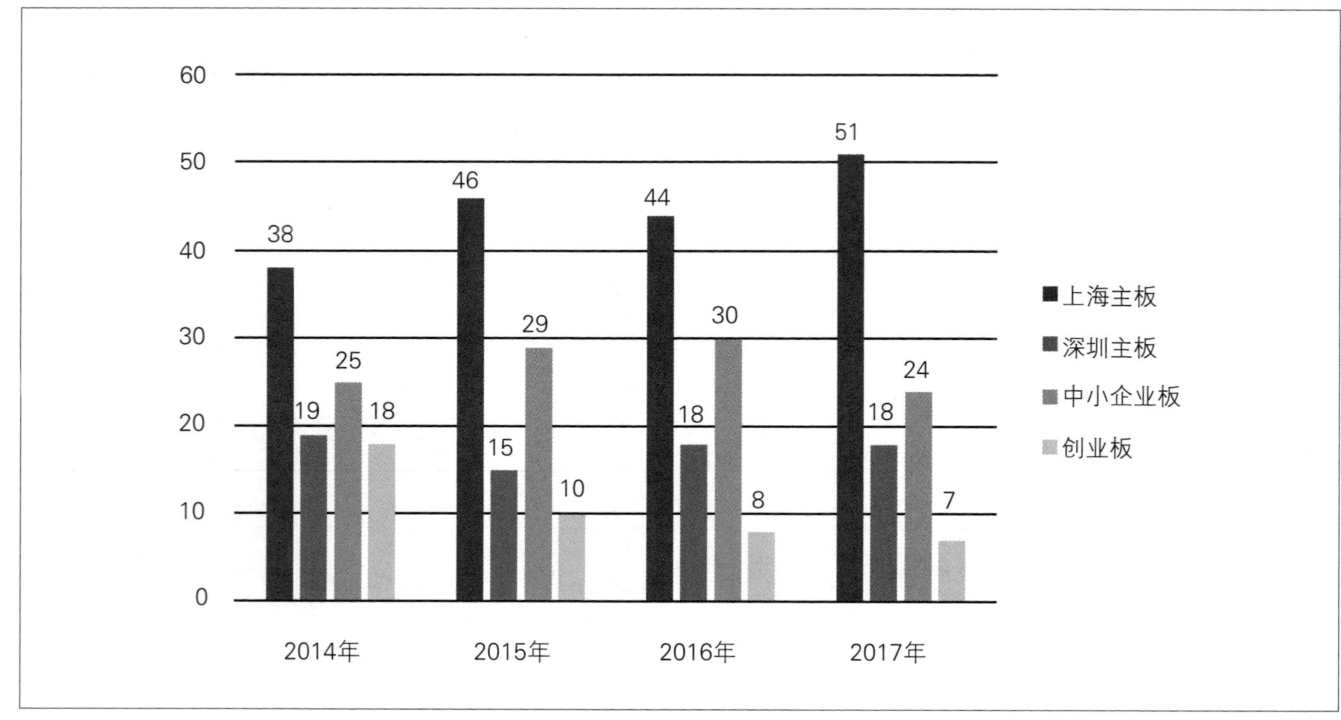

图 3－5　中联百强上市板块分布图

（六）民营企业释放活力，撑起百强“半边天”

十九大报告中指出：经济体制改革必须以完善产权制度和要素市场化配置为重点，实现产权有效激励、要素自由流动、价格反应灵活、竞争公平有序、企业优胜劣汰。全面实施市场准入负面清单制度，清理废除妨碍统一市场和公平竞争的各种规定和做法，支持民营企业发展，激发各类市场主体活力。这些意见的提出，极大的促进了民营企业的发展。民营企业由于其具有较高的市场化程度和经营灵活性，表现出了较好的成长性和股东盈利性，业绩评价较高。2017 年韵达股份、海天味业、联美控股、爱尔眼科、三七互娱等一大批民营企业强势跻身中联百强，民营企业家数连续三年超过国企，成为中联百强的佼佼者。在 2017 年度民营企业中 57 家入驻了中联百强，发展劲头充足。

（七）2017 年度中联百强榜中榜

1. 连续三年登榜公司。表 3-11 显示 2015、2016、2017 年连续三年荣登“中联百强”共 24 家公司，其中海天味业、美的集团、恒瑞医药、中国国旅、贵州茅台、广汽集团、上汽集团、五粮液、海康威视、洋河股份、索菲亚共 11 家公司连续三年挺进前 50 强，是上市公司持续稳定业绩优异的表率。

2. 中联百强名次三年连续提升的公司：广汽集团。该公司连续三年业绩提升，在 2017 年达到百强之首，持续发展能力较强。

3. 中联百强发展速度最快的公司：在百强公司排名中，广汽集团由 2015 年的 34 名到 2017 年的第 1 名，提升了 33 名，业绩排名提升速度最快，表现抢眼。

4. 中联百强最具送红股和分红实力的公司：2017年末，贵州茅台每股留存收益70.23元，作为老牌绩优蓝筹股，贵州茅台长期占据该榜，是A股市场回报股东的典范。

表 3-11　　连续三年荣登百强公司

序号	股票代码	单位简称	各年排名			三年累计分红占比	每股留存收益（元/每股）
			2017	2016	2015		
1	601238	广汽集团	1	10	34	14.57	5.04
2	603288	海天味业	13	22	11	111.96	2.86
3	000333	美的集团	14	6	13	50.72	7.85
4	600104	上汽集团	19	13	36	35.71	12.19
5	601888	中国国旅	20	42	17	22.91	4.27
6	600009	上海机场	21	87	31	10.00	10.71
7	300015	爱尔眼科	22	58	27	37.41	1.00
8	002555	三七互娱	23	67	14	19.80	1.36
9	002572	索菲亚	26	7	6	70.73	2.24
10	002415	海康威视	31	17	4	44.94	2.18
11	000858	五粮液	32	14	37	19.16	12.80
12	600276	恒瑞医药	34	24	15	6.01	4.26
13	600519	贵州茅台	38	19	19	24.71	70.23
14	002304	洋河股份	47	23	40	25.37	18.09
15	600004	白云机场	51	39	42	17.88	2.99
16	002508	老板电器	52	25	24	53.90	4.15
17	000423	东阿阿胶	53	82	39	16.94	12.91
18	000538	云南白药	68	28	41	11.58	15.12
19	600887	伊利股份	73	16	25	52.85	2.72
20	600703	三安光电	78	77	73	23.64	2.11
21	300070	碧水源	79	79	5	5.38	2.59
22	000418	小天鹅A	86	32	3	22.26	8.10
23	600741	华域汽车	99	12	78	31.51	7.45
24	002372	伟星新材	100	52	84	83.30	1.56

四、全部上市公司分类榜单

（一）最给力的公司——2017 年每股派息前 10 名公司

表 3-12 分类榜单——最给力的公司

排名	证券代码	证券简称	每股派息（税前）
1	600519.SH	贵州茅台	6.7870
2	002749.SZ	国光股份	3.0000
3	601088.SH	中国神华	2.9700
4	002304.SZ	洋河股份	2.1000
5	000651.SZ	格力电器	1.8000
6	600104.SH	上汽集团	1.6500
7	603858.SH	步长制药	1.6140
8	000963.SZ	华东医药	1.3500
9	000895.SZ	双汇发展	1.2000
10	603313.SH	梦百合	1.2000

数据来源：wind 数据，截至 2017 年 12 月 31 日已上市的公司，剔除 ST 公司和当年借壳上市的公司（下同）。

本榜单为截至报告期每股派息前 10 名的公司。每股派息较高说明公司 2017 年经营净现金流比较好，公司营运资金较为宽裕，取得良好的收益不忘对投资者的回报。

（二）业绩最牛公司——2017 年基本每股收益前 10 名公司

表 3-13 分类榜单——业绩最牛公司

排名	证券代码	证券简称	每股收益（元 / 每股）
1	600519.SH	贵州茅台	21.5600
2	000513.SZ	丽珠集团	8.0900
3	601318.SH	中国平安	4.9900
4	300176.SZ	鸿特精密	4.5783
5	002304.SZ	洋河股份	4.4000
6	600230.SH	沧州大化	4.3613
7	600309.SH	万华化学	4.0900
8	000661.SZ	长春高新	3.8900
9	000651.SZ	格力电器	3.7200
10	603799.SH	华友钴业	3.2000

数据来源：wind 数据，于 2017 年 12 月 31 日已上市的公司。

本榜单为基本每股收益前 10 名的公司，说明公司 2017 年盈利能力较强。

（三）业绩最差公司——2017 年基本每股收益后 10 名公司

表 3-14 分类榜单——业绩最差公司

排名	证券代码	证券简称	每股收益（元 / 每股）
1	300104.SZ	乐视网	-3.4815
2	300125.SZ	易世达	-2.2400
3	002200.SZ	云投生态	-2.1968
4	600857.SH	宁波中百	-2.0400
5	300080.SZ	易成新能	-2.0368
6	300106.SZ	西部牧业	-1.7400
7	300116.SZ	坚瑞沃能	-1.5100
8	000792.SZ	盐湖股份	-1.4929
9	600721.SH	百花村	-1.4089
10	002336.SZ	人人乐	-1.3460

数据来源：wind 数据，截至 2017 年 12 月 31 日已上市的公司。

本榜单为每股收益后 10 名的公司。2017 年，这些公司盈利能力较差。

（四）最让投资者踏实公司——2017 年股息率前 10 名公司

表 3-15 分类榜单——最让投资者踏实公司

排名	证券代码	证券简称	股息率（%）
1	000550.SZ	江铃汽车	21.7136
2	601088.SH	中国神华	14.6233
3	600507.SH	方大特钢	12.7937
4	600664.SH	哈药股份	10.1833
5	000895.SZ	双汇发展	9.5002
6	000848.SZ	承德露露	9.1371
7	600312.SH	平高电气	8.2873
8	002749.SZ	国光股份	7.9128
9	002016.SZ	世荣兆业	7.7574
10	600683.SH	京投发展	7.2202

数据来源：wind 数据，截至 2017 年 12 月 31 日已上市的公司。

本榜单为截至交易日期 2018 年 5 月 4 日，2017 年股息率前 10 名的公司。股息率是已分股息与股票价格之间的比率。公司的股息率较高，说明公司具有较高的投资价值。

（五）长线价值投资公司——2017 年加权净资产收益率前 10 名公司

表 3–16 分类榜单——长线价值投资公司

排名	证券代码	证券简称	净资产收益率（%）
1	600678.SH	四川金顶	168.9800
2	000717.SZ	韶钢松山	146.6900
3	600319.SH	亚星化学	128.8400
4	600793.SH	宜宾纸业	92.9600
5	600306.SH	商业城	76.2060
6	600338.SH	西藏珠峰	71.2400
7	600768.SH	宁波富邦	70.8600
8	600507.SH	方大特钢	67.6700
9	002027.SZ	分众传媒	67.6500
10	000016.SZ	深康佳 A	63.2600

数据来源：wind 数据，截至 2017 年 12 月 31 日已上市的公司。

本榜单为加权净资产收益率前 10 名的公司。说明 2017 年公司经营业绩良好，净资产回报率较高，盈利能力较强。

第二部分
中国上市公司行业业绩评价报告

第四章　煤炭行业上市公司业绩评价

2018年随着国家和地方大力推进供给侧结构性改革，煤炭行业通过淘汰落后产能、置换优质产能，使以往产能过剩、低价竞争的市场环境得到改善，行业景气程度有明显回升，煤炭行业上市公司业绩随之稳步向好。2017年，煤炭行业指数不同于沪深300指数全年震荡上浮，整体波动较大，呈现先抑后扬的态势，全年增长14.89%。未来我国“以煤为主、多元发展”的能源结构不会改变，煤炭在能源消费结构中仍占主要地位。每年超40亿吨的消费总量，巨大的煤炭市场，煤炭企业的发展空间非常广阔。

一、煤炭行业上市公司业绩评价结果

截止至2017年末，煤炭行业包括煤炭开采、焦炭加工的上市公司共计36家，其中沪市为28家，深市为8家。其中盈利33家，亏损3家，即有92%的公司盈利，2016年和2015该比例分别为77.78%、43.59%，说明煤炭行业上市公司业绩持续回暖，国家层面去产能效果显著。

煤炭行业2017年度综合评价分值为74.3分，超过了2016年度的59.94分和2015年度的43.51分，也超过同年全部上市公司的综合评价分值61.8分，说明煤炭行业自2014年以来的低迷状态得到了阶段性改善；3家煤炭行业上市公司进入2017年上市公司业绩评价综合得分百强名单，陕西煤业、兖州煤业和中国神华分别位列第7名、第10名和第80名。2017年陕西煤业营业收入达509.27亿元，同比大幅增长53.71%，归母净利104.49亿元，较去年同期有了高达279.3%的增长。随着公司总资产迈入千亿级别，陕西煤业俨然已成为煤企中的超级巨无霸。

在36家煤炭行业上市公司中（在业绩排名时，剔出了2家当年上市或借壳上市的公司），陕西煤业和兖州煤业评价等级为AAA，评价等级为A的有三家，分别为中国神华、露天煤业和恒源煤电，等级为BBB、BB和B的分别有6家，业绩为CCC的有1家，业绩为CC的有3家，业绩为C的有7家。

2017年全部上市公司为3382家，其资产总额为54.24万亿元，其中，煤炭行业上市公司资产总额为1.85万亿元，占上市公司资产总额的3.41%；全部上市公司实现营业收入32.68万亿元，其中，煤炭行业上市公司营业收入为0.87万亿元，占上市公司营业收入的2.68%；全部上市公司实现利润总额2.39万亿元，其中，煤炭行业上市公司利润总额为0.14万亿元，占上市公司利润总额的5.69%；全部上市公司实现净利润1.90万亿元，其中，煤炭行业上市公司净利润为0.10万亿元，占上市公司净利润的5.51%。煤炭行业上市公司市场投资回报率为5.08%，高于全部上市公司-14.59%的市场投资回报率；煤炭行业上市公司股价波动率为84.77%，低于全部上市公司92.63%的股价波动率，市场表现较为稳定。

煤炭行业上市公司扣除非经常性损益净资产收益率平均值为11.73%，高于全部上市公司7.99%的平均水平；营业利润率平均值为15.63%，高于全部上市公司7.25%的平均水平；总资产报酬率平均值为9.18%，高于全部上市公司5.91%的平均水平。这说明2017年煤炭行业上市公司资产收益水平和经营收益水平均高于全部上市公司水平，这主要得益于过去两年中供给侧结构性改革导致煤炭供求关系持续偏紧，煤炭价格持续震荡上涨，从而使煤炭行业上市公司业绩在2016年基础上更上一层楼。2017年煤炭行业综合排名十强见表4-1。

表4-1 2017年度煤炭行业十强排行榜

名次	股票代码	单位名称	综合得分	在全部上市公司中排名
1	601225	陕西煤业	86.30	7
2	600188	兖州煤业	85.70	10
3	601088	中国神华	79.30	80
4	002128	露天煤业	78.30	106
5	600971	恒源煤电	77.90	120
6	601699	潞安环能	74.50	231
7	600348	阳泉煤业	74.00	249
8	601666	平煤股份	72.70	287
9	000723	美锦能源	72.70	292
10	000983	西山煤电	71.00	374

基于对煤炭行业上市公司的整体评价，下面分别从财务效益状况、资产质量状况、偿债风险状况、发展能力状况、市场表现状况五个方面对煤炭行业上市公司进行具体分析。

（一）财务效益

表4-2列示了2017年煤炭行业上市公司财务效益评价结果（满分35分）。从基本指标来看，煤炭行业上市公司财务效益状况得分26.6分，较2016年得分18.8增长了41.49%。扣除非经常性损益净资产收益率、总资产报酬率两项基本指标均有较大幅度增长，增幅分别为159.51%和85.08%，其中扣除非经常性损益净资产收益率由4.52%变为11.73%。上述指标增长的主要原因为：2017年度煤炭供需不平衡导致煤炭价格震荡上涨，煤炭行业上市公司盈利状况持续好转。

从修正指标来看，煤炭行业的营业利润率和总股本收益率分别增长77.82%和

154.90%，主要是因为2016~2017年度煤炭行业上市公司净利润由423.33亿元增长至1048.77亿元，增幅巨大；盈利现金保障倍数指标降低44.02%，作为计算该指标公式中分母的行业净利润增长剧烈，致使该指标的数值变动也比较大。上述指标均说明煤炭行业上市公司盈利能力由弱转强，股东们提供的资产得到了有效利用。

财务效益指标综合得分高于全部上市公司平均水平22.25分的共有20家，其中陕西煤业、中国神华该指标均为35分满分，其特点在于两家上市公司对产业结构和资本结构的合理布局，业务均衡发展，综合实力突出，抗风险能力优于同行。

表4-2 煤炭行业财务效益状况比较

评价指标		2017年上市公司平均值	2017年行业值	2016年行业值	增长率（%）
基本指标	扣除非经常性损益净资产收益率（%）	7.99	11.73	4.52	159.51
	总资产报酬率（%）	5.91	9.18	4.96	85.08
	基本得分	21.07	26.6	18.8	41.49
修正指标	营业利润率（%）	7.25	15.63	8.79	77.82
	盈利现金保障倍数	1.34	1.92	3.43	-44.02
	总股本收益率（%）	42.46	76.75	30.11	154.90
综合得分		22.25	28.57	22.41	27.49

（二）资产质量

表4-3列示了煤炭行业上市公司资产质量状况评价结果（满分15分）。基本指标与修正指标变化趋势一致，各项指标均出现一定增长，2017年煤炭行业上市公司资产质量状况综合得分为11.49分，与上一年度9.39分相比增长22.36%。

基本指标中总资产周转率为0.49次，流动资产周转率为1.79次，与2016年相比分别增长32.43%和29.71%，总资产周转率越大，则总资产周转越快，反映出销售能力越强，而流动资产周转率提高，表明企业流动资产周转速度变快，不需要补充流动资金参加周转，资金利用效率得到提升，增强企业盈利能力。

修正指标中应收账款周转率增幅略大，得分为11.85分，比2016年增长57.29%，说明煤炭行业上市公司收账速度加快，平均收账期变短，坏账损失减少，偿债能力增强。存货周转率得分13.45分比上一年大幅增长48.95%，高于全部上市公司平均值2.77分，这表示煤炭流动性增强，煤炭供需平衡使得库存煤炭维持高位的状况得到一定缓解，2017年度煤炭销售情况较为乐观。

2017年煤炭行业上市公司资产质量综合得分11.49分，已经超过2017年全部上市公司平均得分9.08分及2016年行业得分9.39分，煤炭企业销售收入增加，回款加快，库存降低等因素是导致资产质量上升的主要原因。该指标表现较好的有兖州煤业（13.79分），该公司在销售渠道开拓，去库存等方面处理较为出色。

表 4-3　　煤炭行业资产质量状况比较

评价指标		2017 年上市公司平均值	2017 年行业值	2016 年行业值	增长率
基本指标	总资产周转率（次）	0.64	0.49	0.37	32.43
	流动资产周转率（次）	1.23	1.79	1.38	29.71
	基本得分	9.26	9.44	8.19	15.26
修正指标	应收账款周转率（次）	8.16	11.86	7.54	57.29
	存货周转率（次）	2.77	13.45	9.03	48.95
综合得分		9.08	11.49	9.39	22.36

（三）偿债风险

表 4-4 列示了煤炭行业上市公司偿债风险状况评价结果（满分为 15 分）。

从综合得分来看，2017 年煤炭行业上市公司偿债风险状况高于全部上市公司平均水平 8.92，比上一年度增长 14.53% 至 9.38。

基本指标中，已获利息倍数大幅度增长，增幅达 86.36%，国际上通常认为，该指标为 3 时较为适当，煤炭行业上市公司已获利息倍数 5.74 与之相比较高，说明煤炭行业上市公司长期偿债能力越强。

从修正指标来看，现金流动负债比率较上年增长 32.88%，表明企业经营活动产生的现金净流量增大，企业按期偿还到期债务的能力得到缓解和加强。此外速动比率和带息负债比率两项指标变化不大，体现企业未来的偿债（尤其是偿还利息）压力仍然较大。

表 4-4　　煤炭行业偿债风险状况比较

评价指标		2017 年上市公司平均值	2017 年行业值	2016 年行业值	增长率（%）
基本指标	资产负债率（%）	60.19	51.47	52.31	-1.61
	已获利息倍数	4.97	5.74	3.08	86.36
	得分	8.91	9.51	8.47	12.28
修正指标	速动比率（%）	79.6	82.64	74.19	11.39
	现金流动负债比率（%）	10.9	34.84	26.22	32.88
	带息负债比率（%）	49.72	61.05	63.33	-3.60
综合得分		8.92	9.38	8.19	14.53

在综合得分上，陕西煤业该项指标得分为 11.29，表现较好。虽然 2017 年煤炭价格回升缓解部分煤炭上市公司的生存危机，但是由于大部分煤炭上市公司负债较重，赊销情况普遍存在，现金流紧张状况不能得到根本缓解，考虑到煤炭行业结构性调整尚需时日，煤价存在走低的可能性，煤炭行业上市公司偿债能力仍然不容乐观。

（四）发展能力

表 4-5 列示了煤炭行业上市公司发展能

力状况评价结果（满分 20 分），受供给侧改革影响，近两年煤炭市场得到了恢复，发展能力综合得分由 2016 年度的 11.32 增长 17.23% 达到 13.27，已经超过全部上市公司平均水平。

各项指标中，累计保留盈余率指标连续三年表现较为稳定，营业收入增长率、总资产增长率增幅较大，主要原因是煤炭价格进一步上涨。三年营业收入增长率由负值转为正值，营业利润增长率下降 41.01%，但还是远远超过全部上市公司平均水平，未来随着供给侧改革由限制产能向优化产能转变，煤炭供需结构将得到改善，营业收入大幅度增长的可能性不大，煤炭行业的发展潜力在一定程度上受到限制

资本扩张率和总资产增长率两项指标均低于全部上市公司平均值，煤炭行业"去产能"是一场持久战，淘汰落后小型矿井，严格限制新建矿井，压缩煤炭行业投资，鼓励煤炭行业转型，未来较长一段时间内上述两项指标将保持较低水平。

从综合得分来看，陕西煤业发展能力得分在煤炭行业中排名第一，发展能力综合评分 17.64，在行业中遥遥领先，这得益于陕西煤业在做强做优煤炭主业的基础上，紧跟能源发展步伐，坚持走"产业 + 资本"的产融结合之路。由此可见，在目前煤炭行业未来发展存在重大不确定性因素的背景下，保持可持续性发展，向煤炭行业的下游延伸、积极推进资本运营和产业升级、加大推行转型升级与多元发展将是未来煤炭行业脱困的关键。

表 4–5　　煤炭行业发展能力状况

评价指标		2017 年上市公司平均值	2017 年行业值	2016 年行业值	增长率（%）
基本指标	营业收入增长率（%）	21.02	36.81	11.65	215.97
	资本扩张率（%）	14.21	8.2	5.94	38.05
	得分	12.2	13.02	10.75	21.12
修正指标	累计保留盈余率（%）	41.07	46.77	48.12	–2.81
	三年营业收入增长率（%）	9.58	5.88	–9.36	–162.82
	总资产增长率（%）	14.82	6.25	2.25	177.78
	营业利润增长率（%）	42.01	156.62	265.52	–41.01
综合得分		12.37	13.27	11.32	17.23

（五）市场表现

2017 年，煤炭板块上市公司实现营业收入 8479 亿元，归属母公司的净利润 852.37 亿元，同比大幅增长，这个金额在历史上仅次于 2011 年和 2012 年，历史排名第三。煤炭板块盈利能力同比大幅增长主要原因是在政府供给侧改革的大背景下，2017 年煤炭平均价格较 2016 年同比大幅上涨。

图 4–1 为煤炭行业（申万）指数与沪深 300 指数波动对比图，我们可以看到煤炭行业指数的走势与沪深 300 指数变化趋势是基本相同的，下半年受煤炭价格大幅

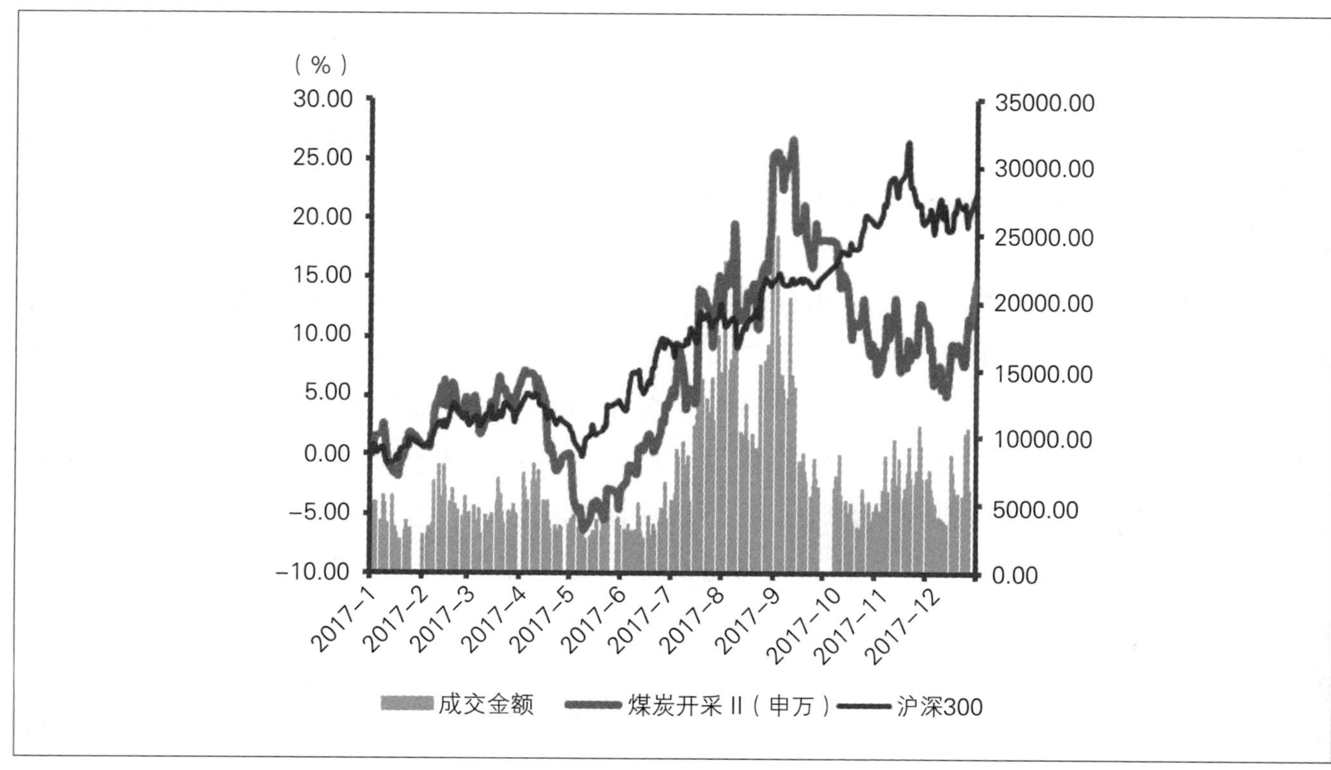

图 4 – 1 煤炭开采 II(申万)与沪深 300 指数波动

数据来源:wind 资讯。

度增长带来的影响,煤炭行业指数波动比沪深 300 指数明显剧烈,投资者对于煤炭市场信心增强。

表 4–6 列示了煤炭行业上市公司市场表现状况评价结果(满分 15 分)。其中市场投资回报率指标 2017 年行业值为 5.08%,与 2015 年 2.05% 相比有较大增长,增幅为 147.80%,高于全部上市公司平均水平,股价波动率指标与全部上市公司平均值较为接近,说明煤炭行业股票市场走势紧跟大盘脚步。从综合得分来看,煤炭行业上市公司市场表现综合得分 11.56,状况总体上比 2016 年有进步。

表 4–6 **煤炭行业公司市场表现比较**

评价指标	2017 年上市公司平均值	2017 年行业值	2016 年行业值	增长率(%)
市场投资回报率(%)	−14.59	5.08	2.05	147.80
股价波动率(%)	92.63	84.77	85.8	−1.20
综合得分	9.13	11.56	8.63	33.95

二、2017 年度影响煤炭行业上市公司业绩因素分析

2017 年度供给侧结构性改革一系列政策“组合拳”威力凸显,煤炭行业坚定不移去产能,不仅促进了市场供需基本平衡和煤炭行业上市公司效益好转,也带动了全行业发展质量提升。此外,煤炭售价领先成本上

涨、优质产能比重增加、行业劳动生产率提高、企业营业成本下降，多重因素致使煤炭行业上市公司净利润同比大幅上涨。现对影响2017年煤炭行业上市公司业绩因素分析如下：

（一）去产能成效明显，煤炭供给偏紧是煤炭行业上市公司收入增长的根本原因。

2017年煤炭行业上市公司业绩增长幅度较大，业绩翻倍及以上的超过10家，其中增幅最大的恒源煤电业绩同比增长30倍。单体企业盈利最高的仍是中国神华，全年实现归属于上市公司股东的净利润450.37亿元，连续多年实现高盈利，业绩稳定性较好。导致今年煤炭行业上市公司业绩继续保持较好增长的根本原因是在过去两年，受“去产能”政策影响，煤炭供需基本告别了供大于求的历史，转为供需平衡甚至偏紧，煤炭价格走势整体上告别了2016年的单边上涨，进入振荡调整阶段。

煤炭行业继续受供给侧改革影响，2017年我国煤炭行业化解过剩产能2.5亿吨，超额完成2017年初提出的1.5亿吨目标任务。在去产能计划完成，及有效新增产能未能充分释放的情况下，2017年每月煤炭产量保持平稳，每月产量大体在2.9~3亿吨之间波动。2017年采取了一系列产能退出升级措施，如制约不合法合规产能、置换先进产能，释放优质产能，影响了局部地区煤炭供给，未来我国煤炭产量区域集中化的特质将愈发明显。

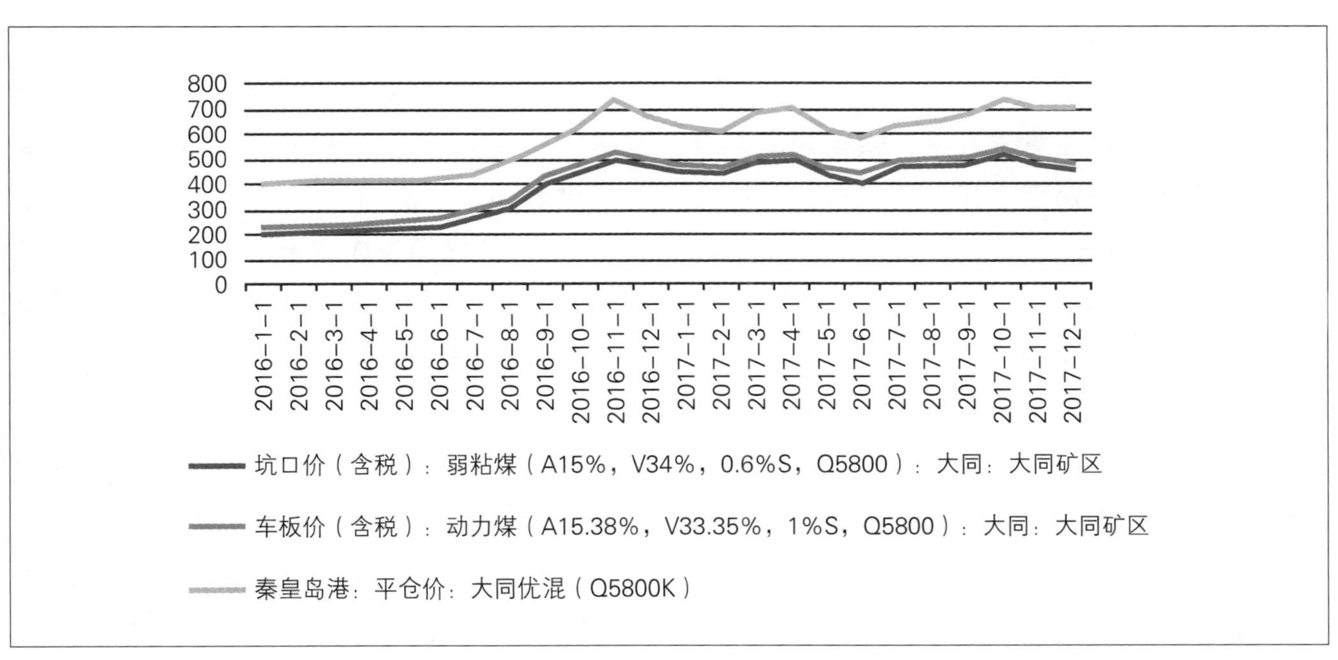

图4－2 坑口—电厂价格链

数据来源：wind资讯。

与此同时，进口煤炭增幅有限。年初，海关制定了严格管理煤炭进口的政策，对各个港口进口量和主要发电企业进口量都进行了窗口指导，由于海外煤炭价格持续走高，价格优势荡然无存，进口量出现负增长，煤炭供应进一步趋紧。

此外，运输形势发生变化，环渤海港口禁止汽运煤集港，西煤东运铁路运输需求明

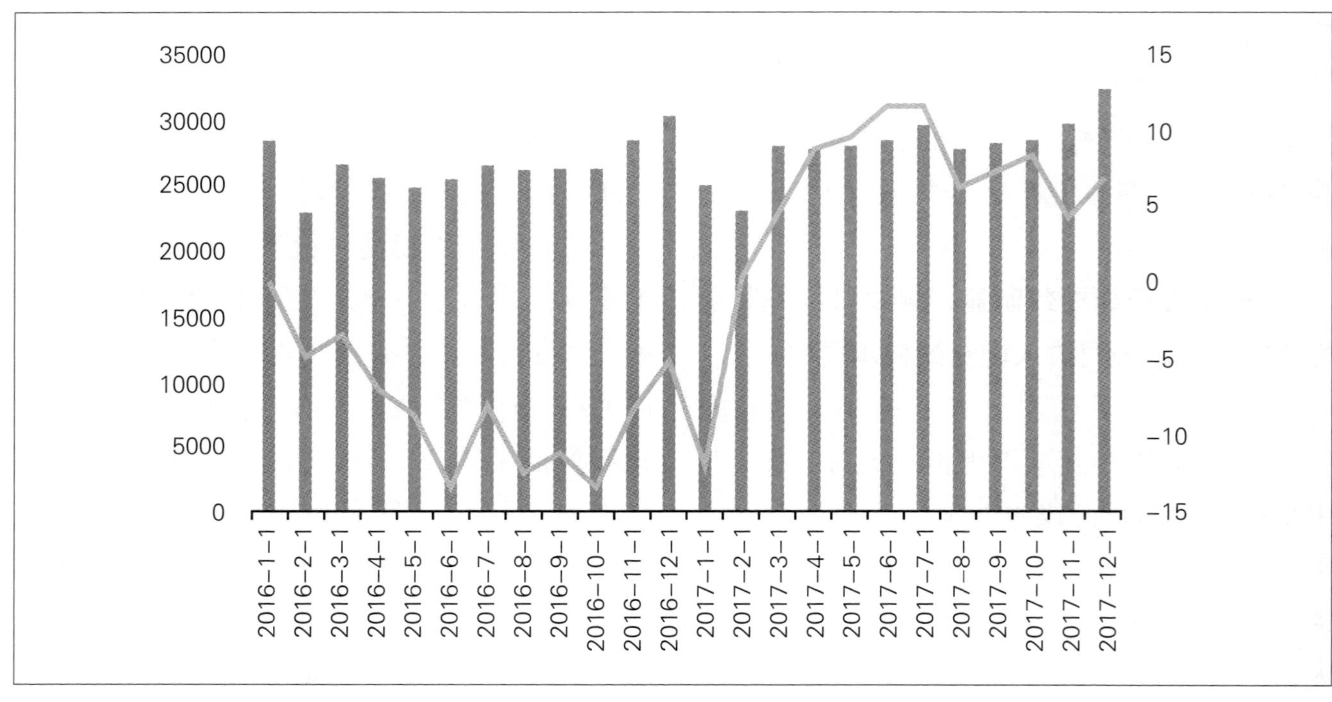

图 4-3 2016~2017 年煤炭销量及增速

数据来源：wind 资讯。

显增加，铁路运力出现偏紧现象，运输受限导致部分港口、电厂及钢铁企业库存偏紧。

（二）下游产业需求旺盛，供需矛盾导致2017 年煤炭价格震荡上扬，煤炭行业上市公司毛利率保持较好水平

去产能限制煤炭产量增长，受煤炭供需形势紧张影响，2017 年煤炭库存呈现低位波动的状态，而下游行业产量同比增加。因此，煤炭行业上市公司利润增长主要原因为经济形势稳中向好发展，下游用煤、用电需求增长，煤炭价格同比实现大幅增长。其中动力煤下游火电发电量明显提升，2017 年实现火电发电量 62758 亿千瓦时，同比增长 6.17%，两焦下游生铁产量增加，2017 年实现生铁产量 7.11 亿吨，同比增加 1.8%，而 2017 年，全国原煤产量完成 35.2 亿吨，同比增长 3.3%，发电量及生铁产量增长有力保障动力煤需求。

需求旺盛而供给偏紧是导致煤炭行业上市公司收入上涨、盈利改善的根本原因。煤炭行业去产能任务有望在 2018 年基本完成或提前完成，下一步将转向结构性优产能，实现供需动态平衡。

（三）价格领先成本上涨，煤炭行业上市公司营业利润增长幅度超过营业收入增长幅度，降本增效效果明显

2017 年炼焦煤价格上涨明显，全年平均价格超过 1500 元 / 吨，较 2016 年上涨约 60%；动力煤全年平均价超过 600 元 / 吨，较 2016 年上涨约 34%；无烟煤全年均价为 1005 元 / 吨，较 2016 年上涨约 20%。这是煤炭板块 2017 年盈利同比大幅增加的直接原因。

2017 年煤炭行业上市公司营业收入 8749.55 亿元，较上一年度 6395.22 亿元增长 37%，而营业利润从 532.92 亿元增长至 1367.59 亿元，大幅度提高 157%。煤炭行业上市公司在煤价上涨的形势下仍然加强对

成本控制，导致收入领先成本增长，目前煤矿职工收入较相关行业明显偏低，未来一段时间，煤炭行业上市公司控制成本仍然是保证利润实现的重要措施。

三、2018 年度煤炭行业上市公司业绩展望

自 2016 年以来，煤炭行业上市公司从行业低谷不断复苏，现金流持续改善，上市公司的利润有望集中在 2018 年释放。然而，2018 年全国煤炭供给结构继续优化，全国煤炭产能过剩、市场供大于求的基本面没有改变，全国煤炭市场供应总体上逐步向宽松转变。

（一）煤炭供给侧结构性改革进一步深化

2017 年，受需求超预期、产能置换滞后、入港汽车禁运等多重因素影响，中国市场煤价高居不下，全年煤价综合水平大多运行在 600 元 / 吨以上的高位。进入 2018 年以来，煤价涨势仍未放缓，与此同时，煤炭消费量在连续三年下降后，2017 年出现上涨。煤价上涨的本质是煤炭供需不平衡，2018 年煤炭供给侧结构性改革将从严控煤炭产量转向保障煤炭供应转变。

供给侧改革实施以来，存在去产能加速，而优质产能置换相对滞后的情况。2018 年，相关部门将调整政策方向，加快先进产能释放。根据国家统计局数据，2018 年一季度，全国原煤产量 8.0 亿吨，同比增长 3.9%，同时，原煤进口显著增长，连续三个月保持两位数增长。未来煤价回落可能导致国内部分煤矿出现成本倒挂现象，这部分边际产量将受到限制，而过去三年煤炭行业固定资产投资大幅度下滑，优质产能形成需要时间，未来煤炭可能依靠大幅净进口填补国内供需缺口。

2018 年对煤炭及其下游行业的环保要求

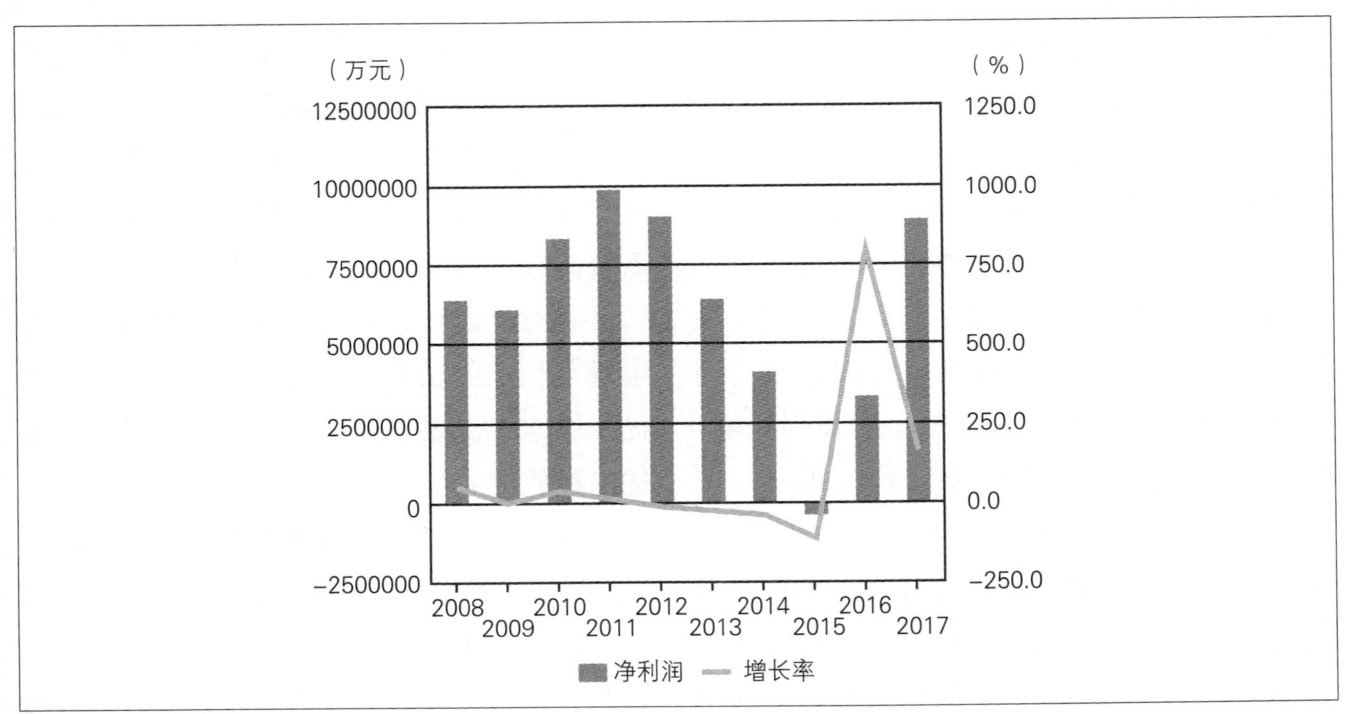

图 4 – 4　煤炭行业净利润及增长率

数据来源：wind 资讯。

将呈现从严监管的态势，并且对煤炭企业和下游钢铁、电力企业的供给侧改革仍将持续推进，严格推动落后产能加速退出，置换优质产能未来2~3年将陆续投产，下一步供给侧改革对煤炭产能的严格把控仍将是影响煤炭供需状态的最主要因素。

（二）系列政策出台以量限价

煤炭价格过快增长在2017年对下游行业产生巨大冲击，2017年电力行业出现较大亏损，对此政府已出台多项政策以应对煤价上涨速度过快、波动幅度较大的问题。

首先，国家发改委《关于推进2018年煤炭中长期合同签订履行工作的通知》划定了量价红线，中央和各省区市及其他规模以上煤炭、发电企业集团签订的中长期合同数量，应达到自有资源量或采购量的75%以上，下水煤基准价协商不能达成一致意见的，仍按不高于2017年度水平执行。2018年煤炭中长期合同的基准价已经确定，5500大卡动力煤基准价为每吨535元，与2017年基准价持平。长协合同量占比大幅提高，将进一步促进煤价稳定。

其次，国家发改委、能源局下发《关于建立健全煤炭最低库存和最高库存制度的指导意见（试行）》及考核办法，推行煤炭库存新政。自2018年1月1日起，煤炭企业库存需维持3~7天的水平，大部分电力企业库存需维持20天的水平。从长期来看，库存制度有利于煤价稳定在合理区间。

2018年5月1日起，制造业、交通运输、建筑、基础电信服务等行业及农产品等货物的增值税税率降低1%，其中制造业等行业增值税税率从17%降至16%。这次降低增值税税率对于煤炭行业来说，由于煤炭的销项税额减少、整体定价调低，利于销售，利于与进口煤竞争。与此同时，下游企业需要负担的进项税额减少，使其资金流动性增加、提高偿债能力，进而提升商业信用，增强融资能力。

（三）加大煤炭行业与下游产业整合力度

煤炭业绩主要受益于煤炭价格上涨，但是煤炭价格上涨过快过多也带来一些负面影响，其一，政府继续推进煤炭行业去产能，加快先进产能入市，对未来供给构成压力；其二，下游电厂对抑制煤价过快上涨诉求非常强烈，促使政府不断出台政策打压煤价。因此，为了照顾下游行业业绩，有关部门将会出台政策稳定并限制煤价，未来煤价走势将存在震荡下滑的可能性，这样就给煤炭行业上市公司业绩带来较大不确定性。

我国煤炭行业和电力行业因煤价原因，往往是一方赚钱，另一方就在赔钱。以2017年为例，煤价持续上扬，煤企收入利润大增，而电力企业亏损严重。解决中国煤电矛盾的关键在于坚定市场化道路，对当前来说，加快煤电联动机制是解决矛盾的关键，煤电联营是缓解煤电矛盾的重要手段。2017年8月，由神华集团和国电集团合并重组而成的国家能源集团正式成立。

未来建议有关部门将进一步研究制定煤电联营相关鼓励政策，支持将煤电联营项目优先纳入能源发展规划，支持煤电联营煤矿优先释放优质产能和核增生产能力。

（四）进一步推动煤炭企业转型升级

要深入推进煤电联营与煤电一体化、煤焦一体化、煤化工、煤建材、现代物流、金融服务、电子商务等产业相互融合，实现煤炭主业和相关产业协调发展。在创新发展新业态、新模式方面，则要尊重市场规律和企业发展规律，走多元化、高端化、高效化发展道路。

在科技创新方面，要加快产学研用深度融合，促进科技成果转化为实际生产力；探索煤炭安全高效绿色智能化开采和清洁高效集约化利用，提高煤机装备制造水平；加强煤炭下游产业新技术、新工艺研究，创新煤炭与下游产业科技合作模式，促进煤炭由传统能源向清洁能源转变。

在推动清洁高效利用方面，要提高原煤洗选比例，推进电厂排放技术改造；推动煤化工产业发展，鼓励煤炭深加工项目落地，构建煤焦化、煤制油、煤制气等现代煤化工产业体系。

展望2018年，从煤炭供需情况来看，政府加快产能置换、调控煤价的初衷不变，随着国内原煤产量回升，即便煤炭进口量回落，国内煤炭供需也将由2017年的稍显紧张向供需平衡转移。在中长期合同比率提升、煤炭库存制度改革等一系列政策的影响下，2018年煤炭价格整体可能呈现前高后低态势，煤价波动幅度将减小。

附表

2017 年度煤炭行业上市公司业绩评价结果排序表

行业排名	全部上市公司排名	股票代码	单位名称	综合得分（100 分）	总资产报酬率（%）	净资产收益率（%）	总资产周转率（次）	流动资产周转率（次）	资产负债率（%）	已获利息倍数	营业收入增长率（%）	资本扩张率（%）	市场投资回报率（%）	股价波动率（%）	年末资产总额（万元）	营业收入净额（万元）	净利润（万元）
1	7	601225	陕西煤业	86.30	18.65	30.49	0.51	2.03	44.43	52.75	53.71	31.42	68.58	135.02	10540720.89	5092700.20	1572567.30
2	10	600188	兖州煤业	85.70	7.97	12.25	0.89	2.79	60.35	4.17	48.29	51.38	36.58	74.81	19488729.10	15122777.50	786186.30
3	80	601088	中国神华	79.30	13.35	14.33	0.44	1.87	33.94	13.32	35.83	−1.39	63.09	105.49	56712400.00	24874600.00	5405000.00
4	106	002128	露天煤业	78.30	15.18	17.27	0.53	1.51	26.22	19.96	37.96	13.64	30.58	131.51	1471746.85	758881.92	176268.08
5	120	600971	恒源煤电	77.90	10.42	17.30	0.47	1.06	50.57	7.65	41.30	21.56	59.49	149.65	1424571.57	653617.90	111026.60
6	231	601699	潞安环能	74.50	7.19	12.87	0.38	0.87	69.41	4.19	65.46	13.11	37.87	98.04	6647387.99	2354355.60	246595.27
7	249	600348	阳泉煤业	74.00	8.06	11.42	0.67	2.01	62.77	4.50	50.33	11.36	6.80	63.47	4196794.54	2811406.59	169319.10
8	287	601666	平煤股份	72.70	6.54	12.19	0.51	1.51	68.16	2.68	40.98	18.59	25.69	90.89	4305439.82	2074150.24	154027.72
9	292	000723	美锦能源	72.70	13.10	15.51	0.93	2.63	39.19	16.65	72.12	13.56	−16.30	75.25	1381764.67	1223778.94	122511.09
10	374	000983	西山煤电	71.00	6.46	9.06	0.51	1.87	63.37	3.89	46.12	9.35	16.43	78.27	5785638.21	2865527.37	183766.90
11	409	600395	盘江股份	70.20	9.07	13.11	0.51	1.46	44.84	20.22	55.36	4.40	−13.70	59.80	1222670.83	608131.09	86569.52
12	542	600123	兰花科创	67.70	5.50	6.36	0.32	1.70	57.36	3.44	73.63	6.66	11.42	69.68	2356267.82	756633.02	61920.29
13	593	600997	开滦股份	66.90	5.46	5.79	0.87	2.34	50.71	3.29	58.26	26.66	−12.94	75.94	2250074.98	1856157.78	57447.77
14	608	000780	*ST 平能	66.70	8.20	11.13	0.50	0.74	21.88	–	29.60	12.77	−22.75	83.55	589745.50	280799.04	48379.79
15	620	601001	大同煤业	66.50	9.89	12.85	0.34	0.84	57.60	4.26	23.97	13.56	−3.21	82.79	2694434.48	916290.95	138061.53
16	630	000552	靖远煤电	66.40	7.62	8.41	0.42	0.90	29.98	16.61	33.69	9.35	−7.79	45.16	981194.49	398060.80	55282.93
17	659	600508	上海能源	65.80	4.26	3.48	0.45	2.22	35.66	6.08	22.29	2.73	9.64	56.67	1427730.81	633406.79	31535.63
18	726	601101	昊华能源	64.80	5.82	6.36	0.27	1.66	42.34	4.97	9.26	8.17	17.59	117.12	2051644.10	557563.86	72396.26
19	750	000937	冀中能源	64.60	4.97	5.33	0.46	1.22	54.52	3.23	49.47	3.62	−14.98	65.07	4577872.58	2038175.39	108959.45
20	794	601015	陕西黑猫	63.90	4.56	5.48	0.78	1.68	49.00	3.02	72.41	61.72	9.02	110.58	1402176.96	958347.54	31700.03
21	839	601898	中煤能源	63.30	4.58	4.27	0.33	1.74	57.37	2.21	33.80	4.04	−1.36	39.68	24883894.60	8112323.20	444607.10
22	866	600121	郑州煤电	63.00	11.23	21.07	0.52	1.22	60.88	6.39	−39.57	18.69	9.66	79.72	1126061.70	571240.00	85481.50
23	1009	600403	大有能源	60.90	4.80	6.15	0.44	1.19	57.43	2.49	31.91	5.40	−18.20	45.88	1644093.68	683434.16	41945.11
24	1425	600725	ST 云维	55.10	3.14	4.41	1.78	1.78	17.15	18.97	−73.85	187.26	8.78	20.10	33251.58	48934.61	818.13

续表

行业排名	全部上市公司排名	股票代码	单位名称	综合得分（100分）	总资产报酬率（%）	净资产收益率（%）	总资产周转率（次）	流动资产周转率（次）	资产负债率（%）	已获利息倍数	营业收入增长率（%）	资本扩张率（%）	市场投资回报率（%）	股价波动率（%）	年末资产总额（万元）	营业收入净额（万元）	净利润（万元）
25	1443	600758	红阳能源	54.90	5.84	8.67	0.46	1.10	66.66	2.29	7.41	7.95	−38.96	103.08	1668610.58	769121.18	46462.80
26	1522	601918	新集能源	53.70	5.38	2.23	0.24	3.29	82.29	1.60	38.18	10.82	−19.62	78.21	3059258.60	746747.58	11490.60
27	1582	601011	宝泰隆	53.00	3.09	2.71	0.30	1.41	37.37	3.95	63.22	26.46	9.19	171.55	1025586.02	293525.33	15603.08
28	1904	600157	永泰能源	48.40	4.11	2.99	0.22	1.27	73.14	1.37	63.43	−1.17	−19.21	47.39	10717283.00	2238824.24	86711.57
29	1948	600740	山西焦化	47.80	2.32	3.48	0.55	1.24	75.61	1.43	48.46	3.54	20.01	123.54	1112513.20	599499.23	9280.16
30	2138	600546	山煤国际	44.70	7.35	13.30	0.90	1.91	80.57	2.42	−16.73	19.89	14.28	82.99	4589792.72	4093701.60	108804.04
31	2266	000571	新大洲 A	41.90	3.46	1.55	0.32	1.00	44.20	2.88	84.20	−0.20	−31.54	75.51	517907.57	160316.90	4470.77
32	2646	600792	云煤能源	31.50	1.23	−1.33	0.76	1.89	43.39	0.70	31.04	−1.82	−26.10	78.00	526827.44	442292.98	−4000.71
33	2815	600408	*ST 安泰	24.40	−0.37	−31.34	1.06	2.59	86.65	−0.09	86.61	−27.07	−39.68	98.16	546661.08	631614.14	−27126.22
34	2843	600397	*ST 安煤	23.00	−6.99	−68.77	0.57	1.32	90.20	−2.41	26.64	−50.28	−28.43	89.10	707170.74	413016.80	−71784.02
35		603113	金能科技	77.90	18.48	22.44	1.52	3.46	27.30	37.01	56.96	75.48	−14.48	53.96	530166.58	665197.43	67878.79
36		000968	蓝焰控股	71.10	11.15	20.03	0.28	0.76	55.65	4.73	52.18	119.43	57.33	96.01	735269.21	190371.95	47534.66

第五章 钢铁行业上市公司业绩评价

随着钢铁行业供给侧改革和去产能的不断推进，产业结构优化及新旧动能持续转换，积极成效逐步显现。同时，在化解过剩产能的推进下，钢材市场供需关系明显改善，市场价格震荡回升。2017 年我国钢铁市场持续高涨，主要得益于各地去产能的快速推进和强力清除“地条钢”，改善了国内钢材市场供求形势，特别是建筑钢材长期供大于求的态势得以明显改观。

2017 年钢铁行业指数大幅上升，年初为 2610.63 点，年中跌至谷底的 2479.29 点，下半年有所反弹回升，至年末为 3095.11 点，全年上涨了 18.56%。2017 年年初沪深 300 指数为 3261.28 点，年末为 3880.14 点，处于上升通道，全年钢铁行业指数低于沪深 300 指数，2017 年底钢铁行业指数低于沪深 300 指数 785.03 点。

一、钢铁行业上市公司业绩评价结果

截至 2017 年末，钢铁行业 A 股上市公司共计 32 家，其中盈利 32 家，即 100% 的公司实现盈利，高于 2016 年 89% 的公司实现盈利水平；钢铁行业上市公司总资产共 16508.37 亿元，占上市公司总资产的 3.25%；

2017 年全部上市公司为 3382 家，共计完成营业收入 326803.73 亿元，32 家钢铁行业上市公司完成营业收入 13251.72 亿元，占上市公司全部营业收入的 4.05%；全部上市公司共计实现净利润 19021.72 亿元，钢铁行业上市公司实现净利润 802.53 亿元。

表 5-1 2017 年度钢铁行业中联十强排行榜

股票代码	排名	股票简称	得分
002110	5	三钢闽光	87.70
600782	11	新钢股份	85.30
600019	17	宝钢股份	84.10
600507	55	方大特钢	80.50
600282	70	南钢股份	79.80
002075	83	沙钢股份	79.20
601003	91	柳钢股份	78.80
000825	94	太钢不锈	78.80
600808	109	马钢股份	78.20
000898	175	鞍钢股份	76.40

2017 年钢铁行业整体评价结果为中，32 家钢铁行业上市公司中有八家进入 2017 年上市公司业绩评价综合得分的百强名单。业绩评价综合得分有四家超过 80 分；全行业 70 分以上公司有 17 家。2017 年钢铁行

业整体评价业绩综合得分 69.91 分，高于全市场的 61.75 分，32 家上市公司中，业绩为 AAA 的有 2 家；业绩为 AA 的有 2 家；业绩为 A 的有 8 家；业绩为 BBB 的有 5 家；业绩为 BB 的有 1 家，业绩为 B 的有 4 家；业绩为 CCC 的有 3 家；业绩为 CC 的有 2 家；业绩为 C 的有 5 家。

基于对钢铁行业上市公司的整体评价，下面分别从财务效益状况、资产质量状况、偿债风险状况、发展能力状况、市场表现状况五个方面对钢铁行业上市公司进行具体分析。

（一）财务效益

2017 年钢铁行业上市公司财务效益状况低于全部上市公司平均水平。财务状况评价是通过基本指标：扣除非经常性损益净资产收益率、总资产报酬率进行基本评分，然后再用营业利润率、盈利现金保障倍数、股本收益率进行修正，得出综合得分。

从综合得分来看，2017 年钢铁行业上市公司财务效益状况平均得分为 24.73 分，高于上市公司平均得分 22.25 分。

表 5-2 列示了 2017 年钢铁行业上市公司财务效益状况评价结果。在钢铁行业上市公司财务效益状况指标中，新钢股份财务效益排名第一。新钢股份长期坚持精品战略，致力于优化和改善产品结构，大力开发高质量等级、高技术含量、高附加值的产品，以提高市场竞争力，2017 年实现营业收入 499.67 亿元，比 2016 年增加 64.03%；实现营业利润 41.14 亿元，比上年增加 36.06 亿元。

表 5-2 钢铁行业财务效益状况比较表

分析指标		2017 年上市公司平均值	2017 年行业值	2016 年行业值	增长率（%）
基本指标	扣除非经常性损益净资产收益率（%）	7.99	13.15	2.28	476.75
	总资产报酬率（%）	5.95	7.38	2.98	147.65
	得分	21.07	26.65	14.37	85.46
修正指标	营业利润率（%）	7.25	6.60	1.72	283.72
	盈利现金保障倍数	1.34	1.73	5.9	-70.68
	股本收益率（%）	42.46	47.67	10.69	345.93
综合得分		22.25	24.73	21.59	14.54

与 2016 年的情况相比较，2017 年钢铁行业上市公司除盈利现金保障倍数指标低于 2016 年行业值，其他指标均高于 2016 年行业值。

（二）资产质量

2017 年钢铁行业上市公司资产质量状况优于全部上市公司平均水平。资产质量评价是通过基本指标：总资产周转率、流动资产周转率进行基本评分，然后再用应收账款周转率和存货周转率进行修正，得出综合得分。

表 5-3 列示了钢铁行业上市公司资产质量状况评价结果。在钢铁行业上市公司资产质量状况指标中，排名前五的为杭钢股份、

表 5-3　　钢铁行业资产质量状况比较表

分析指标		2017 年上市公司平均值	2017 年行业值	2016 年行业值	增长率（%）
基本指标	总资产周转率（次）	0.64	0.84	0.66	27.27
	流动资产周转率（次）	1.23	2.49	2.09	19.14
	得分	9.26	12.66	11.23	12.73
修正指标	应收账款周转率（次）	8.16	37.50	27.29	37.41
	存货周转率（次）	2.77	6.22	5.2	19.62
综合得分		9.08	12.94	12.63	2.45

ST 沪科、山东钢铁、韶钢松山和凌钢股份，排名前五的钢铁行业上市公司资产质量状况得分均超过了 14 分，远高于 2016 年上市公司平均值。

与 2016 年比较可知，2017 年钢铁行业上市公司总体上资产质量略有上升，但总体远高于 2016 年上市公司平均值。钢铁行业上市公司 2017 年平均应收账款周转率 37.50 次，比 2016 年高 37.41%。但远高于上市公司平均应收账款周转率，这主要与钢铁行业公司一贯坚持“款到发货”有关。

（三）偿债风险

2017 年钢铁行业上市公司偿债风险状况低于全部上市公司平均水平。偿债风险评价是通过基本指标：资产负债率和获利倍数进行基本评分，然后再用速动比率、现金流动负债比率和带息负债比率进行修正，得出综合得分。

表 5-4 列示了钢铁行业上市公司偿债风险状况评价结果。在钢铁行业上市公司偿债风险状况指标中，永兴特钢排名第一，得分为 14.99 分，永兴特钢借用合纵锂业现有技术，结合宜丰地区丰富锂矿资源，达到缩短生产研发投入，降低成本的目的，远高于 2017 年上市公司平均值 8.92 分，以及 2017 年行业值 6.65 分。

表 5-4　　钢铁行业偿债风险状况比较表

分析指标		2017 年上市公司平均值	2017 年行业值	2016 年行业值	增长率（%）
基本指标	资产负债率（%）	60.19	61.66	66.73	-7.60
	获利倍数	4.97	4.81	1.88	155.85
	得分	8.91	8.46	5.19	63.01
修正指标	速动比率（%）	79.60	45.47	37.29	21.94
	现金流动负债比率（%）	10.90	16.11	10.56	52.56
	带息负债比率（%）	49.72	62.30	62.22	0.13
综合得分		8.92	6.65	5.74	15.85

与2016年相比较，2017年钢铁行业上市公司偿债风险状况平均得分有所上升。

（四）发展能力

2017年钢铁行业上市公司发展能力状况高于全部上市公司平均水平。发展能力评价是通过基本指标：营业收入增长率和资本扩张率进行基本评分，然后再用累计保留盈余率、三年营业收入增长率、总资产增长率和营业利润增长率进行修正，得出综合得分。

表5–5列示了钢铁行业上市公司发展能力状况评价结果。在钢铁行业上市公司发展能力状况指标中，宝钢股份排名第一，得分为19.79分，宝钢股份完成换股吸收合并武钢股份，充分发挥了宝武整合协同优势，硅钢产品销售规模已位居全球第一，汽车板销售规模也进入了全球前三，公司按照“联合、整合、融合、化合”总体路径，全方位大力推进宝武整合，取得了超出预期的成效。其中三年营业收入平均增长率15.54%，远高于2017年上市公司平均值。

表5–5　　钢铁行业发展能力状况比较表

分析指标		2017年上市公司平均值	2017年行业值	2016年行业值	增长率（%）
基本指标	营业收入增长率（%）	21.02	41.47	10.38	299.52
	资本扩张率（%）	14.21	24.96	10.27	143.04
	得分	12.20	16.18	11.29	43.31
修正指标	累计保留盈余率（%）	41.07	29.29	18.89	55.06
	三年营业收入增长率（%）	9.58	5.15	–8.03	–164.13
	总资产增长率（%）	14.82	8.96	8.56	4.67
	营业利润增长率（%）	42.01	429.62	0	
综合得分		12.37	13.27	8.82	50.45

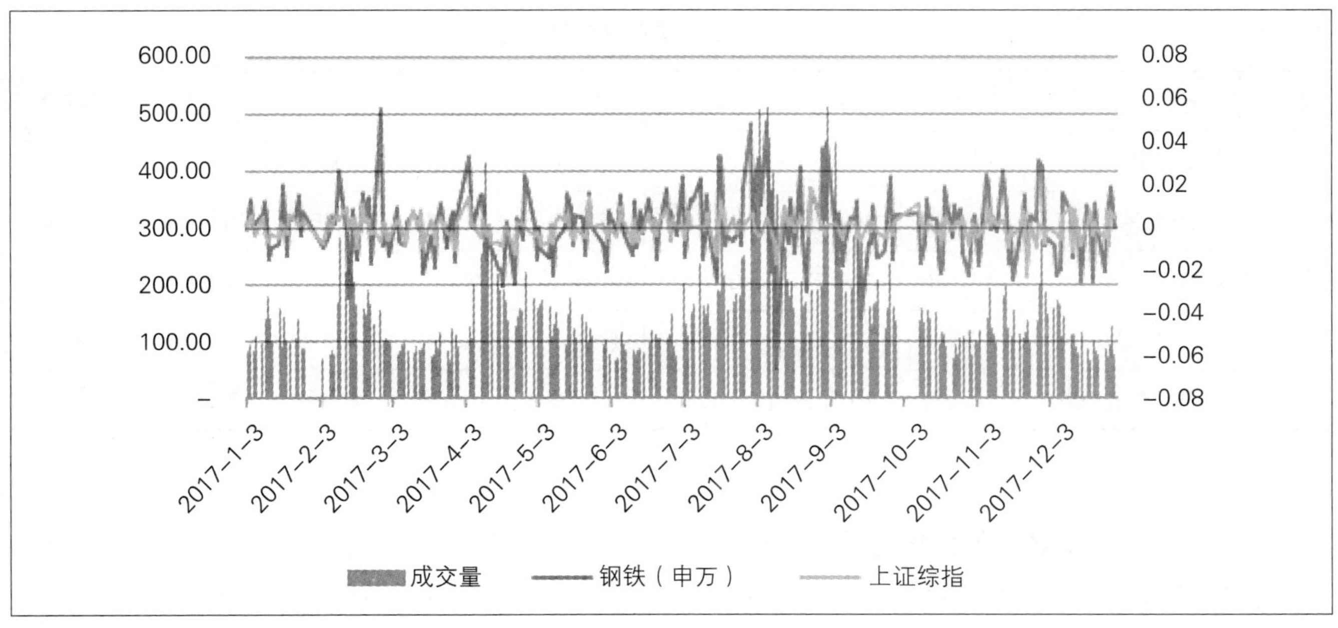

图5–1　钢铁指数与大盘指数波动

2017 年钢铁行业上市公司营业收入增长率从 2016 年的 10.38 升至 41.47，营业收入规模不断增加。随着国内外经济形势的趋于稳定，2017 年钢铁行业上市公司业绩不断上升。

（五）市场表现

钢铁行业上市公司市场表现状况优于全部上市公司的平均水平。市场表现是通过市场投资回报率和股价波动率两个指标对上市公司进行评价得出综合得分。

表 5-6 列示了钢铁行业上市公司市场表现状况评价结果。在钢铁行业上市公司市场表现状况指标中，太钢不锈名列第一，得分为 13.91 分。太钢不锈的产品结构决定了其盈利高度依赖于石油石化、工程机械以及金属制品等领域，去年伴随着这些领域的继续保持景气上行态势，需求持续向好之际公司主要不锈钢产品实现不同程度提价，加之普碳钢材盈利继续扩张，其业绩获得显著提升。

表 5-6　钢铁行业公司市场表现状况比较表

分析指标	2017 年上市公司平均值	2017 年行业值	2016 年行业值	增长率（%）
市场投资回报率（%）	-14.59	18.18	1.44	1162.50
股价波动率（%）	92.63	110.44	81.92	34.81
得分	9.13	12.32	8.71	41.45

二、2017 年钢铁行业业绩的影响因素分析

2017 年，钢铁行业深入推进供给侧结构性改革，去产能工作取得明显成效，“地条钢”得以全面取缔，企业效益显著好转，行业运行稳中趋好。但“地条钢”死灰复燃的风险依旧存在，新增产能的苗头逐步显现，产业结构优化调整等压力日渐突出，行业仍面临诸多困难。

表 5-7　中国粗钢表观消费量（万吨）

名称	2010 年	2011 年	2012 年	2013 年	2014 年	2015 年	2016 年	2017 年
粗钢产量	63874	70197	73104	82200	82231	80383	80837	76480
同比变化率	10.69%	9.90%	4.14%	12.44%	0.04%	-2.25%	0.56%	-5.70%
中国表观需求量	61206	66793	68761	76575	74038	70035	70940	70447
同比变化率	6.55%	9.13%	2.95%	11.36%	-3.31%	-5.41%	1.29%	-0.69%
第二产业 GDP 同比变化	12.70%	10.70%	8.40%	8.00%	7.40%	6.20%	6.30%	6.30%

数据来源：公开资料整理。

（一）地条钢取缔，行业效益大幅增长

2017 年是钢铁去产能的攻坚之年，全年共化解粗钢产能 5000 万吨以上，超额完成年度目标任务。1.4 亿吨“地条钢”产能全面出清，从根本上扭转了“劣币驱逐良币”现象，有效改善了市场环境，显著规范了进

出口秩序，钢材质量明显提升，行业效益大幅增长。

在钢铁行业上市公司中，宝钢股份营业收入排名第一。宝钢股份把握国家供给侧结构改革、钢铁去产能的机遇，沉着应对市场波动，建立和持续优化多基地运营管控模式，聚焦“成本变革、技术领先、服务先行、智慧制造和城市钢厂”五大核心能力，在宝武整合、成本削减、生产制造、产品研发、市场拓展等各方面取得了丰硕成果，2017年销售商品坯材4617.0万吨，实现营业总收入2895.0亿元，利润总额240.4亿元。

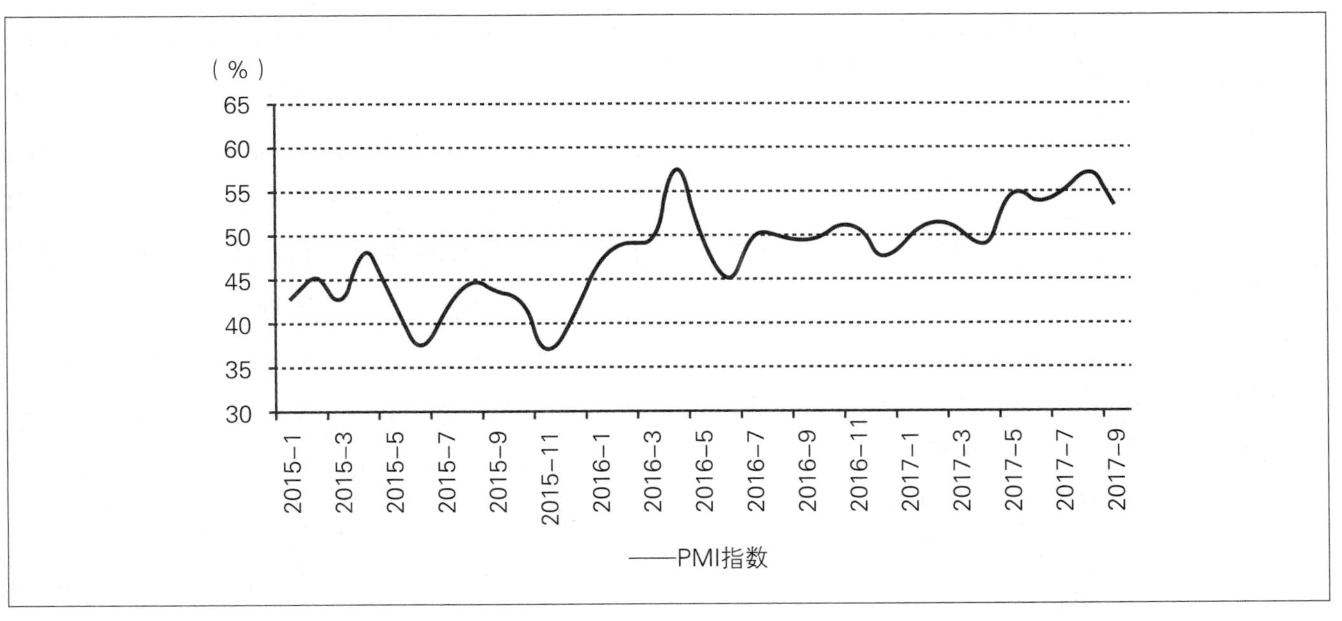

图5－2 钢铁行业PMI指数变化情况

数据来源：国家统计局。

（二）钢铁PMI指数先涨后跌，总体高于去年

2017年前三季度，钢铁行业PMI指数先涨后跌，总体高于去年。2017年9月，钢铁行业PMI指数为53.7%，连续五个月处在50%以上的扩张区间，表明钢铁行业持续处于扩张状态，景气格局维持高位。主要分项指数中，生产指数小幅下降，新订单指数、新出口订单指数和购进价格指数显著回落，产成品库存指数回升但仍处在50%以下的收缩区间。PMI显示，国内钢材市场在经过7、8月份持续超预期的表现之后，进入9月份整体旺季不旺，生产和需求表现都稳中趋缓，钢材出口维持低位，企业库存有所累积，原材料价格也从高位出现回落。

（三）利润空间增大，生产消费实现双增长

生产方面，在高利润刺激下，当前钢铁企业产能释放仍在加快，2017年前三季度全国生铁、粗钢、钢材产量均保持增长。但随着焦煤、焦炭等原材料价格的持续大涨，加之北方钢厂采暖季限产临近，钢厂对原料补库积极性减弱，后期钢厂生产或将有所趋缓。国家统计局数据显示，2017年1~9月份，我国生铁产量54614.12万吨，同比增长3.2%，增速同比提高3.5个百分点，增速较2017年1~6月下滑0.2个百分点；粗钢产量63873.05万吨，同比增长6.3%，

增速同比提高5.9个百分点，增速较2017年1~6月提高1.7个百分点；钢材产量82986.30万吨，同比增长1.2%，增速较上年同期回落1.1个百分点，增速较2017年1~6月提高0.1个百分点。其中，宝钢股份碳钢产品的销量238.0万吨。

表5-8 2004~2017年我国钢铁工业主要产品产量统计表（万吨）

年份	生铁	粗钢	钢材
2004年	25191.36	27245.64	29738.69
2005年	33040.46	34936.14	37117.01
2006年	40416.69	41878.19	46685.43
2007年	46944.63	48924.08	56460.82
2008年	47067.40	50048.78	58177.32
2009年	54374.83	56784.24	69243.75
2010年	59022.05	62665.36	79627.43
2011年	62968.93	68326.55	88131.12
2012年	65790.89	71654.17	95186.11
2013年	70897.07	77904.10	106762.43
2014年	71159.97	82269.78	112557.43
2015年	69141.00	80383.00	112350.00
2016年	80837.00	70074.00	113801.00
2017年1~9月	54614.12	63873.05	82986.30

消费方面，从宏观数据来看，作为钢材消耗主力的固定资产投资在2017年9月继续保持增速略微放缓的态势，据国家统计局公布数据，2017年1~9月，全国固定资产投资（不含农户）458478亿元，同比增长7.5%，增速比1~6月份回落1.1个百分点。其中，1~9月房地产开发投资增速达到8.1%，比1~6月回落0.4个百分点，增速比2016年同期加快2.3个百分点，房地产开发投资保持了良好的韧性。1~9月基础设施投资（不含电力、热力、燃气及水生产和供应业）99652亿元，同比增长19.8%，增速比2016年同期提高0.4个百分点，增速较2017年上半年回落1.3个百分点。交通运输业表现抢眼，2017年1~9月，公路建设累计完成固定资产投资15375亿元，同比增长23.9%，铁路完成固定资产投资5455亿元，同比增长0.6%；水路建设累计完成固定资产投资882亿元，同比下降7.3%；民航建设累计完成固定资产投资570亿元，同比增长16.3%，交通运输业的快速发展拉动了一定比率的钢材需求增长。2017年1~8月，全国粗钢表观消费量5.19亿吨，同比增长11.4%，增速比上半年提高0.6个百分点。

2017年，宝钢产品出口至90余个国家和地区，韩国、意大利等传统市场销量稳定，印尼、泰国、孟加拉国等一带一路沿线国家销量稳步增长；同时，宝钢股份碳钢板材六大类战略产品（汽车用钢、硅钢、能源及管线用钢、高等级薄板类产品、镀锡板、高等级船板及海工用钢）出口量占碳钢板材出口总量的57%。

营业利润在32家钢铁行业上市公司排名第一的宝钢股份，受供给侧改革、钢铁去产能、下游行业需求增长以及公司内部成本削减工作等因素支撑，2017年公司主要产品的毛利率较去年有所上涨。

（四）出口钢材产品大幅减少，进口钢材产品相对平稳

2017年前三季度，国内市场继续回暖、钢价保持高位运行，加之外部竞争环境没有明显改善，加拿大、印度、美国等国家频频对我国钢铁产品发起贸易救济调查，综合影响下，我国钢材出口延续低迷态势，当月出口量创近三年来新低，累计出口量同比大幅萎缩。海关总署数据显示，2017年1~9

月，我国累计出口钢材5960万吨，同比下降29.8%，降幅较2017年1~6月扩大1.8个百分点，而上年同期为同比增长2.4%。

伴随钢材进口价格回落，国内宏观经济稳定支撑钢材进口需求，2017年前三季度累计进口量保持增长，且增速有所反弹。海关总署数据显示，2017年1~9月，我国钢材进口量为1001.0万吨，同比增长1.8%，增速较2017年1~6月和上年同期分别回落3.5个和提高0.8个百分点。

表5-9 全国钢材出口情况

月份	当月出口量（万吨）	本月同比（%）	累计出口量（万吨）
2017年9月	514	−41.4	5960
2017年8月	652	−27.2	5447
2017年7月	696	−32.4	4795
2017年6月	681	−37.8	4099
2017年5月	698	−25.9	3419
2017年4月	649	−28	2721
2017年3月	756	−24.2	2073
2017年2月	575	−29.1	1317
2017年1月	742	−23.2	742

数据来源：公开数据整理

表5-10 全国钢材进口情况

月份	当月进口量（万吨）	本月同比（%）	累计进口量（万吨）
2017年9月	124	9.3	1001
2017年8月	99	−11.3	877
2017年7月	98	−13.3	779
2017年6月	113	−0.9	680
2017年5月	111	1.8	567
2017年4月	108	−2.2	456
2017年3月	130	2.4	348
2017年2月	109	17.2	218
2017年1月	109	17.7	109

数据来源：公开数据整理。

（五）钢材价格震荡上行，营业收入处于高位

2017年三季度，国内钢材市场价格震荡上行，整体处于高位。从平均水平看，今年前三季度钢材综合价格指数为100.14点，同比上升46.92%，其中长材价格指数同比上升54.23%，板材价格指数同比上升39.98%。其中，二季度，国内钢材市场走势

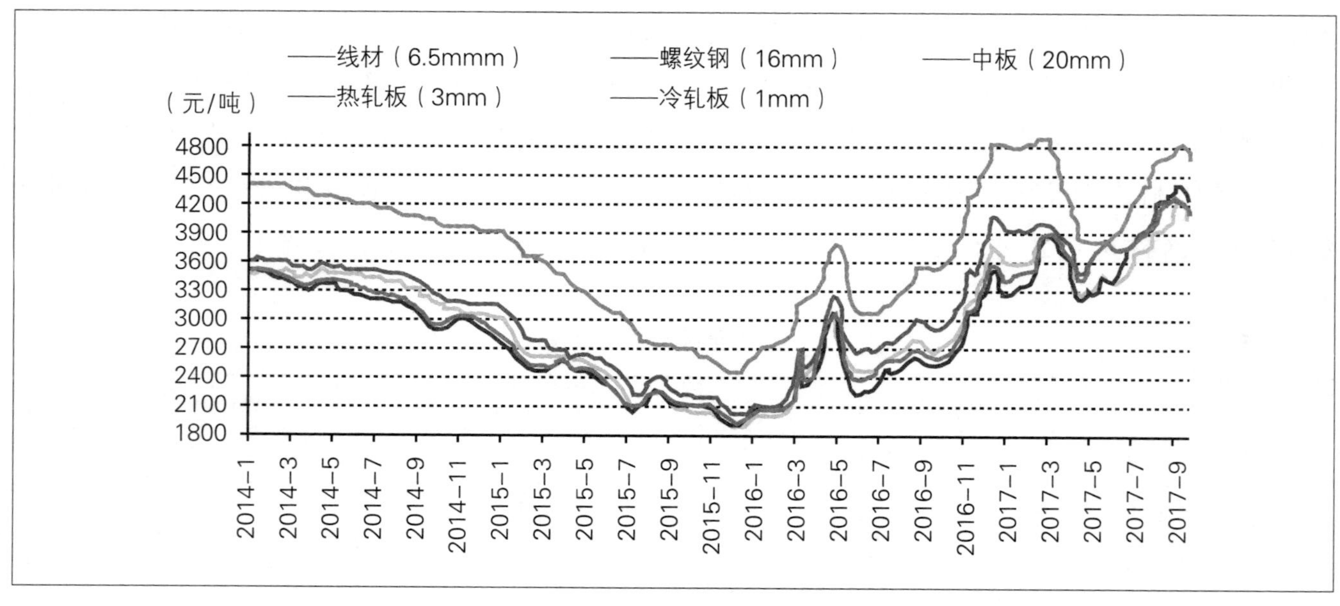

图 5－3　国内主要钢材品种价格走势

数据来源：钢铁工业协会。

分化明显，线材、中板、冷轧板现货价格下跌，螺纹钢、热轧板价格保持上涨。

截至 2017 年 9 月末，线材的价格 4256 元 / 吨，较上个季度下跌 13.95%，同比上涨 64.07%；螺纹钢价格 4037 元 / 吨，较上个季度上涨 7.40%，同比上涨 60.52%；中板价格 4052 元 / 吨，较上个季度上涨 15.94%，同比上涨 50.58%；热轧板价格 4220 元 / 吨，较上个季度上涨 13.96%，同比提高 45.02%；冷轧板价格 4665 元 / 吨，较上个季度上涨 14.99%，同比上涨 31.67%。

（六）固定资产投资延续下滑态势，累计增速持续为负

随着钢铁去产能不断深入，环保、生产、质量等方面产业政策日趋严格，受此影响，钢铁行业固定资产投资累计同比大幅下滑。国家统计局数据显示，2017 年 1~9 月，我国钢铁行业固定资产投资额 2746.9 亿元，同比下降 11.2%，降幅较 2017 年 1~6 月和上年同期分别缩小 0.7 个和扩大 10.8 个百分点。钢铁行业累计投资额占全国投资额比重为 0.6%，占比较上年同期下降 0.1 个百分点。

表 5–11　　钢铁行业固定资产投资情况

月份	累计投资额（亿元）
2017 年 1~9 月	3500.9
2017 年 1~8 月	2399.7
2017 年 1~7 月	2045.9
2017 年 1~6 月	1714.0
2017 年 1~5 月	1274.3
2017 年 1~4 月	584.2
2017 年 1~3 月	584.2
2017 年 1~2 月	200.5

数据来源：公开数据整理。

（七）钢铁行业规模缩小，资产负债率进一步降低

2017 年 1~9 月，全国钢铁行业共有企业 8512 家，较 2016 年同期减少 675 家。全行业规模以上企业的资产总计达到 64792.70 亿元，同比增长 4.50%，增速较

2016年同期上升6.37个百分点；负债总计达到42395.30亿元，同比增长2.60%，增速较2016年同期上升4.26个百分点。2017年钢铁去产能工作已完成预定目标任务，依法取缔地条钢任务按期完成。按照有关目标，力争经过3~5年的努力，使钢铁行业平均资产负债率降到60%以下。截至2017年9月底，钢铁行业规模以上企业平均资产负债率为65%。

（八）钢铁企业盈利水平大幅增长，降本增效压力仍然较大

据中国钢铁协会统计，2017年1~9月，全国钢铁行业规模以上企业完成销售收入53544.7亿元，同比增长23.10%，增速较2016年同期提高27.19个百分点，增速较2017年1~6月回落0.1个百分点；实现利润总额达2413.40亿元，同比增长118.50%，增速较2016年同期回落153.91个百分点，增速较2017年1~6月提高22.12个百分点；行业内亏损企业的亏损总额达190.10亿元，同比减少48.20%，增速较2016年同期提高9.87个百分点。2017年前三季度，钢价保持高位运行，加之钢铁企业产销形势良好，综合影响下，钢铁行业销售收入累计持续高速增长。随着钢铁企业销售收入持续扩大，以及钢铁企业不断加强“降本增效”措施，加之铁矿石价格回落增大盈利空间，钢铁行业盈利能力持续回升，利润总额累计继续保持超高速增长。鉴于当前钢铁行业销售利润率相较整个工业仍然偏低，预计利润高增长态势仍将维持较长一段时间，以推动行业合理利润水平的恢复。

表5-12　　全国钢铁行业规模分析

月份	企业数量（个）	资产总计（亿元）	同比增长（%）	负债总计（亿元）	同比增长（%）
2017年1–9月	9187	62755.2	–1.87	41866.5	–1.66
2017年1–6月	8491	64008.6	3.97	42409.5	2.69
2017年1–3月	8514	63677.1	4.46	42566.7	2.99
2016年1–12月	9224	64445.1	1.01	42901.7	0.14

数据来源：公开数据整理。

表5-13　　全国钢铁行业经营效益

月份	销售收入（亿元）	同比增长（%）	利润总额（亿元）	同比增长（%）	亏损总额（亿元）	同比增长（%）
2017年1–9月	53544.7	23.1	2413.4	118.5	190.1	–48.2
2017年1–6月	35493.3	23.2	1301.2	96.38	152.9	–42.11
2017年1–3月	16900.2	26.28	657.1	358.87	74.9	–68.92
2016年1–12月	63174.3	–0.7	1659.1	232.29	631.9	–54.41
2016年1–9月	45545.5	–4.09	1166.4	272.41	369.2	–58.07

数据来源：公开数据整理。

在钢铁行业上市公司中，方大特钢营业利润率排名第一。在经营过程中，方大特钢持续降本提高经营效率，实现精细化管理。公司在降本方面持续发力，通过实施精细化管理，根据公司年度预算目标，认真分解指标，责任落实到人。推进日动态成本核算，发挥铁前和钢后两个快速反应小组作用，及时掌握分析成本运行状况，提出改进措施。围绕配煤、配矿和炼钢三大炉料结构的优化，开展科技攻关降成本和修旧利废工作。

三、2018 年钢铁行业业绩前景分析

2018 年，钢铁行业仍要坚定不移去产能，严防新增产能，着力推动钢铁行业布局优化、转型升级、规范经营，实现可持续健康发展。

（一）去产能将继续深入推进，效应将边际递减

一方面，产能布局将略有变化。经过两年较为严格的去产能推进，我国主要钢铁省份如河北、江苏、山东、辽宁、广东、河南、四川、云南等地进展较快，钢铁行业整体北重南轻的格局略有改善，但总体变化不大。预计未来随着宝钢湛江一期、武钢防城港等重大沿海基地项目逐步建成投产，华东钢铁产能不足的问题将有所改善，但西南和华南产能不足的问题还会延续。

另一方面，产能增速较慢。当前现有产能约在 10 亿吨左右，产能利用率逐步恢复到 80% 水平。在当前钢材市场产业集中度不高且处于充分竞争的市场格局下，主要产量规划仍然是以销定产。同时非主要产钢区产能逐步减少，产量逐步向主要城市集中趋势较为明确。整体上，传统钢铁大省仍然增量较多，但由于河北、江苏两省的去产能任务较重对其产量释放影响较大，产量增速较慢。

（二）钢铁进出口将以回流国内为主，高附加值板材影响较小

2017 年，国内钢铁市场的回暖和内销利润回升是导致钢材出口下行的主要原因，同时供给侧改革的政策取向更倾向将改革红利释放的利润留在国内，钢材的低价大规模出口所导致的贸易摩擦与我国寻求稳健外部环境的政策取向也相违背。当前，钢材出口国家除南美国家增多外，其他区域均有所减少。出口产品的种类中，只有高附加值板材影响较小，出口的平均价格跟随国内价格上行。预计 2018 年钢材出口回流的趋势将大概率延续，出口国别将呈现普遍下行走势，高附加值板材仍将具有较高竞争力。

（三）全球经济持续复苏，环保政策制约，钢材需求将保持平稳增长

当前，全球经济呈现持续复苏态势，国际货币基金组织（IMF）10 月份发布的《世界经济展望》显示，2017 年全球经济将增长 3.6%，比上年增速提高 0.4 个百分点。另据国际钢协（WSA）10 月份发布的短期预测，2017 年全球钢铁需求将增长 2.8%。

从国内需求形势看，随着供暖季的临近，环保限产措施将陆续在部分省市地区实施，后期钢材产量会有所减少。一方面，环保限产措施对供需均有一定影响，且在实际执行中会有一定的前提条件，而不是“一刀切”的政策，钢材产量不会大幅减少；另一方面，党的十九大胜利召开后，还会释放出更多、更有针对性的稳增长政策措施，国民经济有望继续保持稳中有进、稳中向好的发

展态势，基础设施建设，以及机械、汽车和家电等主要用钢行业有望保持较快增长，钢材需求将保持平稳增长。

（四）国家严控新增产能，钢价或将回归合理水平

在“供给侧结构性改革”的大背景下，“去库存”导向使得整体的库存水平压得较低，直接制约了钢材价格下跌空间。截至2017年11月3日，“我的钢铁网”统计的五大品种钢材库存为981.26万吨，属于近十年来的较低值，仅高于去年的库存水平。从库存结构来看，上游钢厂库存全年处于低位，加上去“地条钢”的背景下造成的阶段性供需缺口，引领价格快速上升。

从政策层面看，当前仍有需求支撑钢价处于较为合理的水平。由于限产、限工等政策在不断影响生产过程和相应规划，尤其在取暖季之后，前期受压抑的需求逐步释放将再度出现短期供需不平衡状况。预计2018年钢材价格走势将持续高位震荡，其中螺纹钢震荡空间在3500~4200元/吨，热轧震荡空间为3700~4500元/吨，但2018年震荡幅度可能较2017年收窄，稳定的价格波动区间是未来政策的主要引导方向，有利于钢铁行业以及下游各行业的良性发展。

（五）焦炭价格将呈现区间震荡走势，铁矿石动态结构性问题仍将持续

焦炭价格主要跟随钢厂补库和去库波动，顶部价格跟随钢价波动其中，2016年焦炭价格波动主要源于成本端口焦煤价格的推升，2017年价格波动来源于下游需求端钢厂的补库动力和去库节奏，今年6月以来的9轮提涨完全映衬当时粗钢产量的屡创新高，9月以来价格的暴跌同样源于钢厂补库结束后面临限产的购货动力不足。焦炭价格的阶段性底部往往在吨焦利润持续在-100元/吨的水平，顶部空间方面也主要源于下游钢厂的补库节奏及钢厂利润的走势。焦炭价格不确定性源自其供给端同样受钢厂环保限产影响。2018年应持续关注3月供暖季限产结束后钢厂正常生产恢复的关键时点，预计焦炭价格仍将呈现区间震荡走势，二级焦价格波动区间在1400~2000元/吨。

由于全球铁矿石供大于求的格局是中长期趋势，总体供过于求的格局较难解释铁矿石的价格波动。2017年铁矿石价格的波动一是受突发性事件及季节性产量波动规律的影响，二是主要受钢厂的补库和去库的影响，同时高低品矿的价差和块矿粉矿的价差扩大的趋势得到延续，这些均是供给侧改革政策所带来的产业面变化，2018年这些趋势可能仍然存在。

（六）去产能逐步向提质过渡，钢铁有效供给水平将不断提升

1. 多方面严格管控环保，钢铁行业环保水平将持续提升

十九大报告中指出，加快生态文明体制改革，建设美丽中国。一是要推进绿色发展，二是要着力解决突出环境问题，三是要加大生态系统保护力度，四是要改革生态环境监管体制，环保治理提到了极为重要的战略高度。作为高耗能、高排放的钢铁行业，在环境保卫战中占据了极为重要的地位，从炼焦、烧结、炼铁、炼钢到轧钢整个冶炼工业均涉及不同类型污染物的排放。

钢铁行业的环保技术提升一直是我国钢铁行业发展的重点，“十三五”规划要求钢

铁企业实施绿色改造升级，加快推广应用和全面普及先进适用、成熟可靠的节能环保工艺技术装备，全面完成烧结脱硫、干熄焦、高炉余压回收等改造，淘汰高炉煤气湿法除尘、转炉一次延期传统湿法除尘等高耗水工艺设备等。环保治理是长期而复杂的过程，“2+26”城市秋冬季限产将成为中长期治理环境的主要操作方式，预计区域限产范围将进一步扩大，钢铁行业环保水平将持续提升。

2. 钢铁行业随制造业升级而发展

2016 年发布的《中国制造 2025》是我国实施制造强国战略第一个十年的行动纲领，明确指出到 2035 年我国建成国家级行业创新平台和一批国际领先的创新领军企业，整体实力达到世界制造强国阵营中等水平。我国钢铁行业低端钢材产品供应过量而高端产品供给不足一直制约着高端制造业的发展，是钢铁行业亟需提升的主要关键点。2016 年我国特殊钢产量约 3725.51 万吨，仅占粗钢总产量的 4.61%。与同期日本特钢的占比 22.94% 相差悬殊，这说明我国钢铁产品技术水平提升仍有较大空间。

钢铁工业五年规划的目标是培育形成一批钢铁智能制造工程和智能矿山，产品质量稳定性和可靠性水平大幅提高，实现一批关键钢材品种有效攻击，实现我国钢铁工业由大到强的历史性跨越。在刚刚结束的十九大会议上，党中央把坚持制造业发展路径、加快建设制造业强国走新型工业化道路作为我国未来主要的指导方向，这是发达国家在供给侧改革的中后期提升供给端质量的一致发展趋势。根据《钢铁工业调整升级规划（2016~2020 年）》的规划，高附加值产品、高端制造业钢铁新材料在未来产品的占比将逐步增大，海洋工程装备及高技术船舶领域，先进轨道交通装备领域、节能与新能源汽车领域、电力装备等领域均是我国未来钢材产品技术发展的主要着力方向。

（七）国企改革将逐步释放红利，钢企债转股有望取得实质性进展

各发达国家供给侧改革的实现路径表明，当前我国仍处于改革的第一阶段，即大规模行政性去产能及控制新增产能，恢复行业正常供需结构，恢复企业经营利润和现金流水平的阶段。未来，钢铁行业的改革规划仍需要较长时间的准备和落地实施，本质上促使经济结构的转型，从工业化国家向服务业经济转型的过渡期已经到来。预计第二阶段将在利润和经营现金流逐步恢复的基础上开展大规模区域性并购重组及跨区域企业整合，提高产业集中度。第三阶段将逐步提高研发投入、提高产品高附加值的钢材料品种，实施产业技术升级，实现配套高端制造业所需的原料需求。

据相关部门统计，截至去年年末，全国钢企总负债超 4 万亿元。债务问题是目前钢铁行业去产能、去杠杆的核心问题之一，如果妥善有效的解决债务困境，将更有力的推动目前国内钢铁行业化解过剩产能的进程。而作为去杠杆和解决企业债务危机的重要举措，债转股近年来多次被决策层提及。自 2016 年 10 月国务院发布《关于积极稳妥降低企业杠杆率的意见》及其附件《关于市场化银行债权转股权的指导意见》后，新一轮市场化债转股启航，然而在实际推进过程中呈现出规模不足、项目资金高、银行风控严、退出机制尚待完善等若干问题，使得钢企债转股推行进展缓慢。当前我国进入了国企改革的黄金窗口，集团资产债转股、跨区域并购重组、混合所有制等均是本轮国企改革的重要途径。国企改革将逐步释放红利，成为供给侧改革第二、三阶段的主要发力点。预计2018年债转股层面的推进速度将会加快。

（八）增值税税率下调，钢铁企业经营状况将逐步提升

2018年3月28日召开的国务院常务会议确定深化增值税改革的措施，会议决定，从2018年5月1日起，将制造业等行业增值税税率从17%降至16%，将交通运输、建筑、基础电信服务等行业及农产品等货物的增值税税率从11%降至10%，税率下调降低了钢铁企业生产流通环节的税收负担，既有利于改善钢铁企业经营状况，提高盈利能力，并有助于钢铁行业去杠杆，又为钢铁企业转型升级和技术创新奠定了基础，为钢铁行业高质量发展提供了动力。

但钢铁行业内部由于生产特点不同，从铁矿采矿开始到轧钢的各个生产工序投资额、成本构成差异很大。增值税是对生产增值部分按法定税率征税，因此，增值税下调对钢铁行业各个工序的影响也不尽相同。其中，铁矿石生产企业等前部工序从增值税税率下调中受益较小，随着工序的延伸受益程度逐步加大；全流程的钢铁企业税负下降较小，仅有轧钢工序的钢铁企业税负下降较大。对于钢铁产品出口企业而言，增值税下调有助于降低出口成本，在增值税出口退率不变的情况下，降低税率相对减少了钢铁产品出口成本中负担的增值税不予退税额，有利于提高我国钢铁产品在国际市场上的竞争力。

（九）中美贸易摩擦频繁，钢铁行业出口压力增大

短期影响有限，长期要关注钢材出口市场变化。从短期来看，无论是从出口数量还是出口金额，对中国钢材出口影响较为有限。从长期来看，这将加剧其他钢铁出口大国对东南亚、中东等我国钢材传统出口目的地的争夺，导致我国钢材出口这些区域变得困难和激烈，进而影响整个钢材出口形势。

对钢材间接需求影响更大。从当前的中美贸易行业结构来看，中国对美国出口产品大头是机电设备等工业制品。这些行业是我国重要的钢材消费行业。美国对这些产品征收关税，必然导致这些产品出口严重受挫，进而影响国内这些行业资本支出和规模扩张，导致国内钢材需求下降，从而对钢铁行业产生不利影响。

附表

2017年度钢铁行业上市公司业绩评价结果排序表

行业排名	全部上市公司排名	股票代码	单位名称	年末资产总额（万元）	营业收入（万元）	营业利润（万元）	每股收益（元）	加权平均净资产收益率（%）	总资产报酬率	综合得分	总资产报酬率（%）	总资产周转率（次）	流动资产周转率（次）	资产负债率（%）	已获利息倍数	营业收入增长率（%）	资本扩张率（%）	市场投资回报率（%）	股价波动率（%）
1	5	002110	三钢闽光	1575126.88	2246053.48	529581.35	2.9	43.58	37.89	87.7	38.11	1.59	3.31	30.09	53.2	59.09	50.88	51.79	110.92
2	11	600782	新钢股份	3322592.94	4996701.36	411437.27	1.09	28.38	14.03	85.3	14.4	1.6	2.66	58.21	10.35	64.03	53	91.2	195.77
3	17	600019	宝钢股份	35023463.3	28909290.03	2492417.04	0.86	13.42	8.9	84.1	8.97	0.94	2.46	50.18	7.5	55.88	32.76	35.02	91.24
4	55	600507	方大特钢	861649.8	1394474.96	328985.17	1.92	67.53	40.42	80.5	40.94	1.63	3.18	39.99	47.11	56.27	76.6	90.99	220.34
5	70	600282	南钢股份	3773544.43	3760066.41	373824.26	0.79	34.9	11.47	79.8	11.72	1.04	3.21	58.77	6.97	55.54	128.92	40.7	139.26
6	83	002075	沙钢股份	965558.9	1241434.88	189707.59	0.32	23.01	21.43	79.2	21.71	1.42	2.8	36.32	891.47	63.66	27.51	0	0
7	91	601003	柳钢股份	2307391.72	4155716.91	303342.88	1.03	44.72	15.26	78.8	15.26	1.89	3.59	68.8	10.73	55.93	55.33	70.46	177.46
8	94	000825	太钢不锈	7449609.06	6778978.1	454488.71	0.81	18.73	7.72	78.8	7.78	0.92	3.45	63.3	4.29	19.48	18.2	23.97	62.91
9	109	600808	马钢股份	7219159	7322802.96	564946.77	0.54	18.91	9.67	78.2	9.72	1.06	2.59	62.27	7.31	51.69	23.35	42.06	124.19
10	175	000898	鞍钢股份	8920400	8431000	552600	0.78	11.82	7.49	76.4	7.58	0.95	3.11	43.52	5.42	45.66	11.26	24.44	78
11	176	600126	杭钢股份	2445694.87	2785581.29	221625.03	0.69	11.44	8.64	76.3	9.13	1.11	2.75	31.55	31.38	41.69	11.65	−21.3	62.16
12	205	002756	永兴特钢	396199.78	403124.03	41280.98	0.98	10.92	10.95	75.4	11.06	1.09	1.74	14.85	115.68	27.44	9.91	−8.65	19.85
13	253	000932	华菱钢铁	7492981.67	7651141.36	535441.4	1.37	49.69	9.67	73.9	9.87	1.05	2.86	80.54	3.85	53.6	56.84	33.64	212.06
14	286	000708	大冶特钢	657874.01	1022706.96	51864.59	0.88	10.19	7.31	72.8	7.58	1.65	2.95	38.77	37.12	59.98	8.19	−10.01	55.83
15	316	000717	韶钢松山	1441538	2603826.83	280604.71	1.04	146.69	19.31	72.2	19.39	1.77	6.04	79.38	8.57	86.35	548.34	56	169.13
16	325	600231	凌钢股份	1477141.21	1798774.47	173169.72	0.48	20.79	12.73	71.9	13.26	1.19	3.72	56.76	7.38	24.37	22.29	77.03	218.37
17	345	600581	八一钢铁	1860126.19	1675685.36	110414.42	1.52	42.18	9.18	71.5	9.24	1.13	4.11	82.04	4.87	69.44	52.03	92.71	202.07
18	460	600569	安阳钢铁	3315275.49	2702920.79	161024.91	0.67	28.36	7.74	69.1	8	0.82	1.92	79.63	2.6	22.61	22.11	51.09	163.92
19	739	000959	首钢股份	13415852	6025015.43	334946.04	0.42	8.7	4.17	64.7	4.63	0.46	3.48	72.78	2.24	43.97	8.75	−21.87	54.12
20	786	000761	本钢板材	6299814.35	4050785.58	196721.65	0.51	11.84	4.78	64.1	5.02	0.69	1.31	76.43	2.87	37.19	11.95	−3.94	65.03
21	930	600022	山东钢铁	5700412.75	4789837.79	209207.03	0.18	11.29	4.33	62	4.52	0.86	2.55	54.7	4.79	−4.48	14.12	8.2	53.93
22	1001	600010	包钢股份	14664246.5	5368373.13	282937.79	0.05	4.27	3.08	61	3.27	0.37	1.45	66.22	2.51	73.02	4.42	20.6	76.24
23	1146	002478	常宝股份	567935.71	349440.63	18360.37	0.17	4.27	3.51	59	3.85	0.73	1.22	30.26	84.06	58.45	25.65	−14.4	76.85
24	1161	000709	河钢股份	19014793.4	10898307.52	309550.47	0.17	4.01	2.92	58.8	3.08	0.58	2.04	74.94	2.12	46.19	2.21	17.52	82.41
25	1169	000778	新兴铸管	4903265.35	4126637.23	173341.7	0.28	5.9	4.28	58.7	4.67	0.84	1.76	57.94	3.08	−20.88	11.77	−0.68	90.09
26	1462	002443	金洲管道	325559.5	386294.77	19177.9	0.31	7.9	6.79	54.7	6.82	1.19	2.07	30.63	7.39	46.44	6.86	−23.22	101.17
27	1763	600307	酒钢宏兴	3986097.22	4098734.88	56105.6	0.07	4.49	3.13	50.5	3.25	1.06	4.04	76.05	1.38	16.79	3.97	1.77	57.56
28	2049	603878	武进不锈	256362.39	146119.57	14702.33	0.63	6.44	5.85	46.3	6.01	0.6	0.78	20.97	424.68	10.14	4.18	−50.95	132.72
29	2068	002318	久立特材	495098.24	283300.3	14789.09	0.16	4.86	3.63	46	3.67	0.64	1.13	39.59	11.01	5	11.73	−29.96	72.56
30	2085	601005	重庆钢铁	2501245.9	1323684	−677717.3	0.04	3.87	2.73	45.7	2.76	0.43	3.67	32.82	1.61	199.82	0	−14.72	63.69
31	2380	600608	ST 沪科	18964.46	47008.63	5468.1	0.19	273	33.91	39.5	34.2	2.46	2.79	66.42	12.48	78.77	0	−48.9	200.98
32	2658	600117	西宁特钢	2428733.89	743367.31	9320.15	0.06	1.99	2.69	31.2	2.83	0.29	1.05	84.74	1.15	0.6	3.13	1.1	103.14

第六章　有色金属行业上市公司业绩评价

有色金属是农业、工业、国防科技发展不可或缺的基础材料和重要的战略物资，影响着国民经济的发展和人民的日常生活。全球各国竞相发展有色金属工业，增加有色金属的战略储备。当今社会有色金属已成为决定一个国家经济、科学技术、国防建设等发展的重要物质基础，是提升国家综合实力和保障国家安全的关键性战略资源。

作为有色金属生产第一大国，我国在有色金属研究领域，特别是在复杂低品位有色金属资源的开发和利用上取得了长足进展。当前，我国经济已进入由高速增长向中高速增长转换的新常态，有色金属行业也随之发生新变化。在经历2016年报复性的反弹后，2017年有色金属在高位震荡中度过。有色金属上半年，由于国家政策对房地产的打压，资金的收紧，影响有色金属的需求，加上美联储有两次加息，令有色金属承压，而使得有色金属没有延续2016年的涨势，又得益于供给侧改革的延续、一带一路政策的推进及全球经济复苏的影响，有色金属行业呈现全年高位震荡走势。美元走弱、第一大铜矿Escondida罢工推动铜价攀升；政策支撑与环保限产的双重利好，支撑着稀土和小金属。有色金属行业上市公司2017年实现净利润496.43亿元，较2016年净利润翻倍。2017年有色金属价格指数全年大幅震荡走高，年末收盘为4157.40点，升幅15.41%，与行业业绩高增长保持同步。展望2018年，有色金属行业产能结构性过剩、转型困难、融资困难的局面仍待解决，市场环境依然严峻。但是随着全球经济回暖以及新一轮基础设施建设的刺激之下，主要有色金属价格仍有望保持高位运行状态。

一、有色金属行业上市公司价值分析结果

截至2017年末，有色金属行业（含铝、铅、锌、铜、黄金、锂、钨、稀土等采掘、制造子行业）的A股上市公司共117家，其中盈利110家，占94.02%；亏损7家，占5.98%。按生产环节划分，以采掘为主的公司20家，占17.09%；以制造为主的公司91家，占77.78%。按上市地点划分，沪市56家，占47.86%；深市61家，占52.14%。117家有色金属行业上市公司年末资产总额15553.11亿元，归属母公司的所有者权益6143.22亿元，资产负债率

为55.54%。2017年有色金属行业上市公司完成营业收入14092.33亿元，比上年增加16.27%；实现净利润496.43亿元，比上年增长288.95亿元。与全部上市公司相比，有色金属行业在总资产、营业收入、净利润所占比例分别为2.87%、4.31%、2.61%。

根据综合评价结果，2017年有色金属行业有2家公司进入上市公司100强。有色金属行业综合评价得分排名第一的为方大炭素，在总排名中位列第32位，2017年公司受国家供给侧结构性改革、取缔地条钢的影响，电炉炼钢比例增加，导致对石墨电极需求增加，石墨电极价格上涨，公司推进“赛马”机制，不断深化精细化管理；并与清华大学、中科院实现产学研合作，建立了完整试验研发体系，成为甘肃省炭素新材料军民结合产业园区、国家科技兴贸（新材料）创新基地——兰州市基地的龙头企业。凭借其国际先进水平的炭素制品生产设备，充分发挥装备优势、技术优势、规模优势、成本优势、机制优势，内外部因素共同促进，使方大炭素2017年归属于母公司净利润上升5267.65%，营业总收入实现835047万元，同比增长248.62%，经营指标取得了历史最好水平。在有色金属行业117家上市公司中，业绩评价A级以上的有9家，B级以上的有50家。

业绩评价按照中国上市公司业绩评价指标体系，有色金属行业综合评价结果为62.22分，比全国上市公司综合评价结果61.75高0.47分。其中：财务效益状况得分20.02分，资产质量状况得分11.92分，偿债风险状况得分7.32分，发展能力状况得分12.54分，市场表现得分10.42分。在有色金属行业的117家上市公司中，业绩评价综合得分70分以上的有14家，60分至70分的有36家；50分至60分的有32家；50分以下的有35家。从综合评价结果来看，2017年有色金属行业上市公司的综合表现较2016年有所提高，2016年有色金属行业综合得分低于全国上市公司水平，而2017年综合得分已高于全国上市公司水平，并且得分70分以上的公司数量较2016年有明显提升。

表6-1　2017年有色金属行业中联十强排行榜

名次	股票代码	股票简称	在全部上市公司中排名
1	600516	方大炭素	32
2	002466	天齐锂业	66
3	600338	西藏珠峰	163
4	002460	赣锋锂业	173
5	600711	盛屯矿业	179
6	000060	中金岭南	195
7	603993	洛阳钼业	206
8	601899	紫金矿业	213
9	000688	建新矿业	218
10	000813	德展健康	234

基于对有色金属行业上市公司的整体评价，下面分别从财务效益状况、资产质量状况、偿债风险状况、发展能力状况、市场表现状况五个方面对有色金属行业上市公司进行具体分析。

（一）财务效益状况

从综合得分来看，2017年有色金属行业上市公司财务效益状况相比去年有所上升，但仍然低于全部上市公司平均水平。

表 6-2 有色金属行业财务效益状况表

评价指标		2017 年上市公司平均值	2017 年行业值	2016 年行业值	增长率（%）
基本指标	扣除非经常性损益净资产收益率（%）	7.99	6.86	2.49	175.50
	总资产报酬率（%）	5.91	6.29	4.18	50.48
	得分	21.07	20.58	16.29	26.34
修正指标	营业利润率（%）	7.25	4.69	2.18	115.14
	盈利现金保障倍数	1.34	1.29	2.89	–55.36
	股本收益率（%）	42.46	28.27	13.95	102.65
综合得分		22.25	20.02	17.79	12.54

表 6–2 列示了有色金属行业上市公司财务效益状况评价结果。从综合得分来看，有色金属行业上市公司财务效益平均得分为 20.02 分，比全部上市公司平均分 22.25 分低 2.23 分。其中，天齐锂业、合盛硅业、方大炭素等 31 家公司超过全部上市公司平均水平。

从具体指标看，除盈利现金保障倍数外，其余各项指标均有较大幅度上升，总体情况好于 2016 年。其中扣除非经常性损益净资产收益率由 2.49% 上升至 6.86%；营业利润率从 2.18% 上升至 4.69%；股本收益率从 13.95% 上升至 28.27%，上升幅度均在 100% 以上。这些指标的大幅增长导致有色金属行业的整体财务效益状况评分高于去年。

（二）资产质量状况

从综合得分来看，2017 年有色金属行业上市公司资产质量状况较 2016 年有所下降，但仍高于全部上市公司平均值的水平。

从表 6–3 可以看出，2017 年有色金属行业上市公司资产质量状况（满分为 15 分）基本指标平均得分 12.79 分，高于全部上市公司 9.26 分的平均水平；其中有 69 家企业超过全国上市公司平均水平，湖南黄金、楚江新材、盛屯矿业、江西铜业、众源新材等 13 家企业的资产质量状况评分获得满分。

表 6–3 有色金属行业资产质量状况表

评价指标		2017 年上市公司平均值	2017 年行业值	2016 年行业值	增长率（%）
基本指标	总资产周转率（次）	0.64	0.95	0.89	6.74
	流动资产周转率（次）	1.23	2.26	2.17	4.15
	得分	9.26	12.79	12.6	1.51
修正指标	应收账款周转率（次）	8.16	19.23	19.46	–1.18
	存货周转率（次）	2.77	5.77	6.09	–5.25
综合得分		9.08	11.92	12.10	–1.49

从修正指标来看，2017 年有色金属行业上市公司资产质量状况（满分为 15 分）平均得分 11.92 分，高于全部上市公司 9.08 分的平均水平，但较 2016 年资产质量状况有小幅下降；从个股来看，盛屯矿业、楚江新材的资产质量状况基本指标和修正指标得分均在 14 分以上，资产质量较好；鹏起科技、荣华实业、丰华股份、山东金泰、园城黄金、合金投资的基本指标和修正指标得分较低，资产质量状况较差。

（三）偿债风险状况

从综合得分来看，2017 年有色金属行业上市公司偿债风险状况较 2016 年有所好转，但仍低于全国上市公司平均水平。

从表 6–4 可以看出，2017 年有色金属行业上市公司偿债风险状况（满分为 15 分）基本指标平均得分 8.2 分，低于全部上市公司 8.91 分的平均水平；其中有 71 家企业超过全国上市公司平均水平，建新矿业、德展健康、科创新源、东睦股份、盛达矿业等 15 家企业得分为 15 分满分。基本指标得分同比上升 8.04 个百分点。有色金属行业 2017 年获利倍数较 2016 年大幅上升 53.15%，可见在有色金属行业上市公司在 2016 年行业筑底反弹之后，随着行业获利能力增强，偿债风险状况有了明显回转。

表 6–4　　有色金属行业偿债风险状况表

评价指标		2017 年上市公司平均值	2017 年行业值	2016 年行业值	增长率（%）
基本指标	资产负债率（%）	60.19	55.54	56.3	–1.35
	获利倍数	4.97	3.4	2.22	53.15
	得分	8.91	8.2	7.59	8.04
修正指标	速动比率（%）	79.6	73.09	69.63	4.97
	现金流动负债比率（%）	10.9	10.57	10.83	–2.40
	带息负债比率（%）	49.72	69.59	69.7	–0.16
综合得分		8.92	7.32	6.84	7.02

从修正指标来看，2017 年有色金属行业上市公司偿债风险状况（满分为 15 分）平均得分 7.32 分，低于全部上市公司 8.92 分的平均水平；现金流动负债比率、带息负债比相比去年均有下降；速动比率较 2016 年增长 4.97 个百分点，高达 73.09%，略低于全部上市公司 79.6% 的平均水平，反映出有色金属行业偿债压力有所下降但仍大于全国平均水平。

（四）发展能力状况

从综合得分来看，2017 年有色金属行业上市公司发展能力状况涨幅较小，但略高于全国上市公司平均水平。

从表 6–5 可以看出，有色金属行业上市公司发展能力状况（满分为 20 分）基本指标平均得分为 11.76 分，低于全国上市公司平均水平 12.2 分；其中有 61 家公司高于全国上市公司平均水平，方大炭素、中钢天源、索通发展、盛和资源、寒锐钴业、罗平锌电等 6 家企业获得满分。

从修正指标来看，2017 年有色金属行业上市公司发展能力状况（满分为 20 分）

表 6–5 有色金属行业发展能力状况表

评价指标		2017 年上市公司平均值	2017 年行业值	2016 年行业值	增长率（%）
基本指标	营业收入增长率（%）	21.02	16.26	10.39	56.50
	资本扩张率（%）	14.21	15.27	19.23	–20.59
	得分	12.2	11.76	12.46	–5.62
修正指标	累计保留盈余率（%）	41.07	29	26.73	8.49
	三年营业收入增长率（%）	9.58	7.72	4.39	75.85
	总资产增长率（%）	14.82	11.38	15.07	–24.49
	营业利润增长率（%）	42.01	169.52	0	100
综合得分		12.37	12.54	12.26	2.28

平均得分 12.54 分，略高于全部上市公司 12.37 分的平均水平，同比上升 2.28%；各项修正指标中，除资本扩张率和总资产增长率下降外，得益于有色金属价格的大幅回升，营业收入增长率、三年营业收入增长率、营业利润率出现大幅增长。

（五）市场表现状况

如图 6–1 所示，2017 年有色金属行业上市公司股价总体呈现“过山车”式巨幅震荡，上半年走势与大盘走势接近，下半年偏离大盘在高位震荡。从评价指标来看，2017 年有色金属行业上市公司的平均市场回报率为 –1.55%，较 2016 年下跌 115.75%。市场投资回报率高于全部上市公司的平均水平。从个股来看，方大炭素、赣锋锂业、华友钴业共 3 家上市公司的市场投资回报率超过 100%，较去年出现好转。紫金矿业以 13.96 分的市场表现状况评价得分位列有色金属行业第一。

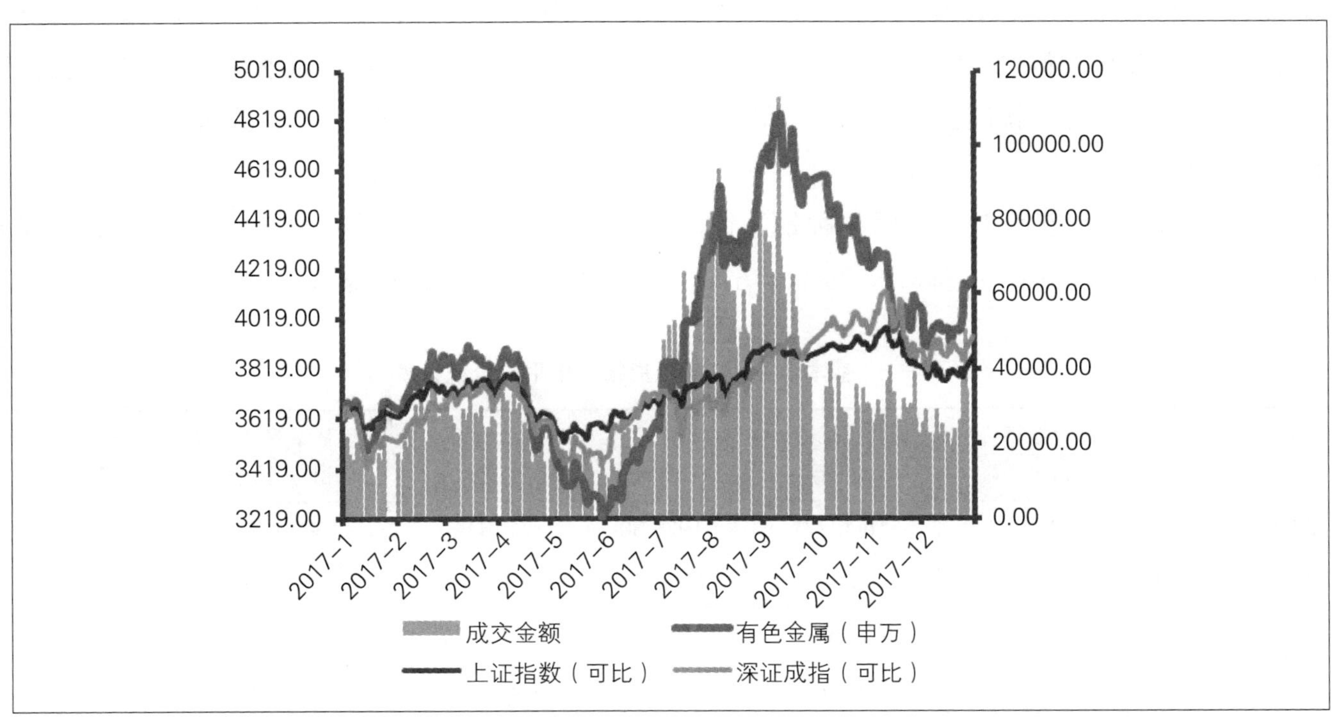

图 6 – 1 2017 年有色金属行业指数与大盘指数走势图

表 6-6　　有色金属行业公司市场表现表

评价指标	2017 年上市公司平均值	2017 年行业值	2016 年行业值	增长率（%）
市场投资回报率（%）	-14.59	-1.55	9.84	-115.75
股价波动率（%）	92.63	97.43	94.95	2.61
得分	9.13	10.42	9.17	13.63

二、有色金属行业上市公司业绩影响因素分析

国家发改委发布的数据显示，2017 年，全国十种有色金属产量 5378 万吨，比上年增长 3%，增速比上年提高 0.5 个百分点。其中，铜产量 889 万吨，增长 7.7%，提高 1.7 个百分点；电解铝产量 3227 万吨，增长 1.6%，提高 0.3 个百分点；铅产量 472 万吨，增长 9.7%，提高 4 个百分点；锌产量 622 万吨，下降 0.7%，上年为增长 2%。氧化铝产量 6902 万吨，增长 7.9%，增速比上年提高 4.5 个百分点。

过去发展依靠产能与规模快速扩张的趋势得到明显扭转。消费方面，去年精炼铜、原铝消费分别达到 1120 万吨、3450 万吨，同比分别增长 6.7%、6.2%，消费增速高于产量增速。钴、锂等新能源产业相关品种消费增速更高。

2017 年，国内市场主要金属品种铜、铝、铅、锌现货平均价同比分别增长 29%、16%、26% 和 43%。钴作为新能源产业支撑材料，价格上涨势头更猛，达到 97%，钨、钼、锡、锑、稀土等优势品种的价格上涨趋势也非常明显。

得益于价格上涨，企业效益持续改善。去年 8324 家规模以上有色金属工业企业（不包括独立黄金企业）主营业务收入 5.6 万亿元，同比增长 16.1%；实现利润 2298 亿元，同比增长 33.2%。

2017 年，影响有色金属行业业绩的因素主要有以下几方面：

（一）价格高位震荡，业绩整体爆发

在国内供给侧改革、雄安新区建设、新一届美国政府财政刺激基建投资等全球新一轮基础设施投资需求的影响下，基本金属价格在 2017 年持续高位运行；在地缘政治危机凸显以及低利率的双重影响下，贵金属价格震荡走高，企业效益明显改善。

1. 基本金属分析

伦敦金属交易所 6 种基本金属现货结算价 2017 年平均价格见表 6-7。

表 6-7　　基本金属 LME 现货结算年平均价统计表

	现货结算价：LME 铜	现货结算价：LME 铝	现货结算价：LME 锌	现货结算价：LME 铅	现货结算价：LME 锡	现货结算价：LME 镍
2015 年平均价格	5494.50	1660.77	1928.30	1783.57	16070.16	11807.27
2016 年平均价格	4862.63	1604.89	2094.75	1871.58	18005.93	9608.70
同比	-11.50%	-3.36%	8.63%	4.93%	12.05%	-18.62%
2017 年平均价格	6165.97	1968.74	2895.94	2317.46	20104.70	10411.35
同比	26.80%	22.67%	38.25%	23.82%	11.66%	8.35%

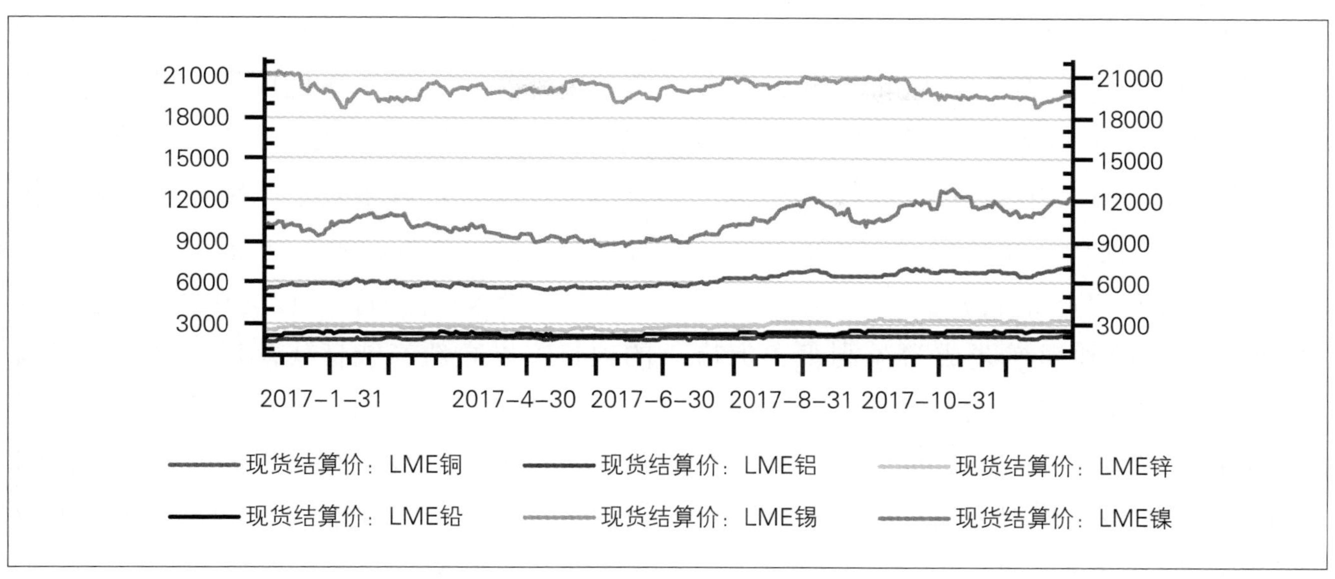

图 6－2　国内主要钢材品种价格走势

数据来源：Wind。

图 6－3　国内主要钢材品种价格走势

数据来源：Wind。

2016 年下半年，基本金属价格开始触底反弹，2017 年基本金属价格呈现高位平稳上升趋势，因此全年平均价格与 2016 年相比上升较大，整体仍有一定上升空间。根据 LME 基本金属指数 2010~2017 年的数据可以看出，基本金属指数 2017 年整体呈现上升趋势。

在价格回升的有利环境下，2017 年全国 49 家基本金属上市公司整体业绩表现较 2016 年出现爆发式增长，具体统计如表 6–8。

表 6–8　　全国 48 家上市公司经营状况简表

	2015 年	2016 年	2017 年	同比（%）
营业收入	7692.49	8221.01	9363.34	13.90
营业利润	–35.99	114.92	284.71	147.75
净利润	9.41	90.10	214.41	137.97

受益于价格的大幅上升，中国铝业、神火股份、驰宏锌锗等7家上市公司实现营业利润扭亏。中国铝业在2016年度实现净利润扭亏之后，2017年实现营业利润扭亏，业绩大幅提升。江西铜业以2050.47亿元的营业收入蝉联销售冠军，中国铝业以23.64亿元的净利润逆袭成为盈利王。上市公司绩效评价排名第四的西藏珠峰则依托其优质的矿产资源，在2017年大幅削减盈利较弱的贸易业务，使得公司综合毛利率达到72.55%，同比增加2.43个百分点的同时期间费用率同比减少3.6个百分点，销售净利率高达45.14%，公司业绩可观。

在经历了漫长而痛苦的降本生效、清退产能之后，2017年，全球经济延续复苏态势，在供给侧结构性改革影响下，铝市场供需关系明显改善，电解铝价格维持高位区间震荡，带动氧化铝价格整体震荡向上，铝价格全年呈现震荡走高趋势，并在2017年底冲上1.6万元/吨的阶段性高点。主要铝类上市公司效益大幅改善。焦作万方、云铝股份等上市公司实现营业利润扭亏。中国铝业、南山铝业等上市公司绩效评价得分大幅上升。以中国铝业为例，2017年4月，国家发改委、工信部、环保部、国土资源部联合发布《清理整顿电解铝行业违法违规项目专项行动工作方案》，国内铝价应声大幅上涨，随着违规产能的陆续关停，政策效果不断显现。公司执行“市场倒逼成本、成本倒逼改革”，降本增效；积极投入结构调整、转型升级、安全环保的项目，以高新产能替代落后产能。公司围绕“大营销、大采购、大物流、平台化、国际化、金融化”战略布局，形成科学的营销模式。2016年营业利润为-1.18亿元，2017年营业利润为31.3亿元，业绩大幅提升。

铅锌价格全年呈现震荡走高趋势，主要铅锌类上市公司效益大幅提高。铅锌类上市公司中，兴业矿业、豫光金铅等上市公司实现营业利润扭亏，豫光金铅、锌业股份等上市公司绩效评价得分大幅上升。得益于此次铅锌价格的上涨，豫光金铅所生产的电解铅及铅合金盈利能力提高，产品毛利率上升，销售毛利率比去年同期上涨3.15个百分点，同时公司通过实施生产技改和加强资金管理使得加工成本下降3.5%，财务费用同比下降33.61%，业绩有了明显好转。

2. 稀有金属分析

2017年主要稀有金属价格统计如下表。

表6-9 主要稀有金属年平均价格统计表

	价格：碳酸稀土：REO 42.0%~45.0%：上海	南方稀贵金属交易所：钨条：收盘价	价格：金属锂：≥99%工业级，电池级	最低价：金属钴：国产	价格：铌：≥99%：上海	价格：1#钼：≥99.95%：国产
2015年	24161.16	269.56	411708.33	211877.92	736.25	197.85
2016年	22533.47	249.29	654375.00	207492.68	591.94	182.85
2017年	22829.92	336.44	824606.74	429096.30	521.15	207.77
增幅	1.32%	34.96%	26.01%	106.80%	-11.96%	13.63%

稀有金属中，在下游新能源汽车锂电池强劲需求的拉动下，锂、钴金属价格继续大幅上升，钴金属价格出现翻倍。由于下游需求旺盛，锂盐生产企业的竞争主要表现在生产原料供应与产品质量方面，天齐锂业管控的射洪基地和张家港基地通过不断检修和改造，生产效率显著提高，能耗显著下降，公司产品质量水平行业领先，客户资源优质，产品供不应求，2017 年公司实现营业收入 547003.99 万元，较上年同期增加 40.09%，创历史新高，行业排名位居前列。受到整体市场的好转，其他稀有金属价格均有一定幅度提升。

2017 年，全国 26 家稀有金属上市公司整体经营业绩统计见下表 6–10。

表 6–10　全国 26 家稀有金属上市公司经营业绩简表

	2015 年	2016 年	2017 年	增幅
营业收入	1113.09	1193.98	1730.69	44.95%
营业利润	–67.40	21.66	155.61	618.55%
净利润	–64.87	18.98	105.94	458.22%

其中，锡业股份以 344.10 亿元销售收入蝉联销售收入冠军，洛阳钼业在 26.5 亿美元收购自由港麦克米伦公司（Freeport–McMoRan）位于刚果（金）的 Tenke 铜钴矿项目 56% 股权完成后利润爆发，2017 年净利润 35.96 亿元，成为 2017 年度稀有金属上市公司利润冠军。

3. 贵金属分析

贵金属方面，黄金及白银价格在美元走强，地缘政治危机的多重影响下，震荡走高。2015~2017 年贵金属平均价格统计见下表。

贵金属公司中，紫金矿业以 945.49 亿元营业收入，蝉联销售冠军，并以 32.48 亿元净利润蝉联盈利冠军。

2017 年黄金价格震荡走高，主要黄金类上市公司效益大幅提高。黄金类上市公司中，紫金矿业、湖南黄金等上市公司实现营业利润翻倍。其中，紫金矿业的综合得分从 2016 年的 57.7 猛增到 75.2，在所有上市公司中的排名（剔除当年上市公司）从前一年的 1338 名，飞跃到 213 名。湖南黄金综合得分从上年 61.12 上涨至 65.35，排名上升 347 名。

表 6–11　主要贵金属年平均价格统计表

	价格：金：99.99%	价格：1# 银：99.99%	价格：铂：99.95%	价格：钯：99.95%	价格：钌：99.95%	价格：铑：99.95%	价格：铱：99.95%
2015 年	234.88	3406.13	228.79	156.43	12.94	223.69	126.83
2016 年	266.23	3756.02	226.53	149.37	11.50	178.97	141.90
2017 年	275.61	3921.20	224.35	216.11	20.49	286.07	226.91
增幅	3.52%	4.40%	–0.96%	44.68%	78.15%	59.84%	59.91%

（二）产销量平稳增长，进出口额平稳增长

2017 年，全国十种有色金属产量 5378 万吨，比上年增长 3%，增速比上年提高 0.5 个百分点。其中，铜产量 889 万吨，增长 7.7%，提高 1.7 个百分点；电解铝产量 3227 万吨，增长 1.6%，提高 0.3 个百分点；铅产量 472 万吨，增长 9.7%，提高 4 个百

分点；锌产量622万吨，下降0.7%，上年为增长2%。氧化铝产量6902万吨，增长7.9%，增速比上年提高4.5个百分点。

进出口额平稳增长。2017年，我国有色金属进出口贸易总额（含黄金首饰及零件贸易额）1348.3亿美元，同比增长15.1%。其中：进口额973.7亿美元，同比增长26.3%；出口额374.6亿美元，同比下降6.4%。其中，黄金首饰及零件出口贸易额100.7亿美元，同比下降16.9%。

（三）固定资产投资持续下降，国际贸易摩擦加剧

2017年，我国有色金属工业（包括独立黄金企业）完成固定资产投资额6148亿元，同比下降6.9%，降幅同比扩大0.2个百分点。其中，民间项目投资4952亿元，同比下降8.2%，所占行业投资比重为80.6%。有色金属行业固定资产投资自2015年首次出现下降以来，延续了下降趋势，行业处于继续瘦身状态。

国际贸易摩擦加剧。随着我国铝工业技术不断突破，铝产品国际市场竞争力不断增强，美国等西方国家出于自身利益，针对我国有色金属产品的国际贸易摩擦愈演愈烈，出口形势面临较大挑战。美国继2016年对中国铝工业进行“332”听证调查之后，2017年又启动对进口铝产品的“232调查”及“301调查”。2017年8月8日，美国初裁认定中国出口到美国的铝箔产品接受了16.56%~80.97%不等的补贴；2017年10月27日，美国商务部公布，将对原产自中国的铝箔进口征收进口关税，税率初步定在96.81%~162.24%；2017年11月28日，美国商务部对从中国进口的普通合金铝板发起双反调查，这一系列贸易保护措施对我国铝深加工产品出口十分不利。

（四）新旧产能转换缓慢，严管严控电解铝新增产能任务仍然艰巨

新旧动能转换总体缓慢。当前有色金属工业新旧动能转换有一些亮点，新能源汽车的需求带动了有色金属钴、锂等新材料的发展，轨道交通和汽车用铝的产量和用量持续增长，进一步促进了高端运输铝材的应用。但应看到，高端材料和新材料在产业体系中所占比例不高，新旧动能转换总体缓慢。产业下游精深加工的基础研究、技术支撑和高新项目储备不足，部分有色金属精深加工高端产品依赖进口的局面一时难以改变。

严管严控电解铝新增产能任务仍然艰巨。清理整顿电解铝行业违法违规项目专项行动取得阶段性成果，违法违规项目已停产停建。但电解铝行业向好发展的基础尚不牢固，盲目投资、无序发展、布局不够合理、产业集中度不高等深层次问题尚未根本解决。

（五）行业利润率偏低、融资难等问题仍然突出

有色行业是资金密集型行业，虽然2017年以来全行业整体效益好转，同比显著提升，但受生产成本上升等因素影响，行业总体利润率不高，全年行业主营业务收入利润率约为4%。目前，金融机构对有色金属行业的支持仍然有限，部分企业资金链依然紧张，企业融资难的问题还未根本解决。

中国铝业等大型公司采用市场化债转股的方式，有效地降低了资产负债率，合理地解决了融资难问题，为大型央企提供了更多地融资参考方案。其中，中国铝业积极与金融机构开展合作，设立100亿元的产业投资基金、引入100亿元供给侧结构性改革投资基金等多种融资方式；抓住国家市场化和法治化债转股政策的机遇，通过发行股份购买资产的方式，启动市场化债转股项目，引入共8家机构，对子公司包头铝业、中铝矿业、中铝山东和中铝中州进行增资，计划以6元/股的价格发行21.17亿股以募集127亿元，大幅降低公司的资产负债率，优化公司资产负债结构，减少财务费用支出，增强了公司的盈利能力。公司业绩提升及成功的资本运作，推动公司股价上涨，2017年公司A股、H股及美股股价表现强劲，均大幅度跑赢大盘指数。

三、2018年有色金属行业前景分析

在价格回升的大环境下，有色金属行业生产的经营严峻形势得到了初步缓解，但是整体结构性产能过剩的局面未得到解决。2018年国内外经济环境更加复杂严峻，经济下行压力仍然较大，我国经济发展新常态特征愈发明显。行业必须由规模扩张转向优化存量、控制增量；由低成本资源和要素投入转向创新驱动，加快发展高端材料和实施智能制造，提升中长期增长动力。结合宏观形势，预计有色金属行业2018年将呈现出以下几方面特征。

（一）国际环境复杂，价格高位震荡

进入2018年以来，一方面叙利亚等地区发生全面战争的风险加剧，美国贸易保护主义愈演愈烈，美元加息已成定局；另一方面，在美国及中国减税政策的刺激下，制造业宏观大环境持续向好，有色金属需求提升。国际货币基金组织（IMF）最新报告指出，2018年全球经济增速预计为3.9%，其中美国年经济增速为2.9%，欧元区经济增速为2.4%，新兴市场和发展中经济体2017年经济增速将达4.9%。据中国物流与采购联合会发布的最新数据，全球制造业PMI为54.4好于上年同期水平，保持在较高水准。

综合来看，市场普遍预计有色金属行业在2018年价格在高位震荡，震荡幅度大于2017年，预计全年平均行情好于2017年，不排除“过山车”行情再次上演的可能性。

（二）内部过剩格局难改，加速落后产能出清

受政策、资金等多重因素影响，2018年中国电解铝等有色金属供应增速存在较大不确定性。与此同时，国内原铝消费也面临内需乏力、外需环境错综复杂的局面，市场供需关系或将延续过剩格局。

2017年4月，国家发改委、工业和信息化部、国土资源部和环境保护部四部委发布《清理整顿电解铝行业违法违规项目专项行动工作方案的通知》，有色行业继续加大“去产能”力度。全国各地根据文件精神明确了“去产能”时间表，电解铝行业违法违规项目得到有效清理整顿，标志着全面依法治国在产业的落地。

（三）内需仍有空间，外需面临挑战

从内需来看，有色金属是战略性新兴产业和国防科技发展的重要支撑材料。有色金属新材料市场仍将十分活跃。新技术革命和产业变革对有色金属市场的支撑不可忽视。预计2018年，多数下游消费行业对常用有色金属需求仍保持适度增长的趋势，对部分高新有色材料需求增速可能会高于常用金属需求的增速。

随着特斯拉等车企产量的提升，其车载电池金属的需求量也随之增长。此外，随着汽车行业的电动化转型，许多企业致力于打造电动车充电站网络，旨在提升电动车普及率，进而再度提升了上述电池金属的需求量。然而，由于铜、镍等金属供货量受限，电动车的产量或将随之放缓。

目前，精炼铜镍金属的供货缺口将拉大，而钴的供货需求或将于明年显现。若电动车产量低于预期，2019年以后，锂金属或将出现供给过剩（oversupply）的情况。

目前需要矿业投资新矿，从而满足不断上涨的需求，但目前的开采经费却相对较少，因为业内还在为四年前错估形势而导致的并购热买单，各大矿业公司致力于实现收支平衡。

从外需来看，2018年3月以来，美国特朗普政府先后三次宣布对我国部分产品加征关税，分别是3月9日，美国总统特朗普签署征收钢、铝关税的公告，对铝进口征收10%的关税；3月22日，特朗普政府宣布“因知识产权侵权问题对中国商品征收500亿美元关税，并实施投资限制”；4月5日，美国总统特朗普要求美国贸易代表办公室依据“301调查”，额外对1000亿美元中国进口商品加征关税。这些做法严重违反国际贸易规则。可见2018年我国出口的外部环境将会变得更加恶化，市场需求面临较大的挑战。

（四）坚持绿色发展理念，环保仍是主旋律

宏观政策来看，国家将从有色金属矿产资源端及高端材料端两方面改善有色金属产业结构，并坚持绿色发展理念。

根据有色金属“十三五规划”，提高资源供给能力，是有色金属“十三五”期间的主要任务之一。根据规划要求，有色金属行业应提高国内资源安全保障能力和开发利用水平，“十三五”期间，国内新增资源储量铜矿800万吨、铝土矿6亿吨、铅矿2000万吨、锌矿3000万吨、钨矿（WO3计）100万吨、锡矿70万吨、锑矿80万吨、镍矿80万吨和黄金6000吨。鼓励企业通过绿地投资、并购投资、股权投资等方式，与相关国家和地区开展互利共赢的产业开发投资合作，稳步推进境外铜、铝、镍、稀贵金属等矿产资源生产基地建设。

随着特斯拉等车企产量的提升，其车载电池金属的需求量也随之增长。此外，随着汽车行业的电动化转型，许多企业致力于打造电动车充电站网络，旨在提升电动车普及率，进而再度提升了上述电池金属的需求量。然而，由于铜、镍等金属供货量受限，电动车的产量或将随之放缓。

目前，精炼铜镍金属的供货缺口将拉大，而钴的供货需求或将于明年显现。若电动车产量低于预期，2019年以后，锂金属或将出现供给过剩（oversupply）的情况。洛阳钼业等2017年上市公司绩效评价评分较高的有色金属企业，因拥有较大钴储量及产能，尤其是洛阳钼业完成收购后将持有TFM（世界上储量最高、品质最高的铜钴矿之一）80%的股权。2018年预计业绩将进一步提升。

提升生态环境质量水平成为将成为2018年有色金属行业发展主基调之一。2018年有色金属发展首先要坚持绿色发展理念，把“绿水青山就是金山银山”作为产业发展的价值追求，着力构建环境友好的有色金属产业。

根据关于印发《京津冀及周边地区2017年大气污染防治工作方案》的通知，对电解铝等高耗能行业冬季采暖季生产进行了产能限制，有利于改善京津冀冬季空气质量，同时对有色金属产量实现了阶段性控制。

（五）盈利能力凸显，并购热情提升

2018年，预计有色金属行业价格会保持2017年的高位水平，并有进一步上升的可能性，在有色金属行业企业效益提升的情况下，将有助于提升有色金属企业开展产业并购。

根据《有色金属工业发展规划（2016~2020年）》要求，有色金属行业应坚持企业主体、市场化运作、政府引导的原则，充分发挥市场机制和政策引导作用，鼓励有色金属企业开展行业内上下游及跨行业联合重组，提高产业集中度，加强业务整合、流程再造，构建上下游一体化完整产业链，增强企业实力和竞争力。

预计2018年，在2017年有色金属行业效益大幅上升的情况下，大型国企、央企牵头，积极推进有色金属工业企业的跨地区、跨行业、跨经济类型的兼并重组，促进资源要素向优势企业集中，提高产业集中度，以市场途径加速落后产能淘汰、僵尸企业退出，从而维持有色金属行业稳定。

附表

2017 年度有色金属行业上市公司业绩评价结果排序表

行业排名	全部上市公司排名	股票代码	股票简称	综合得分（100 分）	每股收益（元）	总资产报酬率（%）	净资产收益率（%）	总资产周转率（次）	流动资产周转率（次）	资产负债率（%）	获利倍数	营业收入增长率（%）	资本扩张率（%）	市场投资回报率（%）	股价波动率（%）	年末资产总额（万元）	营业收入（万元）	净利润（万元）
1	32	600516	方大炭素	82.86	2.11	44.26	48.9	0.76	1.03	26.94	122.5	248.62	68.42	208.17	363.52	1395284.32	835047.61	397219.71
3	66	002466	天齐锂业	80.12	1.94	24.64	31.79	0.38	0.93	40.39	28.17	40.09	83.53	74.32	180.18	1783985.72	547003.99	261162.93
4	163	600338	西藏珠峰	76.65	1.71	53.77	74.15	0.95	1.91	47.33	59.29	67.02	31.2	42.24	127.33	323530.08	246652.69	111330.21
5	173	002460	赣锋锂业	76.36	1.98	30.42	44.95	0.74	1.45	49.45	31.16	54.12	62.34	162.49	278.25	799910.01	438344.61	146858
6	179	600711	盛屯矿业	76.12	0.41	10.05	13.94	1.95	3.77	58.37	3.63	62.61	15.76	21.31	97.08	1125400.81	2066764.51	60859.56
7	195	000060	中金岭南	75.68	0.46	9.43	11.75	1.06	2.88	44.85	8.48	25.95	26.65	−1.08	53.59	1886884.19	1896658.84	109355.25
8	206	603993	洛阳钼业	75.25	0.14	7.16	8.96	0.26	0.82	53.08	5.22	247.47	33.7	83.71	164.87	9783724.62	2414755.78	359561.54
9	213	601899	紫金矿业	75.08	0.16	6.98	9.45	1.06	3.58	57.85	3.74	19.91	20.97	37.95	61.43	8931526.36	9454861.91	324754.92
10	218	000688	建新矿业	74.95	0.36	23.14	20.71	0.57	1.59	7.79	1858.22	11.32	23.7	16.36	103.89	237686.18	124045.15	41045.94
11	234	000813	德展健康	74.47	0.36	20.75	19.17	0.49	0.57	11.55	1808.85	53.87	21.16	−10.54	59.93	513897.73	222029.48	79531.04
13	320	603799	华友钴业	72.01	3.2	18.47	36.09	0.71	1.18	63.43	8.25	97.43	38.99	125.78	206.3	1661803.32	965322.27	188563.52
14	361	300395	菲利华	71.15	0.41	13.01	14.16	0.5	0.87	22.04	626.4	23.71	11.22	8.59	49.4	116474.4	54534.05	12205.75
15	397	002057	中钢天源	70.53	0.53	13.82	15.15	0.99	1.53	24.03	21.55	235.39	129.63	−25.24	73.6	164376.39	115689.66	13574.94
17	473	600114	东睦股份	68.91	0.72	12.05	12.29	0.58	1.31	17.56	431.93	21.49	12.99	−6.55	34.36	330271.66	178289.81	31537.2
18	481	000603	盛达矿业	68.82	0.41	17.85	15.32	0.36	1.06	17.6	338.94	59.68	−1.31	−24.38	74.39	316965.87	109602.06	40274.6
19	495	300127	银河磁体	68.62	0.6	18.3	16.69	0.42	0.51	5.49	0	24.5	10.12	−0.74	68.43	129143.08	52681.43	19429.48
20	533	000426	兴业矿业	67.89	0.3	9.85	10.81	0.22	1.69	42.39	5.1	143.9	10.45	13.34	81.76	933135.97	211143.91	55355.77
21	574	000960	锡业股份	67.16	0.46	5.55	8.45	1.17	3.5	59.96	2.68	2.93	36.51	−3.08	62.98	3055289.62	3441016.86	89512.83
23	588	600497	驰宏锌锗	67.01	0.26	7.21	8.24	0.56	3.52	50.57	2.8	30.95	43.96	−6.46	80.77	3280313.14	1846949.45	113239.98
24	599	002501	利源精制	66.77	0.44	6.49	8.33	0.22	2.71	47.5	3.62	18.5	75.1	−16.19	56.62	1522563.22	303136.3	52315.07
25	636	600490	鹏欣资源	66.24	0.16	6.64	6.95	0.98	2.32	27.21	6.23	136.57	46.79	7.21	87.45	779356.28	605640.9	33132.37
26	645	002171	楚江新材	66.11	0.34	10.16	10.9	2.44	3.38	27.47	19.17	39.47	7.98	−12.13	55.21	473443.2	1104402.5	36062.83
27	646	002203	海亮股份	66.07	0.42	7.28	14.17	2.13	3.47	63.86	4.21	66.41	18.77	−3.48	42.2	1527996.6	2981626.83	72036.16
28	689	002155	湖南黄金	65.35	0.25	6	6.52	1.54	5.12	32.67	9.71	52.27	6.24	−15.49	70.44	688631.51	1032575.12	29326.92
29	701	600547	山东黄金	65.19	0.61	5.9	7.12	1.45	10.25	59.23	4.62	1.68	5.04	−16.1	65.25	4211628.97	5104130.34	119339.11
30	703	000975	银泰资源	65.14	0.3	10.18	8.91	0.29	1.35	6.73	254.77	94.61	7.84	−12.45	64.65	541031.73	148261.75	43331.19
31	704	601677	明泰铝业	65.1	0.73	6.6	7.68	1.42	2.39	36.14	102.27	38.56	35.46	−13.97	34.97	864189.74	1036332.27	36826.6
32	708	600219	南山铝业	65.07	0.17	5.55	5.05	0.38	1.3	24.72	12.21	29.03	3.39	16.34	59.03	4604052.24	1706788.08	172033.43
33	721	600392	盛和资源	64.92	0.26	9.86	9.57	0.96	1.3	37.85	4.79	279.51	272.35	45.45	187.99	835110.62	520355.98	31500.1
34	744	600673	东阳光科	64.62	0.21	7.2	11.1	0.6	1.56	64.14	3.23	45.27	14.38	−7.42	11.34	1341507.73	741190.35	50044.57

续表

行业排名	全部上市公司排名	股票代码	股票简称	综合得分（100分）	每股收益（元）	总资产报酬率（%）	净资产收益率（%）	总资产周转率（次）	流动资产周转率（次）	资产负债率（%）	获利倍数	营业收入增长率（%）	资本扩张率（%）	市场投资回报率（%）	股价波动率（%）	年末资产总额（万元）	营业收入（万元）	净利润（万元）
35	755	002716	金贵银业	64.46	0.47	6.08	8.4	1.3	1.79	60.46	2.2	43.93	61.45	-18.4	70.13	957602.38	1130176.61	25756.35
37	774	603688	石英股份	64.14	0.32	9.41	8.65	0.42	0.71	6.14	0	26.09	8	11.32	123.24	137965.33	56312.11	10780.09
38	809	600549	厦门钨业	63.71	0.57	8.39	11.08	0.83	1.66	53.59	5.75	66.37	7.76	18.03	127.96	1885056.11	1418832.19	93399.52
39	827	002540	亚太科技	63.46	0.29	8.66	7.98	0.82	1.26	6.98	629.49	25.61	57.93	-3.91	31.41	500937.8	340748.96	30363.47
41	874	600362	江西铜业	62.83	0.46	4.02	3.46	2.22	3.5	48.72	4.34	1.35	2.38	13.88	60.58	9746865.52	20504685.48	171173.09
42	876	601137	博威合金	62.81	0.49	7.47	9.48	1.19	2.2	34.12	10.02	35.71	6.28	-13.5	70.41	504104.89	575780.11	30555.11
43	962	000807	云铝股份	61.63	0.25	4.74	6.89	0.65	2.25	69.53	2	42.38	10.8	45.32	187.2	3587740.56	2212994.44	71659
45	979	002237	恒邦股份	61.37	0.4	5.78	8.87	1.49	2.23	67.39	2.3	19.06	10.12	-7.9	43.04	1293033.66	1952337.79	35682.34
48	994	300428	四通新材	61.07	0.43	15.09	15.65	1.41	2.3	20.41	24.95	27.97	13.68	-22.63	130.83	89517.97	114995.88	10481.66
49	1012	601388	怡球资源	60.84	0.16	9.69	13.83	1.14	1.61	49.96	6.56	42.93	13.94	11.03	94.26	496954.08	538404.01	32293.17
50	1022	002340	格林美	60.78	0.16	6.11	8.64	0.52	1.03	64.51	2.71	37.22	9.64	41.54	117.82	2225051.49	1075214.3	65247.97
53	1123	600111	北方稀土	59.17	0.11	5.91	6.81	0.56	0.79	48.31	3.96	99.56	8.67	17.39	118.58	2060087.74	1020397.54	69671.28
54	1180	601600	中国铝业	58.47	0.09	4.19	3.9	0.92	2.67	67.27	1.58	25	17.86	80.53	187.03	20014661.6	18008075	236394.9
55	1198	000970	中科三环	58.27	0.27	7.37	6.73	0.67	0.92	17.31	101.92	10.01	4.55	5.94	85.59	612328.33	389526.73	33356.73
56	1204	600459	贵研铂业	58.12	0.46	5.28	6.54	3.56	4.72	60.75	3.11	43.33	5.61	-4.47	51.88	523301.86	1544164.38	13081.23
57	1212	600366	宁波韵升	58	0.77	8.89	9.24	0.32	0.62	22.31	18.8	20.57	4.39	-11.06	52.49	619670.03	188117.28	43556.5
58	1257	000795	英洛华	57.47	0.09	5.16	5.04	0.72	1.07	19.96	77.37	12.48	5.06	-2.99	69.18	262512.08	185710.29	10342.37
59	1264	603663	三祥新材	57.31	0.4	12.09	12.09	0.77	1.13	18.48	0	46.88	9.78	-41.9	116.03	57359.59	40784.61	5400.79
60	1309	601020	华钰矿业	56.71	0.58	13.27	17.16	0.33	1.16	36.51	14.74	35.38	16.74	-45.18	159.24	296069.94	90462.64	29945.13
61	1316	000751	锌业股份	56.61	0.16	6.67	10.02	1.61	2.93	42.78	5.48	42.14	11.44	-11.51	71.07	417089.65	669952.75	22689.34
62	1345	603399	吉翔股份	56.24	0.42	8.11	10.87	0.59	1.02	52.56	5.45	60.1	13.77	36.09	101.85	443430.18	219890.97	21478.84
63	1361	600980	北矿科技	55.98	0.28	7.2	8	0.57	0.86	26.35	28.14	9.63	8.5	-35.34	91.56	76544.59	43613.02	4331.84
64	1373	600330	天通股份	55.89	0.19	3.82	4.34	0.43	1.04	31.18	9.2	28.82	4.09	2.7	69.65	545560.57	217936.1	15978.9
65	1438	002182	云海金属	55	0.24	7.36	10.27	1.37	2.71	58.29	3.45	21.71	8.45	3.42	97.29	372167.58	492686	15324
66	1464	000657	中钨高新	54.72	0.2	4.16	5.06	0.94	1.74	49.2	3.82	25.88	4.28	-14.28	62.55	720009.21	654081.47	18125.33
67	1473	002130	沃尔核材	54.45	0.13	5.24	6.15	0.45	1.33	55.29	2.46	38.44	5.19	-20.37	36.24	623026.19	257967.65	16718.1
68	1482	600988	赤峰黄金	54.27	0.19	9.38	10.51	0.6	1.42	41.51	5.18	22.48	11.34	-16.86	76.09	483925.49	258700.86	28222.86
71	1590	600531	豫光金铅	52.9	0.27	3.97	9.25	1.58	2.09	69.95	2.7	28.63	5.37	-24.05	61.02	1085826.39	1744887.73	29399.22
72	1614	000511	*ST 烯碳	52.59	0.07	6.87	5.57	0.7	0.78	70.71	1.55	70.4	-28.77	0	46.01	328359.08	241228.91	6442.1
73	1621	600206	有研新材	52.56	0.05	1.71	1.55	1.24	1.54	9.43	26.85	7.13	1.78	17.92	80.41	333219.63	407962.06	4650.43

续表

行业排名	全部上市公司排名	股票代码	股票简称	综合得分（100分）	每股收益（元）	总资产报酬率（%）	净资产收益率（%）	总资产周转率（次）	流动资产周转率（次）	资产负债率（%）	获利倍数	营业收入增长率（%）	资本扩张率（%）	市场投资回报率（%）	股价波动率（%）	年末资产总额（万元）	营业收入（万元）	净利润（万元）
74	1635	000878	云南铜业	52.37	0.16	4.17	5.32	2.3	5.06	71.89	1.93	-3.16	14.08	9.9	64.88	2685473.32	5732273.98	37712.22
75	1657	002114	罗平锌电	52.13	0.17	4.34	4.03	0.76	2.8	23.15	5.09	61.27	99.29	-21.67	52.28	235534.64	161875.8	5471.23
76	1670	600331	宏达股份	51.84	0.1	6.51	6.47	0.47	1.24	39.11	4.42	13.41	6.62	-18.4	73.8	952356.94	462284.43	36364.93
77	1689	002806	华锋股份	51.49	0.21	6.23	7.8	0.76	1.41	40.24	7.82	18.23	6.08	-38.2	139.14	62493.36	43948.41	2829.59
78	1711	600888	新疆众和	51.32	0.14	3.66	3.56	0.61	1.33	66.02	1.52	8.28	4.93	11.98	66.83	1013548.34	600612.03	11957.56
79	1729	000630	铜陵有色	51.08	0.05	3.6	4.11	1.78	3.46	61.13	2.66	-4.9	5.97	-10.7	53.26	4779355.65	8243025.13	74119.82
80	1738	002578	闽发铝业	50.94	0.04	2.58	2.55	0.72	1.52	12.35	6079.53	17.89	2.42	-21.79	87.72	170010.38	122864.71	3755.21
81	1743	000933	神火股份	50.84	0.19	5.65	3.96	0.36	1.1	85.47	1.4	11.81	2.38	70.51	195.43	5393221.98	1889915.47	30649.86
82	1778	600961	株冶集团	50.31	0.11	4.49	32.1	2.35	5.02	96.48	1.35	8.76	29.7	-25.45	94.58	582087.04	1379682.89	5821.83
83	1803	601168	西部矿业	49.96	0.11	2.83	1.94	0.85	2.3	60.2	1.87	-1.44	-2.36	5.49	69.9	3229669.93	2737729.29	25278.09
84	1828	600255	梦舟股份	49.64	0.09	5.11	5.43	0.99	1.87	38.03	3.92	4.54	6.53	-16.26	84.39	588643.67	537516.87	19215.9
85	1829	002295	精艺股份	49.56	0.24	8.1	5.32	3.31	4.08	35.06	2.37	40.17	6.27	-35.73	80.46	175319.93	545150.17	5883.16
86	1863	601958	金钼股份	49.08	0.03	1.09	0.93	0.64	1.71	18.31	4.45	0.4	0.08	-7.39	63.38	1592215	1020605.19	12099.97
87	1877	600614	鹏起科技	48.91	0.22	7.16	8.62	0.24	0.46	40.68	6.4	-13.89	8.69	-13.45	55.91	848939.2	200367.18	41680.81
88	1924	000612	焦作万方	48.2	0.15	3.95	3.81	0.68	3.7	36.9	2.97	27.78	4.13	-20.14	82.29	746477.54	501676.41	17573.11
89	1932	600615	丰华股份	48.01	0.56	19.81	19.73	0.15	0.16	9	0	-10.26	21.73	-39.67	100.85	65017.74	9450.61	10632.26
90	1937	600687	刚泰控股	47.89	0.37	8.33	9.49	0.68	0.85	52.11	4.69	-22.94	8.88	-27.89	57.49	1289912.4	821752.6	56245.81
91	2026	002160	常铝股份	46.73	0.24	4.29	5.27	0.66	1.36	49.7	3.02	23.7	3.05	-25.7	81.86	652585.43	406385.04	17027.43
92	2056	600489	中金黄金	46.22	0.08	3.73	3.51	0.85	2.17	59.39	1.93	-15.41	2.35	-18.62	64.74	3851583.15	3292824.55	54299.93
93	2059	600259	广晟有色	46.12	0.07	3.16	1.24	1.25	1.61	50.84	1.5	32.03	1.34	-10.64	81.02	435120.91	549523.1	2634.9
94	2114	002379	宏创控股	45.22	0.04	3.19	3.21	1.02	1.67	7.11	7.87	48.04	3.27	-33.21	96.98	134264.14	144649.53	3943.14
95	2119	000831	五矿稀土	45.13	0.03	1.98	1.54	0.33	0.43	3.52	0	59.89	1.65	-0.08	88.74	217554.56	71588.16	3215.55
96	2123	600456	宝钛股份	44.96	0.05	2.64	0.94	0.42	0.7	45.92	1.43	14.58	-0.06	30.76	71.8	689963.78	287639.16	3492.4
97	2142	000758	中色股份	44.73	0.1	4.29	5.38	0.66	0.97	69.44	2.37	-19.29	0.99	-22.03	72.44	2253897.76	1542736.34	36894.31
98	2148	600768	宁波富邦	44.53	0.53	13.24	70.86	1.24	2.05	76.55	5.04	6.32	109.73	-39.8	141.44	57592.08	80467.08	7065.41
99	2191	002378	章源钨业	43.61	0.03	3.31	1.61	0.53	1.21	45.34	2.08	39.59	0.79	2.52	81	359766.9	183060.61	3148.8
100	2196	002149	西部材料	43.49	0.13	4.24	4.6	0.45	0.92	42.77	4.13	28.5	5.81	-31.65	91.4	356870.49	155908.98	9144.97
101	2311	000697	炼石有色	41	0.1	2.69	3.51	0.22	0.66	70.23	3.69	5848.71	4.77	-2	69.3	522076.23	75273.76	5325.88
102	2344	002428	云南锗业	40.16	0.01	1.61	0.42	0.24	0.94	22.18	2.11	55.63	-1.01	-8.01	68.78	196939.13	46428.25	643.29
103	2381	600311	荣华实业	39.47	0	0.35	0.31	0.17	0.44	13.56	0	101.79	0.31	-28.03	95.13	95985.35	16634.78	257.26

续表

行业排名	全部上市公司排名	股票代码	股票简称	综合得分（100分）	每股收益（元）	总资产报酬率（%）	净资产收益率（%）	总资产周转率（次）	流动资产周转率（次）	资产负债率（%）	获利倍数	营业收入增长率（%）	资本扩张率（%）	市场投资回报率（%）	股价波动率（%）	年末资产总额（万元）	营业收入（万元）	净利润（万元）
105	2451	300224	正海磁材	37.57	0.12	2.09	3.56	0.34	0.47	21.78	35.07	-24.89	29	-23.61	100.76	384653.07	119238.85	9512.29
106	2456	601069	西部黄金	37.51	0.03	1.34	1.29	0.54	1.98	32.08	1.68	25.08	-1.38	-29	130.95	247490.32	139251.47	2181
107	2474	000969	安泰科技	37.23	0.06	1.98	0.81	0.47	1.06	41.98	2.12	18.83	-2.61	-16.37	61.86	1001780.87	465965.64	4777.04
108	2490	300337	银邦股份	36.79	0.01	1.87	0.51	0.76	1.76	42.87	1.25	27.11	0.34	-19.93	53.07	269436.45	198910.26	783.73
109	2662	300489	中飞股份	30.9	0.14	3	2.71	0.22	0.68	29.53	4.55	4.48	2.11	-46.67	140.57	66224.6	14385.34	1252.57
110	2714	600766	园城黄金	29.12	0.01	3.22	4.88	0.07	0.1	65.66	2.68	2.23	6	-49.39	133.76	16186.72	1110.38	263.77
111	2790	002167	东方锆业	25.9	-0.06	3.35	-3.77	0.3	0.81	66.42	0.71	3.01	-3.61	-26.7	72.78	297446.5	85175.52	-3836.17
112	2811	600432	*ST 吉恩	24.56	-1.47	-6.13	-263.74	0.23	1	100.7	-0.64	13.39	-104.71	0	30.57	1282405.36	313002.57	-239282.35
113	2829	000962	东方钽业	24.02	-0.86	-14.36	-29.25	0.39	0.8	45.69	-11.34	8.49	-25.47	-28.58	107.12	204301.47	94507.46	-37997.26
114	2873	600595	中孚实业	21.33	-0.11	2.17	-8.3	0.44	1.94	79.05	0.54	-17.2	-8.65	-6.14	95.92	2556778.18	1152200.43	-46528.88
115	2945	000633	合金投资	14.38	-0.06	-2.48	-14.42	0.07	0.12	83.75	-78.54	27.79	-13.45	-13.53	84.51	98937.48	6645.77	-2499.37
116	2970	600385	山东金泰	11.75	-0.04	-3.29	-9.91	0.14	0.16	62.63	0	-91.43	-20.37	-45.99	139.68	16679.71	2485.69	-696.98
117	2991	002070	*ST 众和	5.16	-1.64	-34.68	-864.08	0.32	0.76	124.24	-4.92	-14.91	-166.32	-63.42	197.01	195510.4	75397.71	-103995.21
2		603260	合盛硅业	80.7	2.48	18.52	38.02	0.64	2.13	61.41	10.3	51.9	102.31	-14.48	50.14	1416354.76	695003.76	155266.04
12		300731	科创新源	72.77	0.98	18.46	17.54	0.65	0.71	9.85	501.86	34.74	146.37	-14.48	47.84	54201.71	25374.69	6026.37
16		603612	索通发展	68.99	2.66	21.27	27.83	0.87	1.92	40.99	7.51	66.94	79.5	-14.48	122.8	442961.91	328112.18	56645.5
22		603826	坤彩科技	67.13	0.36	13.3	14.22	0.45	1.01	7.9	37.24	14.92	132	-14.48	101.44	123860.82	46916.37	11603.59
36		300618	寒锐钴业	64.41	3.91	40.88	60.42	0.98	1.22	48.76	55.99	97.16	198.02	-14.48	309.81	217386.63	146489.66	44940.48
40		603527	众源新材	63.06	0.83	12.55	14.46	3.38	4.17	27.7	12.16	38.53	113.73	-14.48	78.4	111580.26	298417.49	8558.66
44		002600	领益智造	61.51	0.6	11.95	23.39	1.15	1.85	55.19	9.14	32.14	23.68	62.99	176.63	1485803.65	1592516.98	140805.4
46		002824	和胜股份	61.35	0.37	10.45	11.18	1.15	1.99	12.22	68.27	9.7	73.17	-14.48	140.46	83957.82	84102.89	6499.42
47		300706	阿石创	61.2	0.64	12.51	13.41	0.57	0.95	25.59	12.62	34.86	101.16	-14.48	122.17	54813.19	23550.92	4093.21
51		300666	江丰电子	59.55	0.33	10.34	14.83	0.72	1.47	35.51	10.27	24.21	96.19	-14.48	237.88	88061.36	55002.57	6359.3
52		603978	深圳新星	59.53	1.57	10.14	10.55	0.8	1.4	17.6	15.96	27.1	98.97	-14.48	94.97	160043.28	100918.35	10453.03
69		002842	翔鹭钨业	54.27	0.7	7.5	10.39	0.87	1.26	43.23	11	36.53	85.14	-14.48	134.06	151915.85	97582.42	6899.45
70		300697	电工合金	53.65	0.46	8.93	11.09	1.24	1.45	35.65	5.49	24.01	80.85	-14.48	91.56	110499.28	131356.41	6123.45
104		601212	白银有色	37.66	0.04	2.83	2.72	1.24	2.48	70.56	2.02	1.22	-1.49	-14.48	167.22	4698292.78	5663427.69	37844.51

第七章　石油石化行业上市公司业绩评价

石油石化行业在中国国民经济的发展中有重要作用，是中国的支柱产业部门之一。石油石化行业与其他行业的关联度高，石油、煤、天然气等作为一种基础原料，国民经济各部门的许多产品都是石油的衍生物。

2017年，我国GDP（国内生产总值）总额为82.71万亿人民币，增速达6.9%，随着国家大力推进产业结构升级，绿色产业、安全生产和规范可持续发展的相关政策要求，在克服经济增幅下行的压力下，石油和化工行业实现了行业收入和盈利大幅增长的良好结果，为2018年进一步深化石油石化行业的运行打下了较好的基础。

一、石油石化行业上市公司业绩评价结果

截至2017年末，石油石化行业包括石油、化工、塑胶、塑料等企业的A股上市公司共333家，其中311家盈利。

石油石化行业的综合评价分值为63.51分，高于同年全部上市公司的综合评价分值61.75分；有11家石油石化行业上市公司进入2017年上市公司业绩评价综合得分的百强名单。在333家石油石化上市公司中（在业绩排名时，剔除了其中49家当年上市或借壳上市的公司），业绩为AAA的有1家；业绩为AA的有5家；业绩为A的有17家；业绩为BBB的有16家；业绩为BB的有36家；业绩为B的有33家；业绩为CCC的有45家；业绩为CC的有26家，业绩为C的有105家。

2017年全部上市公司为3782家，其资产总额总计为54.24万亿元，石油石化行业全部上市公司资产总额合计为6.54万亿元，占上市公司资产总额的12%，行业同比增长7.04%；全年实现主营业务收入32.68万亿元，石油石化行业333家上市公司实现主营业务收入6.21万亿元，占全部上市公司营业收入的19%，行业同比增长26.73%；全部上市公司共计实现利润总额2.39万亿元，石油石化行业上市公司实现利润总额0.26万亿元，占上市公司全部实现利润总额的11%，行业同比增长44.44%；全部上市公司共计实现净利润1.90万亿元，石油石化行业上市公司实现净利润0.20万亿元，占全部上市公司全部实现净利润的11%，行业同比增长66.67%；该行业上市公司2017年度市场投资回报率−16.09%，低于全部上市公司−14.59%的市场投资回报率；石油石化行

业上市公司股价波动率为 92.18%，基本与全部上市公司 92.63% 的股价波动率持平。

石油石化行业扣除非经常性损益净资产收益率的平均值为 5.38%，低于全部上市公司 7.99% 的平均水平；营业利润率平均值为 4.19%，低于全部上市公司 7.25% 的平均水平；总资产报酬率 5%，低于全部上市公司的 5.91%，说明 2017 年石油石化行业上市公司资产收益水平低于全部上市公司水平，经营收益水平也低于全部上市公司水平。2017 年，石油化工行业按评价体系，行业综合排名十强见下表 7–1。

表 7–1　　2017 年度石油石化行业中联十强排行榜

名次	股票代码	股票简称	全部上市公司排名
1	600309	万华化学	10
2	600688	上海石化	25
3	600230	沧州大化	41
4	002601	龙蟒佰利	46
5	601678	滨化股份	48
6	002597	金禾实业	55
7	002648	卫星石化	61
8	600273	嘉化能源	63
9	603599	广信股份	77
10	600409	三友化工	81

下面分别从财务效益、资产质量、偿债风险、发展能力及市场表现等五个方面对石油石化行业上市公司进行具体分析。

（一）财务效益

表 7–2 列示了石油石化行业上市公司财务效益状况评价结果。从指标来看，石油石化行业上市公司财务效益状况平均得分低于全部上市公司的平均水平。其中中国巨石、万华化学、龙蟒佰利、鲁西化工和康得新分别排在前五名。该行业除盈利现金保障倍数外，其余净资产收益率、总资产报酬率、营业利润率及股本收益率等财务效益指标都低于全部上市公司平均水平。

与上年的财务效益情况相比较，2017 年行业财务效益增长 8.8%。除盈利现金保障倍数指标外的其他财务效益指标都高于 2016 年，其中净资产收益率、总资产报酬率、股本收益率指标较为突出，分别增长 99.26%、24.69%、71.10%；该行业实现净利润为 1966.17 亿元，比 2016 年的 1217.12 亿元净利润增长了 61.54%。

石油石化行业上市公司财务效益指标净资产收益率、总资产报酬率、营业利润率和股本收益率低于全部上市公司的平均值，高于行业去年水平。石油石化行业财务收益增长，主要原因为油气产品价格上涨，致使石油石化行业

表 7–2　　石油石化行业财务效益状况比较表

评价指标		2017 年上市公司平均值	2017 年行业值	2016 年行业值	增长率（%）
基本指标	净资产收益率（%）	7.99	5.38	2.70	99.26
	总资产报酬率（%）	5.91	5.00	4.01	24.46
	得分	21.07	17.99	16.19	11.12
修正指标	营业利润率（%）	7.25	4.19	3.36	24.70
	盈利现金保障倍数	1.34	3.55	4.77	–25.58
	股本收益率（%）	42.46	27.17	15.88	71.10
综合得分		22.25	21.01	19.31	8.80

收益增长。行业主要财务指标见表 7–3。

（二）资产质量

从表 7–3 可以看出，石油石化行业上市公司资产质量状况指标平均得分高于全部上市公司的平均水平，2017 年，除流动资产周转率外，总资产周转率、存货周转率、应收账款周转率都高于全部上市公司平均值。2017 年石油石化行业收入与利润两位数增长，以中国石化、中国石油为行业代表的企业进一步的产业结构调整改革，业务进行合理化整合、加强产销衔接和库存管理，其总体资产质量优于 2016 年上市公司各行业平均值。

与 2016 年相比较，石油石化行业 2017 年资产质量指标都高于去年。上市公司资产质量最佳排名前五名的为桐昆股份、滨化股份、新凤鸣、恒逸石化和氯碱化工，这五家公司在资产质量上得分表现优良，共同点是都保持很高的流动资产周转率以及应收账款周转率。

表 7–3　石油石化行业资产质量状况比较表

评价指标		2017 年上市公司平均值	2017 年行业值	2016 年行业值	增长率（%）
基本指标	总资产周转率（次）	0.64	0.98	0.83	18.07
	流动资产周转率（次）	60.19	47.69	3.10	1438.39
	得分	9.26	13.83	13.03	6.14
修正指标	应收账款周转率（次）	8.16	20.59	18.10	13.76
	存货周转率（次）	2.77	8.91	8.05	10.68
综合得分		9.08	12.68	12.35	2.67

（三）偿债风险

从表 7–4 中石油石化行业指标的分析可知，2017 年该行业上市公司偿债风险状况平均得分高于全部上市公司的平均水平，该行业的资产负债率 47.63% 优于所有上市公司的 60.19% 的平均值，速动比率、带息负债率低于全部上市公司平均值。

2017 年石油石化行业的偿债风险能力高于 2016 年水平，偿债风险各指标除了带息负债比率低于去年，其他指标都高于去年。2017 年石油石化行业偿债风险最佳排名前五名分别是安迪苏、江南高纤、霞客环保、高争民爆和洪汇新材。

表 7–4　石油石化行业偿债风险状况比较表

评价指标		2017 年上市公司平均值	2017 年行业值	2016 年行业值	增长率（%）
基本指标	资产负债率（%）	60.19	47.63	47.49	0.24
	获利倍数	4.97	5.20	3.87	34.37
	得分	8.91	9.65	9.25	4.32
修正指标	速动比率（%）	79.6	68.27	65.11	4.85
	现金流动负债比率（%）	10.90	31.68	30.57	3.63
	带息负债比率（%）	49.72	47.50	49.83	–4.68
综合得分		8.92	9.28	8.73	6.30

（四）发展能力

从表 7–5 可知，石油石化行业上市公司发展能力状况指标平均得分低于全部上市公司的平均水平。行业的营业增长率、累计保留盈余率和营业利润增长率高于全部上市公司的平均值，行业的资本扩张率、总资产增长率和三年营业收入增长率均大幅低于全部上市公司。

2017 年行业发展能力指标除了资本扩张率、累计保留盈余率指标外，其余营业增长率、总资产增长率、三年营业收入增长率和营业利润增长率都高于 2016 年。究其原因 2017 年石油石化行业的发展能力指标增长主要受益于本行业收入、利润总额的大幅增长，该行业发展能力排名前五名为万华化学、*ST 建峰、沙隆达 A、浙江交科和荣盛石化。

表 7–5　石油石化行业发展能力状况比较表

评价指标		2017 年上市公司平均值	2017 年行业值	2016 年行业值	增长率（%）
基本指标	营业增长率（%）	21.02	25.91	–1.14	—
	资本扩张率（%）	14.21	6.45	8.18	–21.25
	得分	12.20	11.47	9.02	27.16
修正指标	累计保留盈余率（%）	41.07	52.49	53.27	–1.46
	三年营业收入增长率（%）	9.58	–1.08	–8.00	–86.50
	总资产增长率（%）	14.82	6.91	6.86	0.73
	营业利润增长率（%）	42.01	53.13	3.54	1400.85
综合得分		12.37	11.50	9.71	18.43

（五）市场表现

图 7–1 列示了石油石化行业上市公司市场表现评价结果。2017 年沪深 300 市场表现 1~3 月表现平缓，4~10 月一路上行，10~12 月下滑震荡，石油化工行业市场表现在 2017 年 1~3 月期间与沪深 300 趋同，3 月份以后，石油石化行业指数震荡下行，在沪深 300 指数下方差距日渐拉大。（见图 7–1）。

从表 7–6 可知，2017 年石油石化市场表现的得分低于同年全部上市公司平均值。2017 年石油石化行业的股价波动率为 92.18%，略低于全部上市公司 92.63% 平均值，但高于行业 2016 年的 89.02%。2017 年石油石化行业上市公司市场投资回报率为 –16.09%，低于全部上市公司 –14.59% 的市场投资回报率；同比低于 2016 年的 14.04%。行业的市场投资回报率同比 2016 年有较大的降幅。该行业市场表现排名前五位的是广信股份、利尔化学、浙江龙盛、国创高新和中国石化。

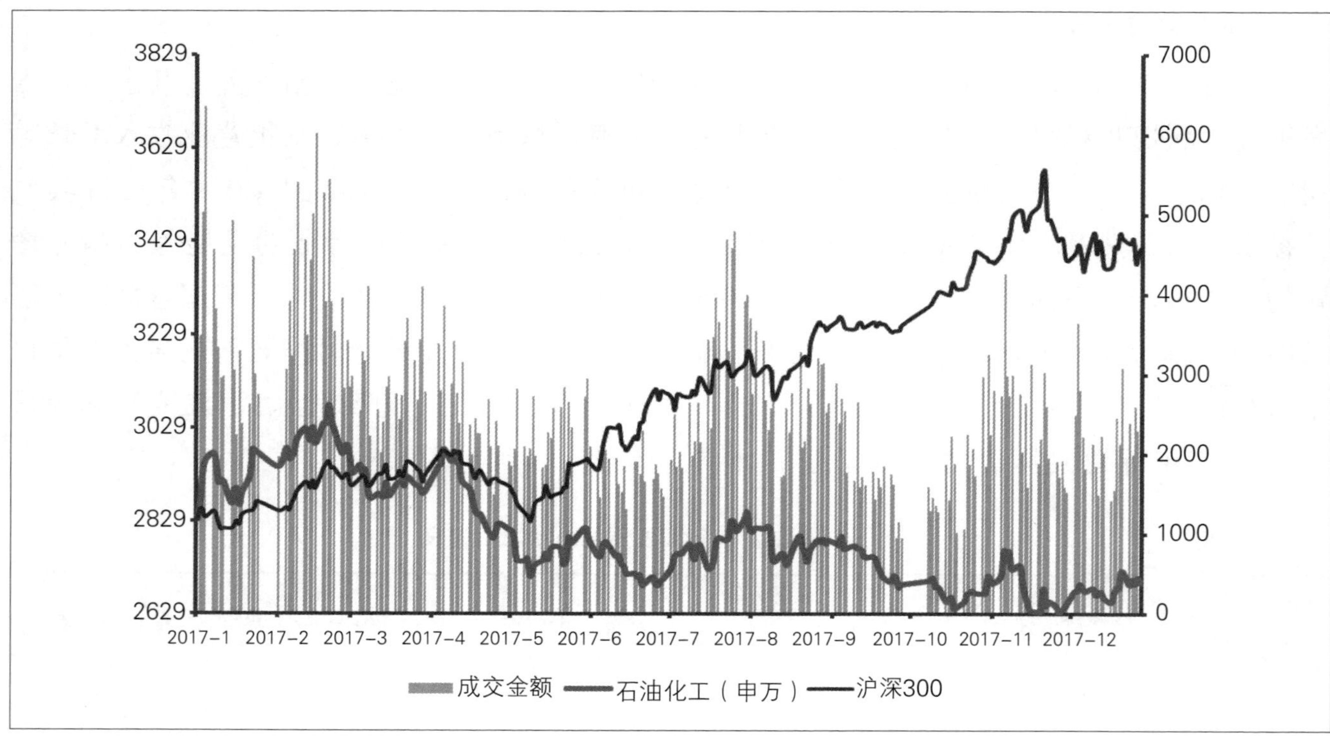

图 7－1 2016 年石油石化行业指数与沪深 300 指数比较

数据来源：wind 资讯。

表 7-6 石油石化行业公司市场表现状况比较表

评价指标	2017 年上市公司平均值	2017 年行业值	2016 年行业值	增长率（%）
市场投资回报率（%）	-14.59	-16.09	14.04	-214.60
股价波动率（%）	92.63	92.18	89.02	3.55
得分	9.13	8.98	9.89	-9.20

二、2017 年度石油石化行业上市公司影响因素分析

2017 年，石油化工行业 A 股上市公司 333 家总体表现景气，在国际油价上升的影响下，经济效益明显好于 2016 年，中国石油、中国石化两大巨头公司依然代表上市公司石油石化板块的整体业绩，也引领着我国整个石油石化行业的发展，从石油石化行业经营实体影响力角度来看，这两家上市公司经营业绩的变化仍是石油石化上市公司业绩的决定性因素，其他规模相对较小的石油化工类上市公司数量逐渐增多，其业绩有较好表现，在行业的影响力正日渐增强。

2017 年上市公司石油石化板块格局是中国石化、中国石油占绝对市场地位，如表 7-1 数据中所列，中国石化、中国石油两家上市公司的资产总额、营业收入、净利润、总市值分别占石化行业上市公司相关总额的 61.16%、70.53%、54.46% 和 41.86%；与 2016 年同比，资产总额、营业收入和净利润所占比值分别减少了 2.77%、1.92%，和 18.32%，总市值所占比值增加 1.65%，数据说明这两大行业巨头占据了石油石化行业上市公司绝大部分资产总额、收益和市值。

表 7-7　　2017 年中国石油、中国石化与石化行业上市公司指标表

单位：万亿

企业名称	资产总额		营业收入		净利润（亿元）		总市值	
	数额	比例（%）	数额	比例（%）	数额	比例（%）	数额	比例（%）
中国石化	1.60	24.46	2.36	38.00	702.94	35.75	0.74	14.29
中国石油	2.40	36.70	2.02	32.53	367.88	18.71	1.48	28.57
小计	4.00	61.16	4.38	70.53	1070.82	54.46	2.22	42.86
石化行业上市公司	6.54	100.00	6.21	100.00	1966.17	100.00	5.18	100.00

在 2017 度中，影响石油石化行业业绩的主要因素表现为以下几因素。

（一）国际油价整体回升，供需关系主导油价走势，油价整体走高带动石油化工板块景气

油价的波动是影响石化行业景气与否的决定性因素之一。2017 年国际油价国际油价呈“V”型走势，总体较上年同期上涨，以 6 月为拐点，上半年呈宽幅震荡下跌趋势，下半年 7 月起止跌回升，进入快速上行通道年内油价短期波动频繁，布伦特原油现货年平均价格为 54.19 美元 / 桶，比上年同期增长 23.9%；WTI 现货年平均价格为 50.79 美元 / 桶，比上年同期增长 17.2%。

影响 2017 年国际油价波动主要有四大因素。

一是减产协议导致供给减少，助推油价上涨。2016 年 11 月 30 日，OPEC 国家一致决定共同减少 120 万桶 / 日的原油产量，并将产量限额调整到 3250 万桶 / 日的水平，2017 年 1 月起执行，持续时间为 6 个月。在经历 1 次延期后，冻产协议将持续到 2018 年 3 月结束。

非 OPEC 国家也加入了减产行动，2016 年 12 月非 OPEC 产油国达成 60 万桶 / 日的减产限额，其中俄罗斯承担了 30 万桶 / 日的减产任务。非 OPEC 国际配合减产使得全球原油的供给量更为可控。

二是原油需求增长，发展中国家仍是主力。2017 年整体全球经济复苏较为强劲，增长 3%，比去年高 0.6 个百分点，带动全球原油需求表现好于预期，炼厂开工率的提升，也带动了其对上游原料原油的需求。全球原油需求增长主要来自非 OECD 国家，非 OECD 国家中主要是中国、印度的增长势头较好。中国经济的高增速、原油战略储备的增加、民营炼化的开放促进需求的增长，印度工业化水平的进一步发展，人口红利作用发挥，印度对原油的需求也会相应增加。

三是地缘政治、突发事件对油价的影响加大影响。地缘政治事件频发，包括库尔德地区实行独立公投、特朗普拒绝确认伊朗遵守核协议、沙特反腐引起国内政局动荡。突发事件成为短期内影响油价走势的重要因素，在连续的利好刺激下，北美轻质原油价格在进入 9 月份后上涨 26.2%，到 58 美元 / 桶。

伊拉克库尔德自治区于 2017 年 9 月独立公投结果致使土耳其政府已经宣布对库尔德地区采取封锁领空、口岸以及输油管线等措施，伊朗与伊拉克政府也在考虑采取联合行动制裁库尔德。库尔德地区目前原油产量为 19.2 万桶 / 日，如果输油管道被封锁，则该地区的供给将在国际贸易中消失。

美国总统特朗普在10月宣布美国政府不仅拒绝认定伊方履行伊核协议承诺，还宣布将制裁伊朗伊斯兰革命卫队。如果美国重启对于伊朗的经济制裁，伊朗作为产量高达382万桶/日产油大国和石油出口大国，将较大的影响全球原油的供需格局。

四是原油库存降低，油价对供给更直观。在上半年供需紧平衡、三季度需求抬升的情况下，由于原油的高库存，并没有出现原油供应短缺，市场情绪紧张油价大幅上涨的局面。但是随着库存的下降，油价对供给反应更直观。美国库存从2017年初5.5亿桶下降到目前4.5亿桶。根据EIA数据，OECD库存在2016年6月触及30.9亿桶，受OPEC减产去库存以及较好的原油和炼油需求推动，2017年11月库存已下降1.37亿桶至29.5亿桶，超过五年库存均值的过剩部分下降至1.7亿桶。因此在2017年末Forties管道停运、利比亚输油管线爆炸，均令油价有大幅提升。

全球石油库存水平稳步下降，基本面再平衡成效显著。供给缺口的存在，使业内广泛关注的OECD商业石油库存数据呈现稳步下降态势。截至2017年10月底，OECD商业石油库存降至29.4亿桶，意味着作为减产协议主要参考依据的过剩石油库存水平已降至1.1亿桶左右，为2015年7月以来最低水平。

2017年，中国石化的营业额及为人民币23602亿元，同比增长22.20%主要归因于石油、石化产品价格上涨；经营收益（净利润）为人民币703亿元，同比增长57.75%，主要归因于集团上游业务注重高效勘探、效益开发，原油储量替代率达到116%，天然气业务产销创出历史新高；炼油和销售发挥一体化优势，取得良好业绩；化工业务以客户需求为导向，加大产品和原料结构调整力度，化工产品经销量和盈利创历史最好水平。2017年中国石油的营业额为人民币20158.90亿元，同比增长24.7%。主要原因是大部分油气产品价格上升以及销售量增加。

图7-2　2017年国际油价走势图

（二）世界石油需求增长，供给减少，我国原油对外依存度再创新高

2017年整体全球经济复苏较为强劲，带动全球原油需求表现好于预期，根据欧佩克市场报告，2017年全球石油需求量增长153万桶/日，达到9694万桶/日；供应量为9670万桶/日，需求略大于供应。供需达到了近两年来较平衡状态，其中经合组织国家（OECD）需求量继续好于预期，尤其是欧洲和美国。全球原油需求增长主要来自非OECD国家，其中表现突出的是亚洲的中国与印度。随着未来印度工业化水平的进一步发展，人口红利作用发挥，印度对能源需求还会进一步提升，对原油的需求也会相应增加。

2017年我国全年进口原油4.2亿吨，首次突破4亿吨大关，同比增长10.2%，对外依存度68.4%，再创新高；进口天然气955.2亿立方米，增幅27.0%，对外依存度38.4%。

（三）石化行业总体运行景气，我国原油供需增长，天然气需求增幅较大

1. 原油、天然气市场。

据国家发展和改革委员会（简称国家发改委）资料显示，2017年国内原油产量19142万吨，比上年同期下降3.2%，2017年国内天然气产量1487亿立方米，比上年同期增长8.5%；天然气进口量920亿立方米，比上年同期增长27.6%；天然气表观消费量2373亿立方米，比上年同期增长15.3%，市场供需处于平衡状态。

2017年，我国石油天然气表观消费量7.99亿吨（油当量），同比增长7.4%，增速比上年加快3.1个百分点。其中，原油表观消费量6.07亿吨，增长5.0%；天然气表观消费量2393.9亿立方米，增幅15.3%，占石油天然气比重为27.0%，同比提高1.8个百分点。

2. 石油加工市场。

2017年，国内成品油消费增速小幅反弹，汽油消费增速有所放缓，柴油消费增速由负转正。国内炼油能力继续增长，原油加工量增幅扩大，市场资源较为宽松，成品油净出口进一步增加。

据国家发改委资料显示，2017年国内原油加工量56246万吨，比上年同期增长7.4%，成品油产量34617万吨，比上年同期增长6.9%；成品油消费量30661万吨，比上年同期增长5.9%，其中汽油比上年同期增长10.2%，柴油比上年同期增长2.0%。全年国家17次调整国内汽油、柴油价格，汽油标准品价格累计上涨人民币435元/吨，柴油标准品价格累计上涨人民币420元/吨。国内成品油价格走势与国际市场油价变化趋势基本保持一致。

中国进口需求仍将强劲。2017年1~11月，中国累计进口原油3.86亿吨，同比上升约12%。中国原油进口增加主要有两方面原因，一是中国不断增加战略原油储备，计划至2020年前建成相当于100天石油净进口量的储备总规模。二是民营炼厂的需求提升，2015年开始原油进口资质放开，部分地炼企业获得非国营进口配额，可以直接从国外进口原油，地炼开工率从2015年的40%提高到2017年的70%。2017年11月中国公布2018年原油“非国营贸易”进口许可量14242万吨，较去年增长63%。预计中国消费需求近年内将保持相对强劲。

3. 化工市场。

2017年，国内化工产品市场整体表现良好。上半年，国内化工品需求表现疲软，加之原油价格震荡下行，化工产品价格处于回调阶段；下半年，化工需求稳步增加，国家供给侧改革的持续推进与环保政策的实施，行业供给有所收缩，原油价格上涨亦推升化工市场交易量，受上述因素影响，化工产品价格震荡上行，部分品种价格涨至年内高位。据统计，境内乙烯当量消费量同比增长 11.3%，合成树脂、合成纤维、合成橡胶三大合成材料表观消费量同比分别增长 8.6%、5.0% 和 6.4%。国内化工产品全年平均价格同比上涨，与国际市场走势相同。

2017 年，中国石油原油总产量 887 百万桶，比上年同期下降 3.7%；可销售天然气产量 3423.40 十亿立方米，比上年同期增长 4.5%，油气当量产量 1457.80 百万桶，同比降低 0.6%；该集团加工原油 1016.9 百万桶，同比增长 6.7%，其中加工集团勘探与生产业务生产的原油 681.3 百万桶，占比 67%，产生了良好的协同效应；生产成品油 9271.5 万吨，比上年同期增长 7.8%。中国石化全年油气当量产量 448.79 百万桶，其中，原油产量同比下降 3.2%，天然气产量同比增长 19.1%，全年油气当量产量 448.79 百万桶，其中，原油产量同比下降 3.2%，天然气产量同比增长 19.1%。

（四）石油石化收入与盈利大幅增长，结构优化表现明显，化工产业表现抢眼

石油石化行业全部上市公司收入 6.21 万亿元，同比增长 26.73%，净利润 1966.17 亿元，同比增长 61.54%，呈现收入、利润大幅增长的景气状态。其原因是石油石化产品价格增长导致行业总体收入的增长，同时产业结构优化，成本控制的措施致使盈利大幅增加。

产业结构优化的子行业中，化学工业收益增长表现突出。在化学工业中，合成材料、基础化学原料和专用化学品制造等收入增长较快，贡献率较高。据相关数据，2017 年，合成材料制造主营收入增幅达到 23.5%，位居化工各行业之首，基础化学原料和专用化学品制造增速分别为 16.1% 和 12.4%，位列第二、第三。从贡献率看，合成材料、基础化学原料和专用化学品制造对化工行业收入增长的贡献率分别达到 26.9%、32.0% 和 21.7%，合计贡献率超过 80%。化工行业收入增长部分主要来自这三大领域。

（五）石油和天然气开采续亏，盈利好转

受石油开采业效益不足拖累，2017 年国内石油和天然气开采业亏损面为 30%，同比缩小 9.2 个百分点。其中，石油开采业亏损面达 58%，近六成石油开采企业总共净亏损 11.5 亿元。

2017 年，石油和天然气开采业每 100 元主营收入成本 78.18 元，同比减少 10.18 元；国内石油和天然气开采业主营收入利润率为 3.58%，上年主营收入利润率为 −7.04%。

（六）出口增速加快，出口产品结构优化

2017 年，石油和化工行业进出口贸易持续快速增长，外需市场有所改善，出口贸易在连续两年下降后重现增长势头。海关数据显示，全年累计进出口总额同比增长 22.1%，为 2012 年以来最大增幅。其中，进口增幅达 27.2%，出口增长 12.9%，出口增速呈加快趋势。

出口结构优化。成品油、有机化学原料、合成材料等在出口中的比重持续上升。2017 年，在全行业出口总额中，成品油占比达 11.1%，同比提高 1.3 个百分点；有机化学原料占比 21.2%，提高 1.0 个百分点；合成材料占比 8.3%，提高 0.6 个百分点。一些传统优势出口产品占比继续下降。橡胶

制品出口占比24.1%，仍保持行业第一大出口地位，但比重同比下降1.9个百分点；化肥出口占比滑落至3.2%，下降0.7个百分点；农药和涂颜料出口分别占比2.4%和3.7%，与上年基本持平

（七）促进石化产业绿色发展意见发布

石化行业发展为我国经济建设支柱产业，但行业发展方式依然较粗放，发展质量较国外发达国家仍有很大的差距。石化产业绿色发展方面仍存在产业结构不合理及绿色产品自主保障能力较弱，科技创新能力不强，绿色核心技术和装备有待突破，行业绿色标准尚需完善及绿色产品评价标准缺失等问题。对此2017年发布了《促进石化产业绿色发展意见》。

2017年12月5日，国家发改委、工业和信息化部两部委联合发布《关于促进石化产业绿色发展的指导意见》（以下简称《指导意见》），从更高的层面完善行业绿色标准，建立绿色发展长效机制，推动石化产业绿色可持续发展。

《指导意见》提出了六项具体的重点任务，并要求加快绿色产品、绿色工厂、绿色园区标准制定与实施，适时将石化产业绿色产品评价标准纳入绿色产品评价标准清单。适时发布《绿色石化工艺名录》《绿色石化企业名录》和《绿色化工园区名录》，树立一批具有示范作用的绿色标杆，引领全行业提高绿色循环低碳发展水平。

《指导意见》提出要加快行业升级改造。实施清洁生产改造，从基础设计到生产运营阶段，全流程推动工艺、技术和装备不断升

链接：

➢ 深化油气体制改革《意见》出台

2017年5月21日，中共中央、国务院印发《关于深化石油天然气体制改革的若干意见》，明确了深化石油天然气体制改革的指导思想、基本原则、总体思路和主要任务。作为油气体制改革纲领性文件，标志着新一轮油气体制改革全面铺开。

➢ 新疆玛湖地区发现10亿吨级砾岩油田

2017年11月30日，中国石油新疆油田公司宣布，经过10多年勘探攻关，准噶尔盆地玛湖地区发现10亿吨级砾岩油田。目前，玛湖大油区已发现三级石油地质储量12.4亿吨，其中探明储量5亿吨，相当于再造了一个克拉玛依油田。

➢ 中俄亚马尔项目首条LNG生产线投产

2017年12月8日，被誉为“北极圈上的能源明珠”的中俄能源合作重大项目——亚马尔首条液化天然气（LNG）项目正式投产，2019年后，每年将向中国稳定供应400万吨液化天然气。该项目的投产，将成为“冰上丝绸之路”的重要支点，开启北极航道，联通我国向北冰洋运输的航线。

资料来源：中化新网讯。

级进步，加强企业精益管理，从源头上减少三废产生，实现末端治理向源头减排转变。

三、2018 年石油石化行业前景分析

我国石油和化工行业既面临经济保增长、产业结构调整、发展方式转型的关键时期，同时仍处于重要的发展机遇期，围绕贯彻创新、协调、绿色、开放、共享和安全的几大新的发展理念，深度推进供给侧结构性改革，实现石化行业大国向强国的跨越。2018 是实施“十三五”规划的关键时期，结构性改革的成果已显现，安全生产、稳定运行将推出新举措，在我国经济持续以不低于 6.5% 高速增长的背景下，石油和化工行业总体景气表现同比将稳中小幅趋升。

（一）国际油价同比上涨呈小幅震荡，供需基本面因素影响加大

2018 年，全球经济延续复苏，据 IFM 预计，全球经济增速将达 3.9%，经济增长带来需求较为稳定的增长，为国际油价提供主要支撑因素，再有减产协议的延期也提振国际油价，其他美国页岩油产量、美国原油产量、中东地缘政治、美俄关系也构成影响国际油价的主要因素。预计 2018 年布伦特原油年均价为 60~75 美元 / 桶，全年平均油价同比小幅上涨，震荡幅度加大。

需求增长较为稳定，供给因素影响加大。OPEC 国家受减产协议和地缘风险事件的压制，产量相对稳定，欧佩克与非欧佩克产油国原油减产协议将延长至 2018 年底。

（二）石油供需均衡持续增长，需求落后供给增幅，石油石化板块景气

2018 年，世界石油需求预计增长，供给增幅大于需求增幅。据国际能源署（IEA）表示，经合组织（OECD）国家的 1 月商业原油库存出现七个月以来的首次增长，达到 28.71 亿桶，较五年均值高出 5300 万桶。预计在美国影响下，2018 年非 OPEC 产油国供应量将增加 180 万桶 / 日至 9790 万桶 /

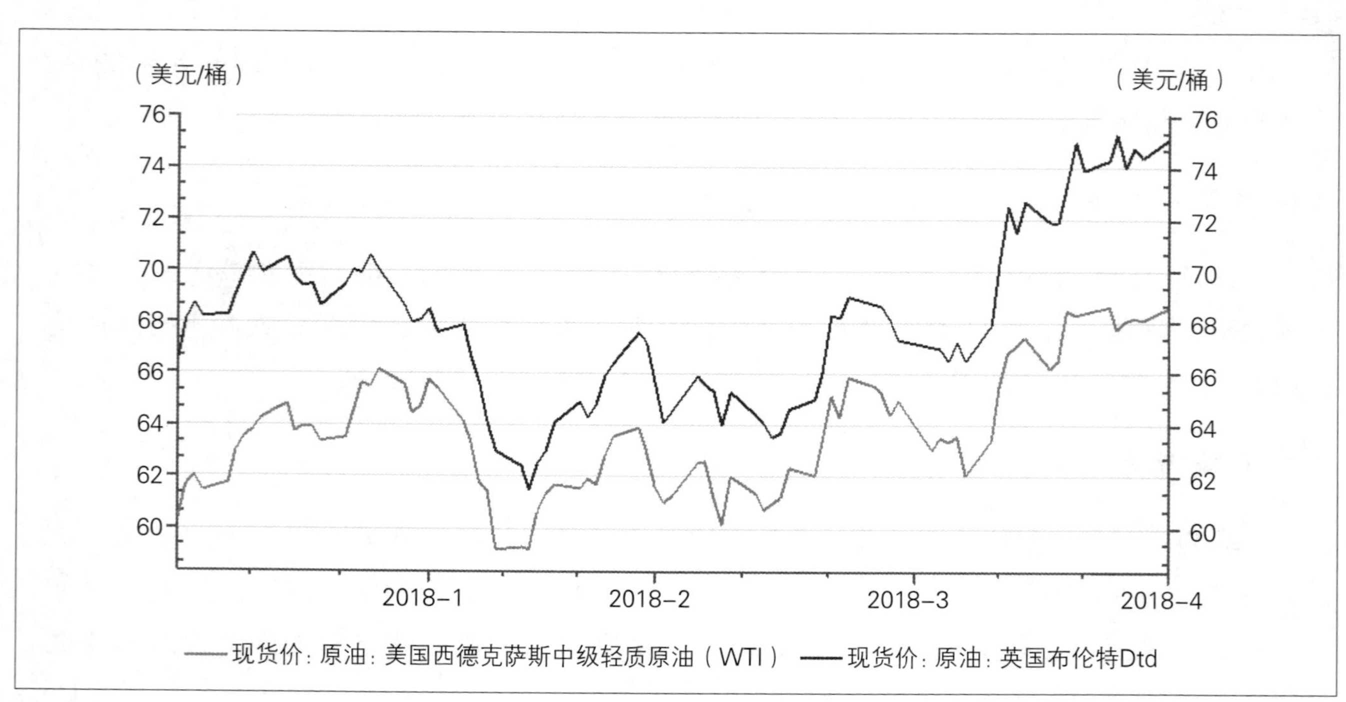

图 7 – 4　2018 年 1~4 月国际石油价格走势图

数据来源：wind。

日；美国今年原油产量预计将增加 130 万桶 / 日，年底前将增至逾 1100 万桶 / 日。IEA 将 2018 年全球石油需求预估上调至 9930 万桶 / 日，高于 2017 年的 9780 万桶。

（三）石化行业从供需角度平稳增长，石油对外依存度持续创新高

2018 年预计全年原油表观消费量约 6.3 亿吨，同比增长 5.0%；天然气表观消费量约 2630 亿立方米，增幅 10%；成品油表观消费量约 3.31 亿吨，增长 3%，其中柴油表观消费量约 1.70 亿吨，增长约 1.5%；化肥表观消费量约 5700 万吨（折纯），与上年大致持平，其中尿素表观消费量约为 2530 万吨，与上年持平；合成树脂表观消费量 1.14 亿吨左右，增长约 4.5%；乙烯表观消费量约 2140 万吨，增长 5%；烧碱表观消费量 3390 万吨上下，增幅约 5%。

预计原油表观消费同比增长，由于资源、政策等原因，国内原油产量于 2020 年前仍将低于 2 亿吨，必然中国的石油对外依存度将直逼 70%。

2018 年，中国石油计划原油产量为 888.20 百万桶，天然气产量 3535.60 十亿立方英尺，油气当量合计为 1477.6 百万桶，计划原油加工量为 1123.10 百万桶。中国石化计划生产原油 290 百万桶，其中境外 41 百万桶；计划天然气生产 9741 亿立方米，年计划加工原油 2.39 亿吨，生产成品油 1.52 亿吨，计划境内成品油经销量 1.79 亿吨，计划生产乙烯 1160 万吨。

（四）产业结构性矛盾和风险明显，石化市场进口压力增大

国内石油石化行业产业结构不合理是痼疾，高技术、高附加值的石化产品缺口较大，在石化市场尤为突出，由于 2017 年国内合成材料和有机化学材料等石化产品进口持续增长，对国内市场产生较大压力。海关数据显示，2017 年，合成材料进口总量 4869.8 万吨，增长 8.3%；有机化学原料进口总量 6222.7 万吨，增长 6.3%；主要原因：一是国内市场需求增长较快，合成材料和有机化学原料表观消费量分别增长了 7.0 和 5.5 个百分点；二是受环保影响，一些企业减产、停产，供给增长缓慢；三是国内高端化工产品与世界先进水平还存在差距，竞争力相对较弱。

（五）石化行业安全生产要求升级，天然气气荒现象亟待解决

1. 石化行业安全生产要求升级。

2017 年 10 月 23 日，国家安全生产监督管理总局印发了《安全生产标准“十三五”发展规划的通知》，要求各省级单位推动实施标准化战略，充分发挥标准的技术支撑作用，促进安全生产形势持续稳定好转。

2017 年 12 月 21 日，国家安全监管总局、保监会、财政部制定了《安全生产责任保险实施办法》，明确从 2018 年 1 月 1 日起，矿山、危险化学品、烟花爆竹、交通运输、建筑施工、民用爆炸物品、金属冶炼、渔业生产等八大高危行业领域将全面实施安全生产责任保险制度。

金融措施助力安全生产责任完善。根据中共中央国务院《关于推进安全生产领域改革发展的意见》《关于建立健全安全生产责任保险制度》的要求，切实发挥保险机构参与风险评估管控和事故预防功能，保险机构对投保的生产经营单位发生的生产安全事故造成的人员伤亡和有关经济损失等予以赔偿，并且为投保的生产经营单位提供生产安全事故预防服务的商业保险。各地区要根据实际情况确定安全生产责任保险中涉及人员死亡的最低赔偿金额，死亡人均不低于30万元赔偿。

2. 多项举措解决天然气市场气荒现象。

2017年9月，我国天然气供应紧张的局面开始出现，并由京津冀周边的华北地区，蔓延至山东、河南、宁夏、内蒙古等地，甚至连新疆、四川、青海、陕西等天然气主要产气省也出现用气紧张的现象。2017年10月16日，国家发改委发布了《关于做好2017年天然气迎峰度冬工作的通知》，旨在全方位保障天然气市场供应，要求增产天然气、消除管输瓶颈、做好迎峰度冬工作，主要采取以下六大措施：一是千方百计挖掘潜力增加产量。二是进一步落实LNG现货采购。三是有序开展资源互济，实现“南气北调”。四是充分挖掘能源品种替代潜力。五是充分发挥储备天然气调节作用。六是发挥非居民大用户的调峰作用。

纵观冬季天然气供应紧张的现象，其根源还在天然气体制机制改革和价格改革不相匹配的矛盾，以及国家政策与地方落实不到位的矛盾。只有从根本上解决体制机制的问题，才能避免每年不断重复出现的问题。

链接：

➢ 十五部委联手力推乙醇汽油

2017年9月13日，国家发改委、能源局、财政部等十五部委联合印发了《关于扩大生物燃料乙醇生产和推广使用车用乙醇汽油的实施方案》，提出到2020年，在全国范围内推广使用车用乙醇汽油，基本实现全覆盖。十五部委联手力推乙醇汽油，一方面是我国经济社会可持续发展对资源环境条件的约束越来越严苛，另一方面是生物燃料乙醇因其可再生、对环境友好、技术成熟、易于推广等综合优势，具有良好的市场前景，已成为替代化石能源的理想燃料。

➢ 民营炼化崛起重塑国内油气产业格局

2017年7月10日，浙江石化4000万吨/年炼化一体化项目开工建设，其规模超过国内最大的中国石化镇海炼化2300万吨/年和中国石油大连石化2050万吨/年。恒力股份、盛虹石化的炼化项目也相继获批，山东炼化能源集团也在济南成立，民营炼化企业迎来难得的发展机遇期，市场竞争将更加激烈。

➢ 上海石油天然气交易中心成品油现货交易开始试运行

2017年11月29日，上海石油天然气交易中心成品油现货交易开始试运行。此前，上海石油天然气交易中心已投入运行，重庆石油天然气交易中心也正式挂牌。预示着我国油气产品定价机制市场化改革起步，随着油气产品交易品种和交易手段的不断丰富，将带动油气产业竞争性市场活力，带动石油石化产业良性发展。

资料来源：中化新网讯。

附表

2017 年度石油石化行业上市公司业绩评价结果排序表

行业排名	全部上市公司排名	股票代码	股票简称	综合得分（100）	每股收益（元）	总资产报酬率（%）	净资产收益率（%）	总资产周转率（次）	流动资产周转率（次）	资产负债率（%）	已获利息倍数	营业收入增长率（%）	资本扩张率（%）	市场投资回报率（%）	股价波动率（%）	年末资产总额（万元）	营业收入（万元）	净利润（万元）
1	12	600309	万华化学	85.3	4.09	30.22	52.5	0.91	2.76	53.28	20.37	76.49	67.74	96.48	184.76	6582773.22	5312317.3	1330932
2	29	600688	上海石化	83.3	0.57	21.45	23.54	2.5	5.3	27.94	143.26	18.13	14.02	−3.73	18.98	3960953.6	9201356.9	615249.5
3	46	600230	沧州大化	81.3	4.36	45.63	61.57	1.09	3.15	29.95	34.52	50.05	85.09	82.76	228.19	434398.17	441719.51	144811.92
4	51	002601	龙蟒佰利	80.7	1.25	16.47	19.45	0.53	1.76	36.04	21.62	148.03	4.65	30.66	78.83	2084635.38	1025751	258887.46
5	53	601678	滨化股份	80.5	0.7	15.73	15.25	0.86	3.78	26.91	14.4	32.96	14.62	14.94	86.21	791426.3	646500.79	83397.21
6	64	002597	金禾实业	80.2	1.81	24.98	31.45	0.9	1.4	39.21	33.8	19.3	30.22	66.13	85.92	567344.94	447987.64	104422.14
7	3000	603225	新凤鸣	80	2.6	21.23	29.37	2.33	8.37	40.63	13.62	31.39	95.85	−14.48	53.67	1105089.63	2296327.8	151235.98
8	71	002648	卫星石化	79.8	1.04	12.71	19.04	0.93	2.05	29.2	11.72	52.91	112.87	30.89	83.31	1018368.4	818791.86	93510.41
9	73	600273	嘉化能源	79.7	0.7	15.26	18.82	0.72	2.17	24.99	36.66	23.82	62.84	0.71	18.69	864208.13	557600.61	97155.37
10	88	603599	广信股份	78.9	0.9	8.66	10.14	0.53	0.86	24.83	0	56.18	71.67	16.24	51.68	549226.98	234614.94	33722.69
11	92	600409	三友化工	78.8	0.97	13.06	22.7	0.9	3.2	55.86	7.34	28.17	42.62	0.79	80.89	2408960.89	2019573.1	201400.43
12	93	002092	中泰化学	78.8	1.12	7.62	13.39	0.8	2.45	65.58	4.02	75.75	14.78	7.53	83.16	5562740.99	4105902.7	245301.81
13	107	000830	鲁西化工	78.3	1.24	10.77	20.49	0.6	4.46	62.22	7.71	43.96	21.41	171.21	276.66	2777472.41	1576180	194990.69
14	116	600160	巨化股份	78	0.44	9.88	8.41	1.11	2.39	15.96	154.12	36.3	4.25	−0.83	48.14	1294875.57	1376803.8	94420.23
15	133	000703	恒逸石化	77.7	1	7.62	12.88	2.11	5.7	52.35	6.56	98.29	19.96	43.25	84.28	3326793.76	6428384.8	184398.03
16	130	600426	华鲁恒升	77.7	0.75	10.84	14.11	0.71	4.9	42.02	10.89	35.15	13.82	52.2	92.03	1602176.98	1040807.1	122205.18
17	135	601233	桐昆股份	77.6	1.42	11	14.2	1.44	4.28	49.42	9.98	28.27	21.91	50.25	115.16	2655775.18	3281378	176915.67
18	145	002450	康得新	77.2	0.7	11.5	14.31	0.39	0.5	47.38	6.05	27.69	15.55	20.03	74.8	3426235.64	1178907.4	247583.96
19	153	002061	浙江交科	77	0.87	11.11	20.93	1.37	2.1	78.34	6.35	469.57	244.08	65.46	161.91	2556508.66	2076841.1	114795.99
20	155	601216	君正集团	76.9	0.25	13.06	14.55	0.38	2.27	28.94	14.39	35.44	16.3	3.23	42.67	2238411.17	773894.12	214658.92
21	161	000553	沙隆达 A	76.8	0.66	10.96	3.68	1.12	1.95	52.6	3.5	1184.26	836.53	−2.46	56.4	3961392.2	2381956.8	154587.9
22	180	600486	扬农化工	76.1	1.86	11.24	14.28	0.69	1.18	42.79	33.57	51.53	13.83	37.4	75.66	708369.84	443822.82	60547.52
23	190	002440	闰土股份	75.8	1.22	13.77	13.53	0.72	1.33	19.44	70.54	39.15	11.32	23.3	74.9	897902.44	605698.35	94321.06
24	211	600028	中国石化	75.2	0.42	6.01	7.68	1.53	5.01	46.47	14.6	22.23	2.59	9.16	27.28	159550400	236019300	7029400
25	216	002258	利尔化学	75	0.77	13.84	17.01	0.81	2.08	38.27	31.67	55.55	21.36	21.62	57.99	451453.08	308354.79	43865.25
26	219	600176	中国巨石	74.9	0.74	12.66	17.79	0.36	1.08	49.36	5.59	16.19	13.63	99.64	139.93	2479180.82	865154.92	215759.14
27	225	002493	荣盛石化	74.8	0.52	6.25	7.59	1.37	4.33	58.51	3.62	55.01	74.19	36.69	92.34	6205365.92	7053135.3	207056.5
28	237	002408	齐翔腾达	74.4	0.48	11.59	12.97	2.44	7.14	30.84	16.59	278.3	12.8	9.32	83.27	964508.14	2222619.7	84680.55
29	252	600346	恒力股份	73.9	0.61	12.32	23.92	1.13	2.54	62.63	6.24	15.84	21.89	50.91	108.2	1968420.81	2228796.6	174470.82
30	3042	603605	珀莱雅	73.7	1.3	13.7	18.33	0.94	1.63	36.68	13.65	9.83	160.19	−14.48	26.13	230382.75	178302.87	20078.58
31	272	002562	兄弟科技	73.3	0.76	16.25	19.47	0.54	1.02	34.04	174.17	47.13	29.55	31.28	105.14	346500.22	156452.68	40304.27
32	3068	603980	吉华集团	72.2	0.88	12.94	12.91	0.63	0.96	13.67	2517642	13.7	80.68	−14.48	51.94	478132.28	245619.65	43425.85
33	315	000822	山东海化	72.2	0.77	16.63	27.69	1.19	2.58	34.98	437.56	43.33	30.79	6.72	145.36	430853.69	481701.45	65794.84
34	3069	300690	双一科技	72.2	1.91	16.27	15.66	0.74	0.96	11.81	48.43	24	138.46	−14.48	36.72	105761.3	59469.61	11039.19
35	327	002108	沧州明珠	71.9	0.5	19.29	17.96	0.94	1.66	16.04	42.6	27.47	15.96	−8.88	73.01	382875.85	352443.93	54505.85

续表

行业排名	全部上市公司排名	股票代码	股票简称	综合得分（100）	每股收益（元）	总资产报酬率（%）	净资产收益率（%）	总资产周转率（次）	流动资产周转率（次）	资产负债率（%）	已获利息倍数	营业收入增长率（%）	资本扩张率（%）	市场投资回报率（%）	股价波动率（%）	年末资产总额（万元）	营业收入（万元）	净利润（万元）
36	337	002221	东华能源	71.7	0.66	8.95	12.93	1.53	2.8	65.81	3.6	63.6	15.35	-7.39	56.58	2239442.47	3267828.5	108314.47
37	342	300054	鼎龙股份	71.6	0.35	12.21	9.65	0.49	0.95	6.98	216.45	30.15	47.77	-2.6	63.19	391263.6	170024.03	34272.25
38	3084	603938	三孚股份	71.5	1.09	22.57	18	1.28	2.21	7.05	0	35.67	80.83	-14.48	103.51	105178.18	107416.64	14274.43
39	357	000818	航锦科技	71.3	0.37	9.89	9.91	1.05	4.69	31.47	73.32	30.52	12.33	6.01	55.96	380224.21	340092.03	26221.62
40	369	002136	安纳达	71.1	0.76	18.81	27.19	1.17	3.37	30.49	20.49	39.51	32.67	-22.06	69.66	99021.99	114267.51	16951.19
41	372	600618	氯碱化工	71	0.86	23.84	40.95	1.6	5.5	35.91	14.77	6.99	50.18	-28.09	71.74	454938.82	722674.61	99009.28
42	386	000902	新洋丰	70.9	0.52	10.35	12.24	1.09	1.95	33.26	2146.53	9.14	9.31	-14.79	48.88	874522.46	903240.19	69175.24
43	3101	603639	海利尔	70.9	2.43	19.44	23.62	0.91	1.24	29.63	178.97	54.98	140.06	-14.48	52.2	229522.09	158942.19	28590.37
44	3103	603086	先达股份	70.9	1.54	11.76	11.16	0.98	1.25	18.62	0	29.25	59.43	-14.48	50.98	137394.69	111888.22	11010.65
45	389	000950	*ST 建峰	70.8	0.64	14.33	4.34	2.23	3.51	52.31	6.14	797.71	595.05	0	39.53	1520488.77	2304460.1	115282.08
46	3106	300637	扬帆新材	70.7	0.59	14.11	14.39	0.79	1.25	13.15	32.05	13.31	102.19	-14.48	73.24	64885.87	43647.19	6520.97
47	3107	603619	中曼石油	70.6	1.06	17.05	20.12	0.56	1.06	32.23	17.04	11.1	96.65	-14.48	17.04	370998.38	177237.89	39451.52
48	399	603737	三棵树	70.4	1.76	11.64	13.85	1.38	2.74	46.44	32.52	34.45	14.55	1	61.03	208915.53	261946.02	17597.46
49	3114	300717	华信新材	70.4	0.87	10.89	9.94	0.61	1.05	10.25	71.36	24.59	92.59	-14.48	39.26	56340.44	28383.88	4308.88
50	3125	300610	晨化股份	70	0.54	14.06	13.68	1.08	1.43	16.05	113.21	20.07	75.03	-14.48	122.23	81456.56	70340.09	7888.77
51	3129	603055	台华新材	69.8	0.74	15.35	18.76	0.87	1.7	30.96	13.89	21.6	63.26	-14.48	64.42	330643.29	272853.24	36652.24
52	429	603188	亚邦股份	69.7	0.87	14.19	13.3	0.56	1.18	16.14	67.67	6.47	7.48	-5.76	32.82	449556.37	243557.76	50263.83
53	443	002002	鸿达兴业	69.5	0.41	11.36	20.65	0.48	1.43	59.24	4.93	6.22	51.11	-6.17	46.45	1433764.99	654062.63	101315.83
54	3132	603360	百傲化学	69.5	0.77	18.14	15.96	0.58	1.19	11.92	116.72	5.37	49.84	-14.48	120.99	77933.02	41036.45	9988.23
55	446	300073	当升科技	69.4	0.68	12.75	9.97	0.88	1.44	41.85	19.01	61.7	18.1	12.03	103.95	272327.82	215790.61	25017.43
56	3137	603722	阿科力	69.3	0.73	11.66	10.89	0.56	1.23	21.41	27.37	28.97	101.93	-14.48	75.03	66191.68	29086.49	5001.4
57	450	002753	永东股份	69.3	1.07	19.57	21.87	1.4	2.44	30.16	85.32	81.1	33.45	-11.66	91.12	175224.03	198533.79	23700.2
58	463	002382	蓝帆医疗	69.1	0.41	14.93	14.73	0.92	1.96	22.25	129.17	22.28	9.87	0.56	25.67	183703.71	157594.53	20197.41
59	3143	603181	皇马科技	69.1	0.89	13.36	14.37	1.2	2.42	16.11	6.92	12.11	94.23	-14.48	93.29	152700.24	168269.67	14775.96
60	469	002768	国恩股份	69	0.85	14.13	20.89	1.07	1.68	51.05	8.94	59.57	21.52	11.03	59.31	218406.02	204693.25	20641.33
61	470	002748	世龙实业	69	0.63	13.74	13.78	0.93	2.14	15.67	420.73	20.05	11.2	-24.24	107.76	137548.44	120149.19	15055.98
62	3150	300684	中石科技	68.9	1.26	15.01	18.56	0.86	1.35	33.41	31.71	187.49	66.69	-14.48	0	83437.33	57043.43	8234.38
63	482	000059	华锦股份	68.8	1.15	10.03	16.56	1.08	2.65	59.11	4.91	15.84	14.26	-22.65	78.01	3096814.89	3371378.1	194115.48
64	478	002470	金正大	68.8	0.23	5.62	6.79	1.14	2.08	40.27	23.12	5.86	21.45	17.51	68.49	1967104.43	1983354	78330.9
65	500	603585	苏利股份	68.5	1.5	18.86	17.02	0.74	1.01	7.72	0	7.85	15.09	-25.77	95.47	203972.98	145661.5	30877.06
66	501	600299	安迪苏	68.5	0.49	11.6	9.91	0.5	0.97	19.09	413.38	-2.72	8.62	-28.2	73.38	2132908.22	1039782.3	167608.64
67	503	002749	国光股份	68.4	2.47	21.96	20.61	0.74	0.86	13.12	0	20.03	-4.43	-16.61	75.69	98551.11	73732.31	18529.74
68	511	603968	醋化股份	68.2	0.79	10.83	10.61	0.93	1.72	26.37	33.63	24.9	5.54	-19.21	49.4	181018.97	166100.03	16079.09
69	3170	300699	光威复材	68.1	0.77	10.63	10.18	0.36	0.57	18.38	13.36	49.87	83.56	-14.48	121.73	317605.82	94936.74	23719.85
70	526	600315	上海家化	67.9	0.58	6.16	6.23	0.75	1.33	44.02	8.85	21.93	2.14	40.19	74.73	960395.91	648824.62	38980.19
71	3176	002917	金奥博	67.9	0.74	14.25	14.51	0.72	0.81	14.56	0	-5.3	128.93	-14.48	45.18	75130.55	43193.81	7130.85

续表

行业排名	全部上市公司排名	股票代码	股票简称	综合得分（100）	每股收益（元）	总资产报酬率（%）	净资产收益率（%）	总资产周转率（次）	流动资产周转率（次）	资产负债率（%）	已获利息倍数	营业收入增长率（%）	资本扩张率（%）	市场投资回报率（%）	股价波动率（%）	年末资产总额（万元）	营业收入（万元）	净利润（万元）
72	538	002068	黑猫股份	67.8	0.73	9.95	17.58	1.02	2.03	55.21	5.96	58.58	52.51	6.85	116.85	746549.59	694733.89	49375.49
73	535	600328	兰太实业	67.8	0.48	9.67	16.88	0.5	2.37	62.06	3.35	30.15	19.29	−7.48	37.54	669086.79	328608.82	40500.01
74	550	600277	亿利洁能	67.6	0.2	5.53	5.25	0.6	1.46	46.03	2.45	42.53	50.4	−14.49	63.23	2918550.46	1574603	75042.05
75	560	600352	浙江龙盛	67.3	0.76	8.61	11.49	0.35	0.54	59.17	10.48	22.22	8.98	30.03	58.96	4635280.67	1510090	273169.47
76	3190	002838	道恩股份	67.3	0.74	11.2	10.43	0.93	1.34	14.95	76.64	16.81	7.63	182.18	103.29	99060.02	93408.53	9573.88
77	581	002643	万润股份	67.1	0.42	10.04	9.5	0.55	1.22	10.58	762.99	32.97	5.51	−26.75	60.46	455203.61	245639.12	38532.12
78	3197	603266	天龙股份	67.1	0.8	10.79	11.1	0.97	1.37	20.27	300.73	6.35	84.76	−14.48	113.37	103125.22	85693.34	8269.53
79	589	300180	华峰超纤	67	0.45	5.97	6.45	0.48	1.76	26.44	15.08	74.11	85.02	−11.64	34.77	662106.19	250559.39	25580.51
80	594	300429	强力新材	66.9	0.49	12.67	11.48	0.54	1.4	12.97	494.21	45.58	16.05	−24.2	88.17	128275.43	63995.5	12525.47
81	616	300230	永利股份	66.6	0.64	9.13	10.89	0.75	1.32	33.29	68.62	68.95	7.45	−17.71	65.3	420064.1	308639.4	31013.83
82	625	603798	康普顿	66.4	0.6	16.42	14.36	0.92	1.57	18.33	0	9.12	8.98	−40.95	97.21	103356.38	89566.38	11953.67
83	632	300409	道氏技术	66.3	0.71	9.73	13.25	0.61	0.93	50.04	7.77	110.99	52.11	29.13	124.39	371201.4	169562.34	20988.78
84	638	000637	茂化实华	66.2	0.19	11.88	11.18	3.54	6.03	18.13	89.26	48.9	5.1	−24.6	74.69	120909.3	440768.68	11779.87
85	3225	300641	正丹股份	66	0.41	11.05	9.89	0.98	1.33	15.33	21.71	18.34	141.48	−14.48	90.13	154819.51	116992.02	10806.3
86	650	300285	国瓷材料	66	0.41	11.58	10.98	0.44	0.87	34.57	12.46	78.09	21.99	1.25	63.9	328909.02	121761.97	25930.17
87	657	002145	中核钛白	65.9	0.24	9.18	13.8	0.6	1.57	47.42	10.23	58.99	16.89	−5.37	36.91	569908.89	325640.49	38854.9
88	654	600141	兴发集团	65.9	0.52	6.28	9.64	0.73	3.89	67.27	2.31	8.37	7.04	5.26	115.7	2174324.39	1575780.6	60193.46
89	665	000525	红太阳	65.8	1.2	8.84	11.67	0.44	0.93	54.91	6.43	40.61	14.13	9.37	66.2	1220217.39	497418.47	70640.62
90	662	002709	天赐材料	65.8	0.92	12.12	13.66	0.68	1.38	28.35	42.01	11.98	61.87	−4.03	75.89	369172.07	205730.31	30126.25
91	3228	603110	东方材料	65.6	0.68	11.37	10.4	0.65	0.92	14.76	16.19	1.99	100.75	−14.48	54.35	73375.57	39515.62	5503.36
92	3230	300596	利安隆	65.6	0.74	12.56	17.27	0.95	1.55	38.2	23.38	41.33	82.58	−14.48	111.99	149075.87	114240.99	12832.01
93	680	002080	中材科技	65.5	0.95	6.07	9.05	0.48	1.17	59.34	4.06	14.48	10.14	47.92	106.86	2243981.32	1026781.9	81051.69
94	687	002827	高争民爆	65.4	0.6	13.17	13.14	0.49	0.91	7.7	343.8	6.47	8.24	−33.45	105.61	89629.99	45038.64	10896.3
95	3232	603078	江化微	65.4	0.95	8.94	8.24	0.49	0.75	15.25	34.48	6.37	95.86	−14.48	87.82	88245.27	35428.23	5367.79
96	698	002064	华峰氨纶	65.3	0.23	9.21	10.87	0.76	1.82	38.87	8.55	45.9	12.75	−10.59	37.08	556208.84	414968.42	38549.56
97	693	300481	濮阳惠成	65.3	0.46	14.99	14.04	0.94	1.74	18.5	68.16	43.94	12.64	−31.28	78.51	63275.53	54091.95	7360.61
98	697	002427	ST 尤夫	65.3	0.82	10.89	19.23	0.75	1.42	77.08	3.16	107.78	−25.44	44.11	74.61	787755.92	511162.74	43603.84
99	3237	002909	集泰股份	65.2	0.48	9.06	11.08	1.24	1.79	41.2	11.85	60	95.16	−14.48	53.73	82449.99	80216.87	4524.3
100	707	000990	诚志股份	65.1	0.65	5.25	3.93	0.28	0.87	23.57	7.41	121.24	3.53	10.17	59.2	2102101.03	569472.53	78582.39
101	3243	002919	名臣健康	65	0.79	9.3	10.75	1.07	1.22	21.5	0	7.64	87.05	−14.48	20.09	68471.62	64163.92	4850.89
102	732	002377	国创高新	64.8	0.08	2.34	1.21	0.63	1.56	25.57	3.33	308.24	449.25	10.56	39.31	661010.5	255146.37	4721.24
103	757	000545	金浦钛业	64.5	0.17	7.97	6.9	0.64	1.39	27.19	15.5	66.43	5.3	−14.41	68.92	275223.49	174100.63	16582.78
104	3257	300716	国立科技	64.4	0.75	9.04	9.27	0.86	1.39	23.78	9.21	20.01	75.47	−14.48	37.32	103635.92	75765.1	6153.37
105	787	000683	远兴能源	64.1	0.18	7.14	9.3	0.47	1.7	52.22	3.75	12.78	7.91	−12.62	56.44	2203838.26	1030394.6	93940.01
106	804	300320	海达股份	63.8	0.27	12.42	15.56	0.91	1.27	42.9	33.78	50.94	10.05	35.97	97.1	163950.68	129165.29	14223.03
107	811	300067	安诺其	63.7	0.13	7.35	6.11	0.83	1.49	11.82	16.44	32.79	47.04	−16.47	54.51	177910.39	133289.75	8363.59

续表

行业排名	全部上市公司排名	股票代码	股票简称	综合得分（100）	每股收益（元）	总资产报酬率（%）	净资产收益率（%）	总资产周转率（次）	流动资产周转率（次）	资产负债率（%）	已获利息倍数	营业收入增长率（%）	资本扩张率（%）	市场投资回报率（%）	股价波动率（%）	年末资产总额（万元）	营业收入（万元）	净利润（万元）
108	819	601857	中国石油	63.5	0.12	3.14	2.96	0.84	5	42.55	3.37	24.68	0.63	−1.89	23.44	240491000	201589000	3678800
109	825	300121	阳谷华泰	63.5	0.72	18.2	26.9	1.08	1.75	47.3	10.36	32.09	31.07	−25.56	79.12	162362.35	163780.28	20354.13
110	834	000985	大庆华科	63.4	0.37	8.31	7.12	2.25	6.21	20.97	0	48.22	6.82	−41.11	114.01	70055.24	153040.29	4815.51
111	3287	300727	润禾材料	63.4	0.64	11.98	12.07	0.94	1.46	23.89	36.31	53.19	90.13	−14.48	42.18	61060.7	46126.12	4818.61
112	3289	603041	美思德	63.3	0.54	9.15	7.58	0.47	0.64	11.63	70.99	6.74	74.31	−14.48	86.85	80149.48	30125.3	5057.43
113	851	300575	中旗股份	63.2	1.6	9.42	11.53	0.82	1.28	41.43	20.18	44.14	11.27	−31.25	74.04	172125.46	129505.97	11732.53
114	854	300037	新宙邦	63.2	0.75	10.33	11.67	0.56	1.1	33.57	40.9	14.25	11.27	−17.3	70.11	369911.07	181562.68	28653.25
115	3291	300721	怡达股份	63.2	1.05	8.58	8.46	1.12	1.74	29.89	7.14	20.97	77.91	−14.48	27.38	127007.19	121272	6457.82
116	860	300107	建新股份	63.1	0.16	10.06	8.54	0.53	0.99	9.32	0	61.8	7.97	−29.91	103.09	108388.47	53587.96	8707.57
117	3294	603615	茶花股份	63.1	0.41	10.67	8.13	0.61	0.94	6.39	0	7.38	60.13	−14.48	172.11	142972.8	72012.63	9362.24
118	3293	603630	拉芳家化	63.1	0.84	10.75	9.69	0.66	0.82	9.68	0	−6.47	102.28	−14.48	136.46	188127.31	98112.12	13804.95
119	871	600636	三爱富	62.9	0.11	4.84	7.89	0.91	1.49	56.19	8.02	10.69	4.89	7.36	26.12	733823.26	524337.01	15549.59
120	3296	603580	艾艾精工	62.9	0.48	10.52	8.56	0.46	0.66	10.68	83.99	3.77	74.4	−14.48	89.31	42483.54	15502.08	3004.28
121	872	300487	蓝晓科技	62.9	0.46	11.12	8.83	0.46	0.69	22.86	361.96	33.64	13.22	−22.1	102.17	105985.53	44424.25	9288.19
122	873	601966	玲珑轮胎	62.8	0.87	7.22	12.12	0.75	1.89	55.09	5.99	32.33	8.64	−34.41	106.48	1938599.56	1391807.3	104767.81
123	3304	002915	中欣氟材	62.4	0.54	10.32	10.49	0.68	1.33	33.79	10.58	16.43	65.16	−14.48	73.89	68537.82	40058.71	4704.21
124	903	300446	乐凯新材	62.3	0.85	21.24	18.73	0.45	0.6	7.8	0	−1.22	13.58	−40.36	133.5	61264.01	25823.31	10437.88
125	918	000584	哈工智能	62.2	0.15	5.54	3.18	0.53	0.76	54.17	12.14	114.07	7.15	24.31	81.55	367546.03	157164.37	11538.81
126	928	000096	广聚能源	62.1	0.28	7.32	6.13	0.5	0.88	5.93	0	37.35	4.22	−14.36	49	255316.34	124317.37	15498.18
127	922	300221	银禧科技	62.1	0.45	9.34	12.62	1.02	1.82	34.37	6.99	77.95	144.22	−20.94	100.12	343413.34	256345.14	22115.19
128	3307	603378	亚士创能	62	0.72	8.36	10.86	0.81	1.29	37.58	82.67	26.32	117.01	−14.48	68.3	206421.71	135534.61	11373.48
129	941	002497	雅化集团	61.9	0.25	9.98	9.47	0.62	2.07	34.83	8.9	49.33	9.3	94.4	242.95	434253.28	235849.66	26824.17
130	949	002010	传化智联	61.8	0.14	4.8	2.7	0.94	1.89	48.07	7.75	135.29	6.74	−15.79	58.77	2407893.38	1921535.8	53967.69
131	3309	603906	龙蟠科技	61.8	0.44	8.91	8.25	0.97	1.55	28.67	11.3	25.21	83.58	−14.48	101.23	166354.31	129743.37	9237.26
132	954	600389	江山股份	61.7	0.84	11.42	15.38	1.17	3.1	46.97	9.67	−23.36	13.89	−12.64	69.26	295255.19	364135.91	24898.77
133	964	603026	石大胜华	61.5	0.92	11.05	12.49	1.97	4.81	36.8	14.01	25.86	4.58	−37.67	97.77	263962.71	477130.6	20556.2
134	977	002741	光华科技	61.4	0.25	8.56	8.3	1.01	1.78	29.18	23.28	31	41.11	−21.36	60.1	157814.24	129919.14	9163.36
135	988	600075	新疆天业	61.2	0.55	8.63	11.67	0.57	2.03	46.42	8.06	−11.08	11.02	−13.98	60.51	889651.83	497716.26	53665.64
136	1011	300132	青松股份	60.9	0.25	13.1	15.74	0.97	1.83	23.48	175.19	45.56	14.73	−27.87	66.89	95140.25	81120.51	9474.6
137	3328	603879	永悦科技	60.8	0.36	11.21	9.79	1.23	1.54	9.47	77.47	4.29	99.35	−14.48	96.9	57394.95	55912.42	4391.73
138	1014	600844	丹化科技	60.8	0.26	11.64	4.64	0.37	1.97	27.86	13.97	86.98	14.87	−27.67	73.77	380662.92	133131.69	35087.13
139	3330	603133	碳元科技	60.8	0.26	6.67	5.91	0.58	0.84	14	0	7.29	76.33	−14.48	93.22	103629.03	49991.68	4990.88
140	1013	600985	雷鸣科化	60.8	0.41	7.15	7.03	0.42	1.04	23.76	14.83	14.43	37.39	−15.08	69.84	241889.12	95650.12	12302.53
141	1029	300398	飞凯材料	60.7	0.27	4.67	5.66	0.4	1	32.71	5.54	109.79	152.26	16.86	105.41	292835.26	82036.76	8783.99

续表

行业排名	全部上市公司排名	股票代码	股票简称	综合得分（100）	每股收益（元）	总资产报酬率（%）	净资产收益率（%）	总资产周转率（次）	流动资产周转率（次）	资产负债率（%）	已获利息倍数	营业收入增长率（%）	资本扩张率（%）	市场投资回报率（%）	股价波动率（%）	年末资产总额（万元）	营业收入（万元）	净利润（万元）
142	1030	002391	长青股份	60.7	0.63	7.51	7.65	0.57	1.32	19.99	9.84	22.51	4.07	−17.58	67.34	382502.02	224530.59	22766.2
143	1041	600527	江南高纤	60.5	0.09	3.48	3.11	0.67	1.03	3.24	0	20.3	52.88	−32.04	70.29	256830.33	142941.17	7005.57
144	1047	603601	再升科技	60.3	0.29	8.01	8.13	0.37	0.7	41.77	25.8	99.96	8.67	−23.22	58.4	207192.43	63974.45	11734.51
145	1050	600596	新安股份	60.3	0.77	7.65	4.03	0.85	2.03	45.85	10.15	6.97	10.59	−15.48	95.93	906034.1	727647.38	52483.25
146	1062	002549	凯美特气	60.2	0.08	5.99	5.6	0.36	1.28	25.44	11.4	58.6	−0.22	−29.34	81.63	120382.18	42828.58	5412
147	1071	300261	雅本化学	60	0.14	3.93	4.81	0.48	0.98	38.68	4.52	82.57	85.64	−11.44	33.09	318422.92	120782.91	7437.84
148	1069	600746	江苏索普	60	0.24	15.46	12.52	1.21	2.37	22.49	0	24.68	14.66	−40.56	91.62	64941.99	77731.44	7503.17
149	1078	002254	泰和新材	59.9	0.16	4.73	3.1	0.6	1	16.41	696.62	−1.64	1.35	−7.78	32.63	261900.29	155490.1	10674.77
150	3347	002895	川恒股份	59.8	0.36	6.91	6.85	0.51	1.58	21.78	123.83	9.07	19	−14.48	101.92	241307.16	118378.04	13341.38
151	1089	002206	海利得	59.8	0.26	8.76	10.15	0.74	1.62	34.39	31.45	24.14	3.03	−18.3	47.89	438395.18	318608.21	31548.9
152	1084	600256	广汇能源	59.8	0.13	3.82	4.26	0.18	1.86	68.06	2.14	94.01	10.05	7.08	47.38	4480576.48	813745.64	49054.87
153	1086	300082	奥克股份	59.8	0.31	5.66	5.87	0.98	2.02	50.12	5.54	31.1	9.83	−17.54	60.54	630147.41	569888.65	21884.1
154	1085	300196	长海股份	59.8	0.48	8.13	7.14	0.66	1.24	20.98	18.73	14.67	5.95	−30.76	95.33	310396.99	202719.07	20152.32
155	3348	603970	中农立华	59.7	0.88	5.66	11.1	1.31	1.4	68.87	5.42	3.09	100.81	−14.48	38.48	278291.25	350346.22	8969.28
156	1092	600367	红星发展	59.7	0.33	7.35	8.14	0.79	1.28	29.48	21.3	13.92	7.72	−17.63	68.31	174431.06	133508.35	10032.84
157	1097	300041	回天新材	59.6	0.27	6.32	5.41	0.74	1.27	16.22	0	33.9	18.86	−18.94	70.2	224366.48	151525.8	11085.24
158	1098	002632	道明光学	59.6	0.21	7.94	5.2	0.42	0.9	18.89	38.65	54.62	26.16	−28.2	83.51	226242.84	80679.83	12262.53
159	1103	002734	利民股份	59.5	0.83	7.95	6.56	0.64	1.2	27.5	10.44	22.66	8.77	−24.18	59.93	238588.09	142342.05	14176.28
160	1100	603077	和邦生物	59.5	0.06	5.05	4.38	0.36	1.32	13.99	10.63	36.83	4.63	−14.88	30.32	1310878.97	473764.6	50519.19
161	1111	002246	北化股份	59.4	0.21	5.07	2.8	0.85	1.44	28.33	0	70.68	95.43	−17.71	91.17	348088.63	218335.52	10924.15
162	1108	002802	洪汇新材	59.4	0.67	13.64	9.34	0.63	0.92	7.36	0	23.44	10.45	−48.84	172.43	65309.58	38850.01	7211.84
163	1107	600727	鲁北化工	59.4	0.22	5.29	8.16	0.41	0.92	21.05	0	18.36	7.02	−33.23	73.1	147091.15	60775.44	7844.85
164	1142	300214	日科化学	59	0.23	8.28	7.31	1.31	2.19	8.22	30.17	35.95	16.94	−44.1	90.83	173149.66	210321.69	9508.55
165	1155	603002	宏昌电子	58.8	0.13	5.76	7.13	0.78	1.23	33.5	0	35.96	6.79	−8.69	66.08	165126.4	123709.47	7844.94
166	3363	603683	晶华新材	58.6	0.41	6.22	6.63	0.78	1.47	32.35	7.34	10.78	61.54	−14.48	70	116132.2	72753.22	4339.24
167	1176	300174	元力股份	58.6	0.2	6.14	8.93	0.7	2.06	49.75	5.49	30.78	3.65	−12.46	48.1	135042.26	85332.11	6534.11
168	1183	600378	天科股份	58.5	0.2	6.32	6.72	0.51	0.71	24.77	0	34.56	6.65	−11.78	52.79	105745.2	52685.75	5888.18
169	3368	300655	晶瑞股份	58.4	0.46	8.71	12.37	0.71	1.07	51.1	19.47	21.52	25.88	−14.48	94.77	91215.94	53453.93	5361.59
170	3366	603991	至正股份	58.4	0.54	9.05	8.91	0.78	1.32	26.52	10.72	21.74	87.41	−14.48	118.88	62779.7	42744.59	3795.73
171	3375	300586	美联新材	57.9	0.57	8.45	8.17	0.62	0.83	29.58	95.64	11.16	6.55	60.74	130.05	83651.52	46414.48	5456.92
172	1224	300109	新开源	57.8	0.55	6.86	7.15	0.3	0.92	33.5	32.32	21.96	6.18	−2.9	22.51	195863.96	48858.15	9264.54
173	1234	002496	辉丰股份	57.7	0.27	7.56	9.16	0.51	0.97	48.25	9.66	−32.34	9.04	7.55	52.9	811993.92	395155.37	43534.6
174	1244	300437	清水源	57.6	0.52	6.62	9.16	0.37	0.7	54.87	17.63	75.69	18.19	−34.12	84.65	308783.41	84113.48	11907.04
175	1254	600500	中化国际	57.5	0.31	5.16	3.56	1.18	2.14	62.26	3.96	53.64	4.91	−31.34	65.02	5576065.76	6246607.5	136699.46

续表

行业排名	全部上市公司排名	股票代码	股票简称	综合得分（100）	每股收益（元）	总资产报酬率（%）	净资产收益率（%）	总资产周转率（次）	流动资产周转率（次）	资产负债率（%）	已获利息倍数	营业收入增长率（%）	资本扩张率（%）	市场投资回报率（%）	股价波动率（%）	年末资产总额（万元）	营业收入（万元）	净利润（万元）
176	1250	603928	兴业股份	57.5	0.67	12.04	11.35	0.98	1.25	20.02	8257.03	56.31	9.15	-40.19	145.44	142072.89	128294.43	13549.31
177	1265	601058	赛轮金宇	57.3	0.14	4.32	5.81	0.99	2.29	60.33	2.4	24.02	31.24	-13.66	60.07	1505496.65	1380690	31622.22
178	1269	002015	霞客环保	57.3	0.02	2.99	2.9	1.27	1.84	6.73	0	7.94	8.24	-5.07	29.74	33598.98	40989.9	865.13
179	1275	002250	联化科技	57.2	0.22	4.5	4.57	0.56	1.52	34.84	4.45	32.53	28.31	-36.1	85.36	865257.97	410738.86	20751.16
180	1276	300530	达志科技	57.1	0.77	12	7.83	0.27	0.34	8.74	0	3.84	3.25	-40.55	98.23	54283.61	14014.41	5411.9
181	1287	600319	亚星化学	56.9	0.08	4.95	134.16	1.21	2.85	97.85	1.5	33.78	343.87	-5.21	45.39	152082.76	194978.07	2661.46
182	1311	300459	金科文化	56.7	0.25	5.6	5.16	0.17	0.74	11.05	36.75	56.08	90.54	-35.15	100.62	1072859.6	139627.09	40907.01
183	1323	000731	四川美丰	56.5	0.26	5.12	5.27	0.55	1.72	37.92	4.27	6.66	5.79	-24.5	71.76	437352.35	252800.04	14776.43
184	1335	002004	华邦健康	56.4	0.25	4.54	4.01	0.34	0.67	54.29	2.29	28.42	24.22	-24.57	45	2909003.67	910890.04	59366.67
185	1332	002455	百川股份	56.4	0.22	6.62	6.81	1.08	2.06	49.26	5.24	20.02	56.07	-23.98	88.43	261100.23	246450.78	10457.46
186	1358	002109	兴化股份	56.1	0.29	6.21	5.4	0.44	2.72	19.08	8.52	-7.05	6.83	-13.76	69.99	412266.04	189395.98	20641.3
187	1364	300478	杭州高新	56	0.64	5.5	7.83	0.66	1.29	58.92	7.59	16.02	9.13	-25.61	77.68	136785.9	65153.78	4233.42
188	1374	300576	容大感光	55.9	0.31	8.54	7.97	0.74	0.92	19.4	0	15.89	7.68	-30.88	130.12	50563.69	36336.15	3684.58
189	1377	000698	沈阳化工	55.9	0.27	4.14	1.9	1.16	3.16	55.51	2.73	34.6	4.15	-26.42	79.76	985984.48	1190816.2	22792.3
190	3398	603916	苏博特	55.8	0.57	8.2	7.64	0.66	1.15	31.18	4.75	27.84	68.21	-14.48	40.95	273293.62	167965.76	13500.69
191	1380	300019	硅宝科技	55.8	0.16	6.32	5.41	0.77	1.62	23.45	87.22	11.61	2.56	-25.61	101.46	97779.47	72823.06	5158.8
192	1392	603010	万盛股份	55.5	0.36	7.74	7.95	0.92	2.1	39.19	14.99	20.11	4.37	-31.34	121.19	180876.8	147317.45	9107.26
193	1396	002783	凯龙股份	55.5	0.55	8.77	7.21	0.63	1.36	30.71	13.67	42.49	6.32	-42.99	136.98	239230.3	135895.04	13820.43
194	3402	300665	飞鹿股份	55.5	0.46	8.26	8.84	0.55	0.72	25.86	10.13	10.94	77.11	-14.48	72.49	59626.71	28358.75	3222.4
195	1395	300236	上海新阳	55.5	0.37	5.71	5.2	0.32	0.56	13.86	54.97	14.11	3.84	-10.45	81.35	151382.42	47224.4	7171.73
196	3403	002886	沃特股份	55.4	0.59	6.52	7.48	0.94	1.33	36.2	8.02	21.24	75.69	-14.48	61.91	98170.63	76492.88	4036.14
197	1401	300225	金力泰	55.4	0.1	4.1	4.26	0.67	1	24.44	0	0.94	1.51	53.1	79.77	121075.93	79776.58	3888.76
198	1420	002224	三力士	55.2	0.24	10.04	8.41	0.48	0.86	12.47	157.2	7.94	6.76	-43.09	118.76	197552.86	90200.99	16013.21
199	1431	002215	诺普信	55.1	0.34	9.57	12.96	0.73	1.22	50.56	25.51	43.74	28.93	-35.26	118.21	454243.97	282157.52	32042.37
200	1426	300505	川金诺	55.1	0.65	9.22	8.63	0.95	1.8	25.09	13.68	23.66	7.5	-56.94	168.77	89067.38	79981.36	6057.96
201	1441	601113	华鼎股份	54.9	0.11	3.36	2.37	0.61	1.07	39.98	5.94	32.24	2.64	33.02	109.24	481408.91	283419.26	10530.09
202	1447	002637	赞宇科技	54.9	0.38	4.8	1.71	1.23	2.79	57.17	3.37	58.42	6.57	-22.12	73.62	636927.33	690827.92	15780.64
203	1452	002538	司尔特	54.8	0.3	6.1	4.65	0.56	1.15	24.7	8.11	-7.64	4.44	-12.25	31.42	449171.45	260272.12	21494.45
204	1459	002809	红墙股份	54.7	0.67	8.43	7.83	0.56	0.62	23.61	0	44.42	7.72	-30.74	119.66	124922.17	63098.65	8064.49
205	1466	002442	龙星化工	54.6	0.1	4.73	4.52	0.97	1.88	61.85	2.28	46.6	2.19	-11.71	23.56	297143.06	270224.75	4961.84
206	1481	603299	井神股份	54.3	0.32	6.73	8.48	0.58	1.78	52.58	3.63	20.84	8.49	-39.96	106.43	449921.94	260013.76	17835.47
207	1495	002407	多氟多	54.2	0.41	6.89	8.05	0.61	1.23	54.54	5.91	30.76	11.14	-27.83	95.97	703604.4	373584.55	30089.55
208	1505	002683	宏大爆破	54.1	0.23	4.93	5.18	0.67	1.12	48.28	3.98	24.06	5.92	-23.74	73.19	633792.2	398508.16	18050.36
209	1501	601163	三角轮胎	54.1	0.6	4.33	4.92	0.57	0.91	45.1	13.95	18.05	2.13	-38.71	94.93	1458628.23	792079.81	48408.18

续表

行业排名	全部上市公司排名	股票代码	股票简称	综合得分（100）	每股收益（元）	总资产报酬率（%）	净资产收益率（%）	总资产周转率（次）	流动资产周转率（次）	资产负债率（%）	已获利息倍数	营业收入增长率（%）	资本扩张率（%）	市场投资回报率（%）	股价波动率（%）	年末资产总额（万元）	营业收入（万元）	净利润（万元）
210	1508	600143	金发科技	54	0.2	4.81	3.03	1.13	2.05	51.58	2.8	28.61	3.3	−13.54	93.85	2075013.95	2313737.8	55153.42
211	1537	000510	金路集团	53.6	0.11	3.79	6.25	1.22	4.87	41.61	4.88	12.65	3.41	−23.93	91.77	150077.44	172814.87	4228.8
212	3415	300587	天铁股份	53.2	0.68	9.11	7.92	0.33	0.42	12.18	178.45	9.4	10.6	4.3	149.96	98930.04	31754.93	7092.85
213	1588	603822	嘉澳环保	52.9	0.7	6.87	5.66	0.76	1.54	44.26	3.63	74.35	14.28	−42.86	183.59	133091.96	88257.7	5233.1
214	1601	300243	瑞丰高材	52.8	0.15	5.68	5.7	1.26	2.11	41.83	3.77	25.45	6.26	−32.31	120.39	87811.12	109579.84	3061.93
215	1605	603067	振华股份	52.7	0.46	9.65	8.81	1	2.03	8.72	30.09	35.56	7.1	−50.09	147.97	122649.42	118547.97	10037.8
216	1607	300522	世名科技	52.7	0.45	9.98	8.02	0.46	0.66	7.24	243.24	2.96	6.02	−56.76	201.68	63471.71	28264.89	5342.48
217	1623	600777	新潮能源	52.5	0.07	2.37	3.42	0.12	0.51	31.87	48.24	526.28	148.48	−6.09	47.74	1990707.02	152253.03	36651.46
218	1655	002326	永太科技	52.1	0.22	6	0.59	0.53	1.32	52.39	3.96	57.34	30.01	−29.42	58.42	586382.27	275112.23	18713.1
219	1652	002828	贝肯能源	52.1	0.6	6.53	7.54	0.5	0.73	37.17	147.93	51.71	8.02	−38.76	159.14	144490.47	64936.76	7029.98
220	1656	002324	普利特	52.1	0.64	6.74	6.13	0.93	1.46	41.2	5.68	7.59	6.27	−19.45	43.99	383721.13	339748.71	17423.21
221	3419	603330	上海天洋	52	0.53	5.86	5.07	0.7	1.24	25.01	20.11	15.34	70.37	−14.48	182.87	82375.31	45507.73	3062.86
222	1687	300537	广信材料	51.5	0.35	6.43	6.42	0.42	0.81	20.95	66.4	65.71	157.15	−48.74	122.41	156566.28	44900.67	6133.41
223	1706	002666	德联集团	51.4	0.2	6.04	5.05	0.91	1.32	18.88	18.67	32.68	4	−31.09	98.41	353072.89	314519.49	15665.4
224	1708	000635	英力特	51.4	0.31	3.79	3.26	0.58	1.59	13.32	0	23.13	3.12	−51.84	180.62	344416.22	196518.85	9331.3
225	1712	600731	湖南海利	51.3	0.13	5.7	6.61	0.66	1.51	52.51	4.3	7.7	6.68	−35.2	99.73	188290.59	121786.1	6384.49
226	1750	002584	西陇科学	50.7	0.15	4.39	3.76	1.36	2.24	30.63	11.51	12.87	−4.87	14.53	73.23	248297.89	330521.85	8254.98
227	1764	002556	辉隆股份	50.5	0.19	4.25	4.68	1.97	2.65	68.11	2.5	61.96	3.55	−31.13	97.72	766284.65	1432925.2	14825.71
228	1767	000565	渝三峡 A	50.5	0.19	7.24	5.28	2.49	4.47	33.44	6.27	53.1	6.43	−45.23	120.29	157104.05	360903.28	8112.54
229	1810	002805	丰元股份	49.9	0.39	7.51	5.85	0.49	0.99	24.07	15.39	25.15	6.06	−39.12	136.57	75145.76	32090.92	3790.17
230	1809	300200	高盟新材	49.9	0.18	4.15	3.54	0.66	1.26	15.89	73.97	61.75	85.92	−44.57	114.36	173043.08	85360.84	4332.35
231	1822	000420	吉林化纤	49.8	0.04	3.03	2.85	0.41	1.35	55.02	2.25	57.6	3.23	−21.76	74.26	618013.12	219782.27	8542.14
232	1817	300535	达威股份	49.8	0.87	8.48	6.55	0.47	0.67	8.61	0	11.21	5.85	−58.64	231.12	72509.43	33267.84	5174.61
233	1825	002360	同德化工	49.7	0.25	9.66	8.72	0.49	1.07	26.81	42.32	9.78	−2.7	−44.85	116.38	149129.54	70971.64	10088.61
234	1834	600182	S 佳通	49.5	0.18	7.75	7.89	1.35	2.31	43.61	8.74	14.36	−7.3	−18.21	63.63	278879.57	345776.33	12990.91
235	1841	002825	纳尔股份	49.4	0.36	5.71	5.36	0.89	1.26	24.22	0	17.08	2.96	−46.51	227.76	75082.83	64285.32	3633.46
236	1845	600623	华谊集团	49.3	0.29	2.87	−1.76	1.17	2.4	49.99	4.24	6.45	0.55	−36.29	73.44	3878937.93	4355329.3	45059.5
237	1851	603823	百合花	49.2	0.59	8.7	9.1	0.75	1.18	31.56	76.48	11.2	7.9	−49.97	161.58	204880.38	151088.86	15314.16
238	1864	600589	广东榕泰	49.1	0.19	4.94	4.15	0.3	0.57	47.61	2.28	14.34	3.1	−31.17	71.32	586997.03	164337.37	13394.84
239	1896	601208	东材科技	48.5	0.16	4.34	2.31	0.57	1.6	22.31	11.71	3.6	−1.56	−19.64	48.45	301436.34	173407.96	10500.68
240	1906	300305	裕兴股份	48.4	0.24	5.02	3.49	0.39	0.52	8.69	1463.61	13.49	2.9	−40.42	116.63	157757.05	59051.62	6895.82
241	1911	002409	雅克科技	48.4	0.1	2.41	2.08	0.63	1.65	12	8.16	26.66	2.44	17.09	127.5	177245.37	113292.21	3426.82
242	1913	002053	云南能投	48.4	0.29	5.91	5.74	0.41	1.06	33.28	28.48	−0.55	5.34	−35.99	131.16	372629.04	144694.74	15995.27
243	1938	300539	横河模具	47.9	0.15	6.6	8.08	0.77	1.49	49.94	8.9	23.42	7.38	−42.62	136.4	75705.49	49200.09	3141.4

续表

行业排名	全部上市公司排名	股票代码	股票简称	综合得分（100）	每股收益（元）	总资产报酬率（%）	净资产收益率（%）	总资产周转率（次）	流动资产周转率（次）	资产负债率（%）	已获利息倍数	营业收入增长率（%）	资本扩张率（%）	市场投资回报率（%）	股价波动率（%）	年末资产总额（万元）	营业收入（万元）	净利润（万元）
244	1943	002361	神剑股份	47.9	0.14	5.74	6.59	0.63	0.97	38.39	10.14	29.35	5.73	-21.09	98.31	317398.32	182798.64	12979.38
245	1953	300321	同大股份	47.8	0.28	3.92	3.25	0.62	1.31	17.84	2714.16	1	2.7	-38.34	132.66	72158.98	43675.06	2448.47
246	1969	000936	华西股份	47.6	0.22	4.31	3.65	0.29	0.89	57.85	2.4	33.74	-6	-31.64	98.82	1113006.97	284238.73	20553.59
247	1976	300387	富邦股份	47.5	0.55	6.74	7.94	0.44	0.97	33.18	10.2	6.67	10.82	-45.47	139.5	120048.31	53004.46	6365.74
248	1978	002381	双箭股份	47.5	0.26	5.68	1.26	0.51	0.72	18.24	44.62	6.15	-4.84	-31.21	87.24	207431.15	113787.53	10361.22
249	1986	002226	江南化工	47.4	0.09	3.62	2.02	0.32	0.8	20.65	8.16	22.33	-2.25	-26.42	91.55	512711.69	165395.97	12018.68
250	1995	002037	久联发展	47.2	0.23	3.93	3.61	0.61	0.89	69.22	1.98	35.51	2.11	-35.91	102	783212.04	458720.57	9912.67
251	2007	002172	澳洋科技	47	0.21	4.96	8.39	1.12	2.38	69.25	4.32	10.06	26.57	-44.51	126.04	550331.05	536649.03	16187.86
252	2015	600339	中油工程	46.8	0.12	1.78	2.43	0.61	0.68	75.05	15.16	9.29	37.33	-25.45	68.26	9124782.5	5536374.8	67347.76
253	2018	002810	山东赫达	46.8	0.48	6.06	6.26	0.65	1.68	38.73	8.43	14.25	6.96	-48.48	168.54	110866.11	65140.16	4662.67
254	2032	002274	华昌化工	46.6	0.09	2.55	2.13	0.86	3.55	57.3	1.95	32.33	-4.24	-20.89	52.02	626123.23	531891	5981.66
255	2028	603227	雪峰科技	46.6	0.03	3.97	4.69	0.47	0.93	47	4.31	37.2	2.26	-31.05	109.38	264243.06	127344.06	6299.71
256	2048	000973	佛塑科技	46.4	0.11	3.91	3.42	0.48	1.15	56.32	2.59	1.87	-0.44	-23.28	65.33	558160.09	251177.22	11805.58
257	2045	002588	史丹利	46.4	0.23	4.64	4.88	0.74	1.42	41.28	11.75	-15.53	1.88	-42.27	124.43	736553.07	526174.3	26545.14
258	2055	000782	美达股份	46.3	0.07	2.49	2.53	1.37	2.41	53.02	2.34	47.06	2.19	-22.11	63.38	263449.85	355871.24	3680.35
259	2051	600387	海越股份	46.3	0.35	4.39	-6.24	1.28	5.89	72.45	1.5	17.47	77	-26.49	149.96	985917.09	1150248.5	3524.64
260	2054	002054	德美化工	46.3	0.07	3.47	1.54	0.82	1.78	33.59	3.15	1.81	-2.09	33.86	100.98	301084.76	245550.1	4052.86
261	2063	002386	天原集团	46.1	0.15	3.08	-0.66	1.11	3.99	67.74	1.49	22.27	-1.77	-4.58	123.97	1340156.76	1528557.5	6333.9
262	2084	601500	通用股份	45.7	0.2	4.6	5.42	0.97	1.89	35.23	24.74	12.03	2.46	-55.02	159.08	400808.21	376549.25	14749.93
263	2091	600722	金牛化工	45.6	0.05	5.1	5.52	0.64	0.86	12.49	47.22	15.68	-6.73	-43.76	103.31	119045.37	77930.76	6080.19
264	2120	600810	神马股份	45	0.15	3.44	3.89	1.08	2.24	69.94	1.82	6.42	5.2	-38.83	98.72	993182.05	1068474	13078.18
265	2131	300568	星源材质	44.8	0.56	6.12	6.15	0.25	0.48	45.89	6.52	3.09	1.29	-46.87	114.48	237359.24	52134.84	8812.91
266	2132	002539	云图控股	44.8	0.1	3.58	2.56	0.85	2.1	66.01	1.74	27.49	0.11	-40.33	134.9	930024.45	774155.2	10257.26
267	2156	603033	三维股份	44.2	0.45	5.72	5.01	0.72	0.93	16.9	1191.16	27.37	4.52	-44.65	144.98	137811.5	96512.96	5712.02
268	2169	600228	*ST 昌九	44	0.11	6.28	-46.09	1.43	3.33	62.29	3.07	27.56	15.39	-36.71	128.45	31739.74	55323.05	1357.21
269	2176	600063	皖维高新	43.9	0.05	2.44	1.42	0.54	2.29	45.56	1.86	32.8	32.41	-23.04	62.18	886172.04	470571.2	8525.35
270	2178	600583	海油工程	43.8	0.11	2.36	0.73	0.35	0.78	18.55	11.32	-14.5	-0.17	-18.57	72.76	2839595.62	1025253.7	48963.22
271	2190	002125	湘潭电化	43.7	0.14	3.35	4.42	0.31	0.98	55.46	2.5	12.64	4.8	-30.42	85.81	255687.37	74080.35	5156.83
272	2195	002256	兆新股份	43.5	0.08	5.54	5.55	0.18	0.51	39.9	4.41	2.83	3.48	-32.56	115.94	385876.58	65411.93	15280.03
273	2194	002778	高科石化	43.5	0.34	5.37	4.89	0.8	1.12	15.73	9.88	3.88	3.96	-48.61	140.2	73417.88	57457.54	3067.04
274	2200	002669	康达新材	43.4	0.19	2.8	1.78	0.31	0.42	7.35	15.52	-7.42	1.73	-28.81	77.35	176682.07	54996.23	4343.69
275	2228	002211	宏达新材	42.7	0.05	2.22	1.09	0.84	1.12	30.75	0	38.4	2.79	-45.71	120.84	119329.89	94503.01	2402.54
276	2232	002513	蓝丰生化	42.6	0.1	2.84	1.94	0.46	1.68	37.18	1.96	27.04	0.89	-37.4	119.68	403240.35	185064.09	3544.68
277	2276	000755	*ST 三维	41.7	0.23	5.36	-73.58	0.64	2.31	65.18	1.93	-40.55	32.42	-22.77	76.36	200420.6	229030.64	9190.59

续表

行业排名	全部上市公司排名	股票代码	股票简称	综合得分（100）	每股收益（元）	总资产报酬率（%）	净资产收益率（%）	总资产周转率（次）	流动资产周转率（次）	资产负债率（%）	已获利息倍数	营业收入增长率（%）	资本扩张率（%）	市场投资回报率（%）	股价波动率（%）	年末资产总额（万元）	营业收入（万元）	净利润（万元）
278	2287	002165	红宝丽	41.6	0.07	2.83	1.81	0.8	1.63	45.78	4.01	18.4	0.02	-30.45	76.23	293175.18	217125.19	4762.81
279	2280	600470	六国化工	41.6	0.14	2.57	0.83	0.84	2.52	64.65	1.41	6.92	1.46	-33.2	88.06	550844.79	476555.58	3955.52
280	2309	300192	科斯伍德	41	0.02	1.03	0.33	0.38	0.83	49.83	3.11	-3.6	20.58	-9.69	33.25	170232.69	47213.09	587.7
281	2326	002395	双象股份	40.6	0.07	3.07	2.42	1	1.62	26.03	22.37	20.59	1.72	-47.31	171.97	129342.08	127344.25	3051.28
282	2345	000523	广州浪奇	40.2	0.08	2.09	0.7	2.63	3.24	61.77	1.99	19.92	3.08	-35.26	77.91	481263.79	1181097.2	3379.96
283	2373	300325	德威新材	39.6	0.02	2.81	1.02	0.46	0.64	61.31	1.42	13.08	14.68	-8.5	45.51	450862.3	178744.16	2017.53
284	2407	300164	通源石油	38.7	0.1	2.45	2.22	0.34	0.82	25.94	3.33	104.22	22.74	-43.61	155.88	272012.49	81660.01	5330.52
285	2418	600691	阳煤化工	38.3	0.07	3.59	-7.91	0.49	1.39	86.44	1.13	22.12	9.46	-11.37	81.29	4189945.49	2026169.3	377.76
286	2442	002629	仁智股份	37.8	0	0.58	0.06	4.2	5.76	15.18	2.32	952.61	0.28	-46	158.1	81012	331384.01	68.46
287	2445	600078	澄星股份	37.7	0.09	4.48	2.58	0.39	0.72	73.49	1.49	-8.64	3.38	-28.08	76.59	795411.87	298601.94	8679.73
288	2461	000554	泰山石油	37.5	0.01	0.41	0.9	2.41	15.9	20.95	5.63	-1.75	0.31	-36.28	116.22	116577.57	271894.4	284.67
289	2475	000859	国风塑业	37.2	0.08	2.32	-5	0.55	1.2	29.71	7.18	2.47	2.38	-29.16	89.05	214689.8	117311.99	4247.69
290	2473	002319	乐通股份	37.2	0.05	2.21	1.58	0.48	1.56	55.06	1.07	2.27	2.27	-29.18	91.15	109269.97	53204.65	1064.82
291	2510	000949	新乡化纤	36.2	0.02	1.92	0.81	0.67	1.95	44.97	1.94	11.66	-0.2	-26.75	107.2	647935.68	410741.98	3063.03
292	2503	603003	龙宇燃油	36.2	0.13	2.26	2.46	2.88	3.64	31.42	2.6	5.98	2.97	-46.24	145.55	631517.87	1683195.9	7404.74
293	2511	000599	青岛双星	36.2	0.16	2.8	1.01	0.51	1.01	66.51	2.3	-18.87	3.95	-25.64	86.19	837976.56	399776.77	10195.75
294	2516	002554	惠博普	36.1	0.08	3.11	5.81	0.32	0.6	53.17	2.57	41.45	0.98	-45.88	128.1	470322.31	148524.61	9629.85
295	2521	002453	天马精化	36	0.03	1.8	0.72	0.72	1.72	57.14	1.29	23.32	-1.66	-25.38	91.76	219561.32	147266.07	1342.91
296	2530	600458	时代新材	35.8	0.09	0.93	-0.19	0.82	1.34	65	1.99	-2.08	2.3	-30.65	88.32	1432581.11	1139961.3	6676.99
297	2540	300135	宝利国际	35.5	0.04	3.5	-4.45	0.6	0.84	60.74	1.76	30.42	1.35	-35	98.98	306581.66	179977.94	3586.3
298	2552	601808	中海油服	35.1	0.01	1.86	-1.27	0.23	0.84	53.05	1.3	15.08	-1.75	-19.47	54.39	7385727.22	1743641.4	7121.08
299	2570	600889	南京化纤	34.4	-0.99	-13.9	3.73	0.79	2.24	37.71	-55.33	-3.47	-22.84	-36.68	111.58	184537.11	160709.27	-30259.38
300	2572	000819	岳阳兴长	34.3	-0.04	0.12	-1.83	1.93	2.77	16.32	0.68	16.55	-3.76	-48.23	165.81	81995.88	158807.05	-1257.71
301	2577	300405	科隆股份	34.2	0.23	3.37	0.63	0.64	0.98	48.08	1.93	45.09	2.41	-48.34	141.4	182888.79	112688.17	2260.67
302	2604	000677	恒天海龙	33.4	0	1.83	0.81	0.66	1.81	22.95	4.7	14.03	1.2	-43.95	115.6	84475.02	55430.91	773.29
303	2610	300157	恒泰艾普	33.2	-0.63	-4.98	-14.08	0.49	1.15	44.09	-3.31	116.95	-11.8	-1.08	89.4	633010.11	293348.35	-42042.82
304	2626	000912	*ST 天化	32.3	-2.54	-16.6	239.29	0.55	3.58	122.94	-4.65	22.08	-1284.21	-56.26	170.2	595596.13	373477.36	-148865.5
305	2642	600096	云天化	31.6	0.15	4.04	-16.73	0.85	1.79	92.08	1.19	6.34	-1.22	-29.28	68.75	6355663.86	5597143.5	25927.3
306	2673	002591	恒大高新	30.5	0.05	0.62	-3.13	0.21	0.45	13.03	2.23	75.59	73.38	-40.95	110	150732.35	25912.9	-141.43
307	2715	002201	九鼎新材	29.1	-0.01	2.46	-2.11	0.39	1.25	67.89	0.99	25.26	-0.21	-30.43	116.1	274092.96	99421.61	-360.04
308	2736	000589	黔轮胎 A	28.4	-0.29	-0.91	-10.16	0.69	1.41	65.63	-0.51	24.56	-6.69	-23.83	64.49	971543.41	695960.91	-22169.15
309	2739	600714	金瑞矿业	28.2	0.04	2.65	1.6	0.13	0.22	7.77	4.02	-31.71	2.12	-42.36	112.73	65218.37	9108.29	1221.59
310	2742	002096	南岭民爆	28.1	0.07	2.4	0.36	0.63	1.16	47.25	2.08	-1.4	-1.88	-44.34	139.86	389578.28	262415.28	2557.94
311	2747	300191	潜能恒信	27.9	-0.05	-1.2	-1.46	0.06	0.1	6.18	-1662.15	2.14	1.17	-35.52	90.65	127024.62	8210.83	-1690.04

续表

行业排名	全部上市公司排名	股票代码	股票简称	综合得分（100）	每股收益（元）	总资产报酬率（%）	净资产收益率（%）	总资产周转率（次）	流动资产周转率（次）	资产负债率（%）	已获利息倍数	营业收入增长率（%）	资本扩张率（%）	市场投资回报率（%）	股价波动率（%）	年末资产总额（万元）	营业收入（万元）	净利润（万元）
312	2754	603727	博迈科	27.4	0.47	4.05	2.05	0.16	0.25	14.43	0	−81.78	1.63	−46.75	158.19	283745.98	48914.22	10985.69
313	2772	000737	*ST 南风	26.7	−0.77	−11.92	574.18	0.69	1.4	111.1	−3.59	−12.3	−307.08	−39.26	95.84	261645.1	187265.98	−43080.74
314	2779	002170	芭田股份	26.5	−0.11	−0.84	−5.73	0.47	1.31	58	−0.57	2.74	−7.06	−30.43	86.52	466181.75	206684.61	−11202.06
315	2794	600759	洲际油气	25.7	−0.1	3.99	−1.88	0.17	0.93	65.08	0.99	136.42	−6.11	−57.68	173.67	1639772.39	285111.08	−9662.02
316	2798	002263	*ST 东南	25.4	−0.3	−14.28	−27.04	0.29	0.94	33.14	−9.58	10.29	−20.61	−35.45	76.74	331378.41	104851.57	−57515.37
317	2807	000953	*ST 河化	24.9	0.1	7.1	322.71	0.28	0.85	97.15	2.18	−44.55	0	−50.61	136.6	81787.81	22088.16	2946.24
318	2846	300218	安利股份	22.7	−0.08	0.04	−2.75	0.77	1.96	46.53	0.03	6.27	−1.98	−45.75	132.97	195025.94	149295.67	−1505.63
319	2848	600423	*ST 柳化	22.6	0.15	5.63	−8890.81	0.53	2.46	98.79	1.46	−11.86	0	−47.35	143.86	320368.16	183007.37	6155.15
320	2862	600281	太化股份	21.8	0.01	1.78	−3.84	0.46	0.82	66.43	1.37	−44.87	1.3	−28.32	86	171080.35	87171.93	747.91
321	2870	000792	盐湖股份	21.5	−1.49	−3.38	−18.14	0.14	0.74	73.02	−2.11	12.88	−15.68	7.84	121.85	8241852.97	1169940.6	−428841.1
322	2872	600091	ST 明科	21.4	0.01	0.48	−7.03	0.05	0.08	25.23	16.48	131.9	0.63	−51.67	135.47	119694.78	6547.68	558.23
323	2901	600871	*ST 油服	19.2	−0.75	−14.22	−328.18	0.71	1.33	103.4	−15.01	12.96	−124.92	−37.15	80.61	6194262.9	4848578.8	−1058264
324	2905	002207	*ST 准油	19	0.04	2.63	−25.94	0.25	0.64	53.1	1.92	−7.74	2.41	−53.74	235.14	74785.72	20639.66	989.16
325	2906	300163	先锋新材	18.7	−0.06	−0.07	−5.66	0.61	1.58	32.09	−0.1	−9.61	−8.21	−45.25	99.02	102275.06	68880.06	−3525.82
326	2914	000707	*ST 双环	18.1	−1.61	−4.1	−112.83	0.42	0.8	95.19	−1.28	7.83	−50.91	−41.24	97.1	963697.69	428160.75	−75362.76
327	2915	002476	宝莫股份	18	0.01	0.59	−6.37	0.3	0.62	22.52	1.35	−54.36	−4.56	−48.04	112.8	127568.12	40982.85	38.88
328	2929	600301	ST 南化	16.4	−0.14	−5.49	−32.84	0.25	0.45	75.74	−2.26	198.51	−20.7	−41.03	125.06	75540.86	21415.63	−6819.9
329	2940	600249	两面针	15.2	−0.26	−3.91	−9.25	0.49	1.62	35.04	−2.99	−5.74	−12.66	−45.94	150.11	270565.91	147211.57	−16458.09
330	2956	600469	风神股份	13.4	−0.85	−5.04	−21.65	0.97	2.28	74.02	−3.41	−0.29	−21.71	−50.45	168.18	738754.23	730361.42	−47499.32
331	2966	300169	天晟新材	12.2	−0.11	0	−3.43	0.38	0.71	42.85	0	−6.09	−6.31	−51.28	148.15	206446.56	77233.65	−3761.67
332	2969	000422	*ST 宜化	11.9	−5.74	−11.14	−123.12	0.33	1.13	95.18	−3.71	−21.25	−76.97	−52	126.22	3255128.3	1195544.2	−514724.5
333	2979	000159	国际实业	10.4	−0.14	−1.4	−4.58	0.12	0.18	31.05	−1.51	−32.11	−4.96	−41.64	143.15	303786.9	35520.48	−7113.14

第八章　机械行业上市公司业绩评价

2017年，宏观经济增长持续滑坡，虽然国内外宏观经济环境处于不利的环境中，但固定资产投资维持一定增速，机械行业继续呈现收入利润双增态势，经营状况趋好。2017年，机械行业上市公司实现营业收入2.09万亿元，比2016年机械行业上市公司实现的营业收入增加了0.35万亿元；实现净利润1245.5亿元，比2016年机械行业上市公司实现的净利润增加了413.69亿元，总体呈现收入及净利润双增长的状态。上证A指全年涨幅为20.6%，机械行业作为国民经济的重要支柱，其与整体经济走势高度相关，上半年机械行业指数跟随市场行情同步运行，但下半年跌幅大于上证A指，全年跌幅达到11.08%。

从已公布的数据看，2018年一季度多项经济指标好转，迎来良好开局，先进制造业增速明显加快。展望2018年，宏观经济步入新常态，供给侧改革加大去库存，结构调整逐步显现效果。经济转型逐渐淘汰高污染、高耗能、产能严重过剩的部分传统行业，但对新兴产业构成长期支撑，机械行业同时面临“一带一路”产生的海外需求与千年大计“雄安新区”、制造业创新升级、军队装备更新方面带来的国内需求，将迎来良好的行业发展机会。

一、机械行业上市公司业绩评价结果

截至2017年末，机械行业A股上市公司共计559家（含2017年上市的71家），其中盈利532家，亏损27家，即有95%的公司实现盈利，比2016年提高了6个百分点。

2017年末，机械行业上市公司总资产共计4.5万亿元，占全部上市公司总资产的8.25%，机械行业资产规模比2016年末基本持平；归属于母公司的所有者权益1.6万亿元，比2016年末略有减少，占全部上市公司归属于母公司的所有者权益的9.67%。

2017年，机械行业上市公司实现营业收入2.09万亿元，占全部上市公司全部营业收入的6.39%，比2016年机械行业上市公司实现的营业收入增加了0.35万亿元；机械行业上市公司实现净利润1245.5亿元，占全部上市公司实现净利润的8.9%（比2016年增加了2.96个百分点），比2016年机械行业上市公司实现的净利润增加了413.69亿元，总体呈现收入及净利润双增长的状态。

2017年，机械行业行业业绩综合得分55.3分，比全市场的61.8分低10.5%。剔除了2017年新上市的公司后，机械行业上市公司中有四家进入2017年上市公司业绩评价综合得分的百强名单，行业排名第一为国电南瑞。评级为AA的有3家，A的有6家，BBB的有19家，BBB的有38家，BB的有40家，B的有67家，CCC的有67家，CC的有75家C的有262家。

表 8-1　　2017 年度机械行业十强排行榜

名次	股票代码	股票简称	在全部上市公司中排名
1	600406	国电南瑞	16
2	002833	弘亚数控	43
3	601012	隆基股份	54
4	603338	浙江鼎力	88
5	601877	正泰电器	139
6	300349	金卡智能	145
7	600760	中航沈飞	152
8	300124	汇川技术	221
9	603025	大豪科技	224
10	300567	精测电子	236

基于对机械行业上市公司的整体评价，下面分别从财务效益状况、资产质量状况、偿债风险状况、发展能力状况、市场表现状况五个方面对机械行业上市公司进行具体分析。

（一）财务效益

从综合得分来看，机械行业上市公司2017年的财务效益状况虽低于上市公司平均水平但已明显优于2016年，除了盈利现金保障倍数指标明显变差外，其他指标财务分析指标如扣除非经常性损益净资产收益率及营业利润率与同行业上年相比有明显的增长。表8-2列示了2017年机械行业上市公司财务效益状况评价结果。

与2016年的情况相比较，2017年机械行业上市公司财务效益状况继续呈现转好态势，表现为扣非后的净资产收益率及营业利润率较2016年增长明显。唯一大幅变差的指标是盈利现金保障倍数，从2016年的0.87%下降至2017年的0.74%，近三年呈现明显的下降趋势。原因主要有以下几方面，一是由于前几年机械行业整体行业状况很好，往年同期的形成的基数较高。二是机械行业的企业自身的基础研发和创新环节还较为薄弱，国内市场低价竞争情况普遍存在，社会及企业的库存较大导致企业应收款居高不下、资金紧张。

表 8-2　　机械行业财务效益状况比较表

分析指标		2017年上市公司平均值	2017年行业值	2016年行业值	增长率（%）
基本指标	扣除非经常性损益净资产收益率（%）	7.99	4.30	3.33	29.13
	总资产报酬率（%）	5.91	4.53	3.63	24.79
	得分	21.07	16.52	16.08	2.74
修正指标	营业利润率（%）	7.25	6.89	5.14	34.05
	盈利现金保障倍数	1.34	0.74	0.87	-14.94
	总股本收益率（%）	42.46	25.22	16.74	50.66
综合得分		22.25	18.07	17.03	6.11

在机械行业上市公司财务效益状况指标中，光伏设备制造商隆基股份财务效益排名第一。隆基股份 2017 年实现营业收入 163 亿元，同比增长 42%，净利润 35.65 亿元，同比增长 130%。2017 年硅片和组件对外销量分别达到 11 亿片和 3.5GW，毛利率分别达到 32.7% 和 30.7%，利润率水平连续四年攀升并创下上市以来新高；此外，隆基股份 2017 年"投资收益"同比增长 10 倍达到 5.8 亿元，对利润增长贡献显著。隆基股份财务状况得益于产能扩张及成本下降，导致量利齐升释放业绩。

（二）资产质量

从综合得分来看，机械行业上市公司 2017 年资产质量状况明显高于 2016 年的行业平均水平，资产质量分析指标与上年相比都有不同程度的增长，其中总资产周转率及流动资产周转率改善尤为明显。表 8-3 列示了机械行业上市公司资产质量状况评价结果。

表 8-3　机械行业资产质量状况比较表

分析指标		2017 年上市公司平均值	2017 年行业值	2016 年行业值	增长率（%）
基本指标	总资产周转率（次）	0.64	0.5	0.44	13.64
	流动资产周转率（次）	1.23	0.78	0.69	13.04
	得分	9.26	7.63	7.13	7.01
修正指标	应收账款周转率（次）	8.16	2.8	2.6	7.69
	存货周转率（次）	2.77	2.58	2.43	6.17
综合得分		9.08	7.26	6.86	5.83

机械行业上市公司 2017 年总资产及流动资产周转率分别为 0.5 及 0.78 次，比 2016 年分别提高了 13.64% 及 13.04%。2017 年在宏观经济调控、供给侧改革、"三去一降一补"等政策因素影响下，机械上市公司行业整合及去库存效果逐步呈现。机械上市公司应收账款周转率远远低于上市公司平均水平，这主要与机械行业公司交易结算方式有关。

在机械行业上市公司资产质量状况指标中，板式家具机械设备制造厂商弘亚数控资产质量排名第一。弘亚数控得益于受下游家具行业市场需求持续增长的带动，订单数量保持稳步提升，2017 年主要产品销售收入均有不同程度增加。2017 年实现营业收入 8.20 亿元，同比增长 53.60%；归属于上市公司股东的净利润 2.34 亿元，同比增长 51.15%；扣非后净利润 2.08 亿元，同比增长 51.01%。

（三）偿债风险

从综合得分来看，2017 年机械行业上市公司偿债风险状况好于全国上市公司平均水平，与同行业上年相比也有好转。表 8-4 列示了机械行业上市公司偿债风险状况评价结果。与 2016 年相比较，2017 年机械行业上市公司偿债风险状况平均得分有所好转，也好于上市公司平均水平，说明在机械行业公司在行业持续回暖的情况下，随着盈利状况好转、资产质量提高，相应偿债风险也随之有所降低。

在机械行业上市公司偿债风险状况指标中大豪科技等多家公司得分并列第一，资产负债率、获利倍数、速动比率等指标均好于上市公司及行业平均水平，与这些公司的产品优势、经营状况有很大关系。

表 8-4　　机械行业偿债风险状况比较表

分析指标		2017 年上市公司平均值	2017 年行业值	2016 年行业值	增长率（%）
基本指标	资产负债率（%）	60.19	54.25	60.83	-10.82
	获利倍数	4.97	4.81	4.13	16.46
	得分	8.91	9.28	8.66	7.16
修正指标	速动比率（%）	79.6	111.67	99.91	11.77
	现金流动负债比率（%）	10.9	4.73	3.11	52.09
	带息负债比率（%）	49.72	46.74	59.18	-21.02
综合得分		8.92	8.95	7.88	13.58

（四）发展能力

从综合得分来看，2017 年机械行业上市公司发展能力状况高于全国上市公司的平均水平，与同行业上年相比略有降低。

表 8-5 列示了机械行业上市公司发展能力状况评价结果。机械行业上市公司营业收入增长率从 2016 年的 11.55% 升至 2017 年的 17.65%，三年营业收入增长率从 2016 年的 9.39% 上升至 2017 年的 12.7%，营业收入呈现增长的态势，同时也明显好于上市公司平均值。虽然国内外宏观经济环境处于不利的环境中，但机械行业上市公司维持了 2016 年以来的增长态势，处于新一轮发展上升周期。

表 8-5　　机械行业发展能力状况比较表

分析指标		2017 年上市公司平均值	2017 年行业值	2016 年行业值	增长率（%）
基本指标	营业收入增长率（%）	21.02	17.65	11.55	52.81
	资本扩张率（%）	14.21	18	27.3	-34.07
	得分	12.2	12.37	13.4	-7.69
修正指标	累计保留盈余率（%）	41.07	30.48	30.27	0.69
	三年营业收入增长率（%）	9.58	12.7	9.39	35.25
	总资产增长率（%）	14.82	15.03	40.53	-62.92
	营业利润增长率（%）	42.01	76.83	40.26	90.83
综合得分		12.37	12.69	13.71	-7.44

在机械行业上市公司发展能力状况指标中，电力自动化软硬件开发和系统集成服务的提供商国电南瑞得分名列第一。2017 年国电南瑞通过重大资产重组，拥有普瑞特高压、设计公司等 100% 股权，2018 年将新增继电保护及柔性输电、电力信息通信等领域的业务，业务布局进一步完善，业务协同进一步加强，行业地位进一步巩固，整体价

值得到有效提升。重组完成后，国电南瑞无论从业务的广度还是市场竞争力皆为史上最强，同时南瑞继保在海外市场的影响力更将使得其有望发展为全球性的电气设备公司。2017 年实现营业收入 241.98 亿元，实现归属母公司净利润 32.41 亿元，同比增长 2.51%。2017 年末在手订单 312.79 亿，当年新增订单 174.54 亿元。2018 年计划实现营业收入 266 亿元，同比增长 10%。

（五）市场表现

2017 年，在宏观经济调控、供给侧改革、“三去一降一补”等政策因素影响下，上证 A 指全年涨幅为 20.6%。机械行业作为国民经济的重要支柱，其与整体经济走势高度相关，上半年机械行业指数跟随市场行情同步运行，但下半年大幅下跌，全年跌幅达到 11.08%。具体情况见图 8-1。

从综合得分来看，机械行业上市公司市场表现状况略低于全国上市公司的平均水平。表 8-6 列示了机械行业上市公司市场表现状况评价结果。2017 年机械行业上市公司市场投资回报率为 −20.31%，低于全部上市公司 −14.59% 的水平，比 2016 年机械行业 5.37% 的水平大幅降低。机械行业上市公司有 73 家市场投资回报率为正值，其中最高的为隆基股份，市场投资回报率达到 171.18%，远高于行业及上市公司平均水平。市场表现得分最高的为振华重工、中国中车。

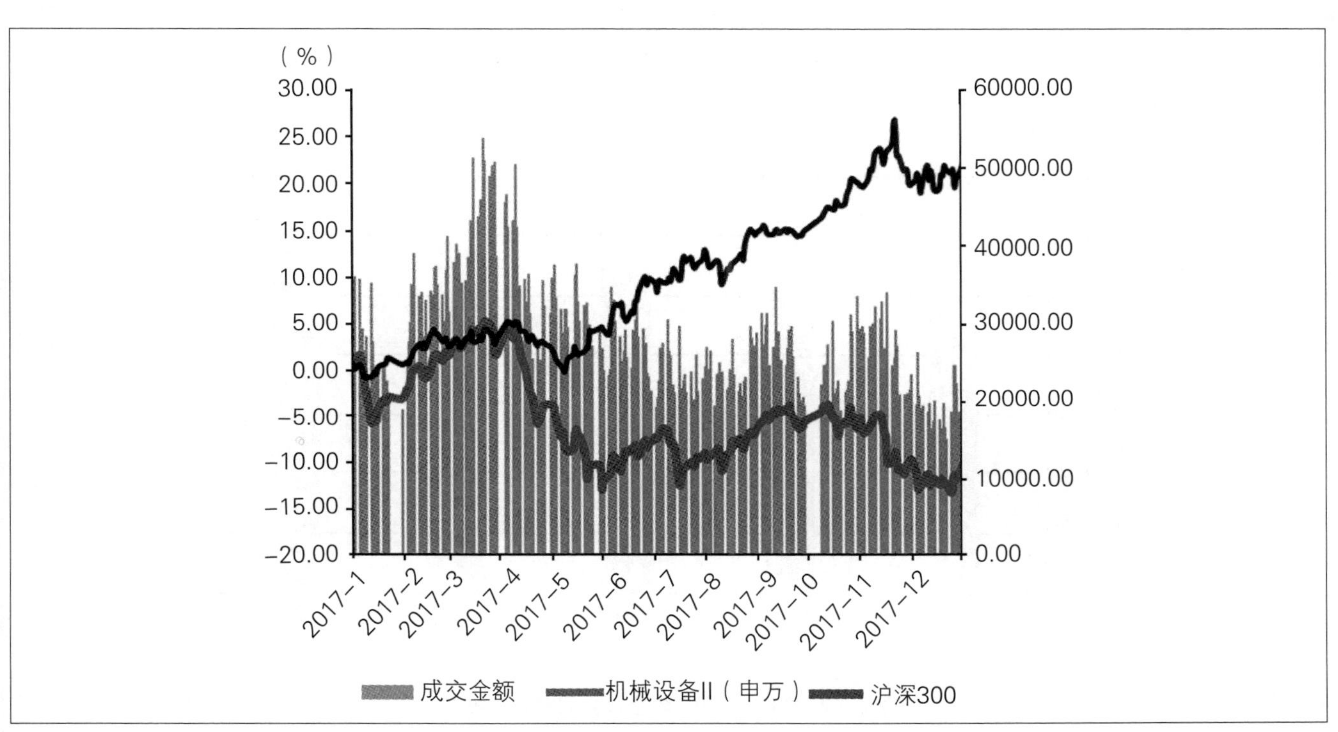

图 8－1 机械指数与大盘指数波动

表 8-6　机械行业公司市场表现状况比较表

分析指标	2017 年上市公司平均值	2017 年行业值	2016 年行业值	增长率（%）
市场投资回报率（%）	−14.59	−20.31	5.37	—
股价波动率（%）	92.63	97.89	84.26	16.18
得分	9.13	8.34	9.07	−8.05

二、2017 年度影响机械行业因素分析

2017 年，经济增长持续滑坡，但得益于国内固定资产投资保持了一定增速，机械行业上市公司经营状况继续呈现增长态势。2017 年，机械行业 A 股上市公司 95% 的公司实现盈利，比 2016 年提高了 6 个百分点，总体呈现收入及净利润双增长的状态。财务效益状况、资产质量分析指标、营业收入增长指标等继续呈现转好态势。虽然国内外宏观经济环境处于不利的环境中，但机械行业上市公司维持了 2016 年以来的增长态势，处于新一轮上升发展周期。影响机械板块盈利状况的主要原因如下。

（一）投资增速回升是机械行业上市公司收入增长的主要因素

机械行业作为典型的周期性行业，其行业景气度与实体经济增长密不可分，其中固定资产投资是决定机械行业发展的主要因素。

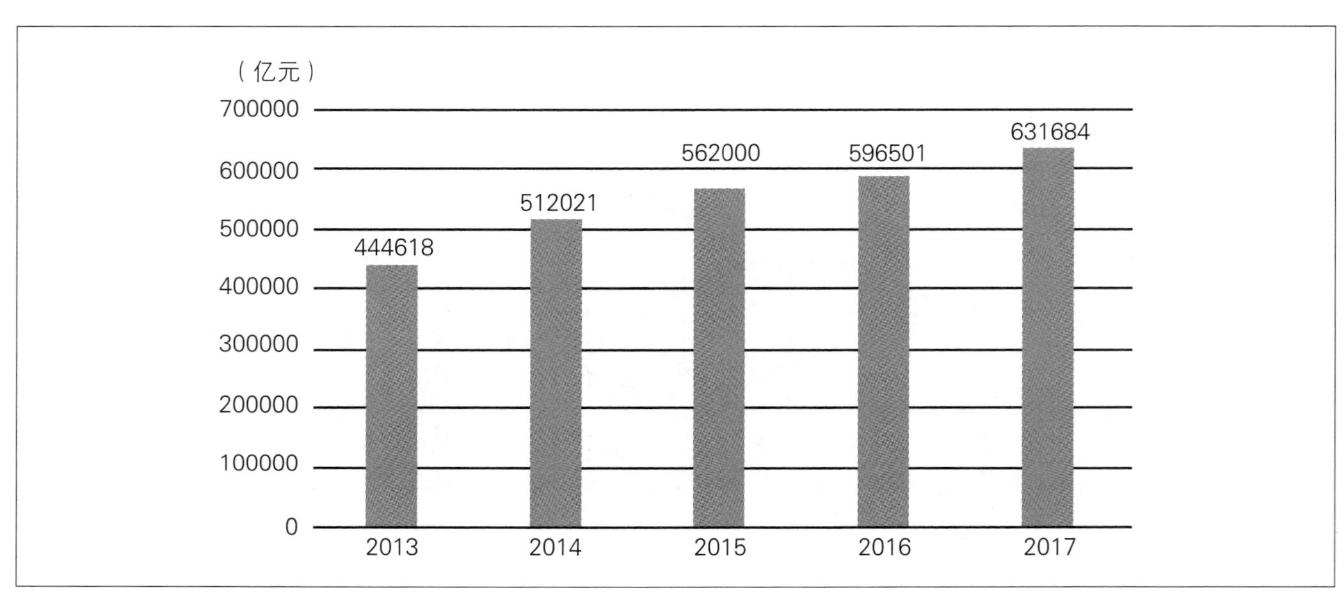

图 8－2　2013~2017 年全社会固定资产投资

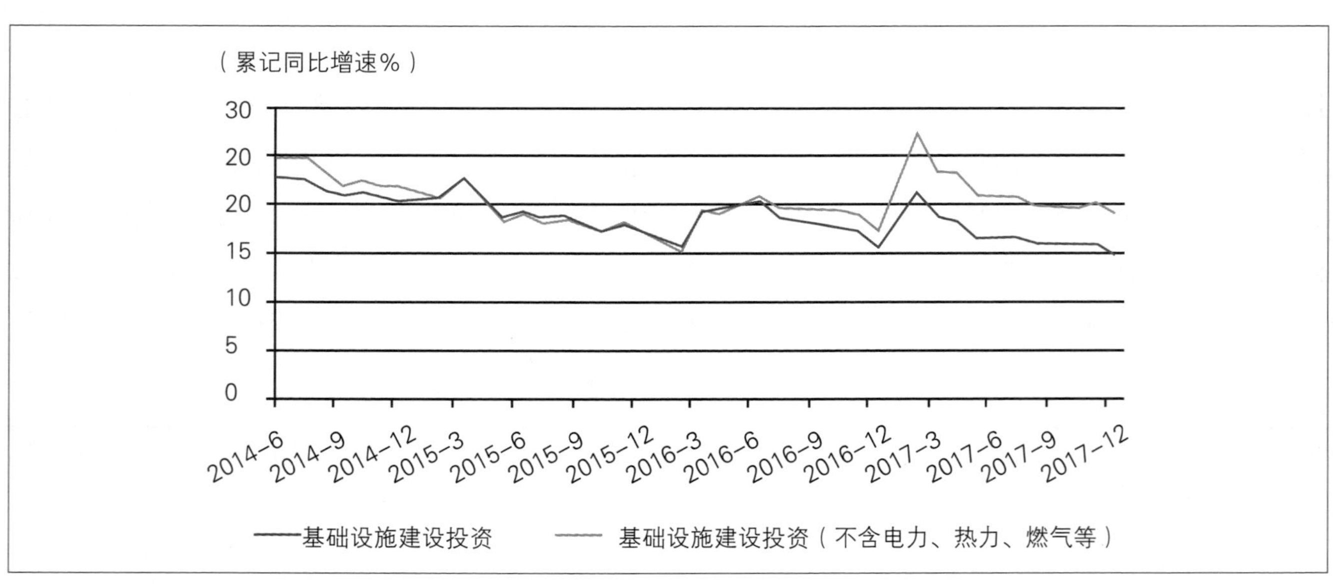

图 8－3　基建投资稳中有降

2017 年全社会固定资产投资（不含农户）631684 亿元，比上年增长 7.2 个百分点。基建投资稳中有降，但仍然维持了 15% 的增长。制造业投资增速进入回升通道。

得益于国内固定资产投资保持了一定增速，2017 年机械行业上市公司经营状况呈现转好态势。截至 2017 年末，机械行业 A 股上市公司 95% 的公司实现盈利，比 2016 年提高了 6 个百分点。2017 年，机械行业上市公司实现营业收入 2.09 万亿元，比 2016 年机械行业上市公司实现的营业收入增加了 0.35 万亿元；机械行业上市公司实现净利润 1245.5 亿元，占全部上市公司实现净利润的 8.9%（比 2016 年增加了 2.96 个百分点），比 2016 年机械行业上市公司实现的净利润增加了 413.69 亿元，总体呈现收入及净利润双增长的状态。与 2016 年的情况相比较，2017 年机械行业上市公司财务效益状况继续呈现转好态势，表现为扣非后的净资产收益率及营业利润率较 2016 年增长明显。资产质量分析指标与上年相比都有不同程度的增长，其中总资产周转率及流动资产周转率改善尤为明显。2017 年机械行业上市公司营业收入增长率从 2016 年的 11.55% 升至 17.65%，三年营业收入增长率从 2016 年的 9.39% 上升至 12.7%，营业收入呈现增长的态势，同时也明显好于上市公司平均值。如机械行业排名第七的金卡智能，是国内最成熟的智能燃气表及整体解决方案提供商，与多地燃气公司及电信运营商建立合作，占据 90% 市场份额。受益于工业互联网政策与燃气企业降本增效需求两大驱动因素，2017 年净利润同比大幅增长近 3 倍：2017 年营业收入 16.88 亿元，同比增长 97.55%；归属于上市公司股东净利润 3.48 亿元，同比增长 297.38%，2018 一季度预告净利 85~110% 增长。

虽然国内外宏观经济环境处于不利的环境中，但机械行业上市公司维持了 2016 年以来的增长态势，处于新一轮上升发展周期。

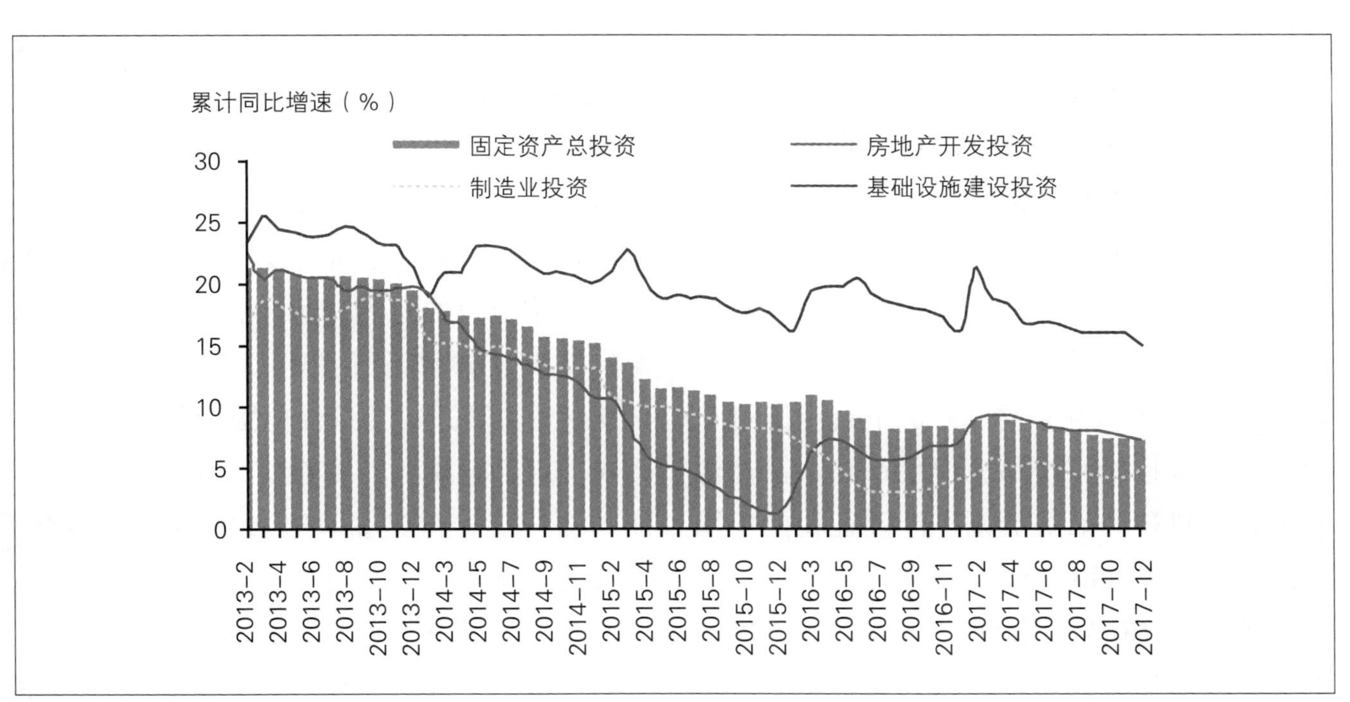

图 8-4　制造业投资增速进入回升通道

（二）消化了原材料价格上涨的不利因素，机械行业毛利率维持了较好水平

机械行业影响成本的主要因素有钢铁、有色金属价格、劳动力成本、贷款利率水平。2017 年，工业生产者出厂价格由 2016 年下降 1.4%，转为上涨 6.3%，结束了 2012 年以来连续五年的下降态势。生产资料价格波动较大，2017 年工业消费品价格上涨 1.7%，影响 CPI 上涨约 0.57 个百分点。生产资料价格上涨 8.3%，影响 PPI 上涨约 6.13 个百分点，是推动 PPI 上涨的主要因素。生活资料价格上涨 0.7%，影响 PPI 上涨约 0.17 个百分点。2017 年机械行业上市公司消化了原材料价格的普遍上涨，机械行业上市公司的营业利润率保持在 6.89%，相比 2016 年机械行业 5.14% 相比提高 34.05%。

表 8–7　　2017 年全年 PMI 指数（中国制造业采购经理指数）

月份	1 月	2 月	3 月	4 月	5 月	6 月	7 月	8 月	9 月	10 月	11 月	12 月
PMI（%）	51.3	51.6	51.8	51.2	51.2	51.7	51.4	51.7	52.4	51.6	51.8	51.6

三、2018 年机械行业前景展望

2018 年一季度，国内生产总值同比增长 6.8%，已连续三个季度保持在 6.8%，整体运行平稳。固定资产投资总额同比增速 7.5%，制造业投资整体呈下行趋势，基建投资增速下行幅度较大；消费对 GDP 同比贡献率 77.8%；净出口对 GDP 同比贡献率由正转负。工业生产增势良好，41 个工业大类行业中，36 个行业保持了增长态势，先进制造业的带动作用也在增强。CPI 指数延续温和上涨态势，PPI 指数走弱。

北京时间 2018 年 3 月 23 日凌晨，美国总统特朗普签署总统备忘录，宣布将对从中国进口的商品大规模加征关税。白宫预计，新的关税可能影响到约 1300 个自中国进口的商品，包括航空产品、现代铁路，新能源汽车和高科技产品等类别，涉及征税的中国商品规模可达 600 亿美元。

展望 2018 年，宏观经济步入新常态，供给侧改革加大去库存，结构调整逐步显现效果。经济转型逐渐淘汰高污染、高耗能、产能严重过剩的部分传统行业，但对新兴产业构成长期支撑，机械行业同时面临军队装备淘汰更新、国家鼓励制造业升级与“雄安新区”带来的国内需求，机械行业将迎来良好的发展机会。

（一）随着军事装备升级需求增加，军工行业将迎来新的一轮爆发周期

从宏观军费开支到微观企业年报都呈现出军工基本面明显向好趋势。宏观层面，我国上调 2018 年军费开支增速，主战装备进入列装期，装备采购、军费开支拐点确立。军费开支从长期来看存在 20 年左右的开支周期，自 2013 年军费开支增速触底后，军费开支增速已经进入新一轮扩张周期。2018 年国防开支预算超预期，且 2018 年起军费开支从“主要用于支持深化国防和军队改革”倾向“用于更新武器装备”，本轮军费开支增加与新一代主战装备列装批产节奏相契合，主战装备确定受益。行业重点公司如中航沈飞等年报显示基本面向好趋势。以中航飞机为例，母公司收入占比达近年来新高、与整机产品交付相关的销售服务费计提大幅增加、

税费返还大幅增加（军品增值税先征后退）、关联方应收账款占比大幅增加等，都显示军机制造企业业绩趋好态势明确。

2018年军工行业主战装备生产企业将明显受益。从行业基本面来说，随着“脖子以上”军改的完成，前期军改对装备采购的影响已经基本消除。市场普遍对军工行业预期不高，但每个五年计划“后三年”集中采购是惯例。行业基本面在未来三年甚至中长期是有基本支撑。经过长期的装备建设，我国已经建成具有完整的国防工业体系，形成了我国军队装备较为完整装备序列随着我国军事装备捷报频传，运-20、J-20、直-20、辽宁号航空母舰、055型大型驱逐舰、新一代长征系列运载火箭等一系列新一代军事装备定型服役，我国军事装备将迎来装备、升级的一轮爆发周期。航空、船舶、信息化都是聚焦于军事力量建设战略方向，将有较为确定需求释放的军工行业子板块，其中主战装备将明显受益于武器装备更新。如2017年机械行业上市公司业绩排名第七位的中航沈飞，2017年营业收入增长率达到了1585.6%，近三年营业收入平均增长率达到97.57%，呈现了爆发式的增长。

（二）随着雄安新区建设的逐步实施，工程机械、清洁能源设备、轨道交通三大领域面临巨大的增长机会

2017年4月中央决定设立河北雄安新区。新区规划范围涉及河北省雄县、容城、安新3县及周边部分区域，建设以特定区域为起步区先行开发，起步区面积约100平方公里，中期发展区面积约200平方公里，远期控制区面积约2000平方公里。雄安是继深圳特区、浦东新区之后又一具有全国意义的新区。重点打造北京非首都功能疏解集中承载地，新区建设释放基建与环保需求设立雄安新区的战略目标是疏解北京非首都功能，探索人口经济密集地区优化开发新模式，将在河北适合地段规划建设一座以新发展理念引领的现代新型城区。新区定位绿色智慧新城，打造优美生态环境，发展高端高新产业，提供优质公共服务，构建快捷高效交通网。新区建设必然带来基建与环保的需求增量，看好工程机械、清洁能源设备、轨道交通三大领域的增长机会。

从国家战略地位、行政级别和土地面积等方面寻找雄安新区对标，短期看，由于雄安新区经济体量太小，2016年雄安新区固定资产投资占全国0.04%，GDP占全国0.03%，对全国投资和经济的拉动作用有限，但逐年提高。根据测算，在保守、中性和乐观三种情景假设下，预计2020年雄安新区固定资产投资达1037亿、1367亿和1739亿，分别拉动全国投资0.04、0.06和0.09个百分点；2020年GDP分别达442亿、608亿和818亿，分别拉动全国GDP的0.008、0.015和0.026个百分点。长期视角看雄安新区未来发展前景，建成后人口可达900万~1200万人，固定资产投资可达3000亿~4000亿，GDP可达1.4万亿~1.9万亿。

2017年12月4日，国家外专局与河北省政府签署《引进外国人才智力支持雄安新区建设和冬奥会举办合作框架协议》，建设国际化高标准引才引智平台，支持雄安新区规划建设。2017年12月12日，中国铁路设计集团发布《新建北京至雄安新区城际铁路环境影响报告书简本》，首度披露了京雄城际铁路的走向和车站。2017 年 12 月 20 日，中央经济工作会议针对京津冀协同发展指出，京津冀协同发展要以疏解北京非首都功能为重点，保持合理的职业结构，高起点、高质量编制好雄安新区规划。2018 年 1 月 2 日，国务院副总理张高丽主持京津冀协同发展工作推进会议时表示，河北雄安新区规划框架基本成熟。据悉雄安新区在对外交通网络方面将构建“四纵两横”区域轨道交通网络。

企业和机构层面：（1）新设企业持续涌现。2017 年 12 月 5 日，河北银监局批准中国工商银行等四家大型银行分别筹建河北雄安分行，成为雄安新区批准筹建的首批分行级银行业机构。2017 年 12 月，京东金融、建科院的全资子公司先后在雄安地区取得了工商营业执照，雄安寒武纪科技有限公司等 6 家企业名称获得预先核准。（2）全面深化和百度的合作。2017 年 12 月 6 日，百度地图与中国城市规划设计研究院于北京签订战略合作协议，成立“百度地图慧眼中规院联合创新实验室”。2017 年 12 月 20 日，Apollo 第一届理事会在雄安新区顺利召开，理事会单位将制定整个 Apollo 生态整体战略性的大方向。2017 年 12 月 20 日，雄安新区管委会与百度网讯科技有限公司在北京签署战略合作协议，共同推进雄安新区智能化、信息化建设。（3）2017 年 12 月 29 日，中关村科技园携碧水源、东方园林等 12 家企业正式入驻雄安中关村科技产业基地，建设国际一流、绿色、现代、智慧的未来之城。新区建设必然带来基建与环保的需求增量，看好工程机械、清洁能源设备、轨道交通三大领域的增长机会。

（三）各级政策支持力度空前，工业互联网产业链有望加速爆发

2017 年 11 月 15 日，国务院颁布《国务院关于深化“互联网 + 先进制造业”发展工业互联网的指导意见》，2018 年 2 月 24 日，工信部发布了《国家制造强国建设领导小组关于设立工业互联网专项工作组的通知》，专项工作组由工信部部长苗圩任组长，成员涵盖发改委、金融、教育、环保、交运、国防、能源等多个领域，预计将有效促进我国工业互联网创新发展，加强对有关工作的统筹规划和政策协调。近期，浙江、江苏、山东、湖南、湖北等省相继出台了推动“企业上云”的具体行动计划，“企业上云”目标明确、补贴力度大，有望成为工业互联网普及的重要推动力。

（四）增值税降低将提高机械设备制造业利润水平

据新华社报道，国务院总理李克强 2018 年 3 月 28 日主持召开国务院常务会议，确定深化增值税改革措施，进一步减轻市场主体税负；决定设立国家融资担保基金；听取国务院机构改革进展情况汇报；讨论通过《国务院工作规则（修订草案）》。会议指出，过去五年通过实施营改增累计减税 2.1 万亿元。按照党中央、国务院部署，为进一步完善税制，支持制造业、小微企业等实体经济发展，持续为市场主体减负。会议决定，从 2018 年 5 月 1 日起，一是将制造业等行业增值税税率从 17% 降至 16%，将交通运输、建筑、基础电信服务等行业及农产品等货物的增值税税率从 11% 降至 10%。通用设备 / 专用设备制造业应交增值税占营收比例在

3%左右。此次制造业增值税由17%降低至16%，降低比例达5.88%。增值税是对产品生产、服务产生等过程中价值增加部分征税，因此降低增值税将降低产业链中产品、服务流通价格，改善制造业生产过程中现金占用情况，提高整体利润水平，提高企业竞争力。

另外会议还指出，统一增值税小规模纳税人标准。将工业企业和商业企业小规模纳税人的年销售额标准由50万元和80万元上调至500万元，并在一定期限内允许已登记为一般纳税人的企业转登记为小规模纳税人，让更多企业享受按较低征收率计税的优惠；对装备制造等先进制造业、研发等现代服务业符合条件的企业和电网企业在一定时期内未抵扣完的进项税额予以一次性退还。对先进制造业和研发等现代服务业未抵扣进项税一次性退还，将会提高机械设备制造行业及下游企业现金流水平，有助于提高相关企业设备更新换代积极性、增加设备采购数量，助力中国制造业转型升级。

附表

2017年度机械行业上市公司业绩评价结果排序表

行业排名	全部上市公司排名	股票代码	股票简称	综合得分	每股收益	加权平均净资产收益率	总资产报酬率（%）	总资产周转率（次）	流动资产周转率（次）	资产负债率（%）	已获利息倍数	营业收入增长率（%）	资本扩张率（%）	市场投资回报率（%）	股价波动率（%）	年末资产总额（万元）	营业收入（万元）	净利润（万元）
1	18	600406	国电南瑞	84	0.79	10.7	13.65	0.76	0.94	54.01	49.6	111.98	136.22	11.87	45.98	4597783.73	2419790.81	370280.75
2	48	002833	弘亚数控	81.2	1.75	24.76	28.05	0.84	1.13	15.92	0	53.6	31.53	141.32	102.06	113414.92	82046.04	23479.51
3	61	601012	隆基股份	80.4	1.81	28.35	16.47	0.63	1.06	56.68	15.88	41.9	41.12	171.18	268.44	3288370.03	1636228.45	354939.84
4	100	603338	浙江鼎力	78.5	1.73	16.48	16.12	0.55	0.77	20.73	212.66	63.99	102.85	57.88	98.52	277855.95	113918.38	28314.55
5	158	601877	正泰电器	76.8	1.34	16.11	9.98	0.59	1.24	53.41	6.92	16.13	46.36	32.93	90.97	4415538.41	2341655	299607.43
6	164	300349	金卡智能	76.7	1.48	11.01	11.06	0.46	0.89	24.59	1414.63	97.55	9.34	24.16	51.75	402878.83	168754.54	34077.89
7	171	600760	中航沈飞	76.4	0.51	9.29	6.17	1.39	1.85	72.31	14.94	1585.6	1176.64	64.18	82.85	2638917.18	1945927.81	70355.4
8	242	300124	汇川技术	74.2	0.65	17.92	14.32	0.56	0.71	36.71	73.41	30.53	14.92	46.1	91.14	904711.98	477729.57	109136.48
9	245	603025	大豪科技	74.1	0.88	20.28	24.24	0.56	0.71	9.3	72700.22	53.3	25.06	−19.71	77.89	212166.19	105705.69	39722.28
10	258	300567	精测电子	73.8	2.07	19.86	17.2	0.79	0.86	32.19	127.86	70.81	20.87	45.15	133.61	127398.16	89508.1	16896.21
11	266	000923	河北宣工	73.5	0.53	6.14	10.95	0.72	1.51	34.72	7.77	1970.18	2072.72	4.78	138.07	1357848.02	540118.46	50542.42
12	277	600835	上海机电	73.1	1.36	18.74	8.28	0.6	0.7	62.92	1244.07	2.81	7.25	25.22	63.51	3352037.47	1947114.64	236116.76
13	279	300338	开元股份	73.1	0.49	11.16	11.62	0.49	1.21	29.11	11.08	187.67	180.3	−7.61	49.33	301561.75	98074	16719.64
14	294	600885	宏发股份	72.6	1.29	18.47	16.87	0.85	1.52	30.99	28.09	18.44	16.3	35.22	79.27	764411.88	602020.48	95767.41
15	306	002518	科士达	72.4	0.64	16.8	12.41	0.82	1.06	40.54	0	55.94	13.65	0.59	57.96	381622.02	272961.62	37146.3
16	321	603203	快克股份	72	1.1	17.23	19.23	0.45	0.54	18.86	0	26.43	14.74	−12.32	50.44	89023.47	36185.55	13164.82
17	324	002608	江苏国信	72	0.67	13.66	9.43	0.43	2.71	50.64	5.85	18.89	11.83	−15.41	72.15	4580569.71	1919073.48	282370.94
18	351	603416	信捷电气	71.3	0.88	12.24	15.32	0.47	0.55	17.42	0	36.81	12.82	−12.38	62.15	112775.3	48357.34	12381.58
19	354	002757	南兴装备	71.3	0.99	12.11	12.29	0.76	1.35	19.81	81.18	55.38	12.93	−13.24	39.61	108977.11	78117.99	10818.87
20	359	600761	安徽合力	71.2	0.55	9.66	9.5	1.25	1.82	32.4	82.04	35.32	6.44	−3.91	40.91	709091.68	839052.28	51932.32
21	363	002595	豪迈科技	71.2	0.84	17.5	18.55	0.7	1.37	15.22	102.23	14.9	10.53	−8.82	61.58	460413.92	299492.55	67542.45
22	378	600031	三一重工	70.9	0.27	7.71	5.87	0.64	1.03	54.71	5.42	64.67	12.45	39.64	64.35	5823769	3833508.7	222708.5
23	390	300415	伊之密	70.7	0.64	25.79	16.36	0.96	1.69	53.71	19.7	39.2	27.27	62.82	99.24	236678.93	200831.46	28137.24
24	393	300274	阳光电源	70.6	0.71	14.04	8.65	0.64	0.79	56.78	26.92	48.01	17.77	83.07	190.27	1624800.6	888606.01	101432.03
25	396	002706	良信电器	70.5	0.41	10.34	12.44	0.74	1.08	16.94	0	18.46	8.73	−3.63	34.73	203358.34	145204.83	21020.01
26	417	300441	鲍斯股份	70.1	0.42	12.42	10.84	0.57	1.48	35.94	19.87	96.92	51.75	4.09	46.55	252509.06	111453.87	17254.66
27	424	603556	海兴电力	69.8	1.5	11.89	11.82	0.52	0.58	27.45	36.35	38.73	11.94	−15.73	52.82	645365.85	302541.01	56229.03
28	439	603686	龙马环卫	69.5	0.97	14.94	9.94	0.95	1.1	41.53	180.52	39.06	78.88	−16.68	50.97	386058.17	308483.44	27286.38
29	441	300450	先导智能	69.5	1.29	27.56	13.74	0.48	0.61	58.17	345937.11	101.75	194.72	68.09	203.54	665110.49	217689.53	53750
30	442	002690	美亚光电	69.5	0.54	15.28	16.77	0.43	0.49	19.91	707.67	21.39	7.95	−5.33	33.5	274275.65	109394.02	36327.79
31	451	002366	台海核电	69.3	1.17	41.32	22.21	0.4	0.74	58.34	9.63	104.1	50.37	−4.08	71.55	714928.31	246980.83	103518.19
32	468	300572	安车检测	69	1.19	13.53	9.49	0.42	0.45	49.1	0	29.41	10.41	6.43	82.19	109848.42	41176.96	7904.8
33	487	300118	东方日升	68.7	0.78	11.9	6.96	0.87	1.33	54.36	6.18	63.21	90.42	−25.14	61.39	1651104.21	1145175.88	68829.93

续表

行业排名	全部上市公司排名	股票代码	股票简称	综合得分	每股收益	加权平均净资产收益率	总资产报酬率（%）	总资产周转率（次）	流动资产周转率（次）	资产负债率（%）	已获利息倍数	营业收入增长率（%）	资本扩张率（%）	市场投资回报率（%）	股价波动率（%）	年末资产总额（万元）	营业收入（万元）	净利润（万元）
34	493	600475	华光股份	68.6	0.72	11.58	6.63	0.76	1.15	51.9	50.6	57.98	161.65	-27.66	77.9	1014326.72	584939.01	44984.77
35	529	300470	日机密封	67.9	1.13	12.46	13.15	0.42	0.54	18.07	13.71	48.44	11.01	-12.08	56.18	120983.9	49587.74	12039.66
36	536	300457	赢合科技	67.8	0.72	20.33	11.15	0.64	0.95	60.26	12.19	86.52	95.72	5.97	105.43	315140.2	158633.12	22563.09
37	537	300145	中金环境	67.8	0.49	13.13	9.32	0.44	0.98	52.21	10.11	36.72	13.8	-15.68	68.68	986513.4	381465.34	59995.99
38	543	300488	恒锋工具	67.7	0.93	11.1	13.37	0.37	0.75	16.17	102.82	54.94	33.55	-34.65	97.87	105031.04	32407.71	9624.31
39	561	300434	金石东方	67.3	0.66	7.6	8.95	0.39	1.29	18.38	15.63	333.47	533.57	-31.22	122.75	312864.76	70401.21	11672.6
40	565	002534	杭锅股份	67.3	0.57	11.24	6.38	0.45	0.67	60.13	35.85	29.41	8.57	14.35	68.54	810107.35	350123.79	42714.6
41	569	603339	四方冷链	67.2	0.83	11.63	11.85	0.6	0.74	19.1	1266.22	49.26	12.01	-34.93	91.9	181441.81	100871.45	17218.48
42	576	000039	中集集团	67.2	0.81	4.9	4.76	0.6	1.36	66.89	3.65	49.28	10.48	47.44	70.97	13060437.9	7629993	315841.5
43	587	603298	杭叉集团	67	0.77	12.58	13.06	1.44	1.84	26.25	1153.54	30.4	9.08	-38.55	114.65	515650.19	700373.33	52356.39
44	595	002611	东方精工	66.9	0.5	8.13	8.81	0.6	1.13	37.99	18.81	205.52	349.79	-17.4	78.16	1243779.92	468484.54	52080.63
45	617	002212	南洋股份	66.6	0.38	5.22	5.71	0.55	1.51	16.52	12.57	78.81	45.39	17.85	116	962474.38	513310.9	42620.35
46	635	600990	四创电子	66.2	1.28	13.39	6.16	1	1.47	66.35	4.37	66.01	87.56	-23.95	76.98	645160.37	505684.26	20544.49
47	648	600525	长园集团	66	0.88	9.11	8.4	0.41	0.94	60	4.95	27.08	10	13.52	93.03	2053741.66	743295.6	121412.09
48	652	601567	三星医疗	65.9	0.63	10.2	9.28	0.44	0.89	40.33	35.39	9.08	9.54	-16.2	46.92	1270980.38	536839.78	89214.61
49	664	002359	北讯集团	65.8	0.21	6.43	6.76	0.29	1.15	51.7	3.27	122.93	581.71	30.12	92.04	1260503.85	209587.24	21708.01
50	668	002444	巨星科技	65.7	0.51	9.43	9.71	0.57	0.88	23.07	40.07	18.8	6.17	-11.22	37.15	792180.08	428061.01	55621.69
51	673	600388	龙净环保	65.6	0.68	15.33	6.25	0.56	0.63	68.71	23.46	1.11	12.35	36.14	84.58	1459328.41	811269.2	72783.33
52	683	603806	福斯特	65.4	1.46	11.02	12.15	0.82	1.01	11.83	132.4	16.03	3.87	-24.87	117.13	570336.49	458491.98	58519.94
53	696	002430	杭氧股份	65.3	0.41	7.38	6.31	0.61	1.27	54.81	5.05	30.49	34.23	57.86	145.97	1108920.47	645179.92	38199.29
54	700	601100	恒立液压	65.2	0.61	9.78	8.64	0.49	1	37.08	11.12	104.02	9.58	75.82	148.54	615609.12	279521.16	38099.77
55	716	300259	新天科技	65	0.3	8.74	9.21	0.34	0.48	15.64	134.95	47.23	9.32	-10.82	35.03	230490.44	74489.11	17234.26
56	740	000425	徐工机械	64.7	0.14	3.76	3.28	0.62	0.87	51.67	4.02	72.46	17.45	36.57	48.75	4977002.54	2913110.46	102876.22
57	742	603131	上海沪工	64.6	0.34	10.51	9.87	0.84	1.04	26.96	801.58	42.48	6.69	-26.11	62.86	90824.21	71258.73	7259.9
58	749	002202	金风科技	64.6	0.84	13.42	6.35	0.37	0.76	67.75	5.03	-4.8	13.41	47.93	109.76	7278783.94	2512945.6	314880.66
59	754	300286	安科瑞	64.5	0.67	13.33	13.44	0.49	0.7	23.84	0	23.08	13.41	-36.56	96.31	88406.07	40537.96	9456.91
60	767	300400	劲拓股份	64.3	0.33	16.88	14.12	0.74	0.93	31.61	0	45.44	15.31	-33.6	83.82	72442.88	47776.3	8077.79
61	772	002322	理工环科	64.2	0.7	8.31	9.28	0.25	0.65	10.35	75.48	22.49	5.3	-16.54	50.15	349397.08	84185.34	27836.38
62	777	600089	特变电工	64.1	0.61	7.61	4.67	0.48	0.85	59.31	5.77	-4.58	24.08	13.89	39.62	8359776.71	3828120.17	264203.58
63	797	300316	晶盛机电	63.9	0.39	9.47	8.58	0.38	0.5	38.5	70.43	78.55	7.37	77.55	133.71	601619.61	194884.82	37157.62
64	798	300308	中际旭创	63.9	0.5	11.6	5.31	0.56	1.02	48.71	12.2	1690.82	620.76	156.33	164.59	781002.27	235708.35	16150.54
65	806	002837	英维克	63.8	0.43	12.47	9.58	0.72	0.77	46.05	65.2	51.86	13.07	20.53	88.92	125777.5	78698.74	8812.89
66	813	002617	露笑科技	63.7	0.42	12.29	10.13	0.68	1.26	59.37	6.45	132.48	12.04	12.06	39.31	630599.8	324483.45	31595

续表

行业排名	全部上市公司排名	股票代码	股票简称	综合得分	每股收益	加权平均净资产收益率	总资产报酬率（%）	总资产周转率（次）	流动资产周转率（次）	资产负债率（%）	已获利息倍数	营业收入增长率（%）	资本扩张率（%）	市场投资回报率（%）	股价波动率（%）	年末资产总额（万元）	营业收入（万元）	净利润（万元）
67	817	002509	天广中茂	63.6	0.24	12.36	9.62	0.44	0.65	41.85	10.18	45.12	13.59	13.94	54.72	876752.17	351894.23	61018.35
68	820	601766	中国中车	63.5	0.38	8.25	4.79	0.59	0.89	62.19	10.22	-8.14	14.59	24.38	43.09	37517088.7	21101256	1301155
69	821	601222	林洋能源	63.5	0.39	7.97	5.95	0.24	0.58	43.57	6.82	15.2	14.36	25.47	84.96	1677380.99	358819.82	71439.54
70	840	601717	郑煤机	63.3	0.17	4.15	2.99	0.49	0.77	39.57	11.68	108.01	18.62	-11.1	43.23	1915458.79	754767.12	34016.04
71	843	002074	国轩高科	63.3	0.95	8.7	7.9	0.35	0.57	51.72	12.72	1.68	108.46	-21.01	60.66	1709689.95	483809.86	84017.28
72	852	300510	金冠电气	63.2	0.64	7.89	8.07	0.39	0.75	22.54	39.18	96	281.19	-10.95	74.25	301423.58	74131.45	12878.18
73	867	300179	四方达	63	0.13	6.74	8	0.34	0.55	17.93	137.88	88.47	7.64	-18.42	58.65	98088.07	31449.77	6141.68
74	870	600710	苏美达	62.9	0.27	14.3	5.2	1.89	2.43	82.92	3.32	47.66	7.75	-14.48	9.28	4131758.5	7408571.31	109737.05
75	878	300097	智云股份	62.8	0.62	10.04	9.11	0.39	0.74	22.6	21.82	51.65	47.54	-9.36	60.06	256281.01	91299.18	16859.21
76	884	002334	英威腾	62.7	0.3	8	7.9	0.73	1.01	35.8	93.77	60.3	11	4.6	59.97	321905.77	212231.1	21228.37
77	887	300376	易事特	62.6	0.31	15.99	8.96	0.73	1.11	59.11	8.91	39.51	18.41	-29.48	136.5	1075030.45	731758	71375.49
78	898	002129	中环股份	62.4	0.22	4.37	3.98	0.36	0.99	58.08	2.74	42.17	22	39.47	90.85	3100659.55	964418.75	59072.41
79	911	600967	内蒙一机	62.2	0.31	6.55	3.51	0.74	1.08	56.71	48.47	18.96	7.73	-16.19	64.43	1817480.45	1196745.8	52638.1
80	916	002658	雪迪龙	62.2	0.36	11.34	12.21	0.52	0.66	13.69	438.74	8.63	10.27	-31.67	75.28	219870.42	108424.85	21293.67
81	921	300427	红相股份	62.1	0.38	9.84	7.9	0.36	0.6	36.72	37.22	81.18	192.81	-17.42	139.14	319307.51	74386.15	13781.38
82	923	002531	天顺风能	62.1	0.26	8.88	7.15	0.35	0.72	50.69	5.96	40.03	6.4	19.62	50.46	1006292.13	316961.9	47719.52
83	924	002435	长江润发	62.1	0.68	5.49	6.29	0.47	0.98	21.63	18.52	41.23	5.5	-20.94	56.09	681689.39	298694.76	33061.09
84	932	300382	斯莱克	62	0.44	11.65	12.26	0.42	0.56	22.1	93.4	41.22	2.17	-18.14	56.34	138920.35	54857.82	13311.54
85	933	300222	科大智能	62	0.48	7.81	7.4	0.47	0.83	30.69	0	47.6	12.99	-2.08	79.22	598316.22	255927.56	35138.06
86	942	000008	神州高铁	61.9	0.31	6.69	11.15	0.25	0.43	32.69	32.35	24.25	16.44	-7.57	58.08	1067831.52	233093.22	88960.99
87	944	600499	科达洁能	61.8	0.34	6.44	5.96	0.55	0.99	53.73	11.02	30.77	36	40.28	145.28	1225075.77	572851.36	49547.57
88	950	000682	东方电子	61.8	0.06	6.81	5.36	0.66	0.85	34.19	74.84	14.2	55.64	-10.57	25.22	479087.11	270846.19	18623.28
89	953	603111	康尼机电	61.7	0.38	10.2	7.03	0.48	0.77	45.72	19.71	20.28	186.17	-7.38	69.76	730762.26	241779.24	28855.04
90	970	002686	亿利达	61.5	0.32	11.21	9.81	0.64	1.27	34.93	14.49	38.45	50.25	-16.93	65.35	258425.43	136651.37	16767.59
91	976	300549	优德精密	61.4	0.57	15.38	13.62	0.68	0.87	34.65	30.11	26.57	14.36	-35.94	83.01	76453.73	46080.23	7570.74
92	983	300393	中来股份	61.3	1.44	12.36	8.8	0.67	1.09	57.19	4.17	133.68	165.8	-26.91	92.93	619366.05	324285.28	26171.29
93	984	300341	麦迪电气	61.3	0.26	11.88	12.41	0.66	1.06	14.17	0	8.7	11.4	-38.65	86.75	129465.92	79553.42	13129.44
94	985	002823	凯中精密	61.3	0.53	13.6	10.84	0.77	1.44	41.94	15.08	24.04	13.04	-23.92	113.05	195602.13	138409.14	15251.25
95	996	002801	微光股份	61.1	0.91	11.08	13.68	0.62	0.75	14.36	2455.81	28.94	12.25	-45	132.08	97942.6	56874.35	10756.71
96	1004	002013	中航机电	61	0.24	6.07	4.95	0.44	0.7	52.5	4.27	8.45	21.06	-15.95	40.72	2222488.05	923219.2	58600.24
97	1028	300447	全信股份	60.7	0.42	11.4	11.34	0.41	0.7	14.29	25.66	35.43	132.7	-40.2	111.41	176827.56	56675.56	12827.81
98	1063	002335	科华恒盛	60.2	1.55	5.54	9.5	0.43	0.85	40.83	9.98	36.29	13.24	-28.05	74.11	623427.13	241234.47	44040.51
99	1064	000528	柳工	60.2	0.29	2.92	2.96	0.53	0.82	57.9	3.74	60.79	3.05	13.62	45.27	2165805.17	1126421.23	32224.99

续表

行业排名	全部上市公司排名	股票代码	股票简称	综合得分	每股收益	加权平均净资产收益率	总资产报酬率（%）	总资产周转率（次）	流动资产周转率（次）	资产负债率（%）	已获利息倍数	营业收入增长率（%）	资本扩张率（%）	市场投资回报率（%）	股价波动率（%）	年末资产总额（万元）	营业收入（万元）	净利润（万元）
100	1065	300474	景嘉微	60.1	0.44	11.43	11.73	0.29	0.39	14.01	0	10.16	14.77	2.76	140.8	116032.54	30624.59	11882.94
101	1072	002270	华明装备	60	0.61	14.31	14.3	0.66	0.83	31.26	29	74.47	16.1	−36.16	110.05	317275.18	180877.94	30521.64
102	1077	002645	华宏科技	59.9	0.59	6.42	7.16	0.64	1.34	24.51	102.11	29.28	7.53	−38.05	123.3	223555.16	129994.3	12283.72
103	1079	002158	汉钟精机	59.9	0.43	7.58	9.97	0.58	0.8	42.62	31.14	64.77	−9.18	11.7	157.2	311144.1	160448.86	22380.97
104	1080	000811	冰轮环境	59.9	0.48	7.25	8.52	0.64	1.25	48.69	12.71	14.2	18.91	−22.52	82.35	555892.31	345207.98	33118.42
105	1087	002685	华东重机	59.8	0.17	4.91	5.28	1.28	2.07	24.9	48.67	133.71	225.73	2.62	77.85	590072.07	500188.16	16415.09
106	1113	603699	纽威股份	59.3	0.28	6.72	6.51	0.58	0.76	38.44	23.18	17.1	3.03	11.92	44.66	422630.78	239516.9	20264.52
107	1116	300477	合纵科技	59.3	0.45	8.69	5.5	0.71	1.11	51.28	17.83	67.15	118.46	−11.56	128.8	395076.15	210934.59	13125.61
108	1125	300266	兴源环境	59.2	0.35	7.82	6.15	0.39	0.57	58.62	6.98	44.18	31.32	−0.95	36.72	947793.74	303181.56	36087.67
109	1140	601002	晋亿实业	59	0.19	5.62	5.57	0.68	1.05	39.13	7.01	29.88	6.74	8.82	55.23	444770.42	296688.86	16878.64
110	1143	300112	万讯自控	59	0.17	5.04	5.67	0.52	1.03	19.53	147.81	23.1	28.27	−31.82	77.15	119606.2	55191.28	4684.85
111	1144	002793	东音股份	59	0.58	15.21	15.69	0.97	1.65	16.1	187.38	29.91	8	−53.55	157.42	89892.69	82804.4	11585.17
112	1145	002530	金财互联	59	0.47	5.67	5.99	0.22	0.43	15.69	0	106.21	7.12	−29.66	101.58	479341.92	99774.23	24072.72
113	1152	002028	思源电气	58.9	0.33	4.64	4.51	0.68	0.8	33.57	0	2.07	3.62	17.41	58.31	678982.72	449478.81	27729.84
114	1159	300208	恒顺众昇	58.8	0.44	18.71	12.79	0.46	0.68	50.62	20.76	26.92	19.27	−25.35	60.57	389207.35	152229.86	33345.42
115	1164	300527	华舟应急	58.7	0.41	9.44	6.92	0.67	0.84	37.02	182.23	12.46	10.54	−9.37	119.15	314067.49	220381.33	19300.58
116	1171	603611	诺力股份	58.6	0.86	8.79	7.53	0.78	1.2	45.28	87.58	61.83	22.93	−41.85	109.43	296418.68	211960.11	16639.12
117	1178	603318	派思股份	58.5	0.15	7.29	6.43	0.38	0.61	43.99	3.75	44.18	120.02	2.67	66.95	182390.39	56406.94	5472.99
118	1186	300445	康斯特	58.5	0.32	11.47	12.56	0.4	0.53	13.96	0	15.21	14.15	−43.55	123.56	54549.51	20289.35	5301.37
119	1187	300306	远方信息	58.5	0.45	1.22	7.2	0.24	0.54	10.43	1644.84	149.77	9.45	−28.28	64.99	227211.37	55761.28	13325.27
120	1189	600580	卧龙电气	58.4	0.52	3.25	7.07	0.61	1.11	63.95	4.21	13.15	8.47	−12.27	58.4	1677547.24	1008603.67	67141.3
121	1191	300444	双杰电气	58.4	0.35	9.54	6.82	0.66	0.91	49.48	9.2	40.2	41.21	−23.17	63.28	258303.37	139991.86	11020.89
122	1192	300371	汇中股份	58.4	0.54	11	12.17	0.39	0.6	7.93	0	15.45	9.94	−49.51	113.75	65381.33	24666.9	6524.11
123	1201	600582	天地科技	58.2	0.23	5.87	4.62	0.43	0.58	45.78	9.09	18.87	5.68	−8.99	52.96	3642471.47	1537864.59	117752.72
124	1219	300416	苏试试验	57.9	0.49	11.24	9.45	0.54	0.84	42.82	17.22	24.52	14.21	−30.32	89.81	105457.36	49091.65	6953.1
125	1220	300193	佳士科技	57.9	0.29	4.08	6.49	0.32	0.38	13.35	0	14.31	7.39	−23.95	64.91	263596.68	80651.76	14697.04
126	1230	600879	航天电子	57.7	0.2	4.8	3.87	0.62	0.84	48.16	4.8	13.04	31.46	−3.63	45.77	2236035.35	1305428.73	53537.84
127	1246	002532	新界泵业	57.6	0.25	7.33	7.4	0.7	1.53	26.68	47.54	14.35	5.69	−32.81	56.05	198383.87	150706.61	13343.22
128	1249	000400	许继电气	57.6	0.61	8.56	5.71	0.7	0.81	46.93	16.18	7.53	7.6	−29.94	59.5	1530872.09	1033072.11	68178.91
129	1252	600577	精达股份	57.5	0.18	11.84	12.04	2.12	3.09	40.68	6.65	39.38	3.99	−7.6	120.83	577607.15	1134420.15	42478.6
130	1274	002309	中利集团	57.2	0.48	3.92	4.34	0.68	0.85	70.9	1.49	71.94	57.51	6.16	40.9	3182947.6	1941495.78	38402.34
131	1280	300430	诚益通	57	0.52	7.61	7.29	0.39	0.6	19.2	215.85	48.8	134.31	−32.95	95.07	189860.07	55513.03	8893.07
132	1293	002747	埃斯顿	56.9	0.11	5.15	4.95	0.42	0.68	49.56	11.46	58.69	10.83	0.49	79	322927.52	107650.31	10179.58

续表

行业排名	全部上市公司排名	股票代码	股票简称	综合得分	每股收益	加权平均净资产收益率	总资产报酬率（%）	总资产周转率（次）	流动资产周转率（次）	资产负债率（%）	已获利息倍数	营业收入增长率（%）	资本扩张率（%）	市场投资回报率（%）	股价波动率（%）	年末资产总额（万元）	营业收入（万元）	净利润（万元）
133	1304	002121	科陆电子	56.8	0.34	−1.32	6.14	0.32	0.65	67.88	2.64	38.4	77.8	−1.54	42.1	1546083.36	437602.58	46237.97
134	1306	000591	太阳能	56.8	0.27	6.34	4.99	0.17	0.7	61.17	2.25	20.11	6.32	−7.74	46.91	3154827.42	520476.4	81062.67
135	1317	600172	黄河旋风	56.5	0.24	6.58	6.08	0.32	0.9	53.25	2.9	34.08	6.38	−7.92	62.68	1106507.39	316652.6	33964.53
136	1318	300486	东杰智能	56.5	0.26	4.93	3.9	0.46	0.76	42.57	39.47	155.19	5.47	−21.09	42.94	115078.56	50767.39	3614.95
137	1319	300091	金通灵	56.5	0.23	9.84	6.27	0.48	0.74	58.96	4	54.69	59.73	19.6	68.52	350208.65	146346.17	11704.78
138	1322	002598	山东章鼓	56.5	0.22	8.76	7.43	0.66	0.94	31.3	22635.26	45.65	0.85	−30.89	55.29	110330.01	70100.81	6910.89
139	1326	600482	中国动力	56.4	0.69	4.18	4.21	0.55	0.73	36.19	8.23	11.6	5.89	−22.07	79.58	4419051.82	2314710.26	128276.62
140	1329	600118	中国卫星	56.4	0.35	7.1	5.6	0.72	0.95	35.11	38.27	16.54	9.93	−21.21	64.01	974338.2	738523.31	49313.25
141	1330	300461	田中精机	56.4	0.32	11.37	6.58	0.46	0.87	64.94	5.59	137.07	21.74	−8.69	56	126095.38	50429.58	4961.81
142	1347	300114	中航电测	56.2	0.22	9.58	8.45	0.6	0.89	29.12	0	14.27	8.57	−38.02	101.11	221144.5	124098.72	15031.37
143	1354	603988	中电电机	56.1	0.28	4.07	4.38	0.35	0.43	26.55	2499.19	31.54	3.26	0.71	56.18	90832.89	30755.82	3308.23
144	1355	300307	慈星股份	56.1	0.3	2.97	5.24	0.28	0.49	22.07	28.9	27.87	3.39	−21.91	50.87	522608.83	140437.51	23456.76
145	1356	300035	中科电气	56.1	0.09	4.29	4.57	0.34	0.58	24.89	33.16	158.35	37.43	−0.31	86.38	149776.55	42067.03	4748.49
146	1366	300120	经纬电材	56	0.26	4.32	4.21	0.52	1.16	29.8	14.22	41.03	175.54	−20.76	63.53	267600.51	88861.27	5942.59
147	1375	002218	拓日新能	55.9	0.13	5.27	4.61	0.29	0.78	50.72	3.48	32.7	4.8	14.59	42.56	575011.68	151486.2	16316.39
148	1381	002829	星网宇达	55.8	0.41	8.46	7.56	0.32	0.49	46.19	80.55	47.64	26.32	−16.97	109.75	166451.83	40957.05	8428.15
149	1383	300360	炬华科技	55.7	0.43	8.25	8.42	0.45	0.54	19.4	4085.73	−18.5	57.18	−42.4	114.29	255085.79	97316.2	15726.52
150	1389	300411	金盾股份	55.6	0.4	3.26	3.82	0.2	0.42	10.69	24.13	35.21	486.54	−20.6	38.06	381977.41	46490.51	7071.46
151	1390	002097	山河智能	55.6	0.2	3.32	4.32	0.35	0.59	61.21	2.39	98.14	51.5	−15.01	48.48	1228774.61	394620.3	20837.25
152	1412	300201	海伦哲	55.3	0.16	10.27	7.65	0.59	0.9	42.46	7.8	9.95	14.6	−12.36	40.72	271291.91	155732.52	15935.34
153	1413	002358	森源电气	55.3	0.48	8.58	7.25	0.44	0.54	42.72	8.43	20.28	7.85	−22.32	80.22	854933.82	355147.15	44021.34
154	1415	603016	新宏泰	55.2	0.3	5.77	5.98	0.4	0.5	12.16	0	0.56	0.13	−10.59	108.36	94891.28	37932.05	4840.72
155	1417	300099	精准信息	55.2	0.15	6.09	6.77	0.23	0.44	7.96	161.34	83.59	3.79	−31.79	148.03	192268.71	42291.17	10829.69
156	1422	000976	华铁股份	55.2	0.31	7.72	12.58	0.37	0.97	17.53	24.89	−6.66	14.55	−19.31	50.74	495933.87	173821.59	49390.96
157	1432	002164	宁波东力	55.1	0.29	6.89	3.14	1.42	1.8	79.12	2.65	2399.84	213.55	−26.15	67.21	1639369.71	1287026.47	15976.92
158	1444	300391	康跃科技	54.9	0.37	9.42	6.11	0.55	1.14	52.57	6.15	216.84	157.35	−44.61	103.58	196896.24	74415.48	6766.63
159	1446	300007	汉威科技	54.9	0.38	5.38	5.74	0.36	0.8	55.43	5.23	30.37	6.77	−33.07	76.6	427897.28	144417.91	14923.52
160	1451	300154	瑞凌股份	54.8	0.19	4.52	5.51	0.36	0.38	16.28	0	18.85	0.36	−33.56	74	186686.38	64807.66	8221.99
161	1456	603088	宁波精达	54.7	0.39	5.35	5.02	0.44	0.76	32.31	345.21	31.46	4.66	−21.71	109.41	72851.09	30796.13	3104.98
162	1463	002147	新光圆成	54.7	0.74	19.88	14.97	0.13	0.2	49.46	7.87	−46.26	12.34	1.18	37.28	1643446.17	200813.29	156936.44
163	1472	002367	康力电梯	54.5	0.41	6.05	7.16	0.61	0.95	32.53	336.66	−1.03	7.49	−35.14	97.81	560971.95	327993.5	32828.4
164	1479	002026	山东威达	54.4	0.3	4.37	5.3	0.51	0.85	20.3	262.75	24.47	4.48	−29.38	73.54	294787.03	146944.87	12375.03
165	1480	000821	京山轻机	54.4	0.32	7.36	6.73	0.51	0.97	36.3	9.13	19.9	3.3	−23.19	81.93	303230.09	153652.49	15999.16

续表

行业排名	全部上市公司排名	股票代码	股票简称	综合得分	每股收益	加权平均净资产收益率	总资产报酬率（%）	总资产周转率（次）	流动资产周转率（次）	资产负债率（%）	已获利息倍数	营业收入增长率（%）	资本扩张率（%）	市场投资回报率（%）	股价波动率（%）	年末资产总额（万元）	营业收入（万元）	净利润（万元）
166	1488	300309	吉艾科技	54.3	0.44	11.18	7.28	0.17	0.43	65.43	5.95	212.91	16.84	−16.78	71.64	555413.12	74632.85	20594.88
167	1494	002537	海联金汇	54.2	0.33	6.05	3.3	0.24	0.32	63.06	37.17	51.69	3.81	−33.49	83.32	1896079.75	399604.71	44452.16
168	1510	002559	亚威股份	54	0.26	5.11	5.36	0.64	0.98	29.25	79.66	23.07	3.25	−34.59	78.9	231271.52	143903.93	9875.68
169	1512	300103	达刚路机	53.9	0.2	4.93	5.09	0.29	0.34	13.34	343.02	33.64	3.78	−20.14	81.74	102313.75	29362.28	4333.17
170	1514	002150	通润装备	53.9	0.26	7.46	8.62	0.86	1.15	19.64	115.87	17.49	7.84	−47.02	132.45	144445.91	121727.49	8172.48
171	1516	603667	五洲新春	53.8	0.49	7.27	7.37	0.68	1.2	25.81	43.74	6.75	5.71	−30.1	106.32	171001.88	114582.16	10020.9
172	1517	601727	上海电气	53.8	0.19	6.3	3.3	0.42	0.57	64.52	9.41	0.59	22.68	−20.57	57.09	19934575.9	7954379.4	500621.3
173	1529	000901	航天科技	53.7	0.42	4.42	4.45	0.97	1.66	36.49	15.95	5.85	7.13	−35.56	102	626969.14	580199.3	18134.93
174	1532	002523	天桥起重	53.6	0.12	5.51	4.93	0.39	0.55	35.65	15.58	0.57	12.32	−11.87	35.16	336143.78	124595.29	12356.23
175	1542	300024	机器人	53.5	0.28	5.23	6.87	0.32	0.44	28.63	21.09	20.73	6.67	−11.97	41.82	842363.84	245506.4	44358.59
176	1543	002520	日发精机	53.5	0.1	2.69	3.64	0.4	0.52	31.83	19.32	28.27	3.94	−15.34	66.25	263208.91	100537.26	6035.85
177	1554	300165	天瑞仪器	53.3	0.22	3.6	6.54	0.36	0.58	25.15	89.62	84.02	9.15	−38.61	96.95	225148.84	79202.76	11477.63
178	1559	603311	金海环境	53.2	0.38	10.08	10.93	0.6	0.89	20.25	35.37	6.96	3.36	−34.24	140.35	90007.37	52206.92	8066.43
179	1563	300480	光力科技	53.2	0.21	5.69	6.79	0.29	0.4	10.89	0	45.66	39.9	−28.87	159.48	75207.4	19248.89	3892.57
180	1564	300435	中泰股份	53.2	0.25	4.79	6.38	0.42	0.51	41.57	21.27	44.02	9.5	−15.8	85.62	131006.35	48557.99	6021.68
181	1565	300129	泰胜风能	53.2	0.21	5.97	6.13	0.51	0.77	29.84	76.53	5.6	4.98	−7.52	56.77	321767.43	159000.02	15367.53
182	1572	603015	弘讯科技	53.1	0.2	5.03	5.49	0.5	0.68	23.45	45.41	38.05	6.36	−32.56	77.78	156794.75	73285.41	7111.37
183	1578	002249	大洋电机	53.1	0.18	3.37	3.97	0.54	1.11	43.4	7.19	26.45	8.63	−19.87	79.55	1706788.09	860528.65	44888.92
184	1589	603012	创力集团	52.9	0.23	4.88	5.1	0.34	0.44	33.73	11.02	39.15	5.15	−29.92	77.71	393886.6	125363.05	13896.53
185	1592	300195	长荣股份	52.9	0.36	0.55	4.69	0.25	0.52	25.19	6.08	−1.85	53.17	−12.13	33.65	532405.96	112976.56	13542.32
186	1596	002282	博深工具	52.9	0.15	1.12	3.56	0.35	0.79	25.34	15.74	37.69	119.22	2.2	122.77	235367.86	59201.02	5107.93
187	1602	002441	众业达	52.8	0.37	4.09	5.96	1.55	1.98	27.26	17.16	11.77	8.37	−25.31	55.77	520179.26	760108.73	19362.67
188	1603	000547	航天发展	52.8	0.19	4.97	5.29	0.32	0.57	25.51	11.57	15.07	5.25	−37.28	126.08	762222.61	234993.28	30889.36
189	1608	300443	金雷风电	52.7	0.63	8.92	10.21	0.34	0.53	6.66	111.32	−6.29	7.1	−39.71	109.08	173669.87	59628.16	15027.75
190	1617	002192	融捷股份	52.6	0.14	4.75	5.13	0.28	0.91	22.22	49.99	12.64	6.04	47.89	184.84	107793.66	27908.19	4486.5
191	1622	601126	四方股份	52.5	0.29	5.26	5.26	0.58	0.78	28.23	11.78	1.38	2.65	−19.36	74.34	550842.19	318240.91	23024.15
192	1624	002527	新时达	52.5	0.22	3.52	4.87	0.64	1.07	52.46	4.43	24.83	9.46	−26.57	65.93	626188.71	340361.22	13768.34
193	1626	002151	北斗星通	52.5	0.21	1	2.69	0.36	0.69	31.24	6.74	36.3	2.54	0.55	49.8	668551.21	220426.71	11500.78
194	1629	300512	中亚股份	52.4	0.69	11.35	10.48	0.33	0.4	33.3	0	7.82	4.93	−43.41	132.85	210453.71	68598.84	18581.08
195	1630	300484	蓝海华腾	52.4	0.62	17.44	13.96	0.55	0.6	36.99	2722.69	−14.58	15.92	−46.01	115.07	112144.85	57899.89	12826.84
196	1631	300417	南华仪器	52.4	0.46	9.08	9.9	0.43	0.59	8.64	0	6.19	4.14	−52.93	190.85	44261.18	18608.87	3723.74
197	1634	002090	金智科技	52.4	0.65	8.98	5.41	0.59	0.82	67.78	3.69	23.04	−5.7	−7.07	30.6	397098.95	230595.97	14483.89
198	1637	000551	创元科技	52.4	0.17	5.47	4.48	0.63	1.02	49.67	6.83	13.51	3.11	−26.01	67.92	421748.59	259050.56	13499.35

续表

行业排名	全部上市公司排名	股票代码	股票简称	综合得分	每股收益	加权平均净资产收益率	总资产报酬率（%）	总资产周转率（次）	流动资产周转率（次）	资产负债率（%）	已获利息倍数	营业收入增长率（%）	资本扩张率（%）	市场投资回报率（%）	股价波动率（%）	年末资产总额（万元）	营业收入（万元）	净利润（万元）
199	1638	600843	上工申贝	52.3	0.36	7.29	8.58	0.85	1.28	33.67	22.83	11.06	11.23	-47.05	109.19	370351.51	306497.15	21265.3
200	1642	600562	国睿科技	52.2	0.35	9.14	7.73	0.45	0.49	33.45	36.37	-8.24	5.97	-25.53	77.9	268780.63	115444.82	16935.99
201	1645	300423	鲁亿通	52.2	0.26	5.91	4.88	0.39	0.53	33.2	248.55	13.15	5.98	-23.52	74.53	72614.33	26400.47	2763.6
202	1646	300317	珈伟股份	52.2	0.37	6.37	6.09	0.38	0.74	45.1	4.14	23.01	8.61	-23.67	98.01	902428.26	343711.86	31363.95
203	1649	600841	上柴股份	52.1	0.14	2.72	1.71	0.59	0.85	45.52	0	44.09	2.6	-26.36	50.39	665791.35	366728.27	12132.13
204	1651	300068	南都电源	52.1	0.47	4.86	5.19	0.86	1.32	43.41	5.04	20.94	-2.91	-20.48	63.39	1089448.57	863681.26	41854.52
205	1658	600893	航发动力	52	0.47	2.05	3.9	0.45	0.81	42.25	2.58	1.52	58.09	-20.12	71.37	5168522.84	2255500.31	93534.38
206	1659	600038	中直股份	52	0.77	6.15	2.79	0.57	0.68	66.58	14.22	-3.78	6.29	-8.68	52.54	2250136.99	1204810.88	45537.78
207	1681	002698	博实股份	51.6	0.19	5.3	5.75	0.32	0.42	24.08	120.38	25.54	5.3	-36.92	105.4	264933.66	78807.29	12190.47
208	1695	002006	精功科技	51.5	0.22	9.15	5.97	0.56	0.83	42.38	11.98	36.25	9.28	-36.47	86.19	178225.6	95039.89	9413.68
209	1701	600558	大西洋	51.4	0.05	2.57	3.03	0.76	1.58	27.5	6.11	25.45	1.43	2.57	87.16	286288.86	211025.83	5829.28
210	1704	300370	安控科技	51.4	0.11	10.73	7.09	0.5	0.83	62.83	4.19	88.99	18.31	-35.08	77.68	424771.99	176637.1	16454.25
211	1710	603159	上海亚虹	51.3	0.45	11.38	10.68	1.1	1.83	28.15	40.02	21.72	3.91	-61.77	194.3	55053.41	57383.98	4490.02
212	1714	300385	雪浪环境	51.3	0.5	7.37	5.85	0.43	0.68	45.86	7.53	17.48	40.91	-36.62	114.52	219426.89	81803.54	7605.26
213	1724	300421	力星股份	51.1	0.57	5.47	6.47	0.48	0.77	22.81	19.15	36.44	1.74	-44.72	106.18	151710.94	66335.68	7397.34
214	1739	002196	方正电机	50.9	0.3	3.03	5.15	0.43	1.04	24.82	24.2	25.61	5.23	-34.13	83.12	329228.46	131808.29	13208.93
215	1748	300503	昊志机电	50.7	0.3	9.56	8.47	0.44	0.66	32.77	62.17	34.69	14.54	-55.65	138.13	116908.18	44566.83	7543.52
216	1749	300029	天龙光电	50.7	0.34	25.36	13.33	0.58	0.86	48.49	11.03	152.92	34.48	-48.15	148.73	52354.96	33372.06	6914.7
217	1756	600444	国机通用	50.6	1.14	-19.11	24.08	0.71	0.96	38.37	30.77	-8.56	65.6	-33.05	92.39	82754.89	61183	16236.26
218	1758	300215	电科院	50.6	0.17	6.12	5.07	0.17	0.99	47.38	4.18	16.13	4.43	-30.33	91.62	379210.3	64265.45	12640.74
219	1760	002350	北京科锐	50.6	0.19	5.94	4.16	0.84	1.21	55.52	8.17	24.69	5.16	-18.44	134.23	291828	221528.06	8151.41
220	1762	600894	广日股份	50.5	0.46	5.28	4.91	0.51	1.12	23.59	41.83	1.72	-0.82	-31.43	76.99	919892.04	480876.54	41747.85
221	1765	002526	山东矿机	50.5	0.13	2.84	4.09	0.48	0.77	23.7	8.71	61.35	31.47	-38.22	116.7	306071.33	138205	8095.26
222	1773	002564	天沃科技	50.4	0.31	6.16	3.46	0.53	0.71	86.01	1.64	770.5	13.64	-18.17	76.32	2258671.74	1040368.36	32051.66
223	1779	600382	广东明珠	50.3	0.71	6.69	8.83	0.1	0.16	18.21	21.03	167.53	7.54	-29.59	59.88	667776.22	64090.23	39922.44
224	1784	300140	中环装备	50.3	0.22	3.64	3.66	0.56	0.73	58.75	3.82	44.51	5.44	0.81	64.63	364862.07	190141.96	7360.11
225	1794	300123	亚光科技	50.2	0.26	2.6	3.61	0.24	0.65	28.63	4.76	78.3	296.44	-20.02	116.2	655141.51	104682.52	10326.2
226	1796	002298	中电鑫龙	50.2	0.24	4.02	4.31	0.36	0.63	23.67	14.69	21.21	3.91	-35.75	84.39	586141.22	202557.01	19333.01
227	1797	002031	巨轮智能	50.2	0.03	2.44	4.34	0.2	0.33	51.65	2.74	41.18	10.44	-22.02	51.48	701506.45	115480.03	12864.13
228	1798	300456	耐威科技	50.1	0.26	2.91	3.33	0.25	0.5	43.66	7.25	78.21	23.97	-16.56	89.03	310021.78	60050.02	5815.23
229	1801	603969	银龙股份	50	0.3	7.07	7.43	1.12	1.49	23.29	42.13	46.79	2.14	-17.42	159.7	213829.43	217840.98	11881.16
230	1805	002438	江苏神通	50	0.13	3.1	3.5	0.31	0.5	40.79	7.52	25.84	41.2	-32.67	91.56	290592.29	75566.14	6239.96
231	1806	000925	众合科技	50	0.17	6.17	5.04	0.42	0.83	60.11	2.59	73.27	111.47	-37.59	116.77	601559.29	208639.64	12236.47

续表

行业排名	全部上市公司排名	股票代码	股票简称	综合得分	每股收益	加权平均净资产收益率	总资产报酬率（%）	总资产周转率（次）	流动资产周转率（次）	资产负债率（%）	已获利息倍数	营业收入增长率（%）	资本扩张率（%）	市场投资回报率（%）	股价波动率（%）	年末资产总额（万元）	营业收入（万元）	净利润（万元）
232	1807	601882	海天精工	49.9	0.2	7.71	6.56	0.63	1.1	45.08	12.16	27.07	7.78	-47.41	165.77	212490.84	128087.34	10376.56
233	1808	300275	梅安森	49.9	0.26	3.76	5.3	0.3	0.52	29.6	4.32	132.56	37.09	-35.55	187.12	100724.56	28838.92	3677.39
234	1813	002176	江特电机	49.9	0.19	6.63	4.78	0.4	0.8	54.23	5.36	12.75	10.23	-7.49	116.07	918619.92	336533.4	28262.59
235	1826	000738	航发控制	49.7	0.19	3.7	4.14	0.36	0.6	24.14	8.89	1.98	4.28	-40.54	110.45	717618.27	255346.25	21707.12
236	1833	600372	中航电子	49.5	0.31	5.67	4.51	0.36	0.5	64.89	3.69	0.93	18.62	-29.37	86.32	2119034.31	702311.48	55886.3
237	1836	300159	新研股份	49.5	0.27	4.94	5.87	0.22	0.69	29.38	21.58	3.48	7.23	-27.87	84.88	896315.62	185383.18	39327.05
238	1840	300018	中元股份	49.4	0.21	6.64	7.42	0.24	0.42	10.2	0	12.54	6.16	-44.06	127.93	174088.7	40404.03	10588.52
239	1847	300351	永贵电器	49.3	0.47	5.95	6.53	0.39	0.8	13.53	86.81	32.78	7.78	-45.34	122.6	336409.24	126857.06	17287.87
240	1848	002730	电光科技	49.3	0.17	6.86	6.55	0.54	0.92	39.18	6.36	31.22	5.93	-37.3	111.7	157110.16	81161.08	6160.17
241	1852	300260	新莱应材	49.2	0.11	2.86	3.5	0.59	0.97	40.45	4.45	30.08	3.29	-15.04	65.97	115218.35	63774.73	2146.08
242	1858	002533	金杯电工	49.2	0.23	4.76	4.68	1.19	1.8	28.22	478.54	26.75	3.47	-34.25	96.52	350733.19	396136.43	13378.12
243	1865	300151	昌红科技	49.1	0.07	3.17	3.73	0.6	0.98	13.18	45.34	1.78	1.75	-36.1	94.02	97516.51	59880.39	3457.89
244	1870	601908	京运通	49	0.2	4.7	4.69	0.15	0.46	51.04	2.78	5.75	4.71	-23.22	100.81	1345138.03	191728.67	36968.25
245	1874	002426	胜利精密	49	0.14	-0.33	5.18	0.91	1.55	51.29	3.29	18.08	4.1	-29.31	63.99	1849295.39	1591310.85	46232.92
246	1882	300472	新元科技	48.8	0.21	3.59	2.47	0.28	0.55	46.31	9.93	38.24	120.07	-16.11	122.23	158667.63	30285.6	2293.33
247	1884	603218	日月股份	48.7	0.57	7.66	7.22	0.5	0.68	25.59	157.33	14.44	6.4	-48.62	164.46	371804.67	183143.63	22658.67
248	1885	300281	金明精机	48.7	0.14	3.15	3.75	0.31	0.53	22.17	4.54	16.68	57.47	-30.21	92.86	153741.68	41448.05	3534.48
249	1886	300185	通裕重工	48.7	0.07	3.86	4.8	0.33	0.66	46.36	2.63	30.5	2.09	-24.69	60.21	1008849.73	317068.13	22572.07
250	1897	601179	中国西电	48.5	0.18	3.72	3.17	0.41	0.56	39.48	44.15	1.19	1.45	-22.22	66.84	3369760.5	1414612.19	87129.73
251	1899	002622	融钰集团	48.5	0.09	4.92	6.44	0.13	0.47	27.29	6.72	62.36	7.28	-4.87	58.12	172569.17	19492.94	7387.62
252	1903	600468	百利电气	48.4	0.08	2.78	3.22	0.45	0.65	30.29	39.79	45.35	2.77	-27.29	86.8	278402.92	122151.64	7512.05
253	1905	300407	凯发电气	48.4	0.24	4.52	4.51	0.76	0.9	51.07	5.93	88.74	7.25	-42.49	123.16	201779.84	145849.01	6506.84
254	1908	300066	三川智慧	48.4	0.08	4.42	5.35	0.34	0.54	10.41	805.58	-12.19	3.97	-30.84	71.73	180457.97	61036.75	8230.64
255	1909	300064	豫金刚石	48.4	0.19	3	3.88	0.17	0.27	24.24	4.03	58.93	2.52	28.8	100.06	909256.04	153277.32	22199.89
256	1914	002009	天奇股份	48.4	0.23	2.72	3.6	0.48	0.7	58.27	3.56	0.88	2.65	12.31	96.58	532150.94	245833.27	9353.36
257	1916	000530	大冷股份	48.3	0.23	4.96	4.32	0.39	0.96	37.81	21.76	16.87	5.35	-33.03	77.67	561962.15	207971.51	20455.61
258	1922	002498	汉缆股份	48.2	0.08	2.45	4.7	0.75	1.03	25.54	30.16	14.66	4.4	-22.69	58.79	622469.14	474498.99	25072.67
259	1923	002452	长高集团	48.2	0.12	4.03	4.3	0.49	0.66	51.75	4.22	9.49	5.02	-35.76	87.03	288800.73	141571.46	6252.39
260	1930	002300	太阳电缆	48.1	0.19	5.53	6.16	1.3	2.64	56.94	4.09	17.69	-0.3	-33.12	145.78	324010.52	409464.46	11074.9
261	1939	300397	天和防务	47.9	0.29	-8.32	7.25	0.22	0.36	18.95	23.56	62.38	6.74	-27.1	84.36	160185.31	35410.64	7695.08
262	1952	300490	华自科技	47.8	0.28	5.08	3.99	0.39	0.71	45.72	103.94	20.55	106.86	-42.68	144.82	229832.15	62110.62	5615.07
263	1956	300278	华昌达	47.7	0.11	4.13	4.26	0.66	1.06	64.14	2.15	31.08	4.18	-19.15	78.6	457714.51	296602.68	6535.42
264	1958	002722	金轮股份	47.7	0.49	4.78	5.91	0.86	1.53	31.99	5.92	20.53	4.07	-40.24	130.34	254583.37	209499.1	8297.11

续表

行业排名	全部上市公司排名	股票代码	股票简称	综合得分	每股收益	加权平均净资产收益率	总资产报酬率（%）	总资产周转率（次）	流动资产周转率（次）	资产负债率（%）	已获利息倍数	营业收入增长率（%）	资本扩张率（%）	市场投资回报率（%）	股价波动率（%）	年末资产总额（万元）	营业收入（万元）	净利润（万元）
265	1962	601028	玉龙股份	47.6	0.1	0.16	3.06	0.49	0.55	20.93	35.86	-23.69	3.74	-15.41	62.06	256125.43	138468.33	8164.88
266	1971	603901	永创智能	47.5	0.16	5.92	4.63	0.68	0.97	59.08	6.26	36.93	5.23	-39.29	104.02	232925.95	137664.85	6477.56
267	1974	300414	中光防雷	47.5	0.23	3.53	4.84	0.41	0.46	16.69	909.56	15.19	12.67	-30.44	72.01	96718.18	36431.94	3595.5
268	1979	002255	海陆重工	47.5	0.16	1.99	2.54	0.23	0.36	48.65	54.59	9.95	40.84	-24.78	89.09	668944.93	117155.36	10217.91
269	1994	300040	九洲电气	47.2	0.29	5.05	3.86	0.43	0.7	50.68	15.16	8.24	4.56	-15.05	66.13	378301.64	142821.47	10010.56
270	2004	603861	白云电器	47	0.38	5.78	5.29	0.49	0.8	39.74	95.64	10.97	8.88	-44.9	109.94	343316.44	151367.41	13910.48
271	2006	300276	三丰智能	47	0.17	3.47	2.86	0.23	0.51	46.9	52.51	90.89	285.87	-35.55	91.3	449900.29	62531.12	6268.47
272	2020	002413	雷科防务	46.8	0.11	3.39	4.13	0.2	0.4	10.15	74.73	44.61	5.28	-17.11	52.24	409638.28	76718.06	13220.08
273	2024	002691	冀凯股份	46.7	0.05	0.73	1.83	0.42	0.6	11.23	580.13	78.53	0.64	-29	77.38	97013.66	40186.27	927.74
274	2033	603090	宏盛股份	46.5	0.25	4.53	5.28	0.66	1.01	22.57	333.96	60.02	2.61	-57.35	169.08	60070.25	36795.17	2553.38
275	2034	600435	北方导航	46.5	0.03	4.13	3.27	0.41	0.61	45.78	8.76	-2.35	1.9	-11.99	61.75	492564.91	195557.24	11753.42
276	2036	300424	航新科技	46.5	0.28	6	6.36	0.4	0.69	26.46	234.63	11.51	3.24	-20.84	100.8	122850.44	47338.08	6629.12
277	2038	002576	通达动力	46.5	0.02	0.79	0.22	1.07	1.53	19.01	6.67	32.46	-0.33	-2.07	6.18	105166.77	108472.53	-115.26
278	2039	002132	恒星科技	46.5	0.05	0.46	2.98	0.57	1.02	51.89	2.46	47.55	8.24	-16.28	95.74	644138.01	304617.52	7479.43
279	2041	603618	杭电股份	46.4	0.15	5.02	4.49	0.95	1.22	56.96	3.98	21.33	-8.19	-26.74	88.73	482646.77	416095.84	12331.03
280	2042	600353	旭光股份	46.4	0.05	3.44	3.42	0.64	0.81	29.09	33.72	8.49	1.97	-34.51	121.34	173696.33	106169.2	4435.16
281	2043	300509	新美星	46.4	0.74	8.34	5.75	0.42	0.53	51.5	0	10.22	4.28	-52.66	159.29	124456.19	50048.46	5929.37
282	2047	002046	轴研科技	46.4	0.04	-2.78	3.22	0.49	1.13	40.66	2.46	249.93	61.98	-26.68	114.7	374046.43	149404.69	4309.17
283	2062	002621	三垒股份	46.1	0.05	1.16	2.49	0.14	0.19	11.82	27.42	165.17	1.42	-17.06	66.08	130204.32	17716.89	1788.5
284	2065	300521	爱司凯	46	0.25	5.99	7.81	0.34	0.41	9.51	1577.39	-2.78	6.16	-47.83	157.23	54617.13	18018.78	3668.03
285	2072	603606	东方电缆	45.9	0.16	2.97	3.59	0.82	1.07	46.52	2.62	18.4	85.2	-24.58	105.44	295610.1	206196.8	5019.36
286	2075	300257	开山股份	45.9	0.12	2.82	2.65	0.4	0.75	43.49	9.92	28.58	-3.07	-16.24	75.28	598324.24	222128.33	10428.59
287	2078	600973	宝胜股份	45.8	0.07	0.92	3.71	1.6	2.26	70.2	1.34	36.79	10.73	-14.19	64.95	1471578.1	2069116.4	8597.34
288	2081	002796	世嘉科技	45.8	0.32	4.09	4.36	0.88	1.29	29.58	0	16.01	1.02	-48.08	176.37	69781.36	57669.27	2569.25
289	2083	603100	川仪股份	45.7	0.4	6.78	4.79	0.68	0.91	57.04	6.41	-4.11	6.29	-35.96	92.28	469382.33	312717.78	16126.46
290	2087	300280	南通锻压	45.7	0.04	-0.13	0.85	0.38	0.79	40.48	2.76	41.81	0.59	6.88	31.99	106966.6	36158.5	451.95
291	2092	600379	宝光股份	45.6	0.15	6.78	6.18	1.15	1.74	29.91	14.08	15.63	5.33	-47.23	216.99	70771.95	80488.39	3604.12
292	2101	300228	富瑞特装	45.5	0.11	1.23	3.22	0.43	0.74	56.02	2.24	96.91	3.43	-20.53	71.83	420601.65	174556.66	5060.55
293	2105	002630	华西能源	45.4	0.26	3.41	3.93	0.33	0.48	76.51	1.78	21.57	6.71	-13.75	39.12	1426913.45	413403.33	19396.47
294	2107	603011	合锻智能	45.3	0.09	1.41	2.35	0.35	0.67	22.84	15.92	12.25	1.2	-7.52	15.69	220001.31	72928.1	4214.94
295	2109	600290	华仪电气	45.3	0.08	0.51	2.2	0.3	0.4	43.9	4.94	22.89	1.49	-0.82	46.19	752485.95	217804.04	6375.67
296	2126	000768	中航飞机	45	0.17	1.91	1.54	0.78	0.97	56.68	12.88	18.98	-0.31	-24.56	92.91	4073876.42	3107904.69	47436.46
297	2128	002499	科林环保	44.9	0.22	-0.75	5	0.67	0.9	53.71	5.55	171.55	-1.02	-31.76	89.55	160348.87	88551.68	3959.89

续表

行业排名	全部上市公司排名	股票代码	股票简称	综合得分	每股收益	加权平均净资产收益率	总资产报酬率（%）	总资产周转率（次）	流动资产周转率（次）	资产负债率（%）	已获利息倍数	营业收入增长率（%）	资本扩张率（%）	市场投资回报率（%）	股价波动率（%）	年末资产总额（万元）	营业收入（万元）	净利润（万元）
298	2135	000922	*ST 佳电	44.8	0.22	4.8	4.45	0.57	0.82	43.46	1537.53	25.4	8.41	-39.86	143.62	274840.17	158815.97	12050.21
299	2136	600862	中航高科	44.7	0.06	1.13	2.27	0.39	0.57	50.49	10.96	4.55	2.24	-23.42	72.68	710643.23	304415.24	8321.88
300	2145	300293	蓝英装备	44.6	0.03	1.78	3.37	0.73	1.06	64.17	1.4	643.14	35.57	-34.48	88.67	250949.87	134862.5	1440.88
301	2146	002606	大连电瓷	44.6	0.15	6.04	5.7	0.58	0.96	39.15	7.66	10.62	2.37	-48.46	97.79	147350.63	83278.71	6097.25
302	2157	600590	泰豪科技	44.2	0.38	4.07	4.32	0.53	0.84	63.09	3.8	30.72	-1.24	-35.08	90.31	1051395.42	510061.82	25932.53
303	2167	002338	奥普光电	44.1	0.16	4.3	5.89	0.38	0.53	10.79	188.05	7.78	-0.07	-41.59	122.3	96024.01	36843.77	5148.63
304	2170	300553	集智股份	44	0.46	5.41	7.21	0.33	0.44	8.71	0	15	3.95	-51.48	164.79	35532.02	11517.29	2132.02
305	2171	002122	天马股份	44	0.11	-8.05	5.06	0.31	0.55	48.43	4.03	17.91	5.79	-31.09	41.39	959920	254490.83	13186.82
306	2184	600495	晋西车轴	43.7	0.01	-0.31	0.94	0.36	0.61	18.69	208.26	40.44	0.54	-20.22	63.06	383844.28	135010.35	1680.8
307	2189	300101	振芯科技	43.7	0.05	2.4	4.37	0.36	0.51	25.41	17.8	1.06	4.44	-29.88	103.71	127721.58	44118.54	4195.57
308	2198	601369	陕鼓动力	43.4	0.15	0.21	2.1	0.26	0.33	60.13	13.58	9.72	0.52	11.39	42.49	1591837.95	395790.28	24720.79
309	2204	600312	平高电气	43.3	0.46	6.86	4.83	0.48	0.67	52.28	8.22	1.02	-1.87	-35.78	112.06	1923191.25	895975.53	64653.73
310	2205	002779	中坚科技	43.3	0.18	2.7	3.3	0.55	0.8	24.88	0	7.13	2.67	-37.74	149.59	83998.27	44092.28	2369.58
311	2213	002111	威海广泰	43.1	0.3	3.51	3.98	0.42	0.67	40.48	7.64	16	-3.9	-33.69	90.81	448776.06	180412.6	11777.23
312	2215	002169	智光电气	43	0.16	4.28	5.51	0.46	0.77	28.22	8.92	30.98	3.2	-49.6	148.21	420780.24	183131.72	15511.01
313	2217	300420	五洋停车	42.9	0.16	4.66	5.08	0.44	0.78	26.1	84.39	24.39	29.03	-43.51	151.35	198636.25	75457.27	7005.97
314	2218	002610	爱康科技	42.9	0.03	0.02	3.69	0.29	0.87	66.12	1.27	24.37	0.2	-23.29	67.97	1708278.64	485649.32	11179.94
315	2221	300483	沃施股份	42.8	0.09	-0.19	2.74	0.7	0.9	31.85	6.98	20.04	0.41	-38.28	132.19	58533.03	38491.91	654.34
316	2226	002767	先锋电子	42.7	0.31	5.23	6.68	0.39	0.42	14.77	0	5.77	4.35	-55.81	161.55	81556.88	30980.99	4590.23
317	2227	002266	浙富控股	42.7	0.04	2.69	2.73	0.15	0.44	48.09	3.91	-2.34	15.22	-25.45	62.64	774736.53	109592.58	12535.79
318	2230	600592	龙溪股份	42.6	0.18	1.67	3.18	0.33	0.63	31.21	10.06	45.47	0.5	-25.24	176.12	280923.18	89047.21	6859.73
319	2231	002819	东方中科	42.6	0.2	4.8	5.3	1.44	1.59	16.49	617.5	11.05	3.72	-36.9	152.14	52816.1	73949.95	2315.97
320	2238	600875	东方电气	42.4	0.29	2.24	0.69	0.38	0.44	71.15	17.08	-7.38	3.09	4.07	39.73	7892076.57	3083023.04	68306.97
321	2241	300069	金利华电	42.4	0.15	3.61	4.05	0.3	0.48	40.62	4.19	-22.77	5.76	-27.22	66.93	90323.63	26007.39	2263.09
322	2243	002451	摩恩电气	42.4	0.13	7.68	6.75	0.27	0.75	59.86	4.05	-6.66	-2.66	85.58	172.42	163107.59	46746.85	5938.84
323	2252	002339	积成电子	42.2	0.19	5.21	4.87	0.5	0.66	46.12	3.8	13.85	17.49	-52.29	181.46	360151.02	161851.3	9942.78
324	2260	002058	威尔泰	42	0.02	0.23	2.19	0.51	0.61	15.88	0	12.33	-0.03	-29.01	89.79	22298.27	11197.67	281.64
325	2270	000519	中兵红箭	41.8	0.09	1.59	1.55	0.48	0.75	22.63	14.29	26.26	2.14	-38.63	150.54	972862.46	477536.66	11445.66
326	2273	300034	钢研高纳	41.7	0.14	2.81	2.95	0.37	0.55	25.12	43.08	-0.96	1.52	-39.02	106.74	189864.77	67491.01	4896.54
327	2275	002651	利君股份	41.7	0.13	5.99	6.09	0.21	0.29	19.69	0	13.67	3.93	-43.2	186.71	246256.27	52559.72	12873.78
328	2285	300011	鼎汉技术	41.6	0.14	0.6	4.2	0.33	0.69	39.29	3.31	29.62	14.69	-49.62	143.8	409214.65	123658.07	8163.11
329	2292	600320	振华重工	41.4	0.07	1.84	2.47	0.34	0.67	75.08	1.36	-10.22	2.07	20.74	39.85	6751995.38	2185881.4	32944.34
330	2295	601106	*ST 一重	41.3	0.01	0.07	2.39	0.32	0.48	67.3	1.16	219.93	17.5	-31.53	111.67	3337952.44	1025182.52	7555.24

续表

行业排名	全部上市公司排名	股票代码	股票简称	综合得分	每股收益	加权平均净资产收益率	总资产报酬率（%）	总资产周转率（次）	流动资产周转率（次）	资产负债率（%）	已获利息倍数	营业收入增长率（%）	资本扩张率（%）	市场投资回报率（%）	股价波动率（%）	年末资产总额（万元）	营业收入（万元）	净利润（万元）
331	2296	300466	赛摩电气	41.3	0.05	1.66	1.97	0.29	0.67	21.66	6.26	37.83	25.58	-26.12	116.59	178934.88	45677.29	2536.12
332	2304	002580	圣阳股份	41.1	0.09	1.49	2.22	0.84	1.18	41.56	4.47	9.98	-0.62	-27.39	101.62	203188.98	170646.83	3164.9
333	2305	002471	中超控股	41.1	0.07	3.64	4.16	0.84	1.1	68.74	1.55	19.27	-0.25	-33.57	82.94	916292.86	741474.07	11395.3
334	2308	300515	三德科技	41	0.12	3.69	4.98	0.38	0.5	17.41	0	-1.27	0.88	-54.66	167.78	54666	20616.07	2380.92
335	2315	002546	新联电子	40.9	0.13	1.85	4.02	0.19	0.22	11.91	58.48	6.35	3.52	-41.65	109.21	336617.63	62105.4	11021.34
336	2322	300095	华伍股份	40.8	0.14	3.4	3.93	0.29	0.52	47.5	3.55	14.4	5.85	-39.87	113.62	263787.17	67993.24	5818.16
337	2323	002184	海得控制	40.8	0.06	1.64	3.27	0.95	1.26	41.07	3.15	17.3	1.65	-41.41	120.05	215758.48	205077.38	3394.8
338	2327	601700	风范股份	40.5	0.12	3.74	4.68	0.47	0.71	33.91	4.17	-12.22	-2.07	-2.68	93.64	450567.91	220693.85	13770.1
339	2331	000157	中联重科	40.5	0.17	-21.14	3.17	0.27	0.36	54.03	1.83	16.23	1.14	-0.1	26.87	8314906.77	2327289.37	124798.27
340	2333	300581	晨曦航空	40.4	0.54	8.36	8.59	0.26	0.3	19.73	2477.31	-12.63	7.9	-43.96	148.73	69651.32	17794.07	4852.14
341	2346	603789	星光农机	40.1	0.1	2.42	3.13	0.42	0.74	22.64	28.97	22.5	2.2	-35.05	123.36	146510.86	63839.47	3734.48
342	2347	600765	中航重机	40.1	0.21	1.86	2.86	0.43	0.66	68.44	1.78	5.48	-1.61	-19.26	65.38	1259086.57	566256.54	10173.8
343	2350	600218	全柴动力	40.1	0.17	0.77	1.98	0.89	1.31	47.77	27.31	7.13	2.43	-35.26	79.98	373968.09	319367.05	5988.41
344	2351	002483	润邦股份	40.1	0.13	2.4	4.83	0.41	0.75	34.02	4.98	-34.75	1.58	-40.13	115.9	435761.94	184293.99	13096.45
345	2353	002276	万马股份	40	0.12	1.97	2.85	1.23	1.58	43.4	3.01	16.13	29.27	-43.37	120.18	704322.42	740873.4	10921.89
346	2355	000680	山推股份	40	0.05	-0.74	1.71	0.67	1.14	62.19	1.45	44.19	2.93	-16.27	75.79	956102.98	635079.98	6211.44
347	2357	600992	贵绳股份	39.9	0.09	0.53	1.89	0.82	1.18	38.95	2.97	28.5	1.09	-36.14	75.74	225095.28	181298.58	2218.49
348	2359	600165	新日恒力	39.9	0.06	-5.62	4.57	0.44	0.81	55.62	1.49	-55.19	13.02	31.53	67.17	229904.4	124793.97	4115.04
349	2365	300153	科泰电源	39.8	0.09	2.23	2.05	0.75	1.09	34.52	9.27	31.66	-0.11	-29.96	74.66	148895.22	107321.7	2716.49
350	2368	000880	潍柴重机	39.7	0.09	1.56	0.67	0.59	1.57	63.08	20.4	13.31	1.78	-37.69	130.32	361632.94	197638.94	2348.22
351	2376	300001	特锐德	39.6	0.28	-0.26	4.04	0.43	0.61	73.15	2.54	-16.43	11.59	-21.27	48.69	1227503.38	510499.77	22486.77
352	2377	002665	首航节能	39.6	0.04	1.6	1.98	0.19	0.3	18.08	7.35	48.88	145.84	-24.21	60.53	926608.9	133240.3	9330.01
353	2379	600984	建设机械	39.5	0.04	2.13	1.23	0.3	0.73	50.59	2.29	32.97	0.85	-26.73	129.92	651960.07	182917.44	2356.2
354	2382	600517	置信电气	39.4	0.18	4.21	4.42	0.64	0.83	58.6	7.12	-17.99	1.04	-36.01	103.31	908383.56	572978.91	25145.9
355	2383	600869	智慧能源	39.3	0.02	1.01	2.18	1.06	1.59	68.15	1.28	40.98	2.15	-25.9	63.98	1886549.58	1726023.76	8945.46
356	2385	002692	睿康股份	39.3	0.1	1.33	4.5	0.87	1.12	51.9	2.65	1.56	0.82	-20.33	74.57	311165.39	257270.09	6934.4
357	2390	002667	鞍重股份	39.2	0.17	2.34	2.65	0.21	0.3	13.67	2612.49	98.33	3.39	-43.24	152.21	88133.42	18046.65	2295.16
358	2393	603859	能科股份	39.1	0.34	4.92	6.15	0.29	0.33	13.42	131.32	0.22	4.75	-60.48	330.48	80168.44	22903.3	4415.64
359	2395	002227	奥特迅	39.1	0.07	1.69	2.14	0.35	0.53	24.53	38.58	1.54	1.58	-26.93	98.23	107058.9	36653.6	1496.76
360	2398	300008	天海防务	39	0.17	5.78	5.52	0.36	0.73	40.26	22.43	-7.58	-8.66	-30.98	89.07	443988.24	148392.89	17723.78
361	2401	300569	天能重工	38.9	0.64	5.25	4.9	0.32	0.42	30.85	0	-23.19	4.69	-55.3	193.55	247479.29	73800.59	9758.84
362	2404	300265	通光线缆	38.8	0.13	2.91	3.98	0.73	1.03	53.18	2.66	4.38	5.58	-43.12	125.6	211087.68	151646.61	4543.58
363	2410	603819	神力股份	38.6	0.26	3.87	4.45	0.86	1.03	17.51	29.15	29.3	2.28	-54.53	188.9	90147.46	71793.14	3076.34

续表

行业排名	全部上市公司排名	股票代码	股票简称	综合得分	每股收益	加权平均净资产收益率	总资产报酬率（%）	总资产周转率（次）	流动资产周转率（次）	资产负债率（%）	已获利息倍数	营业收入增长率（%）	资本扩张率（%）	市场投资回报率（%）	股价波动率（%）	年末资产总额（万元）	营业收入（万元）	净利润（万元）
364	2414	600537	亿晶光电	38.4	0.04	1.04	1	0.6	1.25	45.49	2.4	−19.93	18.59	−33.42	127	659812.56	413761.3	4867.11
365	2415	600520	文一科技	38.4	0.05	−1.74	1.9	0.37	0.84	43.58	2.35	46.31	1.64	0	102.68	86994.04	31304.98	791.14
366	2417	603333	明星电缆	38.3	0.03	0.87	1.68	0.53	0.91	21.57	3	63.72	1.2	−35.32	102.08	181023.23	91426.55	1688.32
367	2419	300557	理工光科	38.3	0.64	3.72	6.06	0.38	0.42	16.42	0	7.99	4.42	−48.97	150.97	58370.95	22429.1	3555.55
368	2421	300464	星徽精密	38.3	0.07	2.48	3.32	0.56	1.4	50.55	2.41	14.6	0.01	−42.12	145.25	102832.9	52595.15	1508.69
369	2429	600262	北方股份	38.1	0.22	1.26	2.86	0.43	0.6	53.33	3.59	0.83	4.31	−42.26	135.63	203874.84	89035.02	3757.4
370	2430	300499	高澜股份	38.1	0.34	4.48	4.29	0.51	0.69	42.51	11.34	19.18	4.81	−51.47	152.39	108481.61	55892.95	4144.74
371	2432	002073	软控股份	38.1	0.1	−1.38	1.53	0.33	0.49	42.15	2.1	41.43	−0.12	−28.89	77.63	839250.24	273376.4	7636.74
372	2435	603036	如通股份	37.9	0.18	2.4	3.92	0.19	0.22	7.87	0	−7.81	1.79	−22.9	200.4	107341.07	19679.33	3557.79
373	2444	601177	杭齿前进	37.7	0.03	−0.61	2.65	0.43	0.92	54.18	1.53	7.46	0.55	−18.79	97.6	379192.76	165849.07	2787.73
374	2447	002204	大连重工	37.7	0.01	−0.79	0.81	0.41	0.54	56.99	4.71	0.03	0.26	−4.82	65.53	1526359.59	643424.61	1867.88
375	2449	600184	光电股份	37.6	0.09	1.84	1.42	0.49	0.72	40.12	6.47	−14.71	1.32	−18.19	77.74	382364.14	188603.49	4436.6
376	2457	600847	*ST 万里	37.5	0.1	−0.8	2.59	0.58	1.47	19.38	4.16	28.66	1.98	−43.5	131.48	84703.65	45268.8	1547.17
377	2467	603028	赛福天	37.3	0.11	2.21	3.43	0.6	1.14	28.42	6.68	6.94	1.81	−59.98	211.96	96108.88	55472.64	2403.83
378	2480	002689	远大智能	37	0.04	1.53	1.69	0.47	0.76	41.81	0	−4.87	2.59	−22.8	73.33	251893.34	117931.46	3599.77
379	2491	002337	赛象科技	36.8	0.02	−1.9	1.27	0.34	0.46	19.54	18.26	51.34	−0.94	−31.11	81.84	165840.68	56697.38	1389.07
380	2493	600677	航天通信	36.7	0.19	4.25	3.31	0.7	0.95	71	2.48	−3.3	3.29	−39.2	110.48	1541401.75	1019558.56	24903.04
381	2495	600815	*ST 厦工	36.6	0.13	−42	6.18	0.63	0.9	88.88	3.76	37.26	44.12	−37.43	145.98	641719.28	444856.55	21960.21
382	2504	601608	中信重工	36.2	0.01	−0.73	2.27	0.23	0.42	62.96	1.33	22.52	1.29	−28.08	63.52	1973846.54	462057.99	6596.13
383	2508	002353	杰瑞股份	36.2	0.07	0.21	0.91	0.31	0.43	21.11	4.51	12.47	1.51	−38.55	124.03	1037770.01	318707.65	7572.31
384	2512	603800	道森股份	36.1	0.14	1.21	3.09	0.62	0.87	34.31	5.74	99.3	2.69	−47.06	206.3	142656.72	83049.05	2726.56
385	2513	603308	应流股份	36.1	0.14	1.27	2.77	0.21	0.53	57.37	1.48	7.79	1.76	−27.31	115.37	678446.73	137476.45	5644.88
386	2515	600405	动力源	36.1	0.04	−0.47	2.46	0.44	0.75	52.02	1.47	−4.38	61.34	−34.46	92.93	289541.97	122187.75	2074.63
387	2520	300354	东华测试	36	0.03	1.29	1.91	0.33	0.53	13.01	20.99	−0.24	0.79	−47.58	144.29	39991.18	12948.86	456.83
388	2523	600375	华菱星马	35.9	0.1	0.39	1.86	0.59	1.2	73.41	1.69	48.02	2.41	−24.38	99.83	1063972.71	599104.14	6529.63
389	2524	600268	国电南自	35.9	0.06	2.66	3.65	0.59	0.85	70.17	2.44	3.14	10.11	−43.13	113.94	960082.1	607837.74	15696.49
390	2531	300084	海默科技	35.8	0.03	1.82	1.97	0.18	0.38	39.77	2.09	79.71	4.74	−39.43	125.13	319117.34	51163.87	2524.84
391	2534	600169	太原重工	35.7	0.02	−0.45	2.68	0.24	0.34	86.31	1.08	67.79	1.28	−17.02	58.81	3040567.78	717709.67	5141.75
392	2535	300362	天翔环境	35.7	0.16	3.73	4.53	0.2	0.32	64.21	1.61	−12.47	4.58	−33.55	88.27	521715.79	93998.74	7060.09
393	2546	300141	和顺电气	35.4	0.02	1.46	1.88	0.5	0.58	40.89	7.39	33.44	−1.94	−27.38	94.32	119891.26	54271.03	870.15
394	2548	300126	锐奇股份	35.3	0.01	0.3	0.24	0.43	0.62	19.08	0	4.17	0.27	−42.62	123.45	128245.65	54914.18	435.16
395	2549	603577	汇金通	35.2	0.27	4.9	5.16	0.52	0.67	44.46	3.11	23.06	5.65	−49.01	179.06	159564.39	80270.73	4760.12
396	2556	002786	银宝山新	34.9	0.17	3.56	3.3	0.83	1.21	69.9	2.7	2.94	8.71	−55.47	160.13	385262.93	290473.53	6558.8

续表

行业排名	全部上市公司排名	股票代码	股票简称	综合得分	每股收益	加权平均净资产收益率	总资产报酬率（%）	总资产周转率（次）	流动资产周转率（次）	资产负债率（%）	已获利息倍数	营业收入增长率（%）	资本扩张率（%）	市场投资回报率（%）	股价波动率（%）	年末资产总额（万元）	营业收入（万元）	净利润（万元）
397	2557	002733	雄韬股份	34.9	0.1	0.46	2.18	0.79	1.06	37.9	2.68	6.22	-2.12	-15.35	61.52	352273.79	265642.54	3340.39
398	2565	600560	金自天正	34.6	0.09	2.15	1.48	0.32	0.38	52.89	0	15.71	2.04	-40.09	107.01	164030.89	53813.83	2209.12
399	2569	601890	亚星锚链	34.4	0.04	-0.28	1.39	0.27	0.36	20.1	6.56	-0.31	-0.05	-27.78	83.21	380555.5	101914.11	2739.21
400	2574	603169	兰石重装	34.2	0.01	-0.19	1.61	0.32	0.51	68.57	1.07	71.97	14.84	-37.15	107.59	1090643.07	298488.54	898.87
401	2582	002278	神开股份	34.1	0.03	-1.1	1.53	0.32	0.48	27.59	117.77	24.6	0.68	-18.19	171.48	157120.73	51838.94	1606.15
402	2584	600391	航发科技	34	0.14	2.45	2.48	0.39	0.63	63.56	2.14	6.26	3.34	-46.49	135.65	581478.46	225881.39	6315.94
403	2598	300173	智慧松德	33.7	0.11	2.32	4.72	0.25	0.42	35.57	8.08	-14.41	2.68	-53.63	145.06	261808.9	62680.83	6729.64
404	2605	300491	通合科技	33.3	0.07	1.64	1.93	0.37	0.56	28.41	0	-2.59	4.04	-57.71	146.92	60228.74	21687.87	1071.75
405	2618	600072	中船科技	32.7	0.04	0.49	2.91	0.39	0.68	62.88	1.27	-19.62	0.73	-32.17	103.15	1094504.81	426362.86	4260.01
406	2620	002816	和科达	32.7	0.16	2.66	3.11	0.5	0.58	26.96	15.08	-0.6	2.18	-52.38	144.21	71673.01	34766.07	1616.82
407	2624	300111	向日葵	32.4	0.02	0.98	1.75	0.56	1.31	51.29	1.13	-4.54	0.94	-35.7	102.99	269568.1	153002.1	2162.49
408	2630	600860	京城股份	32	0.05	-5.86	2.81	0.64	1.39	46.79	2.48	35.3	5.4	-41.76	113.9	192506.2	120349.7	2314.56
409	2631	000890	法尔胜	32	0.38	8.44	3.05	0.22	0.26	90.24	2.61	5.12	3.94	-44.44	137.44	968805.45	200429.58	14893.91
410	2632	601616	广电电气	31.9	0.02	0.34	0.91	0.23	0.37	12.22	0	-6.08	2.28	-40.06	119.92	276342.51	64520.54	2364.75
411	2640	002506	协鑫集成	31.7	0.01	-3.75	3.22	0.71	0.84	79.31	1.15	20.12	0.46	-21.53	60.32	2031781.32	1444707.74	3707.29
412	2643	002760	凤形股份	31.6	-0.97	-20.43	-3.68	0.37	0.79	47.36	-9.41	19.75	-15.52	10.03	66.46	91631.73	36758.19	-8509.57
413	2644	002459	天业通联	31.6	0.06	-0.66	1.32	0.26	0.37	12.01	1711.78	10.58	1.87	-34.7	96.19	143145.01	35691.23	2216.8
414	2651	002633	申科股份	31.4	0.04	0.64	0.99	0.29	0.56	15.06	9.45	25.73	1.05	-58	176.71	61310.51	17415.62	541.25
415	2653	300161	华中数控	31.3	0.19	-2.21	2.85	0.43	0.61	41.02	3.35	21.21	6.95	-39.03	122.65	232590.89	98519.21	3607.77
416	2661	002364	中恒电气	31	0.11	1.03	2.25	0.33	0.43	11.27	0	-2.81	-0.99	-49.02	133.01	267320.66	86610.94	5890.15
417	2663	002535	林州重机	30.9	0.04	-0.35	2.05	0.23	0.41	61.93	1.19	28.66	-0.74	-30.18	100.54	772257.18	165188.43	3614.28
418	2665	300048	合康新能	30.8	0.06	1.49	1.41	0.28	0.56	43.56	3.4	-4.69	-0.67	-38.04	83.8	468636.44	135092.84	5512.95
419	2667	000777	中核科技	30.8	0.12	2.11	2.01	0.44	0.66	37.72	21.68	-9.65	-0.13	-34.96	102.26	206622.86	87385.34	4003.37
420	2671	000856	冀东装备	30.6	0.07	-8.01	2.05	1.01	1.32	80.24	2.83	64.68	4.06	32.01	237.78	184036.37	176522.16	1421.23
421	2674	000570	苏常柴 A	30.5	0.08	0.85	1.37	0.65	1.15	39.12	24.03	6.13	-3.25	-43.79	109.3	372290.53	242305.9	4713.72
422	2677	600416	湘电股份	30.4	0.1	0.15	1.76	0.46	0.63	67.83	1.29	-11.35	7.96	-22.27	95.4	2203550.65	970597	8362.83
423	2678	600192	长城电工	30.4	0.04	-1.14	2.02	0.41	0.57	55.81	1.75	4.86	-0.32	-34	94.56	468974.5	190434.9	2999.07
424	2681	002209	达意隆	30.3	0.1	-1.15	2	0.58	0.84	61.73	2.36	22.73	3.56	-54.67	139.3	165735.69	96162.77	2017.82
425	2685	002514	宝馨科技	30.2	0.07	-10.05	1.58	0.37	0.72	46.14	1.67	0.08	4.49	-16.31	36.54	159812.76	54833.33	3968.79
426	2686	300551	古鳌科技	30.1	0.2	0.47	2.53	0.34	0.4	23.64	9.31	-9.19	2.05	-58.16	202.77	68686.28	23864.52	1491.18
427	2689	600501	航天晨光	29.9	0.03	-0.61	1.57	0.56	0.84	48.82	2.69	-17.19	0.64	-41.04	127.96	472042.09	263602.46	3339.89
428	2696	600481	双良节能	29.7	0.06	0.89	4.08	0.41	0.54	45.87	3.17	-14.69	-4.52	-47.28	185.86	385363.14	171835.6	9346.7
429	2697	300471	厚普股份	29.6	0.09	0.78	1.28	0.28	0.44	39.92	26.91	-43.2	0.49	-29.44	84.73	286593.93	73892.53	2962.29

续表

行业排名	全部上市公司排名	股票代码	股票简称	综合得分	每股收益	加权平均净资产收益率	总资产报酬率（%）	总资产周转率（次）	流动资产周转率（次）	资产负债率（%）	已获利息倍数	营业收入增长率（%）	资本扩张率（%）	市场投资回报率（%）	股价波动率（%）	年末资产总额（万元）	营业收入（万元）	净利润（万元）
430	2702	002613	北玻股份	29.5	−0.06	−3.9	−2.09	0.56	0.89	23.88	−112.89	29.27	−0.15	−39.52	111.03	212261.27	113398.3	−4594.96
431	2705	300092	科新机电	29.4	0.03	0.14	1.08	0.48	0.72	21.75	102.22	−10.88	6.11	−41.37	96.39	69858.2	33363.71	598.51
432	2707	300283	温州宏丰	29.3	0.02	−0.07	2.3	0.75	1.42	60.41	1.28	29	−0.18	−43.64	125.43	144821.1	100525.02	330.11
433	2708	300210	森远股份	29.3	0.11	3.6	4.78	0.18	0.33	44.7	2.87	−11.16	4.67	−50.19	124.47	236162.84	40664.13	5661.9
434	2709	600343	航天动力	29.2	0.02	0.5	1.04	0.42	0.57	38.51	2.47	2.04	0.79	−43.63	122.13	434838.64	184053.48	2259.56
435	2710	300105	龙源技术	29.2	0.03	−0.83	0.58	0.24	0.27	18.95	0	34.06	0.79	−42.64	104	238945.8	59595.99	1370.89
436	2712	002480	新筑股份	29.2	0.02	−5.93	2.82	0.32	0.6	56.13	1.36	9.26	0.35	−33.43	93.95	558661.75	166023.24	1864.83
437	2721	002168	深圳惠程	29	−0.14	−8.3	−4.28	0.14	0.39	56.77	−22.17	29.3	3.23	−17.65	28.25	323412.92	37317.27	−10636.73
438	2724	000806	银河生物	28.9	0.01	−0.39	0.83	0.34	0.54	34.69	1.74	−13.19	3.1	−34.03	75.59	333392.68	104571.6	1462.04
439	2725	600550	保变电气	28.8	0.05	−21.99	3.75	0.47	0.67	92.19	1.27	7.36	11.96	−11.86	143.21	909116.62	436797.72	7161.98
440	2726	000837	秦川机床	28.8	0.02	−2.28	1.62	0.36	0.61	58.68	1.68	10.93	2.57	−29.92	103.78	870077.91	299988.55	3807.33
441	2730	300442	普丽盛	28.6	0.09	−0.26	0.97	0.45	0.76	40.48	2.69	20.56	0.9	−49.98	164.46	166545.6	69422.6	997.75
442	2744	601218	吉鑫科技	28	0.01	−0.04	0.72	0.34	0.5	36.98	1.18	−13.36	0.13	−35.39	95.05	411924.24	134892.5	200.57
443	2745	000595	*ST 宝实	28	0.02	−4.29	3.02	0.28	0.6	59.01	4.4	22.51	16.27	−52.43	241.2	187936.49	43576.19	2783.79
444	2749	300540	深冷股份	27.7	0.24	1.08	2.64	0.26	0.27	31.58	107.12	−22.24	2.15	−53.41	189.1	96260.87	23955.09	2077.44
445	2751	002529	海源机械	27.6	0.03	−1.16	0.93	0.14	0.29	17.44	1.69	32.66	0.47	−29.84	59.71	189887.35	27224.42	700.85
446	2752	002487	大金重工	27.6	0.08	0.23	1.63	0.38	0.57	36.9	17.52	6.32	2.12	−45.52	167.23	275600.88	102106.23	4149.95
447	2759	603029	天鹅股份	27.1	0.12	0.22	1.44	0.33	0.52	23.97	0	22.11	0.48	−57.44	195.95	93786.1	30714.46	1126.09
448	2762	002560	通达股份	27	0.03	0.68	1.21	0.65	1.21	33.61	1.86	3	−5.57	−32.81	152.72	246587.43	164054.71	1380.57
449	2764	601989	中国重工	26.9	0.05	−2.65	1.4	0.2	0.29	57.35	1.21	−25.52	44.71	−18.98	69.76	19544871.42	3877576.97	−24229.98
450	2766	002490	山东墨龙	26.9	0.05	−9.49	2.68	0.49	1.24	68.96	1.27	93.66	2.42	−51.61	205.44	622280.3	296521.67	3508.15
451	2768	600685	中船防务	26.8	0.06	−9.16	1.24	0.49	0.74	72.95	1.43	−4.44	14.75	−14.81	83.44	4415766.2	2231338.19	10063.92
452	2770	002423	中原特钢	26.7	−0.51	−15.58	−5.57	0.27	0.73	54.11	−3.5	11.29	−14.06	7.33	68.86	342586.88	97292.59	−25792.04
453	2782	600302	标准股份	26.3	−0.02	−2.8	0.21	0.43	0.54	22.5	3.51	23.24	−0.01	−44.97	111.24	166025.77	70405.74	−101.03
454	2789	002272	川润股份	25.9	0.02	−1.57	0.79	0.38	0.58	25.26	3.39	−0.8	0.55	−47.3	128.72	157079.97	60472.84	637.31
455	2792	600151	航天机电	25.8	−0.22	−9.07	−1.1	0.5	0.93	55.34	−0.85	22.18	−6.57	−30.45	122.74	1309358.16	665714.61	−34828.8
456	2795	603315	福鞍股份	25.5	0.04	0.1	1.93	0.26	0.43	28.89	1.66	−9.33	50.31	−49.12	181.38	138023.92	31366.11	886.64
457	2797	300004	南风股份	25.4	0.06	−9.54	1.75	0.23	0.53	18.57	4.91	−2.17	0.72	−27.57	90.13	385340.28	87551.68	2328.42
458	2801	600579	天华院	25.2	−0.11	−5.09	−3.19	0.28	0.38	27.69	−15.62	−7.46	−3.9	2.3	19.44	159967.76	44633.36	−4693.77
459	2804	000852	石化机械	25.2	0.02	−2.67	1.86	0.59	0.77	72.86	1.54	15.96	3.4	−20.85	96.97	699699.07	399395.49	3468.67
460	2805	002342	巨力索具	25.1	−0.02	−1.72	0.88	0.35	0.63	41.65	0.66	3.72	−0.93	−12.95	149.36	410845.28	141594.11	−1716.18
461	2814	601798	*ST 蓝科	24.4	−0.25	−5.75	−1.48	0.24	0.46	43.91	−1.65	35.61	−4.64	−32.98	102.87	312255.71	75232.03	−9095.08
462	2827	002297	博云新材	24	−0.13	−4.58	−1.77	0.23	0.45	29.97	−2.03	5.75	−4.57	−17.77	84.71	225448.99	54470.36	−6576.06

续表

行业排名	全部上市公司排名	股票代码	股票简称	综合得分	每股收益	加权平均净资产收益率	总资产报酬率（%）	总资产周转率（次）	流动资产周转率（次）	资产负债率（%）	已获利息倍数	营业收入增长率（%）	资本扩张率（%）	市场投资回报率（%）	股价波动率（%）	年末资产总额（万元）	营业收入（万元）	净利润（万元）
463	2828	002112	三变科技	24	−0.62	−28.73	−8.87	0.45	0.64	67.63	−5.84	10.64	−25.17	−9.13	53.19	116859.35	53599.66	−12452.91
464	2832	002639	雪人股份	23.8	−0.09	−3.87	−1.29	0.28	0.68	34.73	−1.24	15.46	−2.87	−34.25	105.95	348174.08	93652.98	−6364.58
465	2853	600316	洪都航空	22.4	0.04	−1.66	1.25	0.25	0.45	48.44	1.39	−31.25	−3.13	−31.45	99.48	954813.38	253002.47	3140.75
466	2859	600243	青海华鼎	22	0.05	−4.76	2.45	0.31	0.47	36.35	2.05	−4.01	1.06	−43.77	122.66	295294.24	91813.13	1731.18
467	2863	002021	中捷资源	21.8	−0.14	−9.75	−3.13	0.57	0.85	46.23	−1.61	55.6	−9.06	−53.36	147.44	175773.72	100244.91	−9459.83
468	2865	600526	菲达环保	21.7	−0.3	−8.85	−1.25	0.47	0.62	71.51	−1.21	3.14	−8.37	−21.78	65.72	833040.33	380511.79	−19829.74
469	2867	600112	*ST 天成	21.5	0.04	−3.42	4.16	0.21	0.56	58.53	1.32	−5.58	0.18	−55.02	172.43	278565.5	56497.07	1955.98
470	2876	300402	宝色股份	21.2	0.05	−10.54	1.84	0.34	0.56	52.98	1.76	74.27	1.77	−58.19	198.88	128811.12	44005.82	1053.82
471	2887	000410	沈阳机床	20.4	0.15	−117.45	4.59	0.18	0.22	95.23	1.05	−32.91	23.91	−27.26	134.96	2141068.42	418923.69	10835.33
472	2889	600150	*ST 船舶	20.1	−1.67	−21.57	−3.1	0.32	0.48	71.34	−1.89	−22.21	−11.06	−14.66	67.17	5232657.13	1669110.14	−254360.96
473	2890	601558	ST 锐电	20	0.02	−58.45	1.49	0.02	0.02	80.66	0	−85.11	9.97	−26.8	113.47	670695.18	14069.09	11479.62
474	2895	002552	宝鼎科技	19.5	−0.45	−38.74	−11.72	0.23	0.94	33.5	−14.13	32.37	−17.21	−44.61	144.58	89145.08	23853.59	−13507.86
475	2897	601038	一拖股份	19.3	0.06	−2.59	1.46	0.53	0.9	61.43	1.39	−16.9	−1.17	−32.13	131.4	1410277.35	721931.04	3771.13
476	2900	002023	海特高新	19.3	0.05	−1.49	1.13	0.07	0.19	36.49	1.47	−13.88	−4.03	−26.5	95.47	624622.68	42607.55	1849.33
477	2920	600806	*ST 昆机	17.3	−0.66	−172.96	−15.2	0.28	0.43	101.8	−6.66	−9.28	−106.82	0	48.54	169163.82	56039.92	−35213.35
478	2922	002190	成飞集成	17.1	−0.31	−6.42	−2.86	0.21	0.41	55.07	−3.46	−13.47	−7.42	−34.56	90.07	920134.86	194251.05	−25687.17
479	2925	300080	易成新能	16.8	−2.04	−36.16	−12.53	0.28	0.51	61.54	−4.51	−23.98	−21.27	−30.82	75.08	669213.33	182575.38	−103927.13
480	2933	000816	*ST 慧业	16.2	−0.19	−8.39	−3.79	0.28	0.6	44.57	−4.04	−5.13	−8.11	−49.85	144.87	616610.19	174027.15	−30015.39
481	2935	002347	泰尔股份	16	−0.17	−15.84	−4.93	0.23	0.33	43.19	−8.33	19.47	−7.2	−51.53	140.08	199638.63	43825.88	−10750.16
482	2951	002248	华东数控	13.6	0.12	−46.29	2.55	0.06	0.17	57.73	0.81	−33.86	−1.2	−27.07	182.09	154345.6	11091.3	−980.42
483	2954	300356	光一科技	13.5	−0.96	−32.24	−18.57	0.26	0.48	43.29	−36.82	−33.66	−31.25	−48.07	122.22	183401.94	54022.42	−39576.54
484	2976	300062	中能电气	10.7	−0.23	−8.06	−1.93	0.42	0.63	57.83	−1.25	−19.43	−6.3	−61.06	190.88	207357.65	80590.63	−6622.02
485	2981	600202	*ST 哈空	9.2	−0.23	−15.97	−4.06	0.15	0.25	63.93	−2.42	3.23	−12.81	−49.26	144.25	165149.59	27346.27	−8751.5
486	2982	300345	红宇新材	9.2	−0.11	−6.72	−4.76	0.14	0.26	23.61	−6.96	−23.94	−8.13	−41.2	151.49	101772.99	15114.3	−5558.52
487	2992	000585	*ST 东电	4.9	−0.45	−1476.95	−112.12	0.09	0.16	163.56	−375.89	−48.07	−193.63	−35.91	142.28	30623.69	3298.59	−39815.6
488	2993	600401	*ST 海润	4.5	−0.52	−85.29	−12.54	0.2	0.46	91.32	−5.28	−27.94	−69.43	−50.85	184.11	1340630.47	325640.26	−246529.1
489		002884	凌霄泵业	76.8	2.85	18.13	21.91	0.99	1.12	7.89	0	20.66	107.21	−14.48	38.94	130771.24	98368.81	18836.59
490		300718	长盛轴承	76	1.53	14.78	17.4	0.67	1.04	7.71	0	40.23	103.05	−14.48	27.74	111097.12	56650.72	12361.75
491		603757	大元泵业	74.9	2.51	27.71	23.54	1.25	1.76	23.75	76.81	46.36	163.23	−14.48	58.88	117306.14	112323.27	17943.08
492		603337	杰克股份	74.5	1.6	19.72	13.51	1	1.48	40.7	425.83	50.05	111.4	−14.48	114.1	359383.95	278662.31	32390.8
493		603638	艾迪精密	73.5	0.81	20.29	20.03	0.78	2.05	14.1	101.99	60.31	66.61	−14.48	120.89	97913.23	64132.93	13968.72
494		300554	三超新材	73.5	1.81	24.04	23.01	0.65	0.96	16.51	191.29	82.16	111.77	−14.48	143.25	56709.9	28391.39	8612.67
495		603283	赛腾股份	73.2	0.8	18.46	14.9	0.93	1.17	37.32	49.98	69.51	97.12	−14.48	0	101071.67	68317.54	9566.91

续表

行业排名	全部上市公司排名	股票代码	股票简称	综合得分	每股收益	加权平均净资产收益率	总资产报酬率（%）	总资产周转率（次）	流动资产周转率（次）	资产负债率（%）	已获利息倍数	营业收入增长率（%）	资本扩张率（%）	市场投资回报率（%）	股价波动率（%）	年末资产总额（万元）	营业收入（万元）	净利润（万元）
496		603277	银都股份	72	0.56	16.55	16.69	0.96	1.3	16.91	0	18.4	142.69	−14.48	62.99	187898.13	135964.3	19758.65
497		300720	海川智能	71.6	0.69	11.08	12.26	0.41	0.65	7.7	48.17	10.45	87.18	−14.48	35.46	45705.75	15060.1	3814.6
498		603656	泰禾光电	70.4	0.88	12.31	13.46	0.53	0.67	12.29	0	3.91	114.56	−14.48	82.99	94362.41	38514.95	8745.92
499		002892	科力尔	70.2	0.91	13.53	14.68	1.09	1.61	16	24.07	17.33	132.16	−14.48	78.16	67479.59	59165.94	6544.63
500		300606	金太阳	70.1	0.63	13.36	14.16	0.57	0.9	15.07	0	17.09	104.72	−14.48	117.86	58467.85	25791.35	5494.52
501		002871	伟隆股份	69.4	1	11.93	12.89	0.53	0.79	17.01	0	5.03	72.33	−14.48	70.98	66498.08	28643.09	6072.3
502		002870	香山股份	69.1	0.72	10.66	12.11	1.25	1.76	17.63	94.94	12.21	131.9	−14.48	79.81	97896.7	92911.91	7148.96
503		603912	佳力图	69	0.7	16.62	13.21	0.63	0.77	30.69	146.83	9.51	125.56	−14.48	48.26	89864.7	46016.68	8226.46
504		603960	克来机电	68.6	0.51	13.56	11.41	0.48	0.66	30.63	72.76	30.92	98.31	−14.48	85.94	66917.67	25191.48	5048.97
505		603728	鸣志电器	68.5	0.58	12.57	11.68	0.96	1.27	22.08	25.57	10.43	118.05	−14.48	40.95	216898.06	162839.13	16610.59
506		603626	科森科技	68.2	0.78	17.97	11.42	0.88	1.63	48.91	11.83	66.18	189.96	−14.48	98.6	344062.25	216495.78	22240.38
507		300669	沪宁股份	68.2	0.52	10.31	12.01	0.7	0.93	8.93	0	2.08	100.08	−14.48	52.67	48629.53	25937.52	3863.47
508		300514	友讯达	68.2	0.78	18.68	13.52	0.95	0.99	37.29	71.8	31.38	109.53	−14.48	79.68	77523.2	60100.27	7186.17
509		002903	宇环数控	68.2	1	14.7	15.66	0.43	0.53	16.7	0	−3.74	105.32	−14.48	89.46	75712.45	25025.88	7899.7
510		002896	中大力德	68.1	0.9	13.92	11.62	0.76	1.34	31.94	12.36	34.64	94.63	−14.48	63.8	78117.5	49811.54	5965.75
511		300607	拓斯达	67.9	1.34	22.77	18.14	0.88	1.1	34.12	1547.71	76.51	127.79	−14.48	133.22	116466.35	76442.3	13737.41
512		300700	岱勒新材	67.4	1.66	28.04	20.21	0.62	0.99	46.32	10.64	134.82	126.64	−14.48	105.53	99341.38	43545.46	11134.73
513		300660	江苏雷利	67.3	2.41	14.75	12.18	0.95	1.07	30.47	39.88	25.09	183.15	−14.48	42.12	286296.72	202282.9	21792.84
514		603617	君禾股份	67.2	0.66	15.09	11.29	0.96	1.33	36.46	33.06	17.25	97.72	−14.48	53.24	73939.01	57803.59	5628.17
515		300667	必创科技	66.6	0.72	15.19	14.45	0.5	0.59	21.77	40.69	32.1	122.29	−14.48	90.45	45921.73	17327.26	4286.99
516		300722	新余国科	66.5	0.73	12.29	10.76	0.41	0.79	31.32	0	9.88	79.78	−14.48	77.1	56073.29	20001.6	4474.17
517		603488	展鹏科技	66.3	0.38	9.61	12.16	0.41	0.53	9.73	0	−0.89	98.04	−14.48	65.4	88551.07	27920.35	7118.64
518		603289	泰瑞机器	66.3	0.52	11.88	9.67	0.7	0.87	30.54	81.66	37.31	92.38	−14.48	40.23	127672.56	70317.46	8351.42
519		300696	爱乐达	66.3	1.28	13.86	15.69	0.24	0.36	8.8	297.29	14.34	144.4	−14.48	61.37	76602.96	13597.62	7363.66
520		300713	英可瑞	66	1.9	16.66	15.52	0.61	0.64	21.78	0	−2.13	194.2	−14.48	46.44	90883.87	38049.52	8423.18
521		603500	祥和实业	65.6	0.76	13.29	13.9	0.44	0.58	9.47	41.29	14.23	117.52	−14.48	70.55	86761.44	29968.3	7792.13
522		300670	大烨智能	65.2	0.58	12.54	11.41	0.61	0.73	22.09	0	8.12	131.77	−14.48	59.87	73622.29	33981.05	5491.5
523		603320	迪贝电气	65	0.56	9.53	10.34	1.07	1.56	18.4	26.55	27.77	80.52	−14.48	120.15	72651.62	65357.69	5152.52
524		002851	麦格米特	65	0.69	12.8	9.32	0.8	1.06	38.05	90.84	29.48	86.73	−14.48	118.42	230101.62	149444.94	15598.9
525		002843	泰嘉股份	64.9	0.37	8.45	10.37	0.52	0.94	12	296.23	20.52	51.55	−14.48	229.84	69365.5	30026.2	5067.49
526		300600	瑞特股份	64.8	1.1	14.13	14.3	0.47	0.7	16.47	580.91	12.94	71.58	−14.48	136.76	106182.78	41537.39	10777.48
527		603507	振江股份	64.7	1.17	11.09	10.53	0.67	0.98	28.77	10.75	14.61	162.53	−14.48	37.54	192917.14	94265.75	11603.97
528		603396	金辰股份	64.5	1.27	12.23	8.52	0.48	0.58	42.37	29.13	33.17	96.53	−14.48	51.56	144404.7	57083.34	7774.91

续表

行业排名	全部上市公司排名	股票代码	股票简称	综合得分	每股收益	加权平均净资产收益率	总资产报酬率（%）	总资产周转率（次）	流动资产周转率（次）	资产负债率（%）	已获利息倍数	营业收入增长率（%）	资本扩张率（%）	市场投资回报率（%）	股价波动率（%）	年末资产总额（万元）	营业收入（万元）	净利润（万元）
529		603063	禾望电气	64.5	0.6	10.89	11.24	0.38	0.4	15.31	69.26	8.71	71.14	-14.48	48.61	281572.84	87814.52	23266.28
530		300681	英搏尔	64.4	1.31	17.52	14.25	0.78	1.02	29.05	73.75	31.56	140.74	-14.48	89.31	90578.46	53623.05	8429.54
531		603985	恒润股份	64.1	1.27	11.78	10.7	0.69	1.11	19.13	14.24	17.69	128.07	-14.48	71.92	124224.3	74067.09	9069.61
532		300648	星云股份	63.9	1.01	15.16	13.48	0.59	0.8	20.32	156.01	36.17	131.61	-14.48	119.84	64871.53	30858.32	6217.98
533		603278	大业股份	63.7	0.82	11.93	8.44	0.84	1.23	51.61	5.08	34.52	133.09	-14.48	34.44	281651.06	188503.02	13140.41
534		002882	金龙羽	63.7	0.49	17.39	18.82	1.66	2.07	17.3	27.4	32.03	78.6	-14.48	47.17	167872.93	236557.41	19022.36
535		300604	长川科技	63.6	0.72	11.17	13.25	0.44	0.49	22.28	0	44.84	87.21	-14.48	150.65	53950.5	17979.45	5025.29
536		603829	洛凯股份	63.5	0.42	11.07	9.19	0.69	0.98	29.1	29.48	9.77	94.3	-14.48	54.39	86368.01	48613.48	5361.22
537		002879	长缆科技	63.5	1.03	10.91	10.37	0.46	0.56	17.25	0	12.87	95.13	-14.48	130.79	168755.57	61689.16	12095.45
538		002890	弘宇股份	62.8	0.7	8.32	9.47	0.56	0.9	16.44	40.47	0.61	73.36	-14.48	57.52	60439.91	28349.85	4010.26
539		002849	威星智能	62.2	0.64	11.5	9.18	0.74	0.9	37.44	384.78	28.61	100.02	-14.48	157.75	88759.74	50150.08	5320.06
540		300693	盛弘股份	61.6	0.61	9.39	9	0.71	0.74	27.06	18.49	1.03	132.1	-14.48	95.31	80177.38	45128.71	4601.48
541		300626	华瑞股份	61.5	0.61	13.55	10.49	0.97	1.55	47.24	4.88	21.34	77.01	-14.48	68.67	91912.68	83429.31	5691.91
542		300619	金银河	60.9	0.66	11.15	10.33	0.79	1.08	48.03	8.86	67.36	103.47	-14.48	139.28	80221.21	48983.01	4750.4
543		300719	安达维尔	60.6	0.69	12.84	12.2	0.5	0.58	13.61	26.54	10.59	140.85	-14.48	35.68	111330.52	43981.55	8979.44
544		603855	华荣股份	59.7	0.43	10.04	7.07	0.69	0.92	40.79	24.61	23.24	78.05	-14.48	69.29	240001.13	147945.21	12610.46
545		002857	三晖电气	59.1	0.44	9.32	8.91	0.47	0.52	22.66	0	1.7	84.81	-14.48	92.22	55024.41	20420.73	3325.4
546		300617	安靠智电	58.7	1.22	10.93	11.84	0.44	0.63	20.09	320.25	11.06	106.95	-14.48	147.27	101857.84	35965.99	8003.08
547		603966	法兰泰克	58.6	0.41	8.22	8.3	0.66	0.88	28.19	53.27	17.62	59.26	-14.48	186	114407.9	63660.77	6381.92
548		603321	梅轮电梯	58.6	0.31	7.99	7.25	0.59	0.81	33.45	0	-6.26	99.87	-14.48	76.41	150888.39	73190.06	7664.44
549		603050	科林电气	58.3	0.49	8.28	6	0.67	0.86	43.02	138.79	22.14	57.7	-14.48	142.01	171861.63	96947.39	7275.85
550		603076	乐惠国际	58	1.14	9.72	7.18	0.6	0.71	49.46	5.66	-12.57	105.05	-14.48	21.81	152954.95	83150.45	6707.22
551		002774	快意电梯	58	0.24	7.93	7.53	0.64	0.81	30.57	0	-4.25	118.37	-14.48	134.16	144179.39	74902.55	7486.71
552		603331	百达精工	57.7	0.56	11.82	10.28	0.83	1.43	33.98	5.28	32.48	89.7	-14.48	55.45	103161.08	72760.25	6233.86
553		002877	智能自控	56.2	0.44	10.26	9.23	0.46	0.63	28.95	14.61	12.35	81.24	-14.48	66.81	82386.48	30742.32	4764.66
554		300629	新劲刚	53.8	0.39	7.21	7.09	0.57	0.79	27.88	18.5	2.26	65.12	-14.48	135.83	48471.42	25040.13	2464.38
555		603269	海鸥股份	53.6	0.46	7.12	4.8	0.49	0.62	48.78	9.3	4.84	46.39	-14.48	81.5	124142.83	56532.51	4096.09
556		300589	江龙船艇	51.1	0.32	10.26	7.49	0.7	1.23	55.11	10.32	1.8	82.94	-14.48	156.08	69129.4	42297.05	3500.85
557		603690	至纯科技	50.1	0.24	11.64	8.62	0.46	0.61	58.58	5.17	40.17	41.17	-14.48	214.44	99878.13	36907.79	4898.66
558		300593	新雷能	49.3	0.31	6.33	6.11	0.52	0.72	26.52	18.42	-0.69	54.15	-14.48	186.46	75683.85	34622.84	3560.21
559		603628	清源股份	44.2	0.18	6	4	0.44	0.59	58.84	6.84	11.35	68.22	-14.48	248.66	235040.06	78264.31	5280.25

第九章　汽车行业上市公司业绩评价

汽车工业在国民经济中的重要地位也在不断加强，目前已经成为支撑中国经济的主导产业之一。中国汽车市场年产量占全球汽车年产量的比例约为30%，自2009年以来一直保持在世界第一的位置。从产业生命周期角度来看，与全球汽车行业的发展趋势一致，中国汽车市场逐渐从发展期进入成熟期，增速正在逐渐放缓进入平稳增长期，预测未来汽车年产量将保持个位数增长。2017年，我国汽车产销呈小幅增长，全年共产销2901.54万辆和2887.89万辆汽车，同比增长3.19%和3.04%。与行业平稳增长相悖，2017年度汽车行业指数（申万）下跌1.33%。

一、汽车行业上市公司业绩评价结果

截至2017年末，汽车行业包括汽车交运设备、汽车服务、汽车零部件、汽车整车行业A股上市公司共161家，其中盈利153家。

汽车行业的综合评价得分值为56.74分，高于全部上市公司的54.09分。有4家汽车行业上市公司进入2017年全部上市公司业绩评价综合得分的百强名单。在161家汽车上市公司中，业绩为AAA级的有1家，业绩为AA级的有3家，业绩为A级的有9家；业绩为BBB级的有22家；业绩为BB级的有21家；业绩为B级的有22家；业绩为CCC级的有19家，业绩为CC级的有18家，业绩为C级的有46家。

2017年全部上市公司为3382家，全部上市公司资产总额为54.24万亿元，汽车行业上市公司资产总额为2.76万亿元，占全部上市公司资产总额的5%；全部上市公司实现营业收入为32.68万亿元，汽车行业上市公司实现营业收入为2.53万亿元，占全部上市公司营业收入的7%；全部上市公司实现利润总额为2.39万亿元，汽车行业上市公司实现利润总额为0.16万亿元，占全部上市公司利润总额的6%；全部上市公司实现净利润1.90亿元，汽车行业上市公司实现净利润0.13亿元，占全部上市公司净利润的6.8 %；汽车行业上市公司的市场投资回报率低于全部上市公司的市场投资回报率；汽车行业上市公司的股价波动率为90.10%，低于全部上市公司92.62%的股价波动率；

2017 年，汽车行业排名前十的上市公司见表 9–1：

表 9–1　　2017 年度汽车行业十强排行榜

名次	股票代码	股票简称	在全部上市公司中排名
1	601238	广汽集团	1
2	600104	上汽集团	22
3	000338	潍柴动力	37
4	000581	威孚高科	47
5	600741	华域汽车	112
6	300176	鸿特精密	200
7	600660	福耀玻璃	203
8	002048	宁波华翔	214
9	000951	中国重汽	215
10	601127	小康股份	251

基于对汽车行业上市公司的整体评价，下面分别从财务效益状况、资产质量状况、偿债风险状况、发展能力状况、市场表现状况五个方面对汽车行业上市公司进行具体分析。

（一）财务效益

从综合得分来看，2017 年汽车行业上市公司财务效益略高于全部上市公司平均水平，但低于同行业上年水平。下表列示了 2017 年汽车行业上市公司财务效益状况评价结果。

与 2016 年的情况相比较，2017 年汽车行业上市公司财务效益有所下降。从表 9–2 可以看出，在财务效益中，汽车行业营业利润率比全部上市公司整体水平高约 0.36，但是盈利现金保障倍数仅为全部上市公司整体水平的 15%。以上数据反映出汽车行业虽然经营中产生大量利润，但是现金流状况却没有相应改善。

在汽车行业上市公司财务效益状况指标中，广汽集团的财务效益得分为 34.16，财务效益在汽车行业排名第一。

广汽汽车在国内汽车市场中，市场份额位列同行业企业前茅。为促进公司持续稳定发展，发布“3+e”发展战略，由包含自主、日系和欧美系“三足鼎立”的业务战略，及全新的电商战略组成，通过聚合公司所有业务品牌资源，全方位提升公司核心竞争力。公司产品知名度高，产品的性价比高，具有较强的品牌影响力。广汽集团在 2017 年业绩大幅增长，扣除非经常性损益后的加权平均净资产收益率为 20.50%，总资产报酬率 9.05%，营业利润率 16.50%，盈利现金保障倍数 1.40。

表 9–2　　汽车行业财务效益状况比较表

评价指标		2017 年全部上市公司平均值	2017 年行业值	2016 年行业值
基本指标	扣除非经常性损益净资产收益率（%）	2.49	7.90	13.27
	总资产报酬率（%）	6.73	7.82	7.93
	得分	19.70	21.74	28.15
修正指标	营业利润率（%）	9.67	10.03	6.56
	盈利现金保障倍数	0.84	–0.13	0.59
综合得分		17.76	19.15	25.56

（二）资产质量

从综合得分来看，汽车行业上市公司资产质量略高于全部上市公司平均水平，但低于同行业上年水平。

表 9–3 列示了汽车行业上市公司资产质量状况评价结果。在汽车行业上市公司资产质量状况指标中，应收账款周转率及存货周转率均大幅低于上市公司平均水平。由于 2017 年的整体规模增长较快，与 2016 年相比，除了应收账款周转率指标，2017 年各项周转率指标均有下降，行业的资产质量整体有所滑坡。

在汽车行业上市公司资产质量指标中，新日股份的资产质量得分为 14.92，资产质量在汽车行业排名第一。

新日股份通过“提高产品质量稳定性、加强核心技术创新、大力推进服务营销”的三大核心思想，实现了产品结构转型升级、销售网络优化提升、互联网营销融合，业务规模呈现良性增长趋势。2017 年度，新日股份总资产周转率 1.63 次，流动资产周转率 2.17 次，应收账款周转率 41.16 次，存货周转率 17.13 次。

表 9–3　　汽车行业资产质量状况比较表

分析指标		2017 年全部上市公司平均值	2017 年行业值	2016 年行业值
基本指标	总资产周转率（次）	0.65	0.74	1
	流动资产周转率（次）	1.25	1.28	1.78
	得分	8.47	9.58	12.75
修正指标	应收账款周转率（次）	16.30	11.11	9.24
	存货周转率（次）	9.11	6.25	9.85
综合得分		8.46	8.82	11.49

（三）偿债风险

从综合得分来看，2017 年汽车行业上市公司偿债风险状况好于全部上市公司平均水平，高于同行业上年水平。

表 9–4 列示了汽车行业上市公司偿债风险状况评价结果。在汽车行业上市公司偿债风险状况指标中，朗博科技得分排名第一，资产负债率、获利倍数、速动比率等指标均好于上市公司及行业平均水平，这与其产品优势、经营状况有很大关系。

在汽车行业上市公司偿债风险指标中，朗博科技的偿债风险得分为 14.99，偿债风险在汽车行业排名第一。

朗博科技加强技术改造，以创新工艺为主导方向，通过提高生产效率，降低制造成本，确保了效益提升；在做好做强既有产品的同时，积极拓展新领域，在轨道交通用橡胶件、新能源乘用车领域用橡胶件等方面，大力投入研发，主动出击市场，成为企业的发展后劲。2017 年，朗博科技资产负债率 7.33%，已获利息倍数 1119.07 倍，速动比率 8.91，带息负债比率 0.00%。

表 9-4　　汽车行业偿债风险状况比较表

评价指标		2017 年全部上市公司平均值	2017 年行业值	2016 年行业值
基本指标	资产负债率（%）	41.02	41.37	57.31
	已获利息倍数	40.01	91.25	13.57
	得分	10.13	11.73	10.21
修正指标	速动比率（%）	209.21	194.05	104.13
	现金流动负债比率（%）	19.50	19.47	7.26
	带息负债比率（%）	40.07	39.45	40.2
综合得分		9.15	9.58	9.42

由表 9-4 可见，2017 年，汽车行业获利倍数与现金流动负债比例在 2016 年基础上均有了较高的增长，这反映出汽车行业财务费用增长速度低于利润增长速度，同时由于应收账款回款期缩短，汽车行业现金流量状况略有好转。汽车行业公司在宏观环境改善以及利好政策不断推出的情况下，业绩水平逐步提高，相应偿债风险也随之有所上升。

（四）发展能力

从综合得分来看，2017 年汽车行业上市公司发展能力状况优于全部上市公司的平均水平，但低于同行业上年水平。

表 9-5 列示了汽车行业上市公司发展能力状况评价结果。2017 年，公司汽车类主营业务继续保持稳健的经营态势，公司汽车类各项细分业务经营业绩均保持了持续稳定的增长，在汽车交运设备、汽车服务、汽车零部件以及汽车设备制造方面都有了新的进展以及突破。

表 9-5　　汽车行业发展能力状况比较表

分析指标		2017 年全部上市公司平均值	2017 年行业值	2016 年行业值
基本指标	营业收入增长率（%）	38.44	30.77	20.13
	资本扩张率（%）	30.84	51.28	21.29
	得分	11.30	11.73	13.55
修正指标	累计保留盈余率（%）	-5.55	-9.17	53.14
	三年营业收入平均增长率（%）	19.98	19.61	13.96
	总资产增长率（%）	27.44	36.87	24.7
	营业利润增长率（%）	131.11	15.22	19.57
综合得分		10.30	10.62	13.98

在汽车行业上市公司发展能力状况指标中，潍柴动力的发展能力得分为 19.13，发展能力在汽车行业排名第一。

潍柴动力抢抓战略机遇，扎实推进各项

工作。2017年，公司实现业绩快速发展，整体实力和综合竞争力显著增强。公司稳步推进战略性结构调整，加大市场开拓力度；坚持创新驱动，并在海外成立科技创新中心，全面布局面向未来的创新项目，开启“迈向高端”的战略发展之路；深化海外整合布局。基于以上原因，潍柴动力在2017年业绩保持向好，营业收入增长率69.90%，三年营业收入平均增长率111.99%，总资产增长率15.96%，营业利润增长率152.64%。

2017年汽车行业上市公司营业收入增长率从2016年的20.13%升至30.77%，同时三年营业收入增长率也有所上升，由于2016年营业收入呈现大幅增长的态势。随着国家利好政策的推出以及对汽车行业支持力度的加大，汽车行业迎来了重大的发展机遇，但由于历史基数大的原因，其增长率存在增长缓慢。

（五）市场表现

2017年汽车行业表现好于大盘的表现，但整体走势略差于2016年的市场表现。主要原因是2017年受购置税优惠政策下调和2016年汽车高产销基数的影响，汽车产销增速大幅下降。

从综合得分来看，汽车行业上市公司市场表现状况好于全国上市公司的平均水平。表9-6列示了汽车行业上市公司市场表现状况评价结果。在汽车行业上市公司市场表现状况指标中，钱江摩托综合得分14.08市场表现在企业行业排名第一。

钱江摩托的主营业务是生产、研究、设计和开发摩托车及配件，销售自产产品，并提供产品售后服务。国际方面，钱江摩托加快国际市场开拓步伐，形成“一国一策”基本策略及“竞争策略工具池”等营销策略，加大品牌影响力，立足差异化产品市场

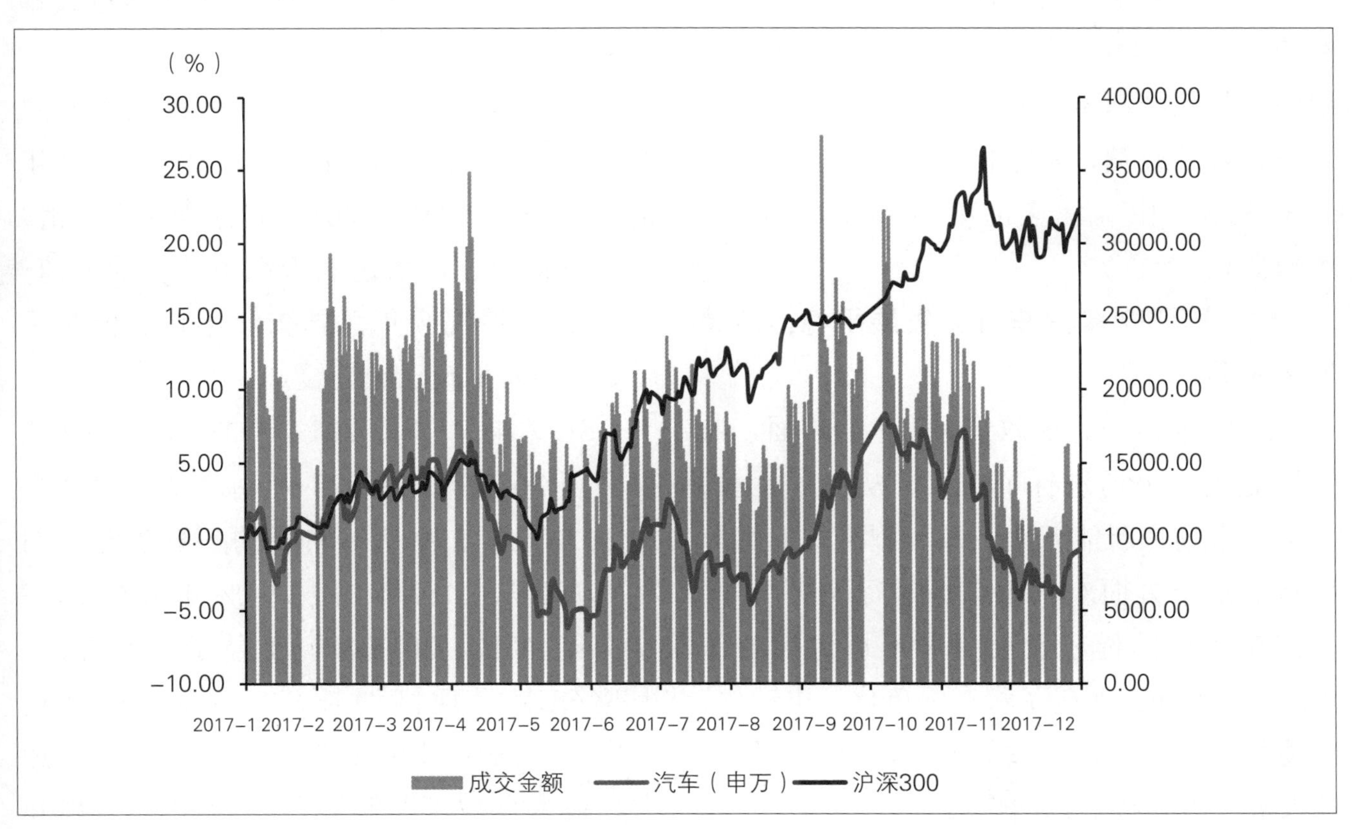

图9－1　汽车指数与大盘指数波动

竞争策略；国内方面，钱江摩托采取“去库存”、“产线自动化”策略，降低成本，提升业绩，同时企业注重新产品的知识产权的升级，为企业发展提供技术和生产基础。2017年钱江摩托投资回报率3.23%，股价波动率32.43%。

表 9-6 汽车行业公司市场表现状况比较表

分析指标	2017 年全部上市公司平均值	2017 年行业值	2016 年行业值
投资回报率（%）	-14.59	-14.83	10.98
股价波动率（%）	92.63	90.10	90.07
得分	8.42	8.56	9.49

二、2017 年汽车行业业绩的影响因素分析

根据中国汽车工业协会统计，2017年中国汽车销量达到2901.54万辆，其中乘用车占比85%，占比下降2个百分点，商用车占比15%, 占比上升2个百分点。2017年受购置税优惠政策下调和2016年汽车高产销基数的影响，汽车产销增速大幅下降至3.19%和3.04%，我国汽车行业产销增速放缓的趋势已经基本确立。而得益于严格治理超限超载的政策，货车板块异军突起，重卡高增50%，中卡增速也接近38%，超出市场预期。

（一）2017 年汽车行业发展平稳，产销增速放缓

2017年汽车行业政策频出，一方面，监管层对汽车市场进行了约束，从汽车运输、二手车市场、新能源企业及车型准入、汽车租赁等多个方面对汽车市场进行积极引导，对汽车市场的健康发展有着不可忽视的作用；另一方面，明确了汽车绿色化、电动化、智能化的发展目标和发展方向，对汽车行业的发展有着积极的推动作用。

在产销量方面，受购置税优惠政策下调和2016年汽车高产销数据影响，2017年全国汽车产销增速放缓，全年汽车产销2901.54万辆和2887.89万辆，分别同比增长3.19%和3.04%，增速比上年同期回落11.27个百分点和10.61个百分点。尽管2016年全国汽车产销出现反弹，但是建立在政策推动和对未来透支的基础上，我国汽车行业产销增速放缓的趋势已经基本确立。

（二）乘用车稳定增长，SUV 增量大幅提高

2015年9月出台购置税优惠政策导致2016年乘用车市场高增长，透支2017年销量轿车、MPV在2017年的销售均下滑，拖累整体增速，增速低于汽车整体的增速。SUV销售情况今年总体依然不错，但是月度数据显示增速已经趋缓。

SUV年销量由2012年的198.91万辆提升至2017年1197.24万辆，复合增速高达34.87%，在乘用车市场的份额也有了明显提升，从2012年的12.91%上升至2017年的41.67%。2017年，受益于消费升级，七座SUV呈现高增长。一方面，SUV作为自主品牌突破市场的主要路径，投入加大、技术突破、性能提升、“爆款”迭出和渗透率增长形成良性循环，销量和份额都得

到稳步提升。另一方面，二孩数量增加为拥有充足空间来安装儿童座椅的七座SUV带来新的增长点。2016年二孩政策的全面开放拉动了我国二孩数量的增长。根据统计局公布的数据，2016年中国人口的出生率和增长率分别为12.95%和5.86%，分别达到15年来和10年来的峰值。2017年出生二孩883万，占全部出生人口的51.2%，比2016年提高了11个百分点，二孩出生率维持高增长趋势。消费升级叠加二孩政策的有效拉动，七座SUV在2018年将迎来更好的发展机会。

（三）重型货车拉动商用车增速

2017年，商用车整体低迷，仅重卡板块表现亮眼，产销114.97万辆和111.69万辆，同比增长55.07%和52.38%，远远超出行业整体水平，在治超、排放标准升级、运载需求结构性增加等因素共同作用，提升了今年中重型卡车销量，尤其是重型货车销量增速大幅提升拉动货车整体销售增速上升。主要原因有三：第一，货车超载治理；第二，重卡的主要需求源于基建、房地产建设和物流运输，下游基建导致重卡需求增加；第三，重卡更换周期来临。

（四）新能源汽车高增长，市场结构合理调整

2017年我国新能源汽车产销78.22万辆和76.78万辆，年增长率分别为53.23%和53.03%。根据公安部交通管理局公开的信息，截至2017年8月，全国新能源汽车保有量达101.8万辆，其中纯电动汽车保有量为82.5万辆，插电式混合动力汽车保有量为19.3万辆。从2017年第三季度的产销数据来看，我国新能源汽车的世界份额已经超过50%。分车型来看，虽然新能源汽车的市场份额和传统能源汽车同样有向SUV倾斜的趋势，但是普通乘用车份额仍然占绝对优势，且微型车份额较高（A0和A00级新能源汽车维持在40%~60%的高市占率）。

对比其他国家的新能源汽车的市场结构，可以发现其他国家的新能源汽车市场结构与我国相反，微型车渗透率很低。这种情况一方面与我国自主品牌以SUV作为市场份额提升的主要途径有关，另一方面我国汽车行业发展较晚，缺少技术积累和平台优势，微型车的技术壁垒和性能要求较低，更易作为新车企打入市场的突破口。随着政策导向和技术提高，短期来看，微型车在我国新能源汽车的市场结构中仍然会保持较高的渗透率，但是车型覆盖率会向A级、B级车延伸；中长期来看，全球市场结构趋于同化，A型车的市场渗透率会逐渐提升。

三、2018年汽车行业前景展望

考虑传统能源乘用车购置税优惠政策完全退出，新能源汽车渗透率尚低，2018年汽车产销或维持低增长，但受益于政策影响的新能源汽车发展可期，同时汽车行业消费结构调整为自主品牌和豪华车市场提供更大的发展空间。新兴的智能汽车也在稳步推进。汽车行业整体发展向好。

（一）汽车市场保有量处于低位，行业仍有上升空间

过去10年，我国汽车千人保有量每年保持10%以上的增长率，已经接近全球平均水平。与美欧发达国家相比，我国汽车千人保有量还处于非常低的水平，与日韩相比我国

也处于较低水平，尤其是我国人口密度低于日韩，未来汽车保有量还有一定上升空间。

我国国民经济情况快速发展，我国居民的消费能力呈现出整体消费能力提升，中低端收入人群增速领先，汽车主要购买力向中低端人群偏移的特点。

分地区来看，我国汽车千人保有量分布不均，千人保有量在 150 辆以上的地区只占极小一部分，中西部大部分地区尚不足 100 辆。此外，除上海市推行限牌政策导致汽车保有量上升受限之外，各地区的汽车千人保有量基本与各地区的经济发展情况一致。十九大报告指出，经济发展不平衡已经成为我国经济发展的主要矛盾之一，未来中西部地区将获得更多政策和资源支持，经济发展和城镇化将再提速，汽车市场也将迎来较大发展空间。

（二）自主品牌市场份额稳步增长

随着自主品牌的崛起，自主品牌汽车销售份额稳步增加，2017 年销量增速高达 20.73%。合资车市场一定程度被削减，且内部分化明显，韩系车的份额被日、美、德系车侵占。2018 年，受到新能源汽车购置税优惠政策结束的影响，自主品牌承压，可能会对销量产生一定影响，但是自主品牌已经靠着“爆款”和“高性价比”积累了一定的购买人群，市场认可度明显提升，技术累积和消费升级有望推动自主品牌车型进一步提升性能和技术水平，进而向高端市场渗透。因此，对于有技术积累和平台基础的自主乘用车品牌，其市场份额将会稳步增长。

（三）重卡增长带动商用车行业整体趋势

2018 年，随着房地产开工量的减少，预计重卡产销会有一定程度的回落。但是重卡的这一轮增长拥有较为稳健的基础支持，重卡销量仍然有望维持高位。主要原因是：第一，货车超载治理扩大了物流运输层面对重卡的需求量；第二，十九大报告指出，要加强水利、铁路、水运、航空、管道、电网、信息、物流等基础设施网络建设，再加上供给侧改革和一带一路助力，2018 年基建投资有望进一步提升，重卡需求仍然存在扩大的可能性；第三，环保升级，国家在环保治理方面越来越严格，而重卡尾气排放是环境污染的元凶之一，尤其是国三重卡，针对国三重卡，全国各地相继推出相关政策，政策主要包括加装 DPF、禁止进入城区和提前换车三种，一定程度上提升了重卡换车的需求。下层基础稳健，换车需求提升，2018 年重卡有望维持高销量。

（四）消费升级带动豪华车市场后续增长

受益于消费升级，豪华车近年来一直维持 20% 以上的高增长率，市场份额也有明显提升。一方面，随着中国汽车市场的不断扩大，豪华车品牌越来越重视中国汽车市场，车型投放量明显增加；另一方面，年轻一代消费者在汽车选购过程中对品牌需求明显提升。在消费升级和市场推动下，豪华车市场仍然存在可观的增量，2018 年有望维持 20% 以上的高增长率。

（五）政策调整推动新能源汽车发展

根据《关于减征 1.6 升及以下排量乘用车车辆购置税的通知》，2018 年 1 月 1 日起，1.6 升及以下排量乘用车车辆恢复按 10% 的法定税率征收车辆购置税。车辆购置税的调整会对汽车短期的产销情况产生显著影响，与 2017 年的低增长率相比，2018 年乘用车销量和汽车总销量的增速很可能进一步放缓。

2017年12月底，四部委联合发布称，自2018年1月1日至2020年12月29日，对购置的新能源汽车免征车辆购置税。车辆购置税“一停一延”，将进一步推动新能源汽车市场的发展。

2018年2月，财政部等对新能源汽车补贴政策进行了较大幅度的调整，调整优化了新能源乘用车补贴标准，合理降低了新能源客车和新能源专用车补贴标准，对续驶里程、电池能量密度、能耗等指标提出更高技术要求，并设置了四个月的过渡期，有利于推动整车企业加大技术创新力度和加快高性能产品的研发推广。

（六）增值税税率正式下调，利于行业健康发展

5月1日起，国家财政部联合税务局发布的《关于调整增值税税率的通知》将正式施行，制造业等行业增值税税率将从17%降至16%，这意味着汽车行业税率将下降1%，受此影响，奔驰、捷豹等豪华品牌宣布下调官方指导价格。增值税税率下调，有利于缓解上游原材料价格不断上涨对行业利润造成的冲击，改善企业盈利状况，长期利好汽车行业健康发展。

（七）智能汽车发展可期

从政策层面讲，《中国制造2025》发布以来，汽车智能化相关政策纷纷出台。《促进新一代人工智能产业发展三年行动计划（2018~2020年）》中提出支持车辆智能化平台的相关技术和产品的开发的发展规划，并指明了“到2020年，建立可靠、安全、实时性强的智能网联汽车智能化平台，形成平台相关标准，支撑高度自动驾驶（HA级）”的发展目标。2018年1月，工信部发表《智能汽车创新发展战略（征求意见稿）》（后称《战略》），其中明确指出了智能汽车的战略态势、战略纲领、战略任务和战略保障。

从供需层面来讲，许多车企已经开始着手布局智能汽车。比如宝马目前的布局就倾向于充电、运营和智能三个方面，而智能驾驶功能也成为消费者购车时影响购车决策的一个重要决定因素。从技术层面来讲，一方面随着网络、汽车电子技术的发展，智能汽车已经具有了一定的技术储备。另一方面，新能源汽车因其能够快速响应指令的优势是实现汽车智能化的平台最优解，新能源汽车并非是单纯的政策导向的行业，它还是智能汽车发展的一个重要发展环节。根据中汽协的数据，2015年智能驾驶渗透率为15%，对应353亿的市场规模，其中主要为低级自动驾驶技术，表现出技术储备不足，渗透率偏低的特点。《战略》中提出了2020年智能汽车新车占比50%，中高级别智能汽车市场化应用的阶段性目标。在此基础之上，智能汽车有望进入快速发展的阶段，技术水平和市场渗透率都有望进一步提升。

附表

2017年度汽车行业上市公司业绩评价结果排序表

行业排名	全部上市公司排名	股票代码	股票简称	综合得分（100分）	每股收益（元）	总资产报酬率（%）	净资产收益率（%）	总资产周转率（次）	流动资产周转率（次）	资产负债率（%）	获利倍数	营业收入增长率（%）	资本扩张率（%）	市场投资回报率（%）	股价波动率（%）	年末资产额（万元）	营业收入净额（万元）	净利润（万元）
1	1	601238	广汽集团	92.70	1.65	12.50	17.92	0.71	1.43	41.13	20.16	43.96	57.04	8.89	36.57	11960241.69	7114388.12	1082223.64
2	22	600104	上汽集团	83.80	2.96	8.47	17.99	1.31	2.38	62.39	39.23	14.97	15.74	41.33	83.67	72353313.13	85797771.79	4711609.75
3	37	000338	潍柴动力	82.40	0.85	6.74	17.52	0.86	1.72	70.28	8.54	62.66	26.47	68.34	127.94	18963816.66	15156939.22	917836.68
4	47	000581	威孚高科	81.30	2.55	15.16	16.68	0.48	0.82	24.12	252.80	40.40	14.58	8.55	42.35	2023100.62	901728.02	264720.99
5	112	600741	华域汽车	78.10	2.08	9.38	18.55	1.22	1.92	59.53	31.44	13.03	8.92	93.20	135.23	12337262.65	14048725.05	913085.92
6	200	300176	鸿特精密	75.60	4.58	30.94	55.14	1.32	2.59	58.20	17.90	104.95	73.66	313.60	316.08	264893.68	293688.94	49115.52
7	203	600660	福耀玻璃	75.40	1.26	12.55	16.36	0.61	1.25	40.05	21.18	12.60	5.36	63.44	99.98	3170400.95	1871560.88	314824.25
8	214	002048	宁波华翔	75.10	1.51	10.37	14.77	1.00	1.86	45.09	14.29	18.40	45.60	8.60	63.67	1620452.51	1480661.37	116520.83
9	215	000951	中国重汽	75.10	1.34	7.75	17.42	1.58	1.73	76.35	6.74	76.67	17.42	22.90	88.14	2702954.05	3731040.46	117153.89
10	251	601127	小康股份	73.90	0.81	7.15	19.54	1.01	1.62	75.44	11.29	35.46	27.34	−22.39	81.86	2371383.82	2193376.39	110134.94
11	259	603306	华懋科技	73.70	1.27	16.28	15.73	0.50	0.67	10.98	734.22	11.22	65.01	−17.95	47.70	240955.11	98940.47	27805.59
12	262	603766	隆鑫通用	73.50	0.46	11.84	13.15	0.99	2.13	36.49	78.09	24.62	10.61	−15.29	55.77	1138010.00	1057210.27	106060.06
13	289	600297	广汇汽车	72.70	0.53	6.82	11.66	1.30	2.20	67.29	3.15	18.67	53.84	22.29	61.61	13524603.84	16071152.25	450455.29
14	301	000980	众泰汽车	72.50	0.71	8.08	11.64	1.12	1.95	49.33	11.20	1128.48	676.87	−21.76	88.97	3317180.83	2080431.70	113667.74
15	302	603788	宁波高发	72.40	1.59	15.80	16.12	0.70	0.83	17.71	419.67	40.36	119.66	−13.09	44.10	227400.15	120793.13	23592.55
16	328	000625	长安汽车	71.90	1.49	6.80	12.75	0.75	1.24	55.28	149.57	1.87	9.48	−13.15	38.14	10612511.46	8001220.52	720843.73
17	339	601633	长城汽车	71.60	0.55	6.38	8.93	0.99	1.63	55.44	27.20	2.08	4.02	8.09	42.88	11054707.38	10049161.82	504338.65
18	349	002085	万丰奥威	71.40	0.41	12.92	14.14	1.05	2.12	34.98	23.55	7.29	13.52	10.13	49.76	1004913.76	1017722.68	99982.07
19	353	300258	精锻科技	71.30	0.62	14.00	14.91	0.51	1.53	30.28	21.29	25.62	14.60	6.04	45.35	239080.95	112886.12	25033.42
20	365	601689	拓普集团	71.10	1.06	11.13	13.70	0.65	1.08	39.52	67.13	29.27	91.15	−15.27	58.66	1073471.38	509021.97	74048.95
21	371	603377	东方时尚	71.00	0.56	12.10	9.93	0.41	1.18	30.59	23.03	1.53	15.83	−2.89	53.26	315959.21	117308.83	22235.62
22	375	000030	富奥股份	71.00	0.64	9.12	13.13	0.74	1.48	38.98	125.81	22.82	9.51	−4.67	35.42	1036434.85	719326.31	81889.49
23	384	002101	广东鸿图	70.90	0.92	7.81	9.41	0.86	1.88	41.86	6.41	86.79	111.83	−8.12	38.04	789542.62	500262.30	34429.42
24	400	601799	星宇股份	70.40	1.70	9.66	10.46	0.72	0.91	37.67	44.01	27.15	7.22	29.60	89.87	645824.49	425541.61	46900.31
25	413	000887	中鼎股份	70.20	0.93	11.05	14.28	0.87	1.55	49.40	15.61	40.39	17.22	−29.64	91.85	1534860.44	1177047.97	115357.45
26	421	603239	浙江仙通	69.90	0.63	17.45	17.06	0.63	0.87	17.49	1725.53	24.93	13.22	24.95	140.03	120423.22	73212.26	17013.56
27	457	002664	长鹰信质	69.20	0.64	10.82	14.40	0.79	1.14	41.31	46.01	35.91	18.03	7.39	53.36	349278.30	241868.16	27920.35
28	510	603997	继峰股份	68.20	0.46	17.42	17.60	0.92	1.31	19.69	174.87	29.79	13.96	−12.96	100.57	219181.73	190207.21	29866.55
29	513	600742	一汽富维	68.20	1.11	7.44	10.95	1.48	2.69	41.52	38.43	6.17	5.48	−0.23	68.74	883937.67	1273277.72	58082.82
30	520	600480	凌云股份	68.10	0.73	7.53	10.69	1.08	1.89	54.87	6.97	33.12	11.07	4.00	91.34	1185119.67	1184495.09	57390.93
31	527	600066	宇通客车	67.90	1.41	11.47	19.41	0.93	1.22	56.85	9.02	−7.33	14.09	28.71	71.96	3616540.58	3322194.88	316784.60
32	546	002126	银轮股份	67.70	0.41	7.90	10.41	0.75	1.46	44.77	9.11	38.63	44.10	4.25	42.06	667810.71	432326.31	34325.54
33	548	601965	中国汽研	67.60	0.39	8.77	7.25	0.48	0.90	17.51	1255.66	45.09	5.60	−26.79	59.44	517179.61	240079.60	37228.73
34	583	002454	松芝股份	67.10	0.87	8.17	11.14	0.76	1.09	45.27	104.49	28.96	15.25	−16.55	46.21	615463.75	417246.22	38179.50

续表

行业排名	全部上市公司排名	股票代码	股票简称	综合得分（100分）	每股收益（元）	总资产报酬率（%）	净资产收益率（%）	总资产周转率（次）	流动资产周转率（次）	资产负债率（%）	获利倍数	营业收入增长率（%）	资本扩张率（%）	市场投资回报率（%）	股价波动率（%）	年末资产额（万元）	营业收入净额（万元）	净利润（万元）
35	639	000559	万向钱潮	66.20	0.32	9.78	16.72	0.97	1.58	53.23	11.57	3.42	14.15	−8.14	52.28	1152936.43	1115424.14	92354.15
36	667	002536	西泵股份	65.70	0.72	9.48	12.10	0.88	1.79	35.11	17.88	27.88	11.33	3.12	62.57	317601.28	266599.97	24306.59
37	706	002682	龙洲股份	65.10	0.48	5.65	7.72	0.80	1.54	56.41	4.02	99.81	76.73	−20.79	59.90	716427.97	475082.13	20148.29
38	719	002448	中原内配	65.00	0.47	10.84	11.04	0.46	1.04	36.16	18.72	27.98	10.06	−18.76	49.20	382405.07	150414.70	27785.42
39	731	002406	远东传动	64.80	0.33	8.34	7.17	0.58	0.97	13.87	0.00	48.65	4.59	−16.33	64.85	272577.32	152261.13	18732.85
40	779	300585	奥联电子	64.10	0.37	11.28	12.38	0.65	0.87	28.87	3562.83	21.21	6.71	66.03	131.64	63543.90	39492.10	5941.10
41	810	300375	鹏翎股份	63.70	0.65	8.00	7.01	0.67	1.07	14.67	0.00	5.05	25.68	−16.71	87.68	186904.73	114278.68	11925.47
42	877	600081	东风科技	62.80	0.44	6.50	15.74	1.20	1.91	66.95	21.63	16.79	8.09	−23.71	75.83	543174.99	610170.85	27724.33
43	967	300547	川环科技	61.50	1.90	15.20	16.43	0.74	0.92	23.83	109.95	26.83	14.60	−37.69	100.05	91924.01	64777.44	11427.61
44	972	002553	南方轴承	61.50	0.23	11.99	9.95	0.51	0.94	10.27	0.00	21.66	1.29	−23.52	102.44	78220.83	38934.72	7854.58
45	992	002594	比亚迪	61.20	1.40	4.98	6.65	0.66	1.17	66.33	3.32	2.36	8.21	31.10	95.63	17809943.00	10591470.20	491693.60
46	1010	300432	富临精工	60.90	0.73	9.09	9.30	0.47	0.99	26.79	25.94	98.72	15.72	−26.13	72.47	550819.08	232821.82	37144.72
47	1039	603158	腾龙股份	60.50	0.61	12.22	13.62	0.65	1.05	31.02	45.27	16.68	15.63	−35.81	113.18	152325.82	90400.71	13839.76
48	1049	601311	骆驼股份	60.30	0.57	8.40	8.36	0.93	1.80	39.14	7.75	20.90	14.73	−21.96	57.08	947747.65	761798.04	52108.26
49	1099	002434	万里扬	59.60	0.48	9.00	7.98	0.53	1.21	32.32	12.09	34.78	9.25	−30.74	103.87	911586.34	503019.66	64817.41
50	1128	002472	双环传动	59.20	0.36	5.46	6.62	0.46	0.88	54.43	7.00	51.43	13.19	−14.24	31.44	748718.39	263894.70	24036.89
51	1153	000800	一汽轿车	58.90	0.17	2.67	2.91	1.48	2.62	56.88	12.16	22.86	4.17	−7.27	66.38	1853795.28	2790221.24	31790.44
52	1177	603319	湘油泵	58.50	1.37	13.45	13.86	0.79	1.40	37.50	12.12	45.98	16.45	−46.30	122.91	111424.74	81374.08	11052.20
53	1218	600676	交运股份	57.90	0.43	7.25	5.31	1.04	1.80	32.64	12.60	10.04	3.63	−28.71	65.97	886147.06	931505.25	49857.39
54	1236	002283	天润曲轴	57.70	0.30	7.60	8.30	0.53	1.32	36.42	11.85	65.88	9.68	−26.53	66.00	625347.58	302143.08	34142.82
55	1238	603085	天成自控	57.60	0.31	6.17	6.80	0.60	0.91	35.68	64.78	116.88	6.42	7.77	88.19	152616.42	78309.30	7012.12
56	1243	300507	苏奥传感	57.60	0.84	12.19	10.62	0.60	0.74	14.91	4519.87	4.63	10.87	−49.91	131.19	104822.47	60196.46	10574.92
57	1260	002662	京威股份	57.40	0.25	6.35	6.26	0.57	1.53	52.16	2.76	18.20	7.14	−11.34	80.17	1084424.65	568824.01	32406.48
58	1324	600699	均胜电子	56.40	0.42	4.25	2.19	0.73	1.57	61.24	2.82	43.41	−1.02	−1.62	63.57	3535504.39	2660560.03	74262.90
59	1325	600679	上海凤凰	56.40	0.19	6.94	5.50	0.78	2.33	26.29	22.95	126.63	7.50	−39.23	135.28	189920.22	142808.14	9912.85
60	1372	600523	贵航股份	55.90	0.67	6.58	7.22	0.91	1.32	32.72	57.40	0.89	5.85	−34.06	85.78	365858.91	339114.04	21028.56
61	1406	603701	德宏股份	55.30	0.68	11.87	12.93	0.64	0.96	30.28	73.69	22.37	8.39	−53.26	160.86	84969.37	50903.14	8061.13
62	1414	000903	云内动力	55.30	0.15	3.99	3.74	0.61	1.01	49.53	4.42	50.54	21.50	−19.82	48.02	1078612.50	590967.83	25986.66
63	1453	002328	新朋股份	54.80	0.21	5.60	5.07	0.98	1.97	28.83	1897.93	−0.32	4.54	−36.08	101.77	399588.49	394839.62	17152.49
64	1454	000913	钱江摩托	54.80	0.18	2.80	2.45	0.72	1.32	35.58	29.83	20.27	6.69	18.91	58.94	391836.10	271580.64	7850.40
65	1474	600686	金龙汽车	54.40	0.75	4.23	14.90	0.71	0.80	78.89	6.75	−18.75	19.16	−12.72	79.44	2509989.22	1773608.40	90528.62
66	1484	600960	渤海活塞	54.30	0.25	4.82	4.29	0.37	0.68	30.55	7.47	41.26	8.31	−18.69	50.27	678133.84	249854.71	23316.16
67	1500	603006	联明股份	54.10	0.60	10.97	11.24	0.73	1.56	33.73	229.15	10.07	31.78	−52.78	190.20	165096.14	101550.84	11348.76

续表

行业排名	全部上市公司排名	股票代码	股票简称	综合得分（100分）	每股收益（元）	总资产报酬率（%）	净资产收益率（%）	总资产周转率（次）	流动资产周转率（次）	资产负债率（%）	获利倍数	营业收入增长率（%）	资本扩张率（%）	市场投资回报率（%）	股价波动率（%）	年末资产额（万元）	营业收入净额（万元）	净利润（万元）
68	1557	000550	江铃汽车	53.30	0.80	3.00	1.31	1.23	1.82	52.35	3392.91	17.69	1.31	-39.01	125.25	2638376.08	3134574.68	69093.82
69	1576	600327	大东方	53.10	0.46	7.04	8.71	1.73	3.75	44.06	16.82	1.08	-2.96	-19.09	51.60	522558.43	916757.69	27093.62
70	1579	002239	奥特佳	53.10	0.12	5.15	7.02	0.61	1.20	40.06	9.79	-0.87	6.04	-27.54	78.64	866056.69	518396.62	36649.16
71	1591	300473	德尔股份	52.90	1.30	7.24	8.06	0.82	1.54	60.78	3.88	308.06	9.84	-48.89	157.84	426933.50	254091.35	13357.11
72	1610	002765	蓝黛传动	52.70	0.30	6.98	9.59	0.52	0.92	49.44	11.53	4.69	15.21	-38.11	128.84	244309.13	121509.12	12515.77
73	1619	001696	宗申动力	52.60	0.24	7.32	6.92	0.76	1.28	39.63	4.88	10.13	3.75	-33.62	72.01	693070.14	502282.82	33666.80
74	1680	600335	国机汽车	51.60	0.65	4.76	7.66	2.09	2.68	70.71	4.93	-0.68	6.15	-7.54	53.66	2590994.47	5024013.97	65528.82
75	1707	000757	浩物股份	51.40	0.10	5.70	7.97	0.58	1.02	44.42	20.31	17.93	8.22	-37.69	118.99	111539.55	61144.35	4709.52
76	1726	002590	万安科技	51.10	0.27	5.78	6.63	0.68	1.08	45.85	8.61	1.93	6.81	-35.65	100.32	349549.20	227492.76	13266.07
77	1732	300100	双林股份	51.00	0.46	6.20	8.35	0.71	1.45	56.57	4.12	29.53	9.74	-53.90	121.62	656782.17	427917.17	21809.36
78	1737	002592	八菱科技	50.90	0.48	6.42	6.06	0.31	0.78	17.02	14.20	-11.82	3.09	-27.35	67.60	257473.91	77461.37	13504.29
79	1783	300304	云意电气	50.30	0.16	7.57	6.40	0.31	0.46	12.86	0.00	19.79	7.79	-48.33	223.00	207216.49	64162.07	14043.06
80	1799	002265	西仪股份	50.10	0.06	2.54	0.89	0.80	1.39	33.60	4.56	71.90	96.38	-33.92	147.80	146695.95	90413.88	1879.33
81	1850	000025	特力A	49.30	0.22	5.75	5.60	0.27	0.87	28.88	13.30	7.09	9.85	-30.42	79.88	140331.46	34723.73	6578.16
82	1871	600303	曙光股份	49.00	0.47	5.29	-4.95	0.45	0.89	57.88	4.91	1.94	10.14	2.42	49.89	775817.80	380918.10	31680.57
83	1872	600148	长春一东	49.00	0.13	4.28	6.90	0.77	1.05	53.46	125.55	25.93	8.64	-25.74	136.10	103093.00	76832.35	3595.66
84	1910	002510	天汽模	48.40	0.11	3.28	3.77	0.43	0.70	49.14	4.16	-2.07	18.03	-5.33	74.18	476193.25	193119.76	9529.44
85	1960	603023	威帝股份	47.60	0.19	13.24	11.80	0.33	0.39	8.89	0.00	-5.69	6.16	-45.49	131.07	61724.61	19931.37	6864.10
86	2046	002363	隆基机械	46.40	0.14	2.02	2.49	0.58	0.98	30.04	0.00	17.18	19.22	-31.42	96.89	329567.91	172462.33	5334.31
87	2064	002355	兴民智通	46.10	0.12	4.37	4.12	0.45	0.82	48.66	2.71	44.24	4.04	-23.85	101.77	428313.09	186812.84	9833.65
88	2088	002715	登云股份	45.70	0.10	2.43	0.09	0.49	0.90	31.80	2.24	18.68	2.41	-21.16	52.97	69879.29	34174.99	895.66
89	2102	002284	亚太股份	45.50	0.11	2.45	2.45	0.71	1.25	53.53	4.63	15.93	7.28	-36.82	98.57	625202.55	396356.07	8810.01
90	2165	002625	光启技术	44.10	0.07	2.47	1.49	0.08	0.10	9.28	148.55	-9.95	1148.59	-24.14	44.49	829472.18	37968.06	7979.58
91	2207	000700	模塑科技	43.30	0.16	3.83	-0.34	0.64	1.86	64.30	2.96	36.01	-13.35	-31.44	80.06	753248.59	434014.98	13446.49
92	2234	002105	信隆健康	42.60	0.12	5.97	6.64	1.23	2.07	60.66	3.11	26.30	7.54	-53.68	169.37	145402.87	174564.93	4300.27
93	2253	603166	福达股份	42.10	0.23	5.39	3.67	0.40	0.89	33.28	4.93	30.21	0.85	-48.86	140.64	316070.35	133353.03	13609.46
94	2274	002725	跃岭股份	41.70	0.10	1.76	1.40	0.73	1.61	18.73	10.03	21.68	-0.02	-36.47	112.44	111855.00	78254.60	1592.94
95	2291	600609	金杯汽车	41.40	0.09	8.91	-41.49	0.67	0.89	85.41	2.40	20.18	30.07	-31.51	106.68	594923.67	577054.60	35925.65
96	2317	603009	北特科技	40.80	0.22	5.41	4.35	0.48	0.86	33.18	6.53	14.05	5.56	-58.83	210.11	202621.55	91296.89	7332.00
97	2325	002593	日上集团	40.60	0.10	3.30	2.34	0.55	0.76	51.12	2.74	40.72	2.01	-40.28	108.24	378723.08	199114.90	6650.75
98	2343	002488	金固股份	40.20	0.09	1.79	-1.18	0.53	0.91	42.27	1.49	32.10	189.12	-29.51	104.59	718699.46	300120.01	5415.53
99	2366	002607	亚夏汽车	39.80	0.09	3.51	3.11	1.50	2.90	58.12	3.07	1.58	2.51	-34.44	100.41	462783.93	666437.30	7061.92
100	2423	000957	中通客车	38.30	0.32	3.28	4.94	0.77	0.92	77.59	3.12	-15.18	7.71	-30.33	112.89	1242619.35	785157.92	19116.42

续表

行业排名	全部上市公司排名	股票代码	股票简称	综合得分（100分）	每股收益（元）	总资产报酬率（%）	净资产收益率（%）	总资产周转率（次）	流动资产周转率（次）	资产负债率（%）	获利倍数	营业收入增长率（%）	资本扩张率（%）	市场投资回报率（%）	股价波动率（%）	年末资产额（万元）	营业收入净额（万元）	净利润（万元）
101	2440	600877	ST 嘉陵	37.80	0.44	20.50	162.43	0.33	0.74	99.94	6.72	−16.39	0.00	−42.75	154.59	167330.58	58762.42	30296.98
102	2443	000996	中国中期	37.80	0.09	4.58	5.27	0.09	0.34	11.77	3026.62	−46.18	−14.25	−7.45	80.73	59998.70	6092.86	3025.62
103	2454	603528	多伦科技	37.50	0.16	5.85	6.94	0.26	0.30	32.90	0.00	−38.86	0.05	−60.31	214.50	203600.38	50875.34	10098.30
104	2469	600213	亚星客车	37.30	0.19	3.12	22.32	0.51	0.55	94.50	1.89	−29.71	26.87	−32.47	122.43	471478.69	238672.98	5228.08
105	2492	601258	庞大集团	36.70	0.03	3.31	−1.71	1.05	1.42	78.93	1.38	6.78	2.30	−10.74	68.97	6353085.49	7048514.82	19427.86
106	2519	600006	东风汽车	36.00	0.10	−0.46	−1.20	0.93	1.31	60.51	−3.16	14.25	−5.20	−18.21	58.60	1778791.19	1830087.77	−8644.74
107	2538	000017	深中华 A	35.60	0.00	3.28	6.86	2.15	2.44	74.36	0.00	−3.16	9.14	−55.40	146.50	7356.00	13749.06	157.92
108	2554	002213	特尔佳	35.00	0.05	2.56	−0.10	0.27	0.38	15.37	0.00	−21.49	2.25	−36.61	72.75	43244.01	11829.46	1012.77
109	2562	000753	漳州发展	34.70	0.09	3.80	−1.92	0.53	0.74	55.41	2.45	−12.90	−2.25	−25.55	77.94	497153.32	273816.19	7853.96
110	2578	601777	力帆股份	34.10	0.14	3.32	−2.86	0.42	0.79	75.72	1.22	14.07	6.66	−25.04	50.50	3002048.38	1260044.35	15559.00
111	2595	600166	福田汽车	33.70	0.02	0.99	−4.79	0.89	1.94	69.49	1.09	11.13	−0.12	−11.26	50.49	6241941.22	5171013.70	2892.91
112	2599	002703	浙江世宝	33.60	0.04	1.60	0.53	0.55	0.91	29.24	32.67	1.57	−0.32	−39.53	116.31	210442.45	115425.63	2673.38
113	2617	600418	江淮汽车	32.80	0.23	1.05	−1.87	1.05	1.80	65.74	1.72	−6.37	−1.42	−17.81	62.88	4451029.27	4914619.06	23733.61
114	2625	002708	光洋股份	32.40	0.03	2.15	0.09	0.62	1.25	35.70	1.91	31.31	−0.48	−46.47	142.82	234659.34	146061.92	1205.70
115	2683	600099	林海股份	30.20	0.01	0.68	−0.06	0.79	1.16	15.34	0.00	−2.23	−0.78	−48.76	133.92	55584.63	45227.38	192.70
116	2704	600178	东安动力	29.40	0.09	1.46	1.44	0.44	0.91	50.80	3.53	−28.62	2.51	−42.37	158.76	381364.24	181150.02	4273.23
117	2740	000678	襄阳轴承	28.20	0.03	1.18	−0.27	0.57	1.36	52.79	2.22	9.12	2.57	−47.83	159.06	280159.98	152231.44	1422.12
118	2793	000572	海马汽车	25.80	−0.60	−8.35	−16.63	0.57	1.56	47.65	−48.13	−30.29	−14.24	−15.83	65.23	1579293.67	968319.49	−141524.65
119	2830	000868	安凯客车	24.00	−0.33	−2.59	−26.20	0.64	0.80	85.71	−2.98	14.54	−22.52	22.35	166.56	797881.16	544891.64	−27658.21
120	2834	600698	湖南天雁	23.60	−0.09	−5.70	−15.12	0.43	0.55	56.74	−7.01	3.71	−12.71	−15.99	123.71	133444.90	58261.42	−8403.87
121	2918	600653	申华控股	17.70	−0.29	−3.12	−22.56	0.59	1.14	75.89	−1.33	−33.64	−12.50	−33.33	75.01	993977.96	580247.47	−55386.59
122	2937	000927	一汽夏利	15.60	−1.03	−31.95	−183.41	0.30	0.72	98.20	−23.14	−28.34	−94.89	−32.65	119.68	490030.04	145137.17	−163986.11
123	2952	000622	恒立实业	13.60	−0.06	−8.11	−18.52	0.14	0.16	49.66	−850.57	40.28	−6.75	−47.38	137.61	39552.27	5873.31	−3669.78
124	2987	000760	斯太尔	8.60	−0.21	−2.39	−22.90	0.06	0.17	24.58	−1.75	−57.53	−13.26	−47.62	97.01	240620.16	15136.11	−16987.34
125		000710	贝瑞基因	77.50	0.92	24.22	28.20	0.99	1.73	13.61	325.90	373.44	1267.92	3.22	102.71	180639.84	117119.13	24444.61
126		603730	岱美股份	75.80	1.53	22.25	24.04	1.02	1.44	18.81	58.56	18.36	105.22	−14.48	22.68	381082.37	324697.22	58205.79
127		603776	永安行	75.40	6.46	36.25	11.19	0.55	0.99	34.72	83.78	36.20	203.60	−14.48	69.49	251464.71	105453.14	51643.81
128		603040	新坐标	75.30	1.83	25.01	22.74	0.55	0.90	11.92	0.00	71.29	112.01	−14.48	107.99	67321.18	27077.13	10503.97
129		600933	爱柯迪	74.50	0.65	17.42	16.25	0.61	1.03	19.89	784.09	19.98	88.47	−14.48	26.01	447525.68	217461.01	47443.22
130		300707	威唐工业	73.20	1.32	17.44	19.32	0.73	1.07	24.75	89.89	37.91	126.60	−14.48	70.79	79796.85	43683.39	8713.19
131		300695	兆丰股份	72.40	3.78	17.55	18.30	0.44	0.53	17.79	0.00	18.99	249.78	−14.48	55.80	198041.23	60847.33	20497.67
132		603037	凯众股份	71.80	1.11	19.31	17.84	0.65	0.83	13.82	0.00	38.25	83.34	−14.48	117.69	88550.45	45007.86	11480.63

续表

行业排名	全部上市公司排名	股票代码	股票简称	综合得分（100分）	每股收益（元）	总资产报酬率（%）	净资产收益率（%）	总资产周转率（次）	流动资产周转率（次）	资产负债率（%）	获利倍数	营业收入增长率（%）	资本扩张率（%）	市场投资回报率（%）	股价波动率（%）	年末资产额（万元）	营业收入净额（万元）	净利润（万元）
133		603305	旭升股份	71.70	0.59	24.04	25.48	0.68	1.41	19.71	190.93	29.84	122.47	-14.48	72.14	143070.18	73889.37	22211.87
134		603809	豪能股份	70.40	1.82	10.44	12.29	0.48	0.84	29.94	48.37	30.82	82.62	-14.48	20.07	223218.32	84227.83	15311.63
135		603926	铁流股份	69.60	1.02	11.99	11.48	0.78	1.15	18.02	128.29	17.66	133.04	-14.48	70.55	143241.22	85194.16	10972.35
136		603179	新泉股份	69.40	1.65	11.70	25.31	1.21	1.74	57.00	54.30	80.91	125.71	-14.48	81.43	311865.46	309508.15	25016.53
137		300652	雷迪克	69.10	0.95	12.69	15.60	0.71	0.96	26.84	67.99	25.93	140.03	-14.48	54.82	89686.27	49545.43	7495.99
138		603197	保隆科技	69.00	1.66	17.16	19.35	1.03	1.49	39.83	15.49	23.95	100.64	-14.48	68.95	241631.69	208072.28	22466.88
139		300580	贝斯特	68.80	0.71	12.62	12.17	0.52	1.02	16.78	984.69	22.52	79.82	-14.48	108.07	150619.09	67070.03	13964.10
140		603917	合力科技	68.70	0.95	11.07	11.42	0.58	0.90	25.08	15.94	18.22	106.01	-14.48	14.03	110735.60	53946.78	8176.50
141		603655	朗博科技	67.70	0.44	10.29	9.35	0.46	0.77	7.33	372.12	19.91	61.85	-14.48	0.00	49766.13	18747.08	3527.06
142		603129	春风动力	66.80	0.88	7.89	12.48	1.35	1.73	46.50	144.33	29.75	132.25	-14.48	90.21	168229.61	181782.60	9740.51
143		603758	秦安股份	65.10	0.45	9.00	8.77	0.49	1.07	7.40	46.77	1.96	48.54	-14.48	74.30	265482.50	122307.34	18806.11
144		603358	华达科技	64.20	1.41	8.36	11.63	0.99	1.50	35.30	369.10	16.43	100.99	-14.48	105.31	391385.94	317232.79	22611.18
145		300643	万通智控	64.00	0.19	10.69	9.98	0.82	1.20	13.73	386.47	3.16	90.85	-14.48	103.85	47901.57	32019.62	3525.50
146		603586	金麒麟	63.60	0.89	10.16	10.00	0.65	1.07	24.80	13.45	16.21	113.40	-14.48	91.31	281571.45	149964.17	17376.08
147		603178	圣龙股份	63.60	0.50	8.64	13.84	0.87	1.99	58.87	6.94	25.73	97.59	-14.48	92.73	210547.72	157557.12	10985.00
148		603787	新日股份	63.50	0.39	5.05	5.88	1.63	2.17	54.03	0.00	31.20	64.91	-14.48	100.33	191164.58	269617.02	7325.15
149		002906	华阳集团	63.50	0.68	7.46	8.66	0.94	1.26	26.56	12.74	-1.91	47.11	-14.48	52.78	476097.10	416584.80	27938.18
150		603089	正裕工业	63.20	0.69	9.60	10.92	0.96	1.35	32.44	21664.97	21.86	75.28	-14.48	147.04	105194.90	84312.94	7200.42
151		603767	中马传动	61.60	0.42	6.20	6.26	0.59	1.07	20.43	32.22	7.05	70.34	-14.48	67.80	178597.56	88064.71	7800.28
152		603768	常青股份	61.50	0.67	8.49	8.75	0.95	1.83	33.66	7.87	28.41	122.16	-14.48	124.79	249811.82	191629.04	12723.10
153		603286	日盈电子	61.10	0.44	8.32	8.92	0.65	1.34	25.80	12.58	15.29	70.72	-14.48	88.10	57023.83	31763.15	3373.90
154		603922	金鸿顺	60.80	0.87	8.68	10.54	0.74	1.11	35.09	6.08	15.69	119.68	-14.48	40.52	171573.06	104244.21	9057.77
155		002921	联诚精密	59.90	0.79	7.34	7.55	0.61	1.23	43.14	5.52	19.18	55.48	-14.48	0.00	114994.11	60968.90	4512.76
156		002865	钧达股份	58.30	0.61	6.07	9.05	0.73	1.23	50.85	10.96	24.96	50.94	-14.48	99.91	171919.19	115275.26	6744.26
157		300611	美力科技	56.30	0.27	7.89	7.40	0.56	1.06	21.37	433.11	11.77	59.39	-14.48	155.50	85523.72	40149.91	4711.06
158		603035	常熟汽饰	55.60	0.81	7.95	10.00	0.43	0.97	28.95	31.50	-6.78	8.02	-4.17	112.15	316370.20	133937.85	22716.37
159		603335	迪生力	55.50	0.05	6.92	2.27	0.99	1.40	32.15	6.79	8.19	54.47	-14.48	82.73	88249.46	78101.80	1501.10
160		300680	隆盛科技	49.90	0.31	6.09	4.05	0.37	0.57	26.52	6.36	-23.08	68.79	-14.48	68.99	46189.76	15046.64	1827.55
161		002863	今飞凯达	46.40	0.30	5.29	4.36	0.77	1.56	75.82	1.71	12.47	53.83	-14.48	84.23	380894.64	258029.51	6340.33

第十章　电子和计算机行业上市公司业绩评价

近年来，电子和计算机行业以其高技术含量、高附加值特点越来越受到国家和市场的青睐，伴随着行业领域前沿的不断突破创新和与不同行业的广泛融合应用，已在世界上成为众多发达国家保持经济持续增长的最重要的手段和拉动国民经济发展的强大动力，成为国民经济的基础性、战略性产业。信息化成为全球经济社会发展的显著特征，数字经济将成为未来的经济社会新形态。电子和计算机行业的创新和发展更关系到我国网络安全、经济安全、国家安全，也是中国由网络大国向网络强国转变的必经之路。

2017年是我国全面落实“十三五”规划的关键一年，在《“十三五”规划纲要》、《中国制造2025》、《国家信息化发展战略纲要》、《国务院关于积极推进“互联网+”行动的指导意见》、《国务院关于深化制造业与互联网融合发展的指导意见》和《信息产业发展指南》等国家战略和规划的指引下，我国又陆续出台了多项发展规划对相关政策进行细化和落实。在移动通信、“互联网+”、下一代广播电视网、云计算、大数据、物联网、智能制造、智慧城市、网络安全等关键技术和重要领域，中国积极参与国际标准制定。同时，中国还积极推进“一带一路”建设信息化发展、统筹规划海底光缆和跨境陆地光缆建设，推进打造全球范围的网络命运共同体。行业股票指数方面，2017年电子行业上市公司表现与市场趋势变动差异不大，行业指数全年涨幅约13.04%，表现为上半年弱势反弹、年中猛跌、下半年震荡反弹的过程；而计算机行业则延续了2016年的颓势持续跑输大盘，行业指数全年总跌幅超过10%。整体来看，我国电子和计算机行业发展势头良好，产业规模持续壮大，产业结构不断优化，创新能力大幅增强，部分领域实现突破，企业实力不断提升，国际竞争力明显增强。电子和计算机行业的健康发展正引领着与其他各行业的融合创新，已成为我国驱动经济持续增长的新引擎。

一、电子和计算机行业上市公司业绩评价结果

截至2017年末，电子和计算机行业A股上市公司共计412家，其中盈利384家，亏损28家，即有93.20%的公司实现盈利，比2016年下降了0.88%；电子和计算机行

业上市公司总资产共计24843.00亿元，占上市公司总资产的4.58%。

2017年，全国3382家上市公司共计完成营业收入326803.73亿元，其中412家电子和计算机行业上市公司完成营业收入14862.17亿元，占全部上市公司营业收入的4.55%；全部上市公司共计实现净利润19021.72亿元，电子和计算机行业上市公司实现净利润1010.06亿元，占全部上市公司实现净利润的5.31%。

2017年，电子行业整体评价结果较好，其行业的综合评价分值为63.0分，比同年全部上市公司的综合评价分值61.8分高1.94%；计算机行业评价结果略低于市场平均水平，其行业的综合评价分值为58.4分，比同年全部上市公司的综合评价分值61.8分低5.50%。412家电子和计算机行业上市公司中有6家进入2017年上市公司业绩评价综合得分的百强名单，分别为航天信息、海康威视、蓝思科技、歌尔股份、三安光电、汇顶科技，排名分别为第13位、第35位、第49位、第72位、第89位、第95位。在412家电子和计算机行业上市公司中（在业绩排名时，剔除了其中73家当年上市或借壳上市的公司），业绩为AA的有3家；业绩为A的有9家；业绩为BBB的有21家；业绩为BB的有39家；业绩为B的有49家；业绩为CCC的有40家；业绩为CC的有48家；业绩为C的有130家。

基于对电子和计算机行业上市公司的整体评价，下面分别从财务效益状况、资产质量状况、偿债风险状况、发展能力状况、市场表现状况五个方面对电子和计算机行业上市公司进行具体分析。

表10-1　2017年度电子和计算机行业中联十强排行榜

名次	股票代码	股票简称	在全部上市公司中排名
1	600271	航天信息	13
2	002415	海康威视	35
3	300433	蓝思科技	49
4	002241	歌尔股份	72
5	600703	三安光电	89
6	603160	汇顶科技	95
7	603515	欧普照明	108
8	002008	大族激光	139
9	300296	利亚德	169
10	002236	大华股份	192

（一）财务效益

从综合得分来看，2017年电子和计算机行业上市公司中财务效益状况低于全部上市公司平均水平。

表10-2和10-3分别列示了2017年电子和计算机行业上市公司财务效益状况评价结果。从基本指标来看，电子行业上市公司财务效益状况略低于全部上市公司平均水平，平均得分为19.96分，比全部上市公司平均分21.07分低1.11分；计算机行业上市公司财务效益状况略低于全部上市公司平均水平，平均得分为19.94分，比全部上市公司平均分21.07分低1.13分。有132家公司超过全国平均水平，其中得分为满分35分的有14家公司，分别为航天信息、海康威视、汇顶科技、欧普照明、大族激光、大华股份、兆易创新、三环集团、信维通信、金安国纪、法拉电子、福晶科技、苏州科达、同花顺。以海康威视为例，2017年公司实现归属上市公司的净利润94.11亿，增长26.77%，继续保持稳健发展。这主要得

益于公司通过在不同市场环境采取了针对性的区域策略，在全球范围内优化销售策略和拓展市场，以及创新业务中萤石业务的快速发展等因素，共同推进了财务效益的提升。

从修正指标来看，电子行业得分为21.10，略低于上市公司平均得分22.25分。除总资产报酬率和盈利现金保障倍数外，扣除非经常性损益净资产收益率、盈利现金保障倍数、营业利润率和股本收益率等指标均低于上市公司平均水平。计算机行业得分为20.28，略低于上市公司平均得分22.25分。除总资产报酬率和营业利润率外，扣除非经常性损益净资产收益率、盈利现金保障倍数和股本收益率等指标均低于上市公司平均水平。

表10-2　　电子行业财务效益状况比较表

分析指标		2017年上市公司平均值	2017年行业值	2016年行业值	增长率（%）
基本指标	扣除非经常性损益净资产收益率（%）	7.99	6.32	5.16	22.48
	总资产报酬率（%）	5.91	5.92	5.56	6.47
	得分	21.07	19.96	19.94	0.10
修正指标	营业利润率（%）	7.25	7.07	6	17.83
	盈利现金保障倍数	1.34	1.37	1.4	−2.14
	股本收益率（%）	42.46	33.14	27.85	18.99
综合得分		22.25	21.1	20.54	2.73

表10-3　　计算机行业财务效益状况比较表

分析指标		2017年上市公司平均值	2017年行业值	2016年行业值	增长率（%）
基本指标	扣除非经常性损益净资产收益率（%）	7.99	5.87	7.75	−24.26
	总资产报酬率（%）	5.91	6.31	7.82	−19.31
	得分	21.07	19.94	23.62	−15.58
修正指标	营业利润率（%）	7.25	8.44	8.68	−2.76
	盈利现金保障倍数	1.34	0.53	0.62	−14.52
	股本收益率（%）	42.46	31.43	40.22	−21.85
综合得分		22.25	20.28	22.53	−9.99

与2016年的情况相比较，2017年电子行业上市公司除盈利现金保障倍数外，扣除非经常性损益净资产收益率、总资产报酬率、营业利润率和股本收益率等指标均高于2016年行业值，其中扣除非经常性损益净资产收益率上升幅度最大，为22.48%。这保持了过去两年电子行业财务效益水平逐年上升的发展趋势。2017年计算机行业上市公司的扣除非经常性损益净资产收益率、营业利润率外、总资产报酬率、盈利现金保障倍数和股本收益率等指标均低于2016年行业值，其中扣除非经常性损益净资产收益率下降幅度最大，为−24.26%。这与2017年计算机板块整体跌幅较大、营业成本上升有着密切联系。

（二）资产质量

从综合得分来看，电子行业上市公司资产质量状况平均得分为8.72，计算机行业上市公司资产质量状况平均得分为8.36，均低于上市公司平均得分。

表10-4和表10-5列示了电子和计算机行业上市公司资产质量状况评价结果。在电子和计算机行业上市公司资产质量状况指标中，航天信息得分为满分15分。其总资产周转率1.6，流动资产周转率2.13，应收账款周转率21.66次，存货周转率25.26次，在行业经营中保持了较高的水平，延续了其上一年的领先位置。

表10-4　　电子行业资产质量状况比较表

分析指标		2017年上市公司平均值	2017年行业值	2016年行业值	增长率（%）
基本指标	总资产周转率（次）	0.64	0.67	0.6	11.67
	流动资产周转率（次）	1.23	1.23	1.16	6.03
	得分	9.26	9.42	8.92	5.61
修正指标	应收账款周转率（次）	8.16	4.45	4.54	-1.98
	存货周转率（次）	2.77	5.00	5.03	-0.60
综合得分		9.08	8.72	8.69	0.35

表10-5　　计算机行业资产质量状况比较表

分析指标		2017年上市公司平均值	2017年行业值	2016年行业值	增长率（%）
基本指标	总资产周转率（次）	0.64	0.64	0.69	-7.25
	流动资产周转率（次）	1.23	1.02	1.04	-1.92
	得分	9.26	8.85	9.16	-3.38
修正指标	应收账款周转率（次）	8.16	3.93	3.88	1.29
	存货周转率（次）	2.77	4.31	4.58	-5.90
综合得分		9.08	8.36	8.54	-2.11

与2016年相比较，2017年电子行业上市公司总体上资产质量略有上升，计算机行业上市公司总体上资产质量略有下降，但整体来看变化不大。在2017年整个宏观经济环境影响下，计算机行业上市公司依靠创新技术、加大研发力度推动企业发展，因而资产周转率下降。整体来看，行业存货周转率远远高于上市公司平均水平，这主要与电子和计算机行业公司主要经营方式和特点有关。

（三）偿债风险

从综合得分来看，2017年电子和计算机行业上市公司偿债风险状况优于全部上市公司平均水平。

表10-6和表10-7列示了电子和计算机行业上市公司偿债风险状况评价结果。在电子和计算机行业上市公司偿债风险状况指标中，汇顶科技和中颖电子获得了满分15分，朗科科技等14家上市公司取得接近满分的14.99分。企业在运营中保持

了较高的速动比率，其中朗科科技和维宏股份 2017 年速动比率分别为 1599.24 和 1021.68，大大高于行业平均水平。基于行业特点，电子行业现金流动负债比率、带息负债比率等指标均优于上市公司及行业平均水平；计算机行业现金流动负债比率、带息负债比率等指标均低于上市公司及行业平均水平。

表 10-6　　**电子行业偿债风险状况比较表**

分析指标		2017 年上市公司平均值	2017 年行业值	2016 年行业值	增长率（%）
基本指标	资产负债率（%）	60.19	50.26	48.75	3.10
	获利倍数	4.97	5.58	5.94	-6.06
	得分	8.91	9.55	9.74	-1.95
修正指标	速动比率（%）	79.6	125.3	133.6	-6.21
	现金流动负债比率（%）	10.9	15.08	14.91	1.14
	带息负债比率（%）	49.72	54.05	52.78	2.41
综合得分		8.92	9.25	9.4	-1.60

表 10-7　　**计算机行业偿债风险状况比较表**

分析指标		2017 年上市公司平均值	2017 年行业值	2016 年行业值	增长率（%）
基本指标	资产负债率（%）	60.19	41.39	39.85	3.86
	获利倍数	4.97	8.86	14.35	-38.26
	得分	8.91	10.3	11.15	-7.62
修正指标	速动比率（%）	79.6	144.39	161.3	-10.48
	现金流动负债比率（%）	10.9	6.64	9.87	-32.73
	带息负债比率（%）	49.72	41.92	42.84	-2.15
综合得分		8.92	9.69	10.07	-3.77

与 2016 年相比较，2017 年电子和计算机行业上市公司偿债风险状况平均得分略有下降，说明在电子和计算机行业在增加研发投入和扩展业务的过程中，各个公司的营运资金需求增加，相应增加了偿债风险。以汇顶科技为例，公司 2017 年研发支出为 5.97 亿元人民币，较 2016 年 3.08 亿元增加 93.83%。这些研发费用的增加，是为了在新技术和新产品领域为公司的持续增长提供更有力的动力，因此符合公司的长期发展战略。整体来看，行业的偿债风险状况仍优于上市公司平均水平。

（四）发展能力

从综合得分来看，2017 年电子行业上市公司发展能力状况优于全部上市公司的平均水平，计算机行业上市公司发展能力状况略低于全部上市公司的平均水平。

表 10-8 和表 10-9 列示了电子和计算机行业上市公司发展能力状况评价结果。在电子和计算机行业上市公司发展能力状况指标中，蓝思科技得分排名第一，得分为 18.82，主要原因是随着下游消费电子行业需求的

增长，公司依托其技术研发实力及快速批量化生产能力、领先的生产效率及品质管控能力等核心竞争优势，进一步提升了对各主要品牌客户的市场销售份额。全年公司生产的智能手机前后盖防护玻璃产销量创下历史新高，达到5.2亿片，较上年度增长了近30%，产能建设和技术研发为业绩持续增长夯实了基础。

表 10-8　电子行业发展能力状况比较表

分析指标		2017年上市公司平均值	2017年行业值	2016年行业值	增长率（%）
基本指标	营业收入增长率（%）	21.02	35.63	33.05	7.81
	资本扩张率（%）	14.21	21.23	26.5	-19.89
	得分	12.2	15.01	15.21	-1.31
修正指标	累计保留盈余率（%）	41.07	29.38	25.41	15.62
	三年营业收入增长率（%）	9.58	30.04	25.66	17.07
	总资产增长率（%）	14.82	24.85	36.99	-32.82
	营业利润增长率（%）	42.01	32.86	53.42	-38.49
综合得分		12.37	13.76	14.88	-7.53

表 10-9　计算机行业发展能力状况比较表

分析指标		2017年上市公司平均值	2017年行业值	2016年行业值	增长率（%）
基本指标	营业收入增长率（%）	21.02	9.81	15.39	-36.26
	资本扩张率（%）	14.21	17.99	35.11	-48.76
	得分	12.2	11.35	14.54	-21.94
修正指标	累计保留盈余率（%）	41.07	31.62	36.45	-13.25
	三年营业收入增长率（%）	9.58	15.51	13.84	12.07
	总资产增长率（%）	14.82	19.26	29.11	-33.84
	营业利润增长率（%）	42.01	29.82	34.8	-14.31
综合得分		12.37	11.87	13.89	-14.54

与2016年相比，2017年电子行业上市公司的营业收入增长率、三年营业收入增长率和累计保留盈余率都获得了一定的提升，而资本扩张率和总资产增长率略有下降，整体较2016年相比略有下降；计算机行业上市公司的各项指标则除三年营业收入增长率外，均呈现下降的趋势。主要原因之一为计算机行业上市公司中部分公司已由营收高速增长向中高速增长转变，同时出现更大比例的公司存在利润大幅下降的情况，导致经营业绩情况的两极分化加大。

（五）市场表现

2017年，我国经济保持平稳健康发展。回顾过去一年，A股市场整体较为平稳，表现为上半年弱势反弹、年中猛跌、下半年震荡反弹的过程。电子行业上市公司表现与市场趋势变动差异不大，而计算机行业则延续了2016年的颓势持续跑输大盘，全年总跌

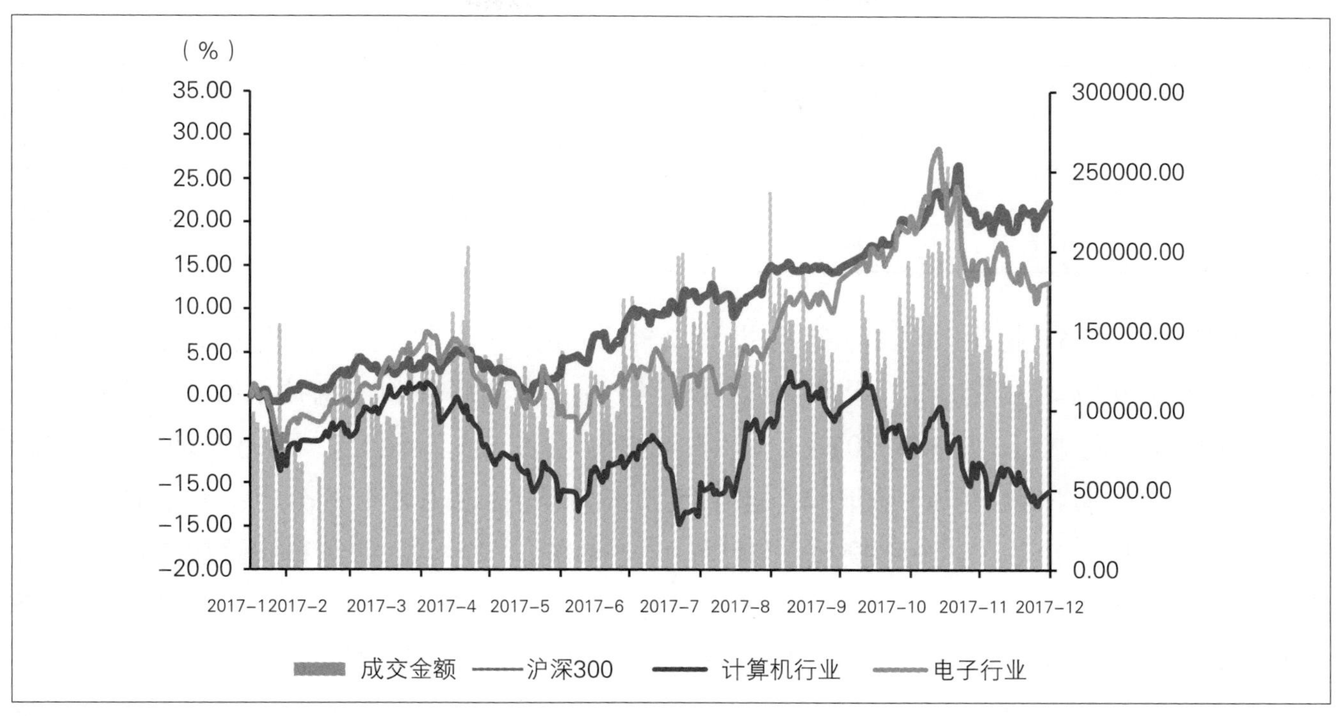

图 10－1 电子和计算机行业指数与大盘指数波动

幅超过 10%。同期电子和计算机行业市场走势具体情况见图 10–1。

从综合得分来看，电子行业上市公司市场表现状况优于全部上市公司的平均水平，计算机行业上市公司市场表现状况低于全部上市公司的平均水平。

表 10–10 和表 10–11 分别列示了电子和计算机行业上市公司市场表现状况评价结果。在电子和计算机行业上市公司市场表现状况指标中乾照光电得分名列第一，该公司主要从事半导体光电产品的研发、生产和销售业务，目前主要有全色系 LED 外延片及芯片和三结砷化镓太阳能电池外延片及芯片两大类产品，已成为国内高亮度四元系红黄光 LED 芯片产量最大的企业之一，在家用电器，室内外显示屏领域因综合竞争能力获得了较大的市场份额。在扩大规模的同时，公司不断落实精益生产，生产效率不断提升，设备产能提升，产品良率改善，单位成本下降均获得良好成效。这也是公司 2017 年 LED 芯片主营业务收入增长、毛利率提升进而盈利水平提高的重要原因。在未来，公司的蓝绿光芯片将实行规模跟随，扩产将规模做大；而红黄光芯片则定位做出技术特色，实现品质提升。在规模提升的基础上，关注并持续布局技术门槛高，未来应用场景更丰富的 LED 相关领域，通过“规模跟随＋技术特色”的独特发展战略驱动公司持久发展。

表 10–10　　电子行业公司市场表现状况比较表

分析指标	2017 年上市公司平均值	2017 年行业值	2016 年行业值	增长率（%）
市场投资回报率（%）	−14.59	−4.92	6.97	−170.59
股价波动率（%）	92.63	92.97	93.02	−0.05
得分	9.13	10.19	8.92	14.24

表 10-11　　计算机行业公司市场表现状况比较表

分析指标	2017 年上市公司平均值	2017 年行业值	2016 年行业值	增长率（%）
市场投资回报率（%）	-14.59	-20.77	-10.69	94.29
股价波动率（%）	92.63	102.22	78.73	29.84
得分	9.13	8.16	7.43	9.83

2017 年电子行业上市公司市场投资回报率为 -4.92%，虽然略高于全部上市公司 -14.59% 的水平，但较 2016 年电子行业 6.97% 的水平还是有所下降。2017 年计算机行业上市公司市场投资回报率为 -20.77%，低于全部上市公司 -14.59% 的水平，且较 2016 年计算机行业 -10.69% 的水平有所下降。2017 年，电子和计算机行业上市公司有 129 家公司的市场投资回报率高于全部上市公司平均水平，其中最高的为海康威视 146.45% 和士兰微的 141.89%，另有 259 家公司的投资回报率为负。

二、2017 年度影响电子和计算机行业业绩因素分析

2017 年，电子和计算机行业整体呈现稳中向好运行态势，创新能力不断提升，产业结构持续调整优化，效益状况持续提升。据工信部统计，2017 年全国规模以上电子信息制造业增加值比上年增长 13.8%，增速比 2016 年加快 3.8 个百分点；快于全部规模以上工业增速 7.2 个百分点，占规模以上工业增加值比重为 7.7%；实现主营业务收入比上年增长 13.2%，增速比 2016 年提高 4.8 个百分点；实现利润比上年增长 22.9%，增速比 2016 年提高 10.1 个百分点。主营业务收入利润率为 5.16%，比上年提高 0.41 个百分点；企业亏损面 16.4%，比上年扩大 1.7 个百分点，亏损企业亏损总额比上年下降 4.6%。全国软件和信息技术服务业完成软件业务收入 5.5 万亿元，比上年增长 13.9%，增速同比提高 0.8 个百分点；利润增长快于收入增长，全行业实现利润总额 7020 亿元，比上年增长 15.8%，比 2016 年提高 2.1 个百分点，高出收入增速 1.9 个百分点。

行业中上市公司 2017 年共实现营业收入 14862.17 亿元，比上年增长 25.24%；总体而言，行业延续平稳增长态势，效益状况持续提升，影响电子和计算机行业业绩的主要因素表现在以下几个方面。

（一）信息消费扩大升级，内需持续释放带动业绩增长

近年来，随着互联网技术与经济社会深度融合，我国信息消费快速发展，正从以线上为主加快向线上线下融合的新形态转变，网络提速降费深入推进，消费主体不断增加、边界逐渐拓展、模式深刻调整，带动其他领域消费快速增长，已成为当前创新最活跃、增长最迅猛、辐射最广泛的经济领域之一，对拉动内需、促进就业和引领产业升级发挥着重要作用。2017 年 8 月 13 日，国务院出台《关于进一步扩大和升级信息消费持续释放内需潜力的指导意见》，以推进供给侧结构性改革为主线，聚焦生活类信息消费、公共服务类信息消费、行业类信息消费、新型信息产品消费四大领域，从供给侧和需求侧两端发力，提升有效供给能力，创

造良好消费环境，加速激发市场活力，充分释放消费潜力，壮大我国经济发展内生动力。根据商务部数据，2017 年我国网络零售由高速增长向高质量发展转变，零售额达到 7.18 万亿元人民币，同比增长 32.2%，增速较去年提高了 6 个百分点。其中，实物商品的网上零售额达到 5.48 万亿元，增长 28%，占社会消费品零售总额的比重为 15%，比上一年提升 2.4 个百分点。对社会消费品零售总额增长的贡献率为 37.9%，比上年提升 7.6 个百分点。网络零售对消费的拉动作用进一步增强。新型智能硬件、虚拟现实等产品层出不穷，移动支付、分享经济等新模式新业态加速成长，信息消费成为推动电子和计算机行业持续发展和拉动经济增长的重要动力。

（二）“中国制造 2025”全面实施，融合发展促进行业转型升级，电子行业上市公司整体发展能力状况维持较高水平

2017 年，随着我国“中国制造 2025”行动纲领的进一步全面实施，五大工程实施稳步推进，“中国制造 2025”国家级示范区启动创建，一批重大标志性项目和工程陆续落地实施。国家制造业创新体系建设不断完善，新增信息光电子、印刷及柔性显示、机器人 3 家国家制造业创新中心；36 个工业强基工程重点方向实施“一揽子”突破，4 个“一条龙”应用试点顺利实施；202 个智能制造综合标准化和新模式应用项目取得积极进展，97 个项目开展多领域多模式智能制造试点示范，一批系统解决方案供应商快速成长；142 个重大绿色制造项目进展良好；时速 350 公里“复兴号”中国标准动车组等一批高端装备创新成果不断涌现，服务型制造成效初显。

以东方国信为例，公司作为项目主中标人中标“2017 年工业转型升级（中国制造 2025）资金（部门预算）重点项目——信息物理系统关键技术测试验证能力提升和行业试验床建设”项目。项目总投资金额 7200 万元，其中补助资金 2014 万元。公司在 2017 年业绩评价的发展能力指标中获得 10.82 分，通过此次项目，公司建立了面向炼铁行业的信息物理系统测试验证床，形成设计、仿真、制造等关键环节应用方案，完成设备互联互通、异构系统集成、虚拟仿真优化、软件定义生产、平台智能应用的测试和解决方案。基于炼铁大数据平台和各工序智能系统的炼铁信息物理系统和智能工厂，将填补行业内此领域的空白，形成强大的示范效应，并具备全面推广的广阔前景。未来，不止于钢铁业，公司有望在煤炭、矿业、能源、化工、电力、大型制造等整个工业信息化领域深入发展，进一步开拓在工业互联网领域的大数据业务，促进公司未来在工业互联网领域业务规模的提升。综上，制造业通过与信息技术融合发展迈上新台阶，也进一步激活电子和计算机行业与制造行业的深入合作和融合发展。

（三）军工信息化建设持续推进，军民融合深度发展，推动行业盈利能力提升

军工信息化建设成为推进电子和计算机行业发展的新动力。2017 年 3 月 25 日，习近平总书记主持召开中共中央政治局会议，审议通过《关于经济建设和国防建设融合发展的意见》，军民融合上升为国家战略。同时根据我国“十三五”规划纲要，军工信息化建设将是我国国防投入的重要方向。2017

年11月23日，国务院办公厅印发《关于推动国防科技工业军民融合深度发展的意见》，部署推动国防科技工业军民融合深度发展，建设中国特色先进国防科技工业体系。2017年，国防科技工业领域军民融合发展取得阶段成果。军民融合重大工程实现新突破，北斗三号开始全球组网，亚太区服务的精度达到米级；军工开放迈出新步伐，修订后的武器装备科研生产许可目录比原来缩减62%，取得武器装备研制生产许可的主要单位中民口单位已超过2/3，“民参军”层级已经由一般配套产品向总体和分系统提升；军民资源共享不断深入，向社会发布3000多项国防科技工业重大试验设备和设施，国家军民融合公共服务平台功能进一步优化。

中航光电作为军用连接器龙头企业，一直以来为航空系统提供高品质连接器产品以及解决方案，公司的军品已有300个系列，30万个品种，产品涉及航空、航天、兵器、船舶、电子、指挥系统、核工业等各个军工领域。2017年，公司在“深空”“深海”等高科技领域不断取得新突破，舰船、兵器领域订货实现快速增长，经营效益稳步提升，盈利能力、可持续发展能力进一步增强。全年实现营业收入63.62亿元，同比增长8.66%，财务效益得分高达27.51，大幅高于全部上市公司平均水平。随着国防信息化建设的加速推进，将为公司的军用连接器产品打开广阔的市场空间。可见，军工的信息化建设已成为驱动电子和计算机行业与其深入合作和融合发展的新引擎。

三、2018年电子和计算机行业前景分析

（一）中美贸易摩擦持续升温，风险与机会并存

中美两国自建交以来，贸易往来日益密切，彼此成为了重要的合作伙伴。由于频繁的贸易往来导致两国贸易摩擦日益加剧，2018年3月以来，特朗普政府跟多个国家爆发贸易摩擦，并不断激化中美之间的贸易争端。从四月初美国发布的征税产品清单中可以看出，在拟加征25%关税的1333项商品中，涵盖了中国生产的信息和通信技术、航天航空、机器人等行业产品，而这些正是《中国制造2025》战略中强调重点发展的领域，涉及的产品也由最初的劳动密集型产品转向技术密集型产品，产生的贸易摩擦也随着产品结构的变化而日趋多样化。科技含量较高的电子和计算机等技术性行业的贸易壁垒正逐渐成为中美贸易摩擦之间的焦点之一。未来，中美双方在贸易战问题的僵持预计还将持续，中美之间逐渐升温的贸易摩擦虽然可能导致未来电子和计算机行业上市公司因专利诉讼和惩罚性关税等措施受到一定的打压，但同时也为行业发展带来一定的机会。针对当前局势，具备自主研发能力的电子和计算机行业上市公司将迎来国产化替代进口的发展机遇，而国家在本轮贸易战中会坚定在高科技领域国产化和制造业升级的决心，进一步认识到核心元器件独立自主的重要性，有望进一步加大对集成电路等短板环节的扶持力度，在网络安全、自主可控、工业物联网等领域的推进有望加速，推动电子和计算机行业的健康快速发展。

（二）工业电子商务推动制造业转型升级，加快制造强国和网络强国建设

工业电子商务是电子商务在工业流通、生产、服务全流程的深化应用，是工业领域基于网络交易的新型经济活动。根据工业和信息化部的数据显示，2017年，我国重点骨干工业企业电子商务普及率突破55%，大宗原材料、装备、电子信息、消费品等重点工业行业加速涌现出一批百亿级、千亿级的知名电子商务平台，在推动传统产业生产、管理和营销模式变革等方面取得积极成效。在2017年公布的我国《工业电子商务发展三年行动计划》中明确提出，到2020年，工业电子商务应用进一步普及深化，建成一批资源富集、功能多元、服务精细的工业电子商务平台，工业电子商务支撑服务体系不断完善，发展环境进一步优化，线上线下融合水平逐步提升，形成开放、规范、诚信、安全的工业电子商务产业生态。同时，目标到2020年，规模以上工业企业电子商务采购额达到9万亿元、电子商务销售额达到11万亿元，重点行业骨干企业电子商务普及率达到60%，成为激发企业创新活力的重要举措，促进电子和计算机行业融合发展。

（三）新一代人工智能成为产业变革的核心驱动力，为经济发展注入新动能

2017年7月8日，国务院发布的《新一代人工智能发展规划》指出，人工智能作为新一轮产业变革的核心驱动力，将进一步释放历次科技革命和产业变革积蓄的巨大能量，并创造新的强大引擎，重构生产、分配、交换、消费等经济活动各环节，形成从宏观到微观各领域的智能化新需求，催生新技术、新产品、新产业、新业态、新模式，引发经济结构重大变革，深刻改变人类生产生活方式和思维模式，实现社会生产力的整体跃升。以科技引领、系统布局、市场主导和开源开放为基本原则，构建开放协同的人工智能科技创新体系，把握人工智能技术属性和社会属性高度融合的特征，坚持人工智能研发攻关、产品应用和产业培育“三位一体”推进，全面支撑科技、经济、社会发展和国家安全。

为落实该规划部署和“中国制造2025”，工业和信息化部发布了《促进新一代人工智能产业发展三年行动计划（2018~2020年）》，以信息技术与制造技术深度融合为主线，以新一代人工智能技术的产业化和集成应用为重点，推进人工智能和制造业深度融合，加快制造强国和网络强国建设。该行动计划按照“系统布局、重点突破、协同创新、开放有序”的原则，提出了四方面主要任务：一是重点培育和发展智能网联汽车、智能服务机器人、智能无人机、医疗影像辅助诊断系统、视频图像身份识别系统、智能语音交互系统、智能翻译系统、智能家居产品等智能化产品，推动智能产品在经济社会的集成应用。二是重点发展智能传感器、神经网络芯片、开源开放平台等关键环节，夯实人工智能产业发展的软硬件基础。三是深化发展智能制造，鼓励新一代人工智能技术在工业领域各环节的探索应用，提升智能制造关键技术装备创新能力，培育推广智能制造新模式。四是构建行业训练资源库、标准测试及知识产权服务平台、智能化网络基础设施、网络安全保障等产业公共支撑体系，完善人工智能发展环境。人工智能市场将迎来爆发式增长，为电子和计算机行业信息相关领域创造更多机遇。

（四）需求驱动电子政务升级，互联网＋政务服务带来新机遇

正如习近平总书记于第三十六次中央政治局集体学习时指出：推进技术融合、业务融合、数据融合、实现跨层级、跨地域、跨系统、跨部门、跨业务的协同管理和服务，是新时代下国家管理和社会治理对政务信息化新需求。自2017年以来，国家先后发布《关于推进公共信息资源开放的若干意见》《政务信息系统整合共享实施方案》，并于2018年1月印发了《公共信息资源开放试点工作方案》，选择在北京、上海、浙江、福建、贵州5个省份开展试点工作。伴随政务信息系统整合共享逐步实现，电子政务行业正迎来新一轮发展机遇。据工信部数据，2017年我国电子政务市场的规模超过了2700亿元，同比增长16%，电子政务对产业发展的拉动作用，特别是带动软件，包括办公软件、操作系统、安全软件等产品的销售超过了370万套，一批年均营收超过50亿元的系统集成的服务企业成为行业发展的主力。政务的云平台、政务大数据等新业态快速演进，“架构重塑、功能升级”的内在业务诉求，以及外在排名巨大的提升空间，为我国电子和计算机行业的电子政务相关业务带来持久有力的发展动力。

（五）网络安全的重视度增强，减税政策推动行业提升利润率

随着我国信息化产业建设的不断推进以及互联网在各行业的逐步融合应用，滋生出许多网络信息安全风险，信息产业的发展迫切需要相匹配的安全技术与之保障。正如习近平总书记在全国网络安全和信息化工作会议上指出，没有网络安全就没有国家安全，就没有经济社会稳定运行，广大人民群众利益也难以得到保障。网络安全已成为我国未来信息化发展战略的重要组成部分，国家网络空间安全已被纳入“十三五”规划未来五年100个重大工程项目之中，“十三五”计划提出2020年信息安全产品收入将达到2000亿元，年均增长20%以上。伴随着我国首部《信息安全法》和首份《国家网络空间安全战略》的出台和实施，未来将加强信息基础设施网络安全防护，加强网络安全信息统筹机制、手段、平台建设，加强网络安全事件应急指挥能力建设，积极发展网络安全产业。

2018年3月28日，国务院常务会议确定深化增值税改革措施，决定5月1日起将制造业等行业增值税税率从17%降至16%，将交通运输、建筑、基础电信服务等行业及农产品等货物的增值税税率从11%降至10%，此外将统一增值税小规模纳税人标准，并对装备制造等先进制造业、研发等现代服务业符合条件的企业和电网企业在一定时期内未抵扣完的进项税额予以一次性退还。这次增值税减税尤其利好电子和计算机行业中的先进制造、科技创新型上市公司。增值税税率下降以及一次性退还未抵扣完的进行税额，有助于降低电子和计算机行业上市公司的流转环节税负，提高企业利润率和增加企业资本积累，为扩大生产规模和加大研发投入提供基础。此外，财政部、税务总局、国家发改委、工信部等发布《关于集成电路生产企业有关企业所得税政策问题的通知》，通知提出，2018年1月1日后投资新设的集成电路线宽小于130纳米，且经营期在10年以上的集成电路生产企业或项目，第一年至第二年免征企业所得税，第三年至第五年按照25%的法定税率减半征收企业所得税，并享受至期满为止。2018年政府工作报告中将集成电路列入实业第一，本次减免税政策的出台也表明了国家大力支持集成电路的发展。整体来看，政策的大力支持有助于推动我国经济结构转型，建设制造强国、网络强国，实现电子和计算机行业的高质量发展。

（六）密集出台政策措施，促进电子和计算机行业发展

为科学引导“十三五”时期电子和计算机行业持续健康发展，根据“十三五”规划纲要、《中国制造2025》、《国务院关于积极推进“互联网+”行动的指导意见》（国发〔2015〕40号）等的部署，2017年国家密集出台多项政策措施和产业发展规划推动行业发展。随着政策和规划的逐步落实，全面提升电子和计算机行业发展质量效益和核心竞争力。

1.《新一代人工智能发展规划》《促进新一代人工智能产业发展三年行动计划（2018~2020年）》。

2017年7月，国务院发布了《新一代人工智能发展规划》，提出了面向2030年我国新一代人工智能发展的指导思想、战略目标、重点任务和保障措施，部署构筑我国人工智能发展的先发优势，加快建设创新型国家和世界科技强国。目标到2020年，我国人工智能总体技术和应用与世界先进水平同步，人工智能产业成为新的重要经济增长点，人工智能技术应用成为改善民生的新途径；到2025年，人工智能基础理论实现重大突破，部分技术与应用达到世界领先水平，人工智能成为我国产业升级和经济转型的主要动力，智能社会建设取得积极进展；到2030年，人工智能理论、技术与应用总体达到世界领先水平，成为世界主要人工智能创新中心。

2017年12月，工信部发布了《促进新一代人工智能产业发展三年行动计划（2018~2020年）》，该行动计划从推动产业发展角度出发，结合“中国制造2025”，对《新一代人工智能发展规划》相关任务进行了细化和落实，以信息技术与制造技术深度融合为主线，推动新一代人工智能技术的产业化与集成应用，发展高端智能产品，夯实核心基础，提升智能制造水平，完善公共支撑体系。

2.《云计算发展三年行动计划（2017~2019年）》。

2017年3月，工信部为贯彻落实《国务院关于促进云计算创新发展培育信息产业新业态的意见》，促进云计算健康快速发展，编制出台了《云计算发展三年行动计划（2017~2019年）》。

云计算带来了行业模式的革新，并为大数据、物联网、人工智能等新兴领域的发展提供了基础支撑。云计算以信息流带动技术流、资金流、人才流、物资流，促进了资源配置优化，加速信息技术与各行业的交叉融合，催生了新业态、新模式，为“双创”提供重要平台，是经济发展新动能的助燃剂。云计算也是推动制造业和互联网深度融合的重要力量。工业云融合了先进的制造工艺和新一代信息技术，帮助企业加速从要素驱动向创新驱动的转变。为此，需要进一步推动云计算健康发展，支撑制造强国、网络强国建设。

3.《工业电子商务发展三年行动计划》。

2017 年 9 月，工信部制定出台了《工业电子商务发展三年行动计划》，明确了系统推进工业电子商务创新发展工作的指导思想、发展目标、主要行动和保障措施。《行动计划》是指导未来三年工业电子商务工作的顶层设计和行动纲领，对于加快工业电子商务创新发展、持续驱动制造业转型升级、服务制造强国和网络强国建设具有重要意义。

《行动计划》指出要以深化工业电子商务普及应用为主线，以发展工业电子商务平台为重点，创新工业企业交易方式、经营模式、组织形态和管理体系，夯实工业电子商务关键基础设施，加快区域产业结构调整，不断激发制造业企业创新活力、发展潜力和转型动力，推动制造业新旧动能转换，加快制造强国和网络强国建设。《行动计划》明确了工业电子商务创新发展工作的主要目标：到 2020 年，工业电子商务普及应用不断深入，规模以上工业企业电子商务采购额达到 9 万亿元、电子商务销售额达到 11 万亿元，重点行业骨干企业电子商务普及率达到 60%；建成一批资源富集、功能多元、服务精细的工业电子商务平台；工业电子商务支撑服务体系不断完善；发展环境进一步优化，线上线下融合水平逐步提升，形成开放、规范、诚信、安全的工业电子商务产业生态。

以电子和计算机行业与其他行业融合创新为主要特征的新一轮科技革命和产业变革正在孕育兴起，网络强国建设稳步推进。展望未来，我国将抓住信息化发展的历史机遇，推动信息领域核心技术突破，发挥信息化对经济社会发展的引领作用，加强网信领域军民融合，主动参与网络空间国际治理进程。电子和计算机行业作为信息化建设的重要组成部分，也将成为我国自主创新和推进网络强国建设的关键力量。

附表

2017 年度电子和计算机行业上市公司业绩评价结果排序表

行业排名	全部上市公司排名	股票代码	股票简称	综合得分（100 分）	每股收益（元）	总资产报酬率（%）	净资产收益率（%）	总资产周转率（次）	流动资产周转率（次）	资产负债率（%）	获利倍数	营业收入增长率（%）	资本扩张率（%）	市场投资回报率（%）	股价波动率（%）	年末资产额（万元）	营业收入（万元）	净利润（万元）
1	13	600271	航天信息	84.60	0.84	17.09	19.35	1.60	2.13	37.00	31.36	16.17	11.31	6.43	41.34	1950105.33	2975449.12	243835.78
2	35	002415	海康威视	82.50	1.03	22.89	33.20	0.90	1.03	40.66	73.55	31.27	24.98	146.45	189.57	5157096.35	4190547.66	937750.16
3	49	300433	蓝思科技	81.00	0.78	9.03	11.94	0.80	2.08	52.98	9.83	55.57	19.31	35.45	103.80	3572224.97	2370296.23	202305.99
4	72	002241	歌尔股份	79.80	0.68	11.08	14.86	1.03	2.04	43.86	11.35	32.40	37.51	28.88	96.28	2657059.22	2553673.06	210675.46
5	89	600703	三安光电	78.90	0.78	16.07	14.26	0.34	0.73	21.65	59.19	33.82	13.40	86.37	155.13	2523665.99	839372.58	316404.36
6	95	603160	汇顶科技	78.70	1.95	25.17	27.99	0.96	1.05	21.10	6653.00	19.56	27.38	-5.98	56.10	441794.01	368159.43	88694.28
7	108	603515	欧普照明	78.20	1.18	14.01	17.17	1.21	1.61	42.37	295.30	27.03	15.59	13.74	80.45	630615.95	695704.62	68152.47
8	139	002008	大族激光	77.50	1.56	15.29	26.29	0.94	1.60	48.35	22.03	66.12	31.28	126.97	210.59	1410297.08	1156009.35	171075.66
9	169	300296	利亚德	76.50	0.74	12.53	23.15	0.62	0.98	55.49	13.57	47.80	26.08	24.79	65.24	1265774.76	647080.33	121088.71
10	192	002236	大华股份	75.80	0.82	14.80	24.59	1.03	1.23	50.34	37.05	41.38	25.72	74.14	162.25	2133347.86	1884445.81	237678.63
11	193	603986	兆易创新	75.70	1.99	21.19	21.85	0.96	1.42	31.74	707.83	36.32	37.38	83.80	203.56	257437.35	202970.88	39754.42
12	204	300408	三环集团	75.40	0.63	19.13	18.15	0.47	0.66	20.16	169.40	8.39	15.39	27.38	73.60	743436.65	312980.16	108583.33
13	227	000938	紫光股份	74.70	1.51	7.80	7.30	0.98	2.11	32.14	29.52	41.00	6.65	25.92	62.74	4257569.09	3907104.09	263087.04
14	236	300136	信维通信	74.40	0.91	25.61	26.72	0.81	1.20	47.87	42.59	42.35	42.48	102.25	159.22	533321.03	343476.78	89061.47
15	246	601231	环旭电子	74.10	0.60	9.63	13.42	1.81	2.11	50.28	112.29	23.86	14.54	54.80	108.06	1736339.40	2970568.50	131409.13
16	264	600183	生益科技	73.50	0.74	12.49	17.75	0.96	1.56	50.02	14.69	25.92	21.00	51.36	96.55	1284096.34	1075155.41	111334.18
17	268	002475	立讯精密	73.40	0.53	8.97	11.47	0.95	1.43	48.21	19.96	65.86	14.80	78.61	134.32	2688588.43	2282609.98	174777.35
18	271	300476	胜宏科技	73.30	0.72	10.11	13.03	0.76	1.19	34.07	781.69	34.35	86.33	10.15	46.15	409129.54	244214.47	28181.86
19	280	300327	中颖电子	73.10	0.64	15.57	16.03	0.76	0.81	19.16	0.00	32.46	11.15	0.68	57.54	98077.71	68572.48	12922.81
20	281	300271	华宇软件	73.10	0.58	10.38	13.14	0.58	1.02	26.52	302.19	28.46	103.99	-14.48	45.07	513104.49	233814.51	37484.46
21	283	002636	金安国纪	72.90	0.74	17.44	25.98	1.01	1.36	45.73	1981.47	20.37	28.21	-10.46	65.24	409268.79	367580.37	53733.63
22	295	002439	启明星辰	72.60	0.51	12.48	11.47	0.61	1.00	25.69	0.00	18.22	40.61	14.01	70.46	427501.17	227852.53	44270.59
23	298	600563	法拉电子	72.50	1.88	20.03	18.24	0.66	0.95	12.90	951.88	11.60	8.28	39.21	120.58	266436.55	169763.43	43699.83
24	299	002410	广联达	72.50	0.42	12.37	13.99	0.50	0.95	35.00	13.63	15.28	5.14	37.39	100.46	488715.89	233972.76	49405.95
25	300	002222	福晶科技	72.50	0.32	19.67	18.53	0.55	1.24	11.44	0.00	47.23	15.11	30.03	104.58	89082.35	45372.19	14081.61
26	333	603660	苏州科达	71.70	1.08	16.28	20.83	1.06	1.21	28.69	0.00	26.02	22.21	14.99	84.42	194660.72	182543.65	27024.12
27	356	002056	横店东磁	71.30	0.35	10.69	11.52	0.97	1.63	30.26	171.37	27.59	14.99	54.49	142.77	654884.53	601009.84	57786.43
28	377	600570	恒生电子	70.90	0.76	9.00	6.01	0.51	1.00	43.85	0.00	22.85	30.52	-0.24	78.54	585214.83	266612.14	43329.41
29	385	000997	新大陆	70.90	0.69	10.79	16.54	0.65	0.88	42.21	81.34	37.02	96.20	-12.04	64.84	857764.55	485589.70	67910.83
30	402	300042	朗科科技	70.40	0.42	6.97	4.71	0.99	1.35	4.53	0.00	57.19	3.47	1.55	56.30	95169.89	92882.81	5618.94
31	405	002179	中航光电	70.30	1.05	11.14	16.22	0.69	0.88	45.88	18.21	8.66	17.69	32.22	75.67	1003018.34	636181.31	86637.33
32	411	002273	水晶光电	70.20	0.54	9.95	10.34	0.50	1.00	31.16	46.14	27.71	21.02	19.12	95.09	515449.17	214578.60	36261.41
33	418	300219	鸿利智汇	70.10	0.51	10.16	10.19	0.89	1.95	43.79	30.44	63.82	47.18	-5.39	36.07	497195.28	369926.12	35275.01
34	423	300036	超图软件	69.90	0.44	8.72	10.21	0.52	0.93	30.97	30.00	50.00	11.23	-9.38	39.58	262972.81	124975.85	18914.09

续表

行业排名	全部上市公司排名	股票代码	股票简称	综合得分（100分）	每股收益（元）	总资产报酬率（%）	净资产收益率（%）	总资产周转率（次）	流动资产周转率（次）	资产负债率（%）	获利倍数	营业收入增长率（%）	资本扩张率（%）	市场投资回报率（%）	股价波动率（%）	年末资产额（万元）	营业收入（万元）	净利润（万元）
35	425	300188	美亚柏科	69.80	0.56	10.35	11.38	0.47	0.77	24.47	0.00	33.94	24.19	-2.84	52.69	311193.88	133664.04	26230.49
36	428	603989	艾华集团	69.70	0.97	14.83	14.45	0.78	1.13	19.77	1569.24	15.37	2.89	9.23	38.64	233111.12	179250.30	29251.94
37	437	300232	洲明科技	69.60	0.47	8.79	14.41	0.81	1.30	58.16	67.19	73.58	34.35	6.63	39.91	489157.66	303052.76	28770.74
38	454	000725	京东方A	69.30	0.22	5.59	7.10	0.41	0.98	59.28	4.10	36.15	13.33	88.80	159.98	25610874.18	9380047.92	786041.16
39	458	002635	安洁科技	69.20	0.61	8.30	7.87	0.45	0.98	22.30	66.81	48.53	160.66	8.17	123.67	871840.10	271460.08	38879.73
40	462	300184	力源信息	69.10	0.54	11.04	11.15	2.09	3.67	31.38	19.72	417.24	222.17	-27.91	73.88	612684.52	823831.15	32381.85
41	488	002279	久其软件	68.70	0.44	10.69	12.27	0.53	1.07	41.29	17.97	50.83	26.57	-21.20	62.07	470775.28	199217.70	34371.09
42	496	300088	长信科技	68.60	0.24	9.94	12.57	1.48	3.59	41.32	9.52	27.43	16.54	-0.62	55.37	748835.11	1088437.24	54797.44
43	498	002195	二三四五	68.60	0.29	11.14	12.72	0.39	0.62	15.11	50.62	83.75	17.14	-12.72	77.69	917218.13	320018.69	95330.89
44	506	600845	宝信软件	68.30	0.54	6.51	9.29	0.62	0.81	43.06	734.81	20.59	15.59	0.90	41.80	862242.47	477577.95	46059.55
45	509	002815	崇达技术	68.30	1.08	13.02	18.76	0.74	1.60	48.92	18.74	38.10	19.82	-28.98	93.69	494307.54	310264.46	44390.31
46	517	002217	合力泰	68.20	0.38	8.05	9.51	0.79	1.22	52.67	8.17	27.57	11.78	10.30	70.57	2124438.26	1511091.06	116585.49
47	525	600884	杉杉股份	67.90	0.80	8.03	5.61	0.45	1.01	49.58	6.51	51.07	28.75	37.00	139.95	2207319.04	827054.09	100985.64
48	528	300579	数字认证	67.90	1.05	11.50	12.15	0.62	0.66	41.44	0.00	16.68	12.54	0.02	91.07	93134.61	51984.84	8311.27
49	531	002185	华天科技	67.90	0.23	7.63	8.26	0.82	2.08	35.99	33.99	28.03	8.90	39.49	100.78	936644.42	700988.71	54701.83
50	544	300365	恒华科技	67.70	1.07	14.33	16.13	0.57	0.65	22.99	33.88	41.84	106.81	-20.70	49.25	201680.88	85574.75	19212.63
51	551	300438	鹏辉能源	67.60	0.92	10.79	15.00	0.75	1.09	45.15	26.34	65.06	111.33	-9.79	69.50	367507.87	209849.27	25055.86
52	555	002449	国星光电	67.50	0.75	7.27	10.17	0.58	0.96	49.40	16.43	43.59	8.61	28.98	106.47	627016.82	347260.24	34664.56
53	556	002153	石基信息	67.50	0.39	7.58	7.53	0.46	0.77	20.43	218.68	11.21	5.32	12.24	67.29	678752.46	296118.66	42496.41
54	558	300448	浩云科技	67.40	0.54	12.23	12.21	0.51	0.75	13.64	55.93	4.56	66.40	-26.89	71.00	134938.40	56979.50	11930.97
55	567	002138	顺络电子	67.30	0.44	9.23	7.42	0.45	1.25	15.05	18.46	14.47	51.97	-4.52	48.13	476832.36	198755.79	34404.38
56	568	000977	浪潮信息	67.30	0.39	5.06	5.89	1.89	2.20	59.28	3.88	101.21	84.34	4.28	57.03	1788150.11	2548817.57	42441.57
57	572	300014	亿纬锂能	67.20	0.47	9.06	11.48	0.50	1.18	57.15	9.80	27.46	52.67	32.49	131.18	746033.60	298230.48	43306.99
58	580	002745	木林森	67.10	1.27	6.62	9.43	0.50	0.93	68.64	3.92	47.97	10.25	25.27	116.63	1889599.32	816872.56	67630.91
59	596	002139	拓邦股份	66.90	0.32	8.60	11.03	0.91	1.52	35.36	748.67	46.82	12.69	30.76	100.09	320903.25	268256.84	22472.39
60	597	603328	依顿电子	66.80	0.55	11.58	11.90	0.58	0.70	16.65	0.00	11.97	-2.38	-5.35	48.70	555965.24	328576.44	55305.88
61	602	600850	华东电脑	66.70	0.69	6.90	14.23	1.22	1.25	60.62	28.43	8.92	10.50	-20.19	48.33	567007.34	659781.22	31262.24
62	605	300182	捷成股份	66.70	0.42	9.07	10.67	0.31	0.75	35.15	8.62	33.18	8.68	-17.25	38.39	1515127.08	436586.40	108269.83
63	606	002402	和而泰	66.70	0.21	11.57	12.65	1.07	1.51	36.08	47.23	46.99	24.96	-9.30	43.53	210256.95	197856.79	18293.02
64	624	000662	天夏智慧	66.50	0.68	11.29	9.99	0.26	0.79	21.71	38.71	30.39	11.35	-28.80	69.86	711420.74	166558.68	57421.68
65	631	000413	东旭光电	66.40	0.33	6.00	6.29	0.30	0.43	52.64	2.97	151.20	38.96	-17.39	43.51	6768332.92	1733636.42	193887.11
66	633	300166	东方国信	66.30	0.41	10.00	8.72	0.30	0.48	12.73	63.21	17.86	11.21	3.22	53.15	514655.30	150598.95	43937.24
67	643	300373	扬杰科技	66.10	0.57	11.20	10.06	0.51	0.77	30.88	24.33	23.47	12.26	51.78	106.49	328913.33	146950.84	26742.13
68	644	300170	汉得信息	66.10	0.38	10.75	10.19	0.80	1.04	21.99	48.70	35.95	18.46	1.85	40.37	314662.26	232504.74	30476.13
69	655	002649	博彦科技	65.90	0.43	9.33	8.97	0.81	1.42	26.45	17.41	16.37	13.65	-9.76	68.94	287381.32	225049.81	21901.05

续表

行业排名	全部上市公司排名	股票代码	股票简称	综合得分（100分）	每股收益（元）	总资产报酬率（%）	净资产收益率（%）	总资产周转率（次）	流动资产周转率（次）	资产负债率（%）	获利倍数	营业收入增长率（%）	资本扩张率（%）	市场投资回报率（%）	股价波动率（%）	年末资产额（万元）	营业收入（万元）	净利润（万元）
70	656	002384	东山精密	65.90	0.54	4.98	8.05	0.83	1.36	64.76	2.67	83.14	183.70	53.90	126.04	2211348.03	1538956.56	53043.96
71	676	002777	久远银海	65.60	0.57	10.03	18.45	0.57	0.66	55.47	133.26	30.91	11.34	−23.67	63.47	129761.10	69044.80	10579.30
72	681	002079	苏州固锝	65.50	0.14	9.37	8.51	0.99	1.51	17.90	111.94	56.20	7.54	0.24	72.90	198100.97	185459.15	14907.95
73	711	603005	晶方科技	65.00	0.42	5.21	3.90	0.31	0.71	15.27	0.00	22.71	7.05	15.19	65.31	211522.05	62877.96	9569.17
74	724	002025	航天电器	64.90	0.73	9.66	12.08	0.64	0.79	35.57	0.00	15.77	9.39	−9.54	59.10	439202.15	261212.73	34543.30
75	728	300451	创业软件	64.80	0.70	10.63	11.30	0.60	1.30	23.24	68.97	110.15	173.93	−43.27	91.33	269899.06	115295.29	16878.46
76	729	300394	天孚通信	64.80	0.60	14.77	12.87	0.40	0.61	8.88	0.00	9.01	7.04	−31.66	75.06	88942.52	33799.24	10941.42
77	734	300033	同花顺	64.70	1.35	19.45	21.77	0.34	0.39	24.74	0.00	−18.69	7.31	−28.94	73.03	421118.58	140969.83	72565.38
78	741	000034	神州数码	64.70	1.11	6.31	11.24	3.01	3.59	86.17	2.89	53.50	26.68	−2.80	68.77	2427319.04	6221595.05	72318.86
79	747	300508	维宏股份	64.60	1.42	17.25	8.35	0.39	0.54	8.42	0.00	37.87	16.58	−40.40	143.63	55822.01	19862.93	8069.56
80	758	000541	佛山照明	64.50	0.58	14.82	7.32	0.65	1.15	15.44	0.00	12.88	−4.11	−4.56	29.14	567581.18	380018.83	74582.03
81	766	300523	辰安科技	64.30	0.63	11.20	12.90	0.50	0.58	29.83	55.21	16.61	12.01	−19.36	83.21	133992.85	63854.80	12027.67
82	769	002049	紫光国芯	64.30	0.46	6.75	6.57	0.38	0.73	32.12	32.20	28.94	7.90	49.05	141.41	520702.52	182909.57	27873.35
83	781	300410	正业科技	64.10	1.05	10.97	9.57	0.57	1.12	28.79	27.59	110.78	76.75	−30.66	70.36	285353.07	126537.89	20001.88
84	782	300207	欣旺达	64.10	0.43	7.06	15.61	1.31	1.94	76.38	6.24	74.43	26.44	−28.04	46.61	1305885.73	1404488.25	56460.57
85	785	002376	新北洋	64.10	0.45	10.17	12.03	0.47	0.96	28.90	16.52	13.79	8.10	−10.16	41.46	405459.65	186043.07	34874.07
86	792	000988	华工科技	64.00	0.36	6.02	4.94	0.63	0.87	37.98	9.27	35.21	63.42	5.96	61.50	857807.35	448055.28	32064.36
87	800	002405	四维图新	63.90	0.22	3.88	3.32	0.31	0.63	29.85	841.70	36.03	116.73	34.73	133.16	979891.71	215648.78	21232.17
88	803	300468	四方精创	63.80	0.84	8.51	9.47	0.47	0.69	19.44	0.00	38.35	12.22	−26.21	97.50	117837.12	50780.58	8816.34
89	805	300241	瑞丰光电	63.80	0.53	7.50	6.16	0.74	1.37	48.92	36.24	34.28	19.48	5.11	84.96	239915.21	158369.33	13273.08
90	816	600588	用友网络	63.60	0.27	6.45	7.07	0.48	0.86	51.97	5.32	24.06	5.52	−0.21	100.95	1403397.96	634365.85	56002.26
91	823	300227	光韵达	63.50	0.42	8.57	9.15	0.59	1.58	33.09	8.69	64.32	80.12	−14.65	70.25	106156.69	51340.81	5866.93
92	826	300115	长盈精密	63.50	0.63	8.26	12.13	0.92	1.72	53.84	7.76	37.78	11.06	−14.42	93.77	1008349.21	843160.37	58942.44
93	829	002036	联创电子	63.50	0.50	8.74	13.81	1.15	2.16	57.57	7.54	70.09	16.57	−15.60	64.29	490385.62	505438.35	29607.05
94	831	300324	旋极信息	63.40	0.34	8.71	9.09	0.45	0.74	30.79	54.35	50.64	6.38	−25.07	91.08	788746.04	329714.08	51068.88
95	832	002609	捷顺科技	63.40	0.32	9.22	9.26	0.37	0.47	13.76	0.00	21.13	8.46	−8.91	26.05	263091.76	94951.80	21119.68
96	837	000049	德赛电池	63.40	1.46	8.97	21.48	1.96	2.27	76.18	7.77	43.12	21.01	0.18	74.92	761906.75	1248597.56	36376.98
97	838	603678	火炬电子	63.30	0.52	9.37	8.04	0.60	0.85	22.92	27.15	25.66	8.17	−6.09	58.63	331346.86	188813.30	22852.62
98	853	300323	华灿光电	63.20	0.60	8.34	7.40	0.31	0.81	60.36	5.78	66.21	13.56	81.97	172.13	990236.69	262990.34	50210.64
99	858	000062	深圳华强	63.20	0.57	8.67	10.28	1.07	1.97	47.76	8.73	49.66	9.62	−14.11	56.07	856549.96	829788.09	45671.37
100	900	000050	深天马A	62.40	0.58	4.08	2.39	0.55	1.36	51.18	6.77	30.51	5.20	5.01	87.26	2965226.06	1401250.05	80720.43
101	907	002230	科大讯飞	62.30	0.33	5.20	5.32	0.46	0.85	40.39	15.03	63.97	10.16	113.50	220.34	1334033.64	544468.81	47917.97
102	917	002456	欧菲科技	62.20	0.38	5.62	7.96	1.25	2.05	70.20	4.76	26.34	14.28	60.54	141.43	3083825.18	3379103.14	100807.12
103	926	002308	威创股份	62.10	0.22	5.67	5.56	0.31	0.73	19.36	112.15	8.27	47.63	−15.69	53.99	430553.74	113747.91	19131.12
104	934	002766	索菱股份	62.00	0.35	7.75	9.90	0.57	0.88	43.72	5.81	57.64	86.04	−21.51	58.30	337673.76	149819.52	14848.80

续表

行业排名	全部上市公司排名	股票代码	股票简称	综合得分（100分）	每股收益（元）	总资产报酬率（%）	净资产收益率（%）	总资产周转率（次）	流动资产周转率（次）	资产负债率（%）	获利倍数	营业收入增长率（%）	资本扩张率（%）	市场投资回报率（%）	股价波动率（%）	年末资产额（万元）	营业收入（万元）	净利润（万元）
105	935	002152	广电运通	62.00	0.37	9.14	5.20	0.36	0.51	25.27	494.75	−0.91	6.93	−19.14	50.39	1269122.00	438357.70	96399.99
106	955	002587	奥拓电子	61.70	0.22	9.38	11.28	0.68	0.96	35.25	64.27	127.78	29.09	−23.56	61.94	179347.16	104112.40	13137.91
107	956	002373	千方科技	61.70	0.33	8.12	9.41	0.40	0.49	41.35	26.88	6.80	6.16	3.48	41.03	654318.90	250426.08	44531.79
108	981	000823	超声电子	61.40	0.36	6.18	6.76	0.88	1.46	31.27	14.50	22.66	4.85	9.36	63.47	509445.83	433312.70	24111.24
109	991	300229	拓尔思	61.20	0.34	9.02	8.09	0.38	0.81	15.81	185.94	20.76	10.36	−14.59	91.95	221021.89	82132.34	17465.86
110	999	002063	远光软件	61.10	0.29	7.38	7.32	0.49	0.65	16.02	97.50	7.76	12.03	−20.11	61.19	249479.18	117925.87	16668.38
111	1007	603019	中科曙光	60.90	0.48	5.84	6.87	0.78	1.14	65.95	4.64	44.36	11.59	50.06	169.99	1008745.42	629422.34	32666.24
112	1017	300545	联得装备	60.80	0.79	8.21	9.38	0.56	0.59	50.97	47.03	82.02	9.96	−19.91	79.04	104047.38	46627.92	5652.25
113	1018	300525	博思软件	60.80	0.80	9.94	12.00	0.48	0.73	36.99	173.25	80.95	18.00	−52.69	222.18	80456.13	30988.24	5692.62
114	1019	300102	乾照光电	60.80	0.30	6.05	5.32	0.26	0.44	48.72	33.48	−1.68	8.46	20.21	59.72	528791.61	113028.79	21056.03
115	1021	002362	汉王科技	60.80	0.20	5.38	5.55	0.60	0.89	20.58	592.38	45.42	8.47	7.65	126.41	106841.44	60438.57	4816.86
116	1027	300559	佳发安泰	60.70	1.02	12.10	10.82	0.27	0.35	10.14	0.00	15.99	16.86	−38.33	141.02	75757.37	19222.89	7651.06
117	1032	002045	国光电器	60.70	0.31	5.22	5.01	1.13	2.20	64.05	5.60	57.61	5.85	35.66	89.33	416480.79	404881.72	12796.38
118	1051	300297	蓝盾股份	60.30	0.35	8.46	10.83	0.30	0.49	50.67	6.04	40.86	13.46	−23.90	60.49	828898.12	221647.64	44131.37
119	1054	002463	沪电股份	60.30	0.12	5.31	4.23	0.82	1.78	41.79	28.21	22.07	3.66	10.90	58.72	599230.76	462674.43	20351.77
120	1058	300075	数字政通	60.20	0.42	7.79	9.59	0.44	0.67	32.87	40.18	24.36	42.16	−13.36	94.41	306215.33	120297.70	18445.74
121	1059	300065	海兰信	60.20	0.29	9.71	8.86	0.40	0.61	22.62	69.92	12.36	19.25	−28.91	88.93	221260.55	80514.70	15677.52
122	1096	300183	东软载波	59.60	0.53	8.09	8.29	0.31	0.42	11.75	0.00	−7.16	7.10	−21.04	49.75	306989.75	91344.42	23607.81
123	1101	300340	科恒股份	59.50	1.04	5.39	7.75	0.73	1.15	58.71	10.16	161.83	10.54	6.75	145.85	344527.97	206059.97	12275.73
124	1105	000636	风华高科	59.50	0.28	5.26	3.92	0.52	1.19	27.62	11.33	20.94	1.36	12.67	88.83	632885.96	335518.95	26203.91
125	1109	002421	达实智能	59.40	0.16	7.82	10.36	0.50	0.77	40.17	32.36	4.70	9.72	−3.78	45.70	545725.53	257248.77	33327.88
126	1117	300083	劲胜智能	59.30	0.32	5.79	7.99	0.62	1.01	49.85	11.24	25.03	9.55	5.36	78.00	1118665.07	642172.30	46053.86
127	1122	600261	阳光照明	59.20	0.28	8.05	10.42	0.83	1.17	46.28	94.04	14.68	5.61	−23.19	65.66	649674.00	503823.87	41432.92
128	1124	300288	朗玛信息	59.20	0.29	7.12	6.23	0.28	1.16	16.92	67.45	3.44	6.37	−9.78	82.45	152818.45	41175.83	8739.79
129	1129	002401	中远海科	59.20	0.25	5.65	6.98	0.56	0.62	57.73	0.00	40.19	6.45	−25.29	98.34	192254.05	91700.69	8052.72
130	1130	002268	卫士通	59.20	0.21	4.38	4.54	0.45	0.69	23.74	74.77	18.80	178.96	12.18	109.13	575357.79	213711.50	17725.25
131	1141	600171	上海贝岭	59.00	0.26	7.12	2.70	0.23	0.34	11.89	133.98	10.37	29.15	15.99	102.15	274791.53	56187.40	17505.08
132	1150	300386	飞天诚信	58.90	0.30	6.64	5.90	0.58	0.64	15.70	36919.15	24.02	4.49	−36.23	95.45	196954.47	110304.85	10414.75
133	1151	002368	太极股份	58.90	0.70	4.17	9.37	0.65	0.86	67.37	19.55	2.62	15.66	−17.44	48.93	861783.52	529958.85	28637.57
134	1188	002106	莱宝高科	58.50	0.20	3.98	3.52	0.86	1.34	18.81	0.00	18.95	2.02	−13.12	65.92	467184.44	398934.98	14862.75
135	1197	002484	江海股份	58.30	0.23	6.60	5.07	0.46	0.64	16.08	47.04	36.22	4.91	−29.90	78.32	384793.99	166681.18	20397.09
136	1199	603936	博敏电子	58.20	0.39	4.34	5.64	0.82	1.77	58.13	4.19	30.31	6.00	−8.24	50.19	236555.15	175987.95	6524.07
137	1207	300044	赛为智能	58.10	0.49	7.41	7.89	0.47	0.82	45.66	7.63	49.55	157.47	−7.21	85.77	429442.52	149849.41	18037.35
138	1214	300543	朗科智能	58.00	0.67	9.05	11.40	1.16	1.62	40.63	0.00	26.59	6.98	−39.11	149.51	110162.69	118480.09	8017.14
139	1226	002232	启明信息	57.80	0.13	3.90	4.02	0.97	1.28	36.86	0.00	34.83	1.74	−20.09	53.83	182434.65	171220.90	6056.46

续表

行业排名	全部上市公司排名	股票代码	股票简称	综合得分（100分）	每股收益（元）	总资产报酬率（%）	净资产收益率（%）	总资产周转率（次）	流动资产周转率（次）	资产负债率（%）	获利倍数	营业收入增长率（%）	资本扩张率（%）	市场投资回报率（%）	股价波动率（%）	年末资产额（万元）	营业收入（万元）	净利润（万元）
140	1235	002389	南洋科技	57.70	0.43	3.86	4.05	0.25	0.70	18.70	42.31	19.19	74.23	-1.63	61.47	753652.27	144673.55	19587.87
141	1237	603738	泰晶科技	57.60	0.57	10.01	10.67	0.55	0.97	44.79	40.04	45.91	16.09	-45.32	112.56	126781.33	53996.45	7623.65
142	1248	002383	合众思壮	57.60	0.33	5.06	6.13	0.35	0.61	54.66	4.72	95.48	5.53	21.43	83.05	832719.61	228770.37	24427.72
143	1262	000021	深科技	57.40	0.37	6.50	1.99	1.00	1.54	64.28	4.89	-5.70	11.92	-0.35	47.39	1659948.37	1420977.86	57389.56
144	1289	300502	新易盛	56.90	0.48	9.90	9.48	0.67	0.91	22.44	117.48	22.89	9.26	-17.72	103.35	140235.85	87736.54	11109.09
145	1291	300367	东方网力	56.90	0.46	8.64	9.92	0.32	0.48	41.05	7.18	25.21	1.14	-24.60	71.05	623525.26	185472.29	37954.60
146	1292	300053	欧比特	56.90	0.19	5.48	4.76	0.28	0.61	25.00	33.06	31.95	5.34	1.56	61.44	275409.88	73885.14	12041.05
147	1294	002729	好利来	56.90	0.34	6.51	4.95	0.38	0.90	7.56	0.00	10.27	3.66	-26.43	87.18	45293.46	16957.20	2277.56
148	1310	300546	雄帝科技	56.70	0.59	11.04	11.14	0.46	0.49	32.56	0.00	29.77	10.14	-49.56	145.65	94278.88	38010.65	7951.15
149	1312	300455	康拓红外	56.70	0.18	10.14	9.99	0.36	0.43	14.07	0.00	3.98	8.72	-22.58	93.88	81760.52	29490.15	7175.65
150	1314	600728	佳都科技	56.60	0.13	4.69	6.17	0.78	0.98	47.59	10.34	51.39	18.03	-3.51	85.95	620086.07	431195.64	21556.54
151	1331	300348	长亮科技	56.40	0.30	8.48	9.68	0.67	1.07	25.93	11.60	35.16	32.30	-39.37	94.27	146739.95	87965.23	8765.66
152	1333	002436	兴森科技	56.40	0.11	5.84	6.34	0.76	1.64	44.19	6.91	11.67	0.95	-14.99	47.21	443533.65	328296.48	19166.83
153	1337	600363	联创光电	56.30	0.45	6.75	8.88	0.74	1.35	40.96	7.45	20.16	8.95	-23.00	87.25	426872.74	300926.28	22647.97
154	1363	300532	今天国际	56.00	0.61	8.70	10.64	0.46	0.56	39.67	0.00	42.89	7.18	-40.11	116.51	130087.34	56961.77	9283.55
155	1365	300378	鼎捷软件	56.00	0.23	5.11	4.49	0.65	1.20	37.50	299.36	6.66	5.07	-36.88	105.23	197868.15	121598.05	6465.64
156	1385	300177	中海达	55.70	0.15	4.94	3.35	0.45	0.67	23.30	24.88	33.32	14.31	-27.44	65.43	249430.52	102079.07	8716.50
157	1393	600446	金证股份	55.50	0.16	6.70	10.39	1.10	1.54	49.93	10.02	15.34	33.35	-39.53	112.65	454681.99	422774.60	21657.79
158	1404	002156	通富微电	55.40	0.13	2.40	1.26	0.56	1.56	48.48	2.73	41.98	1.90	17.95	87.24	1214640.49	651925.52	19715.16
159	1409	600718	东软集团	55.30	0.86	8.60	0.80	0.58	1.14	29.75	46.20	-7.81	12.60	-23.94	73.06	1290919.42	713113.47	89022.37
160	1418	002724	海洋王	55.20	0.25	9.18	8.15	0.56	0.76	14.46	0.00	18.60	8.13	-44.86	126.65	206196.57	109695.57	15195.87
161	1427	300377	赢时胜	55.10	0.28	8.60	7.83	0.19	0.35	6.10	610.12	53.08	6.16	-14.28	83.85	293871.05	53701.80	22077.62
162	1442	600797	浙大网新	54.90	0.32	7.79	2.99	0.61	1.25	28.33	15.87	-20.26	96.95	-26.85	71.58	653267.69	325321.06	32657.06
163	1449	300566	激智科技	54.80	0.50	5.20	5.70	0.50	0.90	58.71	7.91	20.76	18.16	-10.61	80.23	160560.63	73828.45	6157.44
164	1458	300047	天源迪科	54.70	0.42	5.94	6.34	0.81	1.26	28.86	6.30	21.03	43.04	-38.10	83.98	409501.43	296305.90	17934.01
165	1469	600110	诺德股份	54.50	0.17	8.31	8.10	0.43	0.93	62.03	2.39	26.75	10.21	-15.26	96.96	621712.17	253774.58	21567.35
166	1476	300209	天泽信息	54.40	0.37	4.66	2.79	0.39	0.72	22.77	21.59	37.43	3.99	-23.47	81.22	271368.23	99516.28	9829.11
167	1486	600745	闻泰科技	54.30	0.52	4.32	5.41	1.42	2.11	66.42	3.81	26.08	-28.22	62.32	155.37	1091535.28	1691623.22	33484.76
168	1489	300287	飞利信	54.30	0.28	6.80	7.08	0.32	0.57	19.46	67.90	8.98	6.27	-38.19	87.87	726478.99	222067.64	41436.05
169	1492	300496	中科创达	54.20	0.20	4.15	5.48	0.51	0.70	50.83	6.11	37.08	17.58	-31.14	103.24	265763.06	116232.72	7613.86
170	1502	600602	云赛智联	54.10	0.21	6.61	4.56	0.79	1.31	27.37	443.93	2.84	2.10	-28.39	87.46	544702.85	420991.84	30529.72
171	1503	300366	创意信息	54.10	0.33	5.73	5.38	0.43	0.73	19.97	17.25	44.53	5.45	-30.79	97.29	372245.05	160941.69	17359.59
172	1518	300493	润欣科技	53.80	0.18	6.97	10.89	1.76	1.81	53.91	8.06	18.88	5.12	-25.73	98.58	108984.08	182951.01	5469.16
173	1519	300384	三联虹普	53.80	0.56	6.84	7.36	0.17	0.31	24.71	10.77	18.54	92.56	-29.44	60.42	215483.67	29322.56	9029.17
174	1520	002065	东华软件	53.80	0.21	6.05	3.42	0.55	0.68	36.27	18.54	12.56	1.29	-27.62	46.70	1415404.89	729012.85	66529.47

续表

行业排名	全部上市公司排名	股票代码	股票简称	综合得分（100分）	每股收益（元）	总资产报酬率（%）	净资产收益率（%）	总资产周转率（次）	流动资产周转率（次）	资产负债率（%）	获利倍数	营业收入增长率（%）	资本扩张率（%）	市场投资回报率（%）	股价波动率（%）	年末资产额（万元）	营业收入（万元）	净利润（万元）
175	1521	603990	麦迪科技	53.70	0.64	8.81	10.69	0.41	0.63	30.76	23.40	11.65	9.83	-32.02	120.81	62650.27	26868.01	5111.09
176	1530	603636	南威软件	53.60	0.25	6.85	7.84	0.49	0.70	48.72	84.73	72.48	11.44	-51.57	245.39	196449.76	80731.31	9203.55
177	1552	300440	运达科技	53.30	0.26	7.63	8.29	0.33	0.37	28.82	0.00	-0.38	1.00	-30.82	64.38	182383.34	59505.42	12144.97
178	1553	300253	卫宁健康	53.30	0.14	7.51	8.45	0.34	0.74	28.37	29.65	26.12	10.48	-34.61	93.57	371230.26	120375.63	22973.76
179	1566	300045	华力创通	53.20	0.15	5.66	6.42	0.36	0.59	27.09	36.64	36.41	36.19	-16.53	87.96	186944.39	57092.37	8150.02
180	1571	002119	康强电子	53.20	0.31	7.09	8.73	0.80	1.51	51.50	3.92	8.93	7.18	-3.89	59.90	166730.19	130361.81	7475.82
181	1584	300339	润和软件	53.00	0.35	6.42	6.17	0.30	0.89	31.43	4.83	22.59	4.93	-31.39	87.26	544627.93	161197.44	24865.64
182	1585	300046	台基股份	53.00	0.38	6.46	1.00	0.27	0.52	18.27	0.00	15.10	5.84	-9.10	76.23	102571.79	27865.18	5338.78
183	1615	300542	新晨科技	52.60	0.40	5.09	5.93	0.80	0.94	24.62	658.87	40.57	5.70	-42.78	141.69	78948.59	60645.18	3618.66
184	1618	002055	得润电子	52.60	0.38	3.60	1.63	0.70	0.99	70.56	2.02	27.65	61.74	-13.04	54.00	958734.29	585103.23	14795.54
185	1633	002189	利达光电	52.40	0.11	2.63	3.12	1.02	1.74	33.75	12.25	10.74	3.14	-22.15	104.06	91798.42	91286.60	2251.39
186	1639	300561	汇金科技	52.30	0.95	11.94	8.93	0.33	0.35	11.23	0.00	10.99	9.81	-60.07	213.66	76761.66	24201.87	7968.28
187	1647	002771	真视通	52.20	0.43	7.37	10.82	0.76	0.88	44.13	1793.42	3.03	9.19	-45.14	117.53	115356.43	81857.26	6928.15
188	1650	300168	万达信息	52.10	0.32	7.50	9.40	0.34	0.63	64.85	3.31	16.41	20.84	-32.69	89.87	800387.66	241548.26	32467.07
189	1662	300328	宜安科技	52.00	0.08	3.08	1.91	0.62	1.22	43.91	3.20	44.00	7.72	-18.15	47.50	148386.40	81073.44	2610.72
190	1669	002388	新亚制程	51.90	0.14	5.95	3.25	0.53	0.71	30.12	10.29	-0.22	110.22	-25.96	141.46	178695.02	81261.08	6721.43
191	1675	603918	金桥信息	51.70	0.20	4.99	6.84	0.76	0.93	46.61	22.45	14.85	6.87	-39.65	123.87	96421.47	67272.93	3483.69
192	1678	300231	银信科技	51.70	0.36	13.08	18.29	0.78	1.24	46.89	13.43	-11.12	18.53	-36.66	120.27	137669.63	93352.03	12300.46
193	1688	300212	易华录	51.50	0.54	5.57	8.56	0.39	0.50	64.09	3.47	33.07	14.79	-19.91	92.45	904743.05	299335.63	27418.57
194	1703	300389	艾比森	51.40	0.33	7.23	8.59	0.90	1.35	41.77	18.06	32.71	6.60	-46.85	145.29	179917.62	154738.64	10431.50
195	1705	300311	任子行	51.40	0.33	8.56	-3.37	0.53	1.34	43.85	24.46	62.46	1.07	-14.66	69.70	228880.90	107690.81	15195.75
196	1715	002351	漫步者	51.30	0.20	7.32	4.42	0.46	0.61	11.31	1048.97	24.05	0.53	-28.84	104.29	201044.23	90079.04	11473.94
197	1719	600756	浪潮软件	51.20	0.38	4.23	5.38	0.44	0.65	25.67	2212.17	-4.84	5.17	-23.62	46.49	289430.65	130215.25	12309.01
198	1722	002380	科远股份	51.20	0.46	5.53	4.68	0.25	0.31	14.29	0.00	15.27	4.45	-42.60	119.77	241326.59	59094.18	11237.86
199	1736	300419	浩丰科技	50.90	0.16	3.33	3.68	0.31	0.64	17.56	0.00	17.50	2.79	-32.41	66.97	181812.22	54808.93	5903.98
200	1744	000733	振华科技	50.80	0.43	3.76	3.77	0.93	1.34	52.24	4.65	21.68	6.13	-20.32	54.20	899671.24	801783.11	20767.18
201	1757	300462	华铭智能	50.60	0.33	6.39	5.20	0.31	0.34	28.80	0.00	12.85	6.49	-29.77	55.65	82767.29	24087.58	4403.68
202	1771	300369	绿盟科技	50.40	0.20	5.79	3.75	0.39	0.53	23.81	38.64	15.07	49.34	-46.24	126.43	376145.28	125511.07	15264.63
203	1772	300245	天玑科技	50.40	0.20	3.13	0.35	0.28	0.42	10.12	861.89	-13.83	80.76	-19.80	69.23	152573.70	35953.60	3205.45
204	1780	600360	华微电子	50.30	0.13	4.28	4.02	0.42	0.70	48.34	2.69	17.12	4.70	-14.42	67.53	407912.47	163489.03	9476.32
205	1782	300479	神思电子	50.30	0.11	6.04	6.26	0.66	0.85	22.57	23.48	27.33	7.61	-17.28	80.62	56673.79	35568.53	3048.75
206	1785	300130	新国都	50.30	0.29	3.78	2.82	0.37	0.70	48.12	3.82	9.80	36.84	-16.01	104.81	389430.46	123691.35	7193.17
207	1788	002512	达华智能	50.30	0.16	4.51	4.65	0.48	1.20	60.25	2.09	-1.02	4.82	7.05	74.82	789907.08	342944.09	17308.20
208	1791	600460	士兰微	50.20	0.14	3.23	1.03	0.48	1.06	49.21	2.84	15.44	2.66	141.89	256.12	625440.65	274179.18	10281.30
209	1792	300331	苏大维格	50.20	0.36	5.58	4.28	0.52	1.01	23.92	10.58	127.10	4.89	-44.48	99.02	184243.41	94411.77	7660.79

续表

行业排名	全部上市公司排名	股票代码	股票简称	综合得分（100分）	每股收益（元）	总资产报酬率（%）	净资产收益率（%）	总资产周转率（次）	流动资产周转率（次）	资产负债率（%）	获利倍数	营业收入增长率（%）	资本扩张率（%）	市场投资回报率（%）	股价波动率（%）	年末资产额（万元）	营业收入（万元）	净利润（万元）
210	1818	300270	中威电子	49.80	0.17	5.03	5.25	0.40	0.75	38.95	16.96	37.48	8.31	−12.36	77.16	110953.05	40577.50	4389.97
211	1819	300248	新开普	49.80	0.37	7.43	8.84	0.40	0.66	32.27	14.46	12.60	13.41	−54.73	140.05	203809.25	76961.97	12022.83
212	1837	300078	思创医惠	49.50	0.16	5.86	5.25	0.38	0.75	27.21	10.89	2.04	2.53	−23.89	84.89	290170.50	111225.17	13117.48
213	1839	300390	天华超净	49.40	0.09	4.38	3.82	0.72	1.69	17.99	16.14	24.59	3.82	−46.15	126.20	102945.13	73633.27	3451.71
214	1854	300128	锦富技术	49.20	0.07	3.13	2.74	0.81	1.50	44.95	4.91	1.62	5.02	9.13	96.17	391951.19	302146.41	7849.91
215	1856	300074	华平股份	49.20	0.06	2.54	2.33	0.31	0.59	24.07	7.46	33.30	5.41	−9.78	72.44	159100.85	45553.64	3343.68
216	1866	300131	英唐智控	49.10	0.13	6.82	8.53	1.69	2.28	59.69	3.54	75.27	5.79	−24.79	62.12	511583.08	739987.53	17705.87
217	1888	600410	华胜天成	48.60	0.21	3.60	2.17	0.49	0.71	54.56	2.81	13.15	3.63	−5.42	60.63	1204643.96	543119.42	24471.26
218	1889	300301	长方集团	48.60	0.05	3.89	3.33	0.46	1.04	35.11	5.00	9.22	4.78	−24.33	58.86	380527.95	175040.75	9994.41
219	1900	002528	英飞拓	48.50	0.12	3.52	2.53	0.68	1.14	33.56	6.52	46.84	1.43	−31.04	76.36	441464.02	290560.30	12703.85
220	1921	600584	长电科技	48.20	0.28	2.99	−6.56	0.79	2.94	68.80	1.03	24.54	43.54	18.58	94.18	3069870.47	2385551.24	7353.98
221	1928	002782	可立克	48.10	0.13	6.03	5.49	0.85	1.21	27.42	200.76	11.26	1.81	−48.71	122.08	114680.48	92418.02	5742.14
222	1931	000555	神州信息	48.10	0.31	4.61	5.81	0.81	1.17	53.77	5.59	2.16	5.95	−46.49	91.83	1071979.39	818705.67	31813.24
223	1933	300550	和仁科技	48.00	0.41	5.95	5.32	0.43	0.62	25.75	80.79	17.24	5.80	−52.79	178.13	69292.06	27625.79	3339.69
224	1934	300346	南大光电	48.00	0.21	2.90	1.79	0.13	0.19	8.01	0.00	74.90	2.16	−12.25	74.25	134540.75	17721.35	3579.45
225	1940	300279	和晶科技	47.90	0.17	4.58	2.81	0.47	0.99	46.21	4.34	7.81	4.66	−16.49	63.84	324743.78	142948.08	8839.05
226	1970	000532	华金资本	47.60	0.14	5.95	7.31	0.22	0.96	62.89	2.61	54.55	6.07	−42.75	117.26	233665.25	47914.73	6476.27
227	1987	002141	贤丰控股	47.40	0.01	0.44	−0.90	0.76	1.23	13.24	102.19	33.07	5.45	−18.70	64.88	161116.12	116356.38	486.48
228	1991	002369	卓翼科技	47.30	0.04	1.22	−0.22	0.82	1.54	47.87	2.23	2.42	57.16	−1.98	70.95	407141.99	276324.92	1187.01
229	2001	002331	皖通科技	47.10	0.24	5.66	4.93	0.51	0.70	29.41	124.12	0.37	7.64	−42.82	97.49	203419.76	99581.72	9201.79
230	2010	600701	工大高新	46.90	0.17	3.53	3.76	0.40	1.04	54.41	2.88	102.88	−1.32	−30.22	106.69	968744.25	334984.59	13011.61
231	2029	601519	*ST 智慧	46.60	0.19	21.83	−9.37	0.35	0.76	31.92	136.12	−43.55	44.03	−34.30	143.40	200118.97	63823.62	38283.02
232	2044	300333	兆日科技	46.40	0.06	4.95	3.69	0.26	0.40	3.60	0.00	20.64	0.46	−49.00	127.07	89219.82	23109.97	3633.12
233	2095	300010	立思辰	45.60	0.23	3.59	3.13	0.27	0.67	31.65	5.74	14.73	4.05	−33.73	100.92	825430.89	216107.51	20129.03
234	2096	002253	川大智胜	45.60	0.20	3.64	2.99	0.18	0.41	11.28	174.76	−15.63	3.24	−24.15	87.90	152788.15	26654.81	4892.59
235	2098	002076	雪莱特	45.60	0.08	4.03	2.88	0.53	0.85	52.50	2.71	26.08	2.79	−22.45	58.69	221171.65	102556.77	3519.52
236	2110	002579	中京电子	45.30	0.06	2.44	1.94	0.67	1.42	40.90	5.60	35.55	0.99	−24.72	99.00	166099.33	107655.32	2374.40
237	2133	002371	北方华创	44.80	0.27	3.20	−4.84	0.30	0.57	57.27	8.03	37.01	3.47	48.23	137.73	814539.00	222281.85	16738.32
238	2134	002288	超华科技	44.80	0.04	3.07	1.34	0.53	1.09	41.48	1.82	38.96	1.78	−30.99	61.20	291312.10	143860.23	3685.50
239	2139	300302	同有科技	44.70	0.12	6.51	6.00	0.42	0.60	16.33	0.00	−19.49	6.88	−47.39	143.25	91965.22	37961.55	5082.66
240	2158	300303	聚飞光电	44.20	0.05	1.81	2.21	0.66	0.91	44.13	71.35	36.18	−0.63	−25.13	64.14	331827.91	205513.97	4509.15
241	2175	600288	大恒科技	43.90	0.08	3.35	2.69	0.95	1.41	38.84	4.51	10.42	3.00	−44.03	99.47	313995.54	296625.09	6175.94
242	2177	300085	银之杰	43.90	0.03	2.55	1.60	0.62	1.04	39.07	3.69	22.42	36.00	−35.54	69.16	221849.40	114767.88	2480.76
243	2180	002808	苏州恒久	43.80	0.16	5.79	4.98	0.48	0.63	13.15	412.42	4.25	3.42	−51.77	152.27	62289.82	28635.98	3044.66
244	2209	300020	银江股份	43.20	0.21	3.67	2.51	0.34	0.46	46.42	4.27	17.33	3.44	−25.07	65.63	581941.42	194222.12	13570.56

续表

行业排名	全部上市公司排名	股票代码	股票简称	综合得分（100分）	每股收益（元）	总资产报酬率（%）	净资产收益率（%）	总资产周转率（次）	流动资产周转率（次）	资产负债率（%）	获利倍数	营业收入增长率（%）	资本扩张率（%）	市场投资回报率（%）	股价波动率（%）	年末资产额（万元）	营业收入（万元）	净利润（万元）
245	2229	000158	常山北明	42.70	0.21	4.50	−3.56	0.88	1.49	52.99	2.52	2.55	4.68	−16.12	85.73	1278921.45	1125446.77	35503.79
246	2248	603633	徕木股份	42.20	0.41	6.74	6.68	0.35	0.61	35.85	4.76	9.97	5.13	−51.20	166.92	109587.67	37412.67	4936.05
247	2250	300582	英飞特	42.20	0.13	2.23	1.27	0.48	1.14	37.14	4.97	16.79	1.61	−30.04	106.33	147368.97	76329.06	2502.02
248	2265	300449	汉邦高科	41.90	0.32	5.10	5.06	0.51	0.70	32.66	8.16	24.78	80.49	−59.42	206.82	177618.53	69055.59	4753.86
249	2277	603508	思维列控	41.60	0.82	5.28	3.67	0.17	0.20	7.18	0.00	−24.61	3.86	−43.59	95.96	276373.07	46009.21	12953.97
250	2283	600100	同方股份	41.60	0.04	2.53	1.59	0.43	0.80	61.05	1.81	−4.36	0.86	−27.92	70.80	6359504.56	2598938.73	52959.28
251	2293	300380	安硕信息	41.40	0.09	1.66	1.07	0.85	1.04	28.14	6.20	25.24	2.93	−41.72	120.59	60337.89	51357.10	838.39
252	2297	300399	京天利	41.30	−0.16	−5.31	5.05	0.62	0.72	21.13	−6386.21	12.10	−6.54	−35.36	103.22	53033.70	32228.34	−2310.24
253	2314	300282	汇冠股份	40.90	0.09	2.36	4.67	0.44	1.09	8.81	5.75	−23.42	21.54	−36.25	102.11	260662.04	129895.19	3294.46
254	2324	300256	星星科技	40.70	0.10	2.92	−0.38	0.67	1.33	61.68	1.63	13.08	2.21	−24.39	68.92	896850.48	564697.00	6774.91
255	2330	300513	恒泰实达	40.50	0.30	5.04	6.01	0.67	0.71	28.81	22.32	26.24	7.84	−43.82	184.95	88383.34	54554.75	3560.38
256	2341	300202	聚龙股份	40.20	0.11	3.78	2.66	0.26	0.34	31.29	3.24	−26.55	−2.95	−19.13	53.70	264735.94	68312.44	5494.39
257	2369	000045	深纺织 A	39.70	0.10	2.14	0.69	0.35	0.50	16.03	21.56	23.15	2.41	−41.54	91.58	419574.65	147554.57	7366.17
258	2374	300096	易联众	39.60	0.04	3.65	−4.46	0.38	0.51	59.79	3.28	21.54	3.12	−31.53	61.99	191023.72	62554.01	2721.63
259	2384	002835	同为股份	39.30	0.09	2.32	1.09	0.62	0.88	17.85	0.00	−0.85	0.65	−28.26	119.80	79217.96	52221.20	2045.10
260	2389	300002	神州泰岳	39.20	0.06	2.53	0.63	0.29	0.70	25.77	3.08	−30.99	2.09	−34.17	95.14	692462.54	202649.87	9705.79
261	2396	300556	丝路视觉	39.00	0.21	2.47	0.87	0.87	1.09	27.11	15.25	23.21	−2.62	−63.47	206.91	58456.19	51312.88	1381.69
262	2397	300460	惠伦晶体	39.00	0.14	2.88	2.57	0.37	0.92	38.62	5.65	−1.76	2.36	−47.01	147.44	111384.93	36327.82	2335.69
263	2400	600666	奥瑞德	38.90	0.04	2.24	1.43	0.18	0.46	60.05	2.06	−19.52	2.31	0.00	7.73	664882.48	118994.24	6001.74
264	2408	002660	茂硕电源	38.70	0.05	2.20	0.10	0.76	1.38	55.93	2.36	27.77	−12.95	−38.03	113.10	204791.47	165207.63	2497.32
265	2424	000606	神州易桥	38.30	0.08	3.05	−3.42	0.15	0.41	23.69	146.29	25.27	2.84	−19.86	60.82	383804.36	51593.45	7759.19
266	2426	002280	联络互动	38.20	0.03	2.47	−2.31	1.06	2.11	44.82	1.61	927.71	33.45	−46.55	127.36	1518255.05	1234502.11	5937.93
267	2431	002312	*ST 三泰	38.10	0.22	8.64	−14.82	0.19	0.34	9.76	6.42	−22.50	10.19	−21.04	71.15	376757.22	80554.17	30238.59
268	2437	300465	高伟达	37.90	0.08	2.12	3.12	0.67	1.40	51.12	3.25	35.70	4.77	−49.23	148.70	223741.47	131990.85	3408.36
269	2450	300469	信息发展	37.60	0.49	4.37	5.93	0.54	0.72	64.26	4.42	8.29	−5.40	−48.56	144.66	121727.68	56429.36	3281.19
270	2452	002474	榕基软件	37.60	0.05	1.92	1.30	0.31	0.40	44.67	3.44	5.61	1.53	−38.03	88.49	259295.75	74200.47	3140.06
271	2453	000020	深华发 A	37.60	0.00	2.12	0.65	1.36	2.46	49.08	1.23	38.58	0.30	−37.64	88.57	62976.27	85804.01	97.44
272	2455	603189	网达软件	37.50	0.17	5.04	3.28	0.23	0.28	5.86	0.00	−12.14	1.92	−52.26	167.74	85498.10	19662.29	3720.49
273	2464	600536	中国软件	37.40	0.15	1.82	1.21	0.88	1.12	52.13	3.31	9.12	−13.23	−32.58	101.90	527127.12	494299.55	6147.04
274	2472	002414	高德红外	37.20	0.09	1.80	1.28	0.25	0.43	20.02	4.56	25.44	1.45	−29.18	97.25	412584.24	101645.78	5844.48
275	2476	300520	科大国创	37.10	0.09	1.19	1.32	0.53	0.60	55.15	4.56	2.29	7.54	−20.68	133.20	126333.35	60785.75	1912.32
276	2478	300235	方直科技	37.00	0.05	2.06	0.95	0.20	0.31	4.31	0.00	3.71	67.48	−51.72	165.32	60879.64	10051.06	850.02
277	2486	002618	丹邦科技	36.90	0.05	2.72	0.01	0.13	0.56	34.66	1.83	17.14	1.39	−20.55	119.33	259078.55	31715.85	2537.36
278	2487	002180	纳思达	36.90	0.94	−4.48	−15.15	0.48	1.94	79.87	−2.01	267.31	60.71	−5.09	70.97	3552751.01	2132393.85	145148.61
279	2489	300541	先进数通	36.80	0.36	5.26	5.91	0.84	0.92	44.61	5.10	3.18	3.81	−47.99	154.76	133005.56	101176.28	4293.01

续表

行业排名	全部上市公司排名	股票代码	股票简称	综合得分（100分）	每股收益（元）	总资产报酬率（%）	净资产收益率（%）	总资产周转率（次）	流动资产周转率（次）	资产负债率（%）	获利倍数	营业收入增长率（%）	资本扩张率（%）	市场投资回报率（%）	股价波动率（%）	年末资产额（万元）	营业收入（万元）	净利润（万元）
280	2500	300150	世纪瑞尔	36.40	0.09	2.42	2.60	0.23	0.35	21.75	32.95	11.31	27.63	-45.34	134.78	256630.35	52283.51	5023.64
281	2506	600071	凤凰光学	36.20	0.14	4.47	-10.78	0.84	1.46	48.05	7.36	6.00	-1.57	-30.16	67.49	93174.82	79449.30	3326.76
282	2518	600855	航天长峰	36.00	0.03	2.32	2.35	0.83	0.95	49.86	53.43	32.72	-0.53	-48.53	157.08	192519.68	150404.22	2651.69
283	2532	002638	勤上股份	35.80	0.06	2.12	2.02	0.23	0.36	25.71	3.90	90.92	2.92	-52.87	115.78	708102.92	160899.03	9801.67
284	2536	000701	厦门信达	35.70	-0.08	3.49	-2.73	3.18	4.14	64.68	1.30	24.14	-0.01	-35.71	78.06	1549640.76	5001813.75	7789.71
285	2539	300352	北信源	35.50	0.06	4.11	2.87	0.21	0.25	11.14	97.01	4.58	3.16	-48.48	122.43	249435.35	51485.26	9034.41
286	2541	000948	南天信息	35.50	0.09	1.90	0.42	0.86	1.24	47.42	2.22	7.32	0.46	-40.98	122.71	277510.18	231580.98	2185.80
287	2558	000066	中国长城	34.90	0.20	3.00	4.40	0.34	0.41	50.28	14.06	-86.25	-20.48	-43.92	102.33	1520158.39	950683.88	69608.48
288	2559	600237	铜峰电子	34.80	0.02	1.81	-1.97	0.39	0.74	36.89	2.26	37.74	1.62	-35.66	89.12	201405.04	81336.07	1450.87
289	2567	300552	万集科技	34.50	0.35	3.66	4.50	0.57	0.68	32.17	30.68	-1.13	1.83	-53.03	189.99	111671.82	62856.69	3790.33
290	2568	002134	天津普林	34.50	0.06	2.56	-1.88	0.69	1.51	31.00	32.59	17.08	3.35	-46.67	178.44	63425.27	43154.76	1419.07
291	2583	600707	彩虹股份	34.00	0.05	0.81	-3.30	0.02	0.06	43.65	1.17	34.30	1339.41	-21.06	52.85	3643599.10	45280.93	2562.37
292	2589	300079	数码科技	33.90	0.03	1.61	0.94	0.33	0.51	17.18	18.39	-8.45	-1.05	-42.67	100.24	423921.22	135015.84	4493.31
293	2590	300322	硕贝德	33.80	0.14	3.44	-2.31	0.93	1.68	64.66	1.53	19.84	-0.90	-35.32	106.27	201158.71	206764.44	2684.90
294	2597	300277	海联讯	33.70	0.02	1.37	1.38	0.44	0.49	28.31	394.99	-6.52	-1.72	-31.42	107.63	67780.51	29777.16	862.01
295	2602	300330	华虹计通	33.40	0.04	1.12	0.51	0.44	0.57	24.47	0.00	67.20	1.56	-44.84	132.29	51360.32	22372.99	594.91
296	2614	300300	汉鼎宇佑	32.90	0.19	3.60	-0.15	0.12	0.21	36.73	4.45	-5.70	-1.93	-18.08	59.75	338994.90	40438.54	8477.00
297	2619	300458	全志科技	32.70	0.05	0.13	-2.30	0.50	0.57	11.88	0.00	-4.08	-2.26	-32.74	106.99	235498.13	120095.05	-174.11
298	2623	300162	雷曼股份	32.40	0.06	2.03	1.45	0.45	0.85	17.56	14.53	14.58	-2.17	-46.59	129.36	135591.27	64450.89	2166.72
299	2638	002547	春兴精工	31.70	-0.32	-3.46	-15.76	0.55	1.12	65.84	-1.75	50.03	27.37	-17.80	79.27	830201.15	380448.01	-36270.94
300	2645	000727	华东科技	31.60	0.00	1.58	-2.20	0.18	1.21	45.65	1.11	280.25	0.29	-29.38	67.72	3377646.33	599498.89	6267.56
301	2647	600478	科力远	31.50	0.02	2.00	-2.95	0.26	0.63	48.96	1.31	-7.95	55.11	-25.53	62.51	673842.90	156505.89	4098.02
302	2655	002214	大立科技	31.30	0.07	3.30	0.78	0.23	0.29	30.21	4.07	-11.16	1.90	-29.70	130.34	142745.96	30151.81	3001.48
303	2660	002199	东晶电子	31.20	0.01	0.57	-2.62	0.37	0.92	21.06	1.72	-9.74	0.32	-9.03	69.73	58321.10	23212.62	149.00
304	2672	300223	北京君正	30.50	0.04	0.60	-1.66	0.16	0.21	2.76	0.00	65.17	2.48	-26.77	198.94	115676.00	18446.70	650.11
305	2679	300032	金龙机电	30.40	-0.52	-5.01	-10.12	0.55	0.87	43.02	-4.65	9.75	-13.91	-11.61	36.05	705869.89	370505.25	-43039.14
306	2684	300155	安居宝	30.20	0.02	0.93	-0.10	0.57	0.82	22.51	35.12	5.93	0.17	-54.58	165.43	151257.02	84502.38	1389.41
307	2690	300290	荣科科技	29.90	0.06	2.08	1.78	0.39	0.57	32.70	5.16	-16.70	-21.53	-41.73	105.94	105443.82	41865.77	1580.05
308	2693	002577	雷柏科技	29.80	0.07	0.92	0.05	0.38	0.61	10.39	0.00	-12.99	0.64	-45.05	145.10	130130.52	49979.71	1144.74
309	2695	000670	盈方微	29.80	-0.41	-57.33	-61.73	0.38	0.95	18.02	0.00	-49.39	-47.26	-13.32	116.13	45532.66	24107.40	-32689.69
310	2698	002197	证通电子	29.60	0.08	2.04	0.59	0.33	0.59	47.21	1.56	-6.31	1.29	-26.45	78.42	532118.57	168259.32	2941.76
311	2699	002005	德豪润达	29.60	-0.67	-4.87	-18.27	0.31	0.67	53.74	-2.42	3.78	10.76	-26.85	69.32	1394363.32	420295.70	-96564.75
312	2711	002684	猛狮科技	29.20	-0.24	0.66	-10.37	0.45	0.85	74.82	0.26	92.07	64.48	-22.27	45.70	1103595.61	390498.53	-17168.80
313	2731	002177	御银股份	28.50	0.02	1.18	-2.40	0.27	0.61	18.03	7.85	-26.10	0.81	-36.10	101.36	206236.87	56971.46	1376.70
314	2734	002642	荣之联	28.40	-0.32	-3.45	-5.68	0.35	0.63	30.44	-8.23	18.38	9.57	-36.46	140.99	601858.95	188879.64	-20245.15

续表

行业排名	全部上市公司排名	股票代码	股票简称	综合得分（100分）	每股收益（元）	总资产报酬率（%）	净资产收益率（%）	总资产周转率（次）	流动资产周转率（次）	资产负债率（%）	获利倍数	营业收入增长率（%）	资本扩张率（%）	市场投资回报率（%）	股价波动率（%）	年末资产额（万元）	营业收入（万元）	净利润（万元）
315	2741	600571	信雅达	28.10	−0.48	−11.55	−17.69	0.68	1.19	25.65	−27.69	−4.56	31.52	−47.61	135.14	217717.89	132210.20	−23525.69
316	2777	300516	久之洋	26.50	0.37	3.60	3.21	0.23	0.28	8.91	0.00	−34.24	0.12	−52.92	154.39	128192.01	31115.30	4454.20
317	2785	002161	远望谷	26.10	0.00	1.16	−2.39	0.23	0.59	26.17	1.36	4.44	2.06	−24.38	99.16	226263.05	50804.74	168.75
318	2791	600476	湘邮科技	25.80	0.01	2.06	−1.04	0.72	0.90	51.07	1.38	−1.62	1.07	−49.74	135.18	40921.03	27315.70	211.86
319	2802	300167	迪威迅	25.20	−0.02	0.88	−2.32	0.42	0.68	41.16	0.76	25.03	−6.53	−32.74	96.59	129622.96	55747.26	−1043.31
320	2810	600651	飞乐音响	24.70	0.06	3.52	−5.52	0.40	0.77	77.01	2.73	−24.14	−6.30	−14.24	67.40	1555303.84	544484.56	3081.37
321	2817	000536	华映科技	24.40	0.07	2.20	−2.60	0.24	0.42	38.92	2.38	10.21	−1.93	−45.12	115.05	2101843.45	488905.21	19847.44
322	2819	300116	坚瑞沃能	24.30	−1.51	−13.10	−62.88	0.38	0.57	86.14	−9.27	152.90	−47.89	−17.84	89.59	2952680.18	965961.13	−373438.12
323	2835	300220	金运激光	23.60	−0.34	−12.13	−19.99	0.45	0.73	28.72	−21.27	−1.27	−26.90	−32.19	122.09	35123.27	18494.95	−4278.08
324	2845	002289	宇顺电子	22.90	−0.45	−10.31	−23.69	0.38	0.71	35.81	−4.63	−69.19	−22.09	−25.07	91.87	73388.07	40088.47	−13071.65
325	2849	300264	佳创视讯	22.50	−0.18	−8.65	−15.32	0.27	0.43	40.19	−34.53	4.73	−13.38	−27.03	100.92	91064.59	24318.61	−7948.03
326	2861	002655	共达电声	21.90	−0.49	−13.84	−32.88	0.66	1.42	57.52	−10.46	9.90	−27.69	−33.03	153.13	110005.05	78694.01	−17491.85
327	2885	300077	国民技术	20.40	−0.88	−15.48	−18.28	0.22	0.30	13.98	−62883.13	−1.58	−14.07	−39.08	64.66	296047.25	69495.71	−48890.71
328	2894	600601	方正科技	19.50	−0.37	−5.65	−25.02	0.47	0.96	72.38	−3.26	−22.91	−17.61	−22.68	61.78	1113175.20	509880.21	−82297.50
329	2907	002072	凯瑞德	18.60	−0.20	−0.97	−43.31	0.11	0.17	90.65	−0.29	131.97	−33.58	4.51	67.53	68068.57	7802.09	−3518.79
330	2921	002657	中科金财	17.20	−0.70	−5.45	−11.90	0.30	0.43	43.87	−10.28	−11.17	−9.74	−46.63	120.73	454957.07	122601.77	−25810.10
331	2924	300379	东方通	16.80	−1.11	−16.98	−20.05	0.17	0.30	7.35	0.00	−10.02	−18.43	−64.12	241.42	156232.50	29278.64	−30728.67
332	2927	600074	ST 保千里	16.50	−3.17	−131.49	−1039.99	0.50	0.73	257.85	−25.09	−30.83	−167.65	−24.94	80.44	201383.27	284581.19	−787626.10
333	2941	002296	辉煌科技	15.10	−0.40	−5.12	−9.81	0.24	0.34	37.19	−7.52	6.27	−8.41	−51.65	171.15	224889.05	54689.25	−14633.95
334	2943	300319	麦捷科技	14.70	−0.50	−10.65	−17.74	0.46	0.73	37.70	−23.35	−14.93	−13.34	−49.88	164.16	310937.91	144133.69	−35069.79
335	2946	300076	GQY 视讯	14.30	−0.25	−9.81	−11.21	0.12	0.18	11.72	0.00	−20.81	−6.55	−59.57	227.85	112215.25	13621.82	−10458.00
336	2962	300139	晓程科技	12.60	−0.69	−10.31	−11.49	0.09	0.20	25.78	−14.34	−38.72	−16.58	−42.75	127.15	150179.21	13801.18	−20850.89
337	2964	300368	汇金股份	12.30	−0.30	−11.04	−26.18	0.37	0.67	33.35	−25.66	−8.08	−16.46	−59.30	162.36	163642.04	62137.40	−21369.99
338	2980	600800	天津磁卡	9.70	−0.10	−10.81	−112.95	0.25	0.55	95.57	−378.62	6.76	−72.55	−45.05	147.05	52040.68	14163.23	−6066.38
339	2989	600654	*ST 中安	6.70	−0.57	−5.20	−28.17	0.30	0.57	76.56	−2.09	−13.54	−25.41	−69.65	253.72	925035.73	296916.47	−73503.08
340		601360	三六零	88.20	0.00	35.18	31.01	1.03	1.61	22.49	53.33	406.28	829.41	289.01	596.98	2104960.60	1223811.30	342177.60
341		002841	视源股份	75.60	1.72	19.66	36.61	2.78	3.40	49.08	0.00	31.92	101.96	−14.48	108.99	495175.47	1086760.80	68994.13
342		603228	景旺电子	75.30	1.62	17.66	20.54	0.92	1.39	31.42	185.32	27.68	14.50	63.33	71.19	477739.66	419201.78	65973.51
343		300679	电连技术	74.70	3.52	17.79	16.66	0.60	0.76	8.23	1334.72	2.21	206.47	−14.48	38.25	339982.61	142307.64	36239.78
344		300661	圣邦股份	74.10	1.74	15.55	17.11	0.80	0.84	19.13	5007.89	17.60	189.84	−14.48	106.90	94137.19	53150.53	9387.10
345		300735	光弘科技	74.00	0.65	14.26	14.95	0.90	1.47	13.52	96.05	3.84	162.32	−14.48	0.00	186351.40	127411.24	17404.05
346		300623	捷捷微电	73.50	1.64	17.40	16.11	0.45	0.71	10.33	0.00	29.91	144.46	−14.48	69.94	136134.78	43080.69	14414.91
347		300701	森霸传感	73.30	0.92	21.58	19.07	0.54	0.66	4.65	0.00	14.14	155.84	−14.48	83.61	45834.54	17742.69	6005.22
348		603039	泛微网络	73.10	1.33	8.99	13.68	0.68	0.85	52.48	127.17	52.66	90.85	−14.48	125.46	131089.07	70421.77	8591.52
349		002912	中新赛克	73.00	2.57	11.65	14.35	0.40	0.47	30.49	0.00	44.93	95.03	−14.48	44.61	163873.67	49781.06	13233.12

续表

行业排名	全部上市公司排名	股票代码	股票简称	综合得分（100分）	每股收益（元）	总资产报酬率（%）	净资产收益率（%）	总资产周转率（次）	流动资产周转率（次）	资产负债率（%）	获利倍数	营业收入增长率（%）	资本扩张率（%）	市场投资回报率（%）	股价波动率（%）	年末资产额（万元）	营业收入（万元）	净利润（万元）
350		300627	华测导航	72.90	1.16	18.05	18.23	0.82	0.91	31.87	248.44	40.68	153.66	−14.48	80.09	115069.48	67815.32	12936.63
351		300709	精研科技	72.80	2.23	15.50	18.45	0.77	1.30	19.73	27.48	30.05	217.22	−14.48	47.58	158324.30	92228.59	15514.69
352		300613	富瀚微	71.70	2.49	16.15	15.30	0.64	0.71	12.15	0.00	39.64	244.46	−14.48	131.43	107824.87	44921.30	10564.07
353		002859	洁美科技	71.70	0.79	16.86	19.77	0.74	1.59	13.85	37.78	32.26	144.24	−14.48	104.22	156297.41	99641.15	19622.03
354		603383	顶点软件	71.50	1.35	12.10	12.12	0.27	0.30	18.80	0.00	19.09	97.39	−14.48	55.08	115820.30	24377.67	10009.83
355		002916	深南电路	71.50	2.13	9.30	16.11	0.90	1.99	57.44	7.25	23.67	100.78	−14.48	65.56	744338.99	568693.94	44881.57
356		603380	易德龙	71.30	0.68	15.27	20.18	1.17	1.59	25.97	77.63	25.36	210.22	−14.48	60.81	94068.89	86281.56	9565.81
357		002920	德赛西威	71.30	1.37	13.46	24.66	1.12	1.35	40.29	24.76	5.85	191.06	−14.48	0.00	622116.23	601030.08	61589.02
358		603685	晨丰科技	71.20	1.45	18.18	17.58	1.07	1.41	8.63	69.09	33.58	164.39	−14.48	25.86	98608.74	77679.85	11195.55
359		300687	赛意信息	71.20	1.52	17.61	18.37	1.09	1.15	13.78	105.83	15.85	187.56	−14.48	57.84	88669.00	70889.55	10101.11
360		603138	海量数据	71.00	0.55	13.20	16.98	1.03	1.19	37.42	834.21	10.16	131.07	−14.48	118.96	60829.63	51807.83	5659.22
361		300659	中孚信息	70.60	0.67	13.26	13.81	0.72	0.85	24.86	238.04	30.21	163.32	−14.48	82.58	54668.73	28112.32	4861.76
362		603232	格尔软件	70.40	1.26	14.54	14.20	0.54	0.70	13.05	399.67	17.06	93.15	−14.48	85.20	66113.59	27165.36	6994.95
363		603890	春秋电子	70.00	1.56	12.90	17.37	1.03	1.28	39.91	30.45	18.73	210.04	−14.48	11.71	221245.20	173962.88	15997.88
364		300609	汇纳科技	70.00	0.62	16.15	15.01	0.48	0.53	13.73	0.00	17.44	84.76	−14.48	156.36	54734.18	20312.60	5880.18
365		603659	璞泰来	69.50	1.19	17.40	24.05	0.72	0.89	41.16	36.41	34.10	155.96	−14.48	70.23	433887.70	224935.88	45176.25
366		603595	东尼电子	69.10	2.03	24.96	33.73	0.85	1.42	41.06	21.31	119.00	189.63	−14.48	108.75	123730.98	72639.81	17336.57
367		002866	传艺科技	68.70	0.59	10.82	11.09	0.83	1.11	18.04	0.00	14.88	132.01	−14.48	67.09	108789.68	66863.46	7776.63
368		300602	飞荣达	68.60	1.10	10.81	13.99	0.88	1.10	33.22	248.57	22.95	71.57	−14.48	139.66	145082.85	103641.03	11026.65
369		300726	宏达电子	68.40	0.55	19.94	16.93	0.44	0.52	5.36	859.09	16.85	67.73	−14.48	34.09	147720.34	52436.60	19929.11
370		002913	奥士康	68.40	1.56	9.44	11.87	0.78	1.20	33.12	22.87	32.31	157.40	−14.48	19.24	293472.49	173636.80	17315.15
371		603933	睿能科技	68.30	1.57	16.32	19.95	1.75	1.88	29.34	26.44	22.50	151.02	−14.48	59.83	137609.25	190942.49	14125.40
372		002861	瀛通通讯	68.00	0.76	10.44	8.97	0.77	1.10	12.27	0.00	19.15	85.39	−14.48	82.04	118812.48	72168.84	8440.89
373		300625	三雄极光	67.80	0.97	14.44	14.39	1.10	1.38	19.81	0.00	19.44	207.99	−14.48	129.96	281738.76	226561.76	25556.39
374		300650	太龙照明	67.50	0.89	12.91	13.71	0.71	0.98	26.61	229.99	23.67	108.19	−14.48	70.77	64533.63	33775.66	5199.26
375		603106	恒银金融	67.20	0.66	8.60	12.28	0.71	0.79	32.14	18.97	26.99	116.07	−14.48	67.24	233271.31	148415.53	14921.25
376		002888	惠威科技	67.20	0.47	9.82	9.06	0.67	1.02	10.49	0.00	8.37	76.27	−14.48	80.93	48446.96	26385.54	3361.17
377		300656	民德电子	67.00	0.75	15.25	12.40	0.39	0.41	4.77	0.00	0.58	156.18	−14.48	96.19	44773.32	12252.65	4122.01
378		002922	伊戈尔	67.00	0.79	9.63	11.32	1.05	1.55	35.07	15.78	30.47	99.77	−14.48	0.00	135486.85	114883.96	7785.38
379		603679	华体科技	66.90	0.60	11.33	11.95	0.80	1.02	29.97	47.13	17.70	95.53	−14.48	52.79	73874.39	48027.45	5287.77
380		300632	光莆股份	66.90	0.48	10.39	10.46	0.86	1.44	25.26	47.98	54.54	80.32	−14.48	93.37	68803.43	49539.92	5228.01
381		603920	世运电路	66.60	0.49	10.09	10.00	0.91	1.23	18.17	52.52	19.72	155.58	−14.48	72.70	286339.25	195720.59	18068.57
382		603881	数据港	66.00	0.56	10.75	16.68	0.36	1.42	47.00	8.08	28.14	115.44	−14.48	134.63	168931.32	52022.88	11489.53
383		300730	科创信息	64.70	0.62	11.37	13.96	0.64	0.79	36.09	21.39	13.26	117.74	−14.48	69.70	60643.36	30742.35	4456.72
384		300588	熙菱信息	64.60	0.81	11.03	22.32	0.93	1.07	62.75	72.06	47.91	24.80	272.51	152.10	102070.40	79826.18	8085.54

续表

行业排名	全部上市公司排名	股票代码	股票简称	综合得分（100分）	每股收益（元）	总资产报酬率（%）	净资产收益率（%）	总资产周转率（次）	流动资产周转率（次）	资产负债率（%）	获利倍数	营业收入增长率（%）	资本扩张率（%）	市场投资回报率（%）	股价波动率（%）	年末资产总额（万元）	营业收入（万元）	净利润（万元）
385		002881	美格智能	64.00	0.60	10.15	13.92	1.00	1.18	39.51	21.11	33.94	116.17	-14.48	93.38	81528.11	64246.84	5628.52
386		603496	恒为科技	63.80	0.86	14.73	14.89	0.55	0.65	14.62	81.32	26.02	141.49	-14.48	69.32	76975.06	31220.99	7500.63
387		002885	京泉华	63.80	0.83	6.36	10.42	1.14	1.39	49.68	276.57	26.83	90.20	-14.48	61.15	131558.15	113991.10	5751.21
388		300708	聚灿光电	63.40	0.54	10.86	14.98	0.50	1.05	51.75	20.31	29.32	51.95	-14.48	130.25	147835.29	62094.44	11002.55
389		603303	得邦照明	62.70	0.55	8.20	8.71	1.39	1.76	31.95	10488.39	24.98	91.09	-14.48	82.56	348649.66	403135.39	21227.33
390		300691	联合光电	62.10	1.15	8.45	8.83	0.95	1.26	35.84	0.00	27.40	98.46	-14.48	109.19	120272.76	93430.09	8198.60
391		300682	朗新科技	61.60	0.37	10.77	11.07	0.57	0.61	28.82	0.00	4.46	44.64	-14.48	107.04	164502.61	78293.50	13810.12
392		002845	同兴达	61.30	0.77	7.94	14.79	1.39	1.58	68.15	6.03	30.81	114.47	-14.48	133.52	312753.70	366365.18	14921.54
393		002869	金溢科技	61.20	0.85	8.97	10.28	0.56	0.65	26.20	0.00	-6.89	140.69	-14.48	77.45	137968.17	62264.98	8779.37
394		603386	广东骏亚	61.10	0.40	8.43	12.66	0.98	1.78	48.88	8.68	23.60	129.86	-14.48	75.98	120462.24	98845.55	6562.26
395		603186	华正新材	60.90	0.72	8.03	14.66	0.96	1.44	64.95	5.89	21.12	13.85	133.53	149.08	176392.81	151337.23	9359.76
396		300598	诚迈科技	60.60	0.49	9.63	5.53	1.08	1.32	16.26	143.54	-3.84	61.78	-14.48	190.32	53850.87	48607.62	3959.77
397		002902	铭普光磁	60.50	0.71	6.92	9.37	1.07	1.35	37.78	16.55	7.32	93.53	-14.48	76.99	167883.37	151010.30	8035.78
398		300671	富满电子	60.20	0.66	10.39	13.84	0.76	1.02	28.21	63.15	33.40	85.80	-14.48	115.02	69526.70	43973.44	5839.55
399		300678	中科信息	59.30	0.50	8.56	7.19	0.51	0.66	23.85	0.00	19.10	57.03	-14.48	148.16	68908.76	29069.43	4241.24
400		300608	思特奇	58.60	0.78	9.16	11.13	0.87	0.92	32.22	11.75	7.96	76.08	-14.48	140.79	96433.12	74000.43	6545.22
401		300686	智动力	57.60	0.40	6.67	8.84	0.83	1.38	24.64	11.79	-14.17	84.99	-14.48	84.16	81970.23	56805.70	4201.61
402		002850	科达利	57.60	1.24	9.27	7.22	0.61	1.12	23.25	11.64	-0.25	133.21	-14.48	122.08	302977.41	145165.17	16926.23
403		300657	弘信电子	57.40	0.78	7.41	4.78	0.92	1.70	69.27	4.80	40.96	4.32	-14.48	123.52	167190.64	147751.22	8119.27
404		300605	恒锋信息	56.10	0.52	9.35	12.11	0.77	0.84	31.72	205.27	22.32	92.11	-14.48	147.73	65131.89	40395.00	4319.77
405		600764	中国海防	54.60	0.67	7.93	7.27	0.25	0.37	28.64	27.98	32.62	78.02	-3.70	63.59	161538.37	36275.04	8991.95
406		300645	正元智慧	54.00	0.69	6.60	8.32	0.65	0.76	31.81	13.70	23.54	57.27	-14.48	153.56	81848.89	44892.23	4126.38
407		002876	三利谱	53.80	1.15	8.05	9.38	0.53	0.78	47.71	4.12	2.14	94.13	-14.48	103.17	168745.29	81761.38	8207.35
408		300647	超频三	52.20	0.31	6.26	7.67	0.54	1.02	49.38	14.55	19.54	96.94	-14.48	94.08	108452.84	41113.53	3969.85
409		300663	科蓝软件	52.10	0.34	6.20	6.83	0.71	0.74	40.25	3.41	2.40	56.42	-14.48	84.82	113510.90	67037.41	4008.04
410		603501	韦尔股份	52.00	0.34	7.86	10.68	1.08	1.31	57.85	5.79	11.35	47.19	-14.48	194.46	282490.82	240591.63	12340.40
411		300672	国科微	50.90	0.55	4.88	-0.70	0.43	0.57	11.63	111.79	-15.80	35.28	-14.48	164.82	108628.47	41175.18	4586.99
412		002855	捷荣技术	45.30	0.23	3.12	4.40	0.84	1.20	39.29	31.37	-17.23	47.18	-14.48	118.32	197824.73	151963.83	4943.24

第十一章 电力行业上市公司业绩评价

电力行业作为基础能源产业，在国民经济发展中占据着至关重要的地位。它不仅关系国家经济安全的战略问题，而且与人们的日常生活相关，其发展周期与宏观经济周期紧密相关。2017年电力供需形势总体宽松，全社会用电量显著回升，装机结构持续优化，非化石能源发电比重稳步提高。从需求来看，受经济增长企稳、工业生产好转及气温等因素影响，用电量显著回升，2017年全社会用电量为63077亿千瓦时，同比增长6.6%，增速较上年提升1.7个百分点。从供给来看，全国累计装机仍保持较大规模，装机结构持续优化。发电量持续提高，非化石能源发电比重稳步上升。2017年，非化石能源发电量达到18665亿千瓦时，同比增长10%，占比接近30%。2017年末电力（申万）行业股票指数2671.41，较2017年初电力（申万）行业股票指数2939.15，下降9.11%。

一、电力行业上市公司业绩评价结果

截至2017年末，电力行业A股上市公司共计63家，其中盈利54家，亏损9家，有85.71%的公司实现盈利，比2016年下降11.12个百分点；电力行业上市公司总资产共计30363.15亿元，占全部上市公司总资产的6.43%。2017年，全部上市公司共计完成营业收入326803.73亿元，电力行业63家上市公司完成营业收入8520.63亿元，较2016年同期收入增长17.22%，占全部上市公司全部营业收入的2.61%，占比较去年略有下降；全部上市公司共计实现净利润19021.72亿元，电力行业上市公司实现净利润681.46亿元，较2016年同期利润下降33.19%，占全部上市公司全部实现净利润的3.58%，相比2016年大幅下降3.70个百分点。2017年电力行业整体评价结果为中，行业业绩综合得分58.2，较全市场综合得分61.8分低3.6。63家电力行业上市公司中仅联美控股和长江电力2家公司进入2017年上市公司业绩评价综合得分的百强名单。电力行业上市公司业绩为AA的有一家；业绩为A的有两家；业绩为B的共16家（其中BBB的3家；BB的3家；B的10家）；业绩为C的有44家（其中CCC的8家；CC的7家；C的29家）。

基于对电力行业上市公司的整体评价，下面分别从财务效益状况、资产质量状况、偿债风险状况、发展能力状况、市场表现状况五个方面对电力行业上市公司进行具体分析。

表 11-1　　2017 年度电力行业中联十强排行榜

名次	股票代码	单位名称	综合得分	在全部上市公司中排名
1	600167	联美控股	83.8	21
2	600900	长江电力	78.5	101
3	600236	桂冠电力	75.6	198
4	600452	涪陵电力	71.6	341
5	600023	浙能电力	71.1	367
6	600886	国投电力	70.2	407
7	203920	黔源电力	69.1	464
8	600642	申能股份	68.8	475
9	883201	湖北能源	68.8	479
10	600995	文山电力	63.2	847

（一）财务效益

表 11-2 列示了电力行业上市公司财务效益状况评价结果。从综合得分来看，2017 年电力行业上市公司财务效益略逊于全部上市公司平均水平。根据财务效益状况指标具体分析：与全部上市公司平均值比较，除营业利润率及盈利现金保障倍数外，2017 年电力行业上市公司财务效益指标均低于全部上市公司平均水平；与 2016 年行业情况相比较，各指标均出现不同幅度的下降。从总体情况来看，电力行业上市公司财务效益状况较去年大幅下降。就电力行业具体上市公司的财务效益得分情况而言，仅有 14 家上市公司财务效益超过全部上市公司平均水平。其中，长江电力 1 家电力行业上市公司在财务效益方面获得满分 35 分。长江电力扣除非经常性损益净资产收益率、总资产报酬率、营业利润率、盈利现金保障倍数和股本收益率分别达到 16.85%、10.96%、54%、1.78 倍和 101.19%，与全部上市公司和电力行业相比表现较为突出。主要由于长江电力系全球最大水电公司，且水电站开发遵循先易后难的规律，因而长江电力的规模效益以及其稀缺性得以体现，使其在整体行业不景气的情况下依然保证良好的盈利和增长。

表 11-2　　电力行业财务效益状况比较表

分析指标		2017 年上市公司平均值	2017 年行业值	2016 年行业值	增长率（%）
基本指标	扣除非经常性损益净资产收益率（%）	7.99	5.98	10.31	−42.00
	总资产报酬率（%）	5.91	4.91	6.65	−26.17
	得分	21.07	18.24	24.64	−25.97
修正指标	营业利润率（%）	7.25	10.16	15.7	−35.29
	盈利现金保障倍数	1.34	3.41	2.45	39.18
	股本收益率（%）	42.46	24.75	37.99	−34.85
综合得分		22.25	22.2	25.72	−13.69

（二）资产质量

表 11-3 列示了电力行业上市公司资产质量状况评价结果。从综合得分来看，电力行业上市公司资产质量状况优于全部上市公司平均水平。从资产质量状况指标来看，流动资产周转率、应收账款周转率和存货周转

率高于全部上市公司平均值，总资产周转率指标低于上市公司平均水平。与2016年行业情况相比，除存货周转率指标外，其他指标均显示电力行业上市公司在资产周转性较上年呈现上升趋势，总资产周转率、流动资产周转率和应收账款周转率分别较去年上升了3.85%、12.98%和50.40%。电力行业中有46家上市公司超过全部上市公司平均水平，其中涪陵电力、申能股份、乐山电力、文山电力、岷江水电、广州发展、明星电力和桂东电力9家电力行业上市公司在资产质量方面获得满分15分。涪陵电力作为一家从事输、配、售电业务一体化经营的电力企业，拥有完整的供电网络，能够为供电辖区提供优质、可靠的供电服务，保证了对辖区电力供应的市场优势。其存货周转率2998.77次，显著高于行业内其他公司。

表11-3 电力行业资产质量状况比较表

分析指标		2017年上市公司平均值	2017年行业值	2016年行业值	增长率（%）
基本指标	总资产周转率（次）	0.64	0.27	0.26	3.85
	流动资产周转率（次）	1.23	2.35	2.08	12.98
	得分	9.26	9.02	8.65	4.28
修正指标	应收账款周转率（次）	2.77	13.22	8.79	50.40
	存货周转率（次）	8.16	8.86	10.25	-13.56
综合得分		9.08	12.78	12.02	6.32

（三）偿债风险

表11-4列示了电力行业上市公司偿债风险状况评价结果。电力行业公司一直是资产负债率较高的行业，从综合得分来看，电力行业得分值略高于全部上市公司平均值，偿债风险状况仍然高于全部上市公司平均水平。与2016年的情况相比，除资产负债率和带利息负债比率略有上涨，获利倍数、速动比率和现金流动负债比率分别较去年下降25.25%、4.42%和15.74%。从行业内具体公司来看，电力行业上市公司中有10家企业大于等于全部上市公司平均水平。其中

表11-4 电力行业偿债风险状况比较表

分析指标		2017年上市公司平均值	2017年行业值	2016年行业值	增长率（%）
基本指标	资产负债率（%）	60.19	66.86	64.89	3.04
	获利倍数	4.97	2.25	3.01	-25.25
	得分	8.91	5	6.69	-25.26
修正指标	速动比率（%）	79.6	38.52	40.3	-4.42
	现金流动负债比率（%）	10.9	26.6	31.57	-15.74
	带息负债比率（%）	49.72	77.64	71.6	8.44
综合得分		8.92	4.6	5.86	-21.50

该指标得分较高的公司有梅雁吉祥、联美控股、浙江鼎力等。由于梅雁吉祥账面资金充足，负债率低，其速动比率和现金流动负债比率分别为346.96%和115.44%，明显高于行业平均水平。

（四）发展能力

表11-5列示了电力行业上市公司发展能力状况评价结果。从综合得分来看，电力行业上市公司发展能力低于全部上市公司平均水平。从具体指标来看，电力行业全部平均指标均低于全部上市公司平均水平。与2016年电力行业上市公司发展能力状况相比，除三年营业收入和总资产较去年有所回升外，其他指标均出现下滑。其主要原因是上游煤炭去产能导致，供需不均、煤炭价格迅速上升，电煤价格指数从2016年三季度开始迅速攀升，火电行业成本急剧增加，导致电力行业整体盈利水平下滑。电力行业上市公司中，有6家企业在发展能力方面得分超过全部上市公司平均水平，联美控股、滨海能源在发展能力方面得分较高。其中，联美控股在经营发展上采取内生增长与外延投资相结合的发展方式，通过“自建＋收购＋能源管理”三重模式加速业务，表现较为突出，2017年资本扩张率高达到185.22%，营业利润增长率达到36.28%，

表11-5 电力行业发展能力状况比较表

分析指标		2017年上市公司平均值	2017年行业值	2016年行业值	增长率（%）
基本指标	营业收入增长率（%）	21.02	17.22	0.31	5454.84
	资本扩张率（%）	14.21	3.59	11.52	−68.84
	得分	12.2	9.96	9.77	1.94
修正指标	累计保留盈余率（%）	41.07	32.81	34.52	−4.95
	三年营业收入增长率（%）	9.58	4.71	−0.24	−2062.50
	总资产增长率（%）	14.82	7.32	10.43	−29.82
	营业利润增长率（%）	42.01	−24.42	−17.31	−41.07
综合得分		12.37	9.5	9.82	−3.26

（五）市场表现

2017年，A股上证综指全年累计涨幅超过6%，电力行业走势与大盘走势保持较大的相关性。虽然有整体货币政策宽松、清洁能源发电量不断增加以及电改政策不断推进等利好因素推动，但受电煤价格迅速上升影响，电力板块保持弱于大盘的走势。具体如下图11-1所示。表11-6列示了电力行业上市公司市场表现状况评价结果。从综合得分来看，电力行业上市公司市场表现得分略低于全部上市公司平均水平。从市场表现情况指标具体来看，电力行业市场投资回报率和股价波动率均低于上市公司平均水平。从公司来看，电力行业有28家上市公司在市场表现方面优于全部上市公司平均得分，联美控股、长江电力、川投能源等在市场表现方面得分较高，其市场投资回报率分别为29.82%、28.66%、20.12%，高于市场及行业内其他公司投资回报率平均水平。

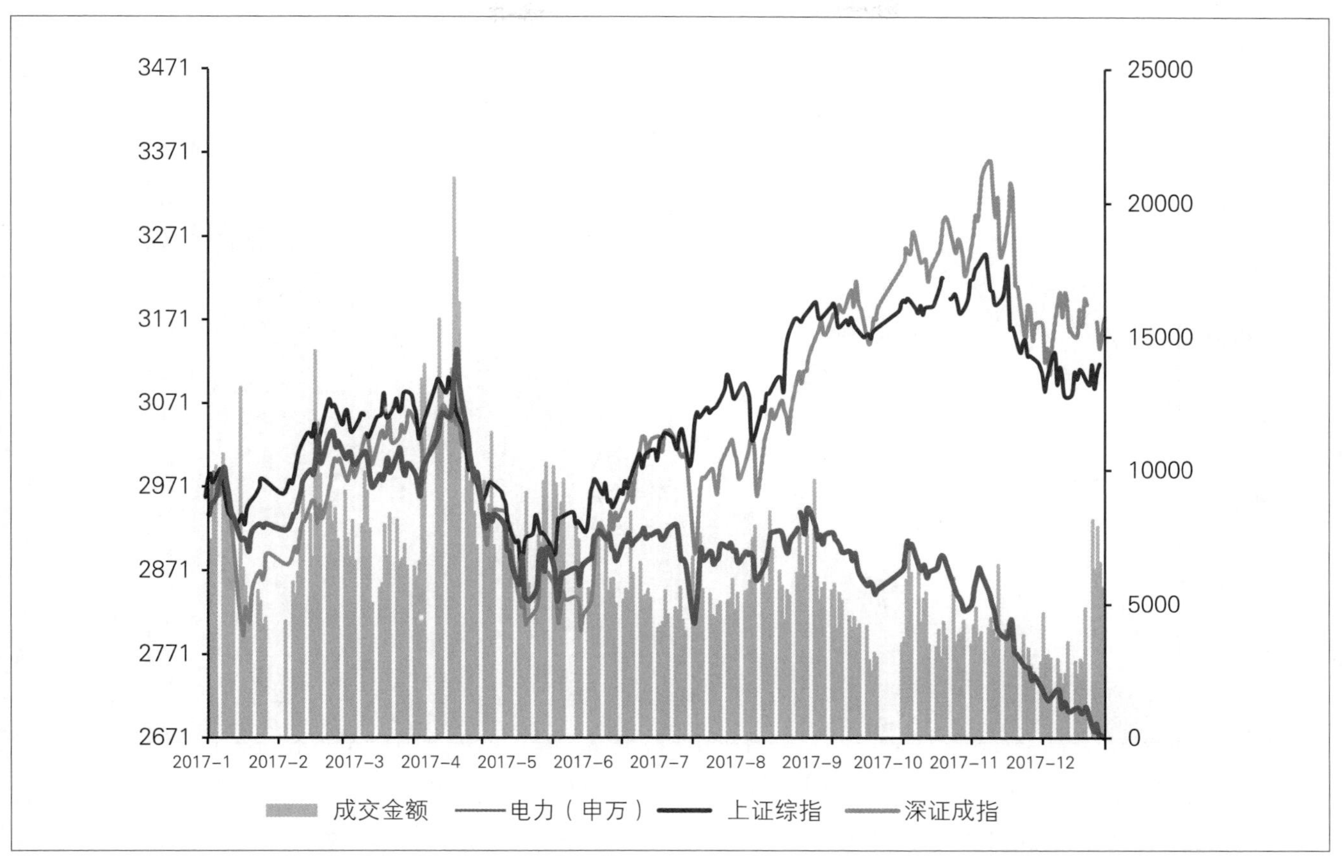

图 11－1　大盘与细分行业指数走势图

表 11-6　电力行业市场表现状况比较表

分析指标		2017 年上市公司平均值	2017 年行业值	2016 年行业值	增长率（%）
基本指标	市场投资回报率（%）	-14.59	-19.63	-4.58	328.60
	股价波动率（%）	92.63	76.42	62.81	21.67
	得分	9.13	9.09	8.74	4.00

二、2017 年度电力行业上市公司业绩影响因素分析

2017 年我国经济继续深化“十三五”规划，是供给侧结构性改革的深化之年。2017 年我国 GDP 增速保持平稳，全社会用电量平稳上涨，行业发展态势稳中向好。总体来看，虽然电力行业 2017 年营业额同比增速显著，但实现利润降幅较大，而各电力板块上市公司表现差异显著。神华与国电集团合并重组标志着新形态下的电力行业整合步伐加快。此外，在国家大力治理下，弃风弃光现象得到明显改善，《跨区域电价改革》《电力需求侧管理办法》等一系列政策进一步推进电力体制改革。

（一）全年电力行业需求上涨，供给稳中有升

随着我国经济持续向好，2017 年供电需求基本延续 2016 年下半年以来的高速增长。根据国家能源局披露，2017 年，全社会用

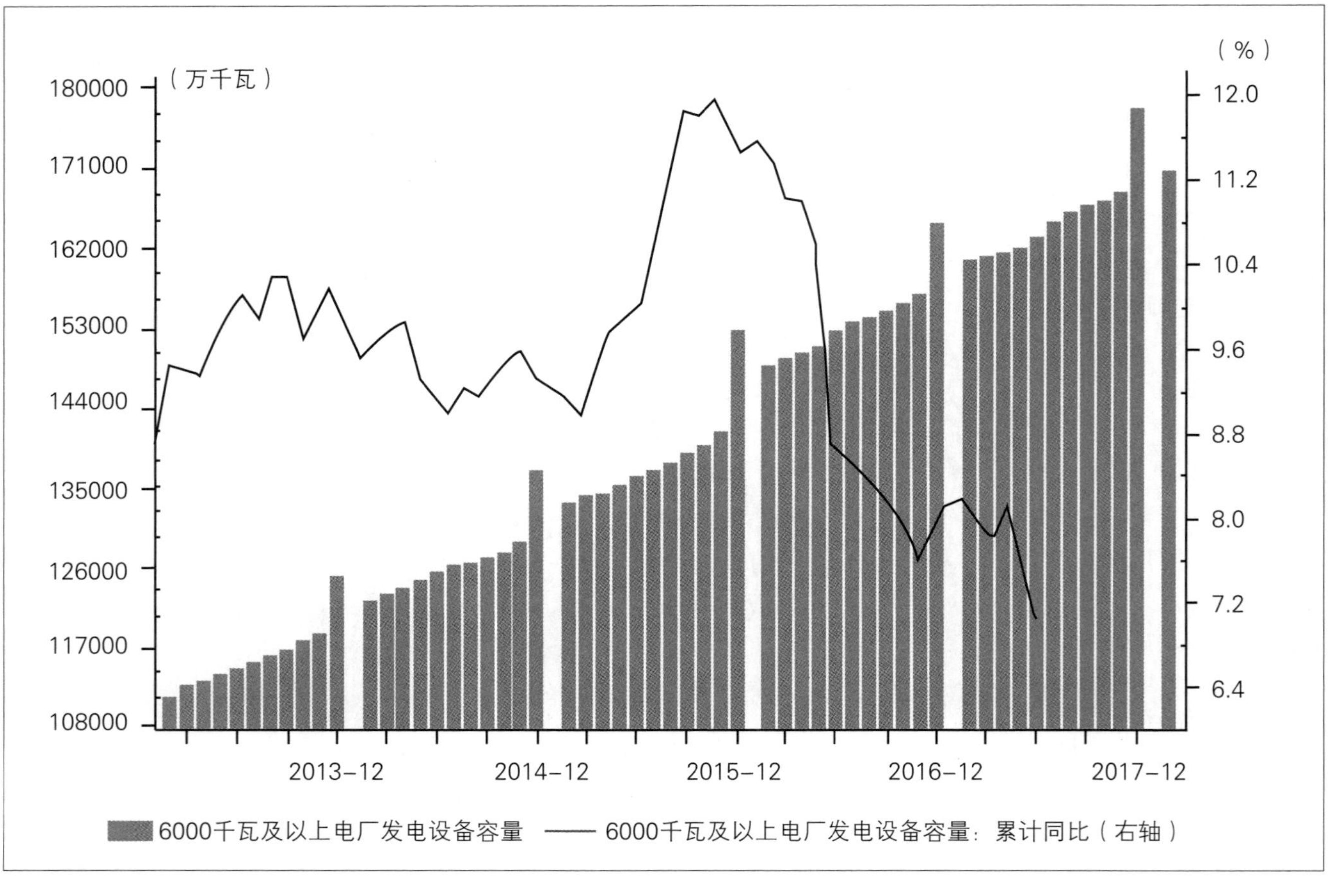

（万千瓦）
（%）
180000
171000
162000
153000
144000
135000
126000
117000
108000
12.0
11.2
10.4
9.6
8.8
8.0
7.2
6.4
2013–12
2014–12
2015–12
2016–12
2017–12
6000千瓦及以上电厂发电设备容量
6000千瓦及以上电厂发电设备容量：累计同比（右轴）

图 11－2　2017 年全口径发电装机容量 17.8 亿千瓦、同比增长 7.6%

数据来源：wind。

100
80
60
40
20
0
–20
2013–12
2014–12
2015–12
2016–12
2017–12
发电新增设备容量累计同比

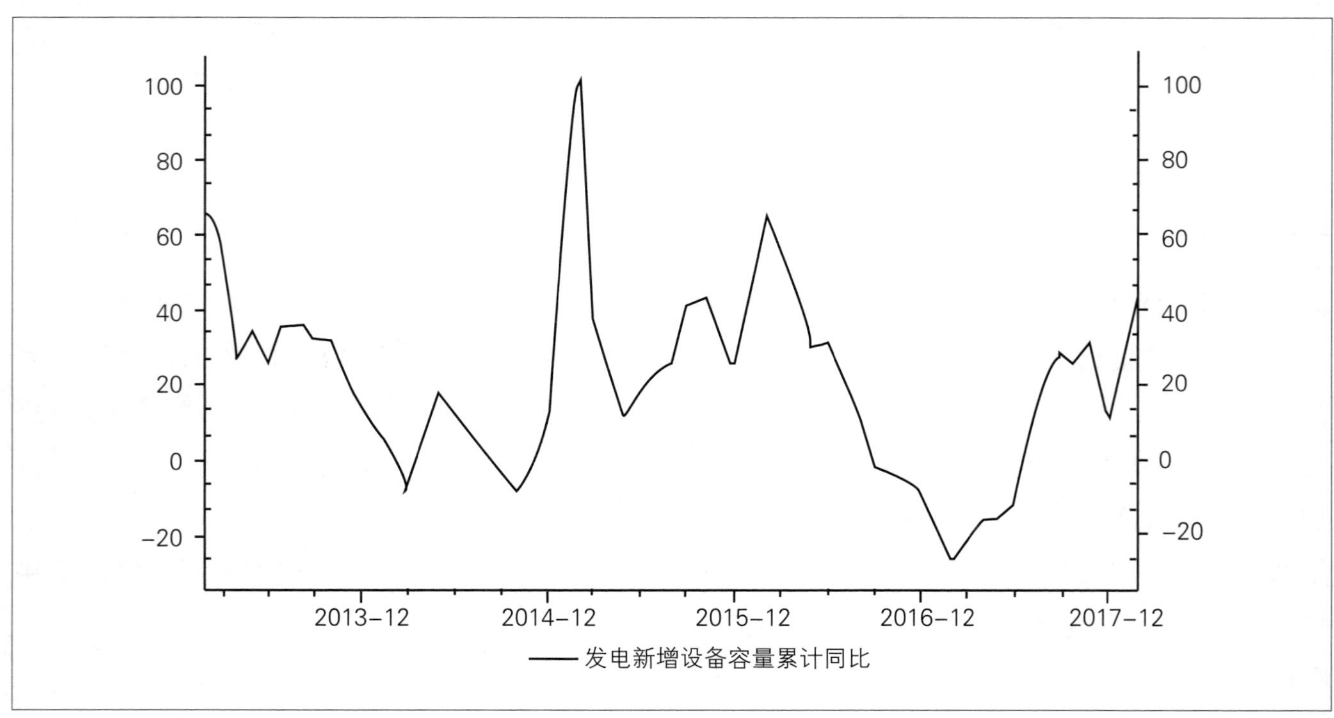

图 11－3　2017 年发电新增设备容量同比增长 10.87%

数据来源：wind。

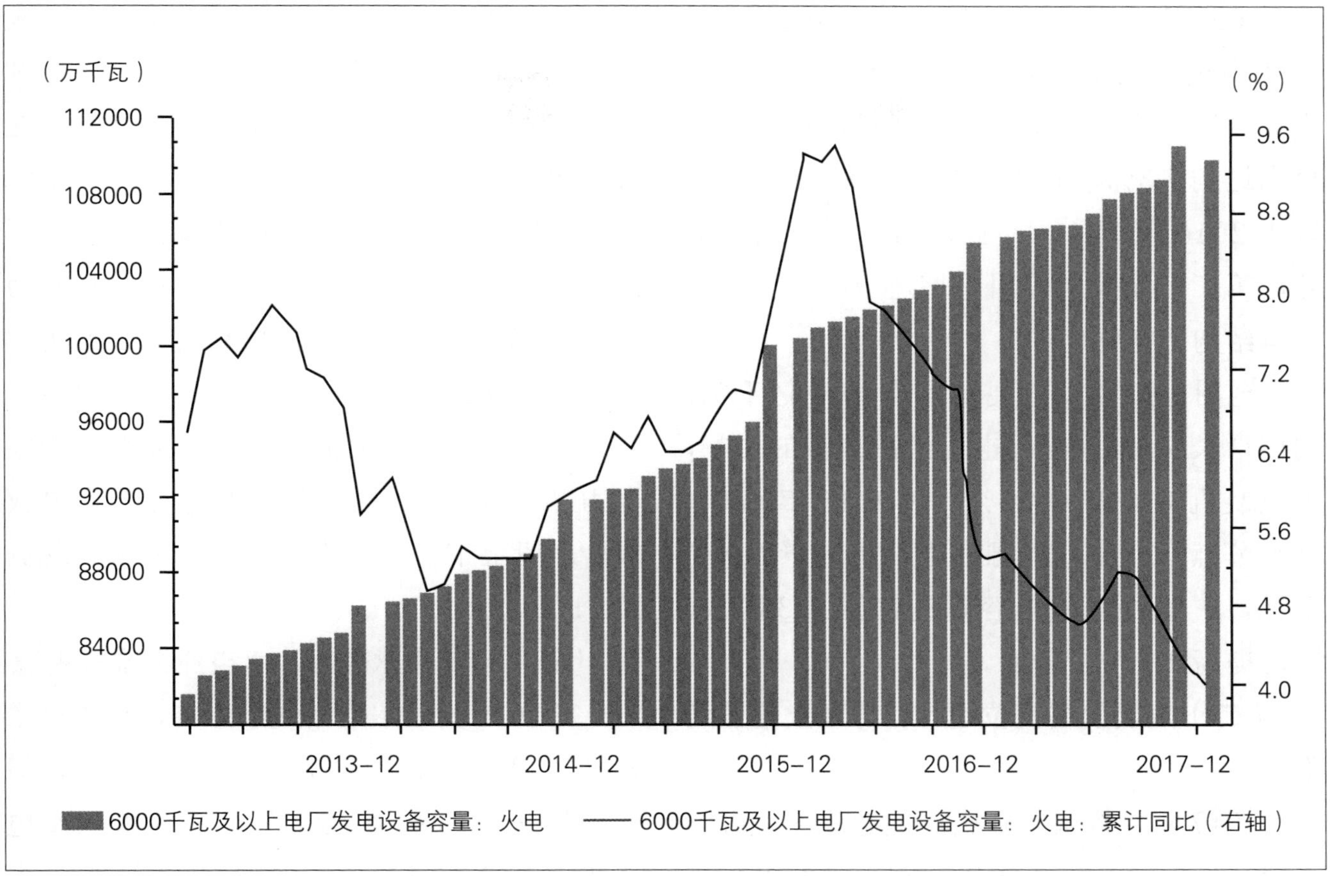

（万千瓦）
（%）
112000
108000
104000
100000
96000
92000
88000
84000
9.6
8.8
8.0
7.2
6.4
5.6
4.8
4.0
2013-12
2014-12
2015-12
2016-12
2017-12
6000千瓦及以上电厂发电设备容量：火电
6000千瓦及以上电厂发电设备容量：火电：累计同比（右轴）

图 11－4　2017 年火电装机容量 11.1 亿千瓦、同比增长 4.25%

数据来源：wind。

（%）
（%）
80
60
40
20
0
-20
-40
2013-12
2014-12
2015-12
2016-12
2017-12
发电新增设备容量：火电：累计同比

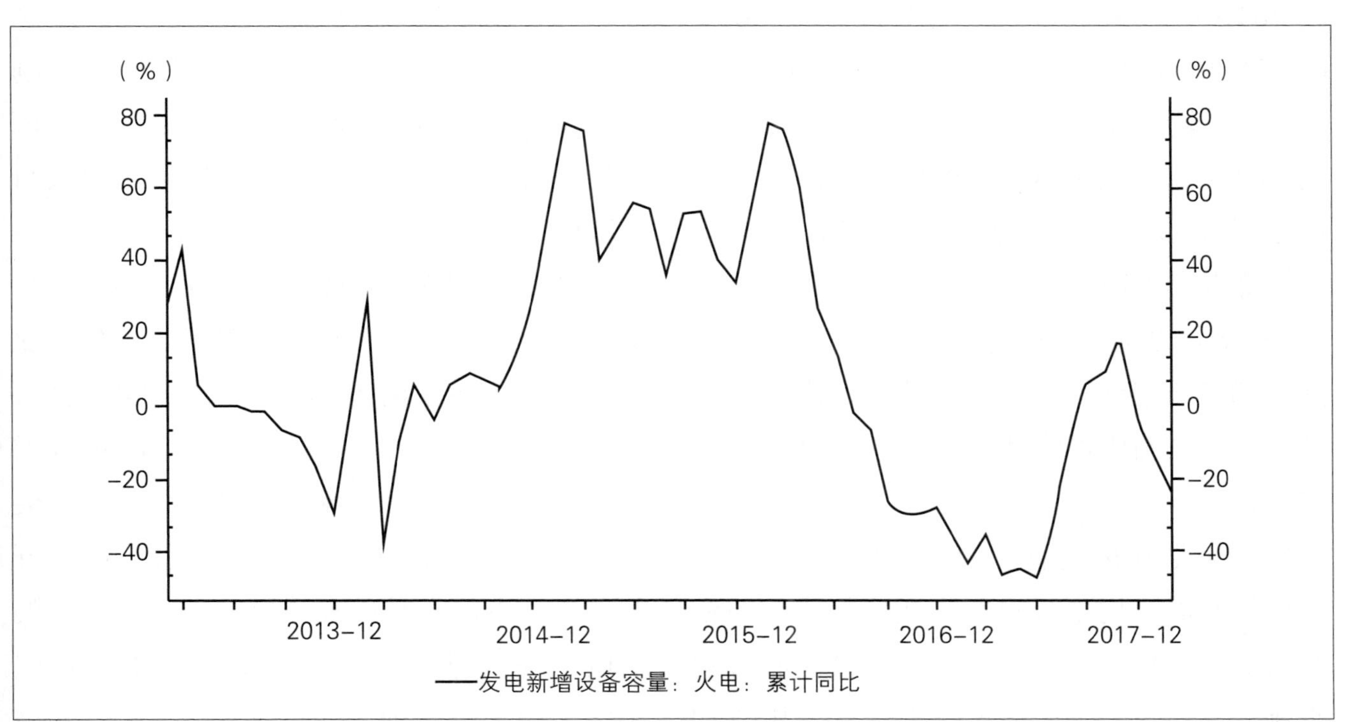

图 11－5　2017 年火电发电新增设备容量同比下降 5.34%

数据来源：wind。

电量63077亿千瓦时，同比增长6.6%。各产业用电量均有上涨，2017年全年，第一产业、第二产业、第三产业和居民用电增速分别达到7.3%、5.5%、10.7%和7.8%。相较于2016年，第一产业、第二产业增速显著，第三产业及居民用电增速放缓，全社会用电结构持续优化。

全国全口径发电装机容量17.8亿千瓦，同比增长7.6%。受火电供给侧改革的影响，火电装机增速仅为4.3%，较2016年下降1个百分点。非化石能源发电装机容量6.9亿千瓦，占总发电装机容量的比重为38.7%，同比提高2.1个百分点。

（二）煤炭价格高位运行，导致火电盈利下滑

2017年，煤炭行业去产能超进度，叠加安全、环保等多方面因素影响，导致电煤供应持续偏紧，煤价涨幅显著。2017年全年全国电煤价格指数平均值为515.99元/吨，较2016年的380.93元/吨提高了35.46%。CCI5500动力煤现货指数全年平均为634元/吨，较去年平均478元/吨上涨156元或32.6%。虽然应对煤价格持续高位，燃煤标杆电价于7月开始陆续调整，火电企业三季度起盈利逐步修复，但依然难以摆脱2017年全年业绩大幅下滑态势。初步测算，2017年全国煤电企业因电煤价格上涨导致电煤采购成本比2016年提高2000亿元左右。

从营业额角度看，由于2017年国内经济稳健发展，用电量也得到相应提升，申银万国28家A股上市公司中，仅赣能股份营业额略有下降，同比下滑2.31%，其他均有不同程度的提升，行业营业额同比增长19.60%。但利润情况却大相径庭，受煤炭成本上涨影响，2017年火电行业平均毛利率为10.83%，同比下滑9.3个百分点。这28家火电上市公司中，只有大唐发电、上海电力、广州发展和内蒙华电4家公司实现了净利润同比增长，其中大唐发电更是扭亏为盈，实现了165.25%的涨幅。但其余的24家火电企业的利润大多降幅巨大，其中更有7家公司出现了亏损情况，华电能源、华银电力和漳泽电力亏损超过10亿元。火电板块，A股上市公司近两年收入、利润表现如图11-6。

（三）全年来水较好，水电业绩维持平稳

2016年受厄尔尼诺现象影响，全年来水较好，2017年整体来水较2016年略少，但好于历史平均水平。2017年全国水电发电量达1.08万亿千瓦时，同比增加3.4%，水电机组平均利用小时数达3578.93小时，同比减少42小时。水电板块全年业绩实现小幅增长，2017年水电板块营收1485.05亿元，同比增长10.29%，其主要原因是个别公司非水电业务规模的扩张；实现净利润380亿元，同比增长5.22%，增量主要来自长江电力和华能水电的业绩提升。

申银万国20家水电上市公司2017年均实现盈利，其中有9家实现了营业额同比增长，增幅最高的为华能水电的330.75%，甘肃电投扭亏为盈，实现利润330.60%增长。长江电力作为全球最大水电公司，总装机容量达4549.5万千瓦。由于水电站的开发利用是遵循先易后难的原则，后续开发的水电站建设难度和成本提高，经济性持续降低，因而作为拥有世界前十大水电站中五座电站的长江电力稀缺性凸显。其2017

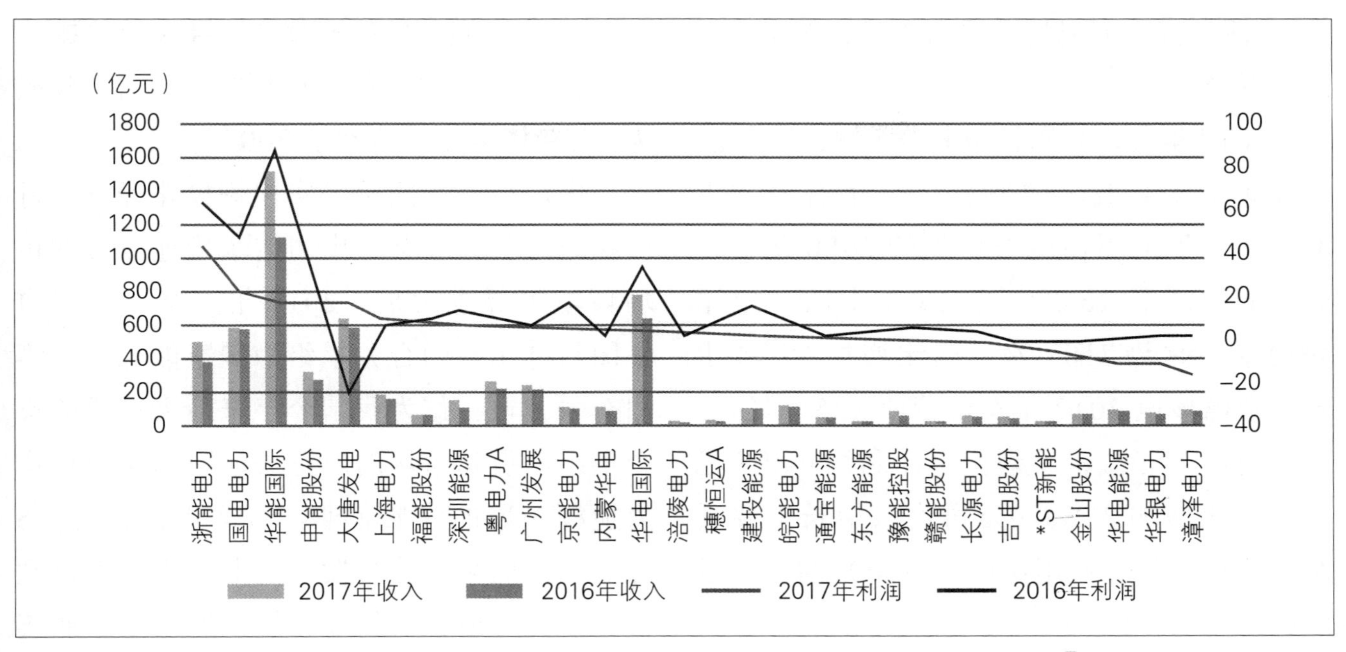

图 11－6　近两年火电行业收入、利润表现

数据来源：wind。

年发电量达 2108.93 亿千瓦时，较去年同比提升 2.35%，营业收入达 501.47 亿元，实现同比增长 2.47%。营业收入，发电量和收入均创历史新高；归母公司净利润为 222.61 亿元，同比增长 7.12%，利润增速高于收入增速的原因为负债规模降低导致财务费用同比减少 7.82 亿，以及实现创新高的投资收益 23 亿元。水电板块，A 股上市公司近两年收入、利润表现如图 11–7。

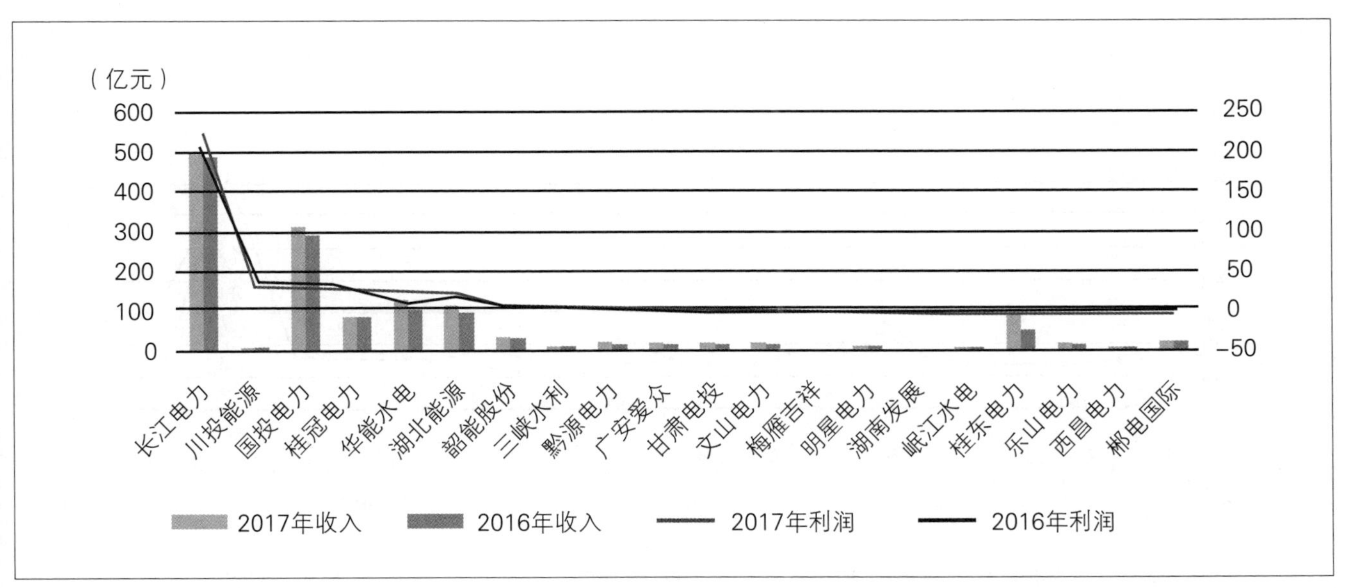

图 11－7　近两年水电行业收入、利润表现

数据来源：wind。

（四）弃风弃光情况已有改善，热电盈利能力下降

2017年底，全国核电装机3581万千瓦，同比增长6.47%，增速较上一年有较大下滑；2017年全国核电发电量约2480亿千瓦时，同比增长16.3%；2017年全国核电平均利用小时数7107.94，同比增加65.94小时。中国核电2017年实现营收335.9亿元，同比增加11.9%；实现归母净利润44.98亿元，同比增加0.2%。公司收入增长主要受益于装机增长和利用小时提升带来的发电量增加。

热电行业尤其是煤电热电联产机组，受煤价高位运行影响，毛利率出现下滑。受“煤改气”新增需求集中释放等因素影响，天然气消费需求超预期增长，供暖期发电用天然气供应紧张，部分地区燃机发电受到供气限制。此外，由于环保需要，各地已陆续关闭小的燃煤锅炉。新能源及热电板块，A股上市公司近两年收入、利润表现如图11-8。

（五）并购加快行业整合，寻求新发展

2017年，已披露的电厂收购项目总规模为1559亿美元，达到了2007年以来最高水平。电厂通过并购重组实现规模化经营，进而在电力价格下调、电力需求增速放缓的市场环境下寻求发展。2017年下半年，国电集团与神化集团合并重组为国家能源投资集团有限公司。作为我国今年来最大规模的央企重组，引起市场的广泛关注。两家公司作为能源领域的优质企业，资产规模超过1.8万亿元。煤炭企业与发电企业重组，煤电联营，能更好地解决供需矛盾，形成全产业链竞争优势，发挥协同效应。

电力行业整合符合目前国有制改革优化资产的整体思想。加快深度调整重组步伐，稳步推动企业集团层面兼并重组，加快推进钢铁、煤炭、电力业务整合，进一步实施专业化重组。能够更好地发挥国有资本投资、运营公司的作用，在整体市场环境放缓情况下，通过资源优化，消化内部矛盾，进而寻求新发展。

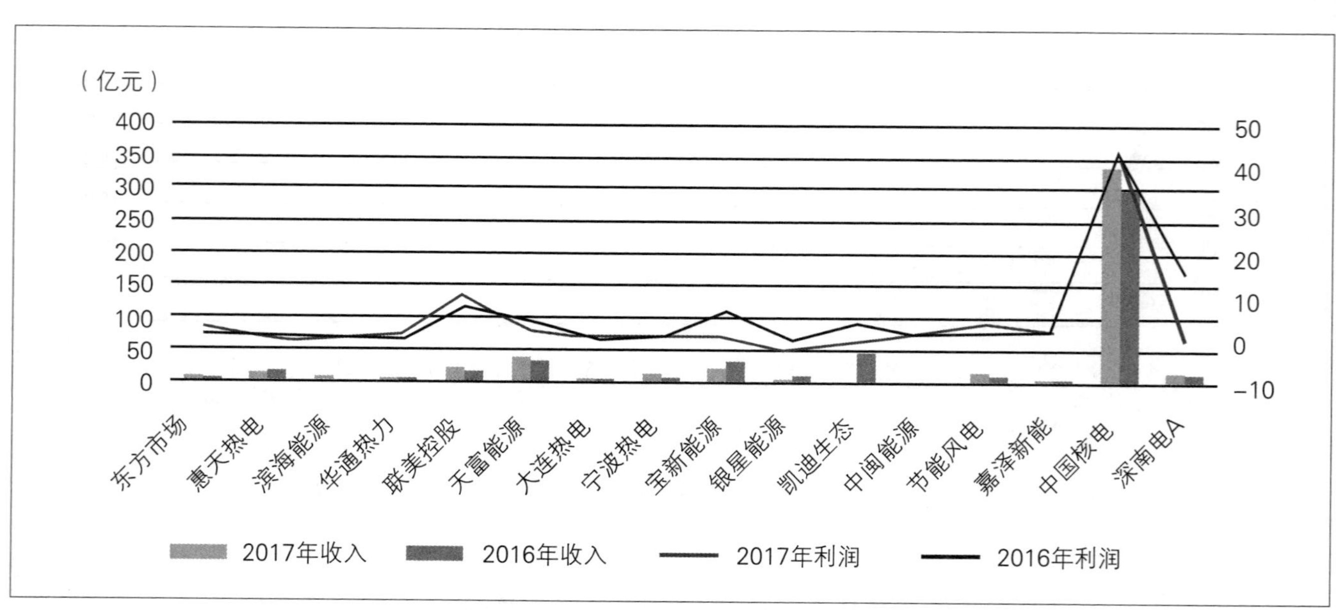

图11-8 近两年新能源及热电板块收入、利润表现

数据来源：wind。

（六）优化电网，改善供电不均弃水弃风现象

根据《电力发展“十三五”规划》，2017年底前，完成分电压等级核定电网企业准许总收入和输配电价，逐步减少电价交叉补贴。建立健全电力市场体系，解决电力行业的困境。加大清洁高效能源发展力度，提升整个电网的调节灵活性。

2017年底开始，国家大力推进清洁能源消纳政策，防止弃水弃风弃光的现象的进一步严重，且明确出台了清洁能源消纳的计划，预计西南地区的水电的供需关系将得到改善，有利于西南地区水电的利用小时数提升和云南地区省内水电上网电价的理性回归。光伏及风电领域曾经由于弃风限电、弃光限电状况突出，毛利率不稳定，在政府和电力企业等多方共同努力下，弃风弃光问题明显改善。2017年全国并网风电装机1.67亿千瓦，同比增长10.2%；并网风电发电量3056亿千瓦时，同比增长26.33%，全国风电利用小时数达1948小时，同比增加206小时。全年受弃风限电影响损失电量11.73亿千瓦时，同比降低13.56%。

三、2018年电力行业前景分析

根据《电力发展“十三五”规划》，2018年底前将启动现货交易试点，完成售电侧市场竞争主体培育工作，基本形成充分竞争的售电侧市场主体，鼓励社会资本开展新增配电业务，明确增量配电网放开的具体办法，建立市场主体准入退出机制，完善市场主体信用体系，在试点基础上全面推开配售电改革。预计2020年全社会用电量6.8万~7.2万亿千瓦时，年均增长3.6%到4.8%，全国发电装机容量20亿千瓦，年均增长5.5%，人均装机突破1.4千瓦，人均用电量5000千瓦时左右，接近中等发达国家水平，电能占终端消费比重达到27%。

根据中电联发布的《2017~2018年度全国电力供需形势分析预测报告》显示，综合考虑宏观经济、服务业和居民用电发展趋势、大气污染治理、电能替代等各方面因素，预计2018年电力消费仍将延续2017年的平稳较快增长水平。考虑到2017年高基数等因素，在平水年、没有大范围极端气温影响情况下，预计2018年全社会用电量增长5.5%左右。

（一）煤电价格下行，火电盈利复苏依赖煤价走势

2018年采暖季结束后，煤炭价格逐渐回落，5500大卡动力煤价格指数已下行约200（元/吨），降幅25%。煤价走低是供需两端共同作用结果，随着2018年煤炭供给侧改革将逐渐完成，在政府的主导下，煤炭价仍有一定下行空间，火电企业成本压力有所缓解。国家发改委发布《关于降低一般工商业电价有关事项的通知》，决定分两批实施降价措施，落实一般工商业电价平均下降10%的目标要求，进一步优化营商环境。火电盈利复苏将更多依赖煤价下行。

（二）供给侧改革继续推进，龙头企业优化收益

国家发改委等部门联合印发的《关于做好2018年重点领域化解过剩产能工作的通知》，将煤电与煤炭钢铁并举，首次提出去产能，主要是有序有效关停煤电落后产能，严控新增煤电规模。2018年《政府工作报

告》提出淘汰关停不达标的30万千瓦以下煤电机组。全国燃煤自备电厂整治风暴也即将来袭，供给侧改革持续推进，整个煤电行业新增投资压缩。因而，发电装机资产优质，近年电源结构优化调整的龙头企业，将在供给侧改革中受益。此外，继国电与神华、中电投与国核之后，市场对于电力央企重组仍有所期待。从供给侧改革主要目的出发，电力央企通过整合扩大规模，优化业务布局，其优势将随着“十三五”规划的进一步深化得以体现。

（三）提前规划精准布局，改善电力资源不平静不充分问题

2018年将贯彻党的十九大精神，电力行业深刻领会新时代习近平中国特色社会主义思想精髓，准确把握新时代能源电力工作的新任务新要求，解决电力行业发展中绿色低碳发展、市场化改革、网源协调、清洁能源消纳等重点问题。通过进一步加强可再生能源电力生产地区与消费地区协调联动，在全国层面统筹好电力供需之间、各电力品种之间、各地区之间的衔接平衡，充分发挥电网关键平台作用，加快优化电源结构与布局，多渠道拓展可再生能源电力本地消纳，加快完善市场机制与政策体系等。

（四）市场化和政府调控相结合，改善弃水弃风弃光问题

为解决弃水弃风弃光问题，促进可再生能源产业持续健康发展，国家能源局将采取以下措施：严格控制弃风弃光严重地区的风电和光伏发电新增建设规模，把发展的重心转移到不弃风和不弃光的中东部和南方地区；通过水火置换、市场化交易等方式，组织云南增送广东电量，解决西南地区弃水问题；利用大数据、云计算等技术，及时开展流域梯级、跨流域协调调度，强化实时调度；进一步落实可再生能源电力消纳监测评价制度，各地没有达到保障收购小时数要求的，在规模上要加以控制；深化可再生能源发电就近消纳机制，提高可再生能源保障性收购电量并扩大直接交易。到2020年在全国范围内有效解决弃水弃风弃光问题。

（五）电力体制改革面临重大机遇

2018年，重点加快推进增量配电业务改革试点工作、8个地区电力现货市场交易试点，进一步扩大电力市场化交易规模，电力行业将迎来新机遇。

2017年11月，国家发布《关于加快推进增量配电业务改革试点的通知》，在前两批195个增量配电试点项目审批完成的基础上推进第3批增量配电试点项目的报送工作，将引导更多社会资本进入增量配电网的投资运营，降低用户用电成本。但也需要做好配电网合理规划、避免重复建设，防止地方“拉专线”等现象的发生。

2017年8月，国家发布《关于开展电力现货市场建设试点工作的通知》，提出以南方（以广东为起步）、蒙西、浙江、山西、山东、福建、四川、甘肃等8个地区作为第一批试点，加快组织推动电力现货市场建设工作，2018年底前启动电力现货市场试运行，电力现货市场建设成熟一个启动一个。未来一年将是电力现货市场试点建设的关键一年，将有效建立发现不同时段、不同地点边际发电成本的市场化机制，通过市场信号引导电力供需并有效发挥清洁能源边际成本低的优势。

附表

2017年度电力行业上市公司业绩评价结果排序表

行业排名	全部上市公司排名	证券代码	单位名称	综合得分	净资产收益率（%）	总资产报酬率（%）	总资产周转率（次）	流动资产周转率（次）	资产负债率（%）	已获利息倍数	营业收入增长率（%）	资本扩张率（%）	市场投资回报率（%）	股价波动率（%）	年末资产总额（万元）	营业收入（万元）	净利润（万元）
1	21	600167	联美控股	83.80	18.75	13.84	0.27	0.52	35.71	955.65	16.24	185.22	29.82	84.63	1113633.00	237637.54	94412.45
2	101	600900	长江电力	78.50	16.85	10.96	0.17	5.21	54.74	5.34	2.47	5.44	28.66	74.19	29939822.01	5014684.86	2227461.31
3	198	600236	桂冠电力	75.60	17.59	10.99	0.22	2.71	59.26	4.43	2.45	11.10	–4.93	46.06	4127700.59	877510.08	280515.69
4	341	600452	涪陵电力	71.60	22.18	6.87	0.52	3.67	72.46	7.12	23.73	27.26	–17.15	67.52	411862.71	206033.23	22642.38
5	367	600023	浙能电力	71.10	6.92	6.34	0.47	2.12	39.05	4.96	30.67	3.76	–1.60	11.70	11288337.81	5119075.49	474463.58
6	407	600886	国投电力	70.20	11.14	6.03	0.15	2.76	70.85	2.53	8.11	7.03	11.45	36.34	20828800.26	3164528.42	655949.07
7	464	002039	黔源电力	69.10	12.50	6.88	0.14	3.05	74.11	2.08	26.14	6.37	–6.76	38.86	1713395.29	241941.47	54344.15
8	475	600642	申能股份	68.80	5.10	6.07	0.60	2.75	38.14	7.04	16.73	1.76	0.43	19.24	5404718.05	3240402.16	218527.46
9	479	000883	湖北能源	68.80	7.39	6.64	0.26	3.04	39.18	7.54	23.45	6.58	1.00	25.13	4635693.49	1156795.11	207592.66
10	847	600995	文山电力	63.20	9.57	8.49	0.77	6.35	35.65	8.84	10.80	6.83	–35.31	95.06	264479.17	203465.91	15669.63
11	849	600674	川投能源	63.20	14.95	12.92	0.03	0.67	21.09	12.93	–20.14	9.56	20.12	43.59	2902556.71	79959.90	329956.65
12	850	600101	明星电力	63.20	4.44	3.92	0.52	3.24	30.59	136.52	9.35	5.20	–24.71	66.72	301005.02	151319.29	9928.68
13	862	000301	东方市场	63.10	4.43	5.99	0.24	0.59	18.70	7.97	40.21	3.55	–	46.84	441532.88	111202.35	22801.20
14	901	601985	中国核电	62.30	10.77	4.60	0.11	1.05	74.40	3.32	11.93	8.23	5.74	26.08	30319253.76	3358990.89	803614.61
15	909	000601	韶能股份	62.30	9.27	8.30	0.40	2.90	48.29	4.90	12.36	5.38	–14.25	50.13	916665.14	359410.41	45847.33
16	975	600116	三峡水利	61.40	5.75	8.78	0.25	1.11	45.31	9.91	–3.17	9.93	–6.13	80.40	496212.48	121762.25	29481.08
17	1026	600863	内蒙华电	60.70	3.03	4.83	0.28	4.61	68.07	2.06	28.27	1.87	–4.52	34.35	4309397.59	1178256.98	79711.59
18	1035	600483	福能股份	60.60	7.44	7.01	0.36	1.39	43.77	4.75	6.88	5.21	–31.46	80.17	1976498.18	679949.45	84928.17
19	1132	000539	粤电力A	59.20	3.77	4.14	0.38	2.30	58.17	2.13	17.47	1.25	–10.05	28.64	7100741.53	2664379.21	113772.12
20	1149	600098	广州发展	58.90	4.55	5.08	0.67	2.66	50.06	3.34	12.01	4.33	–36.42	131.64	3854938.27	2465188.78	89415.17
21	1157	600021	上海电力	58.80	4.25	5.32	0.28	2.12	76.24	2.07	17.44	21.30	–28.21	62.39	8091396.94	1884431.75	142922.03
22	1173	600644	乐山电力	58.60	9.47	3.70	0.75	4.37	50.47	6.46	8.05	10.74	–24.44	79.30	298477.26	205891.26	5551.27
23	1181	600979	广安爱众	58.50	6.76	5.58	0.26	1.14	51.86	4.21	9.55	6.68	–31.62	117.86	764038.21	206722.69	27843.52
24	1308	601991	大唐发电	56.70	3.66	4.34	0.28	3.10	74.57	1.49	9.27	2.29	6.92	52.16	23567378.60	6460775.50	244946.30
25	1369	000027	深圳能源	56.00	3.42	4.38	0.23	1.01	67.99	1.76	37.35	–0.42	–13.37	30.86	7723093.01	1554585.49	84505.94
26	1468	601016	节能风电	54.50	6.03	4.85	0.10	0.64	62.93	2.39	32.24	4.60	–26.65	53.06	1995237.66	187144.92	46158.38
27	1562	600509	天富能源	53.20	2.38	3.23	0.22	1.15	65.97	1.53	16.55	35.67	–8.72	48.22	1945415.75	423783.54	16725.23
28	1574	600505	西昌电力	53.10	4.60	3.64	0.38	2.77	48.48	4.08	2.11	2.82	–32.39	89.38	245250.02	91973.46	4458.86
29	1606	600982	宁波热电	52.70	0.69	4.34	0.40	0.71	37.36	7.28	28.43	4.65	–23.36	63.41	433994.45	155782.61	10873.63
30	1644	600163	中闽能源	52.20	9.69	7.97	0.15	0.75	51.04	4.57	28.53	9.99	–30.05	87.46	370734.55	50670.31	17127.05
31	1702	600011	华能国际	51.40	0.85	4.05	0.44	3.57	75.65	1.36	33.95	–4.71	–9.46	36.69	37869372.91	15245944.40	214657.20
32	1755	600795	国电电力	50.60	3.08	3.77	0.22	3.54	73.49	1.58	2.43	–2.04	–0.36	32.84	27412992.59	5983317.78	276420.37

续表

行业排名	全部上市公司排名	证券代码	单位名称	综合得分	净资产收益率（%）	总资产报酬率（%）	总资产周转率（次）	流动资产周转率（次）	资产负债率（%）	已获利息倍数	营业收入增长率（%）	资本扩张率（%）	市场投资回报率（%）	股价波动率（%）	年末资产总额（万元）	营业收入（万元）	净利润（万元）
33	1827	600780	通宝能源	49.60	1.65	2.00	0.42	1.35	60.08	2.08	4.35	2.30	-16.66	48.12	1202018.28	509701.83	7771.52
34	1846	600131	岷江水电	49.30	6.49	5.31	0.35	5.19	51.96	2.63	-27.72	10.49	-37.59	108.94	237927.64	82158.42	7823.98
35	1860	000695	滨海能源	49.20	2.95	3.76	0.70	1.62	71.79	2.12	66.52	48.65	-32.57	98.32	172772.45	100670.36	2071.76
36	1919	600868	梅雁吉祥	48.20	0.56	5.62	0.10	1.01	3.29	55.93	-33.23	3.33	-31.79	75.85	239989.29	24268.14	11755.99
37	1993	000600	建投能源	47.30	2.31	3.02	0.35	2.01	58.31	1.89	12.26	-2.10	-11.96	133.62	3116475.59	1053767.84	31231.33
38	2011	000531	穗恒运 A	46.90	4.71	4.71	0.32	1.28	54.18	2.35	12.52	-1.60	-28.90	80.47	919870.04	296539.50	20239.64
39	2021	000958	东方能源	46.80	1.01	3.01	0.40	2.31	63.14	2.48	6.02	6.47	-32.40	115.44	747049.20	252413.12	6890.76
40	2022	000791	甘肃电投	46.80	4.28	4.58	0.10	1.20	69.50	1.50	19.58	12.52	-37.28	171.41	1901188.21	190314.57	25228.26
41	2074	600578	京能电力	45.90	0.73	2.02	0.21	1.90	56.60	1.39	9.96	8.43	-9.52	38.88	6102417.56	1222067.87	26047.33
42	2080	600027	华电国际	45.80	1.42	3.22	0.37	3.43	74.37	1.23	24.72	-1.80	-24.03	52.99	21627858.80	7900683.60	77591.30
43	2278	600969	郴电国际	41.60	2.45	1.99	0.21	0.59	70.74	3.04	4.42	6.15	-31.90	74.01	1290554.05	252216.60	10256.16
44	2329	600719	大连热电	40.50	-0.68	0.70	0.48	1.48	53.89	4.79	10.55	-0.15	-25.26	76.91	157652.40	78201.87	335.68
45	2339	000037	深南电 A	40.30	-0.20	1.96	0.56	1.05	29.80	1.14	29.97	0.02	-34.62	104.34	288380.44	204576.68	37.71
46	2392	000543	皖能电力	39.20	0.48	1.81	0.46	4.34	48.08	1.40	14.80	-7.36	-34.09	91.44	2654764.73	1220743.34	7929.25
47	2409	001896	豫能控股	38.70	-1.57	2.58	0.50	2.21	64.89	1.07	48.10	48.99	-48.91	194.01	2089635.70	876033.15	2616.20
48	2460	000722	湖南发展	37.50	2.69	3.66	0.08	0.27	6.85	15.47	-13.21	2.72	-34.28	109.54	313944.98	24448.77	7788.89
49	2502	000899	赣能股份	36.40	3.63	1.70	0.29	1.22	38.95	1.15	-2.31	-6.29	-36.16	94.35	731946.60	212626.79	1645.01
50	2581	600310	桂东电力	34.10	-2.44	3.92	0.86	2.97	80.24	1.40	96.54	-17.32	-45.16	129.31	1275378.67	1024483.50	10010.36
51	2706	000690	宝新能源	29.40	-2.51	2.22	0.15	0.53	51.20	1.37	-28.96	3.00	-13.25	115.27	1738910.99	251487.21	10312.28
52	2750	000966	长源电力	27.70	-3.92	0.78	0.59	5.15	63.54	0.37	1.61	-6.46	-36.36	92.30	935679.93	546403.53	-12173.78
53	2800	000720	*ST 新能	25.40	-12.43	-5.07	0.38	0.96	84.24	-2.15	10.41	18.53	-33.13	97.46	903339.81	274459.16	-56520.79
54	2836	600744	华银电力	23.50	-35.13	-3.31	0.38	1.81	84.76	-1.23	14.57	-29.44	-29.41	70.13	1885510.98	733812.26	-119379.83
55	2837	600726	华电能源	23.50	-36.36	-2.19	0.36	2.55	89.27	-0.80	5.20	-33.54	-38.58	90.33	2538899.91	908191.09	-120470.16
56	2844	600396	金山股份	22.90	-25.37	-1.71	0.34	4.06	83.29	-0.56	5.17	-22.52	-40.86	115.59	2032895.55	690690.88	-97901.10
57	2856	000767	漳泽电力	22.40	-24.21	-1.39	0.20	0.79	83.44	-0.49	15.29	-23.95	-25.38	62.68	4840800.78	952045.23	-203855.67
58	2881	000692	惠天热电	20.90	-14.82	0.69	0.34	0.90	75.83	0.37	-3.48	-5.24	-18.41	68.50	564306.06	176620.24	-5627.22
59	2916	000875	吉电股份	18.00	-3.42	1.47	0.16	1.25	75.92	0.64	15.85	-1.49	-41.50	97.19	3518101.23	510263.35	-29464.35
60	2984	000862	银星能源	9.20	-5.95	1.28	0.10	0.49	70.26	0.39	-35.18	-7.00	-45.31	104.97	917883.03	93504.16	-19668.81
61		002893	华通热力	61.70	10.58	6.25	0.62	1.20	64.11	4.39	6.06	79.54	-14.48	91.98	169933.55	91512.23	5258.17
62		600025	华能水电	57.90	7.34	3.82	0.08	2.19	75.59	1.80	11.21	16.19	-14.48	37.49	16798043.98	1284757.69	237093.08
63		601619	嘉泽新能	45.00	6.50	4.93	0.10	0.66	72.76	1.70	20.24	17.62	-14.48	131.51	892807.65	83169.44	16496.23

第十二章　建筑行业上市公司业绩评价

建筑业是国民经济的支柱产业。改革开放以来，我国建筑业快速发展，建造能力不断增强，产业规模不断扩大，吸纳了大量农村转移劳动力，带动了大量关联产业，对经济社会发展、城乡建设和民生改善做出了重要贡献。“十三五”时期，我国经济发展进入新常态，增速放缓，结构优化升级，驱动力由投资驱动转向创新驱动。以发挥市场在资源配置中起决定作用和更好发挥政府作用为核心的全面深化改革进入关键时期。《中共中央国务院关于进一步加强城市规划建设管理工作的若干意见》，进一步深化建筑业“放管服”改革，加快产业升级，促进了建筑业持续健康发展。2017 年全国固定资产投资 641238 亿元，比上年增长 7.0%。其中固定资产投资（不含农户）631684 亿元，比去年增长 7.2%。随着“一带一路”建设各项工作加快推进，国际合作范围和领域不断扩大，国内推进机制不断完善，重点方向及重点领域建设取得积极进展和显著成效。根据国家统计局 2018 年 2 月 28 日发布的 2017 年国民经济和社会发展统计公报，2017 年全社会建筑业增加值 55689 亿元，占国内生产总值 GDP（827122 亿元）的 6.73%，比上年增长了 4.3%。

新型城镇化、京津冀协调发展、长江经济带发展和“一带一路”建设，形成建筑业未来发展的重要推动力和宝贵机遇

一、建筑行业上市公司业绩评价结果

（一）建筑行业上市公司整体价值概述

截至 2017 年末，建筑行业（装饰）在 A 股上市公司共 120 家，其中 115 家盈利。2017 年建筑行业（装饰）营业收入 4.36 万亿元，净利润 0.16 万亿元；较 2016 年营业收入 3.90 万亿元、净利润 0.13 万亿元，分别增长 9.32%、增长 23.08%。建筑行业（装饰）的综合平分值为 55.6 分，低于同年全部上市公司的综合评价分值 61.8 分。在 120 家建筑行业（装饰）上市公司中，业绩为 A 的 3 家，业绩为 BBB 的 8 家，业绩为 BB 的 19 家，业绩为 B 的 16 家，业绩为 CCC 的 26 家，业绩为 CC 的 15 家，业绩为 C 的 33 家。

2017 年全部上市公司为 3382 家，其资产总额总计为 54.24 万亿元，建筑行业（装饰）全部上市公司资产总额合计 6.70 万亿

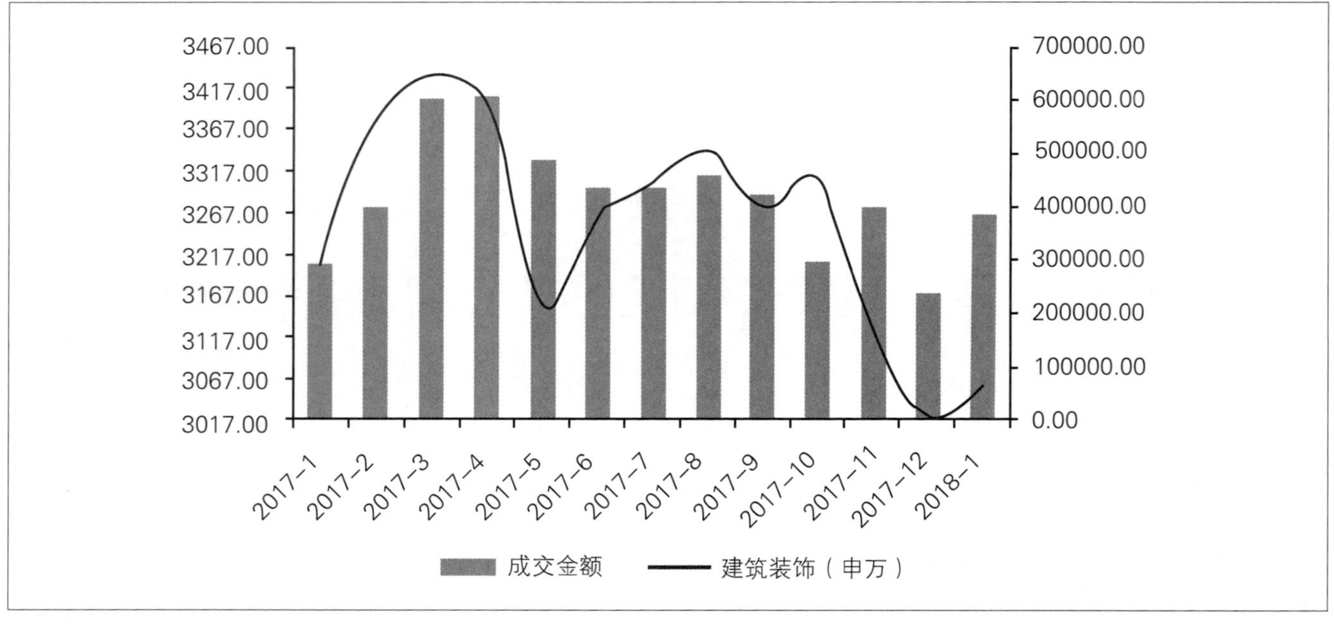

图 12－1 建筑行业指数图

数据来源：wind 资讯。

元，占上市公司资产总额的 12.35%；全年实现营业收入 32.68 万亿元，建筑行业（装饰）120 家上市公司实现营业收入 4.36 万亿元，占上市公司营业收入的 13.34%；全部上市公司共实现利润总额 2.39 万亿元，建筑行业（装饰）上市公司实现利润总额 0.20 万亿元，占上市公司全部实现利润总额 8.37%，全部上市公司共计实现净利润 1.90 万亿元，建筑行业（装饰）上市公司实现净利润 0.16 万亿元，占上市公司全部实现净利润的 8.42%；该行业上市公司 2017 年度市场投资回报率 −13.9%，高于全部上市公司 −14.59% 的市场投资回报率；建筑行业（装饰）上市公司股价波动率为 87.50%，低于全部上市公司 92.63% 的股价波动率。

建筑行业（装饰）扣除非经常性损益净资产收益率平均值为 9.77%，高于全部上市公司 7.99% 的平均水平；营业利润率平均值为 4.61%，低于全部上市公司 7.25% 的平均水平；总资产报酬率 4.41%，低于全部上市公司的 5.91%，说明 2017 年建筑行业上市公司资产收益水平低于全部上市公司水平。2017 年，建筑行业（装饰）按评价体系，行业综合排名十强见表 12−1。

表 12−1 2017 年度建筑行业中联十强排行榜

名次	股票代码	股票简称	全部上市公司中排名
1	002310	东方园林	105
2	002713	东易日盛	165
3	002081	金螳螂	201
4	300355	蒙草生态	323
5	601668	中国建筑	366
6	600326	西藏天路	373
7	002717	岭南股份	426
8	600477	杭萧钢构	456
9	002775	文科园林	502
10	300284	苏交科	507

下面分别从财务效益、资产质量、偿债风险、发展能力及市场表现五个方面对建筑行业上市公司进行具体分析。

（一）财务效益

表 12-2 列示了建筑行业（装饰）上市公司财务效益状况评价结果。从结果上看，建筑行业（装饰）上市公司财务效益状况平均得分与全部上市公司的平均水平基本持平。其中东方园林、金螳螂、中国建筑、方大集团和蒙草生态分别排在前五名。该行业净资产收益率和股本收益率财务指标高于全部上市公司平均值，总资产报酬率、营业利润及盈利现金保障倍数等财务指标低于全部上市公司平均水平。

与上年的财务效益情况相比较，2017 年行业财务效益下降 9.25%。但总资产报酬率、营业利润率和股本收益率指标高于 2016 年指标值，净资产收益率和盈利现金保障倍数低于 2016 年指标值。其中盈利现金保障倍数比较突出，低于去年 72.77%；该行业实现净利润为 1582.62 亿元，比 2016 年的 1299.79 亿元净利润增加了 21.76%。

建筑行业（装饰）上市公司财务效益指标总资产报酬率、营业利润率和股本收益率较去年有所提高，但净资产收益率和盈利现金保障倍数较去年下降，尤其是盈利现金保障倍数，较去年下降了 72.77%。主要因为 2017 年国内经济稳中向好，建筑行业（装饰）在国家政策鼓励下有上升趋势，但因水泥等建筑材料及人工价格上涨因素，致使建筑行业（装饰）资金流紧张所致。行业主要财务指标见表 12-2。

表 12-2　　建筑行业财务效益状况比较表

评价指标		2017 年上市公司平均值	2017 年行业值	2016 年行业值	增长率（%）
基本指标	净资产收益率（%）	7.99	9.77	9.93	-1.61
	总资产报酬率（%）	5.91	4.41	4.33	1.85
	得分	21.07	20.35	21.86	-6.91
修正指标	营业利润率（%）	7.25	4.61	4.07	13.27
	盈利现金保障倍数	1.34	0.61	2.24	-72.77
	股本收益率（%）	42.46	65.74	59.01	11.40
综合得分		22.25	22.08	24.33	-9.25

（二）资产质量

从表 12-3 可以看出，建筑行业（装饰）上市公司资产质量状况指标平均得分低于全部上市公司的平均水平，2017 年，除总资产周转率外，流动资产周转率、存货周转率、应收账款周转率都低于全部上市公司平均值。建筑行业资金占用量较大，且项目周期较长，是资产周转速度低于全部上市公司的主要原因。

与 2016 年相比较，建筑行业（装饰）2017 年资产质量各项指标除总资产周转率比上年下降幅度稍大，下降 2.81% 外，其他资产质量指标基本与上年持平或略有降低。上市公司资产质量最佳排名前五的为东易日盛、名雕股份、北方国际、中国海域、亚翔集成，这五家公司在资产质量上得分优良，共同点都是保持很高的流动资产周转率以及应收账款周转率。

表 12-3 建筑行业资产质量状况表

评价指标		2017 年上市公司平均值	2017 年行业值	2016 年行业值	增长率（%）
基本指标	总资产周转率（次）	0.64	0.69	0.71	-2.82
	流动资产周转率（次）	1.23	0.96	0.97	-1.03
	得分	9.26	9	9.13	-1.42
修正指标	应收账款周转率（次）	8.18	4.69	4.75	-1.26
	存货周转率（次）	2.77	2.18	2.19	-0.46
综合得分		9.08	8.06	8.16	-1.23

（三）偿债风险

从表 12-4 中建筑行业（装饰）指标的分析可知，2017 年该行业上市公司偿债风险状况平均得分低于全部上市公司的平均水平，该行业的资产负债率 76.27% 高于全部上市公司的 60.19% 的平均值，获利倍数低于全部上市公司平均值，这是行业特性所致。

2017 年建筑行业（装饰）的偿债风险能力略低于 2016 年水平，偿债风险各指标除了获利倍数较去年有所提高外，其他指标都低于去年。说明建筑行业（装饰）盈利情况较去年有所好转，但资金压力依然巨大。2017 年建筑行业偿债风险最佳排名前 5 名的分别是启迪设计、航天股份、名雕股份、东易日盛和合诚股份。

表 12-4 建筑行业偿债风险状况表

评价指标		2017 年上市公司平均值	2017 年行业值	2016 年行业值	增长率（%）
基本指标	资产负债率（%）	60.19	76.27	77.54	-0.02
	获利倍数	4.97	3.67	3.37	0.09
	得分	8.91	3.40	3.48	-0.02
修正指标	速动比率（%）	79.60	72.80	76.28	-0.05
	现金流动负债比率（%）	10.90	2.46	8.42	-0.71
	带息负债比率（%）	49.72	36.44	37.22	-0.02
综合得分		8.92	4.48	4.72	-0.05

（四）发展能力

从表 12-5 可知，建筑行业（装饰）上市公司发展能力状况指标平均得分低于全部上市公司的平均水平。行业的营业增长率、三年营业收入增长率、总资产增长率和营业利润增长率均低于全部上市公司平均值，尤其是营业增长率和营业利润增长率大幅低于全部上市公司平均值。行业的资本扩张率和累计保留盈余率分别为 18.46% 和 43.85%，高于全部上市公司的平均值 14.21% 和 41.07%。

2017 年行业发展能力指标营业增长率、资本扩张率、累计保留盈余率和营业利润增长率均高于上年，尤其是营业增长率和营业利润增长率分别为 9.92% 和 23.82%，较去年有大幅增长，分别增长64.51%和115.96%。指标充分说明2017年建筑行业（装饰）在国家政策的带动下，盈利水平明显提升，呈现良好发展态势；该行业发展能力排名前五名的为安徽水利、东方园林、蒙草生态、岭南股份和铁汉生态。

表12-5 建筑行业发展能力状况表

评价指标		2017年上市公司平均值	2017年行业值	2016年行业值	增长率（%）
基本指标	营业增长率（%）	21.02	9.92	6.03	64.51
	资本扩张率（%）	14.21	18.46	18.10	1.99
	得分	12.20	11.44	11.65	−1.80
修正指标	累计保留盈余率（%）	41.07	43.85	42.71	2.67
	三年营业收入增长率（%）	9.58	7.09	7.17	−1.12
	总资产增长率（%）	14.82	11.68	15.62	−25.22
	营业利润增长率（%）	42.01	23.82	11.03	115.96
综合得分		12.37	11.62	12.08	−3.81

（五）市场表现

图12-2列示了建筑行业上市公司市场表现评价结果。2017年沪深300市场表现1~5月份比较平稳，6~12月平缓上行，建筑行业市场表现在2017年全年与沪深300相反，年初有小幅上涨后下跌，5~10月份相对平稳，11~12月又呈下跌趋势，年底有小幅上扬。建筑行业市场表现弱于沪深300（见图12-2）。

从表12-6可知，2017年建筑行业（装饰）市场表现的得分略高于同年全部上市公司平均值。2017年建筑行业的股价波动率为87.50%，低于全部上市公司的92.63%的平均值，但高于行业2016年的86.84%。2017年建筑行业（装饰）上市公

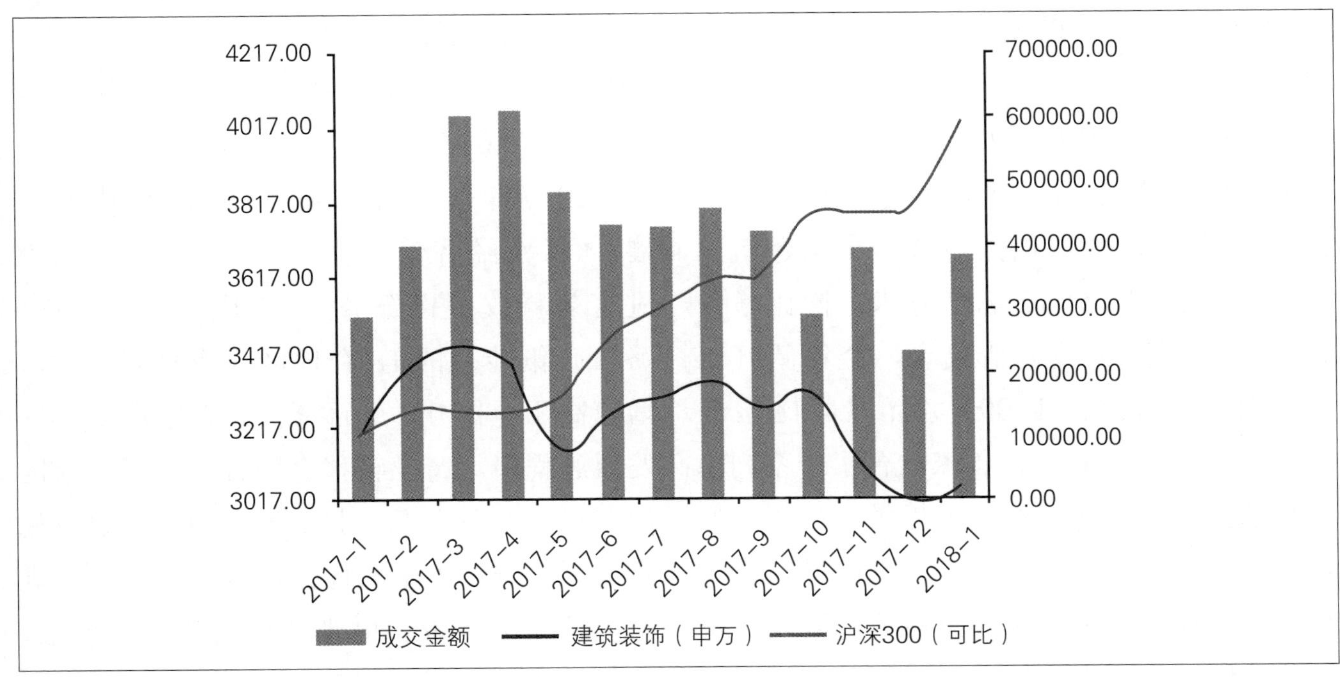

图12-2 沪深300指数与建筑装饰指数叠加图

司投资回报率为 −13.90%，高于全部上市公司 −14.59% 的投资回报率；同比低于 2016 年的 7.51%。行业的市场回报率比 2016 年有较大的降幅。该行业市场表现排名前五位的是中材国际、太极实业、延华智能、中国建筑和中国电建。

表 12-6 建筑行业公司市场表现表

评价指标	2017 年上市公司平均值	2017 年行业值	2016 年行业值	增长率（%）
市场投资回报率（%）	−14.59	−13.90	7.15	−294.41
股价波动率（%）	92.63	87.50	86.84	0.76
得分	9.13	9.37	9.17	2.18

二、2017 年建筑行业上市公司业绩的影响因素分析

建筑行业是典型的投资驱动行业，受国内外宏观经济政策影响很大。随着《国务院办公厅关于促进建筑业持续健康发展的意见》的出台，对进一步深化建筑业“放管服”改革，完善监管体制机制，优化市场环境，提升工程质量安全水平，强化队伍建设，增强企业核心竞争力，促进建筑业持续健康发展，打造“中国建造”品牌方面，国家也给予了多方面扶持。

2017 年，全国建筑行业总产值为 213954 亿元，同比增长 10.5%，增速有所回升。这也是在经历了过去两年 2.3%、7.1% 的个位数增速之后，建筑业总产值增速继 2014 年之后再回双位数时代。全国建筑业房屋施工面积 131.72 亿平方米，同比增长 4.2%。从新开工项目情况看，全年新开工项目计划总投资 519093 亿元，同比增长 6.2%。经济新常态下，国家出台了一系列稳增长的措施，为建筑业发展提供了广阔的舞台。其中:“一带一路”、PPP 项目得到进一步深化，这对拉动建筑业总产值起到至关重要的作用。

（一）基础设施投资保持高速增长

2017 年，国家发改委密集批复了一大批重大项目，主要集中在能源、水利、交通和高技术领域。在项目推动下，基础设施投资也成为经济数据中少有的亮点。

2017 年基础设施完成投资 140005 亿元，增长 19%，增速比 2016 年提高 1.6 个百分点；占全部投资的比重为 22.2%，比上年提高 2.2 个百分点；对全部投资增长的贡献率为 52.9%，拉动投资增长 3.8 个百分点。其中，水利管理业投资增长 16.4%；公共设施管理业投资增长 21.8%；道路运输业投资增长 23.1%；铁路运输业投资同比下降 0.1%。2017 年新建及改扩建铁路 28 条 6643 公里，总投资 4646 亿元。

2017 年“一带一路”“京津冀协同发展”“长江经济带建设”三大战略的全面推进有效释放了投资潜力。2017 年“一带一路”政策涉及的 18 个地区投资增长 8.1%，增速高于全国 0.9 个百分点。在京津冀协同发展进程中，产业转移有序推进，雄安新区规划建设有条不紊，北京城市副中心建设稳步进行。秉承“生态优先，绿色发展”的理念，长江经济带辐射带动作用在逐步增强，覆盖的 11 个省市 2017 年投资增长 11%，增

速比全国高 3.8 个百分点；占全国投资的比重为 45.5%，比上年提高 1.5 个百分点。

如：中国建筑，公司在国家新型城镇化、基础设施投资等领域不断深入推进，尤其是基础设施投资在“一带一路”战略的指引下不断加强。公司科学研判市场，紧跟国家“一带一路”、“长江经济带”、“京津冀一体化”发展战略，坚持推进“大市场、大客户、大项目”营销策略，在全国市政工程、地下综合管廊和 PPP 项目中已有较高占有率，全集团建筑业务新签合同额同比增长 18.4% 至 22249 亿元，其中，房建业务新签合同额为 14750 亿元，同比增长 13.8%；基建业务新签合同额为 7369 亿元，同比大幅增长 28.2%，占比上升至 30%。2017 年，公司因为建筑业务板块各项指标大幅提升，2017 年各季度在收入和利润方面业绩均有稳定增长，涨幅平均在 15% 左右。2017 年季度及 2018 年一季度主要财务数据如下表 12–7 和图 12–3 所示：

表 12–7　中国建筑 2017 年各季度和 2018 年一季度主要财务指标分析表（单位：亿元）

	2018 年一季度	2017 年四季度	2017 年三季度	2017 年二季度	2017 年一季度	2016 年四季度
总营业收入	2701.61	2832.07	2456.45	2904.27	2348.27	2895.65
同比（%）	15.05	–2.20	22.51	13.61	9.70	7.55
营业利润	137.59	154.25	118.07	205.94	118.72	91.40
同比（%）	15.80	64.67	–17.37	20.95	10.93	–32.18
净利润	105.15	119.75	92.20	163.16	91.39	84.12
同比（%）	15.06	42.36	–18.49	23.98	10.26	–22.08

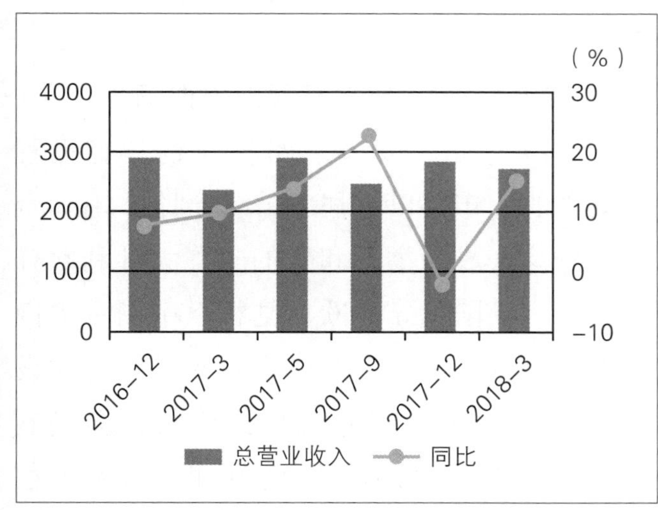

图 12 – 3

数据来源：wind。

（二）固定资产投资稳中有升

2017 年在基础设施投资带动下，全社会固定资产投资 641238 亿元，比上年增长 7.0%。其中，固定资产投资（不含农户）631684 亿元，增长 7.2%。分区域看，东部地区投资 265837 亿元，比上年增长 8.3%；中部地区投资 163400 亿元，增长 6.9%；西部地区投资 166571 亿元，增长 8.5%；东北地区投资 30655 亿元，增长 2.8%。

2017 年全社会建筑业增加值 55689 亿元，比 2016 年增长 4.3%（见图 12–4）。全国具有资质等级的总承包和专业承包建筑业企业实现利润 7661 亿元，增长 9.7%。其中，国有控股企业 2313 亿元，增长 15.1%。

（三）国家政策鼓励民间投资趋好

2017 年中央促进民间投资稳定增长的各项政策措施效果显现，民间投资整体回暖趋好，自 3 月份起各月增速均比上年同期有不同程度提高，与全部投资增速之间的差距逐步缩小。2017年，民间投资381510亿元，增长6%。民间投资的增加很大原因是PPP项目的拉动。PPP改革推行4年以来，在深度和广度方面都得到了巨大的发展。三批国家示范项目落地597个，落地项目投资额为15303亿元；从民营企业参与的行业领域来看，民营、含民营及外资的联合体两类项目数合计280个、投资额4948亿元，分别占落地项目数、投资额的46.9%和32.3%。

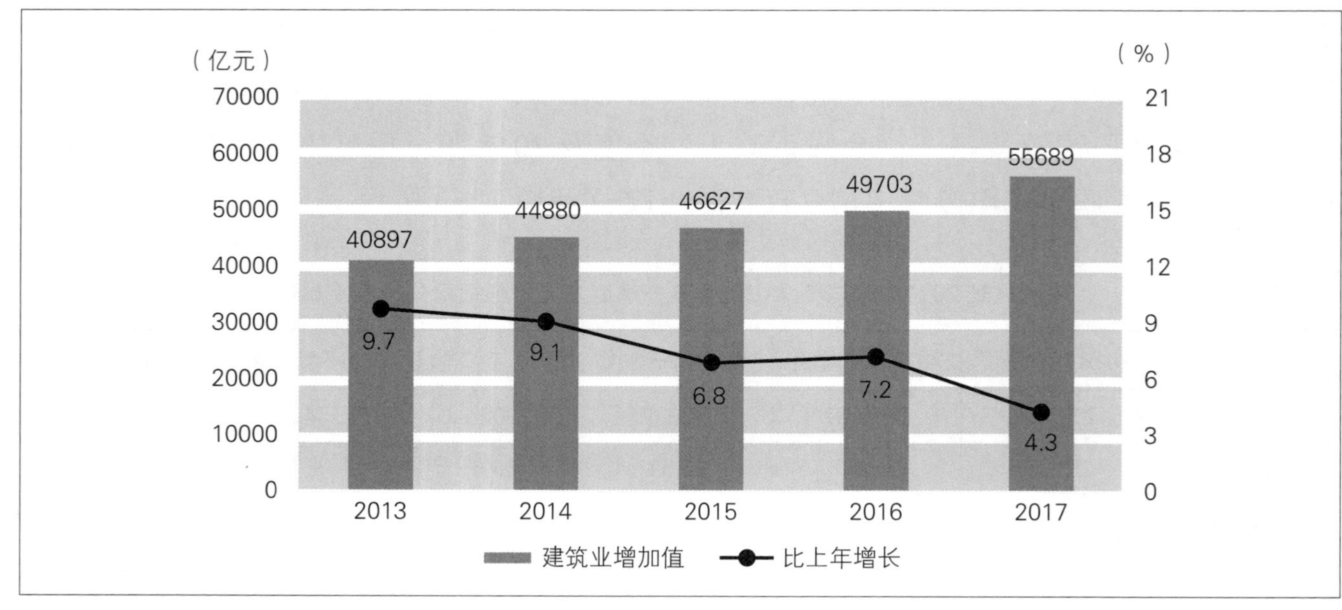

图12－4 2013~2017年建筑增加值及增长情况

数据来源：2017年国民经济与社会发展统计公报。

在国家示范项目当中，市政工程类项目一直居于首位。在597个落地示范项目中，市政工程类267个，占44.7%；交通运输类62个，占10.4%；生态建设和环境保护类53个，占8.9%。民企参与的行业领域17个，其中市政工程112个。民间投资回暖使建筑业，尤其是市政工程基础设施建设得到快速发展。

如：蒙草生态，公司紧紧围绕生态修复主营业务，取得了较好的经营成果：PPP模式充分运用，项目快速落地，蒙草“生态理念＋技术智慧＋资源储备＋生态产品”成熟的生态修复模式走向更为广阔的市场。2017年先后中标呼和浩特、包头、阿拉善、二连浩特等PPP项目，获得较好的经济效益和社会效益。

（四）“一带一路”拓展海外市场

2017年是“一带一路”建设具有里程碑意义的一年，以首届“一带一路”国际合作高峰论坛成功举办和党的十九大胜利召开为契机，我国与新亚欧大陆桥、中国－中南半岛、中蒙俄及中巴经济走廊基础设施建设推进较快。按2017年国民经济与社会发展统计公报统计，2017年我国对外承包工程业务完成营业额11383亿元，按美元计价为1686亿美元，比上年增长5.8%。其中，对“一带一路”沿线国家完成营业额855亿美元，增长12.6%，占对外承包工程业务完成营业额比重为50.7%。对外劳务合作派出各类劳务人员52万人，增长5.7%。2017年对“一带一路”沿线国家直接投资144亿美元；沿线国家对我国直接投资新设立企业3857家，增长32.8%，直接投资金额374亿元。

如：中国电建，公司积极响应国家“一带一路”倡议和优势产能“走出去”号召，务实推进“国际业务集团化、国际经营属地化、集团公司全球化”全球发展三步走发展战略，公司国际业务稳步增长。2017年，公司在“一带一路”国家新签合同金额695.80亿元人民币，同比增长9.38%。2017年，公司在39个“一带一路”国家和地区执行493个项目，合同金额达2431.25亿元人民币。公司创新了老挝南欧江梯级电站全流域投资开发模式和巴基斯坦卡姆港燃煤电站投资模式，成为中资企业参与“一带一路”建设的典范。海外业务的不断拓展，使公司工程承包收入及业务毛利较2016年均有提升。详见表12-8。

表12-8　中国电建2016~2017年收入及毛利率明细表

（单位：万元）

报告期	2017年报	2016年报
工程承包		
收入	21941992.83	19697356.75
成本	19182943.18	17434002.02
毛利	2759049.65	2263354.73
毛利率（%）	12.57	11.49

数据来源：wind资料。

（五）装配式建筑助力建筑业发展

2016年2月，国务院发布《关于进一步加强城市规划建设管理工作的若干意见》，明确提出，“要大力推广装配式建筑，建设国家级装配式建筑生产基地。加大政策支持力度，力争用10年左右时间，使装配式建筑占新建建筑的比例达到30%。”2017年2月，国务院办公厅发布《关于促进建筑业持续健康发展的意见》再次提出，“推动建造方式创新，大力发展装配式混凝土和钢结构建

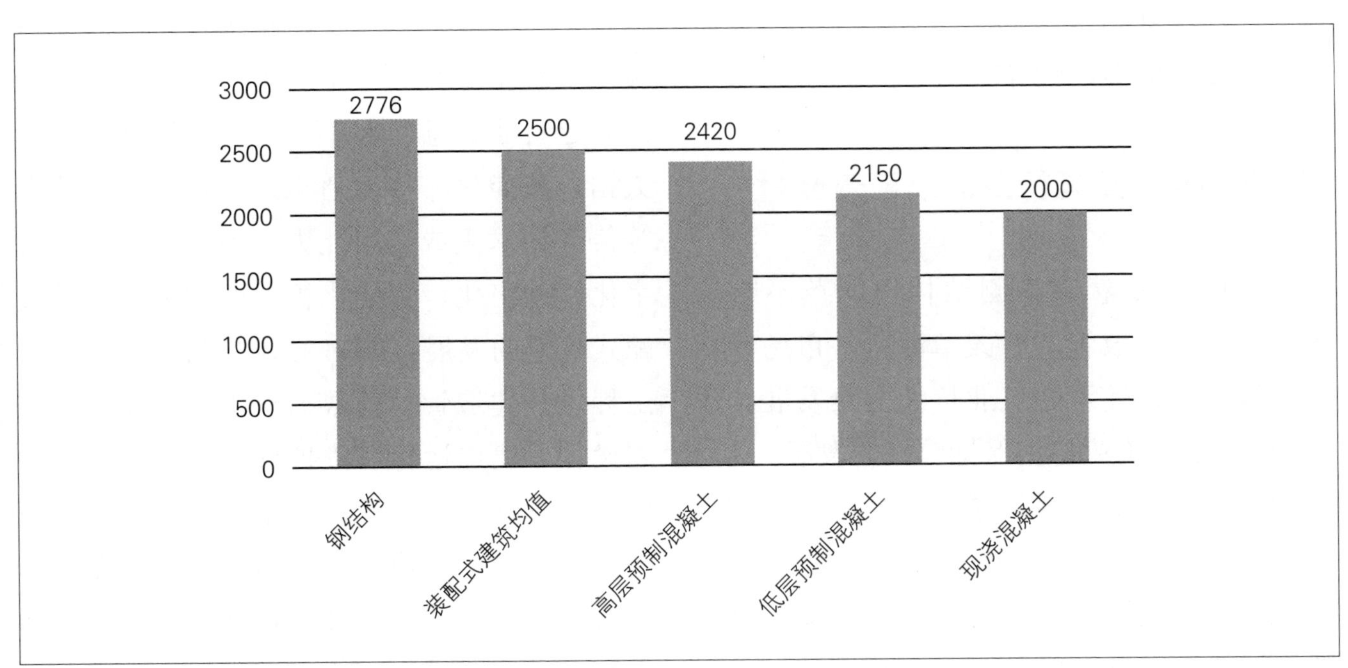

图12－5

数据来源：公开资料整理。

筑。力争用10年左右的时间，使装配式建筑占新建建筑面积的比例达到30%”。2017年11月，住房城乡建设部公布了首批30个装配式建筑示范城市，分别分布在我国东、中、西部；并公布了195个装配式建筑产业基地，涉及27个省（区、市）和部分央企，产业类型涵盖设计、生产、施工、装备制造、运行维护和科技研发等全产业链。这些政策和名单的出台，无疑给装配式建筑有力地推动，并且给上、下游企业带来发展空间和利润空间。从住建部最新发布的《装配式建筑工程消耗量定额》来看，装配式混凝土结构低层住宅建造成本约为2150元/平方米，高层住宅2420元/平方米；装配式钢结构高层住宅建造单价约为2776元/平方米。根据住房和城乡建设部住宅产业化促进中心的测算，现浇混凝土房屋建造成本约为2000元/平方米，从造价角度来看，装配式建筑成本已经接近传统现浇模式。随着装配式建筑规模化，成本将会降低，利润空间将会凸显，产业市场空间巨大。装配式建筑与现浇混凝土成本比较详见上表：

三、2018年建筑行业业绩前景分析

2018年随着供给侧结构性改革不断深入，建筑业“放管服”改革深化，市场环境进一步优化，促进建筑业持续健康发展，预计2018年建筑业将仍保持较好的发展。

（一）技术创新驱动建筑产业高质量发展

1. 政策引导推动装配式建筑发展。

国务院颁发《关于进一步加强城市规划建设管理工作的若干意见》，将推广装配式建筑提升到国家发展战略的高度，住房城乡建设部印发通知，批准《装配式建筑评价标准》为国家标准，自2018年2月1日起实施。这意味着装配式建筑进入快车道，即将快速发展。装配式建筑建造以快速、低成本、低能耗、绿色、经济、等特点，可以满足产业现代化的需要。而我国装配式建筑目前处于起步阶段，在全国新建建筑中的比例尚不足5%，要满足《住房城乡建设事业“十三五”规划纲要》提出的，到2020年装配式建筑面积占城镇新建建筑面积的比例达到15%以上，发展空间巨大。随着我国去年年底30个装配式建筑示范城市195个装配式建筑产业基地的确立，装配式建筑必将在设计、生产、施工全产业链方面深入持续发展。

2. BIM（建筑信息化模型）技术应用提升信息化水平。

住建部正式批准《建筑信息模型施工应用标准》为国家标准，编号为GB/T51235–2017，自2018年1月1日起实施；《2016~2020年建筑业信息化发展纲要》中积极推进“互联网+”和建筑行业的转型升级。明确指出我国“十三五”时期，将全面提高建筑业信息化水平，大力加强BIM、大数据、智能化、移动通讯、云计算、物联网等信息技术集成应用能力，促进建筑业在数字化、网络化、智能化等方面发展。伴随装配式建筑的发展，BIM技术作为一种应用于工程设计建造管理的数据化工具，在项目策划设计、建造运行和维护管理的全生命周期过程中进行信息共享和数据传递，必将在提高生产效率、节约成本和缩短工期方面发挥重要作用。据预测，2014~2022年，全球BIM市场规模将由26亿美元增长到115.4亿美元，平均复合增长率保持在19.1%，其

中施工方的复合增长率在22.7%，超出平均水平。据统计，我国建筑业信息化率仅约为0.03%，与国际建筑业信息化率0.3%的平均水平相比差距高达10倍左右。基于我国建筑业现有的庞大体量测算，信息化率每提升0.1%个百分点就将带来近200亿的增量市场，未来提升空间巨大。

（二）乡村振兴战略为建筑业发展拓展新领域

2018年1月2日，《国务院关于实施乡村振兴战略的意见》（以下简称《意见》）出台，《意见》明确指出，将深入推进农村基础设施建设，明显改善农村人居环境，扎实推进美丽宜居乡村建设；从而使农村生态环境根本好转，基本实现美丽宜居乡村目标。《意见》继续把基础设施建设重点放在农村，加快农村公路、供水、供气、环保、电网、物流、信息、广播电视等基础设施建设，推动城乡基础设施互联互通。以示范县为载体全面推进“四好农村路”建设，加快实施通村组硬化路建设。《意见》的出台，给田园综合体建设的PPP模式提供平台，为PPP项目带来新契机，也为建筑业发展拓展了新领域。

根据财政部公布的《2018年第一季度PPP报告》显示，截至2018年3月末，四批示范项目共计1009个，投资额2.3万亿元。落地示范项目，2018年一季度新增落地项目246个、投资额4731亿元，其中3月新增落地项目42个、投资额758亿元。3月末落地率比上个月环比（以下简称环比）上升10.2个百分点。落地示范项目3月末累计843个、投资额2.0万亿元，落地率83.5%，其中累计已开工示范项目总数394个，开工率46.7%。843个落地示范项目中，市政工程类371个，占44.0%；交通运输类84个，占10.0%；生态建设和环境保护类78个，占9.3%。

（三）区域协调发展战略为建筑业带来新增长点

随着“一带一路”建设、京津冀协同发展和长江经济带发展新的三大战略开展，开启了一系列重大创新性举措，掀开了区域协调发展的崭新篇章，将为建筑业发展带来新的增长点。

京津冀协同发展交通基础设施建设领先。2017年京津冀协同发展116项年度重点任务基本完成，京唐城际铁路、津石高速公路开工建设，一批产业项目建成投产。交通基础建设方面将依托北京新机场和天津港、黄骅港，以及高速铁路、高速公路网络，构建立体式、现代化大交通格局，并将适时推进京雄城际、荣乌新线、京雄高速公路建设，高质量实施造林绿化、白洋淀及上游环境综合整治等工程为建筑业发展提供动力，雄安新区的建设为装配式建筑和BIM的应用和发展带来更大空间。

推进长江经济带建设以生态优先、绿色发展为引领。长江流域，仅石化、化工、医药三大行业的企业，就有12万家之多。同时，还分布着五大钢铁基地、七大炼油厂及大大小小的化工园区，正在建设或规划的化工园区就超过20个，在提供机遇同时也为建筑业提出更高要求。

以“一带一路”建设为纽带，促进基础设施建设。我国对推进西部大开发建设，加快东北等老工业基地振兴，推动中部地区崛起，支持东部地区率先推动高质量发展，科学规划粤港澳大湾区建设等一系列目标的提出，给建筑业发展带来新增长点。

（四）国际发展战略加快建筑业“走出去”

2018年是“一带一路”倡议提出五周年，我国必将继续推动沿线国家开展更大范围、更高水平、更深层次的国际合作，为我国建筑企业“走出去”谋划新篇章。

深入发展重点领域、重点工程建设，加强技术指标对接。借鉴中巴经济走廊项目经验，大力推动中尼经济走廊和中缅经济走廊建设；围绕中尼跨境铁路、中吉乌铁路、中吉塔阿伊五国铁路、马新高铁、中印铁路等重大基础设施项目建设，推动各国达成合作共识并加强技术标准对接，为建筑企业走出去奠定技术基础。以中俄东线天然气管道建设、中国－中亚天然气管道D线建设以及中土天然气领域谈判工作为依托，进一步与俄罗斯、土库曼斯坦等国建立能源合作机制。根据国务院发展研究中心“一带一路”设施联通研究课题组的预估，2016年至2020年间“一带一路”基础设施合意投资需求至少达10.6万亿美元。

国内建筑企业开启海外布局。我国建筑企业的集中度不断提高，据2017年建筑业（装饰）上市公司营业收入统计，上市公司中营业收入前10家的营业收入之和，占全部上市公司120家营业收入的86%。整合的、全产业链的、跨界发展的大型建筑企业正在形成，基于“一带一路”的影响，很多中国企业开始并购国外企业，开启了建筑企业的全球化布局。

如：中国交建75亿元并购加拿大工程巨头公司Aecon，于2018年第一季度完成股权交割。收购完成后，中国交建与Aecon公司将在基建业务板块形成业务协同，同时Aecon公司在能源和采矿板块工程领域的实力也将促进中国交建的业务拓展。

中国电建旗下两家子公司西北勘测设计研究院和中水电国际新加坡公司组成的联合收购主体SPV公司（新加坡）收购了意大利工程设计公司吉泰公司（Geodata S.p.A，以下简称“吉泰”）80%股权。此次收购对于完善中国电建在地铁、铁路领域产业链，拓展欧美发达国家市场储备了强有力的设计资源，为中国电建打造国际化专业团队、推动“中国标准”走向全球再加砝码。

（五）税收政策为建筑业带来利好

2018年5月1日起，制造业等行业增值税税率从17%降至16%；交通运输、建筑、基础电信服务等行业及农产品等货物的增值税税率从11%降至10%，此次增值税降税，预计全年可减税2400亿元。对建筑业来说，税率降低将会给企业减轻资金压力，让企业现金流得以释放，促进建筑企业能更好更快发展。

附表

2017年度建筑行业上市公司业绩评价结果排序表

行业排名	上市公司排名	证券代码	单位名称	年末资产总额	营业收入	净利润	市场投资回报率	总股本收益率（%）	总资产报酬率	流动资产周转率（次）	资产总计增长率（%）	三年营业收入平均增长率（%）	综合得分	资产负债率（%）	资本扩张率（%）	股价波动率（%）	净资产收益率（测算标准值用）	已获利息倍数
1	105	002310	东方园林	3511433.68	1522610.17	222062.59	43.81	81.26	10.14	0.74	46.27	48.18	78.30	67.62	20.47	96.18	21.34	7.84
2	165	002713	东易日盛	354805.96	361249.34	27291.96	−6.65	84.21	11.2	2.01	33.45	24.32	76.70	59.29	28.84	67.06	21.28	20321.67
3	201	002081	金螳螂	2818436.96	2099640.59	192664.53	54.94	72.58	8.81	0.91	5.08	0.49	75.60	58.31	15.86	102.36	17.60	27.55
4	323	300355	蒙草生态	1247614.08	557888.80	88023.04	100.20	64.75	12.33	0.73	77.64	50.82	72.00	68.55	27.52	160.79	25.15	9.44
5	366	601668	中国建筑	155098330.60	105410650.30	4664902.30	3.84	109.81	5.3	0.94	11.42	9.63	71.10	77.97	17.43	39.66	14.75	4.42
6	373	600326	西藏天路	844859.64	359095.87	57911.18	52.70	43.16	9.27	0.83	25.16	36.37	71.00	56.87	17.07	115.81	17.14	9.58
7	426	002717	岭南股份	1092615.51	477874.08	51767.01	1.56	119.8	8.41	0.95	104.71	63.76	69.80	65.88	40.04	49.66	16.20	9.16
8	456	600477	杭萧钢构	694758.44	462816.54	76273.87	38.85	63.19	14.52	0.9	10.72	5.58	69.20	56.53	32.45	129.18	28.78	22.02
9	502	002775	文科园林	268556.34	256544.06	24419.38	−2.77	98.57	12.83	1.29	23.49	39.52	68.40	43.98	22.30	47.39	17.86	12.47
10	507	300284	苏交科	1092367.35	651902.86	50742.88	−21.21	81.69	7.51	1.04	21.72	44.45	68.30	63.53	22.82	57.62	14.04	6.13
11	508	300237	美晨生态	810651.27	388851.61	61847.84	−6.02	75.5	12.59	0.74	37.9	50.15	68.30	58.60	25.22	47.70	20.49	7.21
12	530	300197	铁汉生态	2029596.30	818779.03	75845.71	−3.20	49.82	7.48	0.87	77.42	59.89	67.90	68.68	20.97	53.57	13.06	3.94
13	539	002051	中工国际	1856008.33	1090850.66	136180.49	−1.53	145.46	8.43	0.7	−1.2	4.6	67.80	53.33	13.61	55.34	16.72	23.98
14	575	000065	北方国际	1146459.57	973003.16	54316.91	−31.87	97.32	5.84	1.01	−5.63	47.63	67.20	64.02	12.66	125.03	13.95	40.8
15	613	600667	太极实业	1684254.34	1203381.94	55213.57	12.91	22	5.08	1.32	8.72	42	66.60	56.73	46.09	57.17	9.00	4.44
16	614	600629	华建集团	740352.19	528974.50	29419.01	−29.47	435.9	6.26	1.12	53.01	121.77	66.60	64.19	156.27	72.19	15.96	19.81
17	619	603018	中设集团	526940.60	277625.99	30121.30	−16.99	141.43	7.57	0.71	20.88	30.1	66.50	58.65	12.67	53.04	14.65	36.69
18	622	300500	启迪设计	102261.40	50815.94	8422.23	−17.66	76.35	10.54	0.75	10.37	14.56	66.50	21.39	13.26	82.21	11.13	0
19	661	002830	名雕股份	110552.08	74428.20	5193.08	−26.92	51.58	7.01	0.91	18.1	1.83	65.80	44.55	7.73	123.99	8.79	0
20	710	603017	中衡设计	287936.03	145429.45	16240.05	−21.81	54.67	7.37	0.98	12.79	39.16	65.00	38.99	11.47	78.02	9.75	0
21	718	002482	广田集团	1586437.49	1253522.97	66206.44	−10.41	41.89	5.77	0.96	0.12	8.6	65.00	56.64	9.14	42.05	10.05	6.72
22	748	002586	围海股份	869684.14	287058.82	21828.71	−8.58	24.1	5.5	0.72	55.46	16.13	64.60	49.93	154.69	23.77	7.20	4.52
23	776	601186	中国铁建	82188745.90	68098112.70	1691919.00	−6.60	118.25	3.91	1.08	8.24	4.78	64.10	78.26	20.13	37.37	10.34	3.2
24	778	600068	葛洲坝	18692367.37	10680709.95	584748.29	−9.92	101.71	5.56	0.95	23.6	14.26	64.10	72.67	4.41	72.35	11.69	4.91
25	857	000498	山东路桥	1762677.03	1238472.98	57786.84	−21.59	33.65	5.68	0.9	17.17	21.87	63.20	76.94	17.13	65.30	15.34	5.92
26	869	601390	中国中铁	84408352.90	68994486.00	1420354.10	−6.73	70.33	3.45	1.1	11.87	4.17	62.90	79.89	13.78	17.45	8.91	3.43
27	892	603007	花王股份	261055.86	103678.35	18978.60	−36.31	73.14	11.24	0.96	73.23	26.64	62.50	59.13	28.04	117.57	19.98	20.29
28	893	601800	中国交建	85023528.24	48280434.16	2131878.01	−17.06	127.24	4.83	1.09	6.09	9.61	62.50	75.78	10.15	61.72	10.85	2.99
29	987	601669	中国电建	57594508.45	26609043.18	805516.68	2.34	50.71	3.35	0.93	15.12	16.78	61.20	79.38	38.50	38.22	7.88	2.54
30	1002	300495	美尚生态	691712.26	230365.15	28414.51	−12.76	67.54	7.23	0.6	42.83	59.03	61.00	58.11	11.18	61.90	10.33	5.18
31	1016	600133	东湖高新	2282491.18	763290.67	97313.38	10.59	135.87	7.19	0.46	10.12	0.81	60.80	81.27	92.27	113.65	29.95	3.35
32	1044	600502	安徽水利	6350746.77	3545709.51	78148.27	−31.56	66.82	4.6	1.1	267.08	61.55	60.40	86.08	108.19	99.22	11.95	2.61
33	1068	600970	中材国际	2971477.98	1955368.82	98027.94	35.89	55.69	4.73	0.88	6.89	−5.08	60.00	73.26	10.04	74.28	12.93	8.93

续表

行业排名	上市公司排名	证券代码	单位名称	年末资产总额	营业收入	净利润	市场投资回报率	总股本收益率（%）	总资产报酬率	流动资产周转率（次）	资产总计增长率（%）	三年营业收入平均增长率（%）	综合得分	资产负债率（%）	资本扩张率（%）	股价波动率（%）	净资产收益率（测算标准值用）	已获利息倍数
34	1082	000055	方大集团	762542.27	294747.08	115104.72	-35.39	116.02	21.06	0.58	12.35	14.99	59.90	57.52	40.68	99.68	41.54	16.34
35	1114	601618	中国中冶	41456517.40	24399986.40	671185.40	1.74	29.25	3.5	0.78	9.82	4.18	59.30	76.52	17.10	18.90	7.44	2.84
36	1120	603929	亚翔集成	166290.27	178081.23	12821.63	152.26	60.15	9.6	1.19	16.41	51.26	59.20	40.06	12.24	138.15	13.60	0
37	1121	600820	隧道股份	6791965.38	3152643.77	183305.42	-25.59	57.57	4.34	0.84	1.35	7.44	59.20	70.41	10.11	59.41	9.56	4.93
38	1172	603030	全筑股份	530737.54	462537.27	17084.86	-21.11	46.02	5.87	1.19	34.15	36.67	58.60	67.84	17.83	57.27	10.83	3.85
39	1185	600170	上海建工	19568520.85	14208263.86	278854.27	-6.55	32.23	2.89	0.94	12.22	7.72	58.50	84.49	17.83	24.20	9.94	3.21
40	1193	002047	宝鹰股份	837704.66	716445.14	38431.44	-21.46	110.4	7.25	0.92	-4.4	10	58.40	54.09	29.66	57.46	11.28	3.74
41	1195	601117	中国化学	8748132.87	5857142.73	159614.08	-1.35	31.57	3.07	0.85	4.29	-5.43	58.30	65.07	4.67	70.61	5.34	7.38
42	1263	603909	合诚股份	73576.35	34401.58	6114.18	-36.46	62.23	10.68	0.65	11.87	12.91	57.30	13.81	9.97	138.71	10.10	4862.02
43	1267	600039	四川路桥	7302080.14	3276282.11	112797.47	-16.97	32.1	4.26	1	15.03	6.7	57.30	80.28	35.43	58.07	9.01	1.85
44	1281	002135	东南网架	1008467.49	779152.89	10504.15	-2.83	10.97	2.38	1.09	17.28	22.61	57.00	61.15	59.17	53.37	3.29	2.04
45	1283	603098	森特股份	278400.13	213634.31	20040.68	-18.92	50.1	9.77	0.93	13.41	15.72	56.90	39.60	5.50	87.08	12.24	15.12
46	1328	600284	浦东建设	1117782.08	326183.35	39039.24	-29.97	53.58	4.55	0.38	0.83	-4.67	56.40	48.30	5.21	63.21	6.93	25.15
47	1339	002781	奇信股份	434094.81	391608.05	13978.51	-26.73	66.49	6.46	1.04	20.9	6.9	56.30	57.97	11.84	65.26	8.09	4.33
48	1343	002116	中国海诚	393135.63	419930.25	20069.38	-19.98	48.11	6.39	1.21	3.48	-8.44	56.30	66.47	14.08	64.53	16.22	394.7
49	1379	600491	龙元建设	3729161.70	1787337.76	61127.83	-15.61	48.06	3.05	0.68	35.96	3.27	55.80	83.34	13.16	48.68	10.44	6.83
50	1448	002431	棕榈股份	1567684.99	525325.91	31796.17	-7.63	21.25	4.44	0.5	14.8	1.61	54.90	63.18	27.04	85.14	6.16	2.39
51	1467	601886	江河集团	2410591.85	1529657.25	59155.05	-18.67	40.42	3.94	0.79	-4.91	-1.29	54.50	68.38	2.96	50.70	7.87	4.1
52	1478	002663	普邦股份	998618.94	357613.95	17648.24	-6.09	8.66	2.89	0.53	29.72	4.2	54.40	47.92	15.77	33.96	3.64	3.55
53	1524	600512	腾达建设	1100618.60	358964.71	14251.99	-16.65	8.98	3.13	0.51	40.73	7.2	53.70	54.66	8.67	48.71	2.97	3.69
54	1549	002469	三维工程	167488.70	75405.17	6840.19	-25.91	11.38	5	0.55	9.73	-0.71	53.40	23.03	1.59	86.42	5.35	0
55	1550	603698	航天工程	382874.40	121607.90	19249.41	-30.97	46.69	6.03	0.47	6.52	-0.54	53.30	34.93	6.20	85.55	7.96	0
56	1600	300492	山鼎设计	38798.85	14994.10	2061.31	-11.56	24.78	7.15	0.54	13.07	-9.43	52.80	19.01	4.66	37.64	6.71	15.63
57	1612	000018	神州长城	1166784.52	649712.50	38404.60	-38.44	22.38	8.19	0.74	46.1	738.64	52.70	80.63	23.47	106.51	18.78	2.74
58	1640	300506	名家汇	161096.73	68196.00	17276.45	-51.93	57.89	16.92	0.8	73.47	42.67	52.30	54.35	24.40	156.69	26.05	17.48
59	1672	002822	中装建设	412995.23	317299.63	16021.79	-39.31	35.72	6.78	0.9	22.64	9.12	51.80	50.73	5.16	83.43	8.07	4.91
60	1718	600853	龙建股份	1277810.31	1006377.27	13436.88	-29.00	25.95	3.28	1.12	35.07	21.8	51.20	92.22	19.09	74.41	14.69	2.06
61	1728	002062	宏润建设	1301617.53	812724.73	27250.10	-20.17	24.67	4.47	0.76	-2.47	0.64	51.10	76.81	7.87	56.47	9.37	2.72
62	1733	002542	中化岩土	684957.26	279263.71	23870.03	-6.54	13.1	5.66	0.7	20.95	32.38	51.00	49.25	6.43	153.81	7.08	5.12
63	1747	600248	延长化建	554532.03	389391.29	13414.50	-26.38	21.78	2.84	0.84	2.16	-9.16	50.70	63.01	6.45	93.20	6.74	0
64	1804	002541	鸿路钢构	852681.81	503285.52	20951.33	-31.04	60.01	4.78	0.83	11.08	6	50.00	52.74	5.00	73.54	5.33	3.7
65	1830	002060	粤水电	1751534.13	663045.55	15965.20	-2.32	17.53	3.51	0.96	11.45	3.37	49.60	83.32	5.60	35.33	5.61	1.53
66	1842	002811	亚泰国际	259374.88	182503.12	10774.06	-43.85	59.87	7.45	0.84	15.13	0.65	49.40	49.56	6.22	148.05	8.48	10.23

续表

行业排名	上市公司排名	证券代码	单位名称	年末资产总额	营业收入	净利润	市场投资回报率	总股本收益率（%）	总资产报酬率	流动资产周转率（次）	资产总计增长率（%）	三年营业收入平均增长率（%）	综合得分	资产负债率（%）	资本扩张率（%）	股价波动率（%）	净资产收益率（测算标准值用）	已获利息倍数
67	1894	000928	中钢国际	1354771.74	785923.79	42705.61	-33.94	42.73	4.64	0.66	-0.94	-9.64	48.60	65.42	9.46	138.07	9.53	9.04
68	1895	603828	柯利达	355631.42	203500.96	6299.28	-26.39	22.39	2.82	0.85	21.52	3.33	48.50	69.60	4.67	85.52	5.96	4.05
69	1918	601789	宁波建工	1391481.80	1474627.12	21832.42	-32.24	21.92	4.05	1.25	6.76	2.62	48.20	80.47	6.51	104.89	8.29	2.44
70	1929	002375	亚厦股份	1993587.08	906879.70	37021.49	-28.80	26.69	2.47	0.55	6.47	-11.12	48.10	60.94	4.31	80.92	4.86	7.18
71	1942	002620	瑞和股份	415716.72	300643.87	14881.67	-52.68	52.23	4.91	1.13	11.43	25.48	47.90	44.32	5.75	151.47	6.61	8.01
72	1946	601611	中国核建	7804296.74	4533363.61	100311.68	-42.74	32.5	2.96	0.78	17.07	0.39	47.80	85.69	18.13	143.78	9.73	2.8
73	1951	300536	农尚环境	98390.56	42465.50	5189.04	-29.76	39.81	6.77	0.49	24.93	10.75	47.80	46.15	8.53	117.89	10.19	0
74	1996	603887	城地股份	123066.03	81290.67	6639.13	-51.56	66.03	7.84	0.81	20.1	13.34	47.10	38.73	10.42	163.94	9.24	30.63
75	2012	603959	百利科技	223278.54	59692.01	10851.20	3.76	48.44	7.68	0.32	21.02	-3.17	46.80	57.07	9.51	131.68	11.83	5.58
76	2031	002545	东方铁塔	1097607.53	204720.06	24998.74	-20.85	19.27	4.04	0.84	1.64	27.23	46.60	35.72	2.52	128.10	3.59	7.85
77	2040	603778	乾景园林	180426.45	54916.32	8740.54	-29.80	25.62	6.33	0.34	17.07	-3.08	46.40	43.56	7.91	103.33	8.91	46.42
78	2053	002755	东方新星	86657.42	36593.39	1726.17	-30.16	10.82	2.61	0.53	25.49	-8.06	46.30	32.49	14.85	131.66	3.15	0
79	2069	002307	北新路桥	1952048.09	980643.99	5044.54	30.18	9.05	1.72	0.91	27	19.08	46.00	83.42	14.96	156.38	1.67	1.68
80	2140	002789	建艺集团	362352.69	244504.86	9037.42	-49.33	112.63	6.35	0.98	24.18	10.55	44.70	67.93	7.59	154.89	8.06	2.08
81	2219	002178	延华智能	223002.00	119099.20	3178.34	36.43	3.49	1.94	0.73	-2.99	13.06	42.90	42.23	0.61	81.49	2.47	7.11
82	2259	002325	洪涛股份	1118953.50	333087.55	12819.97	-40.63	11.2	3.2	0.43	21.69	-0.61	42.00	66.25	8.99	88.20	3.54	2.09
83	2298	002374	丽鹏股份	637183.05	185781.75	9250.93	-28.10	10.26	3.03	0.64	20.67	38.33	41.30	49.62	2.04	88.48	2.91	2.45
84	2342	002743	富煌钢构	598551.51	281292.80	7173.37	-33.28	20.99	3.63	0.67	10.49	15.31	40.20	66.21	4.68	81.33	3.63	1.62
85	2364	600496	精工钢构	1155371.61	653277.59	6219.33	-2.80	4.11	1.83	0.81	8.52	-1.74	39.80	65.64	5.31	66.28	1.61	1.67
86	2370	601226	华电重工	785820.70	482097.74	3845.77	-34.59	3.26	0.91	0.74	-0.18	-8.12	39.60	54.92	1.11	82.33	1.09	3.41
87	2394	002628	成都路桥	560019.82	198727.48	2235.15	-16.87	3.04	1.17	0.48	-3.16	9.88	39.10	52.20	0.19	75.26	0.84	2.89
88	2525	300517	海波重科	106832.54	40386.90	3491.75	-57.21	34.1	4.18	0.52	12.7	0.06	35.90	42.21	3.68	187.16	5.76	17.16
89	2553	603843	正平股份	384885.20	148591.53	4857.20	-24.71	11.83	2.89	0.49	6.53	-16.71	35.00	66.66	5.13	99.13	3.88	2.16
90	2691	002140	东华科技	616141.68	290883.84	-6160.73	-26.01	-14.15	-1.32	0.57	5.39	-4.88	29.90	67.86	-3.57	71.15	-3.05	-63.55
91	2719	002659	凯文教育	314503.36	62021.23	1958.65	-35.72	4.67	2.83	0.64	-17.18	-9.36	29.00	29.70	-11.23	68.00	0.83	2.1
92	2839	600209	*ST 罗顿	84824.69	15011.10	-5679.69	-31.85	-10.39	-6.42	0.63	-6.72	-9.44	23.40	19.11	-7.64	76.13	-7.95	0
93	2930	002504	*ST 弘高	491946.90	177124.37	-14857.91	-23.91	-195.32	-3.31	0.35	-15.76	-17.11	16.40	80.63	-12.21	36.84	-14.58	-25.02
94	2968	000010	美丽生态	310515.31	75788.57	-106247.90	-29.70	-129.47	-25.56	0.26	-36.18	48.74	12.00	62.01	-46.91	106.80	-62.47	-21.98
95	2995	002200	云投生态	332179.61	66826.63	-40292.44	-48.51	-219.68	-8.97	0.28	-3.35	-2.94	2.70	81.85	-39.49	147.31	-50.39	-2.92
96		300668	杰恩设计	43057.99	24987.48	6224.79	-14.48	168.83	22.85	1.1	87.74	25.26	74.90	10.87	193.98	76.25	24.21	64.77
97		600545	卓郎智能	1453177.20	871341.20	74951.70	-5.94	51.21	9	0.93	44.48	15.43	73.20	55.23	225.65	61.89	17.63	10
98		603357	设计总院	267683.62	137360.07	28883.44	-14.48	101.68	16.9	0.74	79.49	22.67	72.50	32.63	128.10	80.91	22.27	153.68
99		002883	中设股份	44928.81	23216.59	5220.48	-14.48	105.19	18.04	0.76	79.99	13.35	70.30	12.27	135.80	69.18	18.60	70.39

续表

行业排名	上市公司排名	证券代码	单位名称	年末资产总额	营业收入	净利润	市场投资回报率	总股本收益率（%）	总资产报酬率	流动资产周转率（次）	资产总计增长率（%）	三年营业收入平均增长率（%）	综合得分	资产负债率（%）	资本扩张率（%）	股价波动率（%）	净资产收益率（测算标准值用）	已获利息倍数
100		603458	勘设股份	346344.79	192687.40	32944.88	−14.48	303.27	13.53	0.78	36.5	7.54	70.10	43.46	141.33	62.31	23.79	23.56
101		300732	设研院	238705.15	93519.64	23026.01	−14.48	365.49	15.35	0.65	89.91	35.55	69.90	35.67	141.62	1.62	21.21	45.96
102		603466	风语筑	275580.46	149919.90	16615.68	−14.48	131.87	8.78	0.76	57.87	23.08	69.20	53.18	124.85	81.69	17.83	78.03
103		603860	中公高科	69212.87	19230.52	4788.90	−14.48	80.4	10.25	0.62	68.83	11.03	68.50	18.43	91.93	54.33	11.15	61.91
104		002887	绿茵生态	215039.08	69569.60	17908.97	−14.48	254.79	12.38	0.43	78.38	14.94	67.10	23.81	127.17	44.08	15.18	0
105		603359	东珠景观	387000.14	122437.66	24306.40	−14.48	121.92	9.19	0.46	59.75	19.05	66.30	37.40	97.89	56.85	13.33	99.93
106		300712	永福股份	120223.99	56439.65	7696.61	−14.48	62.79	9.83	0.75	49.05	14.67	65.40	27.60	107.56	49.66	11.94	11.22
107		300649	杭州园林	36442.77	18357.04	3474.28	−14.48	39.48	12.66	1.22	20.87	17.45	65.00	13.86	77.00	202.11	14.14	27.02
108		603081	大丰实业	273312.86	170696.03	22900.88	−14.48	60.95	11.89	0.92	43.35	9.91	64.50	43.82	75.08	83.82	18.99	49.48
109		300675	建科院	69158.49	38183.20	3390.46	−14.48	26.48	7.29	1.05	29.11	13.72	60.70	39.21	46.72	172.43	9.59	11.27
110		600528	中铁工业	3163630.97	1588558.61	136484.70	−16.15	72.78	3.79	0.42	−43.65	−39.44	59.80	53.25	128.08	65.58	12.83	16.39
111		300621	维业股份	206463.79	195811.96	7877.93	−14.48	65.48	6.8	1.17	28.11	2.81	59.20	61.76	75.43	112.28	12.71	7.51
112		603388	元成股份	162999.30	84189.23	9178.27	−14.48	65.36	9.35	0.79	84.13	17.37	58.40	52.50	88.24	128.33	15.48	12.66
113		603637	镇海股份	92208.05	29237.58	4436.44	−14.48	42.31	7.01	0.47	71.39	4.43	56.90	22.06	87.72	116.11	8.05	0
114		603316	诚邦股份	129642.29	74250.49	6848.80	−14.48	38.5	8.07	0.72	45.66	17.06	56.90	38.30	88.33	63.84	11.18	11.23
115		603717	天域生态	239500.39	94725.08	12127.23	−14.48	80.28	8.91	0.56	61.63	7.79	56.40	46.01	114.94	72.37	12.80	5.98
116		300635	达安股份	71383.88	40592.16	5167.84	−14.48	51.87	10.71	0.73	41.53	0.39	56.10	16.43	73.41	135.88	10.99	102.72
117		300592	华凯创意	104753.87	56181.36	4873.50	−14.48	45.51	7.14	0.73	42.18	8.84	56.00	52.70	49.14	195.29	11.77	10.44
118		002856	美芝股份	140123.58	94435.40	4245.73	−14.48	47.88	5.12	0.79	28.09	4.49	55.70	53.42	91.55	92.79	8.55	9.42
119		603955	大千生态	215724.71	67802.61	7851.65	−14.48	102.91	5.72	0.54	37.16	5.17	53.70	47.11	59.12	104.82	8.45	34.33
120		600939	重庆建工	6724875.55	4498632.17	39320.81	−14.48	21.07	1.72	0.87	5.63	0.86	44.30	89.62	54.62	214.25	6.84	1.84

第十三章　银行业上市公司业绩评价

2017年，全球经济持续复苏，供给侧结构性改革深化，市场活力进一步释放，国际贸易有所回暖。中国经济呈现稳中向好的良好势头，经济增长超出市场预期。2017年国家实施稳健中性的货币政策，同时把防控金融风险放到更加重要的位置，加大了金融去杠杆的力度，市场利率有所上升。2017年我国银行业在严监管下，整体经营情况稳中有升，资产质量逐步好转，拨备反哺利润，对净利润增长起到一定的正向作用。与此同时，商业银行扩张速度放缓，非利息收入受制于强监管影响首次出现负增长。

2017年，上市公司银行业指数从年初的5776点上涨至年末6476点，涨幅为12.12%，市场表现相对亮眼。2017年仅有1家银行通过首发（IPO）成为上市公司。2018年有望增加多家银行上市。截至2018年4月底，在证监会A股IPO申请排队的银行已增至17家，包括10家城商行、6家农商行和1家股份制银行。

2018年，将迎来中国改革开放四十周年，预计利率和汇率市场化改革将进一步深化，银行业监管将继续趋严，金融去杠杆将持续，科技与金融的渗透融合将更加彻底，

表13-1　2017年A股上市银行汇总表

证券简称	上市日期	证券简称	上市日期	证券简称	上市日期	证券简称	上市日期
平安银行	1991年04月03日	工商银行	2006年10月27日	北京银行	2007年09月19日	江阴银行	2016年09月02日
浦发银行	1999年11月10日	兴业银行	2007年02月05日	建设银行	2007年09月25日	无锡银行	2016年09月23日
民生银行	2000年12月19日	中信银行	2007年04月27日	农业银行	2010年07月15日	常熟银行	2016年09月30日
招商银行	2002年04月09日	交通银行	2007年05月15日	光大银行	2010年08月18日	杭州银行	2016年10月27日
华夏银行	2003年09月12日	宁波银行	2007年07月19日	江苏银行	2016年08月02日	上海银行	2016年11月16日
中国银行	2006年07月05日	南京银行	2007年07月19日	贵阳银行	2016年08月16日	吴江银行	2016年11月29日

银行业的经营业态还将继续面临深刻转变。

一、2017 年银行业上市公司业绩评价结果

截至 2017 年年末，银行业的 A 股上市公司共 25 家，其中：沪市 21 家，占 84.00%，深市 4 家，占 16.00%。25 家银行上市公司资产总额 1480171.96 亿元，所有者权益合计 111421.29 亿元，2017 年实现营业收入 38685.58 亿元，实现净利润 14108.39 亿元。

由于不对当年上市的银行进行指标评价，故本次业绩评价的分析对象数量为 24 家，未包含 2017 年新上市的 1 家银行，2018 年新上市的 1 家银行。其中，业绩为 AAA 的有 1 家；业绩为 AA 的有 3 家；业绩为 A 的有 8 家；业绩为 BBB 的有 8 家；业绩为 BB 的有 4 家。

表 13-2 2017 年度银行业十强排行榜

名次	股票代码	股票简称	在全部上市公司中排名
1	600036.SH	招商银行	8
2	002142.SZ	宁波银行	20
3	601398.SH	工商银行	23
4	601939.SH	建设银行	59
5	601288.SH	农业银行	69
6	601988.SH	中国银行	79
7	601818.SH	光大银行	98
8	601166.SH	兴业银行	123
9	601997.SH	贵阳银行	134
10	601009.SH	南京银行	147

根据 2017 年银行业整体评价结果，进入业绩评价综合得分百强名单的有 7 家：招商银行、宁波银行、工商银行、建设银行、农业银行、中国银行和光大银行。招商银行较 2016 年排名上升 46 位，列全部上市公司第 8 位，居银行业之首；宁波银行较 2016 年排名上升 133 位，列全部上市公司第 20 位。

基于对银行业上市公司的整体评价，下面分别从安全性状况、流动性状况、盈利能力状况、发展能力状况以及市场表现状况五个方面对银行业上市公司进行具体分析。

（一）安全性状况

1. 资本充足率。

由于全行业积极推进银监会颁布的新资本管理办法的实施工作，2017 年各行纷纷完善了资本规划，在继续保持利润增长的情况下，有效补充了核心资本，使资本充足率高于监管标准值。与 2016 年相比，24 家 A 股上市银行的资本充足率平均增长幅度为 3.64%。在上市银行资本充足率排名中名列前三位的是：建设银行（15.50%）、招商银行（15.48%）、工商银行（15.14%）；资本充足率排名后三位的分别为：平安银行（11.20%）、贵阳银行（11.56%）、中信银行（11.65%）。24 家 A 股上市银行的资本充足率均值，较银监会《商业银行资本管理办法（试行）》中过渡期资本充足率最低要求 9.70% 高出 37.11%，资本市场对于银行核心资本的保障作用不容小觑。其中光大银行在 2016 年末资本充足率为 10.80%，在 A 股上市银行中排名垫底，且是唯一一家资本充足率低于 11% 的 A 股上市银行。然而 2017 年触底反弹，截至 2017 年末，光大银行的资本充足率为 13.49%，较 2016 年末提高了 2.69 个百分点，由于陆续发行了二级

资本债、A股可转债，完成了H股定向增发，有效补充了资金来源。

2. 不良贷款率。

中国商业银行的不良贷款率自2012年以来持续上升，在历经2014~2015年不良爆发高峰期后，于2016年升至近年峰值，2017年不良贷款率基本与2016年持平或小幅下降。与2016年相比，24家A股上市银行的不良贷款率均值下降幅度为3.80%。24家A股上市银行中不良贷款率较低的前三位分别为：宁波银行（0.82%）、南京银行（0.86%）、常熟银行（1.14%）；不良贷款率较高的三家分别为：江阴银行（2.39%）、浦发银行（2.14%），农业银行（1.81%）。

2017年末，工商银行不良贷款率较2016年下降0.07个百分点至1.55%；农业银行不良贷款出现双降，不良贷款余额比2016年下降368亿元，不良贷款率下降0.56个百分点至1.81%；建设银行不良贷款率较2016年下降0.03个百分点至1.49%；中国银行不良贷款率较2016年下降0.01个百分点至1.45%。中信银行、光大银行、招商银行、平安银行的不良贷款率分别较上年下降0.01、0.01、0.26、0.04个百分点。反观浦发银行，近期爆出其成都分行向1493个空壳企业授信775亿元，换取相关企业出资承担浦发银行成都分行不良贷款，反映到报表上，其不良率为各家银行最高，为2.14%，同时同比增加最多，相比2016年绝对值增加了0.25%。

2017年总体上呈现不良贷款余额上升，不良贷款率下降的现象，银行纷纷提出向“大零售”转型的理念并开始付诸实践，从2016年的地产加杠杆，到2017年的消费加杠杆，商业银行正在寻找零售金融转型的途径，意图摆脱对公业务的不良压力。

表13-3　　行业安全性状况表

分析指标	2016年行业平均值（%）	2017年行业平均值（%）	增长率幅度（%）
资本充足率	12.72	13.30	4.56
不良贷款率	1.58	1.52	-3.80

（二）流动性状况

1. 短期资产流动性比率。

与2016年相比，2017年24家A股上市银行的短期资产流动性比率增幅为6.27%。大部分上市银行的短期流动性比率较高，还款能力较强。在上市银行短期资产流动性比率排名中名列前三位分别为：贵阳银行（67.59%）、兴业银行（60.83%）、光大银行（59.93%）。名列后三位的分别为：民生银行（39.80%）、招商银行（40.68%）、北京银行（41.28%）。

2. 流动性覆盖率。

与2016年相比，2017年24家A股上市银行的流动性覆盖率降幅为9.54%。上市银行流动性覆盖率较高的前三家分别为：贵阳银行（169.21%）、常熟银行（142.38%）、上海银行（141.52%）。流动性覆盖率较低的前三家分别为：吴江银行（90.00%）、江阴银行（90.00%）、无锡银行（90.00%）。

表13-4　　行业流动性状况表

分析指标	2016年行业平均值（%）	2017年行业平均值（%）	增长率幅度（%）
短期资产流动性比率	46.58	49.50	6.27
流动性覆盖率	103.57	113.45	9.54

（三）盈利能力

1. 净资产收益率。

近年银行业净资产收益率持续下降，主要原因为冲量、资产规模扩张，但净利润却并没有相对匹配的大幅增加并且息差受压。2017年，在A股24家上市银行净资产收益率排名中位居前三位的分别是：贵阳银行（19.26%）、宁波银行（17.39%）、招商银行（15.93%）；后三位分别是：江阴银行（8.25%）、吴江银行（9.04%）、杭州银行（10.07%）。

2. 总资产收益率。

近年银行业总资产收益率持续下降，主要原因为资产规模持续增长，而收益情况受多方面压力涨幅下降。2017年24家上市银行总资产收益率排名中的前三位分别为：招商银行（2.20%）、工商银行（1.91%）、中国银行（1.86%）；排名后四位分别为：常熟银行（0.04%）、无锡银行（0.11%）、上海银行（0.14%）、贵阳银行（0.14%）。

表13-5 行业盈利状况表

分析指标	2016年行业平均值（%）	2017年行业平均值（%）	增长率幅度（%）
净资产收益率（%）	14.26	12.78	-10.38
总资产回报率（%）	0.96	1.05	9.38

（四）发展能力

1. 资本扩张率。

2017年，我国上市银行资产规模继续增长，资产质量总体保持稳定。其中，杭州银行通过小微企业和科技相结合，做了业务上的调整带来了收入结构的显著调整，其按规模系数调整后资本扩张率（20.65%）在24家上市银行排名中位居第一，其后两位分别为江苏银行（20.39%）、招商银行（19.84%）；排名后三位的分别为：江阴银行（2.27%）、无锡银行（3.24%）、常熟银行（3.90%）。作为资本约束型行业的代表，银行业的资本对于其发展起着至关重要的作用，近年中小型股份制银行和城市商业银行在资本扩张方面进行多方面调整，加快了资本扩张速度。

2. 营业收入增长率。

2017年在严监管环境下，银行加强资产配置调整力度，脱虚入实，通过削减低收益同业资产和高成本的同业负债，实现生息资产收益率实现较快提升，计息负债成本率企稳，使得营业收入增加。在24家上市银行按规模系数调整后营业收入增长率的排名中，位于前三位的分别为：贵阳银行（13.69%）、吴江银行（10.93%）、工商银行（8.99%）。而后三位分别为：兴业银行（-10.88%）、民生银行（-7.04%）、南京银行（-4.02%）。

表13-6 行业发展能力状况表

分析指标	2016年行业平均值（%）	2017年行业平均值（%）	增长率幅度（%）
资本扩张率	10.89	10.57	-2.93
营业收入增长率	2.50	3.86	54.40

（五）市场表现

2017年银行业指数与上证综指保持较大相关性，总体来看，银行走势强于上证综指。

1. 市场投资回报率。

2017年，从市场投资回报率看，在24家上市银行中，位于前三位的分别为：招商银行（78.47%）、平安银行（56.10%）、建设银行（51.13%）；而后三位分别为：吴江

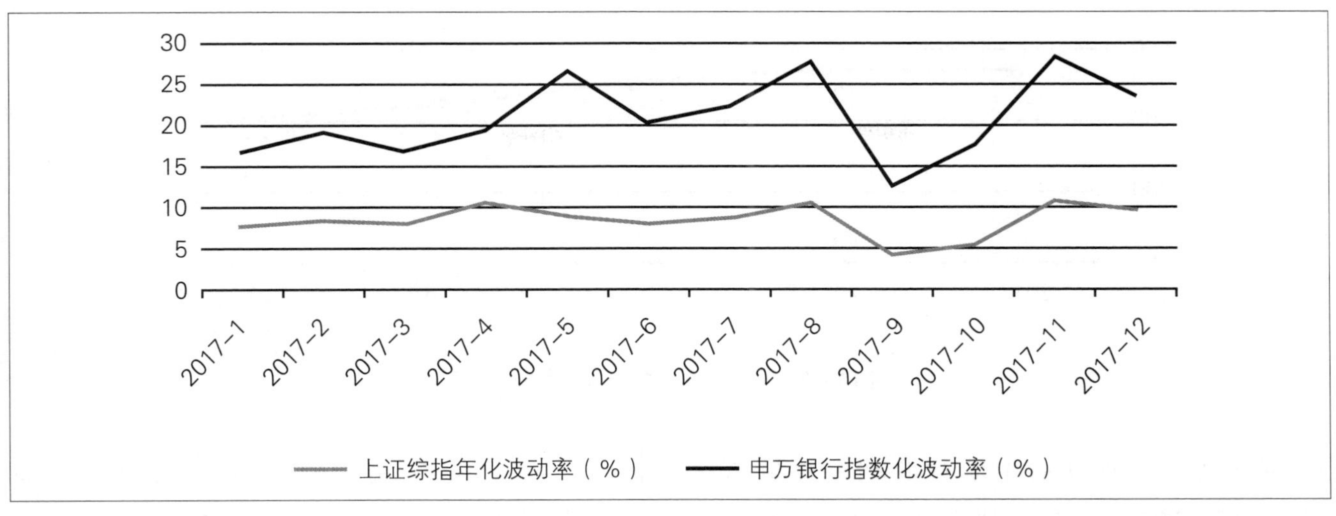

图 13－1　银行指数与上证综指波动

银行（−25.47%）、常熟银行（−24.26%）、江苏银行（−21.61%）。

2. 股价波动率。

从波动性指标看，股价波动最大的前三家分别为江阴银行（68.23%）、无锡银行（66.48%）、常熟银行（42.68%）；排名后三家分别为光大银行（12.21%）、交通银行（13.74%）、北京银行（14.23%）。

表 13–7　　行业市场表现状况表

分析指标	2016 年行业平均值（%）	2017 年行业平均值（%）	增长率幅度（%）
市场投资回报率	−0.25	9.94	4077.26
股价波动率	21.15	24.60	16.32

二、银行业上市公司业绩影响因素分析

截至 2017 年，我国 A 股上市银行一共有 24 家，包括 5 家大型股份制商业银行：工行、建行、农行、中行和交行；8 家中小型股份制商业银行：招行、民生、兴业、平安、中信、光大、华夏和浦发银行；11 家城市商业银行：南京、宁波、北京、江苏、贵阳、江阴、无锡、常熟、杭州、上海和吴江。

2017 年 A 股 24 家上市银行总资产合计为 1479140.24 亿元，较上一年度增长 6.25%，总资产增长率连续 4 年呈上升趋势；所有者权益合计为 111337.40 亿元，较上一年度增长 10.90%，所有者权益合计增长率连续 3 年呈下降趋势；净利润为 14100.85 亿元，较上一年度增长 4.37%。综合 2017 年与 2016 年度的业绩评价情况，主要影响上市银行业绩的因素有以下几方面：

（一）息差业务企稳回升，拉动上市银行经营业绩增长

从业绩评价各项指标结果来看，上市银行经营好转，营业收入和净利润增长主要得益于以下因素。

1. 净息差企稳回升。

自 2013 年 7 月 20 日起，中国人民银行决定全面放开对金融机构贷款利率的管制。利率市场化正式拉开帷幕，这意味着利率水平由市场供求来决定，利率的决策权交给金融机构。历经 3 年多时间的传导，利率市场化已经慢慢地接近尾声，加上 2015 年多次降息的因素，自 2013 年起上市银行平均净息差持续下降（见图 13–2）。历史期高利率

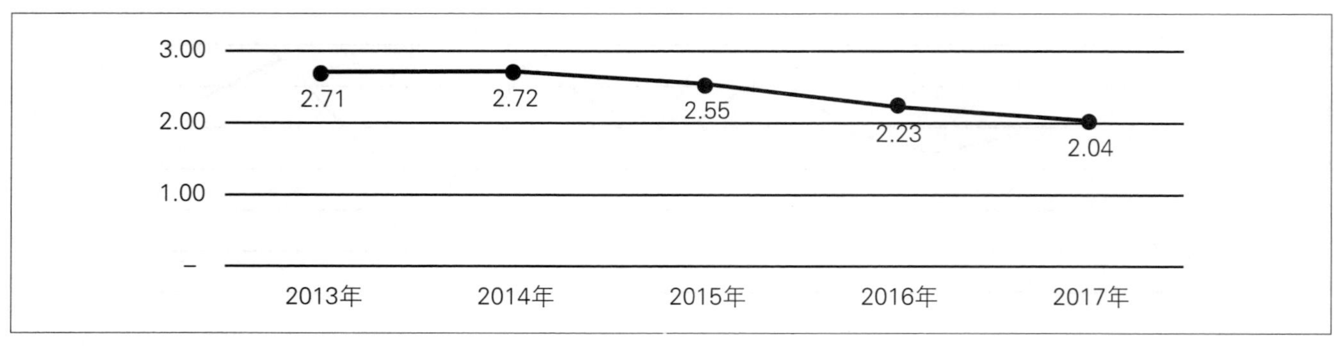

图 13－2　25 家上市银行历年净息差趋势图

的存贷款逐步到期后由现行低利率存贷款代替，导致 2016 年市场利率接近平稳状态下，银行综合利率水平仍继续下降，但是该部分存量存贷款占比不大，在未来 2~3 年内将逐步完成代替，相对的综合利率会逐步趋稳。

虽然净息差持续走低，但是对于各类型银行来说，影响因素却不相同。从图 13–2 每年各类型银行息差水平对比图中能够看出，大型股份制商业银行和城商行在强监管的影响下，净息差持续走低，但是中小型股份制银行的净息差 2017 年和 2016 年持平。

2017 年四大行净息差率出现企稳上升，建设银行、工商银行，中国银行、农业银行净息差分别是 2.21%、2.22%、1.84% 和 2.28%，相比 2016 年都有不同程度的提升，扎实的存款基础和高占比使得计息负债成本率得到压缩，建设银行、工商银行，中国银行、农业银行计息负债成本率分别是 1.56%、1.57%、1.69% 和 1.53%，与 2016 年相比下降 3~5BP。建设银行、工商银行，中国银行、农业银行生息资产收益率 3.66%、3.67%、3.39% 和 3.68%，与 2016 年相比基本保持稳定。股份制银行和区域性银行计息负债成本率都有所上升，2017 年银行的同业负债因为央行的规范增长受到约束，存款成为负债配置的主要部分，但是存款的竞争很激烈，存款占比较高的银行息差表现相对较好。区域性银行计息负债率同比提升了 17~42BP，中小型股份制银行计息负债率同比提升 30BP，同业存单受监管趋

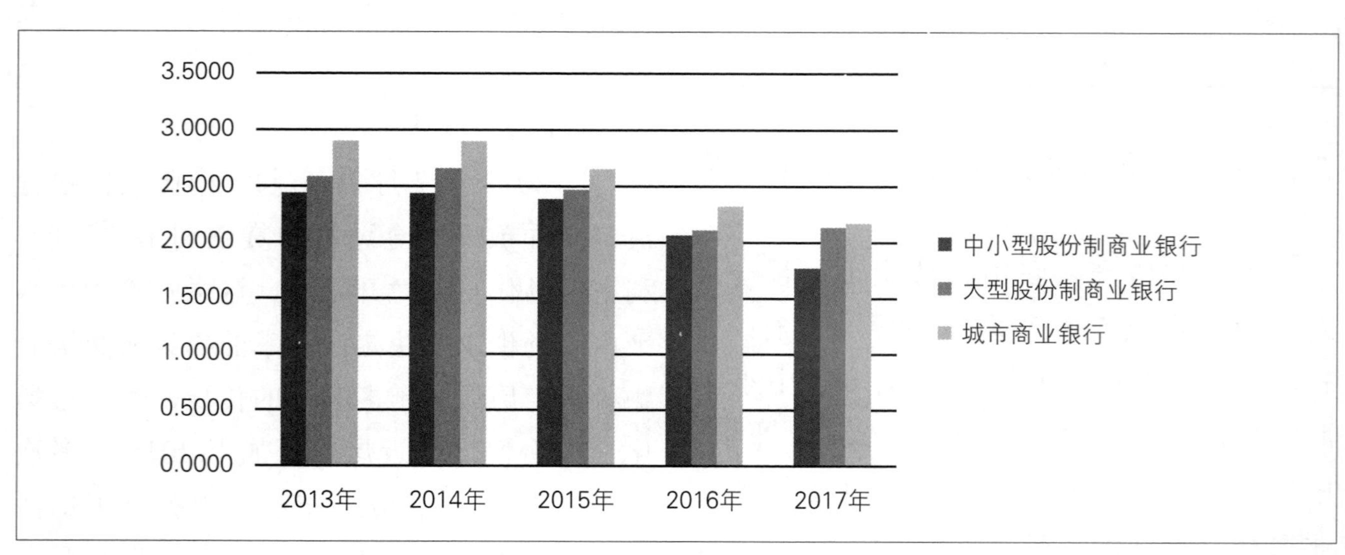

图 13－3　分类别上市银行历年净息差对比图

严，导致同业的负债有所压缩；但是贷款的利率出现了回升，边际效应有所递减，中小型股份制银行生息资产收益率提升 2BP，净息差收窄 20BP。地方性银行主要服务于是当地的经济和当地的客户群，主要是信贷客户来源是当地的小微企业，净息差保持高位，同比提升 14BP。净息差扩大表明资产负债结构调整有效。

2. 生息资产扩张趋缓，非息收入小幅负增长。

2017 年上市银行生息资产同比增长 7.45%，2016 年增长率为 13.66%，相比之后，规模扩张减缓，其中银行受到金融强监管的作用，2017 年资产配置思路将集中于增贷款、降投资、去同业；大型股份制银行生息资产平稳扩张，同比增长 7.78%；区域性银行扩张速度缓慢，同比增长 7.45%。银行业减少低收益的同业资产和投资类资产，增加贷款配置。贷款因为以高收益的零售贷款为主，所以整体贷款规模增速高于生息资产，中小型股份制银行贷款占比提升；应收款项类投资受资管新规的影响，规模缩减。从贷款结构上来看，2017 年上市银行新增信贷行业主要是零售行业，五大行新增零售贷款以个人按揭为主；股份行新增零售贷款主要来自消费金融领域。对公贷款方面，上市银行进一步紧缩制造业和批发零售领域的贷款。

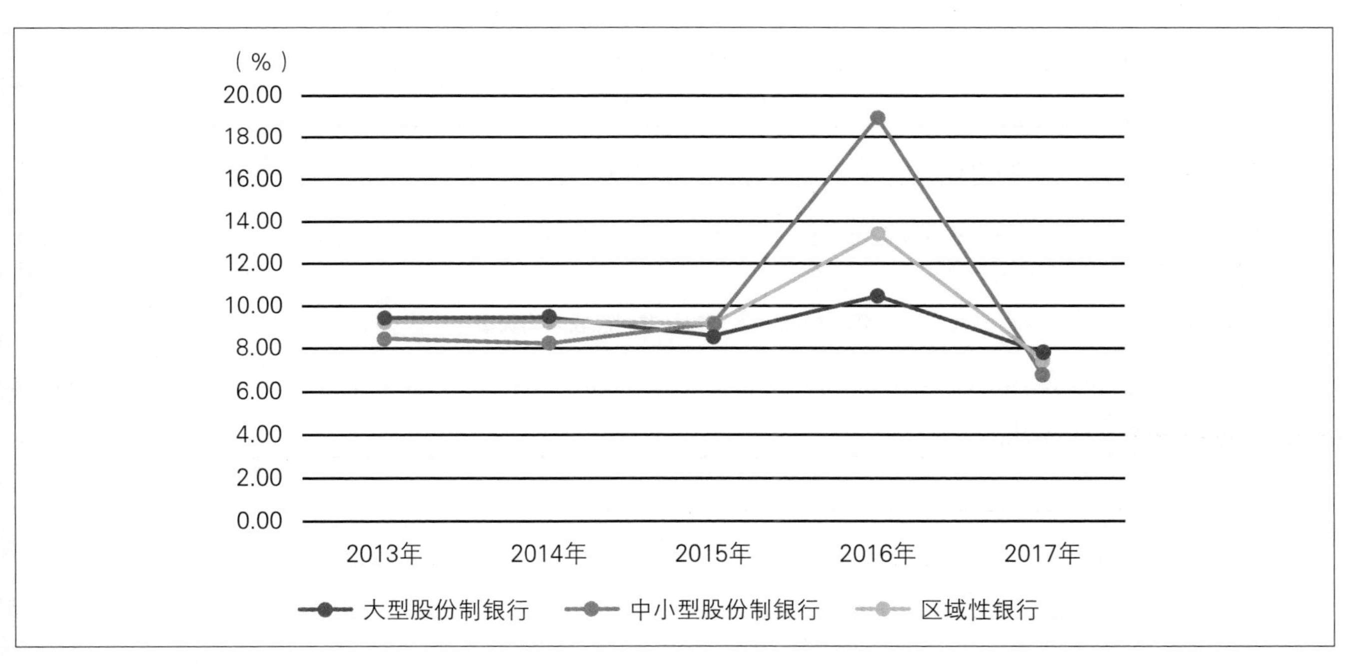

图 13－4　上市银行生息资产增长率

2017 年上市银行的非息收入出现小幅负增长现象，相比 2016 年下降 1.22%，其中股份行、五大行、地方性银行的非息收入同比分别变动 9.94%、−9.34%、20.20%。全年非息收入增长面临较多不利因素，首先非息收入增长因为高基数而面临巨大压力；其次严监管政策下，理财规模的收缩及减费让利使得行业新型中间业务收入增长乏力。其中大行非息收入的负增长主要因为理财业务收入的大幅下降及保险代理业务的减少。

（二）资产质量转好，不良贷款率下降

从业绩评价结果来看，从 2017 年看资产质量持续好转，不良贷款率下行，资产质量的压力逐渐下降。银行拨备计提平稳程度上升，行业整体拨备覆盖率提升。

1. 不良贷款余额上升，不良贷款率下降。

2017年，宏观经济出现转好迹象，银行资产质量趋稳。多家上市银行呈现了不良贷款余额上升和不良贷款率下降的现象，这为银行转型带来了机遇。银行业提出并实施向“大零售”转型，经过2016年地产加杆杠以及2017年消费加杠杆，意图摆脱来自对公业务的不良压力。2017年大型股份制银行、中小型股份制银行和区域性银行平均不良贷款率为1.58%、1.70%和1.36%，较2016年下降了9BP、0.2BP和4BP。大型股份制银行、中小型股份制银行和区域性银行不良贷款余额7657.80亿元、4189.91

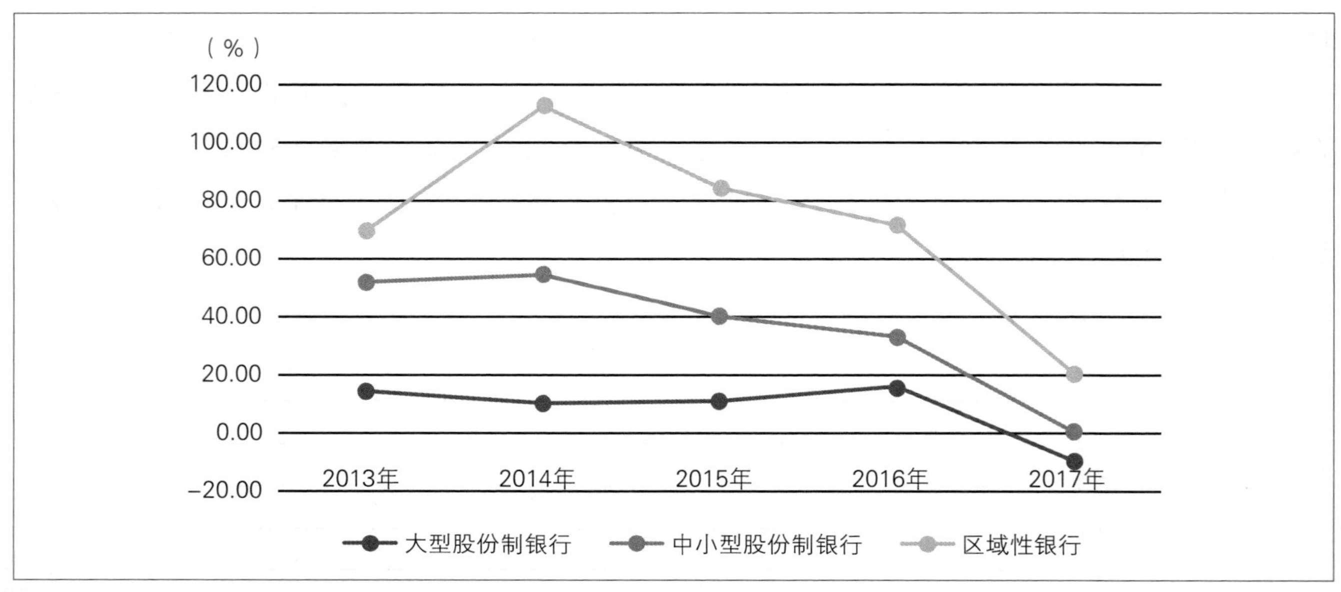

图13-5 上市银行非利息收入增长率

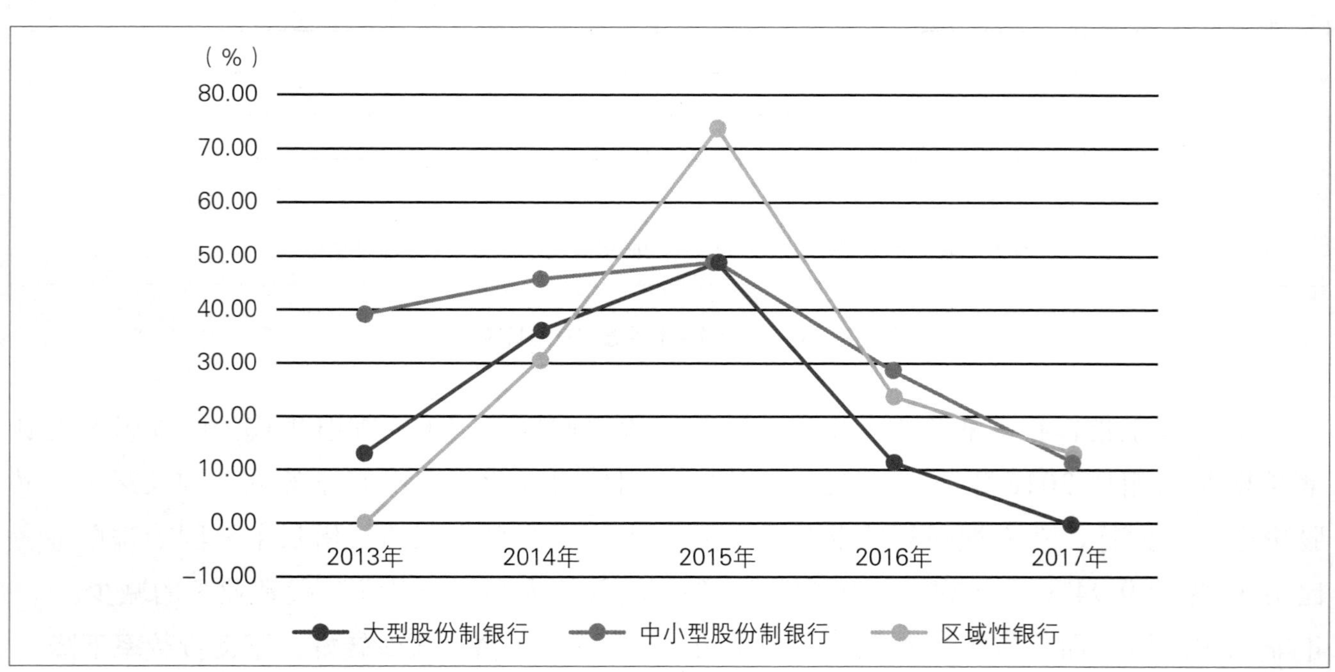

图13-6 上市银行不良贷款余额增长率

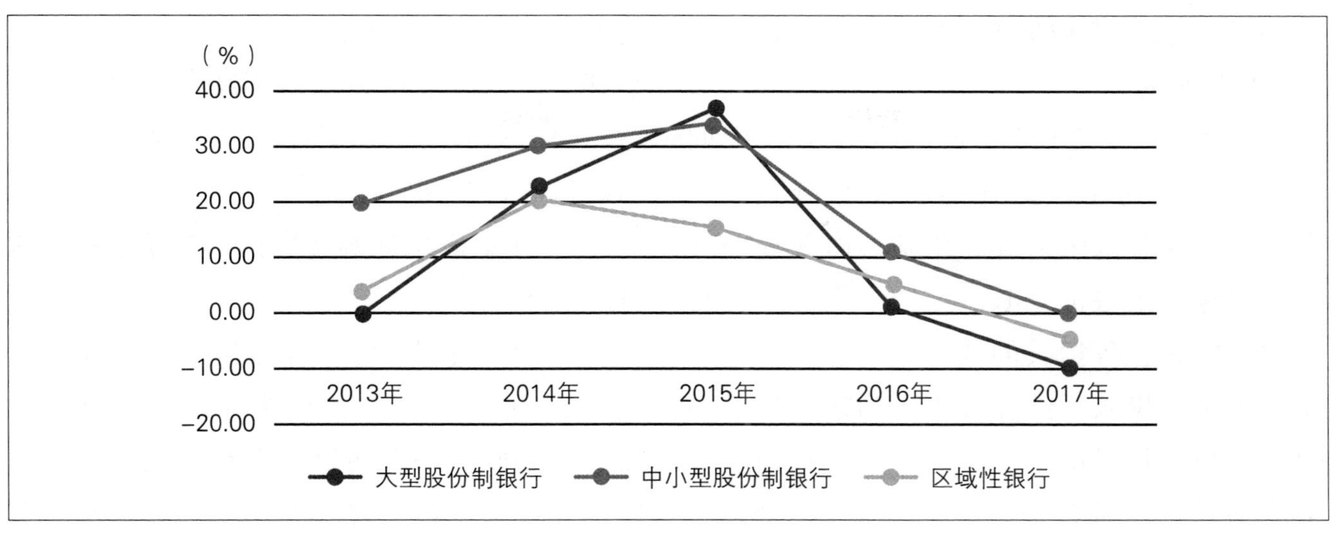

图 13－7 上市银行不良贷款率

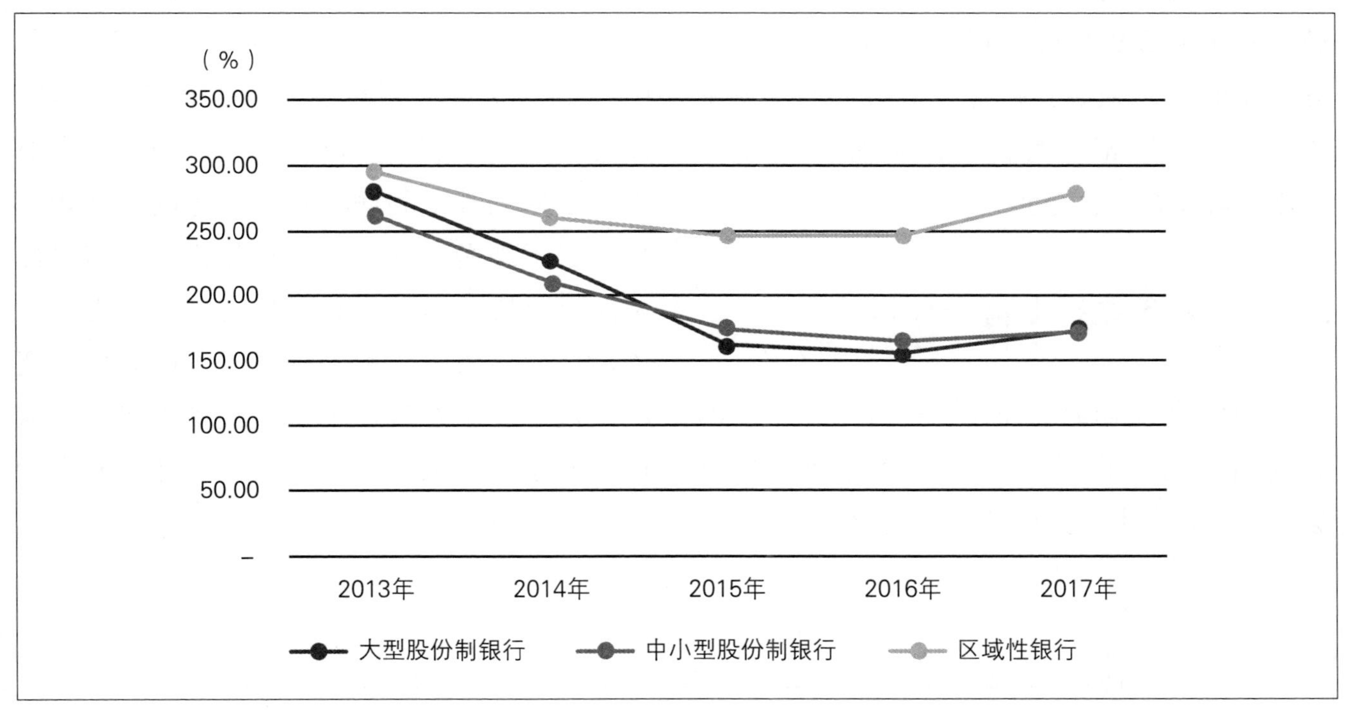

图 13－8 上市银行拨备覆盖率

亿元和 478.93 亿元，与 2016 年相比分别为 -0.20%、11.77% 和 13.33%。

2. 拨备覆盖率上升，有望逐步实现拨备对利润的反哺。

2017 年银行业拨备覆盖率上升，2017 年平均拨备覆盖率为 221.46%，较 2016 年增长 10.12%，其中城商行 2017 年末的平均拨备覆盖率 279.29%；国有大行和股份制银行的拨备覆盖率在 173.18% 和 172.25%；城市商业银行拨备情况表现最佳，在面临不良爆发的困难时期，城市商业银行积极面对资产质量问题，采取补救措施，充分发挥“船小好调头”的优势。在拨备充裕的情形下，银行适当降低信贷成本的上升幅度，有助于未来逐步实现拨备对利润的反哺。

（三）银行卡业务占中间业务收入比重上升，增速放缓

整体来看，2017 年银行卡业务占中间业务收入中的比重提升 10.4 个百分点，一方面信用卡收入因为其在消费金融领域的作用依旧保持较快的增长；另一方面，银行为了弥补中间业务增长的缺口主动加大银行卡业务领域的投入。结算收入因为进出口贸易的回升和银行对电子支付业务的重视而保持平稳增长。代理类业务受保险新政的影响，总体占比降低了 3.3 个百分点。托管理财类业务等新兴中间业务在非息收入中的占比将进一步下降 3.0 个百分点，但仍然是中间业务重要的收入来源。投行业务方面与非标业务、债券承销相关的收入仍面临较大压力，占比下降 1.6 个百分点。

三、2018 年银行业前景分析

2018 年金融严监管、去杠杆仍将继续，盈利增速稳步提升，各项指标总体有所回暖。在宏观经济走稳以及银行强化风险管理的驱动下，资产质量延续改善。表外资产继续回表，负债压力仍然不减。资管新规落地，银行资管业务将转型。美元加息，人民币贬值压力升高。

（一）盈利增速稳步提升，各项指标总体有所回暖

2018年我国商业银行面临一些压力，但业绩比 2017 年好，各项指标显示可能进一步趋于利好。净利润增速有小幅上升，收入结构会持续改善。银行的息差逐渐缩窄，利息收入仍然是银行的主要收入，不良贷款对净利润的影响逐渐缓解，各银行的净利润会有小幅度的提升。企业信贷需求在 2018 年中性货币政策下相对稳定，银行贷款上浮，净息差受贷款利率上浮的影响，银行的利息收入小幅回升，利润增长。银行的资产规模平稳趋于缓慢，营改增和税收优惠政策对净利润有所影响。资产管理新规规范了理财业务，从而导致了代销手续费收入的降低。资产质量进一步好转，不良贷款率下降，采取稳健的减值政策，拨备覆盖率整体对利润增长有所帮助。

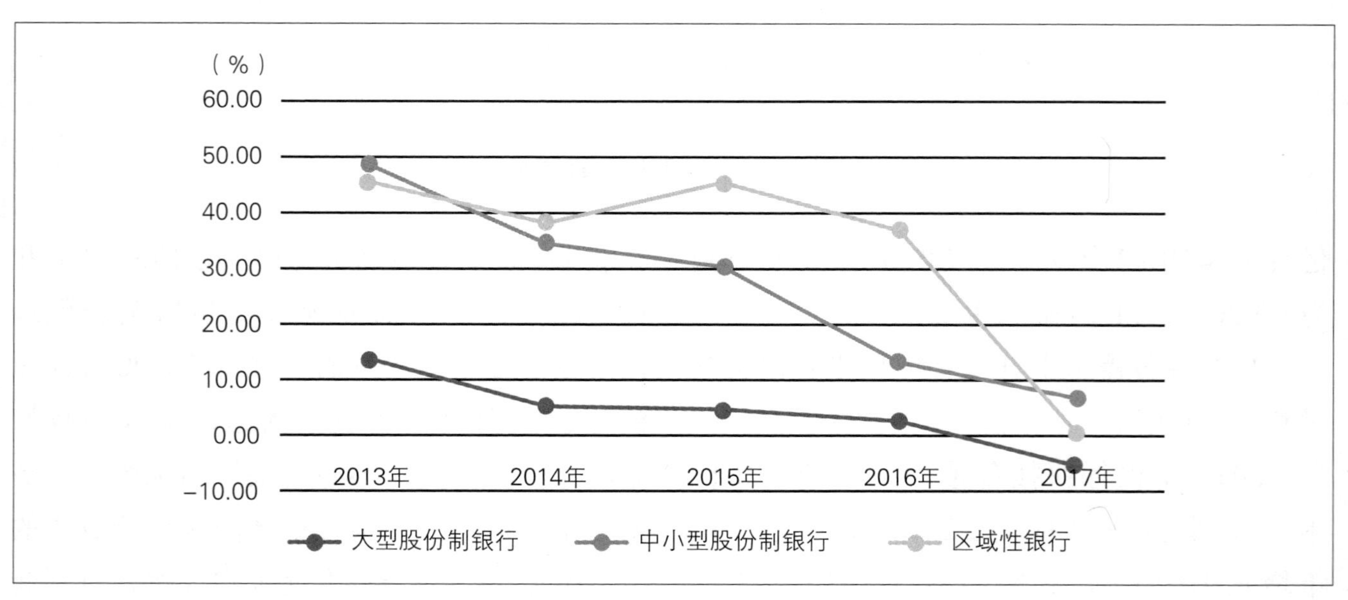

图 13－9 上市银行中间业务增长率

2018年银行面临成本上升压力，业务及管理费用小幅提升，整体上使净利润减少。股份制银行利润增速仍然高于五大行，主要的原因是负债端的劣势。负债端去杠杆将持续，同时广义货币低增长。主要是结构上高成本负债占比下降，2018年去杠杆以及同业存单监管趋严的大环境下，银行的资金来源受到了限制，存款增速和派生能力下降，但去杠杆边际效应下降，股份制银行和商业银行降低对同业负债的依赖，但是想要保持资产规模的发展，对于零售业的竞争加大，同时存款利率的竞争也加大，导致成本难以下降，如果经济需求侧改善带动M2回升相对会缓解存款的压力。

（二）风险化解成效显现，资产质量稳中转好

2018年，资产质量压力逐渐转好，信用风险水平维持稳定。商业银行信用风险状况将在稳定的宏观环境和逐渐显现的经济结构调整效果环境下持续改善。不良贷款爆发的高峰时期已经过去，但是对于部分区域而言仍然需要关注。商业银行较高的拨备水平、逐步好转的盈利能力以及不断拓宽的处置不良资产的方法，给资产质量保持平稳向好提供了保障。

2018年在宏观经济稳定以及银行加强风险管理的驱动下，资产质量得到改善的趋势明显，存量风险压力将得到进一步有效地缓解，主要是部分工业企业利润提升明显，产能过剩驱动行业升级转型，不良生成率维持下降态势；另外各大行通过加大对不良资产的处理力度，加大存量风险释放量。由于我国的经济发展方式仍需要转变，经济结构需要优化，增长动力需要转换，因此部分区域一定的潜在风险：未来随着资金链市场的紧张，部分企业可能会出现资金链个案风险，而这也是潜在的信用风险点；从区域来看，银行分化较大。东南沿海地区不良率先爆发，也率先出表处置；而中西部一些省份的不良还有上升之势。

总体看来，2018年宏观环境保持稳中向好，经济结构调整的效果开始凸显，潜在风险释放压力得到减缓。虽然局部领域的潜在风险可能会产生一定负面影响，但是商业银行资产质量整体稳中向好的趋势基本不会变。

（三）表外资产继续回表，负债压力仍然不减

2017年商业银行经历了从“资产荒”到“负债荒”的转变，银行的资产规模扩张力度放缓；存款和贷款的占比上升，同业业务和非标业务下降；存款派生和扩大的能力以及增速下降，导致银行负债端的压力变大。2018年监管趋严，资管新规在限制期限错配、禁止资金池等方面对理财产品的非标准化投资的限制，加快了表外转表内进度。

随着银监会办公厅《关于进一步深化整治银行业市场乱象的通知》（4号文）、《商业银行股权管理暂行办法》（48号文）以及《关于开展银行业“不当创新、不当交易、不当激励、不当收费”专项治理工作的通知》（53号文）等政策的相继出台，银行金融机构面临更加严格的监管。上市银行减少了存放同业、拆出资金、买入返售等同业资产以及证券投资类资产项下的应收账款类投资。股份行、城商行不再通过大量买入返售债券、票据、信托受益权、理财产品或资管计划接受同业新增的非标资产实现同业投资增长。商业银行通过投资非标实现表内转表外的方式受到限制，表外理财资产的规模增速放缓。

表外资产转表内资产本身导致银行可配置资金减少，债券市场低迷情况下银行投资债券业务的积极性不高，同时受到地方政府债的打压，2018 年银行对信用债的配置不会明显增加。2018 年总体流动性可能趋紧，商业银行存款的增速依然缺乏动力，但是新的流动性管理办法引导银行发展稳定负债，存款增速并不会显著放缓。新的流动性管理办法通过限制资金空转继续从指标上对同业负债施加约束，因此同业负债仍将承受一定的压力。标准化程度较高并且不能被提前支取的同业存单有望保持较快增长，逐渐成为银行重要的负债工具。

（四）资管新规落地，银行资管业务将转型

2018 年 4 月 27 日，《关于规范金融机构资产管理业务的指导意见》（以下简称资管新规）正式发布。资管新规提出了打破刚性兑付、实行净值化管理、规范资金池、降低期限错配风险等要求，直指市场顽疾，其影响牵一发而动全身。

打破刚性兑付、实现净值化管理，是新规对银行资管产品转型提出的迫切要求。这意味着，对于非保本理财产品，应当实行净值化管理，净值应当及时反映基础金融资产的收益和风险。而对于保本理财，目前已纳入银行表内核算，视同存款管理。保本理财在法律关系、业务实质、管理模式、会计处理、风险隔离等方面，与非保本理财产品“代客理财”的资产管理属性存在本质差异，两者将清晰划分。在回归“代客理财”的思路下，各家银行明确了绝对收益策略的配置方向，以固定收益产品为主。同时推出净值型理财产品，预期收益率接近当前货币基金的收益水平。

存在期限错配风险的资金池业务也将得到整肃。资管新规要求，金融机构应当做到每只资产管理产品的资金单独管理、单独建账、单独核算，不得开展或者参与具有滚动发行、集合运作、分离定价特征的资金池业务。同时，为降低期限错配风险，金融机构应当强化资产管理产品久期管理，封闭式资产管理产品期限不得低于 90 天。银行理财产品的周期会被拉长，以降低期限错配风险。未来银行会更倾向于发行期较长的产品。同时投资标的、结构设计也将随之调整，非标准化债权资产端的投资会受到限制。

资管新规提出，资产管理产品直接或者间接投资于非标准化债权类资产的，非标准化债权类资产的终止日不得晚于封闭式资产管理产品的到期日或者开放式资产管理产品的最近一次开放日。未来一个比较明确的趋势是基础资产标准化。偏股型的基础资产走资本市场，而偏债型的基础资产走银行间及交易所债券市场，也可借助 ABS、REITs 等模式，从而增加债券市场供给。

资管新规使得银行资管子公司加速落地。根据资管新规要求，主营业务不包括资产管理业务的金融机构应当设立具有独立法人地位的资产管理子公司开展资产管理业务，强化法人风险隔离，暂不具备条件的可以设立专门的资产管理业务经营部门开展业务。以前银行通过资管事业部制或者资管部门制开展理财业务。银行系资管子公司一旦获批，意味着银行将通过法人资管子公司，承接拆分出的理财业务。成立具有独立法人资格的子公司后，资管产品的风险与子公司资本挂钩，银行理财才能真正朝着“受人之托、代客理财”的专业化投资机构发展，而不是成为赚取期限利差的银行调表手段。

（五）央行下调准备金产生积极的影响

从2018年4月25日起，下调大型商业银行、股份制商业银行、城市商业银行、非县域农村商业银行、外资银行人民币存款准备金率1个百分点；同日，上述银行将各自按照“先借先还”的顺序，使用降准释放的资金偿还其所借央行的中期借贷便利（MLF）。我国小微企业仍面临融资难、融资贵的问题。为了加大对小微企业的支持力度，可以通过适当降低法定存款准备金率置换一部分央行借贷资金，进一步增加银行体系资金的稳定性，优化流动性结构，同时适当释放增量资金。一是可以增加长期资金供应，银行资金成本将有所降低。置换MLF使商业银行付息成本有所减少，有利于降低企业融资成本。二是释放4000亿元增量资金，增加了小微企业贷款的低成本资金来源。人民银行将要求相关金融机构把新增资金主要用于小微企业贷款投放，并适当降低小微企业融资成本，改善对小微企业的金融服务，上述要求将纳入宏观审慎评估（MPA）考核。

（六）调整商业银行贷款损失准备监管要求，利于表外回表，监管更趋精细

2018年2月28日，银监会印发了《关于调整商业银行贷款损失准备监管要求的通知》（银监发〔2018〕7号），决定调整商业银行贷款损失准备监管要求。具体调整内容为：拨备覆盖率监管要求由150%，调整为120%~150%；贷款拨备率监管要求由2.5%，调整为1.5%~2.5%；各级监管部门在上述调整区间范围内，按照“同质同类、一行一策”的原则，明确银行贷款损失准备监管要求。

一方面，有利于“表外回表”顺利进行和保障实体经济融资。2018年1月份的货币金融数据体现了明显的“表外回表”现象。1月份新增人民币贷款大超市场预期，创历史新高，主要是由于在金融去杠杆的政策背景下，非标业务被监管约束，信托贷款与委托贷款收缩明显，大量表外融资转入表内信贷。此次银监会发文放松拨备覆盖率和贷款拨备率监管要求，有助于缓解银行资本占用，从而减缓“表外回表”对于表内信贷的挤占，有利于保障实体经济融资需求。另一方面，体现金融监管措施更趋于精细化。此次银监会明确各级监管部门实行“一行一策”的原则，将有效鼓励商业银行提高风险分类的准确性，更加积极主动地处置不良，体现了金融监管行为更趋于精细化的趋势。

（七）美元加息，人民币贬值压力升高

商业银行在前期人民币上升通道，在负债端超配了美元（外币存款或以美元计价的债券），在资产端却没有配置对冲盘，那么就会形成大量的美元敞口，也就是所谓的货币错配问题。在美元加息的情况下，美元指数上升，人民币汇率贬值，则会形成较大的汇率损失——一方面，美元负债的价值在升高，另一方面非美元资产的价值却在下降，随着汇率的波动形成账面损益，对资产负债表造成损害。商业银行主动缓解货币错配的程度，外汇敞口已经大幅缩减，使得这一渠道遭受的冲击得到较大的缓释。但表内外美元债务敞口较高银行的资产负债表相对来

说，对美元加息的冲击应对会较为脆弱。除了货币错配，美元加息还可能通过金融市场冲击银行的资产负债表。即美元加息引发的人民币大类资产价格波动，会形成市场风险直接冲击商业银行资产组合中的债券和股权价值。

美元是世界货币的基础货币，美元加息意味着世界各国货币的基础货币在收缩。美元加息，人民币贬值预期通道打开，往往立即出现两个直接的反应：一是企业和居民会尽快偿还美元负债，以减少人民币贬值下的敞口损失；二是进行反向货币配置，将手中的人民币换成美元，并尽可能配置套利组合，即负债人民币化+资产美元化。企业和局面通过商业银行购汇，商业银行向人民银行购汇，人民银行资产端外汇储备减少，同时负债端的基础货币减少，最终在货币市场上造成流动性紧张。在流动性紧张的同时，央行的货币政策非常有限，不敢贸然采取降准的举措来增加货币供给，因为增加的货币供应又会形成兑换美元的筹码。因此，当由于外汇市场形成对货币市场的流动性压制时，商业银行的流动性环境将变紧。虽然央行可以采用除降准之外的PSL、SLF、MLF等公开市场工具来增加流动性供给，但会有额外的成本损耗，以及较高的波动（回购到期和再贷款到期等）。所以说美元加息会使商业银行的流动性环境变紧并波动幅度加大。同时美元加息降低人民币利率下降的空间，造成短期利率的较大波动。

附表

2017 年度银行行业上市公司业绩评价结果排序表

行业排序	全部上市公司排名	股票代码	股票简称	综合得分	资本充足率（%）	不良贷款率（%）	短期资产流动性比例（%）	流动性覆盖率（%）	净资产收益率（%）	总资产收益率（%）	资本扩张率（%）	营业收入增长率（%）	收益率	波动性	年末资产总额（亿元）	营业收入（亿元）	归属母公司股东净利润（亿元）
1	8	600036	招商银行	85.92	15.48	1.61	40.68	101.76	15.93	2.20	19.84	5.68	78.47	26.71	62976.38	2208.97	701.50
2	20	002142	宁波银行	83.83	13.58	0.82	51.54	116.23	17.39	1.65	13.54	7.06	46.48	23.09	10320.42	253.14	93.34
3	23	601398	工商银行	83.80	15.14	1.55	41.70	129.02	13.95	1.91	8.07	7.49	50.73	18.66	260870.43	7265.02	2860.49
4	59	601939	建设银行	80.49	15.50	1.49	43.53	121.99	14.39	1.21	12.97	2.74	51.13	18.08	221243.83	6216.59	2422.64
5	69	601288	农业银行	79.82	13.74	1.81	50.95	121.20	14.04	1.31	8.16	6.13	31.98	15.92	210533.82	5370.41	1929.62
6	79	601988	中国银行	79.38	14.19	1.45	47.10	117.41	12.08	1.86	6.02	−0.07	22.50	14.51	194674.24	4832.78	1724.07
7	98	601818	光大银行	78.61	13.49	1.59	59.93	101.96	11.36	1.42	21.65	−2.33	7.12	12.21	40882.43	918.50	315.45
8	123	601166	兴业银行	77.84	12.19	1.59	60.83	102.74	14.86	1.35	19.28	−10.88	10.76	15.31	64168.42	1399.75	572.00
9	134	601997	贵阳银行	77.62	11.56	1.34	67.59	169.21	19.26	0.14	16.50	22.81	−12.69	18.65	4641.06	124.77	45.31
10	147	601009	南京银行	77.12	12.93	0.86	42.02	125.47	14.95	1.54	9.35	−6.69	4.36	20.35	11411.63	248.39	96.68
11	148	600000	浦发银行	77.10	12.02	2.14	57.16	97.51	13.68	1.30	15.57	4.87	4.08	18.55	61372.40	1686.19	542.58
12	196	600919	江苏银行	75.62	12.62	1.41	52.75	113.52	12.20	0.96	33.99	7.91	−21.61	15.96	17705.51	338.39	118.75
13	255	601169	北京银行	73.81	12.41	1.24	41.28	117.68	11.78	0.92	22.91	6.10	−8.94	14.23	23298.05	503.53	187.33
14	269	600926	杭州银行	73.37	14.30	1.59	52.08	137.86	10.07	0.48	34.41	2.83	−20.20	23.12	8333.39	141.22	45.50
15	275	000001	平安银行	73.17	11.20	1.70	52.33	98.35	10.93	1.12	9.83	−1.79	56.10	29.72	32484.74	1057.86	231.89
16	276	603323	吴江银行	73.16	13.42	1.64	49.10	90.00	9.04	1.55	7.54	18.22	−25.47	40.07	952.71	27.26	7.31
17	293	601328	交通银行	72.69	14.00	1.50	58.66	110.20	10.80	0.43	6.94	1.49	13.85	13.74	90382.54	1960.11	702.23
18	297	601998	中信银行	72.60	11.65	1.68	45.29	97.98	10.76	1.49	7.27	1.90	4.76	19.33	56776.91	1567.08	425.66
19	370	601229	上海银行	71.05	14.33	1.15	41.71	141.52	11.63	0.14	26.87	−3.73	−17.94	21.08	18077.67	331.25	153.29
20	387	600016	民生银行	70.84	11.85	1.71	39.80	95.46	13.73	0.86	10.73	−7.04	−3.31	15.42	59020.86	1442.81	498.13
21	455	600015	华夏银行	69.22	12.37	1.76	45.12	93.43	12.36	0.47	10.80	3.68	2.85	18.37	25089.27	663.84	198.19
22	601	601128	常熟银行	66.79	12.97	1.14	43.09	142.38	12.27	0.04	6.50	11.66	−24.26	42.68	1458.25	49.97	12.64
23	609	002807	江阴银行	66.65	14.14	2.39	56.56	90.00	8.25	0.76	3.78	1.51	−2.45	68.23	1094.03	25.07	8.08
24	669	600908	无锡银行	65.69	14.12	1.38	47.29	90.00	10.90	0.11	5.40	13.08	−9.66	66.48	1371.25	28.51	9.95

第十四章 证券行业上市公司业绩评价

证券业的2017年不仅是“改革创新年”也是“对外开放年”。党的十九大要求“提高直接融资比重，促进多层次资本市场健康发展”，为证券行业指明了方向。提高直接融资比例、供给侧改革等对证券业的发展带来了更大的机遇，但传统业务转型、IPO从严审核也对证券业提出了更高更严格的监管要求。并且随着证券公司改革开放、创新发展的不断推进，近年来，各项创新业务不断推出，收入贡献逐渐加大。根据中国证券业协会披露的未经审计的财务报表显示，截至2017年底，131家证券公司当期实现营业收入3113.28亿元，其中证券投资收益860.98亿元，超过经纪业务成为第一大收入来源。

2017年11月，朱光耀出席国新办会议时谈到，中方决定将单个或多个外国投资者直接或间接投资证券、基金管理、期货公司的投资比例限制放宽至51%，三年后不受限制。政府的这次开放也是进一步落实十九大精神，预计2018年陆续会推出重大开放举措。但金融业的开放必须做到安全稳妥，故证券监管部门还是会不断完善监管。

一、证券行业上市公司总体分析

截至2017年末，纳入本次评价范围的证券行业的A股上市公司共27家，其中，业绩为AA的3家；业绩为A的3家；业绩为BBB的2家；业绩为BB的3家；业绩为B的2家；业绩为CCC的6家；业绩为CC的4家；业绩为C的4家。27家证券行业上市公司资产总额47844.11亿元，所有者权益总额12108.82亿元，2017年实现营业收入2629.76亿元；实现净利润881.69亿元。

按照中国上市公司业绩评价指标体系，27家证券行业上市公司中，国泰君安、广发证券和中信证券三家进入2017年上市公司业绩评价综合得分的百强名单，年度证券行业前十强见表14-1。

下面分别从稳健性状况、盈利能力状况、发展能力状况以及市场表现状况四个方面对证券行业上市公司进行具体分析。

表 14-1　　2017 年度证券行业中联十强排行榜

名次	股票代码	股票简称	在全部上市公司中排名
1	601211	国泰君安	45
2	000776	广发证券	60
3	600030	中信证券	62
4	600999	招商证券	103
5	600837	海通证券	114
6	601688	华泰证券	128
7	600958	东方证券	358
8	000166	申万宏源	415
9	002736	国信证券	499
10	601788	光大证券	524

（一）稳健性

2016 年 6 月发布了修订后的《证券公司风险控制指标管理办法》及配套措施，《办法》强调，建立以净资本和流动性为核心的风险控制指标体系，加强证券公司风险监管，督促证券公司加强内部控制、提升风险管理水平。新规实施以来，证券行业净资本有所增加，风险资本准备也大幅增加。2017 年 1 月起启动首批并表监管试点，有 7 家证券公司入围，分别为：中信证券、海通证券、中金公司、中信建投、国泰君安、国信证券、招商证券等。

2017 年，纳入本次评价范围的上市证券公司的资本杠杆率均高于监管标准值。资本杠杆率名列前三位的分别是国金证券（52.35%）、西部证券（40.89%）、东兴证券（34.89%）。2017 年，全部证券公司的流动性覆盖比率均高于监管标准值。流动性覆盖比率名列前三位的分别为：长江证券（44902.0%）、兴业证券（780.2%）、西部证券（738.2%）。另外，2017 年，纳入本次评价范围的上市证券公司的风险覆盖率、净稳定资金比率指标均高于监管标准值。

表 14-2　　证券行业稳健型状况表

分析指标	行业标准值	2017 年行业平均值（%）
资本杠杆率	≥ 8%	25.0
流动性覆盖率	≥ 100%	2077.9
风险覆盖率	≥ 100%	242.6
净稳定资金率	≥ 100%	137.7

（二）盈利能力

表 14-3 列示了证券行业上市公司盈利能力评价结果。从基本指标来看，净资产收益率和总资产报酬率都有不同程度的下降，主要是 2017 年监管政策趋严、金融去杠杆加速、A 股市场持续震荡调整，同时上市证券公司的经纪业务和投行业务收入下滑等原因造成整体行业盈利能力有所降低。

表 14-3　　证券行业盈利能力比较表

分析指标	2017 年行业平均值（%）	2016 年行业平均值（%）	增长率（%）
净资产收益率	6.12	8.10	-24
总资产报酬率	1.78	1.80	-1

（三）发展能力

2017 年资本扩张率和营业收入增长率与 2016 年指标值相比，差异较大。从表 14-4 可知，2017 年，证券行业上市公司的资本扩张能力由于行业不景气整体下降。而 2017 年营业收入增长率却转负为正，与 2016 年同期对比来看，2017 年上市证券公司业务结构最大的变化点在于自营收入占比超过经纪业务，证券行业多元化经营初见成效。多元化转型意味着证券行业进一步降低对经纪业务的依赖，提升主动性。受此前开户数量限制政策放开及互联网金融发展的影响，佣金率水平在过去两年保持下行态势。不同于经纪业务受佣金率价格战导致的下滑，自营受市场表现影响较大，因此是业绩最重要的弹性所在。

表 14–4　　证券行业发展能力比较表

分析指标	2017 年行业平均值（%）	2016 年行业平均值（%）	增长率（%）
资本扩张率	8.5	16.5	–49
营业收入增长率	7.1	–38.4	119

（四）市场表现

在回报率方面，由于 2016 年 A 股市场上半年经历了“股灾 3.0”，沪指暴跌千点，相对 2016 年，2017 年得益于市场行情的回暖，在自营业务投入较大的券商直接受益，业绩增长良好，回报率有一定程度上升，但由于 2017 年监管政策趋严、金融去杠杆加速、A 股市场持续震荡调整，同时上市证券公司的经纪业务和投行业务收入下滑，所以 2017 年行业平均回报率仍然为负数。

在波动性方面，在受股市成交额降低以及监管趋严的影响，及证券公司经纪业务和投行业务收入下滑较为明显的形势下，2017 年整体的波动性比 2016 年却有一定幅度的下降，这主要得益于多元化的业务布局，大型证券公司经营业绩受市场环境和监管政策变动的影响降低，业绩稳定性加强。

表 14–5　　证券行业市场表现比较表

分析指标	2017 年行业平均值（%）	2016 年行业平均值（%）	增长率（%）
回报率	–17.3	–19.2	10
波动性	22.5	35.0	–36

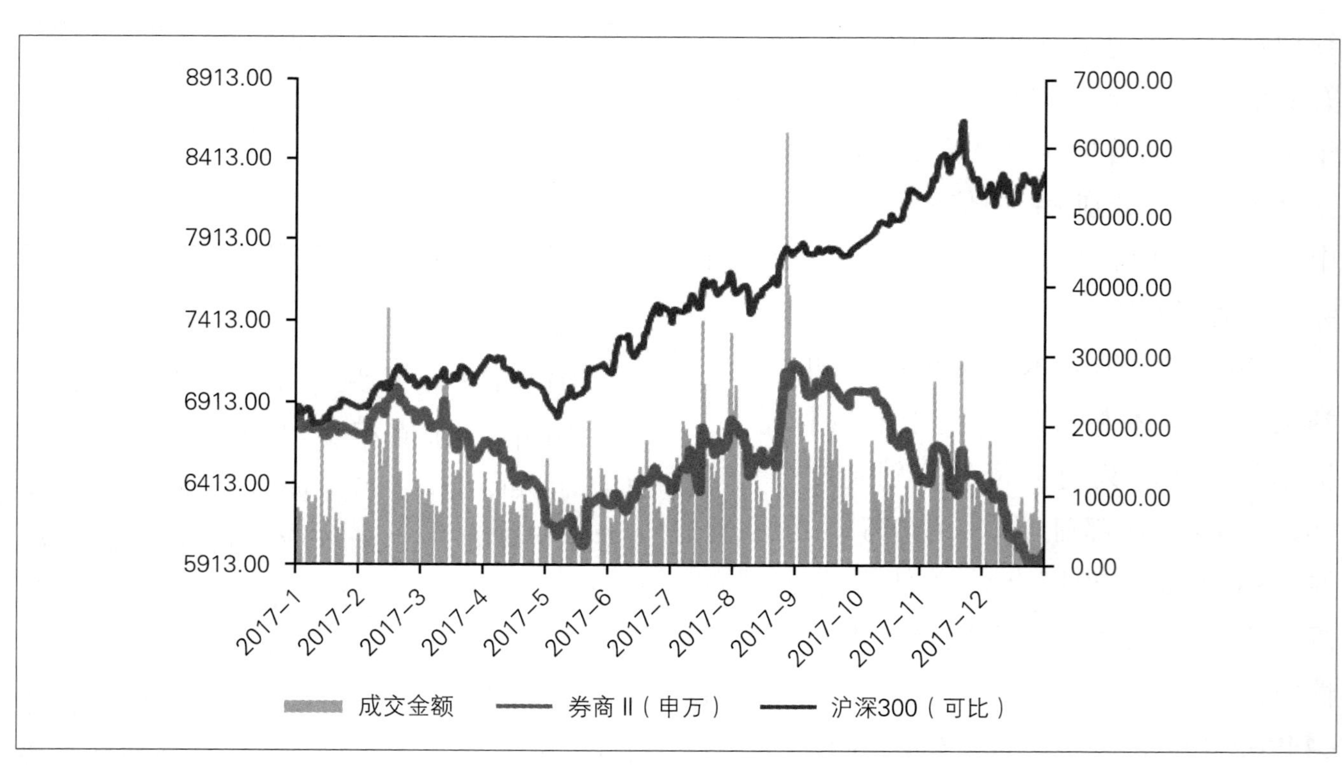

图 14 – 1　2017 年证券行业和沪深 300 指数走势比较图（wind 数据）

二、2017年证券行业情况分析

从2016年下半年开始，金融政策趋严，在“强监管，去杠杆”的监管背景下，对券商业务开展形成较大的压力。2017年全年券商行业股价较为弱势，日均成交量维持低位。证券板块估值处于近5年来较低水平。

2017年，证券行业整体业绩下滑，证券行业营业收入总额为3113.28亿元，相比2016年3279.94亿元下降5.08%；净利润1129.95亿元，同比下降8.47%。主营业务结构也出现了调整。2017年证券公司自营业务超过经纪业务，成为上市证券公司收入贡献最大的业务板块。2017年，传统经纪业务收入为820.92亿元，占比下滑至26.37%，同比下降22.03%。自营业务收入为860.98亿元，占比27.66%，同比增长51.46%。

表14-6 证券行业发展能力状况比较表

经营业绩	2015年（亿元）	2016年（亿元）	2017年（亿元）	近两年同比（%）
营业收入	5751.55	3279.94	3113.28	–5.08
净利润	2447.63	1234.45	1129.95	–8.47
代理买卖证券业务净收入（含席位租赁）	2690.96	1052.9	820.92	–22.03
证券承销与保荐业务净收入	393.52	519.99	384.24	–26.44
财务顾问净收入	137.93	164.16	125.37	–23.63
投资咨询业务净收入	44.78	50.54	33.96	–32.81
资产管理业务净收入	274.88	296.46	310.21	4.64
证券投资收益（含公允价值变动）	1413.54	568.47	860.98	54.46
利息净收入	591.25	381.79	348.09	–8.83

（一）经纪业务大幅下滑

2017年，国内二级市场呈现结构化行情特征，上证综指全年涨幅6.56%，中小板指全年涨幅16.73%，创业板指全年跌幅10.67%。市场整体交易活跃度较2016年下滑，行业日均股基交易额5011亿元，同比下降11.7%；券商佣金率持续下滑，但佣金战趋缓，2017年全年平均佣金率0.0336%，较2016年下滑万分之0.4，降幅趋缓。

（二）IPO发行增速，审核力度加强（投行业务）

根据Wind数据，2017年，IPO发行共计438家，募集资金规模达2301亿元，分别增长92.95%和53.81%。发行加快的同时，单只发行量明显减少。

IPO审核明显加速，同时审核力度也在增强。2017年10月，发审委重组后，审核标准提高，IPO被否率显著提高。根据Wind数据，2017年共有479家企业上会审核，其中380家获得通过，整体过会率79.33%。根据和讯网统计，新一届发审委自上任以来，共审核企业89家，其中52家获得通过，通过率为58.43%，相比老一届发审委的通过率下降了25.7%。

（三）债券发行规模降低（投行业务）

2017年，国内债券市场融资规模整体下

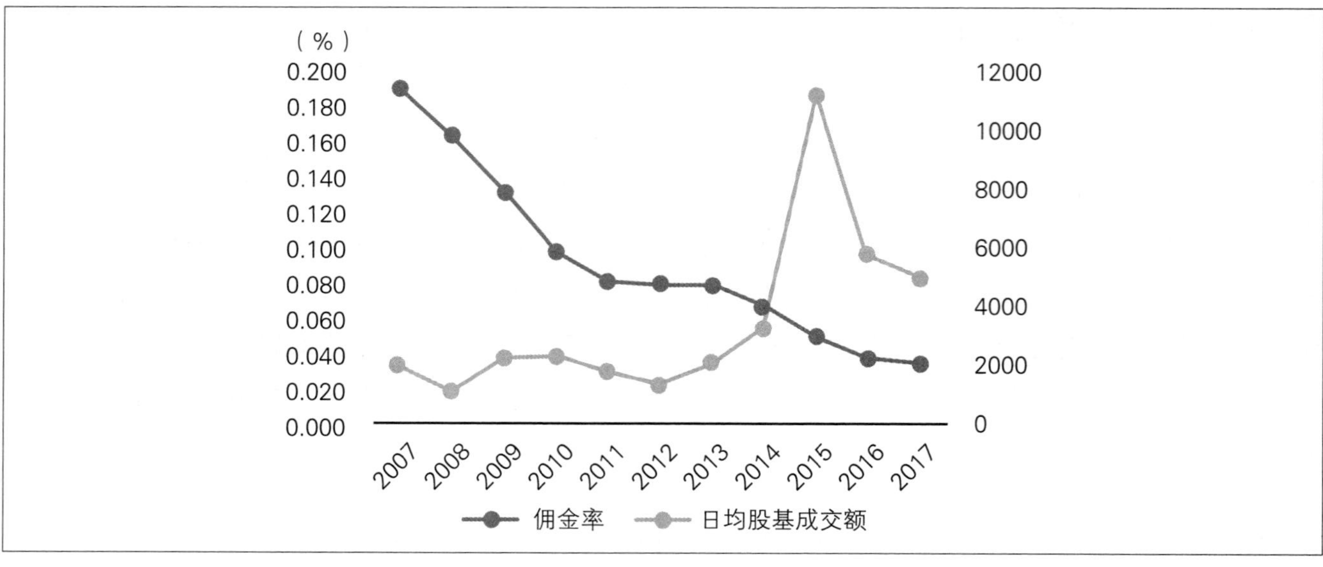

图 14－2 历年佣金率与日均交易额情况

数据来源：证券业协会、wind。

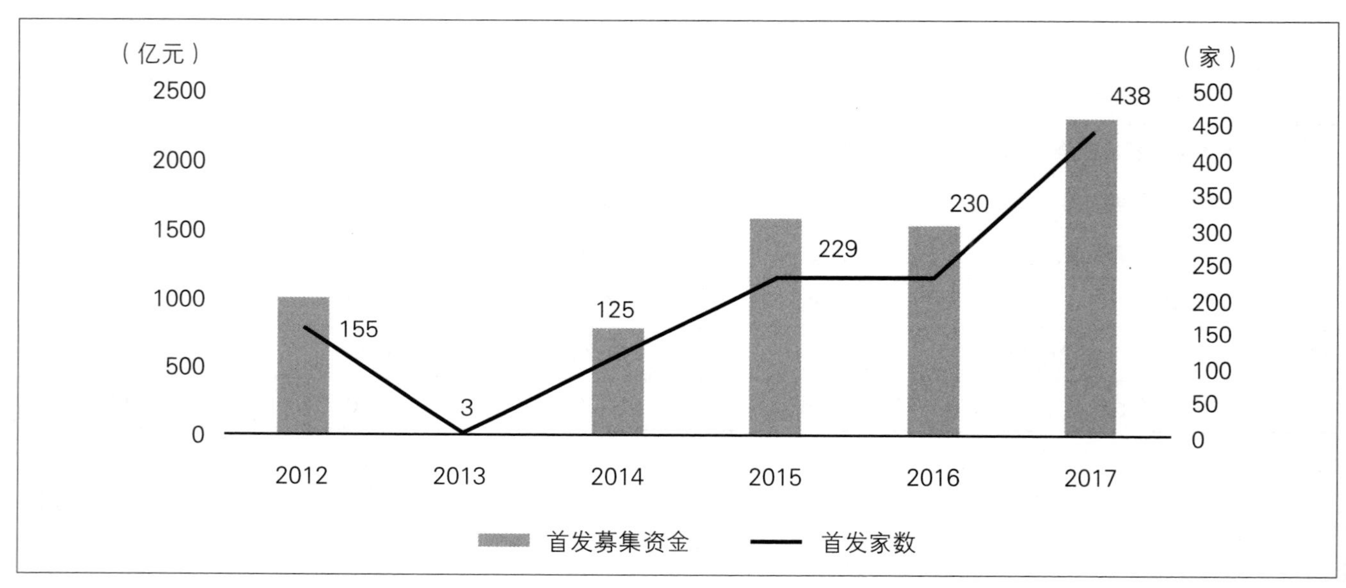

图 14－3 我国 IPO 发行数量和规模

降。债券（不含同业存单）发行总规模人民币 20.61 万亿元，同比减少 11.70%；信用债券（扣除国债、政策性银行金融债和地方政府债）发行总规模人民币 8.96 万亿元，同比减少 17.59%。其中，交易所公司债券发行规模人民币 1.10 万亿元，同比减少 60.27%，主要归因于市场调整，叠加房地产公司债发行审批严格化，导致发行量显著降低。相对传统的公司债，ABS 等品种规模相对稳定。

（四）再融资规模收缩（投行业务）

2017 年初证监会修订《上市公司非公开发行股票细则》，从延长发行间隔期、修订定价基准日、控制发行规模等方面加强监管。新规不仅对定增强了监管，也限制了上市公司募集资金。2017 年，上市公司增发募集资金 12705 亿元，同比减少近 25%。

（五）两融余额保持稳定

2017 年，市场融资融券余额呈现震荡上升的态势。截至2017年末，沪深两市融资融券余额10262.64亿元，同比增长9.26%。融资融券余额与市场交易量呈现明显正相关关系。

表14-6 上市公司非公开发行股票细则比较

政策	新规	旧规
《关于修改〈上市公司非公开发行股票实施细则〉的决定》；《发行监管问答－关于引导规范上市公司融资行为的监管要求》	定价基准日只能为发行期首日，董事会只能确定定价原则，无权确定认购价格	定价基准日可以为关于本次非公开发行股票的董事会决议公告日、股东大会决议公告日，也可以为发行期的首日
	再融资间隔期不得少于18个月	
	拟非公开发行的股份数量不得超过本次发行前总股本的20%	
	申请再融资时，除金融类企业外，原则上最近一期末不得存在持有金额较大、期限较长的交易性金融资产和可供出售的金融资产、借予他人款项、委托理财等财务性投资的情形	只对公开增发有相关规定

（六）资管业务面临巨大挑战

券商资管业务中通道业务仍然为主要业务收入来源，占比超过70%。2017年，金融监管政策全面收紧，全国金融工作会要求金融行业回归本源、优化结构、强化监管。监管机构在降低金融杠杆、打击资金空转、清理资金池等方面出台了大量的政策。这些政策将引导资产管理行业盈利模式从监管套利、利差套利逐步转向为资产配置、资产定价。随着监管政策的密集出台，资产管理行业整体从高速增长转向中速增长，行业竞争逐步从同质化转向差异化，证券公司资产管理业务的发展面临着巨大机遇和挑战。

（七）自营业务成为第一大收入来源

2017年，中证全债指数下跌0.34%，但是股市稳步向上，上证综指全年上涨

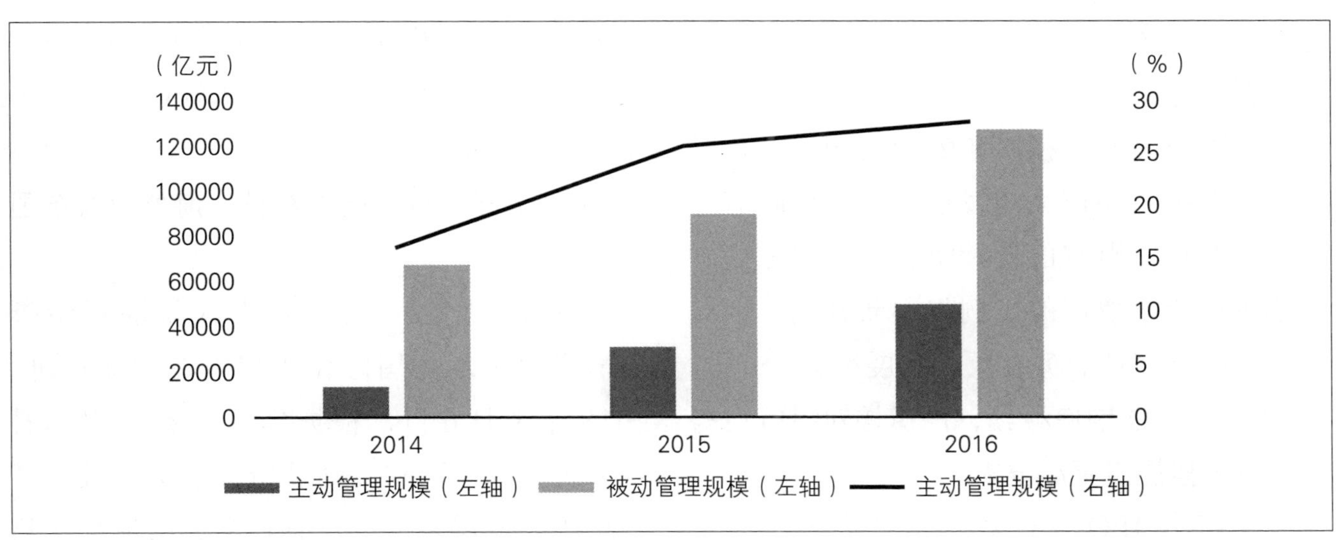

图14－4 券商资产主动管理及被动管理规模变化情况

数据来源：中国证券投资基金业协会，海通证券研究所。

6.56%。由于债券利率不断攀升，债券市场活跃度不高，券商固收业务目前杠杆率较低，投资风格较为保守。券商自营权益类多配置蓝筹股，权益收入大增。同时，IFRS9（国际财务报表第九号金融工具）实施下，部分券商会改变会计处理方式，浮盈兑现会增加自营收入比例。自营业务收入为860.98亿元，占比27.66%，同比增长51.46%，自营收入成为第一大收入来源。

三、2018年展望

步入新时代，我国证券行业面临着新的机遇。党的十九大要求“提高直接融资比重，促进多层次资本市场健康发展”，为证券行业指明了方向，也给证券行业带来了新的发展机遇，促进证券行业的传统业务转型与升级。

（一）经纪业务向财富管理转型

2017年券商佣金率持续下降，价格战不断升级。考虑到边际效率递减的情况，未来经纪业务佣金率下行空间小。在成交量不能大幅度提升的市场经营条件下，为了提高经纪业务收入，各证券公司通过加大互联网投入提升竞争力。

我国居民财富积累和配置结构改变，财富管理业务存在巨大的发展空间。伴随着中国经济和居民财富的持续增长，中国家庭资产配置中金融资产的比例将不断升高，针对居民的财富管理业务有巨大发展潜力。

（二）IPO增速继续，严审核对投行业务内控及质量提出更高要求

2017年IPO发行数量保持高位，由于监管趋严，从2017年完成的承销项目金额来看，上市券商集中度显著提升。当前监管更加重视合规性，对券商的投行业务内控及质量提出了更高更严格的要求，企业上市会倾斜实力强的券商。未来一年，随着发审的加快，大型综合型的券商凭借自身丰富的资源和团队优势，未来业务的集中度将进一步提升。

（三）传统债务融资规模缩小，ABS发行规模将持续上涨

2017年，融资成本不断提升，公司债、企业债等传统信用债承销规模大幅下降。2016年与2017年证监会主管的ABS（资产证券化）发行额同比增长分别为129.78%、67.26%，成为新的主力品种。

2018年金融去杠杆政策持续，债券市场依然会保持当前震荡前行的态势，公司债会依旧收缩，ABS等新型品种发行稳定，未来发行规模将继续保持快速增长。

（四）金融去杠杆进一步加深，资管行业重塑迫在眉睫

监管机构多次对通道业务、资金池业务表明强监管态度，长远看，通道业务将逐渐退出历史舞台，2018年资管规模也会有很大的收缩，通道业务逐渐向主动管理转型。在行业加速转型的过程中，资管业务也向主动管理能力更强的券商集中。

（五）跨境业务试点获批，海外业务范围逐步扩大

随着国家“一带一路”政策的稳步推进，资本市场的国际化进程也在加速推进。2018年1月6日，根据华泰证券和国泰君安公告披露，两家公司获得证监会批准，开展跨境业务试点，以自有资金参与境外交易所金融产品交易，跨境业务规模不得超过净

资产20%。2017年A股被纳入MSCI指数范围，未来将有大规模的国际资金将要配置到A股。

随着国内金融市场进一步开放、境内企业推进全球化战略，券商融资机会将逐渐增加，2018年各大券商将进一步整合境内客户资源，拓展跨境业务机会，提升对客户境内外多元化全产品的覆盖能力。

（六）证券市场进入开放加速期

证券业的2017年是“对外开放年”。2017年11月，朱光耀出席国新办会议时谈到，中方决定将单个或多个外国投资者直接或间接投资证券、基金管理、期货公司的投资比例限制放宽至51%，三年不受限制。

这一政策给证券行业带来了很大的改变，首先外资可以实现控股；其次突破了单一牌照的限制。随着外资控股的券商出现，意味着中国证券市场步入开放“加速期”。

附表

2017 年度证券行业上市公司业绩评价结果排序表

行业排名	全部上市公司排名	股票代码	股票简称	综合得分（100 分）	资本杠杆率（%）	流动性覆盖率（%）	风险覆盖率（%）	净稳定资金率（%）	净资产收益率（%）	总资产报酬率（%）	资本扩张率（%）	营业收入增长率（%）	回报率（%）	波动性	年末资产额（亿元）	营业收入净额（亿元）	净利润（亿元）
1	45	601211	国泰君安	81.40	29.32	364.80	312.79	137.73	8.58	3.69	20.72	−7.61	3.04	15.85	4316.48	238.04	104.83
2	60	000776	广发证券	80.43	22.49	155.59	248.78	134.47	10.69	3.92	8.94	4.17	2.86	19.07	3569.05	215.76	90.83
3	62	600030	中信证券	80.22	16.67	290.32	166.31	122.03	8.01	3.56	5.04	13.92	16.74	15.50	6255.75	432.92	119.77
4	103	600999	招商证券	78.34	18.57	392.17	300.01	132.69	8.34	3.56	32.41	14.17	8.39	19.82	2856.44	133.53	58.05
5	114	600837	海通证券	78.08	27.06	188.90	249.31	135.49	7.85	3.47	6.34	0.75	−16.49	14.70	5347.06	282.22	98.76
6	128	601688	华泰证券	77.74	19.05	619.25	193.75	130.39	10.80	3.37	3.42	24.78	2.05	24.45	3814.83	211.09	94.08
7	358	600958	东方证券	71.27	18.89	247.63	290.25	147.55	7.63	1.52	30.69	53.14	−8.17	20.80	2318.60	105.32	36.03
8	415	000166	申万宏源	70.11	19.94	205.42	215.06	127.98	8.51	2.52	5.42	−9.19	−11.95	13.87	2999.43	133.68	47.26
9	499	002736	国信证券	68.58	23.77	723.84	232.81	144.37	9.10	3.96	7.63	−6.47	−28.71	16.35	1996.38	119.24	45.79
10	524	601788	光大证券	67.94	25.38	233.05	267.89	140.19	6.34	1.75	2.85	7.35	−14.23	14.64	2058.64	98.38	31.27
11	610	601377	兴业证券	66.61	21.13	780.17	206.30	140.19	7.51	2.17	4.61	16.20	−1.73	16.95	1530.55	88.19	26.35
12	943	000728	国元证券	61.82	31.30	398.83	274.70	127.63	5.25	1.64	21.54	4.00	−12.62	28.31	796.79	35.11	12.14
13	951	000987	越秀金控	61.71	25.38	282.24	242.08	140.27	4.79	1.38	4.62	89.86	−30.00	24.66	767.40	53.26	8.60
14	1106	000783	长江证券	59.48	24.08	44902.00	242.61	125.00	5.88	1.71	3.99	−3.71	−21.03	17.55	1131.52	56.40	15.43
15	1147	002673	西部证券	58.95	40.89	738.18	290.12	147.94	5.01	0.62	41.52	−6.94	−29.76	26.55	512.44	31.70	7.55
16	1258	601901	方正证券	57.45	17.74	346.07	177.89	134.89	3.91	1.96	5.52	−23.29	−7.04	23.45	1483.36	59.53	14.53
17	1344	600109	国金证券	56.29	52.35	219.00	397.27	154.04	6.60	2.13	7.60	−6.01	−25.19	21.98	420.93	43.91	12.02
18	1352	601198	东兴证券	56.12	34.89	239.83	230.43	160.42	6.96	0.54	4.89	1.51	−26.99	17.25	777.81	36.27	13.10
19	1405	002500	山西证券	55.39	20.73	335.37	214.37	136.43	3.37	0.84	1.79	87.28	−20.14	23.00	516.51	43.93	4.42
20	1499	000686	东北证券	54.15	20.55	145.81	200.09	121.93	4.21	1.63	1.24	9.92	−27.67	18.13	599.39	49.26	7.03
21	1613	000750	国海证券	52.69	20.91	303.41	247.05	153.83	3.02	0.20	−0.82	−30.72	−27.59	19.07	660.09	26.59	4.31
22	1627	000712	锦龙股份	52.46	23.49	269.86	175.51	134.58	4.49	0.47	2.99	4010.60	−19.63	46.18	333.41	11.75	2.45
23	1790	601555	东吴证券	50.23	20.29	264.82	225.09	127.12	3.90	0.33	2.76	−10.79	−25.20	16.57	943.60	41.44	8.11
24	1815	600369	西南证券	49.83	25.30	469.04	211.53	145.38	3.48	0.22	1.94	−15.72	−33.26	18.95	636.94	30.61	6.91
25	1869	601099	太平洋	49.07	22.66	448.82	278.04	149.66	1.02	0.21	−4.08	−28.11	−27.81	20.44	470.42	12.97	1.26
26	2106	600909	华安证券	45.36	34.59	516.29	311.87	128.69	5.29	0.52	4.18	10.57	−38.32	35.26	399.08	19.18	6.52
27	2462	002797	第一创业	37.43	18.12	193.35	147.04	138.22	4.71	0.14	0.76	−3.75	−47.88	58.14	331.20	19.52	4.32

第十五章　医药生物行业上市公司业绩评价

随着人口老龄化进程的加快、政府卫生投入的加大、居民收入水平的提升以及对健康的日益重视，医药行业的市场需求十分强劲，一直处于持续高速发展的阶段。医药行业作为典型的刚性消费行业，金融危机爆发以来，医药制造行业所受影响相对较小；在我国经济增速平稳回落的背景下，社会人口老龄化以及农村人口城镇化等客观因素保证了医药需求的确定性增长，城乡居民支付能力提升以及自我保健意识增强等主观因素强化了医药消费的能力和意愿，我国医药市场需求得以加速扩容。根据《医药工业发展规划指南》“十二五”期间，规模以上医药工业增加值年均增长13.4%，占全国工业增加值的比重从2.3%提高至3.0%。随着医疗卫生体制改革的稳步推进、政府对医药卫生事业投入加大、全民医保体系的不断完善、人口老龄化、单独二孩放开及大健康领域消费升级等利好因素的逐步释放，未来医药生物行业和医药生物类上市公司将在2018年度保持稳步增长。

一、医药生物行业上市公司业绩评价

2017年医药生物行业的上市公司共有273家，其中盈利265家，亏损8家。273家医药生物行业上市公司中共有爱尔眼科、恒瑞医药、东阿阿胶、健康元、云南白药、丽珠集团和通策医疗7家公司进入2017年全部上市公司业绩评价综合得分的百强名单，爱尔眼科、恒瑞医药、东阿阿胶、云南白药4家上市公司连续三年进入医药生物行业中联十强排行榜。273家医药生物行业上市公司中业绩为AA的有爱尔眼科、恒瑞医药、东阿阿胶3家，业绩为A的有20家，业绩为BBB的有42家，业绩为BB的有43家，业绩为B的有39家，业绩为CCC的有34家，业绩为CC的有26家，业绩为C的有66家。

表15-1　2017年度医药生物行业中联十强排行榜

名次	股票代码	股票简称	在全部上市公司中排名
1	300015	爱尔眼科	26
2	600276	恒瑞医药	38
3	000423	东阿阿胶	58
4	600380	健康元	67
5	000538	云南白药	78
6	000513	丽珠集团	87
7	600763	通策医疗	99
8	300347	泰格医药	102
9	600436	片仔癀	110
10	002019	亿帆医药	118

基于对医药生物行业上市公司的整体评价，下面分别从财务效益状况、资产质量状况、偿债风险状况、发展能力状况、市场表现状况五个方面对医药生物行业上市公司进行具体分析。

（一）财务效益

由表 15-2 可以看出，医药生物行业上市公司整体财务效益状况优于全部上市公司平均水平，除盈利现金保障倍数外，扣除非经常性损益净资产收益率、总资产报酬率、营业利润率和股本收益率指标均高于全部上市公司平均水平。

与 2016 年的情况相比较，2017 年医药生物行业上市公司大部分指标高于 2016 年行业值，仅有扣除非经常性损益净资产收益率和盈利现金保障倍数指标低于 2016 年行业值。除盈利现金保障倍数波动率较高外，其他指标波动不大，反映了医药行业的整体业绩相对平稳。财务效益综合得分前五家上市公司为恒瑞医药、东阿阿胶、健康元、云南白药和新和成，盈利较好与政府对医药卫生事业投入加大、全民医保体系的不断完善、人口老龄化、单独二孩放开及大健康领域消费升级等利好因素的逐步释放息息相关。

表 15-2 医药生物行业财务效益状况比较表

评价指标		2017 年上市公司平均值	2017 年行业值	2016 年行业值	增长率（%）
基本指标	扣除非经常性损益净资产收益率（%）	7.99	10.17	10.29	-1.17
	总资产报酬率（%）	5.91	9.66	9.24	4.55
	得分	21.07	25.58	26.72	-4.27
修正指标	营业利润率（%）	7.25	11.54	10.17	13.47
	盈利现金保障倍数	1.34	0.63	0.83	-24.10
	股本收益率（%）	42.46	56.75	54.77	3.62
综合得分		22.25	24.63	25.12	-1.95

（二）资产质量

由表 15-3 可以看出，医药生物行业上市公司资产质量状况中应收账款周转率远高于全部上市公司平均水平，这与医药生物行业特殊的营销模式具有一定的关系，即医药生物行业上市公司对客户应收账款期限过长导致应收账款周转率偏低。医药生物行业上市公司资产质量状况中总资产周转率、流动资产周转率、存货周转率略高于全部上市公司平均水平，这与医药生物行业 2017 年存货管理能力提高、药品流通两票制、互联网 + 等有利因素存在一定的关联性。资产质量综合得分前五家上市公司为爱尔眼科、通策医疗、美年健康、冠福股份和金域医学，上述公司通过互联网 + 提高资产管理能力，在缩短药品流通环节，降低药品价格的两票制政策支持下，资产质量表现优异。

表 15-3 医药生物行业资产质量状况比较表

评价指标		2017 年上市公司平均值	2017 年行业值	2016 年行业值	增长率（%）
基本指标	总资产周转率（次）	0.64	0.76	0.77	-1.30
	流动资产周转率（次）	1.23	1.29	1.33	-3.01
	得分	9.26	10.01	10.21	-1.96
修正指标	应收账款周转率（次）	8.16	4.87	3.96	22.98
	存货周转率（次）	2.77	3.91	5.13	-23.78
综合得分		9.08	8.81	9.01	-2.22

（三）偿债风险

由表 15-4 可以看出，2017 年医药生物行业上市公司偿债风险状况中长期偿债能力低于全部上市公司平均水平，获利倍数、速动比率、现金流动负债比率、带息负债比率显著好于全部上市公司的平均水平，显示出医药生物行业上市公司较强的短期偿债能力。

表 15-4 医药生物行业偿债风险状况比较表

评价指标		2017 年上市公司平均值	2017 年行业值	2016 年行业值	增长率（%）
基本指标	资产负债率（%）	60.19	42.18	40.29	4.69
	获利倍数	4.97	11.03	10.46	5.45
	得分	8.91	10.47	10.21	2.55
修正指标	速动比率（%）	79.6	138.28	139.63	-0.97
	现金流动负债比率（%）	10.9	12.31	15.99	-23.01
	带息负债比率（%）	49.72	47.29	45.55	3.82
综合得分		8.92	9.83	10.07	-2.38

与 2016 年相比较，除获利倍数指标有所改善外，资产负债率、速动比率和现金流动负债比率、带息负债比率指标略有恶化，2017 年医药生物行业上市公司偿债风险状况与 2016 年总体上差异不大，略有下降。偿债风险综合得分前五家上市公司为康弘药业、凯莱英、健帆生物、黄山胶囊和寿仙谷，上述公司财务政策相对稳健。

（四）发展能力

从表 15-5 可知，医药生物行业上市公司 2017 年度行业营业收入增长率低于全部上市公司平均水平，但三年营业收入增长率远高于全部上市公司平均水平；其他发展能力指标均大部分优于全部上市公司平均水平。医药行业作为典型的刚性消费行业，社会人口老龄化以及农村人口城镇化等客观因素保证了医药需求的确定性增长。

2017 年医药生物行业上市公司发展能力指标营业收入增长率、累计保留盈余率、三年营业收入增长率、营业利润增长率均优于2016年度水平，主要是医药生物行业上市公司期间费用在药品两票制流通中得到优先控制。2017年医药生物行业上市公司发展能力指标资本扩张率低于2016年度水平，主要是行业内资产资源整合机会减少。发展能力综合得分前五家上市公司为新和成、国药股份、瑞康医药、辅仁药业和健友股份，在《国家基本医疗保险、工伤保险和生育保险药品目录（2017年版）》新增药品的政策支持下，上述公司呈现出较强的发展潜力。

表15-5 医药生物行业发展能力状况比较表

评价指标		2017年上市公司平均值	2017年行业值	2016年行业值	增长率（%）
基本指标	营业收入增长率（%）	21.02	19.05	17.48	8.98
	资本扩张率（%）	14.21	17.18	27.3	-37.07
	得分	12.2	12.43	13.93	-10.77
修正指标	累计保留盈余率（%）	41.07	45.07	44.41	1.49
	三年营业收入增长率（%）	9.58	16.88	15.03	12.31
	总资产增长率（%）	14.82	21.13	23.48	-10.01
	营业利润增长率（%）	42.01	34.14	17.83	91.48
综合得分		12.37	13	13.6	-4.41

（五）市场表现

2017年，全部上市公司市场投资回报率-14.59%，股价波动率仅有92.63%，虽然作为重要的稳定增长型防御品种，但是医药生物上市公司市场表现并不乐观，全年市场回报率仅为-11.88%。具体情况见表15-6。

表15-6 医药生物行业公司市场表现状况比较表

评价指标	2017年上市公司平均值	2017年行业值	2016年行业值	增长率（%）
市场投资回报率（%）	-14.59	-11.88	1.79	-763.69
股价波动率（%）	92.63	83.9	70.71	18.65
得分	9.13	9.7	9.17	5.78

与2016年相比，2017年医药生物行业上市公司的市场表现情况较差，股价波动率偏高，市场投资回报率偏低且增长率探底到-763.69%。市场表现综合得分前五家上市公司为华润双鹤、中国医药、迪瑞医疗、上海医药和广誉远，上述公司资本管理能力较好，在二级市场股价表现优异。

二、2017年医药生物行业上市公司业绩的影响因素分析

2017年陆续出台了多项医药行业发展的政策和规范发展的制度，这为医药行业将康发展奠定了坚实基础，2017年医药行业仍保持较高速发展，但增长速度放缓。

图 15－1 医药生物指数与大盘指数波动

（一）行业整体保持较高速发展，但增长放缓

2017 年医药生物行业上市公司保持了较高速的发展态势，全年医药生物行业上市公司营业收入 11861.30 亿元，同比增长 15.8%；营业成本 10797.72 亿元，同比增长 24.36%；净利润 1123.72 亿元，同比增长 30.59%；毛利率 33.48%；净利率 9.47%。

2017 年医药生物行业中各细分行业收入、成本及净利润增长情况：

表 15–7　　医药生物行业中各细分行业收入、成本及净利润情况表

板块	营业收入（亿元）	收入同比（%）	营业成本（亿元）	成本同比（%）	净利润（亿元）	利润同比（%）	毛利率（%）	净利率（%）
医疗服务	348.86	38.03	318.37	80.00	22.47	−21.05	38.76	6.44
医疗器械	558.10	24.89	487.96	52.62	72.63	56.31	43.49	13.01
生物制品	555.82	19.91	451.26	−4.62	127.81	15.33	66.03	23.00
化学制药	2519.68	18.07	2220.97	20.39	370.84	47.75	48.30	14.72
中药	2659.81	12.17	2307.77	18.14	348.11	17.69	48.92	13.09
医药商业	5219.03	14.10	5011.39	28.03	181.86	44.51	13.56	3.48
合计	11861.30	15.80	10797.72	24.36	1123.72	30.59	33.48	9.47

由于各子板块盈利模式有所差异，影响各子板块2017年业绩的主要因素各有不同：

1. 人口结构变化拉动医疗服务板块需求。

2017年全年医疗服务板块上市公司营业收入348.86亿元，同比增长38.03%；营业成本318.37亿元，同比增长80%；净利润22.47亿元，同比减少21.05%；毛利率38.76%；净利率6.44%。医疗服务板块收入增幅程度最大。

医疗服务行业明显具有季节性、区域性和抗周期性的特点，随着我国人口结构老龄化的加快、“二胎政策”、中医认可程度的提升等，未来我国医疗服务行业需求将持续增长。此外，分级诊疗的推广，也将提高基层医疗机构检测服务的数量和质量，未来我国医疗服务行业需求将持续增长。

2. 政策支持激发医疗器械板块创新活力。

2017年全年医疗器械板块上市公司营业收入558.1亿元，同比增长24.89%；营业成本487.96亿元，同比增长52.62%；净利润72.63亿元，同比增长56.31%；毛利率43.49%；净利率13.01%。医疗器械板块收入增长位于第2位。

2016年3月国务院办公厅发布《关于促进医药产业健康发展的指导意见》，其中明确要求加快医疗器械转型升级，发展心脏瓣膜、心脏起搏器、全降解血管支架、人工关节和脊柱、人工耳蜗等高端植介入产品。该政策明确鼓励了国产医疗器械企业加强技术创新，提高核心竞争力。2016年10月中共中央、国务院印发了《“健康中国2030”规划纲要》，其中明确提出在未来15年内，我国将强化医疗器械安全监管、加强高端医疗器械创新能力建设、推进医疗器械国产化。同时将加快医疗器械转型升级，提高具有自主知识产权的医学诊断设备、医用材料的国际竞争力。此外，国务院印发的《中国制造2025》明确提出，要提高医疗器械的创新能

图15－2 2017年医疗服务板块市场表现

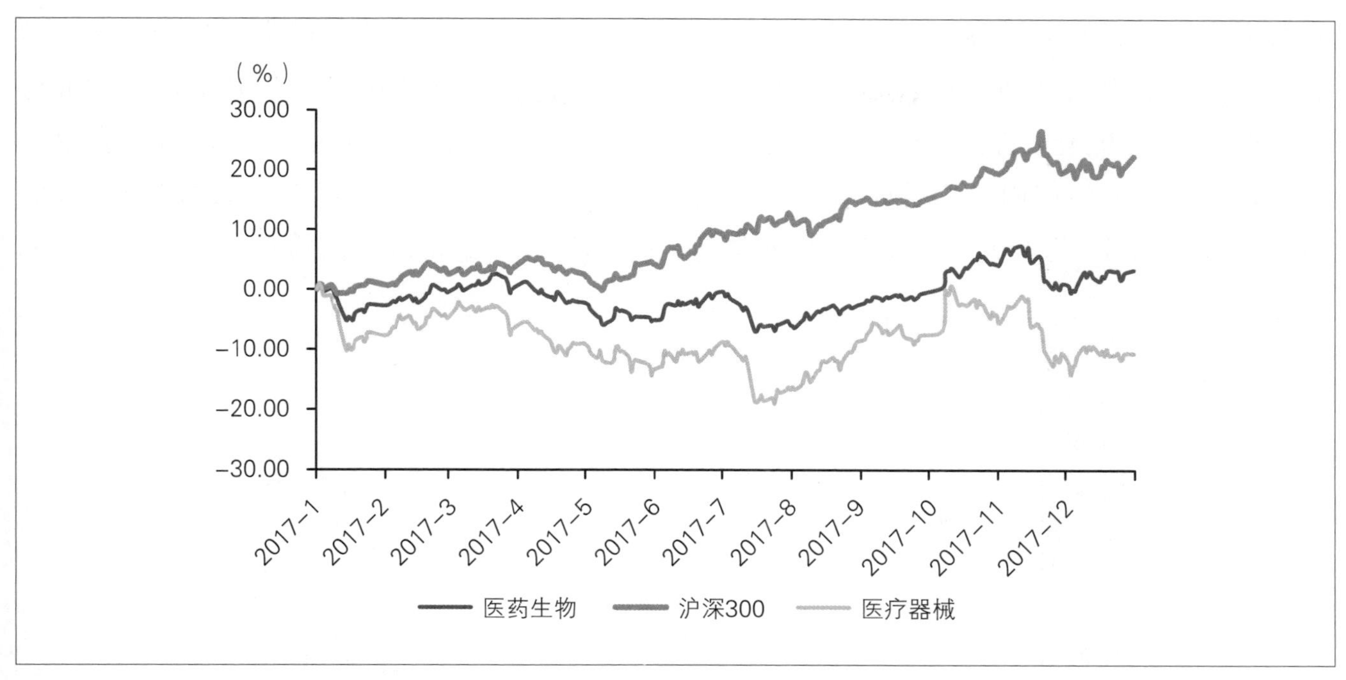

图 15－3　2017 年医疗器械板块市场表现

力和产业化水平。国家对国产医疗器械的支持，是整个行业得以持续成长的关键动力。

3. 精准医疗市场发展提升了生物制品板块的发展潜力。

2017 年全年生物制品板块上市公司营业收入 555.82 亿元，同比增长 19.91%；营业成本 451.26 亿元，同比减少 4.62%；净利润 127.81 亿元，同比增长 15.33%；毛利率 66.03%；净利率 23%。

精准医疗是未来的发展方向，是推动生物制品的发展的重要动能。2015 年全球精准医疗市场规模近 600 亿美元，我国生物制品起步较晚，集中在分子诊断、免疫诊断和生化诊断领域，为了加快促进该领域发展，2016 年 11 月国务院《“十三五”国家战略性新兴产业发展规划》（国发〔2016〕67 号）提出加速发展体外诊断仪器、设备、试剂等新产品，推动高特异性分子诊断、生物芯片等新技术发展，支撑肿瘤、遗传疾病及罕见病等体外快速准确诊断筛查。发改委《“十三五”生物产业发展规划》（发改高技〔2016〕2665 号）提出加快特异性高的分子诊断、生物芯片等新技术发展，支撑肿瘤、遗传疾病、罕见病等疾病的体外快速准确诊断筛查。随着上述政策的实施，以及个体化医疗或精确医疗市场需求提升，将有力推动生物制品板块发展，生物制品板块后续需求潜力较大。

4. 出口提高带动化学制药板块较快增长。

2017 年全年化学原料药板块上市公司营业收入 2519.68 亿元，同比增长 18.07%；营业成本 2220.97 亿元，同比增长 20.39%；净利润 370.84 亿元，同比增长 47.75%；毛利率 48.3%；净利率 14.72%。化学制药板块收入增长位于第 4 位。

2016 年 3 月 11 日，国务院办公厅印发《关于促进医药产业健康发展的指导意见》，通过优化应用环境、强化要素支撑、调整产业结构、严格产业监管、深化开放合作，激发医药产业创新活力，降低医药产品从研发到上市全环节的成本，加快医药产品审批、生产、流通、使用领域体制机制改革，推动医药产业智能化、服务化、生态化，实现产业中高速发展和向中高端转型。计划到2020年，90%以上重大专利到期药物实现仿制上市，临床短缺用药供应紧张状况有效缓解；医药产业规模进一步壮大，主营业务收入年均增速高于10%。进一步完善药品质量评价体系，健全仿制药一致性评价方法、技术规范，提高仿制药质量；重点开展基本

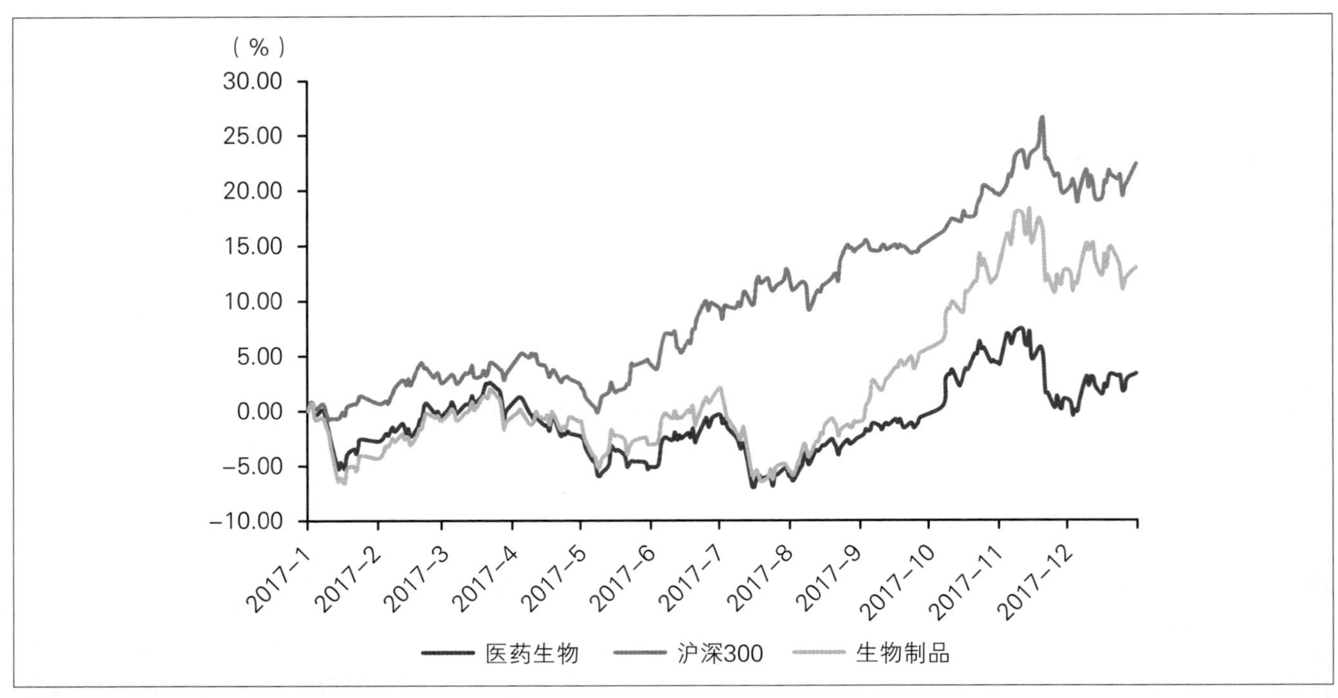

图15－4　2017年生物制品板块市场表现

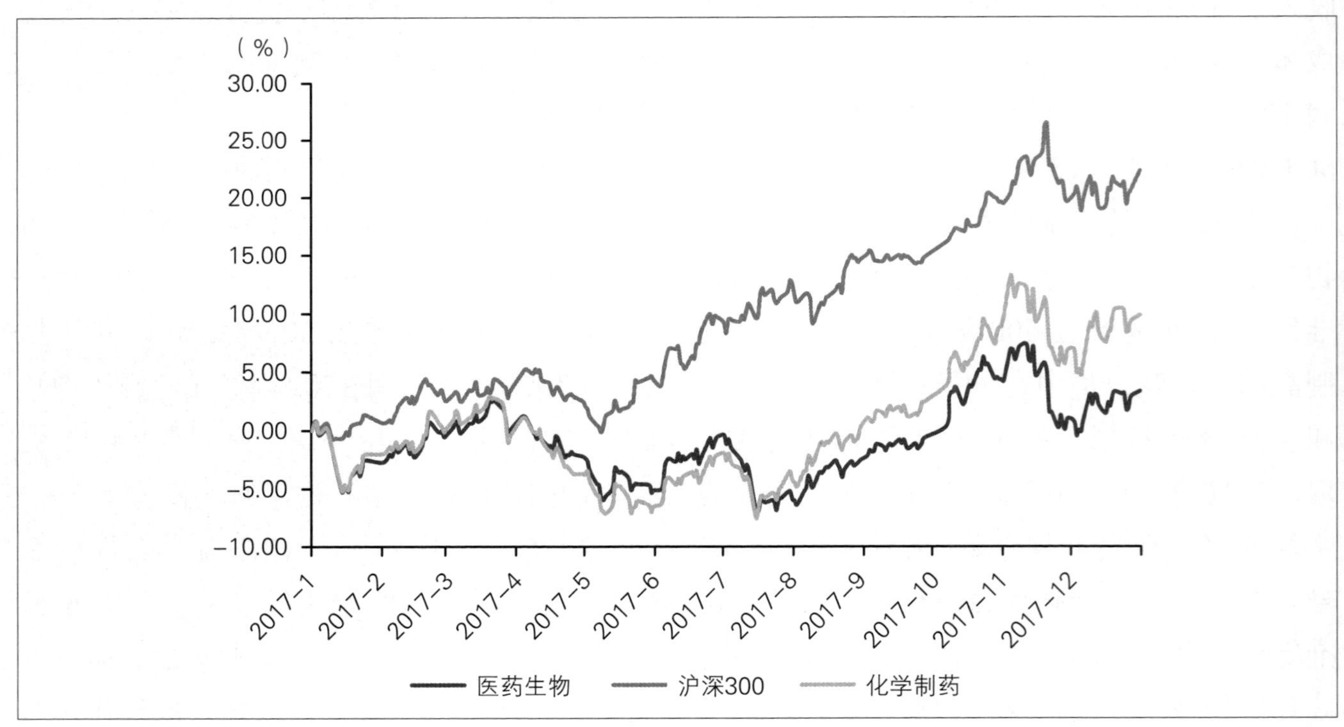

图15－5　2017年化学制药板块市场表现

药物质量和疗效一致性评价，全面提高基本药物质量。支持医药生产和流通企业强强联合，推动基本药物生产向优势企业集中，保障产品质量和稳定供应。

2017 年原料药类商品出口金额约为 241 亿美元，同比增长 11%，增长率是近 5 年来的最高值。受严格的环保监管和成本上涨的影响，2016 年下半年以来，越来越多的原料药品种价格上涨。2017 年，原料药行情呈现全面上扬的形势，由此带来原料药出口收入的明显增长。

5. 政策重视提升中药板块发展空间。

2017 年中药板块上市公司全年营业收入 2659.81 亿元，同比增长 12.17%；营业成本 2307.77 亿元，同比增长 18.14%；净利润 348.11 亿元，同比增长 17.69%；毛利率 48.92%；净利率 13.09%。

2016 年 2 月 26 日，国务院印发《中医药发展战略规划纲要（2016~2030 年）》，纲要坚持中西医并重，从思想认识、法律地位、学术发展与实践运用上落实中医药与西医药的平等地位，充分遵循中医药自身发展规律，以推进继承创新为主题，以提高中医药发展水平为中心，以完善符合中医药特点的管理体制和政策机制为重点，以增进和维护人民群众健康为目标，拓展中医药服务领域，促进中西医结合，发挥中医药在促进卫生、经济、科技、文化和生态文明发展中的独特作用，统筹推进中医药事业振兴发展，为深化医药卫生体制改革、推进健康中国建设、全面建成小康社会和实现“两个一百年”奋斗目标作出贡献。

《中国的中医药》白皮书数据显示，至 2020 年中医药大健康产业将突破 3 万亿元，年均复合增长率保持在 20% 以上。全国 90% 以上的乡镇卫生院和社区卫生服务中心都能够提供中医药服务，80% 以上的社区服务站和 60% 以上的村卫生室能够提供中医

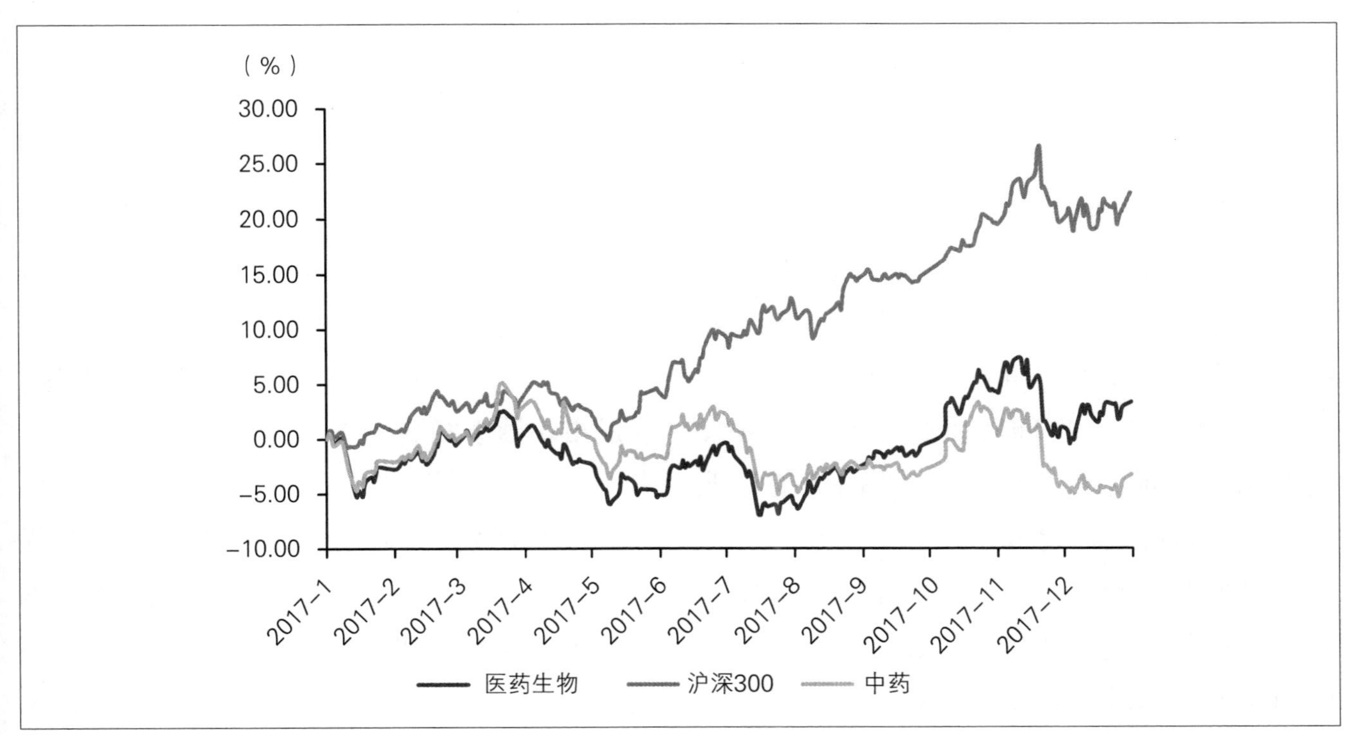

图 15－6　2017 年中药板块市场表现

药服务。政府对中医药行业的重视程度逐步提升，中药保健化、以新型中药注射剂为代表的新时代中药现代化的两头发展方向也在不断地为中药行业开拓新的市场，中药板块也将具有较大的成长空间。

6. 政府整治提升医药商业板块经营水平。

2017 年医药商业板块上市公司营业收入 5219.03 亿元，同比增长 14.1%；营业成本 5011.39 亿元，同比增长 28.03%；净利润 181.86 亿元，同比增长 44.51%；毛利率 13.56%；净利率 3.48%。

2016 年 12 月 29 日，商务部发布《全国药品流通行业发展规划（2016~2020 年）》，“十三五”期间我国药品流通行业发展的指导思想是，以提高人民健康水平为核心，以改革创新为动力，以建立现代药品流通体系为目标，以促进行业转型升级为主线，以流通信息化、标准化、集约化为方向，以改善行业发展环境为着力点，积极推进药品流通行业供给侧结构性改革，充分发挥其在服务医疗卫生事业与健康产业的功能作用。“十三五”期间我国药品流通行业发展的总体目标是到 2020 年，药品流通行业发展基本适应全面建成小康社会的总体目标和人民群众不断增长的健康需求，形成统一开放、竞争有序、网络布局优化、组织化程度和流通效率较高、安全便利、群众受益的现代药品流通体系。医药商业行业有序竞争，流通性提高，将提高整个行业的盈利水平和盈利能力。

图 15－7　2017 年医药商业板块市场表现

（二）医药卫生体制深化改革取得突破，促进市场健康发展

国务院印发《“十三五”深化医药卫生体制改革规划》（国办发〔2016〕78 号）提出，到 2017 年，基本形成较为系统的基本医疗卫生制度政策框架。分级诊疗政策体系逐步完善，现代医院管理制度和综合监管制度建设加快推进，全民医疗保障制度更加高

效，药品生产流通使用政策进一步健全。到2020年，普遍建立比较完善的公共卫生服务体系和医疗服务体系、比较健全的医疗保障体系、比较规范的药品供应保障体系和综合监管体系、比较科学的医疗卫生机构管理体制和运行机制。经过持续努力，基本建立覆盖城乡居民的基本医疗卫生制度，实现人人享有基本医疗卫生服务，基本适应人民群众多层次的医疗卫生需求。

通过市场倒逼和产业政策引导，推动企业提高创新和研发能力，促进做优做强，提高产业集中度，推动中药生产现代化和标准化，实现药品医疗器械质量达到或接近国际先进水平，打造中国标准和中国品牌。建立更加科学、高效的药品审评审批体系。加快推进仿制药质量和疗效一致性评价，鼓励创制新药，鼓励以临床价值为导向的药物创新。加快防治艾滋病、恶性肿瘤、重大传染病、罕见病等临床急需新药及儿童用药等的审评审批。淘汰疗效不确切、风险大于效益的品种。加强医疗器械创新，严格医疗器械审批。建立药品上市许可持有人制度。加快重大传染病用药、儿童用药的研发和生产。解决好低价药、“救命药”、“孤儿药”以及儿童用药的供应问题。扶持低价药品生产，保障市场供应，保持药价基本稳定。建立健全短缺药品监测预警和分级应对机制，加快推进紧缺药品生产，支持建设小品种药物集中生产基地，继续开展用量小、临床必需、市场供应短缺药品的定点生产试点。完善儿童用药、卫生应急药品保障机制。对原料药市场供应不足的药品加强市场监测，鼓励提高生产能力。

通过减少医药流通环节，完善医药卫生体制，未来势必促进医药卫生事业的健康发展，促进医药生物行业的持续健康发展。

三、2018年医药生物行业前景分析

我国生物医药产业前景广阔，但是目前面临科研投入少、科研成果转化能力弱、顶尖人才缺乏、创新能力薄弱和产业化能力差等挑战。《医药工业发展规划指南》，提出今后五年我国医药行业将向着创新研发、提质保量、绿色集约、“互联网+”、开放合作的方向发展。

随着医药卫生支出增加，人口老龄化程度进一步提高，生物医药产业布局重点突出，生物医药与金融创新加强结合，医疗改革进一步深化，医药企业并购业务进一步扩展等，我国生物医药行业将迎来重大发展机遇。

（一）医药卫生支出增加带动行业需求扩张

自改革开放以来，我国经济发展保持良好的增长势头，国内居民收入持续增长。统计数据显示：2017年，全国居民人均可支配收入25974元，比上年增长9.0%。其中，人均医疗保健消费支出1451元，增长11.0%，占人均消费支出的比重为7.9%。

随着国民收入不断增长，居民对医疗保健日益重视，医药卫生方面的消费快速增长。由2000年至2015年的统计数据可看出，我国人均卫生费用呈现逐年增长态势，2015年已达到2980.80元，相比于2000年，年均复合增长率达到16.25%。

居民收入与医疗卫生消费的快速增长拓宽了医药行业的需求量，将继续带动国内医药行业的整体快速发展，为其提供广阔的发展空间。

（二）人口老龄化成为行业发展重大驱动力

由国际惯例，当一个国家或地区60岁以上老年人口占人口总数的10%或65岁以上老年人口占人口总数的7%，即意味着这个国家或地区的人口处于老龄化。据国家统计局最新数据显示，2017年末我国65周岁及以上人数为15831万人，占比11.4%，相比于2015年末的10.47%，增长了0.93%，可见我国老龄化程度日益严重。

表15-8　2017年年末人口数及其构成

指　标	年末数（万人）	比重（%）
全国总人口	139008	100.0
其中：0～15岁（含不满16周岁）	24719	17.8
16～59岁（含不满60周岁）	90199	64.9
60周岁及以上	24090	17.3
其中：65周岁及以上	15831	11.4

据预测，2000～2020年是我国快速老龄化阶段，老龄化人口年均增加596万人；从2020年到2050年进入加速老龄化阶段，老龄化人口年均增加620万人。随着中国人口老龄化加剧，全社会对养老与健康医疗的需求不断扩大，这将成为未来中国生物医药发展的巨大驱动力。

据国家卫生和计划生育委员会数据，中国老年人群医疗费用支出大概是年轻人的3倍，占医疗总费用的30%～35%，其中尤以慢性病用药为主。由于老年人群大多患有具有高发病率、高危险率、需长期控制而难以完全治愈的慢性病，因此对许多药物具有很强的依赖性。老年群体是医疗服务的高消费群，人口的老龄化的加剧必然会带来对于医疗服务的更高的需求。与此同时，近年来国务院及各部委制定并发布了大量养老相关政策，从养老服务体系建设、服务标准化、养老机构改革、养老保险制度、养老金并轨等多方面指导和支持养老产业的发展。

因此，老龄化进程的加速势必带动中国生物医药发展。

（三）产业布局重点突出为行业发展提供强有力的基础

当前，我国生物医药产业布局具有产业关联与地理位置靠近的特点，并逐步形成了环渤海、长三角、珠三角三大重点发展区域。

其中环渤海区域包含了北京、天津、河北和山东，而北京以其强有力的科研优势与高度集中的科研人才成为生物医药的研发中心；作为出口要地，天津是关键技术的转化基地；由于医药基础较好，生物资源丰富，河北和山东逐步成为环渤海地区最重要的生物医药制造业大省。长三角区域以上海为核心，江苏、浙江为两翼。上海聚集了世界前十强医药企业，研发资源密集、融资条件好，是我国生物医药重要的研发和成果转化中心。江苏与浙江医药产业成长性活跃，生物医药产值位居全国之前列。珠三角区域以广州和深圳为龙头。广州集聚了大量优秀的生物医药企业。深圳创新能力强，国际化环境优良，跨国企业投资力度大，生物医疗产业设备优势突出。除此之外，东中部等区域的生物医药行业也具有较好的基础。

随着生物医药重点发展区域的不断整合与优化，将为我国生物医药发展提供强有力的基础。

（四）药品招标采购规范化提升行业经营效率

2016年4月21日，国务院办公厅印发《国务院办公厅关于印发深化医药卫生体制改革2016年重点工作任务的通知》（国办发〔2016〕26号)，要求优化药品购销秩序，压缩流通环节，综合医改试点省份要在全省范围内推行两票制，积极鼓励公立医院综合改革试点城市推行两票制，鼓励医院与药品生产企业直接结算药品货款、药品生产企业与配送企业结算配送费用，压缩中间环节，降低虚高价格。2016年11月8日，中共中央办公厅、国务院办公厅转发了《国务院深化医药卫生体制改革领导小组关于进一步推广深化医药卫生体制改革经验的若干意见》，要求逐步推行公立医疗机构药品采购两票制，鼓励其他医疗机构推行两票制，减少药品流通领域中间环节，提高流通企业集中度。2017年1月24日，国务院办公厅发布《关于进一步改革完善药品生产流通使用政策的若干意见》(国办发〔2017〕13号)，要求完善药品采购机制。落实药品分类采购政策，进一步提高医疗机构在药品集中采购中的参与度，允许公立医院在省级药品集中采购平台（省级公共资源交易平台）上联合带量、带预算采购（二次议价)。要求综合医改试点省（区、市）和公立医院改革试点城市要率先推行两票制，鼓励其他地区实行两票制，争取到2018年在全国推开。

通过药品招标采购政策的不断完善，配合医保、医疗和医药的联动改革，落实医院补偿机制、改革医保付费机制、完善医务人员分配激励机制，调动医院参与药品集中采购、降低药品虚高价格的内生积极性。

（五）医疗改革深化推进有利于行业长远发展

近年来，为促进医疗服务行业优化升级，致力于医疗服务行业更好更快发展，国家出台了一系列医疗改革措施，比如药品审批制度、“互联网+”药品流通、“两票制”等。此外，规范流通环节、抑制药品虚高价格、取消药品政府定价的药品价格改革，以及配合医保、医疗与医药的联动改革等一系列改革措施也将大力促进医疗行业制度的优化与完善。

随着医疗改革不断深化，未来国内市场对药品需求的持续增加以及医疗改革政策落实等相关因素，将使得我国医药行业在国民经济中的地位进一步提高，我国医药行业将迎来光明的未来。

（六）医药企业并购为行业发展带来新活力

由于鼓励社会资本参与医疗体制改革、“健康中国”概念等政策，国内医药企业并购持续火热。与此同时，中国医药企业参与海外并购的速度也在加快。有分析人士指出，随着特朗普上台，受奥巴马时期严格税收政策影响而一度发展迟滞的美国医药行业并购有望重归活跃。未来十年内，将有大量重点药物专利过期，为了减轻损失，美国医药行业巨头们必须尽快寻找出路。研发新药费时费力，不确定性很强，大企业自然将目光投向那些持有优良药品的新兴研发型医药企业。

未来将会有更多已经研发生产出可盈利药物的小公司被大型医药公司收购。通过并购手段，大型医药企业不仅可以促进小企业在产品营销、品牌重塑、生产和品牌扩张等方面的发展，也可以通过资本运作带来资源，大幅降低时间投入和承担的风险，从而为企业带来超额回报。医药企业间的并购行为将为行业发展带来新的活力。

附表

2017年度医药行业上市公司业绩评价结果排序表

行业排名	全部上市公司排名	股票代码	股票名称	综合得分（100分）	每股收益（元）	总资产报酬率（%）	净资产收益率（%）	总资产周转率（次）	资产负债率（%）	已获利息倍数	营业收入增长率（%）	资本扩张率（%）	市场投资回报率（%）	股价波动率（%）	年末资产总额（万元）	营业收入（万元）	净利润（万元）
1	26	300015	爱尔眼科	83.6	0.5	15.78	18.85	0.89	41.24	37.05	49.06	86.31	48.34	94.24	931283.02	596284.56	79276.10
2	38	600276	恒瑞医药	82.1	1.14	23.23	22.85	0.85	11.62	0	24.72	23.84	80.41	135.72	1803938.48	1383562.94	329295.33
3	58	000423	东阿阿胶	80.5	3.13	21.8	22.39	0.66	20.24	96.47	16.7	17.71	13.27	54.46	1237603.00	737234.03	204399.48
4	67	600380	健康元	80.0	1.36	31.77	40.72	0.56	38.69	42.88	10.88	45.88	14.41	83.39	2221158.59	1077925.82	467273.09
5	78	000538	云南白药	79.4	3.02	14.34	18.43	0.93	34.51	29.32	8.5	14.51	40.87	70.34	2770253.05	2431461.40	313253.42
6	87	000513	丽珠集团	79.0	8.09	43.35	48.94	0.65	29.34	1877.78	11.49	58.09	49	120.37	1589773.07	853096.86	448770.24
7	99	600763	通策医疗	78.6	0.68	19.17	22.69	0.77	38.74	21.73	34.25	22.33	2.13	84.89	179453.23	117972.78	22668.75
8	102	300347	泰格医药	78.4	0.6	14.83	14.26	0.57	21.33	37.98	43.63	53.22	33.03	81.29	358316.80	168703.35	33217.32
9	110	600436	片仔癀	78.2	1.34	18.07	19.09	0.7	21.65	40.07	60.85	17.98	39.88	83.96	564827.74	371395.40	78042.64
10	118	002019	亿帆医药	78.0	1.15	20.29	23.7	0.56	22.65	23.67	24.79	73.88	43.96	110.39	876772.98	437329.40	126565.76
11	122	002773	康弘药业	77.9	0.96	18.29	19.98	0.67	22.74	0	9.7	21.98	12.92	90.02	458615.92	278649.70	64419.90
12	127	002001	新和成	77.8	1.57	14.73	15.52	0.42	23.03	35.18	32.77	73	98.59	196.71	1818281.48	623510.82	171380.20
13	131	600062	华润双鹤	77.7	0.97	11.92	11.85	0.73	16.84	0	16.87	11.51	27.47	51.13	943789.64	642184.68	88210.00
14	150	600566	济川药业	77.1	1.51	24.74	30.26	0.97	33.93	263.84	20.61	19.37	27.37	70.31	666254.48	564200.91	122394.83
15	151	002044	美年健康	77.1	0.24	10.9	13.24	0.67	44.69	9.59	102.25	92.61	64.93	118.03	1247947.35	623305.08	69432.62
16	159	600511	国药股份	76.8	1.55	13.79	19.88	2.63	53.11	11.85	171.06	135.42	−8.36	62.34	2016595.46	3628474.63	133919.96
17	178	000999	华润三九	76.3	1.33	10.4	14.08	0.75	37.48	55.27	23.81	16.09	9.81	47.42	1619546.37	1111991.64	132647.71
18	185	300482	万孚生物	75.9	1.2	20.03	22.01	0.85	29.79	71.09	109.28	39.22	4.87	83.82	169476.93	114548.45	22506.75
19	194	002294	信立泰	75.7	1.39	25.61	24.73	0.62	10.28	5610.3	8.35	12.79	56.34	93.72	686438.16	415377.66	143688.05
20	197	600332	白云山	75.6	1.27	9.22	11.48	0.77	31.97	351.05	4.58	9.12	34.62	63.17	2831471.35	2095422.52	211875.56
21	199	300298	三诺生物	75.6	0.63	19.46	19.34	0.66	16.43	0	29.8	8.75	25.74	109.39	166277.58	103300.77	25794.56
22	229	600085	同仁堂	74.6	0.74	12.21	13.8	0.75	29.61	50.71	10.63	9.02	4.64	28.79	1870813.29	1337596.63	174171.73
23	241	300401	花园生物	74.2	0.72	13.51	12.82	0.37	8.15	77.53	27.58	70.12	13.15	113.95	139483.41	41986.87	13040.33
24	248	300357	我武生物	74.1	1.15	28.34	25.55	0.5	5.55	0	23.55	22.22	35.27	81.72	84831.12	38557.68	18610.39
25	256	603658	安图生物	73.8	1.06	25.73	26.97	0.7	22.76	746.77	42.84	2.71	4.05	71.97	218731.58	140014.20	44968.70
26	261	002626	金达威	73.6	0.77	18.06	19.91	0.65	25.07	36.73	25.37	14.27	34.67	98.27	332449.56	208462.37	46503.18
27	273	002821	凯莱英	73.2	1.51	16.66	18.06	0.56	18.28	305.57	28.99	17.57	−4.38	52.81	263720.30	142303.34	36004.84
28	274	000915	山大华特	73.2	1.04	20.07	21.63	0.67	20.05	344.78	14.4	13.82	−9.42	51.6	277500.82	176723.32	45083.21
29	285	600518	康美药业	72.8	0.78	9.79	13.31	0.43	53.24	4.96	22.34	9.37	29.76	60.91	6872202.06	2647697.10	409464.62
30	305	300003	乐普医疗	72.4	0.51	11.73	15.24	0.41	45.06	11.73	30.85	16.86	37.46	86.76	1279072.10	453764.27	99367.99
31	307	000661	长春高新	72.4	3.89	16.6	19.22	0.61	29.26	182.3	41.58	16.85	64.59	137.18	735143.53	410226.16	92761.18

续表

行业排名	全部上市公司排名	股票代码	股票名称	综合得分（100分）	每股收益（元）	总资产报酬率（%）	净资产收益率（%）	总资产周转率（次）	资产负债率（%）	已获利息倍数	营业收入增长率（%）	资本扩张率（%）	市场投资回报率（%）	股价波动率（%）	年末资产总额（万元）	营业收入（万元）	净利润（万元）
32	308	600867	通化东宝	72.3	0.49	20.96	19.81	0.54	4.53	66.54	24.75	15.01	33.06	85.48	475271.57	254532.50	84009.80
33	309	600056	中国医药	72.3	1.22	10.21	18.62	1.48	58.07	26.22	16.96	15.63	27.03	59.08	2118613.67	3010233.86	154267.58
34	310	002365	永安药业	72.3	0.71	11	10.54	0.65	14.89	1225.46	69.78	14.24	36.4	153.53	157991.78	93277.17	13295.54
35	312	000963	华东医药	72.3	1.83	15.76	22.96	1.83	44.9	32.21	9.66	15.27	50.03	81.17	1598710.65	2783182.31	188821.57
36	317	002737	葵花药业	72.1	1.45	13.24	15.75	0.89	29.27	52.45	14.61	12.74	−9.15	46.1	447016.77	385511.98	46985.85
37	318	002275	桂林三金	72.1	0.79	18.52	18.29	0.53	17.82	310.38	5.95	9.41	−11.3	32.01	322956.46	161601.62	46440.23
38	331	600196	复星医药	71.8	1.27	8.8	13.04	0.35	52.01	7.9	26.69	17.79	92.91	137.88	6197100.88	1853355.54	358525.89
39	332	300009	安科生物	71.8	0.39	15.71	17.69	0.52	21.9	156.44	29.09	23.43	64.15	124.92	225414.29	109626.83	28178.26
40	343	002223	鱼跃医疗	71.6	0.59	11.67	11.95	0.57	15.96	133.69	34.53	12.97	−4.69	36.98	662861.29	354156.27	62754.17
41	350	000989	九芝堂	71.4	0.83	15.98	16.68	0.72	23.22	0	43.49	9.06	−14.53	34.58	587658.48	383656.59	72136.11
42	352	600079	人福医药	71.3	1.53	11.3	16.22	0.5	53.1	6.38	25.26	38.59	−9.1	31.63	3540605.61	1544568.41	231823.31
43	381	002262	恩华药业	70.9	0.39	14.47	16.37	1.08	25.45	51.19	12.46	15.89	9.36	33.09	330156.95	339367.70	37525.20
44	394	002680	长生生物	70.6	0.58	15.55	15.22	0.36	14.07	0	52.6	8.18	−14.8	51.93	451026.51	155337.39	56767.11
45	403	300233	金城医药	70.3	0.77	9.85	10.67	0.78	19.7	29.76	96.29	161.78	−21.1	62.12	490390.21	278803.71	29025.48
46	408	600750	江中药业	70.2	1.39	14.7	15.1	0.54	13.34	1425.36	11.83	11.45	−21.82	60.89	336410.21	174664.25	41771.96
47	410	300529	健帆生物	70.2	0.69	22.66	22.09	0.48	18.26	0	32.16	17.52	−29.48	88.81	170240.03	71849.11	28445.19
48	434	600993	马应龙	69.6	0.74	14	14.41	0.67	17.54	140.58	−16.75	12.6	0.72	29.79	275395.48	175059.24	30884.58
49	436	300396	迪瑞医疗	69.6	1.09	13.44	15.13	0.47	23.59	38.49	14.37	2.78	18.74	54.76	185101.10	86769.07	21112.97
50	453	002038	双鹭药业	69.3	0.78	14.37	12.85	0.29	6.23	0	23	9.4	11.91	84.01	458506.15	124207.63	52875.85
51	459	601607	上海医药	69.1	1.31	6.87	10.61	1.48	57.95	6.94	8.35	7.71	22.63	59.44	9434447.52	13084718.19	405778.03
52	465	002007	华兰生物	69.1	0.88	18.71	17.33	0.48	7.23	0	22.41	9.17	−23.95	77.7	521931.24	236817.66	80369.62
53	466	603883	老百姓	69.0	1.38	9.35	15.73	1.29	53.71	10.92	23.09	59.41	36.82	83.34	669889.06	750143.23	39685.52
54	480	000623	吉林敖东	68.8	1.6	9.17	9.36	0.14	6.03	787.68	8.77	8.81	−0.12	24.17	2185458.95	297677.16	184514.62
55	486	600161	天坛生物	68.7	1.76	29.69	44.3	0.37	13.13	35.27	−15.77	30.45	−4.41	54.37	366574.54	176516.97	124603.42
56	515	002727	一心堂	68.2	0.81	9.19	13.65	1.18	48.31	10.49	24.03	47.87	−0.82	43.68	714660.23	775113.94	42274.58
57	521	300463	迈克生物	68.1	0.67	16.43	16.68	0.63	27.07	35.59	32.32	14.44	−0.81	44.94	358317.72	196998.37	40844.32
58	545	002370	亚太药业	67.7	0.38	9.16	8.9	0.42	13.47	159.6	25.51	7.94	−2.73	30.24	273806.35	108295.11	20304.21
59	549	600521	华海药业	67.6	0.62	11.15	12.95	0.67	38.86	14.81	22.21	10.42	36.6	84.67	826682.73	500200.27	62358.75
60	552	600479	千金药业	67.5	0.6	9.15	11.41	1.01	31.81	111.78	11.09	7.55	−7.45	49.79	328688.12	318274.38	24665.72
61	571	600252	中恒集团	67.2	0.17	11.15	11.08	0.31	18.46	0	22.61	5.09	−3.62	45.63	686359.16	204770.93	60490.95
62	573	002589	瑞康医药	67.2	0.67	9.41	15.93	1.09	64.15	10.22	49.14	28.95	−6.97	60.07	2698301.56	2329362.05	136845.57
63	579	600535	天士力	67.1	1.27	10.63	16.32	0.83	58.32	6.47	15.41	9.36	−10.78	29.47	2153182.70	1609415.00	140226.18

续表

行业排名	全部上市公司排名	股票代码	股票名称	综合得分（100分）	每股收益（元）	总资产报酬率（%）	净资产收益率（%）	总资产周转率（次）	资产负债率（%）	已获利息倍数	营业收入增长率（%）	资本扩张率（%）	市场投资回报率（%）	股价波动率（%）	年末资产总额（万元）	营业收入（万元）	净利润（万元）
64	592	000650	仁和药业	67.0	0.31	14.22	13.21	0.96	16.68	1202.29	7.76	8.36	-25.15	59.02	416739.19	384377.14	44115.14
65	600	002317	众生药业	66.8	0.52	11	11.82	0.43	23.18	64.95	16.06	8.94	2.97	26.03	485609.48	196423.50	42300.15
66	607	002287	奇正藏药	66.7	0.74	15	16.5	0.48	17.54	83.99	8.76	8.13	-20.81	91.31	229656.84	105315.09	30077.26
67	623	002603	以岭药业	66.5	0.45	9.17	8.63	0.58	9.83	66.56	6.84	33.36	-12.99	27.05	788736.92	408126.67	53678.55
68	627	300294	博雅生物	66.4	0.89	14.19	15.81	0.48	32.3	280.84	54.29	16.51	-19.7	72.16	366963.51	146052.19	36493.12
69	628	300204	舒泰神	66.4	0.55	12.17	12.61	0.56	15.95	1233.74	-1.1	15.18	-22.17	43.26	262851.95	138788.59	26034.43
70	629	300122	智飞生物	66.4	0.27	15.04	15.84	0.39	28.46	65.91	201.06	16.51	71.35	152.58	410589.81	134256.86	43227.54
71	642	600529	山东药玻	66.1	0.87	7.64	8.35	0.58	22.24	0	13.27	6.79	8.65	55.21	418016.00	233048.84	26275.81
72	671	600572	康恩贝	65.6	0.28	10.75	14.13	0.59	37.97	14.42	-12.07	30.2	-0.88	32	942022.12	529396.68	72997.48
73	677	600771	广誉远	65.5	0.67	13.29	13.5	0.5	21.35	58.1	24.73	14.51	19.77	50.9	251762.07	116868.48	25031.22
74	679	300016	北陆药业	65.5	0.36	13.4	12.06	0.5	6.28	0	4.75	18.58	-25.55	70.14	114088.50	52253.81	11881.67
75	682	000756	新华制药	65.5	0.45	6.42	9.5	0.9	51.09	6.08	12.47	24.05	9.17	69.3	527364.71	451571.68	22124.88
76	686	300485	赛升药业	65.4	1.17	14.19	12.75	0.32	5.46	0	21.7	10.56	-31.73	101.24	245340.33	74998.68	28153.14
77	690	603669	灵康药业	65.3	0.62	12.02	13.04	0.67	21.34	0	110.01	11.1	-33.4	102.42	165165.32	100508.00	16100.54
78	723	300244	迪安诊断	64.9	0.64	11.33	16.9	0.76	60.12	6.58	30.86	15.75	-27.28	53.64	738964.31	500412.42	46409.20
79	738	002020	京新药业	64.7	0.39	8.56	8.36	0.54	19.14	4689	18.32	63.43	1.97	33.3	490399.42	221906.60	26702.61
80	756	002107	沃华医药	64.5	0.16	11.75	13.15	0.93	23.34	0	29.1	14.52	-26.04	75.47	85549.55	72664.61	8079.79
81	771	603939	益丰药房	64.2	0.86	9.51	10.32	1.07	33.52	0	28.76	6.87	56.22	112.17	478255.95	480724.90	31747.02
82	780	300452	山河药辅	64.1	0.54	10.61	11.71	0.58	24.94	0	18.49	24.22	-27.45	97.99	66640.38	33935.88	5288.36
83	783	300039	上海凯宝	64.1	0.25	12.58	11.93	0.6	11.73	3024.45	4.86	7.51	-18.83	45.57	267972.41	156991.60	27230.47
84	793	603858	步长制药	63.9	2.4	10.76	12.64	0.73	31.14	26.54	12.52	3.96	-42.72	104.48	1919670.26	1386391.87	163893.84
85	795	600998	九州通	63.9	0.87	5.82	9.34	1.63	62.46	3.69	20.12	62.67	-6.73	26.96	5204835.35	7394289.44	147291.54
86	799	002411	必康股份	63.9	0.58	6.12	10.14	0.28	53.24	12.84	44.15	10.01	-1.56	29.68	1990905.09	536800.58	90088.09
87	828	002102	冠福股份	63.5	0.11	5.04	5.6	1.27	34.95	5.77	997.36	16.46	-14.86	76.3	821086.96	973586.88	27816.67
88	846	603567	珍宝岛	63.2	0.61	10.53	11.65	0.47	32.05	13.71	31.17	8.65	-29.63	68.54	688606.07	313652.21	52319.99
89	865	600557	康缘药业	63.0	0.61	9.68	11.12	0.65	33.38	9.61	9.15	12.09	-22.28	52.75	539371.00	327469.82	37818.15
90	868	000028	国药一致	63.0	2.47	7.34	12.28	1.89	55.57	11.79	0.04	11.37	-11.11	61.34	2234364.35	4126362.91	115673.88
91	882	300194	福安药业	62.7	0.24	7.38	7	0.46	11.05	280.57	61.2	5.22	-34.24	97.21	468880.98	209080.68	28479.76
92	883	002422	科伦药业	62.7	0.52	6.55	6.92	0.44	57.19	3.1	33.49	4.5	49.51	114.99	2798816.05	1143494.88	81108.26
93	889	002424	贵州百灵	62.6	0.37	14.25	16.29	0.57	28.11	48.84	17.05	13.11	-17.12	41.4	482267.12	259181.67	53203.05
94	891	000078	海王生物	62.6	0.24	6.33	13.3	1.05	79.05	4.29	83.3	10.02	-6.94	28.04	3086438.25	2493963.77	82082.97
95	904	300406	九强生物	62.3	0.55	19.86	18.72	0.43	13.98	173.03	4.03	10.23	-31.24	76.64	177867.69	69427.74	27315.14

续表

行业排名	全部上市公司排名	股票代码	股票名称	综合得分（100分）	每股收益（元）	总资产报酬率（%）	净资产收益率（%）	总资产周转率（次）	资产负债率（%）	已获利息倍数	营业收入增长率（%）	资本扩张率（%）	市场投资回报率（%）	股价波动率（%）	年末资产总额（万元）	营业收入（万元）	净利润（万元）
96	920	600420	现代制药	62.1	0.46	8	11.22	0.56	49.59	4.76	-6.66	10.22	-18.32	67.65	1517059.10	851775.37	81857.21
97	947	300199	翰宇药业	61.8	0.36	7.71	8.8	0.26	26.67	14.62	45.75	7.77	-8.3	38.95	529800.75	124623.35	32972.14
98	966	600211	西藏药业	61.5	1.37	12.12	17.33	0.4	12.22	15.24	14.91	210.76	-38.95	98.08	233004.46	91562.57	23429.09
99	968	300497	富祥股份	61.5	1.63	13.57	19.93	0.6	45.98	14.13	25.46	23.28	-39.22	127.8	178940.77	95815.05	17447.67
100	971	002581	未名医药	61.5	0.59	14.38	14.4	0.35	26.98	32.03	-8.1	15.52	-20.42	59.21	399843.98	116241.66	39220.48
101	980	002022	科华生物	61.4	0.42	10.77	11.13	0.63	23.44	73.29	14.14	9.39	-32.11	72.39	271560.06	159411.62	22141.90
102	990	300326	凯利泰	61.2	0.27	10.1	9.99	0.33	24.23	16.14	45.71	10.88	-24.24	60.45	269451.99	80226.68	19399.04
103	993	002166	莱茵生物	61.2	0.47	9.94	21.71	0.3	63.72	15.7	40.22	24.26	-12.47	55.9	289695.05	80126.27	20588.82
104	1036	600285	羚锐制药	60.6	0.37	8.8	10.42	0.59	33.36	21.47	28.43	4.35	-24.16	47.1	330756.48	184852.51	22492.78
105	1045	600090	同济堂	60.4	0.36	11.46	9.72	1.36	16.17	28.38	9.55	1.8	-32.85	86.68	719660.73	985534.65	58101.37
106	1056	300558	贝达药业	60.2	0.64	11.89	12.55	0.42	25.48	96.87	-0.84	7.13	-17.75	72.26	277301.38	102635.87	25077.89
107	1057	300453	三鑫医疗	60.2	0.27	7.64	7.47	0.62	13.23	0	27.09	5.28	-30.03	63.2	67053.54	40387.19	4236.42
108	1083	603987	康德莱	59.8	0.38	11.07	11.13	0.8	16.3	87.8	10.98	9.2	-38.57	110.11	160262.04	125640.40	14302.22
109	1091	603309	维力医疗	59.7	0.32	7.33	6.83	0.64	10.95	0	22.21	4.26	-27.25	87.39	101070.58	62989.49	6026.27
110	1095	603368	柳州医药	59.6	2.17	7.58	12.57	1.37	52.76	26.75	24.97	10.22	-19.77	51.66	755404.93	944698.28	42766.83
111	1110	002332	仙琚制药	59.4	0.23	7.68	9.95	0.65	53.53	7.53	13.93	6.66	-5.33	42.28	513459.91	285255.53	23009.83
112	1136	300439	美康生物	59.1	0.62	11.3	13.48	0.64	44.03	10.88	71.1	19.77	-34.75	96.77	325130.89	180516.80	22509.16
113	1137	300246	宝莱特	59.1	0.39	11.69	13.36	0.96	30.76	108.52	19.71	9.88	-39.55	92.77	80022.40	71147.29	7071.49
114	1139	603222	济民制药	59.0	0.17	6.69	6.43	0.48	41.06	6.69	33.86	14.75	-8.28	41.49	157491.02	60289.87	5589.43
115	1158	300519	新光药业	58.8	0.66	16.6	15.77	0.42	8.93	0	-1.41	10.2	-49.76	148.53	77504.75	31086.51	10615.92
116	1179	603108	润达医疗	58.5	0.38	8.83	11.96	0.77	61.43	4.54	99.51	23.69	-29.59	68.9	712532.87	431880.98	29732.80
117	1206	600216	浙江医药	58.1	0.27	3.43	3.24	0.61	20.57	17.57	7.83	11.26	6.99	81.3	979341.18	569258.04	23954.10
118	1210	600976	健民集团	58.0	0.59	5.62	8.55	1.45	42.45	23.65	14.72	7.38	-29.15	72.85	192415.64	271150.28	9144.14
119	1216	000739	普洛药业	58.0	0.22	7.1	9.06	0.98	46.41	6.47	16.34	16.57	-16.59	59.2	569112.39	555176.31	25659.21
120	1231	600488	天药股份	57.7	0.12	5.48	5.78	0.54	26.94	19.33	63.41	25.65	-23.7	68.05	428303.39	197171.65	16243.43
121	1241	600422	昆药集团	57.6	0.42	7.35	9.08	1	40.46	18.29	14.74	4.48	-31.63	69.98	633817.31	585228.74	33528.68
122	1255	600329	中新药业	57.5	0.62	8.33	10.6	0.88	30.15	56.66	-7.92	7.51	-16.85	40.74	662180.48	568924.25	47326.06
123	1272	300267	尔康制药	57.2	0.25	10.7	9.89	0.51	5.39	107.96	4.51	8.31	-47.94	120.34	572006.75	282788.52	51479.91
124	1299	600594	益佰制药	56.8	0.49	8.2	9.13	0.55	34.83	7.19	3.28	10.58	-38.72	104.62	719449.46	380766.18	40777.93
125	1307	603456	九洲药业	56.7	0.33	5.72	5.59	0.56	14.69	134.47	3.89	4.44	-27.86	63.83	314251.19	171744.06	14678.67

续表

行业排名	全部上市公司排名	股票代码	股票名称	综合得分（100分）	每股收益（元）	总资产报酬率（%）	净资产收益率（%）	总资产周转率（次）	资产负债率（%）	已获利息倍数	营业收入增长率（%）	资本扩张率（%）	市场投资回报率（%）	股价波动率（%）	年末资产总额（万元）	营业收入（万元）	净利润（万元）
126	1313	000952	广济药业	56.7	0.42	9.48	14.89	0.49	53.39	4.61	12.15	16.09	-30.41	111	164188.32	80155.63	10605.54
127	1338	600351	亚宝药业	56.3	0.25	6.23	7.08	0.6	33.29	6.29	41.66	6.74	-23.55	60.32	436857.81	255851.46	19982.07
128	1342	002393	力生制药	56.3	0.64	3.75	3.83	0.29	16.36	38	21.56	2.14	-23.52	53.29	368203.84	102943.34	11681.72
129	1348	002675	东诚药业	56.2	0.25	7.25	8.31	0.33	37.63	11.43	37.74	6.64	-17.32	58.84	527315.17	159560.11	26473.02
130	1349	002462	嘉事堂	56.2	1.05	8.92	15.31	1.72	65.27	6.7	29.78	8.92	-38.53	76.84	920458.08	1423889.97	46944.39
131	1367	002219	恒康医疗	56.0	0.11	6.32	5.23	0.42	57.6	2.48	56.27	4.19	-4.49	26.46	1025323.96	339932.41	22270.53
132	1386	002349	精华制药	55.7	0.21	7.68	7.69	0.39	18.34	44.76	27.16	14.96	-25.66	99.14	324158.79	112092.03	19032.63
133	1387	000150	宜华健康	55.7	0.39	5.03	7.55	0.29	68.85	2.65	63.23	-5.43	2.71	47.77	762028.64	211617.32	18431.58
134	1394	300314	戴维医疗	55.5	0.16	6.9	6.16	0.36	10.26	0	14.7	3.97	-37.76	98.32	86732.18	30390.54	4703.32
135	1399	603168	莎普爱思	55.4	0.59	10.06	9	0.51	11.35	0	-4.07	3.95	-49.55	86.48	186940.83	93888.35	14635.64
136	1402	300026	红日药业	55.4	0.15	8.02	7.13	0.46	12.38	40.19	-12.75	7.78	-21.47	61.95	742821.54	337401.90	44720.67
137	1428	300358	楚天科技	55.1	0.37	5.45	8.09	0.37	41.38	18.96	31.32	40.71	-29.16	59.94	395548.47	128041.61	16039.62
138	1430	002728	特一药业	55.1	0.53	7.8	11.02	0.39	45.94	7.57	4.74	17.63	-31.66	121.08	192898.49	68694.36	10634.28
139	1445	300206	理邦仪器	54.9	0.07	2.58	3.06	0.58	12.29	0	20.81	2.12	-12.53	33.35	142707.00	84327.80	3792.98
140	1457	300049	福瑞股份	54.7	0.27	6.68	5	0.35	22.82	52.24	2.74	5.81	-34.32	96.88	250261.41	84967.50	9386.33
141	1460	002644	佛慈制药	54.7	0.15	3.98	5.59	0.23	42.16	0	37.96	5.31	-15.53	54.37	234982.52	50113.97	7409.28
142	1461	002551	尚荣医疗	54.7	0.26	5.67	7.81	0.48	37.98	19.84	3.11	23.14	-29.51	77.27	431039.75	200647.71	18917.44
143	1490	002550	千红制药	54.3	0.14	7.57	7.17	0.35	19.43	14.01	37.23	1.17	-22.49	50.48	304430.52	106546.61	17490.91
144	1504	300255	常山药业	54.1	0.21	8.07	8.56	0.43	31.01	8.81	26.98	6.38	-20.99	75.44	353004.73	142016.14	20231.24
145	1509	600055	万东医疗	54.0	0.2	5.29	5.38	0.39	18.09	141.45	8.67	2.38	29.46	95.25	232174.07	88395.85	10110.24
146	1515	603998	方盛制药	53.8	0.14	6.42	6.41	0.55	24.43	18.67	34.91	5.91	-36.26	96.78	137294.34	72076.93	6462.34
147	1525	300158	振东制药	53.7	0.58	5.28	5.36	0.52	27	16.91	13.66	5.43	-35.3	92.5	761347.66	373160.26	29047.86
148	1533	002390	信邦制药	53.6	0.19	4.61	5.01	0.53	43.47	4.96	16.39	4.22	-16.63	53.1	1195495.24	600247.10	33148.65
149	1534	002252	上海莱士	53.6	0.17	7.77	6.87	0.14	13.66	15.26	-17.13	6.39	-12.46	25.73	1445541.96	192774.84	83195.50
150	1540	300108	吉药控股	53.5	0.32	10.04	11.01	0.25	38.23	8.79	-6.17	7.92	9.23	47.05	315464.52	70043.91	20668.37
151	1544	002412	汉森制药	53.5	0.37	8.45	8.78	0.49	28.3	9.31	3.94	-3.12	-7.85	32.38	170040.95	82993.78	10880.63
152	1561	600513	联环药业	53.2	0.25	8.43	8.27	0.62	24.58	22.78	13.93	6.16	-32.62	77.29	116447.71	68909.93	7055.65
153	1577	002826	易明医药	53.1	0.32	9.93	10.43	0.55	17.56	124.19	-15.85	8.84	-41.91	140.05	73329.13	38029.26	6047.66
154	1595	002653	海思科	52.9	0.22	7.27	10.82	0.47	52.05	11.16	29.29	-12.99	-25.41	71.24	410883.01	185616.09	22910.37
155	1611	000766	通化金马	52.7	0.27	5.92	5.99	0.28	22.85	12.24	78.97	6.18	-28.69	94.34	572683.75	152141.03	25708.90
156	1667	300289	利德曼	51.9	0.17	7.52	7.32	0.34	18.74	13.76	7.98	6.62	-25.1	130.93	175389.30	57597.80	10101.94

续表

行业排名	全部上市公司排名	股票代码	股票名称	综合得分（100分）	每股收益（元）	总资产报酬率（%）	净资产收益率（%）	总资产周转率（次）	资产负债率（%）	已获利息倍数	营业收入增长率（%）	资本扩张率（%）	市场投资回报率（%）	股价波动率（%）	年末资产总额（万元）	营业收入（万元）	净利润（万元）
157	1683	000919	金陵药业	51.6	0.27	5.91	5.66	0.83	20.82	23.49	−10.81	0.03	−35.09	96.95	385697.06	319181.19	17293.09
158	1684	600789	鲁抗医药	51.5	0.2	3.8	6.32	0.55	59.65	4.67	3.74	5.89	−17.04	70.99	520191.62	259928.89	12892.79
159	1691	002437	誉衡药业	51.5	0.14	6.07	7.36	0.34	53.08	3.23	1.95	5.09	−16.77	69.63	906414.45	304188.35	30527.03
160	1694	002118	紫鑫药业	51.5	0.29	8.1	9.43	0.17	53.46	3.3	61.95	10.35	3.87	51.08	887949.78	132723.08	37141.35
161	1698	000403	ST 生化	51.5	0.14	6.98	5.78	0.53	57.68	3.16	20.79	2.19	−9.25	38.49	132057.98	68537.81	3195.56
162	1727	002433	太安堂	51.1	0.38	5.94	6.03	0.43	38.36	4.84	5.32	6	−21.99	51.43	815497.55	323894.06	29431.40
163	1740	000411	英特集团	50.9	0.4	5.12	10.63	2.35	79.03	3.03	9.56	12.28	−9.95	40.06	908339.06	1890733.10	19145.11
164	1786	002750	龙津药业	50.3	0.09	5.28	5.34	0.39	17.79	0	36.14	−3.72	−39.65	111.8	78522.91	30444.77	3515.95
165	1821	000790	泰合健康	49.8	0.4	19.18	22.82	0.49	36.74	33	2.74	25.98	−44.28	112.35	132605.78	59094.89	17166.70
166	1857	002817	黄山胶囊	49.2	0.54	7.61	7.16	0.4	9.83	64.17	0.89	5.57	−54.32	186.7	73873.28	28595.59	4642.04
167	1862	603716	塞力斯	49.1	1.32	11.28	11.44	0.69	36.04	13.74	46.74	16.81	−46.33	132.29	156939.07	92051.65	10658.07
168	1873	600080	金花股份	49.0	0.18	4.98	4.91	0.53	21.19	9.11	13.58	4.16	−36.15	74.39	141911.49	75718.25	5381.19
169	1875	000590	启迪古汉	49.0	0.08	3.01	2.34	0.46	33.24	38.19	8.23	121	−24.53	82.04	87373.60	34353.92	990.60
170	1893	002099	海翔药业	48.6	0.22	6.33	6.91	0.32	31.14	8.27	−5.13	7.79	−31.1	76.46	746692.74	230892.22	34235.67
171	1907	300171	东富龙	48.4	0.2	3.87	4.47	0.4	29.32	907.94	29.9	2.88	−33.96	87.64	436627.05	172487.92	13599.43
172	1920	600613	神奇制药	48.2	0.24	5.22	4.82	0.57	18.26	12	8.63	3.93	−40.32	124.07	309587.23	173571.60	11963.57
173	1936	000153	丰原药业	48.0	0.21	4.91	5.51	0.98	55.9	3.99	26.77	5.87	−39.8	110.46	276771.49	257810.54	6534.81
174	1941	300110	华仁药业	47.9	0.04	3.13	2.54	0.47	46.38	2.58	5.04	1.46	32.04	131.5	288710.20	131187.54	3904.33
175	1955	600272	开开实业	47.7	0.16	4.89	7.79	0.93	51.8	0	6.19	1.69	−45.84	125.16	104190.73	96210.16	3880.14
176	1975	300412	迦南科技	47.5	0.17	5.21	6.06	0.4	32.43	113.32	47.46	6.73	−42.69	106.7	120607.26	44503.23	4781.00
177	1982	600833	第一医药	47.4	0.19	4.94	6	1.34	37.14	0	2.44	−2.98	−34.04	78.2	113596.82	155614.62	4347.68
178	1990	600829	人民同泰	47.3	0.44	7.19	15.6	1.66	66.7	48.3	−11.07	−2.17	−16.79	53.07	484139.76	800888.10	25419.62
179	1999	300238	冠昊生物	47.1	0.22	5	3.6	0.27	29.41	7.91	43.98	−15.49	−28.92	79.67	171816.67	45036.70	4772.35
180	2000	002566	益盛药业	47.1	0.18	4.72	4.48	0.39	28.51	4.49	10.16	5.33	−33.28	86.48	265348.60	103444.24	8280.00
181	2030	600713	南京医药	46.6	0.27	4.87	9.95	1.84	79.99	2.53	2.82	3.82	−23.04	54.93	1592520.63	2747344.92	31125.17
182	2035	600267	海正药业	46.5	0.01	3.09	2.91	0.5	63.6	2.12	8.61	−2.04	12.71	71.69	2163641.87	1057152.67	23156.62
183	2050	600796	钱江生化	46.3	0.14	5.61	7.3	0.45	36.79	9.32	5.29	4.56	−43.74	122.38	105017.76	46758.45	4740.99
184	2057	300573	兴齐眼药	46.2	0.49	6.99	7.16	0.52	18.2	16.24	6.17	6.23	−50.24	152.99	67647.64	36000.67	3843.78
185	2058	300436	广生堂	46.2	0.24	4.89	6.08	0.41	25.04	0	−5.36	−0.06	−47.24	103.63	73646.94	29612.27	3356.53
186	2060	300006	莱美药业	46.1	0.07	3.24	2.71	0.49	37.13	2.3	29.47	2.9	−24.33	93.58	274034.61	128207.10	4606.33

续表

行业排名	全部上市公司排名	股票代码	股票名称	综合得分（100分）	每股收益（元）	总资产报酬率（%）	净资产收益率（%）	总资产周转率（次）	资产负债率（%）	已获利息倍数	营业收入增长率（%）	资本扩张率（%）	市场投资回报率（%）	股价波动率（%）	年末资产总额（万元）	营业收入（万元）	净利润（万元）
187	2079	600530	交大昂立	45.8	0.21	10.07	9.31	0.11	22.74	11.79	6.59	−1.33	−2.24	80.58	226059.78	26994.92	16369.49
188	2093	300363	博腾股份	45.6	0.25	5.72	6.7	0.41	49.12	3.34	−10.74	5.78	−31.3	103.41	284806.59	118408.88	9449.77
189	2103	000597	东北制药	45.5	0.25	2.54	3.7	0.56	75.95	1.65	17.9	4.68	12.66	61.28	1059304.09	567635.16	9205.77
190	2137	600587	新华医疗	44.7	0.16	3.95	3.66	0.84	66.8	2.51	19.35	2.67	−34.65	113.61	1242479.76	998324.62	14894.88
191	2144	603520	司太立	44.6	0.69	7.06	9.58	0.36	56.67	4.01	5.65	5.49	−41.31	163.14	201337.05	71093.90	8142.50
192	2147	000705	浙江震元	44.6	0.18	3.89	4.66	1.27	32.26	47.49	5.65	5.76	−38.12	96.36	205112.82	257791.60	6294.99
193	2151	300239	东宝生物	44.5	0.05	2.95	3.09	0.39	24.89	118.23	12.52	1.52	−36.41	97.9	97153.54	35624.44	2241.66
194	2179	300086	康芝药业	43.8	0.11	2.97	2.53	0.22	14.1	19.19	1.98	2.57	−26.28	71.56	223597.97	48083.17	4803.42
195	2188	300562	乐心医疗	43.7	0.09	3.7	3.42	1.22	31.87	53.42	12.45	1.6	−17.08	186	75490.20	86659.03	1746.40
196	2216	600664	哈药股份	42.9	0.16	4.63	5.89	0.84	45.39	101.68	−14.93	−9.84	−31.72	113.77	1369933.33	1201753.13	46436.38
197	2225	300181	佐力药业	42.7	0.07	3.77	3.59	0.38	30.76	4.49	−5.49	1.26	−16.5	84.6	215243.07	79391.17	5317.65
198	2242	002788	鹭燕医药	42.4	1.02	6.39	9.85	1.93	69.48	3.64	19.41	13.65	−48.08	139.1	513242.27	833823.28	14500.61
199	2261	002030	达安基因	42.0	0.12	3.83	3.7	0.35	43.09	2.99	−4.35	3.47	−18.95	43.75	464179.38	154242.93	9612.06
200	2268	002758	华通医药	41.8	0.2	5.59	7.03	1.2	52.24	6.95	8.83	4.45	−48.81	126.58	121338.53	136909.81	3986.04
201	2269	000908	景峰医药	41.8	0.18	6.86	7.11	0.52	46.6	3.67	−2.15	−0.48	−42.96	120.24	486876.43	258365.23	18521.69
202	2299	600129	太极集团	41.2	0.23	3.93	7.65	0.87	88.58	1.86	12.15	−4.6	−5.29	70.4	1066243.55	873452.30	9543.25
203	2313	600851	海欣股份	40.9	0.09	2.38	2.12	0.19	19.26	19.95	−1.12	−8.97	−14.77	78.48	489213.98	100043.68	8785.96
204	2336	300254	仟源医药	40.3	0.1	3.84	3.21	0.64	36.05	3.68	25.85	1.71	−47.57	140.04	151859.33	93892.80	3089.45
205	2340	600671	天目药业	40.2	0.07	5.23	11.01	0.48	77.46	2.5	42.56	46.91	−17.2	83.32	43140.56	17638.28	899.20
206	2352	000788	北大医药	40.1	0.06	2.27	2.87	1.04	43.58	6.04	3.65	2.89	−39.52	100.34	207593.76	214591.81	3313.98
207	2361	000566	海南海药	39.9	0.06	3.24	1.52	0.18	51.86	1.48	20.91	−9.82	0.44	17.73	1054736.33	182452.16	8120.67
208	2412	300030	阳普医疗	38.5	0.04	2.7	0.86	0.34	44.8	1.64	6.29	1	−40.21	83.67	174587.24	54965.28	824.52
209	2466	600222	太龙药业	37.4	0.01	2.44	0.49	0.43	46.29	1.19	22.56	0.55	−36.88	102.69	280817.67	116839.05	736.80
210	2468	600645	中源协和	37.3	−0.05	1.14	−0.61	0.29	45.52	3.42	3.94	−6.7	5.97	76.32	299998.00	87091.35	−1039.97
211	2471	600812	华北制药	37.2	0.01	2.55	0.27	0.46	69.21	1.16	−4.62	−0.2	−21.7	48.41	1715150.02	770912.19	1443.81
212	2477	300147	香雪制药	37.1	0.1	3.21	2.96	0.25	57.97	1.83	17.47	5.41	−31.26	78.06	924068.69	218731.74	11212.50
213	2485	300381	溢多利	36.9	0.2	5.03	5.06	0.43	45.64	3.34	−0.87	1.73	−48.67	166.57	384527.16	149926.33	10483.44
214	2542	000518	四环生物	35.5	0.01	1.92	1.66	0.36	27.49	9.94	5.73	10.55	−22.27	51.96	93162.84	34605.46	1065.03
215	2545	300273	和佳股份	35.4	0.12	4.27	3.86	0.22	54.3	2.53	20.95	2.88	−47.77	139.63	556800.57	111181.19	9689.07
216	2571	600227	赤天化	34.4	0.02	1.88	0.82	0.24	32.71	2.13	−40.61	−0.12	−7.8	40	693694.04	169686.69	3825.80

续表

行业排名	全部上市公司排名	股票代码	股票名称	综合得分（100分）	每股收益（元）	总资产报酬率（%）	净资产收益率（%）	总资产周转率（次）	资产负债率（%）	已获利息倍数	营业收入增长率（%）	资本扩张率（%）	市场投资回报率（%）	股价波动率（%）	年末资产总额（万元）	营业收入（万元）	净利润（万元）
217	2573	000004	国农科技	34.3	0.1	3.95	3.25	0.56	31.52	0	-51.82	3.31	-49.09	163.1	26884.43	13860.58	589.22
218	2576	300534	陇神戎发	34.2	0.06	2.39	2.42	0.35	8.95	47.21	-0.03	1.2	-45.65	181.85	78222.99	26958.70	1711.22
219	2596	300318	博晖创新	33.7	0.05	5.25	3.01	0.18	41.05	4.75	9.83	5.85	-40.59	98.17	273746.84	44375.44	4725.01
220	2615	002198	嘉应制药	32.9	-0.42	-20.65	-24.76	0.47	14.46	-111.3	4.03	-23.87	-11.16	40.01	87661.02	46808.07	-21476.17
221	2634	002399	海普瑞	31.9	0.11	1.09	1.5	0.2	41.72	1.03	18.1	-4.97	-15.66	63.44	1318941.35	267020.59	11818.88
222	2636	600767	ST 运盛	31.8	0.13	7.17	11.45	0.18	36.87	5.85	20.28	21.27	-57.16	217.13	52422.64	11339.06	3455.75
223	2758	300404	博济医药	27.2	-0.18	-6.05	-6.34	0.24	27.9	-141.44	81.22	-3.6	-39.2	127.03	57472.17	13075.17	-2676.71
224	2787	002693	双成药业	26.0	0.02	1.55	0.2	0.19	44.69	1.19	70.03	37.71	-40.81	138.06	137711.39	24676.95	132.90
225	2824	300142	沃森生物	24.1	-0.35	-7.56	-15.77	0.11	39.46	-3.99	13.07	0.96	65.01	168.23	587597.09	66826.48	-55824.28
226	2850	002432	九安医疗	22.5	-0.38	-6.56	-11.4	0.27	34.75	-12.77	42.31	-11.19	-41.66	117.74	209811.08	59791.89	-16587.18
227	2860	600538	国发股份	21.9	0.02	1.2	0.35	0.5	15.14	1.59	-4.59	-4.3	-58.83	266.69	77674.91	43448.78	235.47
228	2917	000503	海虹控股	17.9	0.02	0.74	-0.02	0.13	3.84	4.05	-15.15	-1.43	-2.09	185.07	144855.81	18399.37	-29.97
229	2931	600721	百花村	16.2	-1.41	-22.86	-28.03	0.17	14.75	-156.39	-43.66	-24.6	-41.6	121.22	203276.50	41950.25	-56509.44
230	2978	600896	览海投资	10.4	-0.8	-14.16	-29.7	0.01	53.93	-7.98	-94.84	-26.98	-40.47	109.99	428341.72	4411.12	-69440.74
231		600781	辅仁药业	76.9	0.94	20.73	30.45	1.04	52.83	5.99	1070.21	976.69	21.51	76.38	988006.88	579992.40	77542.92
232		603387	基蛋生物	76.3	1.72	26.34	26	0.57	9.39	0	32.37	234.65	-14.48	47.51	126660.88	48858.28	19378.08
233		002900	哈三联	74.0	1.06	15.4	13.7	0.69	15.97	51.74	50.99	127.05	-14.48	64.98	218374.64	114883.03	18107.55
234		300595	欧普康视	73.8	1.26	27.95	26.34	0.49	11.95	0	32.6	157.12	-14.48	99.69	92256.87	31162.91	14858.99
235		002898	赛隆药业	73.5	0.5	15.09	14.78	0.71	13.49	142.13	42.36	143.13	-14.48	69.71	71513.40	36421.86	6450.51
236		603127	昭衍新药	73.2	1.12	12.15	18.69	0.39	40.72	4535.77	24.6	114.38	-14.48	100.61	94087.42	30127.90	7644.63
237		300685	艾德生物	73.2	1.38	20.45	19.66	0.63	6.57	415.63	30.59	110.84	-14.48	105.66	69484.83	33037.13	9406.58
238		300705	九典制药	73.1	0.72	13.32	13.94	0.92	14.16	114.81	42.01	104.14	-14.48	56.87	76920.26	53451.51	6857.34
239		300642	透景生命	72.9	2.31	23.13	21.41	0.47	4.2	415.95	31	210.36	-14.48	73.73	93516.44	30288.82	12681.50
240		300653	正海生物	72.3	0.86	17.68	17.34	0.46	8.97	0	21.35	111.77	-14.48	69.64	53081.60	18278.21	6166.96
241		002901	大博医疗	72.2	0.8	33.25	33.06	0.56	10.79	0	28.39	113.49	-14.48	78.62	138834.04	59401.46	30059.60
242		300725	药石科技	72.0	1.19	17.8	17.89	0.63	11.24	1264.28	45.05	98.15	-14.48	146.34	56739.57	27325.06	6778.80
243		603367	辰欣药业	71.6	0.97	10.52	12.14	0.74	21.46	0	15.51	62.03	-14.48	60.4	474188.82	296251.65	36567.77
244		300723	一品红	71.1	1.27	17.95	21.43	1.24	25.2	12.95	10.34	229.4	-14.48	35.31	148188.12	138021.73	15481.85
245		300630	普利制药	70.8	0.86	17.61	19.14	0.49	17.51	470.84	30.97	134.88	-14.48	191.66	87453.09	32482.67	9840.44
246		300584	海辰药业	70.4	0.84	15.44	16.53	0.91	18.13	68.81	62.03	87.49	-14.48	116.11	63229.89	45503.46	6560.05

续表

行业排名	全部上市公司排名	股票代码	股票名称	综合得分（100分）	每股收益（元）	总资产报酬率（%）	净资产收益率（%）	总资产周转率（次）	资产负债率（%）	已获利息倍数	营业收入增长率（%）	资本扩张率（%）	市场投资回报率（%）	股价波动率（%）	年末资产总额（万元）	营业收入（万元）	净利润（万元）
247		300677	英科医疗	70.3	1.75	12.84	18.25	1.27	34.42	12.88	47.96	116.46	−14.48	87.63	165823.68	175047.76	14508.41
248		300636	同和药业	70.3	0.87	13.17	13.9	0.52	11.79	144.08	18.65	109.12	−14.48	75.48	72227.77	29671.60	6545.77
249		002880	卫光生物	70.0	1.64	16.7	18.1	0.55	12.48	19.09	10.11	137.57	−14.48	61.94	137467.22	62338.95	15474.92
250		603233	大参林	69.4	1.26	13.89	22.9	1.58	51.87	35.58	18.29	108.83	−14.48	50.6	582276.40	742119.69	47461.08
251		300633	开立医疗	69.4	0.49	17.85	21.36	0.84	20.66	94.34	37.49	47.11	−14.48	112.35	133531.32	98906.97	19002.31
252		603976	正川股份	69.2	0.91	11.55	11.19	0.6	10.15	374.17	8.23	85.21	−14.48	70.34	106171.92	50868.16	8217.84
253		603811	诚意药业	69.2	0.87	15.89	15.74	0.66	10.91	755.51	6.12	114.01	−14.48	140.97	67298.33	34089.21	6923.84
254		300639	凯普生物	69.1	1.13	13.28	12.46	0.58	9.23	5421.61	20.28	93.54	−14.48	132.98	106964.20	47908.51	9176.30
255		603896	寿仙谷	67.6	0.71	11.79	13.6	0.48	6.11	47.51	17.49	99.06	−14.48	139.08	92634.44	36996.33	8887.99
256		300683	海特生物	67.5	1.65	11.25	12.03	0.51	13.92	0	−2.69	133.61	−14.48	36.14	190875.19	75025.88	14119.74
257		603882	金域医学	66.9	0.46	10.26	14.46	1.27	47.48	8.71	17.7	53.86	−14.48	102.69	332112.55	379171.77	20810.21
258		002907	华森制药	66.8	0.31	17.36	18.96	0.77	18.66	125.3	7.33	56.03	−14.48	110.34	88514.77	59209.54	11198.75
259		002864	盘龙药业	65.7	0.65	8.01	9.9	0.6	26.21	140.36	23.37	69.48	−14.48	51.08	75292.67	37679.16	4371.90
260		300676	华大基因	65.6	1.05	10.63	10.99	0.45	16.7	1616.02	22.44	23.33	−14.48	193.53	511181.31	209554.43	42368.61
261		002873	新天药业	65.6	1.07	10.95	14.67	0.97	27.36	32.29	7.66	122.81	−14.48	64.86	85640.39	68171.41	6611.68
262		603079	圣达生物	65.0	1.09	10.53	12.01	0.59	22.04	18.14	5.48	74.7	−14.48	71.56	98598.00	50856.11	7261.02
263		603676	卫信康	64.5	0.26	14.71	15.42	0.54	15.6	0	−1.4	86.77	−14.48	84.54	101662.85	42038.15	10158.73
264		300601	康泰生物	64.1	0.53	12.6	23.78	0.61	51.55	110.5	110.38	45.72	−14.48	217.16	221071.12	116117.58	21470.35
265		603707	健友股份	63.7	0.81	17.1	18.67	0.53	23.84	81.36	91.22	56.11	−14.48	77.61	269476.05	111272.60	31422.24
266		603229	奥翔药业	63.6	0.37	10.55	13.12	0.4	23.82	24.79	20.79	132.19	−14.48	68.91	74158.38	24018.83	5301.15
267		603139	康惠制药	63.4	0.69	8.86	8.81	0.44	11.6	53.64	−3.87	74.46	−14.48	63.81	103180.75	36705.72	6318.29
268		603963	大理药业	62.6	0.55	11.99	13.16	0.6	24.37	29.27	−1.1	118.62	−14.48	85.65	61276.28	27273.90	4445.25
269		603880	南卫股份	62.5	0.57	8.54	11.69	0.73	34.68	7.62	10.01	109.43	−14.48	45.07	82296.48	48870.87	4642.49
270		300702	天宇股份	61.9	1.03	7.82	10.57	0.66	38.88	6.19	9.79	112.03	−14.48	49.59	210665.22	118828.28	10018.21
271		002872	天圣制药	59.7	1.31	8.01	10.13	0.54	35.52	11.61	8.36	71.56	−14.48	60.26	494648.90	226141.44	25581.10
272		603538	美诺华	57.7	0.4	5.57	5.28	0.49	23.2	15.66	4.71	59.03	−14.48	66.05	151370.63	60532.06	4995.29
273		300583	赛托生物	57.2	0.88	7.48	7.42	0.53	15.68	14.73	38.24	183.11	−29.2	145.49	202457.37	78556.65	8575.51

第十六章　农林牧渔行业上市公司业绩评价

2017年全国各地按照“五位一体”总体布局和“四个全面”战略布局的总要求，牢固树立和贯彻落实创新、协调、绿色、开放、共享的发展理念，推进农业供给侧结构性改革，加大创新驱动力度，加快转变农业发展方式，保持了农业稳定发展和农民持续增收，实现了粮食连年高位增产和农业综合生产能力质的提高，为经济社会持续健康发展提供有力支撑。根据国家统计局数据，2017年我国粮食总产量12358亿斤，比2016年增加33亿斤，增长0.3%。粮食生产再获丰收，属历史上第二高产年；农林牧渔总产值为114696.2亿元，比2016年增长了2604.97亿元，同比增长2.32%，其中农业总产值为61719.69亿元，同比增长4.10%；畜牧业总产值30285.04亿元，同比下降4.47%；渔业总产值12316.87亿元，同比增长6.15%；林业总产值4991.55亿元，同比增长7.77%。2017年农林牧渔行业指数大幅下跌，年初为3261.28点，年中跌至谷底的2784.25点，下半年有所反弹回升，至年末为2932.64点，全年下跌了10.08%。2017年年初沪深300指数为3261.28点，年末为3880.14点，处于上升通道，全年农林牧渔指数低于沪深300指数，2017年底农林牧渔指数低于沪深300指数947.50点。农业是立国之本，强国之基，2017年党中央始终坚持把解决好“三农”问题作为全党工作的重中之重，提出了“农业供给侧改革”的新思想新战略，为稳定粮食生产、优化农业产业结构奠定了坚实的基础。2018年“中央一号文件”聚焦“乡村振兴战略”，为加快推进乡村治理体系和治理能力现代化，加快推进农业农村现代化，谋划了新时代乡村振兴的顶层设计。

一、2017年农林牧渔行业上市公司业绩评价结果

截至2017年末，农林牧渔行业A股上市公司共计91家，其中盈利78家，亏损13家，85.71%的公司实现盈利，比2016年下降了6.05%；农林牧渔行业上市公司总资产共计5614.39亿元，占全部上市公司总资产的1.04%。2017年全国3382家上市公司共计完成营业收入326803.73亿元，85家农林牧渔行业上市公司完成营业收入4536.44亿元，占全部上市公司营业收入的1.39%；全部上市公司共计实现净利润19021.72亿元，农林牧渔行业上市公司实现

净利润 224.54 亿元，占全部上市公司实现净利润的 1.18%。

截至 2017 年末，农林牧渔行业上市公司共计 91 家，有牧原股份一家进入 2017 年上市公司业绩评价综合得分的百强名单。2017 年农林牧渔行业整体评价业绩综合得分 63.5 分，高于全部上市公司平均得分 61.8 分，91 家上市公司中，除了 7 家当年上市或借壳上市的公司外，业绩为 A 的有 4 家；业绩为 BBB 的有 4 家；业绩为 BB 的有 8 家，业绩为 B 的有 7 家；业绩为 CCC 的有 9 家；业绩为 CC 的有 9 家；业绩为 C 的有 43 家。

基于对农林牧渔行业上市公司的整体评价，下面分别从财务效益状况、资产质量状况、偿债风险状况、发展能力状况、市场表现状况五个方面对农林牧渔行业上市公司进行具体分析。

表 16-1　2017 年度农林牧渔行业中联十强排行榜

名次	股票代码	股票简称	业绩得分	在全部上市公司中排名
1	002714	牧原股份	79.2	82
2	600201	生物股份	77.6	137
3	600438	通威股份	77.4	141
4	002311	海大集团	75.8	191
5	300498	温氏股份	74.1	247
6	000998	隆平高科	72.3	311
7	600097	开创国际	71.7	335
8	000876	新希望	70.1	420
9	600298	安琪酵母	69.9	422
10	002385	大北农	69.0	471

（一）财务效益

从综合得分来看，2017 年农林牧渔行业上市公司财务效益状况平均得分为 20.63 分，低于上市公司平均得分 22.25 分。

表 16-2　农林牧渔行业财务效益状况比较表

分析指标		2017 年上市公司平均值	2017 年行业值	2016 年行业值	增长率（%）
基本指标	扣除非经常性损益净资产收益率（%）	7.99	6.74	11.73	-42.54
	总资产报酬率（%）	5.91	6.21	9.44	-34.22
	得分	21.07	20.45	28	-26.96
修正指标	营业利润率（%）	7.25	6.35	7.44	-14.65
	盈利现金保障倍数	1.34	1.48	1.15	28.70
	股本收益率（%）	42.46	24.65	45.14	-45.39
综合得分		22.25	20.63	21.21	-2.73

表 16-2 列示了 2017 年农林牧渔行业上市公司财务效益状况评价结果。在农林牧渔行业上市公司财务效益状况指标中，牧原股份财务效益排名第一。牧原股份 2017 年实现营业收入 100.42 亿元，比 2016 年增长 79.14%；实现营业利润 23.90 亿元，比上年增长 7.25%，归属母公司所有者的净利润 23.66 亿元，比上年增加 1.88%。2017 年，公司资产规模同比增长 85.94%，现金流情况保持稳健，2017 年期末现金净增加额为 17.87 亿元。牧原股份是集饲料加工、生猪育种、种猪扩繁、商品猪饲养、屠宰加工为一体的农业产业化国家重点龙头企业，是我国最大的自育自繁自养大规模一体化的生猪养殖企业之一，也是我国最大的生猪育种企业之一。主营业务为种猪和商品猪的养殖与

销售，主要产品为种猪、商品猪。公司拥有一条集饲料加工、生猪育种、种猪扩繁、商品猪饲养等多个环节于一体的完整生猪产业链，并拥有自动化水平较高的猪舍和饲喂系统、强大的生猪育种技术、独特的饲料配方技术。牧原股份在适宜发展“牧原模式”的区域快速建立子公司，截至2017年底，养猪生产类全资子公司数量已经达到80个，分布在豫、鄂等十三个省区。

2017年农林牧渔行业上市公司总体上财务效益状况较去年有所下降，扣除非经常性损益净资产收益率降低了42.54%，股本收益率降低了45.39%，其他指标也有所下降。2017年猪价处于下行通道，受猪价下行影响，畜禽养殖行业市场低迷，造成板块整体营业收入增速放缓，利润大幅下降，并导致财务效益状况较去年下降。

表16–3　2017年度农林牧渔行业财务效益中联五强排行榜

名次	股票代码	股票简称	财务效益得分
1	002714	牧原股份	32.10
2	300498	温氏股份	32.48
3	600438	通威股份	29.37
4	600201	生物股份	28.63
5	600298	安琪酵母	28.32

（二）资产质量

从综合得分来看，农林牧渔行业上市公司资产质量状况平均得分为15分，高于上市公司平均得分9.08分。

表16–4　农林牧渔行业资产质量状况比较表

分析指标		2017年上市公司平均值	2017年行业值	2016年行业值	增长率（%）
基本指标	总资产周转率（次）	0.64	0.87	1.00	–13.00
	流动资产周转率（次）	1.23	1.95	2.11	–7.58
	得分	9.26	11.75	13.34	–11.92
修正指标	应收账款周转率（次）	8.16	20.06	19.82	1.21
	存货周转率（次）	2.77	4.6	5.08	–9.45
综合得分		9.08	15	15	0.00

与2016年比较可知，2017年农林牧渔行业上市公司总体上资产质量总体平稳，农林牧渔行业上市公司2017年总资产周转率为0.87，流动资产周转率为1.95，存货周转率为2.77，低于2016年水平，但应收账款周转率为20.06，高于2016年，综合得分与2016年持平。

表16–4列示了农林牧渔行业上市公司资产质量状况评价结果。在农林牧渔行业上市公司资产质量状况指标中，温氏股份、雪榕生物、唐人神、开创国际、中水渔业、圣农发展、仙坛股份、新五丰、海南橡胶、农发种业等150家得分均为15分。企业的应收账款周转率有所提高，比2016年增长了1.21%，远远高于全部上市公司整体的平均值8.16，存货周转率有所下降，为4.6，高于行业的平均水平2.77。农林牧渔行业的周转率较高与行业特点有关，农产品含水量高、保鲜期短、易腐败变质，存货不易储存过多，且农产品是人们生活的必需品和易耗品，消费群体更多的是终端客户，其流通环节相对于其他行业也较少。

表 16-5 2017 年度农林牧渔行业资产质量中联五强排行榜

名次	股票代码	股票简称	资产质量得分
1	300498	温氏股份	15
2	300511	雪榕生物	15
3	002567	唐人神	15
4	600097	开创国际	15
5	000798	中水渔业	15

（三）偿债风险

从综合得分来看，2017 年农林牧渔行业上市公司偿债风险状况平均得分为 8.97 分，高于上市公司平均得分 8.92 分。

表 16-6 列示了农林牧渔行业上市公司偿债风险状况评价结果。在农林牧渔行业上市公司偿债风险状况指标中，量子高科和生物股份并列排名第一，得分为 15 分，其资产负债率分别为 19.91% 和 21.21%，低于上市公司及行业平均；现金流动负债比率分别为 245.85 和 83.99，远远高于上市公司及行业平均。

表 16-6 农林牧渔行业偿债风险状况比较表

分析指标		2017 年上市公司平均值	2017 年行业值	2016 年行业值	增长率（%）
基本指标	资产负债率（%）	60.19	44.78	43.08	3.95
	获利倍数	4.97	4.88	8.12	-39.90
	得分	8.91	9.76	10.27	-4.97
修正指标	速动比率（%）	79.60	82.23	92.46	-11.06
	现金流动负债比率（%）	10.90	17.45	22.65	-22.96
	带息负债比率（%）	49.72	58.99	57.08	3.35
综合得分		8.92	8.97	11.07	-18.97

与 2016 年相比较，2017 年农林牧渔行业上市公司偿债风险状况平均得分下降 18.97%，其中获利倍数下降了 39.90%，现金流动负债比率下降了 22.96%。

表 16-7 2017 年度农林牧渔行业偿债风险中联五强排行榜

名次	股票代码	股票简称	偿债风险得分
1	300149	量子高科	15
2	600201	生物股份	15
3	603336	宏辉果蔬	14.99
4	002868	绿康生化	14.99
5	600506	香梨股份	14.99

（四）发展能力

从综合得分来看，2017 年农林牧渔行业上市公司发展能力状况平均得分为 10.45 分，比 2016 年有所下降，且低于 2016 年上市公司的平均得分 12.37 分。

表 16-8 列示了农林牧渔行业上市公司发展能力状况评价结果。在农林牧渔行业上市公司发展能力状况指标中，牧原股份排名第一，得分为 18.22 分。牧原股份主业为种猪和商品猪的养殖与销售，受猪价下降的影响，2017 年公司实现净利润 23.66 亿元，仅同比增长 1.88%，但 2017 年公司在生猪价格出现下降的情况下销售实现了快速增长，全年共销售生猪 723.74 万头，同比增长 132.42%；其中商品猪 524.32 万头，仔猪 193.82 万头，种猪 5.60 万头；实现营业收入 100.42 亿元，

同比增长 79.14%，实现了逆势增长。未来随着行业季节性需求回暖，猪价有望触底反弹，进入阶段性上升通道，作为农业产业化国家重点龙头企业，牧原股份通过继续推动标准化、信息化管理，挖掘成本潜力，有望实现公司主营业务的快速发展。

表 16-8　　农林牧渔行业发展能力状况比较表

分析指标		2017 年上市公司平均值	2017 年行业值	2016 年行业值	增长率（%）
基本指标	营业收入增长率（%）	21.02	11.96	22.32	−46.42
	资本扩张率（%）	14.21	9.64	26.62	−63.79
	得分	12.20	10.27	14.29	−28.13
修正指标	累计保留盈余率（%）	41.07	32.07	33.54	−4.38
	三年营业收入增长率（%）	9.58	8.57	8.95	−4.25
	总资产增长率（%）	14.82	15.84	30.41	−47.91
	营业利润增长率（%）	42.01	−13.47	136.25	−109.89
综合得分		12.37	10.45	14.7	−28.91

表 16-9　　2017 年度农林牧渔行业发展能力中联五强排行榜

名次	股票代码	股票简称	发展能力得分
1	002714	牧原股份	18.22
2	300268	佳沃股份	15.00
3	000998	隆平高科	14.64
4	600438	通威股份	14.28
5	603668	天马科技	14.09

2017 年农林牧渔行业上市公司营业利润增长率为 −13.47%，营业利润有所下降。畜禽养殖周期下行导致业绩下降的主要原因。2017 年，全国生猪平均价格为 15.37 元 / 公斤，同比下降 17.45%。2017 年，根据畜牧业协会统计，全年鸡苗、毛鸡等销售价格持续低于成本价格，鸡肉销售价格也不容乐观，全年白羽肉鸡行业整体亏损较为严重。受 2017 年白羽肉鸡行情低迷的影响，与年初相比，年末父母代鸡总存栏量减少了近 40%，父母代场的养殖积极性遭受较严重打击，行业提前淘汰现象较为明显。受上述因素影响，畜禽养殖板块业绩大幅下降，导致农林牧渔板块业绩下滑。

（五）市场表现

2017 年，受大宗商品价格上涨和企业盈利环比改善的影响，沪深 300 指数经历了慢牛行情，全年沪深 300 指数上涨 21.41%，其中有色金属板块成为全年上涨最多的板块。而农林牧渔指数相对出现下跌趋势，全年下跌 9.09%，跑输沪深 300 指数，板块整体表现不佳。进入下半年，下游猪价企稳、禽价反弹，助推行业景气上行，农林牧渔板块出现反弹的态势，7 月以来的涨幅为 6.66%。具体情况见图 16-1。

从综合得分来看，农林牧渔行业上市公司市场表现状况平均得分为 8.46 分，低于全国上市公司 9.13 分的平均水平。

2017 年上市公司市场投资回报率为 −14.59%，农林牧渔行业市场投资回报率为 −19.76%，农林牧渔行业市场投资回报率

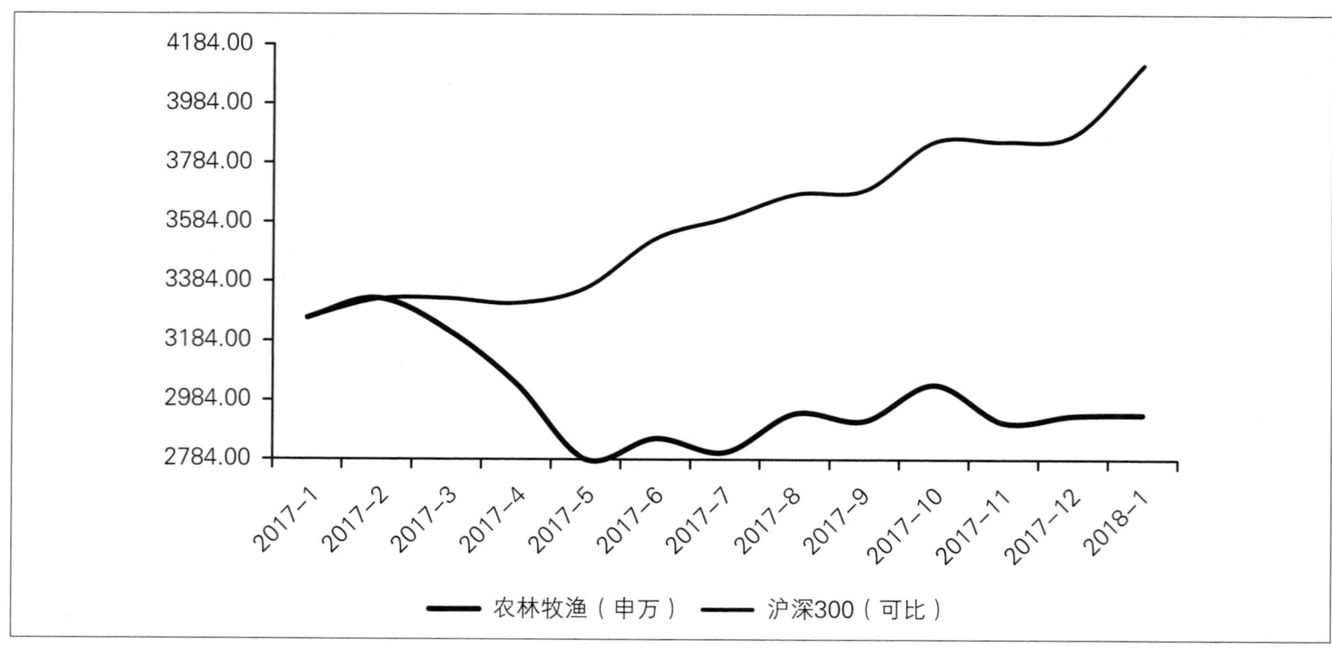

图 16－1　农林牧渔指数与大盘指数波动

表 16-10　　农林牧渔行业公司市场表现状况比较表

分析指标	2017 年上市公司平均值	2017 年行业值	2016 年行业值	增长率（%）
市场投资回报率（%）	-14.59	-19.76	9.77	-302.25
股价波动率（%）	92.63	96.01	81.88	17.26
得分	9.13	8.46	9.66	-12.42

低于上市公司平均水平，上市公司股价波动率为 92.63%，农林牧渔行业股价波动率为 96.01%，高于上市公司平均水平。

表 16-11 列示了农林牧渔行业上市公司市场表现状况评价结果。在农林牧渔行业上市公司市场表现状况指标中，生物股份名列第一，得分为 13.77 分。

表 16-11　2017 年度农林牧渔行业市场表现中联五强排行榜

名次	股票代码	股票简称	市场表现得分
1	600201	生物股份	13.77
2	000998	隆平高科	13.50
3	300087	荃银高科	13.30
4	002311	海大集团	13.05
5	300138	晨光生物	12.65

二、2017 年度农林牧渔行业业绩影响因素分析

（一）畜禽养殖周期下行，农林牧渔整体业绩下滑

2017 年全年，农林牧渔板块（申万）营业收入为 4536.44 亿元，同比增长 11.96%；归属于母公司的净利润为 212.82 亿元，同比降低 31.8%。农业相关 91 家上市公司 2017 年全年平均业绩下滑 13.47%，其中畜禽养殖板块、动物保健板块、农产品加工板块、饲料板块、渔业板块和种植业板块 2017 年年报业绩增速分别为 -44%、13%、-65%、24%、127%、和 252%。2017 年农林牧渔板块营业利润 288.04 亿元，较去年同期下

降44.84亿元，其中畜禽养殖板块营业利润98.05亿元，较去年同期下降76.58亿元，畜禽养殖板块业绩下滑是拖累农林牧渔整体业绩的主因。

2017年畜禽养殖周期下行，受猪价下行影响，板块营业收入增速放缓，利润大幅下降。以全国规模最大的种猪育种和肉猪生产企业温氏股份为例，2017年温氏股份全年销售肉猪1904.17万头，同比增长11.18%，受猪价下降影响，2017年营业收入同比下降6.23%，营业利润同比下降42.20%。猪价上一轮上升周期主要得益于环保政策去产能的影响，加上行业整体亏损，养殖散户逐步退出，猪价抬升。2017年生猪价格开始进入下行周期，年初生猪价格超过18元/千克，到年中跌至13元/千克左右，年底生猪价格有所反弹，回升至15元/千克左右，但猪价年中季节性反弹时点亦晚于预期，导致全年生猪均价为15.04元千克，同比下跌18.85%。受生猪规模养殖以量补价的带动，板块仍实现了营业收入9.14%的增长，但增速放缓。由于猪价下降幅度较大，板块利润较去年同期出现了明显下滑，2017年畜禽养殖板块营业利润98.05亿元，较去年同期的174.63亿元同比下降了43.85%。以雏鹰农牧为例，作为一家从事生猪产品和家禽产品生产的大型现代化养殖企业，2017年雏鹰农牧营业收入为56.98亿元，同比下降6.44%，营业利润为1.63亿元，较去年同期下降7.69亿元，同比下降82.55%。

白羽鸡养殖行业去年由于禽流感影响，几大种源国相继封关，导致我国祖代鸡引种量持续低位，2017年引种量为60万套（含益生自繁），预计18年引种量在60万套左右（含益生自繁），均低于行业均衡的80万套水平，白羽鸡产业链出现供给收缩情况，但2017年由于强制换羽的存在，导致了产能波动，白羽鸡生长周期短、换羽成本低，在父母代鸡苗、商品代鸡苗价格处在高位时，行业出现大量祖代鸡、父母代鸡强制换羽情况，导致进入2017年，商品代鸡苗、父母代鸡苗价格持续低迷，白羽鸡养殖企业业绩同比大幅下滑。另外2017年上半年由于禽流感的冲击，活禽交易市场大范围的关闭，需求锐减，鸡价仍处于弱势，加上行业由于乐观预期扩大出栏导致行业供给过剩，导致整个行业深度亏损。以圣农发展为例，作为中国最大的自养自宰白羽肉鸡专业生产企业，2017年实现家禽饲养销量90.56万吨，但由于白羽鸡价格大幅下跌导致公司产品销售价格大幅下跌，2017年公司实现营业利润3.43亿元，同比下降37.43%。

（二）受环保政策、供需关系、行业并购等因素的影响，饲料、动保、种植等板块业绩增长较快

2017年饲料板块业绩较好，营业收入增长了12.05%，营业利润增长了23.56%，销量回升明显。以海大集团为例，公司饲料总销量849万吨，同比增长15.77%，其中水产料同比增长22.72%，猪料增长31.94%，禽料增长7.78%，受益于水产品价格景气度高、终端消费升级，2017年公司毛利率增加了1.86个百分点，全年实现营业收入325.57亿元，同比增长19.76%，实现营业利润14.76亿元，同比增长47.50%。饲料板块业绩向好，一方面受下游猪肉供给增加驱动，需求复苏，饲料销量维持正增长，2017年我国生猪存栏量维持在3.5亿头左右，略低

于去年，但受环保政策的影响，规模养殖场数量及比重大幅增加，规模养殖场的饲料需求高于散户，从而带动饲料需求的上升；另一方面，2017年以来水产养殖进入上升周期，鱼价维持高位，根据商务部资料，2017年末全国鲤鱼、鲢鱼、草鱼、鲫鱼均价同比分别上涨1.1%、12.5%、7.0%和1.3%，鱼价高位带动饲料需求增长。2017年饲料板块实现营业收入2077.75亿元，同比增长12.05%，营业利润117.71亿元，同比增长23.56%。

动保板块属于养殖后周期板块，2017年受下游畜牧养殖业规模化的带动和行业并购等因素的影响，板块业绩实现了较快增长。2017年畜牧养殖进一步规模化，带动市场苗市场快速扩容，同时环保政策密集出台促使行业竞争格局优化，口蹄疫的市场规模成倍翻番。2017年作为以生物药品制造为主的上市公司，生物股份实现口蹄疫疫苗销量8.96亿毫升，同比增长17.80%，猪瘟疫苗476.54万头份，同比增长153.86%，2017年公司营业收入同比增长25.31%，营业利润同比增长32.79%。我国动保市场产品同质化严重，竞争混乱，市场集中度较低，2017年随着环保和安全压力的持续加大，政府监管的日趋严格，养殖规模化水平的进一步提升，动保行业的集中度进一步提升，市场竞争加剧，动保行业由“同质比价”模式进入“提质提价”的新模式。2017年2月22日，法国诗华动物保健公司与青岛易邦生物工程有限公司、中国动物卫生与流行病学中心达成合作，收购原浙江诺倍威生物技术有限公司64%股权，标志着国际动保巨头法国诗华大力进军中国的猪用疫苗版块；2017年7月10日金宇生物以4.03亿元的价格收购益康生物46.96%股权成功，通过收购，金宇进入了禽流感疫苗市场；2017年10月31日，天邦股份收购了中国动保20.4%股权，收购完成后天邦成为国内为数不多的投资拥有口蹄疫强制免疫品种的疫苗企业之一；2017年海利生物筹备多年的杨凌金海口蹄疫疫苗获批上市，口蹄疫疫苗市场竞争更为激烈。受上述因素影响，2017年动保板块整体实现营业收入110.02亿元，同比增长6.92%，实现营业利润24.14亿元，同比增长12.80%。

种植业板块受龙头企业亮眼业绩的带动下，整体实现较快增长，2017年种植业板块整体实现营业收入331.11亿元，同比增长5.09%，实现营业利润28.15亿元，同比增长252.26%，隆平高科实现营业利润9.61亿元，北大荒实现营业利润8.24亿元，两者为板块提供了较大的利润，其中隆平高科业绩尤为抢眼。2017年隆平高科通过“种业运营＋农业服务、国内市场＋国际市场”四轮驱动，实现全方位快速发展，跻身世界种业前九强。公司加大科技研发创新投入，快速推进对外投资并购，行业领先地位进一步巩固。加快投资并购步伐，强化产业战略布局是公司取得良好业绩的重要因素，国内方面，公司分别收购湖南优至、湖北惠民80%股权，与南京农大合资设立南方粳稻研究院，完善水稻细分市场布局，助力公司水稻产业的持续增长，收购巡天农业、三瑞农科控股权，加速推进公司“3+X”经营品类战略，战略性进入小米、食葵领域，进一步提升公司在多作物种业市场的综合竞争力和盈利能力，完成了对四川隆平、百分农业等杂交水稻核心主体的少数股东股权上移，为发挥公司品牌化、组织化、规模化的“大兵团”协同作战优势、推动杂交水稻市场份额持续增长奠定良好基础。因此，2017 年公司实现收入 31.90 亿元，同比增长 38.73%，实现营业利润 9.61 亿元，同比增长 96.81。

（三）受益于农业供给侧改革、土地流转政策的影响，部分企业实现逆势增长

2017 年 2 月 5 日，《中共中央、国务院关于深入推进农业供给侧结构性改革加快培育农业农村发展新动能的若干意见》（简称：“中央一号文件”）公布，文件再次聚焦农业供给侧改革，针对我国农产品供求结构失衡、农民收入持续增长乏力、要素配置不合理等问题，给出了强力措施，不仅有助于农业竞争力提高及农民增收，也为中国经济转型升级奠定良好基础。

农业供给侧结构性改革玉米首当其冲。目前玉米、小麦和水稻三种农产品供给过剩，其中玉米库存最大，过剩情况最为突出。玉米行业供给侧改革主要通过去产能和去库存两条途径，一是去产能、调减玉米种植面积；二是通过下游深加工（生产燃料乙醇）以及玉米出口来去库存。2017 年我国继续推进玉米供给侧改革，东北地区出台玉米深加工补贴政策，补贴幅度在 100~300 元 / 吨，同时，随着玉米临储退出、玉米去库存的推进，玉米价格下跌，降低了燃料乙醇成本，提高了玉米深加工行业相关上市公司的毛利，受上述因素影响，中粮生化业绩实现了较快增长，2017 年实现营业收入 62.76 亿元，同比增长 12.00%，实现利润 1.55 亿元，同比增长 368.00%。水稻方面，2017 年，国家开始下调水稻最低收购价格，并且呈继续下调态势，进一步加快了粮食市场化的步伐，加之 2016 年玉米市场化收购形成的叠加效应，对公司农户的种植收益和承包土地产生了积极影响。乘政策东风，2017 年北大荒顺应农业供给侧结构性改革要求，优化种植结构，在大幅缩减玉米的同时，增加大豆及经济作物的种植面积，坚持以市场需求为导向，以种植“优质品种、专用品种、特色品种”为切入点，实现了业绩的快速增长，2017 年实现营业利润 7.80 亿元，同比增长 12.00%

农业供给侧改革的另一个主要方面是土地流转改革，土地流转是推动农业规模化经营的前提，与农业供给侧结构性改革的政策理念最为契合。2017 年 10 月 16 日，国务院印发《关于开展第三次全国土地调查的通知》，决定自 2017 年起开展第三次全国土地调查，将于 2020 年发布成果。2017 年 11 月1日《农用地土壤环境管理办法（试行）》，土地流转相关支持政策频出。作为一家农作物种植、良种育繁、农产品加工及销售全产业链规模化的国有大型农业企业，苏垦农发 2017 年深入推动农业供给侧结构性改革，紧扣“增产、提质、降本、增效”的核心要求，推动现代农业建设取得明显成效，公司推动百万亩国家级绿色食品原料标准化生产基地创建，首批创建面积 75 万亩，做好稻米、种子质量安全追溯管理，稻米质量追溯面积增加至 72.6 万亩，进一步提升资源掌控力，承包自农垦集团的土地中，联合经营及集体经营面积 84.2 万亩，比上年提高 4.1%。受益于土地流转政策，苏垦农发实现了业绩较快增长，2017 年实现营业收入 43.16 亿元，同比增长 5.66%，实现营业利润5.77亿元，同比增长67.64%。亚盛集团，作为以精准农业种植、农副产品生产加工为主业的综合类企业集团，受益于土地流转政策的影响，2017年业绩实现了较快增长。2017年亚盛集团紧紧围绕深化农垦改革和农业供给侧结构性改革的总体安排，坚持稳中求进的总基调，实现“三大一化”建设有序推进。公司不断拓展统一经营，广泛应用以“水肥一体化”技术为基础的农业综合技术，全年大条田和高效节水灌溉面积不断增加，主要农作物机械化应用率达到100%，大马力农机超过1000台套。2017年亚盛集团实现营业利润9531.65万元，同比增长114.96%。

三、2018年农林牧渔行业前景展望

农业发展关系国民经济和社会发展全局，农业丰则基础强，农民富则国家盛，农村稳则社会安。我国农业农村发展环境发生重大变化，既面临诸多有利条件，又必须加快破解各种难题。在经济发展新常态背景下，如何促进农民收入稳定较快增长，加快缩小城乡差距；如何加快转变农业发展方式，确保粮食等重要农产品有效供给，实现绿色发展和资源永续利用；如何统筹利用国际国内两个市场、两种资源，提升我国农业竞争力，是我们必须应对的重大挑战。

（一）乡村振兴战略，谱写新时代乡村全面振兴新篇章

2018年2月4日由新华社受权发布了改革开放以来第20个、21世纪以来第15个指导“三农”工作的中央一号文件《中共中央国务院关于实施乡村振兴战略的意见》。文件对实施乡村振兴战略进行了全面部署，从提升农业发展质量、推进乡村绿色发展、繁荣兴盛农村文化、构建乡村治理新体系、提高农村民生保障水平、打好精准脱贫攻坚战、强化乡村振兴制度性供给、强化乡村振兴人才支撑、强化乡村振兴投入保障、坚持和完善党对“三农”工作的领导等方面进行安排部署。文件确定了实施乡村振兴战略的目标任务：到2020年，乡村振兴取得重要进展，制度框架和政策体系基本形成；到2035年，乡村振兴取得决定性进展，农业农村现代化基本实现；到2050年，乡村全面振兴，农业强、农村美、农民富全面实现。乡村振兴战略的首次提出，具有重要的战略意义。土地制度建设、农业供给侧改革、农业基础设施建设、扶贫及农业产业化、小农户的社会化服务等是政策未来重点关注方向。

土地制度方面，2017年全国耕地的确权基本完成，2018年农村土地的三项改革试点和土地法修正完成，在乡村振兴战略的实施下，土地流转改革有望深化，企业流转土地有望加速。李克强总理在2018年3月5日政府工作报告中指出，落实第二轮土地承包到期后再延长30年的政策；探索宅基地所有权、资格权、使用权分置改革；改进耕地占补平衡管理办法，建立新增耕地指标、城乡建设用地增减挂钩节余指标跨省域调剂机制，所得收益全部用于脱贫攻坚和支持乡村振兴。在乡村振兴的大背景下，种植业和农垦板块成为政策相关的投资主题，隆平高科、北大荒等预计未来业绩向好。

农业侧供给改革方面，目前农业供给侧改革自首次提出之后不断深化，由“去库

存、降成本、补短板”深化为“保证国家粮食安全、增加农民收入、保证农产品有效供给、提高农产品质量、培育壮大粮食产业主体和粮食产业化龙头企业”。我国农业供给侧改革已初见成效，取消了玉米收储制度，农产品市场定价机制得到优化；大力推进农村土地“三权分置”，深化农村产权制度改革，农村土地工作进展顺利。未来农业供给侧改革仍将着重调整玉米种植面积和种植结构，目前玉米市场上优质玉米稀缺，玉米种植面积或在2018年迎来恢复，玉米供需改善带动玉米价格上涨，登海种业作为玉米种子行业的龙头企业，行业市占率高，未来业绩前景广阔。农业供给侧改革的另一个重点是培育壮大粮食产业主体，根据国务院2017年9月8日印发的《关于加快推进农业供给侧结构性改革大力发展粮食产业经济的意见》，国家将从提高行业准入门槛、加大财税扶持力度、引导粮食产业和现代服务产业融合、积极扶持壮大领先企业等六个方面培育壮大粮食产业化龙头企业，苏垦农发、海南橡胶、亚盛集团等拥有大量土地经营权的企业未来有望获益。

农业基础设施建设方面，补齐基础设施短板是乡村振兴的基础，农业水利首当其冲，按照两会规划，2018年将新增高标准农田8000万亩以上、高效节水灌溉面积2000万亩，作为农田水利龙头的大禹节水、京蓝科技等节水农业相关企业预计未来进入高速增长期；扶贫是农业工作政策的主线，国家倡导农业龙头企业带动形成农业产业化联合体，这将有利于劳动力密集型的龙头企业获取更多资源，扶贫及农业产业化方面，温氏股份、牧原股份、正邦科技、天邦股份等有望获益；小农户的社会化服务方面，健全农业社会化服务体系，随着规模化农业经营者数量快速增长，其对农资产品和农化服务一体化需求日益强烈，在农资服务已有切入的象屿股份、中牧股份、海大集团等龙头企业未来业绩有望受益。

（二）中美贸易战打响，农业板块或将总体受益

2018年3月23日，美国总统特朗普签署总统备忘录，将对从中国进口的商品大规模征收关税，涉及征税的中国商品规模达600亿美元；同日，商务部发布了针对美国进口钢铁和铝产品232措施的中止减让产品清单，其中涉及农业的有三类：猪肉及制品，鲜水果、干果及坚果制品以及改性乙醇。4月4日美国政府宣布对我国出口美国的1333项500亿美元商品加征25%关税；同日，中国国务院关税税则委员会决定对原产于美国的大豆、汽车、化工品等14类106项商品加征25%的关税。4月5日美国拟额外对1000亿美元中国进口商品加征关税，中美贸易战愈演愈烈，不断激化。

大豆方面，2017年中国进口美国大豆总值为139.59亿美元，居美国对华出口商品第二位，大豆进口量9552.98万吨，其中3285万吨来自美国，占比34.39%，排名第二。如果贸易战进一步深化，大豆或成为我国反击的重要手段，但超过1/3的大豆若想改从其他产地进口绝非易事，势必推升大豆价格，从而带动下游豆油、豆粕以及饲料价格的上涨。豆粕、豆油等大豆产业链相关产品的价格上扬将农民提升农民的种植收益，土地板块相关企业如北大荒、苏垦农发以及油脂板块相关企业道道全、西王食品、东凌国际、京粮控股等有望获益。

中美贸易战打响，猪肉概念股受益，稳定下跌猪价。近日商务部拟对进口猪肉制品加收关税，虽然进口肉体量占比很小，内外价差小，进口额的减少对猪价影响有限，但避险情绪的抬升以及对进口农产品加征税的政策使猪价跌幅趋缓，南方部分地区猪价有所反弹，未来温氏股份、天邦股份、正邦科技等龙头养殖企业有望带动农业板块业绩整体抬升。

白羽鸡板块存在潜在利好，中美贸易摩擦升级或导致美国鸡肉“双反”取消进程的不确定性增加，2月底，商务部取消对美国鸡肉制品“双反”，但考虑当前贸易摩擦的情况，实际进程可能无限期拖延，导致美国祖代引种复关遥遥无期，有利于国内禽肉供需持续复苏。

中美贸易冲突下，国内农产品种植质量及效率亟待提升，或将推动农作物转基因放开进程，隆平高科、登海种业、荃银高科、大北农等种子板块业绩有望获益。稻种领域的规模领先者，拥有多元化、多层次品种储备及多区域运营管理能力的隆平高科和玉米种子领域的技术领先者，拥有强大的后续新品种推进能力及完善的营销服务水平的登海种业未来业绩有望较快增长。

（三）受政策、供需变化、国际因素等影响，多板块未来业绩有望提升

因环保去产能，行业壁垒提高，2018年集团养殖有望是最大受益方，生猪养殖板块、白羽肉鸡板块业绩有望提升。目前生猪市场需求疲软，猪源充足，生猪供需宽松，猪价处于低位，未来随着行业季节性需求回暖，猪价短期有望触底反弹，进入阶段性上升通道。近日国储玉米开始投放，前两轮计划投放合计1368.6万吨，最低销售底价仅1250元/吨，国内玉米价格短期大概率承压下行，作为生猪养殖主要原料，玉米价格下行对养殖效益产生利好影响。另外，环保政策高压下生猪养殖业规模化程度提升较快，行业龙头以量补价，加快提升市场份额，牧原股份、温氏股份等生猪养殖板块在未来猪价上行时业绩有望得到较高提升。白羽肉鸡板块，在上游，祖代引种连续三年下降，加上2017年白羽肉鸡板块严重亏损，行业的上下游均出现了较为明显的供给出清；从需求端来看，白鸡需求一半以上由工厂团膳贡献，经济复苏有望推动工厂需求恢复，禽流感二价新苗、冰鲜渠道建设降低了大幅度禽流感冲击的可能性，加上巴西双反预计即将实行，有望明显减少国外鸡肉的冲击，圣农发展等公司业绩有望提升。

我国对大豆进口依赖性较强，国际大豆价格对国内豆价和下游加工压榨产品价格能够产生直接影响。据美国农业部预测，2018年美豆单产每英亩预计49.9蒲式耳，基本确定丰产；主产国中，预计美国大豆产量1.21亿吨，比上年度增加3.1%；巴西大豆产量1.07亿吨，比上年度减少6.2%；阿根廷大豆产量5700万吨，比上年度减少1.4%。预计2018年度全球大豆消费3.44亿吨，比上年度增加1409万吨，增幅4.3%。全球大豆期末库存9606万吨，库存消费比28.32%，处于高位，2018年度全球大豆供应局面相对宽松，国际大豆价格走势偏弱，国内大豆、豆油和豆粕价格预计保持低位。受益于下游养殖规模扩张和饲料原料成本下行的双重利好，饲料板块业绩未来向好，高增长同时养殖一体化进展加快的龙头个股大北农、金新农、海大集团等有望获益。

目前水产养殖进入高景气的状态，产品价格维持在高位，在政府对于生态环境的重视下，禁养和禁渔的政策日益严格，预计将有部分捕猎量转化为养殖量，推升养殖户对于饲料的采购需求。并且在水产养殖的高景气下，养殖户采用高端料的意愿也更强，加速高端料如膨化料，对普通料的替代，膨化料的使用量有望上升，水产饲料板块有望受益，实现量利齐升。

海产品行业整体处于景气向上期，尽管“北参南养”导致海参价格阶段性回调，但从长期来看，整个海产品行业由于需求持续回暖且供给方面受产能结构调整影响继续收缩。海参产品之前主打“奢食”概念，在高端消费市场掀起热潮，各大海参养殖加工企业的毛利润和增速最高分别达到60%以上，随着厂商不断加入导致行业产能过剩以及消费限制政策的推出，海参价格开始急转直下，随着海参市场持续去产能，行业开始回暖。目前海参养殖企业缺乏强有力品牌，好当家和东方海洋等大型海参养殖企业已敏锐地捕捉到行业鲜参供给量的变化，纷纷加大干参加工比重和品牌渠道建设力度，海参养殖行业将由初级农产品养殖行业向高端消费品行业的更高层次升级。

糖业方面，目前国际原糖正处于去库存周期，糖库存量继续下降，预计2018年榨季食糖库销比降至22.74%，连年下滑的库销比将对国际原糖价格形成有力支撑。国内糖价方面，目前我国食糖库销比有所下降，由2016年的60.7%下降至2017年的47.25%，但仍处于高位。2018年我国糖缺口预计达330万吨左右，考虑到一方面未来糖料蔗种植面积基本稳定，单产和出糖率有所提升，食糖产量将平稳增长，同时在关税政策保护的前提下原糖进口量将大幅缩减，另一方面，食糖消费量在替代品淀粉糖使用日趋饱和的情况下有望实现持续稳步增长。综合以上因素，国内糖价存在未来预计企稳回升。

2017年我国农业发展取得了巨大成就，粮食增产，农户增收，农业龙头企业迅速成长，涌现出很多产值高、融合好的地方产业为推动现代农业发展提供了强大推力。随着乡村振兴战略的提出，农业进入了新时代，2018年从土地到产业，再到补贴、金融，中国农业将继续发力，各项惠农强农的政策举措将大幅推进，将推动农业标准化，提高农产品质量；将加强执法监管，促进安全生产；将树立品牌形象，强化品牌效应；将强化现代要素的集成应用，让产业发展壮大。2017年随着各产业升级和各新兴产业的出现，农业产业已初具雏形，2018年中国农业有望迎来突飞猛进的大发展。

附表

2017年度农林牧渔行业上市公司业绩评级结果排序表

行业排名	全部上市公司排名	股票代码	股票简称	综合得分	每股收益	总资产报酬率（次）	净资产收益率（%）	总资产周转率（次）	流动资产周转率（次）	资产负债率（%）	已获利息倍数	营业收入增长率（%）	资本扩张率（%）	市场投资回报率（%）	股价波动率（%）	年末应收账款（万元）	年末资产总额（万元）	营业收入（万元）	净利润（万元）
1	71	002714	牧原股份	79.2	2.12	14.51	25.71	0.54	1.61	47.03	8.47	79.14	124.97	128.62	219.64	0	2404463.49	1004241.59	236552.94
2	120	600201	生物股份	77.6	1	20.44	21.1	0.38	0.52	21.21	18954.2	25.31	19.33	45.25	67.36	46578.56	568357.42	190101.03	86820.72
3	124	600438	通威股份	77.4	0.52	11.17	16.01	1.11	3.43	46.36	14.53	24.92	16.13	92.36	217.42	79083.73	2554845.72	2608924.1	204141.07
4	172	002311	海大集团	75.8	0.78	13.49	19.4	2.78	5.34	48.05	15.9	19.76	17.71	60.71	90.35	76028.53	1316045.67	3255663.41	122645.97
5	226	300498	温氏股份	74.1	1.29	16.03	21.62	1.23	2.92	31.95	45.06	-6.23	6.34	-18.36	70.33	17257.02	4903958.57	5565716.01	699902.8
6	284	000998	隆平高科	72.3	0.61	10.29	14.62	0.3	0.6	50.41	8.37	38.73	11.43	21.8	76.01	54080	1297662.14	319001.93	89244.62
7	308	600097	开创国际	71.7	0.51	8.66	10.68	1.01	1.9	14.67	9.71	55.6	86.09	-27.47	79.96	12784.27	180114.08	178745.75	12618.22
8	388	000876	新希望	70.1	0.54	8.82	11.32	1.57	6.18	38.2	11.39	2.77	2.68	-2.52	11.7	52547.37	4245163.3	6256684.86	293221
9	390	600298	安琪酵母	69.9	1.03	14.05	23.52	0.78	2.21	49.01	15.87	18.83	17.03	87.13	140.41	61096.71	802732.74	577572.82	89266.59
10	438	002385	大北农	69	0.31	9.99	12.1	1.09	2.23	38.9	10.94	11.29	17.34	-13.75	24.19	133296.24	1925782.27	1874173.86	131813.62
11	443	002567	唐人神	68.8	0.39	9.11	11.12	2.54	6.37	34.86	11.52	26.12	31.99	-3.71	83.83	17963.84	605532.01	1372251.09	38558.16
12	522	600598	北大荒	67.4	0.44	9.91	13.16	0.39	0.95	23.16	0	-3.31	2.78	-14.29	39.37	4788.57	764695.79	299241.46	76249.89
13	524	300087	荃银高科	67.4	0.15	6.77	10.49	0.63	0.85	38.73	553.47	25.12	11.17	4.75	42.64	7490.06	158756.06	94746.59	9691.73
14	549	002100	天康生物	67.1	0.42	8.86	14.02	0.89	1.51	47.98	15.06	4.18	12.98	-10.1	34.72	19737.49	587285.08	463002.57	40377.71
15	609	000639	西王食品	66.1	0.76	11.22	14.26	0.78	3.06	64.06	2.44	66.46	-0.52	-17.01	53.34	40082.38	770685.4	561834.13	39597.13
16	625	002696	百洋股份	65.8	0.61	6	7.31	0.87	1.82	35.73	6.63	15.74	105.18	-22.37	75.84	41037.91	358067.7	239412.88	12507.11
17	714	600195	中牧股份	64.5	0.93	8.75	11.13	0.66	1.2	37.07	12.21	2.41	7.02	-8.74	34.35	23284.2	628293.16	406972.93	42559.27
18	720	603609	禾丰牧业	64.4	0.57	11.57	14.15	2.46	5.05	37.41	10.05	15.38	12.8	-30.86	109.19	35193.75	598586.2	1369584.35	49995.48
19	769	600737	中粮糖业	63.7	0.36	7.96	10.7	1.06	1.65	57.26	3.32	41.31	7.79	-37.43	87.8	86662.85	1710244.77	1915720.98	75400.32
20	791	000798	中水渔业	63.5	0.17	6.14	7.88	0.78	1.56	33.2	6.64	39.98	17.06	-30.64	104.99	1721.33	102682.27	74814.47	5009.38
21	802	300511	雪榕生物	63.3	0.61	5.53	9.02	0.42	2.67	63.08	3.06	33.2	9.81	-23.55	94.94	1726.79	383637.65	133028.39	12209.45
22	855	600873	梅花生物	62.5	0.38	9.84	12.82	0.65	2.37	45.27	6.61	0.36	0.68	-20.75	60.08	47557.34	1710191.5	1113216.11	119603.69
23	932	002124	天邦股份	61.5	0.34	8.49	11.6	0.88	2.29	31.4	16.93	29.13	113.97	-31.39	96.37	4642.88	444315.86	306106.06	25928.78
24	1117	002157	正邦科技	58.8	0.23	5.35	8.61	1.43	3.77	59.67	4.19	8.96	7.76	-13.8	90.69	38630.38	1661574.19	2061492.23	55650.98
25	1120	600965	福成股份	58.7	0.19	9.05	8.66	0.54	0.92	23.08	15.78	-0.76	5.65	-21.92	52.94	14087.22	241159.82	136055.89	15642.54
26	1122	300149	量子高科	58.7	0.14	7.23	7.01	0.3	0.54	19.91	59.21	6.46	8.51	-20.75	77.18	5009.25	104317.73	27535.36	5627.36
27	1162	600226	瀚叶股份	58.1	0.12	7.28	8.98	0.3	0.7	22.92	9.03	31.02	146.09	-19.05	58.45	19184.2	545399.87	131742.94	26560.61
28	1226	000735	罗牛山	57.3	0.13	4.05	4.31	0.21	0.55	40.58	8.7	45.68	3.7	8.48	72.17	2513.98	618218.55	129814.99	15543.53
29	1238	603566	普莱柯	56.9	0.36	7.53	7.49	0.3	0.47	13.09	0	-9.12	5.94	-11.02	41.49	10848.05	180511.12	52989.52	11418.59
30	1311	002321	华英农业	56.1	0.11	3.79	3.71	0.58	0.92	64.34	2.08	63.91	5.29	12.04	81.34	45320.38	806265.32	412192.59	10390.61
31	1332	603336	宏辉果蔬	55.8	0.47	8.11	8.34	0.86	1.09	2.81	1227.88	1.18	4.98	-40.12	182.18	17347.14	80048.58	68428.84	6332.61
32	1357	002299	圣农发展	55.4	0.26	4.69	4.15	0.83	3.92	50.45	2.44	21.8	4.47	-26.23	73.73	32593.34	1320213.53	1015879.49	26578

续表

行业排名	全部上市公司排名	股票代码	股票简称	综合得分	每股收益	总资产报酬率（次）	净资产收益率（%）	总资产周转率（次）	流动资产周转率（次）	资产负债率（%）	已获利息倍数	营业收入增长率（%）	资本扩张率（%）	市场投资回报率（%）	股价波动率（%）	年末应收账款（万元）	年末资产总额（万元）	营业收入（万元）	净利润（万元）
33	1392	000930	中粮生化	55	0.25	6.42	13.62	1.1	3.52	67.07	3.43	12	14.98	−8.82	71.06	22634.81	595588.93	627591.41	24966.4
34	1430	300138	晨光生物	54.4	0.39	6.51	8.17	1.03	1.46	43.47	8.02	29.49	6.49	−0.97	36.33	21732.34	287280.49	277213.58	12865.72
35	1478	300143	星普医科	53.7	0.43	6.41	5.98	0.13	0.36	6.83	0	−23.87	10.79	−4.87	50.84	6772.85	261108.59	32922.96	13849.87
36	1503	600371	万向德农	53.3	0.26	8.27	13.03	0.34	0.53	33.2	0	−19.07	14.63	−35.01	113.54	0	76677.52	25777.39	6246.48
37	1538	300021	大禹节水	53	0.16	6	7.21	0.47	0.64	50.79	5.05	24.8	5.52	−12.29	67.13	65360.81	295285.15	128442.37	10199.06
38	1545	300094	国联水产	52.9	0.18	6.23	7.66	1.17	1.44	50.44	3.93	56.25	7.41	−19.09	85.93	74575.71	393210.97	409580.67	14413.26
39	1582	002746	仙坛股份	52.4	0.56	4.02	4.88	0.85	1.43	17.88	203.4	3.29	3.11	−50.51	160.12	2397.54	258002.1	216400	10190.44
40	1632	002173	创新医疗	51.6	0.31	5.1	3.92	0.2	0.39	21.38	9.39	18.66	3.51	−30.25	89.33	22291.64	465016.74	90514.24	14079.24
41	1744	300119	瑞普生物	50.2	0.26	5.64	5.83	0.37	0.84	25.58	10.55	7.99	3.36	−30.29	80.79	34365.97	292421.43	104733.45	12475.53
42	1838	002548	金新农	48.6	0.18	5.29	5.55	0.88	2.57	46.85	3.18	10.8	−4.52	−25.73	77.73	26680.4	351355.56	306135.4	10614.71
43	1859	002086	东方海洋	48.4	0.18	4.18	4.12	0.2	0.43	25.9	4.77	10.29	3.89	−2.46	51.67	30880.7	404761.35	77940.73	12131.87
44	1872	600975	新五丰	48.1	0.07	3	2.92	0.93	1.55	28.58	4.73	1.91	−2.15	−36.26	106.83	5578.61	177778.64	172372.08	3743.39
45	1904	002772	众兴菌业	47.7	0.39	4.43	5.8	0.2	0.42	35.61	8.46	26.46	14.93	−45.83	143.31	1339.68	409154.73	73979.28	14277.81
46	1913	300268	佳沃股份	47.6	0.02	4.75	5.71	0.89	1.45	66.71	3.93	8269.92	66.16	−41.36	75.52	11335.25	105281.14	57464.51	1602.76
47	1984	002688	金河生物	46.5	0.17	6.61	6.83	0.52	1.5	44.68	4.82	−2.53	3.36	−38.32	95.18	28852.22	295991.19	145782.64	11004.68
48	2014	002447	晨鑫科技	46	0.19	12.66	14.82	0.13	0.55	24.38	128.09	−49.86	−24.48	−20.13	41.53	11488.18	274783.98	39188.58	35795.15
49	2018	603718	海利生物	45.9	0.18	7.72	9.16	0.2	0.37	32.89	10.08	−11.56	6.92	−36.44	86.23	1787.6	160171.84	30365.02	9529.45
50	2096	600251	冠农股份	44.5	0.11	3.17	3.81	0.37	0.71	54.3	2.73	4.22	8.92	−8.34	56.2	29890.68	504566.01	160232.75	8419.5
51	2131	600467	好当家	43.7	0.04	2.9	1.75	0.22	0.74	47.99	1.61	13.97	1.27	−34.34	84.09	5684.31	579342.47	120791.18	5234.55
52	2166	600257	大湖股份	42.8	0.02	1.08	0.72	0.59	1.03	20.51	4.34	7.6	0.09	−32.76	113.96	9640.11	168251	99657.06	961.29
53	2240	002286	保龄宝	41.4	0.13	3.19	3.24	0.79	2.31	27.61	8.73	15.65	1.13	−44.73	116.28	15092.8	210691.98	159299.62	4909.65
54	2246	600108	亚盛集团	41.2	0.05	2.92	2.08	0.26	0.69	40.79	1.78	−0.13	0.49	−30.22	82.25	98075.76	804096.6	206634.17	9854.89
55	2337	002505	大康农业	39.2	0	1.94	−0.59	0.77	1.34	59.35	0.76	98.9	9.41	−20	56.34	203842.11	1559676.67	1237798.98	−3550.21
56	2405	600127	金健米业	37.5	0.02	1.7	1.31	1.43	2.56	60.97	2.29	24.46	1.27	−33.81	110.59	14219.53	203923.7	275960.62	1036.77
57	2439	000702	正虹科技	36.7	0.06	3.08	3.17	1.99	4.95	32.88	8.56	9.63	2.78	−51.68	173.57	528.06	70597.14	134840.41	1482.54
58	2441	300175	朗源股份	36.6	0.08	5.86	4.87	0.36	0.79	7.79	41.62	−35.55	3.77	−45.8	209.61	8148.97	89859.39	37986.5	3960.09
59	2472	002679	福建金森	35.9	0.4	6.17	7.33	0.1	0.11	53.48	2.31	27.08	6.08	−42.93	177.45	3989.71	168219.57	17489.81	5569.15
60	2478	600189	吉林森工	35.7	0.03	3.19	2.55	0.2	0.54	57.36	2.39	167.18	81.27	−43.41	109.97	8520.12	612375.45	102607.07	5166.2
61	2506	002220	天宝食品	34.7	0.24	4.12	4.95	0.3	0.58	46.25	3.02	−0.81	3.81	−47.82	132.87	122603.65	512741.85	146529.23	13381.69
62	2524	601118	海南橡胶	34.1	−0.07	−0.66	−3.42	0.8	2.14	40.52	−0.53	21.88	−2.92	−22.78	80.3	27762.61	1336818.81	1081832.27	−27622.87
63	2556	002041	登海种业	33.1	0.19	2.99	3.68	0.18	0.22	15.44	0	−49.84	2.68	−34.48	112.87	3149.34	444598.87	80382.1	13642.46
64	2574	300313	天山生物	32.1	0.04	3.68	1.68	0.25	0.81	47.53	1.64	−47.95	−9.61	−35.03	131.02	2587.39	69094.96	19530.57	640.72
65	2580	000592	平潭发展	31.9	0	0.53	−0.2	0.2	0.27	19.49	1.16	7.91	0.21	−17.26	58.58	23057.94	434482.17	84838.77	−687.32

续表

行业排名	全部上市公司排名	股票代码	股票简称	综合得分	每股收益	总资产报酬率（次）	净资产收益率（%）	总资产周转率（次）	流动资产周转率（次）	资产负债率（%）	已获利息倍数	营业收入增长率（%）	资本扩张率（%）	市场投资回报率（%）	股价波动率（%）	年末应收账款（万元）	年末资产总额（万元）	营业收入（万元）	净利润（万元）
66	2599	002477	雏鹰农牧	31.3	0.01	3.99	1.64	0.29	0.51	71.81	1.22	-6.44	-4.75	-11.2	44.68	40553.09	2285987.62	569820.44	10807.7
67	2632	000713	丰乐种业	30.1	0.04	1.28	1.06	0.68	1.17	37.14	2.88	18.81	-0.83	-42.14	110.09	6970.32	219291.05	144671.4	1462.56
68	2662	600506	香梨股份	29	0.03	1.71	1.84	0.22	0.52	6.02	0	-3.99	1.51	-51.77	141.32	2101.25	29509.53	6531.85	507.7
69	2688	000893	东凌国际	28.1	-3.15	-70.15	-79.79	0.41	1.97	14.79	-4592.43	-36.01	-57.14	-20.02	189.74	2848.41	234820.57	153577.03	-266085.75
70	2719	002604	*ST 龙力	26.6	-5.81	-77.97	-251.8	0.47	1.41	106.98	-10.71	123.5	-109.26	-25.63	64.51	18392.54	405268.79	196587.88	-348612.87
71	2720	600962	国投中鲁	26.5	0.03	1.74	1.25	0.55	0.89	47.37	1.82	2.25	-1.94	-50.73	110.29	27091.89	184274.89	98576.45	1224.41
72	2728	600359	新农开发	26.2	0.09	2.67	2.28	0.4	0.77	73.53	1.3	-30.57	2.26	-30.56	99.93	5942.8	255510.18	108470.14	1526.73
73	2731	600191	华资实业	26	0.02	0.33	0.54	0.07	0.68	13.18	1.1	356.53	1.67	-48.06	139.97	702.68	257475.72	16740.11	1191.71
74	2753	000972	*ST 中基	24.8	0.05	5.85	12.18	0.21	0.42	63.81	4.18	-11.98	16.41	-41.49	154.54	13614.52	244532.99	51771.06	10023.29
75	2758	002458	益生股份	24.5	-0.92	-14.65	-23.21	0.32	1.67	42.86	-21.24	-59.26	-16.9	-32.14	98.57	4193.05	214439.15	65640.49	-31332.61
76	2776	300189	神农基因	23.8	-0.02	0.92	0.06	0.16	0.23	17.31	1.83	-61.06	-1.56	-33.32	115.91	42067.49	249138.5	45143.83	125.55
77	2786	002069	獐子岛	23.3	-1.02	-13.73	-97.1	0.76	1.23	89.78	-3.99	5.04	-63.07	-27.32	84.24	43668.79	394401.58	320584.6	-72576.74
78	2803	600313	农发种业	22	-0.26	-9.44	-16.92	1.01	1.59	40.1	-18.77	-12.41	-17.2	-52.5	160.91	14838.69	354303.16	386669.51	-39632.66
79	2820	600540	新赛股份	21.2	0.02	2.14	4.46	0.46	0.8	75.28	2.1	4.98	4.56	-40.13	150.32	23159.34	225724.65	110260.28	2433.14
80	2841	002234	民和股份	19.5	-0.96	-10.56	-32.82	0.48	1.69	67.48	-4.29	-24.22	-28.2	-46.69	129.73	4298.37	227548.22	106750.24	-29055.1
81	2856	600265	ST 景谷	18.2	-0.24	-6.32	-143.24	0.2	0.31	92	-2.01	-6.71	48.74	-31.93	129.68	289.7	32245.76	6597.36	-3089.69
82	2894	600354	敦煌种业	13.9	0.05	1.07	-6.31	0.17	0.25	52.91	0.5	-25.94	-6.67	-21.86	70.58	19105.25	276701.11	48517.85	-8520.76
83	2895	300106	西部牧业	13.9	-1.74	-12.27	-41.55	0.27	0.55	70.45	-6.27	4.21	-34.56	-52.6	164.79	12234.74	242290.35	69255.72	-37600.16
84	2928	000911	南宁糖业	9.2	-0.6	-0.4	-13.11	0.41	0.73	80.91	-0.14	-19.01	-12.33	-47.95	128.02	62838.54	737537.73	290642.09	-19758.19
85		603668	天马科技	59.4	0.31	9.27	14.11	0.86	1.25	50.27	7.59	34.69	79.68	-14.48	130.25	23435.36	165802.92	113635.01	9053.53
86		601952	苏垦农发	75.3	0.59	11	14.23	0.81	1.13	20.16	95.65	5.66	101.36	-14.48	47.21	15243.57	661055.12	431551.76	56183.12
87		002891	中宠股份	70.8	0.88	14.21	14.48	1.26	2.21	23.36	28.77	28.37	92.06	-14.48	38.18	12881.12	100509.2	101535.17	8480.66
88		002852	道道全	65.1	1.2	12.72	14.81	1.7	2.54	27.41	0	22.7	189.09	-14.48	157.03	2701.64	264511.77	330193.51	19135.3
89		300673	佩蒂股份	71.5	1.56	16.18	17.14	0.82	1.13	13.36	236.51	14.79	117	-14.48	37.92	15554.8	98524.95	63199.79	10690.06
90		603363	傲农生物	60.5	0.29	8.34	15.66	2.31	4.96	61.96	6.24	-1.52	62.62	-14.48	78.48	34204.67	253808.36	490266.01	12207.67
91		002868	绿康生化	71.1	0.78	17.86	17.77	0.67	1.27	8.01	257.89	-6.5	156.39	-14.48	76.45	5635.29	75624.5	37541.13	8592.5

第十七章　房地产行业上市公司业绩评价

从国民经济上下游产业链的关系看，房地产行业处于承上启下的位置，在经济建设、社会发展、财政税收、国防建设以及稳定就业等方面发挥着重要作用。2017 年，我国国内生产总值（GDP）总额达到 82.7 万亿元，同比增长 6.9%。房地产行业指数（申万）全年以宽幅震荡调整为主，于 2017 年 5 月 11 日最低跌到 4460.36 点，于下半年指数开始企稳回升最高达到 5273.64 点。全年房地产行业调控经历了从趋紧到逐步稳定的过程：中央在延续分类调整的基础上，一方面继续抑制投机活动，降低市场风险，稳步推进去库存的任务，尤其是三四线城市通过货币化安置，有效地提升了的当地市场需求；另一方面逐步推动长效机制的建立，从根本上推动行业的结构调整，为行业未来的健康发展奠定了良好的基础。

一、房地产行业上市公司业绩评价结果

截至 2017 年末，房地产行业 A 股上市公司共 127 家，其中 117 家盈利。

房地产行业综合评价分值为 57.49，低于同年全部上市公司的综合评价分值 61.75 分。有 5 家房地产行业上市公司进入 2017 年上市公司业绩评价综合得分的百强名单。在 127 家房地产行业上市公司中，业绩为 AA 的有 4 家；业绩为 A 的有 8 家；业绩为 BBB 的有 9 家；业绩为 BB 的有 9 家；业绩为 B 的有 13 家；业绩为 CCC 的有 14 家；业绩为 CC 的有 13 家；业绩为 C 的有 57 家。

2017 年全部上市公司为 3382 家，其资产总额总计为 54.24 万亿元，其中，房地产行业全部上市公司资产总额合计为 8.31 万亿元，占全部上市公司资产总额的 15.32%；全部上市公司实现主营业务收入 32.68 万亿元，房地产行业 127 家上市公司实现主营业务收入 1.72 万亿元，占全部上市公司营业收入的 5.27%；房地产行业上市公司实现利润总额达到 0.29 万亿元，占全部上市公司全部实现利润总额的 12.12%；房地产行业上市公司实现净利润 0.21 万亿元，占全部上市公司全部实现净利润的 11.18%；该行业上市公司 2017 年度市场投资回报率为 −11.66%，高于全部上市公司的市场投资回报率 −14.59%；房地产行业上市公司股价波动率为 78.95%，远低于全部上市公司的股价波动率 92.63%；房地产行业扣除非经常性损益净资产收益率的平均值为 11.45%，高于全部上市公司的扣除非经常性损益净资

产收益率 7.99%

表 17-1　　2016 年度房地产行业中联十强排行榜

名次	股票代码	股票简称	业绩得分	在全部上市公司中排名
1	001979	招商蛇口	84.59	14
2	000537	广宇发展	83.31	31
3	002016	世荣兆业	81.99	39
4	000069	华侨城 A	81.97	40
5	601155	新城控股	78.71	96
6	600823	世茂股份	78.00	115
7	600606	绿地控股	77.75	124
8	000981	银亿股份	77.22	146
9	000036	华联控股	76.90	157
10	000631	顺发恒业	76.77	160

基于对房地产行业上市公司的整体评价，下面分别从财务效益状况、资产质量状况、偿债风险状况、发展能力状况和市场表现状况五个方面对房地产行业上市公司进行具体分析。

（一）财务效益

从综合得分来看，2017 年房地产行业上市公司财务效益状况平均得分为 25.06 分，高于全部上市公司平均得分 22.25 分。

表 17-2 列示了 2017 年房地产行业财务效益状况评价结果（满分为 35 分）。在房地产行业上市公司财务效益状况指标中，有 50 家得分高于全国上市公司平均水平；有 8 家公司得分超过 30 分。

财务效益状况指标得分排名前五位的公司中有两家的行业综合评价得分亦在前五名之列，其中万科财务效益排名第一。万科 2017 年扣除非经常性损益净资产收益率 20.92%，盈利现金保障倍数 2.21。这主要受益于万科在坚持践行住房居住属性和回归房地产实业属性的基础上，通过精装修的营销方式和提升 144 平方米以下的普通住房的占比，扩大有效需求，降低空置率，以盘活现有资产，提升利润空间；除此之外通过创新经营，开拓业务渠道，优化自身的产业产品结构，逐步向租赁产业和轻资产的运营方向转变，以降低运营风险，提升企业的经营能力。

表 17-2　　房地产行业财务效益状况比较表

分析指标		2017 年全部上市公司平均值	2017 年行业值	2016 年行业值	增长率（%）
基本指标	扣除非经常性损益净资产收益率（%）	7.99	11.45	10.54	8.63
	总资产报酬率（%）	5.91	5.04	5.00	0.80
	得分	21.07	22.8	23.29	-2.10
修正指标	营业利润率（%）	7.25	16.78	13.49	24.39
	盈利现金保障倍数	1.34	0.22	1.07	-79.44
	股本收益率（%）	42.46	72.53	60.04	20.80
综合得分		22.25	25.06	25.20	-0.56

数据来源：wind 资讯。

与 2016 年的情况相比较，2017 年房地产行业上市公司总体上财务效益状况稳健发展，部分指标高于 2016 年行业值，也高于 2016 年全部上市公司平均值。

（二）资产质量

从综合得分来看，房地产行业上市公司资产质量状况平均得分为 5.13，低于全部上市公司平均得分 9.08 分。

表 17-3 列示了房地产行业资产质量状况评价结果。在房地产行业上市公司资产质量状况指标中，有招商蛇口等 31 家得分均为满分 15 分，另有 48 家得分为 0。这说明房地产行业上市公司在资产质量上仍有较显著的差异，资产质量较低的上市公司占比较大，有待进一步提升资产质量。

与 2016 年比较可知，2017 年房地产行业上市公司总体上资产质量有所下降。

表 17-3　　房地产行业资产质量状况表

分析指标		2017 年全部上市公司平均值	2017 年行业值	2016 年行业值	增长率（%）
基本指标	总资产周转率（次）	0.64	0.23	0.28	-17.86
	流动资产周转率（次）	1.23	0.28	0.33	-15.15
	得分	9.26	2.08	2.88	-27.78
修正指标	应收账款周转率（次）	8.16	17.99	22.63	-20.50
	存货周转率（次）	2.77	0.3	0.35	-14.29
综合得分		9.08	5.13	7.06	-27.34

数据来源：wind 资讯

（三）偿债风险

从综合得分来看，2017 年房地产行业上市公司偿债风险状况平均得分为 4.47 分，低于全部上市公司平均得分 8.92 分。

表 17-4 列示了房地产行业偿债风险状况评价结果。在房地产行业上市公司偿债风险状况指标中，万业企业排名第一，得分为 12.77 分，其资产负债率为 33.38%，低于上市公司及行业平均；速动比率为 207.32%。高于上市公司及行业平均。这主要是因为该企业集中力量稳步推进现有项目的开发进度，在此基础上创新销售思路，集中于刚需

表 17-4　　房地产行业偿债风险状况比较表

分析指标		2017 年全部上市公司平均值	2017 年行业值	2016 年行业值	增长率（%）
基本指标	资产负债率（%）	60.19	79.11	77.26	2.39
	获利倍数	4.97	4.6	4.82	-4.56
	得分	8.91	4.12	4.25	-3.06
修正指标	速动比率（%）	79.6	53.59	54.64	-1.92
	现金流动负债比率（%）	10.9	1.03	5.35	-80.75
	带息负债比率（%）	49.72	43.62	44.79	-2.61
综合得分		8.92	4.47	4.60	-2.83

数据来源：wind 资讯。

市场，尤其是针对上海市场的首套房或首次改善性住房，促进其房产销售，提升现金流量和盈利能力，进而降低偿债风险。

与 2016 年相比较，2017 年房地产行业上市公司偿债风险状况平均得分下降了 2.83%，主要由于房地产上市公司发债规模不断增加，其付息债务普遍增加，相应的偿债风险有所上升。

（四）发展能力

从综合得分来看，2017 年房地产行业上市公司发展能力状况平均得分为 12.94 分，比 2016 年略有下降，高于 2017 年全部上市公司的平均得分 12.37 分。

表 17–5 列示了房地产行业发展能力状况评价结果。在房地产行业上市公司发展能力状况指标中排名前五位的公司中有两家的行业综合评价得分亦在前五名之列，其中广宇发展、新城控股和中交地产，得分均为满分 20 分。以广宇发展为例：其资本扩张率 194.56%、累计保留盈余率 76.81%、三年营业收入平均增长率 156.45%，各项指标均比较靠前，规模的稳定扩张和业绩不断提高为企业发展提供了强大的动力。这主要是因为公司业务的城市布局较为合理，主要集中于发展潜力较高的地区，例如重庆、成都和宜宾等地区。在借助于这些地区的发展优势和政策优势的基础上，深入分析当地的市场需求，优化产品设计，提升产品品质，提高当地市场的有效需求，较好的提升了企业的发展能力和运营能力。

表 17–5 房地产行业发展能力状况比较表

分析指标		2017 年全部上市公司平均值	2017 年行业值	2016 年行业值	增长率（%）
基本指标	营业收入增长率（%）	21.02	7.68	30.76	–75.03
	资本扩张率（%）	14.21	18.73	20.95	–10.60
	得分	12.2	11.19	14.46	–22.61
修正指标	累计保留盈余率（%）	41.07	47.05	46.90	0.32
	三年营业收入增长率（%）	9.58	25.02	27.75	–9.84
	总资产增长率（%）	14.82	29.69	24.77	19.86
	营业利润增长率（%）	42.01	32.47	34.33	–5.42
综合得分		12.37	12.94	14.81	–12.63

数据来源：wind 资讯。

2017 年房地产行业上市公司营业收入增长率从 2016 年的 27.75 降至 25.02%，资本扩张率由 20.95% 降至 18.73%，累计保留盈余率由 46.9% 增至 47.05%，营业利润增长率由 34.33% 降至 32.47%。这说明房地产行业上市公司受到宏观调控政策的影响导致销售增速有所减慢，且扩张速度逐步放缓，走向平稳发展。

（五）市场表现

从综合得分来看，房地产行业上市公司市场表现状况平均得分为 9.89 分，略高于全国上市公司 9.13 分的平均水平。

表 17–6 列示了房地产行业市场表现状况评价结果（满分 15 分）。在房地产行业上市公司市场表现状况指标中，有 77 家得分高于全国上市公司平均水平；有 8 家公司得分超过 13.5 分。

表 17–6　　房地产行业公司市场表现状况比较表

分析指标	2017 年全部上市公司平均值	2017 年行业值	2016 年行业值	增长率（%）
市场投资回报率（%）	–14.59	–11.66	1.31	–990.08
股价波动率（%）	92.63	78.95	76.08	3.77
综合得分	9.13	9.89	8.91	11.00

数据来源：wind 资讯。

2017 年，宏观调控由紧趋稳，房地产上市公司发展也逐步稳定，但房地产行业的市场表现与整体经济周期相关度较高，房地产指数随市场行情同步变化。2017 年上市公司市场投资回报率为 –14.59%，远低于 2016 年的 5.21%。房地产行业上市公司 2017 年市场投资回报率为 –11.66%，也同样远低于 2016 年的 1.31%。房地产行业指数与沪深 300 指数波动情况如图 17–1 所示。

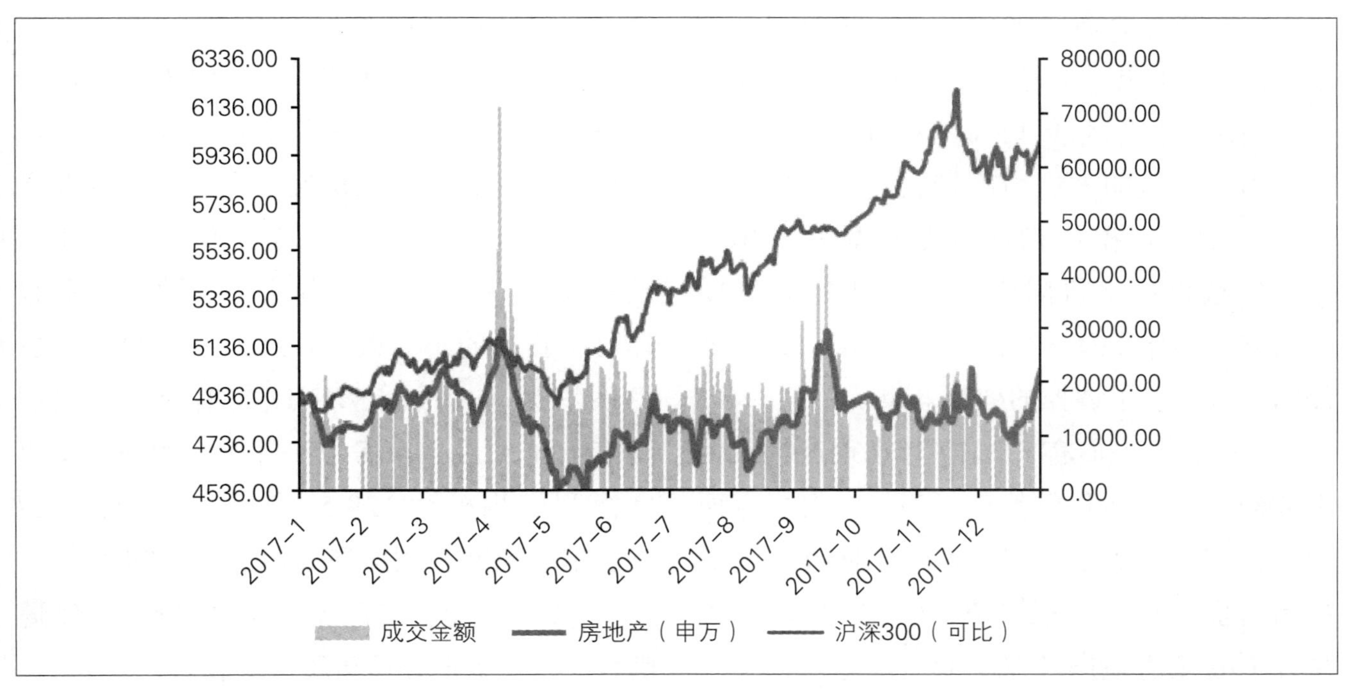

图 17 – 1　房地产行业指数与沪深 300 指数波动

数据来源：wind 资讯。

二、房地产行业上市公司业绩影响因素分析

在房地产行业去库存和调结构的环境背景下，为了更好地推进落实房地产行业长效健康发展机制的目标，一方面各级政府继续推动房地产行业的去库存任务，根据国家统计局数据显示，截至 2017 年末，商品房待售面积为 5.89 亿平方米，同比减少 15%，去库存任务稳步推进；另一方面各级政府加强了对房地产行业的调控，从年初密集出台相应的调控措施到年末逐步推动共有产权和租赁市场的发展，这些都充分彰显了政府抑制房价和推动房地产行业健康发展的决心。相较去年而言，2017 年房地产行业上市公

司业绩产生重要影响的变化趋势主要表现为以下几个方面。

（一）全年行业去库存任务继续稳步推进，房地产行业上市公司整体财务状况稳定发展

为了更好地促进房地产行业健康发展，推动和完善房地产市场平稳健康发展的长效机制，各地政府在2017年全年实行了较为多样化的调控政策，从传统的限购和限价等措施，到共有产权、租购同权和宅基地三权分置等探索性措施，这些都为去库存贡献了巨大的力量。

从成交量来看，调控结果初步显现。截至2017年年末，商品房待售面积为5.89亿平方米，同比减少15%。相比2016年而言，由于政策的调控力度较大，总体成交量有所下滑。根据中指研究数据显示，2017年全年楼市成交量同比下降16.17%，其中一线城市同比下降37%，二线城市同比下降15%，这体现了调控的效果。

从销售角度而言，2017年房地产行业销售金额和销售面积仍然创下新高，根据克而瑞数据显示，2017年房地产行业销售金额和销售面积同比增长7.7%和13.7%，全年共有136家房地产开发企业的房地产销售金额突破100亿元的大关，其中中国恒大、碧桂园和万科三家龙头企业更是突破5000亿元关口。

出现这种现象的主要原因如下：第一，三四线城市棚改货币化安置规模不断扩大，助力其去库存任务加速完成。2015~2017年全国新开工各类棚户区601万套、606万套和609万套，棚改安置工作稳步推进。在此期间通过货币化安置的措施，有效地提高了棚改安置的效率和更好的推动了去库存任务的实现，2015年和2016年货币化安置商品房销售面积分别为1.5亿平方米和2.5亿平方米。事实上，根据《2018中国房地产百强企业研究报告》数据显示，2017年前50强企业重点项目在二线及三四线城市销售额占比达80.4%，同比提升4.4个百分点；第二，房地产企业实行多元化经营，积极布局新型和高端地产板块。随着人民生活水平的提高，高层次和多样化的需求逐步显现，房地产企业以此为契机，积极布局养老和文化旅游地产板块，延伸产业链条，扩大经营范围，提升企业的经营能力。

根据WIND数据统计，2017年房地产行业127家上市公司实现主营业务收入1.72万亿元，同比增长7.68%，房地产全行业上市公司实现营业利润2.37万亿元，同比增长42.01%；从全年整体来看，随着行业整体财务状况的不断改善，行业利润集中度也将逐步提高。根据WIND数据统计，净利润前十强A股上市房地产开发企业的平均年度净利润规模达129.51亿元，是全部127家上市房地产企业净利润均值的7.74倍。

（二）行业调控政策“由紧转稳”，倒逼房地产行业上市公司高质量发展

2017年房地产行业的宏观调控由趋紧转向逐步稳定。从年初重点、热点城市限购和限价等调控措施的实施，到逐步升级的共有产权、长期租赁和宅基地三权分立等长期调控机制的提出，由供需两端倒逼房产企业做出变革，以提升企业的资产经营效率，节约经营成本。

一方面，房地产企业全力以赴通过“去库存”提升周转率和现金流量。以万科为例，2017 年存货周转率为 0.3005，较 2016 年 0.4063 有所下降；2017 年应收账款周转率为 138.48，较 2016 年 104.88 提升较大。

另一方面，随着调控政策和顶层设计的不断完善，房地产上市公司逐步从过去“野蛮式”和单一化的发展模式，转变为租购并举和产业多元化的新型发展模式，以适应未来的房地产市场格局。第一，布局长期租赁市场。随着调控政策的深入，国家对于租赁市场的支持力度不断加大，房地产企业的物业自持比例不断提高，租赁市场不断完善，为了改善自身的经营环境，提高租赁物业的运营能力，房地产企业在加大对于租赁产业运营投入力度的基础上，通过商业房地产抵押贷款支持证券（CMBS）[①]、抵押支持债券（MBS）[②]和房地产信托投资基金（REITs）[③]等资产证券化的方式，进一步提升周转率和现金流量，促进企业发展。以保利地产为例，2017 年 10 月，保利地产发行首单央企租赁住房 REITs，产品总规模达 50 亿元，这一举措不仅提高了保利地产的经营效率，更为整个租赁市场的发展树立了良好的榜样。第二，产业多元化布局，降低企业运营风险。以万科为例，从 2017 年开始，其逐步加快了从开发商转型为城市配套服务商的脚步。尤以上海万科的“热带雨林体系”战略为代表：在该体系下形成了较为完善的多元化配套服务体系，从多角度协同发展，进一步的推动其走向轻资产和多元化的发展模式。

总而言之，随着房地产开发企业全面推动升级转型和产业布局调整，房地产上市公司的整体资产质量也将不断提高。

（三）融资环境趋紧，推动房地产行业上市公司融资多元化和结构化

从 2016 年的“9 · 30”调控政策之后，为了更好地贯彻“房子是用来住的，不是用来炒的”的理念，各地政府调控政策频频出台，房地产行业的融资环境“步步紧逼”。2017 年房地产行业融资环境现状整体上呈现以下几大特点。

1. 融资规模平稳发展，融资结构走向多元化趋势。根据 CRIC 数据统计整理，2017 年前 11 个月 108 家房地产企业融资规模为 10014 亿元，同比下降 4%，占 2016 年融资总量的 90%，虽然融资环境趋于紧张，但整体融资规模保持平稳发展。主要原因如下：第一，部分龙头房企融资力度较大。根据 CRIC 数据显示 2017 年 1~11 月恒大地产和阳光城分别融得资金 1724 亿元和 1036 亿元，共计占据融资总额的 27.56%；第二，创新融资渠道和融资方式。为了更好地缓解资金紧张的局面，各个房地产企业不断寻求新的融资渠道和融资方式，利用境外渠道、股权方式和资产证券化等多种渠道或方式融取资金，以提高自身的现金流量。根据《2018 中国房地产百强企业研究报告》数据显示，2017 年百强企业国内信用债发行规

① CMBS 是指商业房地产抵押贷款支持证券，债权银行以原有的商业抵押贷款为资本，发行证券。

② MBS 主要由美国住房专业银行及储蓄机构利用其贷出的住房抵押贷款，发行的一种资产证券化商品。其基本结构是，把贷出的住房抵押贷款中符合一定条件的贷款集中起来，形成一个抵押贷款的集合体（pool），利用贷款集合体定期发生的本金及利息的现金流入发行证券，并由政府机构或政府背景的金融机构对该证券进行担保。

③ REITs 是房地产证券化的重要手段。房地产证券化就是把流动性较低的、非证券形态的房地产投资，直接转化为资本市场上的证券资产的金融交易过程。房地产证券化包括房地产项目融资证券化和房地产抵押贷款证券化两种基本形式。

模为 1067.5 亿元，占发行总量的 62.8%；海外债发行规模为 1646.3 亿元，同比大幅增长 643.3%，占发行总量的 78.1%。

2. 现金持有量稳步上涨。在房地产行业整体转型升级的背景下，房地产上市公司把握机遇，一方面通过创新销售方式，加速去库存，提高存货周转率和现金流量；另一方面优化产业结构和产品结构，创新发展模式，淘汰“落后产能和产品”，逐步过渡到轻资产高周转的运营模式，拓宽盈利方式，提升现金流量，改善融资环境，降低企业运营风险。从货币资金来看，以万科、绿地控股和保利地产为例：万科 2017 年末金额为 1741.21 亿元，2016 年末金额为 870.32 亿元；绿地控股 2017 年末金额为 753.76 亿元，2016 年末金额为 626.83 亿元；保利地产 2017 年末金额为 678.01 亿元，2016 年末金额为 469.84 亿元。

（四）主要原材料价格和劳动力成本持续上涨，推高房地产营运成本

房地产项目施工涉及多种原材料，如沙、土、石料、砖、水泥、钢筋等。一方面，受输入性通货膨胀和国内成本性通胀的影响，建筑类原材料价格 2017 年出现了明显的上涨；另一方面，由于国家对于政策性保障房的投入力度不断加大，由此提升了对于房地产原材料的需求，进而推高建筑行业所需的成本。以水泥和钢筋两种原材料为例来看：

第一，从图 17–2 可以看出 2017 年 1~9 月水泥市场整体平稳，受多重因素影响，10 月份价格扶摇直上，在 12 月末达到 443 元 / 吨，为 2005 年来历史最高位，当年涨幅达到 102 元 / 吨，同比增长 22.4%。

第二，2017 年钢铁市场延续了 2016 年不断上涨的趋势，全年虽然有所震荡调整，但仍然保持上涨的趋势。其中以螺纹钢为代表的黑色产业链表现较为活跃。由图 17–3 可以明显看出钢铁市场在 2017 年也经历了过山车的行情，在下半年开始了钢铁市场的牛市。

除此之外，劳动力资源作为房地产经营必不可少的生产要素之一，其成本的上升也

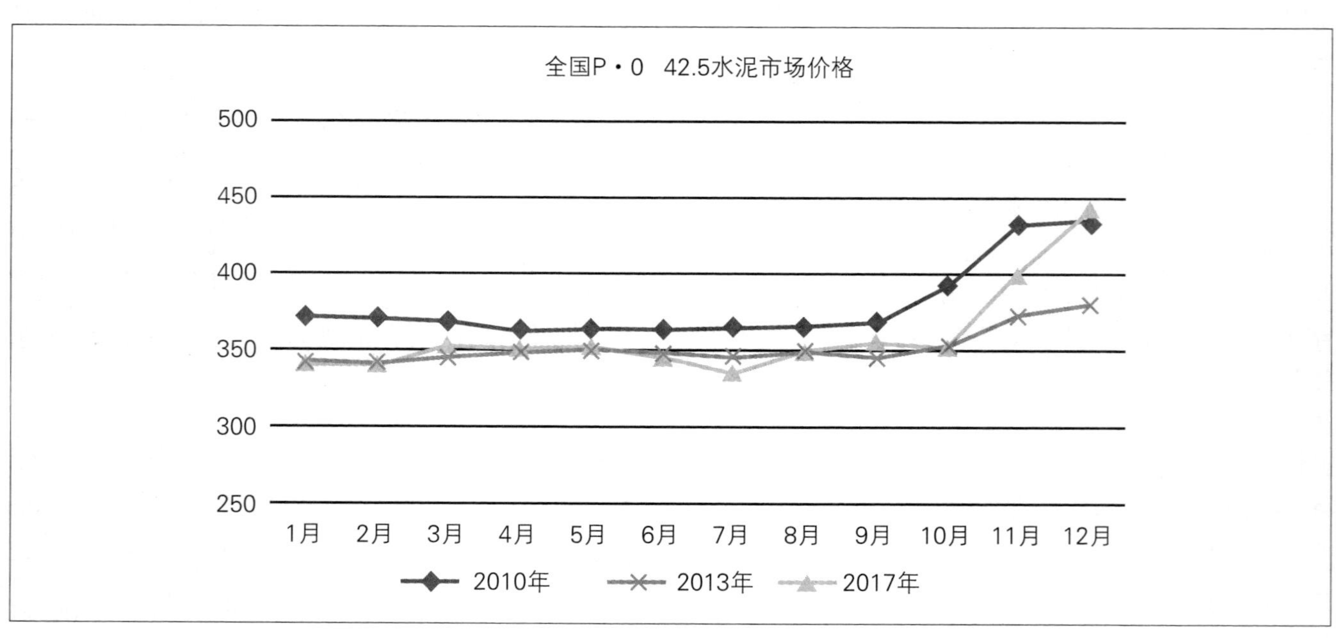

图 17 – 2 水泥市场价格指数（元 / 吨）

数据来源：水泥地理。

2017 年房地产行业之十大事件

• 2017 年 3 月 17 日，北京市住房和城乡建设委员会、中国人民银行营业管理部、中国银行业监督管理委员会北京监管局和北京住房公积金管理中心联合发布了《关于完善商品住房销售和差别化信贷政策的通知》，通知主要内容为对企业和居民买卖房屋的限制条件，包含首付比例和交易限制等。

• 2017 年 5 月，财政部和国土部印发《地方政府土地储备专项债券管理办法（试行）》的通知，通知内容主要是为完善地方政府专项债券管理，逐步建立专项债券与项目资产、收益对应的制度，有效防范专项债务风险，2017 年先从土地储备领域开展试点，发行土地储备专项债券，规范土地储备融资行为，促进土地储备事业持续健康发展。

• 2017 年 7 月，住建部等九部委联合发布《关于在人口净流入的大中城市加快发展住房租赁市场的通知》，要求人口净流入的大中城市发展住房租赁市场，支持相关国有企业转型为住房租赁企业，建设政府住房租赁交易服务平台，并选取了广州、深圳、南京、杭州、厦门、武汉、成都、沈阳、合肥、郑州、佛山、肇庆等 12 个城市作为首批开展住房租赁试点的单位。

• 2017 年 8 月：阿里巴巴进军房地产领域：8 月 9 日，在杭州主导下，杭州市房管局和阿里巴巴集团旗下创新业务事业部、蚂蚁金服集团旗下芝麻信用达成战略合作，杭州市将借助阿里的技术能力、生态资源，打造全国首个“智慧住房租赁平台”，把公共租赁住房、长租公寓、开发企业自持房源、中介居间代理房源、个人出租房源全部纳入平台管理。

• 2017 年 9 月，北京市住房和城乡建设委员等有关部分联合发布《北京市共有产权住房管理暂行办法》（京建法〔2017〕16 号），以进一步贯彻落实房子是用来住的，不是用来炒的定位，推动房地产市场有序健康发展。

• 2017 年 10 月，首单央企租赁住房 REITs 发行：保利房地产（集团）股份有限公司发行国内首单央企租赁住房房地产投资信托基金（REITs），发行总额不超过 50 亿元，产品总规模达 50 亿元，并以保利地产自持租赁住房作为底层物业资产，采取储架、分期发行机制，优先级、次级占比为 9：1，优先级证券评级为 AAA。

• 2017 年 10 月 30 日至 11 月 30 日。开展房地产违规检查风暴：国家发改委等部门在全国范围内开展商品房销售价格行为联合检查。对检查中发现的问题，有关部门将依法做出严肃处理，并及时向社会通报。

• 2017 年 11 月：房产税征收原则首次披露。政部部长肖捷公开表示，未来将对工商业房地产和个人住房按照评估值征收房地产税。具体而言，要按照“立法先行、充分授权、分步推进”的原则，推进房地产税立法和实施。

• 2017 年 12 月。中共中央政治局 12 月 8 日召开会议，会议指出要在协调推进各项工作的同时，着力抓好重点工作，力争取得明显成效。要深化供给侧结构性改革，激发各类市场主体活力，实施乡村振兴战略，推进区域协调发展，推动形成全面开放新格局，提高保障和改善民生水平，加快住房制度改革和长效机制建设，提供更多优质生态产品。

• 根据国家统计局数据，截至 12 月底，商品房待售面积 58923 万平方米，比 11 月末减少 683 万平方米。其中，住宅待售面积减少 670 万平方米，办公楼待售面积增加 118 万平方米，商业营业用房待售面积减少 215 万平方米。

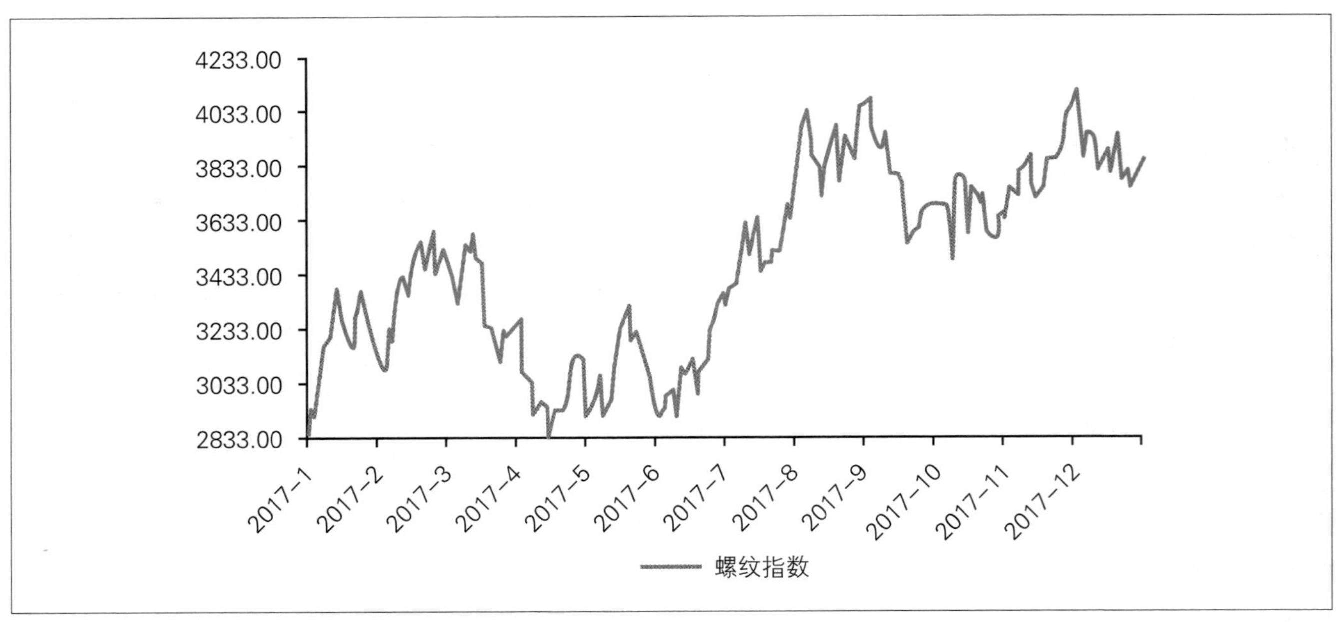

图 17－3 Wind 螺纹钢指数

数据来源：wind 资讯。

必不可少的导致房地产营运成本上涨。根据国家统计局公布数据显示，2017 年第一季度全国居民人均可支配工资性收入（累计值）为 14620 元，同比上涨了 8.66%。

三、2018 年房地产行业发展趋势分析

从整体来看，2018 年中国的房地产行业将迎来结构转型的关键期，在延续 2017 年调控政策的基础上，预计 2018 年中央将有针对性对房地产行业进行进一步调控。在继续落实去库存任务的前提下，推进全租购并举的住房制度，发展和培育健康的长期租赁住房市场，形成以市场为主满足多层次需求，以政府为主提供基本保障的体系。除此之外，国际上保护主义倾向加剧，尤其是美国推行的制造业回归政策和要求贸易“平等自由”的态度，都在紧逼中国加快推动实体经济的发展，实现产业的转型升级，改变房地产行业占据经济支柱地位的现状。

（一）中国经济依然处于新常态和改革的攻坚阶段，房地产投资将趋于更加谨慎

在深化改革、结构化调整的攻坚阶段和落地年的背景下，我国的经济将进入新常态和新发展的深入阶段，为了更好地实现转型升级和产业结构的优化调整，转变过去主要依赖房地产行业发展的情况，我国将对房地产行业进行更加严厉的调控政策。2017 年各地房地产调控政策持续出台，共有产权和租赁市场的制度不断推进，顶层设计不断完善。2018 年，为了更好贯彻“房子是用来住的，而不是用来炒的”的理念，推动建立房地产健康发展的长效机制，预计中央将继续有针对性地对房地产行业进行新一轮的结构性调整。在 2018 年的政府工作报告中，我国的 GDP 增速目标仍然定在了 6.5% 左右，2018 年的中国经济将继续维持新常态，经济的转型升级和改革将摆在第一位，并处于攻坚阶段。这一方面佐证了经济的新常态将继续存在，另一方面也给房地产行业的调

控留下了充足的调整空间。2018 年，从趋势来看，经济结构转型升级依然会导致部分资金从房地产行业流向其他领域；进一步的调控政策也将会使得房地产行业发展步入稳定的状态。2018 年房地产开发投资将更加谨慎。

（二）房地产行业结构升级调整，产业和城市布局更加优化

经济的新常态发展和结构化调整已然进入了新的阶段，房地产的调控政策还将继压顶，行业升级、企业整合和洗牌的速度将继续加快。2018 年房地产行业将进一步推进结构升级转型，实现城市和产业的合理布局。

第一，房地产企业将继续深化城市布局改革。为了更好地适应未来房地产调控和各级城市发展及去库存的要求，预计 2018 年房地产企业将继续推进城市布局的优化。不断提高一二线等热点城市的高端和新型地产板块的布局比例，加大对三四线城市的布局开发和营销力度，从整体上形成有层次，有秩序的房地产布局模式。

第二，房地产企业发展模式升级转变。随着房地产行业市场制度的不断完善，预计 2018 年各个房地产企业也将逐步改变过去的发展和盈利模式，其主要体现在以下两个方面：（1）从过去的以销售为主，租赁和销售“畸形”成长的模式，逐步过渡到租购并举的模式，尤其是住宅方面，推动并完善其长期租赁市场的发展；（2）部分房地产企业也将从过去以房地产开发销售为主的盈利模式，延伸或转移到物业管理等房地产服务产业，推动自身产业布局的多元化发展，降低运营风险，提升资产质量，促进企业的健康发展。

（三）行业调控政策和货币政策将继续推动房地产行业的改革升级

2017 年各地政府密集出台了对房地产的调控政策，为了更好地促进房地产市场的健康发展和转型升级，中央与地方政府开始了新一轮多样化、制度化的房地产调控。

1. 资金和货币政策对房地产行业的影响。

（1）财政政策更加积极有效。

根据 2018 年政府工作报告显示，总体上要求继续降低企业的税务成本，以提升企业的运营能力和盈利能力。为了更好地贯彻落实降税减负的效果，财政部和税务总局联合发布了《关于调整增值税税率的通知》。通知内容主要为：从 2018 年 5 月 1 日起，将制造业等行业增值税税率从 17% 降至 16%，将交通运输、建筑、基础电信服务等行业及农产品等货物的增值税税率从 11% 降至 10%；统一增值税小规模纳税人标准并提高工业企业和商业企业小规模纳税人的年销售额标准。这一措施预计将大规模的降低企业的原材料成本，提高企业的利润和改善其经营环境。除此之外财政部部长肖捷也提出在遵循立法先行、充分授权和分步推进的原则下，稳妥推进房地产税的立法和实施，促进房地产市场的健康发展。

（2）货币政策保持稳健中性

从企业角度来看，一方面根据 2018 年政府工作报告显示，2018 年广义货币 M2 和社会融资规模余额预期增长均为 12% 左右，报告要求通过综合运用货币政策工具，维护流动性基本稳定，合理引导市场利率水平，疏通传导机制，促进金融资源更多流向实体经济，特别是支持“三农”和小微企业，这也将导致房地产行业的现金流更加趋紧；另

一方面2018年4月25日，美国10年期国债收益率突破3%，为2014年1月以来首次突破，这也进一步的缩小了与中国10年期国债收益率的差距，而由此带来的美元升值也将进一步恶化美国的贸易环境。在这样的背景下，预计美国将继续加息，以改善贸易和货币市场环境，促进本国经济的发展，相对应我国为了缓冲这一影响，降低人民币贬值的压力，货币政策也将继续维持稳健中性，以保持我国市场平稳发展。

从个人角度来看，为了更好地实现调控效果，信贷政策在一定时期内仍将维持紧缩的状态。根据融360的监测数据显示，2018年2月全国首套房贷款平均利率为5.46%，相当于基准利率1.114倍，环比上升0.55%；相比去年2月首套房贷款平均利率4.47%而言，同比上升22.15%。

2. 供需政策对房地产行业的影响。

首先，北京市住房和城乡建设委员等有关部门于2017年9月联合发布了《北京市共有产权住房管理暂行办法》（京建法〔2017〕16号）。该办法要求在公开透明和精准分配的原则下，以封闭管理和内部循环的方式，稳步推进共有产权制度的实施，最大程度地限制投机行为，保障无房家庭的刚需市场得到良好的解决，逐步形成以市场为主满足多层次需求，以政府为主提供基本保障的体系。

其次，住建部等九部委于2017年7月18日联合印发了《关于在人口净流入的大中城市加快发展住房租赁市场的通知》，要求人口净流入的大中城市发展住房租赁市场，支持相关国有企业转型为住房租赁企业，建设政府住房租赁交易服务平台，并选取了相关城市作为试点，以促进租赁市场的调整和完善，尤其是长期租赁市场的发展，例如：2017年8月9日杭州市房管局和阿里巴巴集团旗下创新业务事业部、蚂蚁金服集团旗下芝麻信用达成战略合作，杭州市将借助阿里的技术能力、生态资源，打造全国首个“智慧住房租赁平台”，把公共租赁住房、长租公寓、开发企业自持房源、中介居间代理房源、个人出租房源全部纳入平台管理；为了进一步推动租赁市场的完善和发展，证监会会同住建部于2018年4月25日联合发布了《关于推进住房租赁资产证券化相关工作的通知》。通知要求在坚持市场化和法治化的原则下，充分发挥资本市场服务实体经济和国家战略的积极作用，通过引导社会资本参与租赁市场的建设，支持住房租赁企业发行以其持有的不动产物业作为底层资产的权益类资产证券化产品，降低其杠杆率，以此盘活存量租房市场，提高企业的现金流量和资金使用效率，进而推动服务行业供给侧结构性改革，促进形成金融和房地产的良性循环。

再次，推动和落实第二轮土地承包到期后再延长30年的政策。探索宅基地所有权、资格权、使用权分置改革，以进一步盘活现有土地资产，有序扩大有效土地供应，降低土地供求矛盾，加快形成城乡融合发展格局，提升城镇发展质量。

最后，预计2018年分类调控的政策趋势将继续延续。对于重点热点城市继续实行严格的限制政策。对于其他城市根据具体的情况实行相应的调控政策，提升有效需求，降低库存，实现房地产行业的平衡发展。

总而言之，2018年分类调控将继续贯穿始终，稳健的货币政策和多样化的供需调控都将对房地产行业的发展产生重大影响。

附表

2017年度房地产行业上市公司业绩评价结果排序表

行业排名	全部上市公司排名	股票代码	单位名称	评价等级	综合得分	每股收益（元）	净资产收益率	总资产报酬率（%）	总资产周转率（次）	流动资产周转率（次）	资产负债率（%）	已获利息倍数	营业收入增长率（%）	资本扩张率（%）	市场投资回报率（%）	股价波动率（%）	年末资产总额（万元）	营业收入（万元）	净利润（万元）
1	14	001979	招商蛇口	AA	84.59	1.55	17.18	7.90	0.26	0.30	72.11	9.93	18.69	19.22	19.86	51.36	33262092.12	7545468.22	1500936.12
2	31	000537	广宇发展	AA	83.31	1.29	24.85	9.58	0.48	0.52	86.70	3.16	450.31	194.56	36.43	160.37	7260154.26	2164229.53	229016.01
3	39	002016	世荣兆业	AA	81.99	1.13	42.54	17.30	0.43	0.48	65.14	222.86	116.70	37.99	11.63	56.18	712015.65	310524.81	91060.70
4	40	000069	华侨城A	AA	81.97	1.05	14.03	8.04	0.23	0.31	69.89	8.13	19.33	36.08	23.82	75.13	21746341.20	4234122.47	931846.69
5	96	601155	新城控股	A	78.71	2.71	24.72	7.35	0.28	0.37	85.84	4.88	44.89	58.74	149.43	163.83	18352666.14	4052568.48	626036.27
6	115	600823	世茂股份	A	78.00	0.59	9.83	6.41	0.22	0.36	62.33	28.02	36.17	16.14	−2.41	29.61	9191790.60	1866677.04	371377.53
7	124	600606	绿地控股	A	77.75	0.74	15.99	2.86	0.37	0.40	88.99	6.70	17.40	20.62	−12.28	40.72	84853281.47	29017415.20	1357212.34
8	146	000981	银亿股份	A	77.22	0.4	5.12	6.29	0.37	0.53	57.84	5.49	57.65	182.01	−9.53	30.55	4393929.24	1270274.29	166363.69
9	157	000036	华联控股	A	76.90	1.18	30.03	17.62	0.43	0.56	41.70	71.16	82.88	26.29	9.56	98.13	871866.15	397174.70	137238.27
10	160	000631	顺发恒业	A	76.77	0.31	12.54	7.45	0.44	0.50	55.36	7.35	83.80	8.94	−8.03	48.83	1369136.91	668169.52	75765.82
11	207	600641	万业企业	A	75.34	2.11	15.95	26.88	0.25	0.27	33.38	–	−34.25	34.59	11.62	60.33	881470.87	209626.19	169890.60
12	210	600708	光明地产	A	75.21	1.14	19.15	6.45	0.41	0.42	79.92	7.46	0.14	15.35	−0.17	40.86	5415449.22	2081126.33	198804.82
13	223	000002	万科A	BBB	74.91	2.54	20.92	5.95	0.24	0.28	83.98	7.23	1.01	15.46	55.60	120.98	116534691.78	24289711.03	3720838.73
14	224	600393	粤泰股份	BBB	74.75	0.46	23.86	11.53	0.36	0.40	65.18	8.57	487.12	22.96	−20.84	92.38	1864264.72	560066.07	139656.89
15	226	002146	荣盛发展	BBB	74.68	1.32	19.76	4.97	0.23	0.24	84.68	23.15	26.39	16.55	25.70	86.48	19173314.88	3870401.15	607933.95
16	240	600736	苏州高新	BBB	74.24	0.48	7.95	6.85	0.27	0.39	64.05	5.49	11.80	49.51	−31.88	70.53	2637830.34	624248.69	98459.81
17	243	000011	深物业A	BBB	74.17	1.05	20.98	13.72	0.48	0.57	45.81	–	41.06	21.20	−16.28	58.80	539333.15	290469.07	62296.27
18	336	600007	中国国贸	BBB	71.68	0.63	9.83	8.92	0.24	2.79	44.54	5.95	17.75	5.42	−1.78	45.12	1166601.93	276646.11	63560.19
19	344	600743	华远地产	BBB	71.49	0.35	14.07	5.54	0.32	0.34	77.46	14.64	30.17	9.38	−16.95	51.25	3435298.96	990378.69	115222.63
20	346	600162	香江控股	BBB	71.49	0.24	11.98	8.03	0.25	0.33	56.00	5.90	−20.26	52.73	−12.63	37.25	1837665.50	431379.75	84788.17
21	347	002285	世联行	BBB	71.48	0.49	21.46	14.65	0.77	0.95	61.94	20.13	30.97	21.57	50.88	171.15	1363349.45	821154.70	105584.29
22	431	600466	蓝光发展	BB	69.66	0.57	7.39	2.62	0.29	0.33	80.00	5.07	15.12	35.95	1.32	42.84	9523988.34	2455303.46	125070.75
23	444	000671	阳光城	BB	69.47	0.51	8.38	6.36	0.20	0.21	85.66	1.51	69.22	61.54	42.52	82.65	21325007.03	3316313.02	222835.23
24	494	600048	保利地产	BB	68.63	1.32	14.11	5.01	0.25	0.27	77.28	8.37	−5.46	33.99	59.39	86.36	69645175.09	14630623.52	1967719.97
25	505	000402	金融街	BB	68.38	1.01	8.80	7.08	0.21	0.31	73.08	2.98	28.54	8.27	8.80	46.39	12521557.85	2551934.09	410268.94
26	534	600684	珠江实业	BB	67.83	0.42	10.72	5.93	0.32	0.40	71.64	8.66	3.39	2.01	−8.31	43.78	1364367.77	423985.41	52590.48
27	618	000517	荣安地产	BB	66.57	0.17	11.96	6.34	0.35	0.39	67.88	7.44	146.82	15.26	−35.99	90.26	1319519.74	426421.51	54154.48
28	621	600173	卧龙地产	BB	66.51	0.43	13.83	8.25	0.32	0.35	64.56	1578.47	11.07	21.84	−49.26	203.38	576212.50	155827.35	35559.54
29	658	600648	外高桥	BB	65.77	0.65	6.09	4.46	0.30	0.55	66.23	4.96	3.42	5.30	−7.73	40.74	3055263.47	895356.74	78145.97
30	660	600383	金地集团	BB	65.83	1.52	14.29	7.72	0.21	0.25	72.13	6.14	−32.53	9.14	3.68	40.45	20794206.65	3733220.95	947729.69
31	712	600658	电子城	B	64.98	0.64	7.28	6.97	0.21	0.24	42.59	22.92	40.81	7.28	−17.42	64.21	1132009.13	213397.46	51048.97
32	733	000797	中国武夷	B	64.76	0.25	6.72	3.48	0.32	0.34	64.00	7.22	62.24	136.68	24.08	109.06	1529244.97	417155.99	26101.35

续表

行业排名	全部上市公司排名	股票代码	单位名称	评价等级	综合得分	每股收益（元）	净资产收益率	总资产报酬率（%）	总资产周转率（次）	流动资产周转率（次）	资产负债率（%）	已获利息倍数	营业收入增长率（%）	资本扩张率（%）	市场投资回报率（%）	股价波动率（%）	年末资产总额（万元）	营业收入（万元）	净利润（万元）
33	737	002244	滨江集团	B	64.71	0.55	11.66	5.83	0.25	0.28	72.84	11.65	-29.19	3.99	13.92	26.62	6024432.87	1377370.40	230994.76
34	745	600622	光大嘉宝	B	64.60	0.61	10.68	7.09	0.22	0.28	54.91	14.63	30.45	2.99	55.29	118.47	1345037.59	308330.66	67842.57
35	801	000006	深振业A	B	63.86	0.6	15.12	9.05	0.22	0.27	56.56	5.17	-11.89	11.26	0.42	55.01	1313993.13	295945.02	82048.25
36	861	000736	中交地产	B	63.11	2.08	10.62	5.01	0.23	0.25	88.56	7.18	176.67	51.44	-24.27	116.18	3272266.46	579357.88	78307.06
37	863	601588	北辰实业	B	62.95	0.34	11.21	5.03	0.21	0.25	83.29	1.99	57.24	9.08	39.83	82.91	7998002.13	1545651.44	131060.91
38	886	600246	万通地产	B	62.64	0.17	4.90	5.67	0.24	0.30	46.13	3.38	41.06	5.02	-33.16	94.70	1335999.32	329495.73	34890.69
39	895	600340	华夏幸福	B	62.45	2.83	15.22	4.48	0.19	0.21	81.10	11.57	10.80	86.77	32.43	90.80	37586471.39	5963542.03	880657.10
40	913	600657	信达地产	B	62.17	0.66	7.24	4.02	0.22	0.25	86.01	2.81	31.51	8.04	-10.01	26.47	7195275.46	1521604.89	106518.68
41	1015	600240	华业资本	B	60.79	0.7	17.93	8.06	0.19	0.52	67.39	3.26	-25.78	20.05	-20.24	62.72	2085305.94	386170.95	99531.43
42	1033	000615	京汉股份	B	60.66	0.4	15.94	7.54	0.35	0.40	69.30	8.83	-34.12	43.71	-8.39	170.20	915551.84	279503.06	42086.04
43	1038	000029	深深房A	B	60.59	0.18	6.96	6.55	0.35	0.42	32.32	23.65	-42.78	7.32	–	–	398926.40	134591.26	18492.26
44	1075	600639	浦东金桥	CCC	59.93	0.66	7.56	6.05	0.09	0.36	55.21	5.96	13.92	4.68	-9.70	17.38	2048459.41	167382.58	73455.71
45	1090	000926	福星股份	CCC	59.83	0.89	8.50	7.36	0.25	0.30	75.73	1.97	11.20	-1.28	-11.01	17.36	4900239.34	1165851.11	119620.22
46	1131	000718	苏宁环球	CCC	59.18	0.38	11.99	7.90	0.28	0.31	54.04	22.38	-30.06	10.02	-46.92	102.69	1970428.55	576798.10	106924.89
47	1138	000505	京粮控股	CCC	59.07	0.2	10.74	9.23	2.12	3.26	57.25	5.74	716.98	4163.59	-29.05	57.10	608238.39	791763.90	20869.63
48	1251	600683	京投发展	CCC	57.53	0.43	23.79	5.98	0.22	0.25	84.74	5.05	4.99	22.48	-36.45	95.93	2786347.14	621739.60	94680.65
49	1271	600675	中华企业	CCC	57.24	0.2	8.88	4.47	0.26	0.31	81.68	2.14	-46.05	7.44	-11.43	56.57	2785833.95	765897.03	51782.94
50	1278	000042	中洲控股	CCC	57.06	0.93	8.69	5.30	0.24	0.28	84.22	2.06	6.63	17.45	-19.44	64.27	4361988.55	865423.38	60889.68
51	1288	600208	新湖中宝	CCC	56.90	0.39	7.83	5.00	0.15	0.22	73.59	3.42	28.43	10.04	23.70	52.02	12456908.30	1749992.40	335022.10
52	1297	000803	*ST金宇	CCC	56.86	0.17	21.03	10.06	0.33	0.81	88.09	3.42	313.90	152.93	10.45	49.67	130470.28	30210.00	4370.66
53	1315	600067	冠城大通	CCC	56.55	0.4	7.15	6.37	0.34	0.45	60.26	6.59	12.53	7.54	-8.03	45.24	2092786.43	689698.93	73187.77
54	1359	000031	中粮地产	CCC	56.06	0.52	14.18	4.86	0.20	0.24	84.50	3.56	-22.10	4.05	-10.91	34.19	7575147.58	1404235.59	173483.84
55	1382	002133	广宇集团	CCC	55.79	0.25	8.21	5.52	0.42	0.46	59.40	8.25	-17.38	4.64	-39.27	114.61	819785.86	346468.20	28926.20
56	1408	600890	中房股份	CCC	55.32	0.01	-0.38	2.78	0.24	0.35	8.76	–	606.53	2.80	-9.41	9.34	32384.43	7654.22	804.99
57	1410	600239	云南城投	CCC	55.31	0.16	3.44	3.45	0.20	0.27	88.82	1.40	47.30	27.45	36.57	71.33	7880301.50	1439083.92	42214.54
58	1434	600748	上实发展	CC	55.03	0.47	6.86	4.44	0.20	0.22	70.47	3.71	11.48	13.10	-22.89	65.87	3905026.54	723391.69	91526.53
59	1435	600503	华丽家族	CC	55.01	0.14	5.62	5.18	0.33	0.59	39.90	7.38	120.72	-1.78	-22.81	73.38	615241.18	211001.69	20459.89
60	1531	600848	上海临港	CC	53.59	0.37	6.18	5.65	0.17	0.23	43.01	6.19	15.19	42.26	10.45	104.44	1311716.01	207231.52	41101.62
61	1536	000667	美好置业	CC	53.58	0.26	9.38	5.82	0.25	0.27	56.49	9.47	-14.72	12.54	-17.59	46.92	1724487.81	443846.87	64685.57
62	1547	600064	南京高科	CC	53.36	1.23	6.61	5.62	0.14	0.31	58.81	8.21	-30.63	3.12	-13.78	43.75	2612149.86	359543.76	103527.65
63	1598	000056	皇庭国际	CC	52.87	0.15	1.83	4.28	0.06	0.25	59.16	2.09	115.53	5.06	0.68	35.00	1416967.97	70227.16	21005.46
64	1620	000965	天保基建	CC	52.57	0.41	4.25	6.92	0.20	0.23	50.29	7.99	11.55	9.34	-19.79	96.93	1030226.38	184606.87	41085.96
65	1636	000656	金科股份	CC	52.43	0.35	8.80	2.56	0.26	0.29	85.79	7.33	7.82	-0.74	-1.53	87.25	15736402.28	3475762.31	228539.78

续表

行业排名	全部上市公司排名	股票代码	单位名称	评价等级	综合得分	每股收益（元）	净资产收益率	总资产报酬率（%）	总资产周转率（次）	流动资产周转率（次）	资产负债率（%）	已获利息倍数	营业收入增长率（%）	资本扩张率（%）	市场投资回报率（%）	股价波动率（%）	年末资产总额（万元）	营业收入（万元）	净利润（万元）
66	1673	000090	天健集团	CC	51.84	0.5	8.05	5.75	0.30	0.36	74.45	2.83	8.71	4.00	2.56	68.82	2579268.48	674959.36	59822.78
67	1713	600094	大名城	CC	51.27	0.57	9.34	4.75	0.18	0.22	77.77	3.99	16.88	11.91	-19.05	36.53	5697330.46	1024447.05	148555.76
68	1731	600638	新黄浦	CC	51.00	1.15	-0.11	9.26	0.17	0.25	59.72	5.84	56.73	4.18	-20.98	63.35	1074900.92	177759.04	61041.13
69	1766	000732	泰禾集团	CC	50.50	1.71	7.89	2.30	0.15	0.17	87.83	4.72	17.38	15.67	11.64	33.11	20642088.95	2433116.64	233347.40
70	1781	600325	华发股份	CC	50.34	0.77	7.44	2.17	0.16	0.17	82.88	11.21	49.76	3.02	0.45	46.53	13968265.28	1991681.39	177764.50
71	1832	600376	首开股份	C	49.48	0.73	5.42	4.53	0.17	0.19	80.59	2.23	22.74	28.06	-19.48	44.76	24046338.66	3667764.19	361350.58
72	1944	000540	中天金融	C	47.94	0.45	11.84	5.00	0.18	0.28	82.42	2.12	-18.84	22.43	12.80	57.55	10850483.13	1579336.02	214362.84
73	1950	600515	海航基础	C	47.75	0.51	5.18	4.58	0.12	0.21	54.13	2.87	12.28	-3.14	0.19	82.58	9234745.49	1115707.73	224910.11
74	1963	600565	迪马股份	C	47.57	0.28	7.99	3.12	0.28	0.31	79.32	9.77	-33.16	2.68	-44.05	115.72	3755949.45	953798.76	64162.49
75	1983	600663	陆家嘴	C	47.39	0.93	17.23	7.85	0.12	0.27	75.11	4.52	-27.19	-0.41	-13.92	37.33	8118012.05	932459.38	367545.99
76	1984	600266	北京城建	C	47.36	0.93	6.93	2.45	0.16	0.19	77.42	7.90	20.77	5.31	-0.92	48.83	9820877.02	1404272.97	157273.52
77	1992	000838	财信发展	C	47.31	0.18	7.04	3.02	0.26	0.28	78.18	19.27	5.09	12.54	-36.01	85.91	861577.05	180347.94	21226.66
78	2014	600696	ST 匹凸	C	46.84	0.05	1.76	3.15	0.26	0.33	63.77	16.59	247.00	14.23	-47.77	172.29	81304.96	17508.93	1843.85
79	2089	000909	数源科技	C	45.70	0.1	4.05	3.60	0.62	0.73	68.11	3.01	69.14	2.88	-36.02	85.61	392645.97	266395.11	6985.23
80	2116	000609	中迪投资	C	45.21	0.46	8.89	8.54	0.14	0.18	10.01	–	106.25	9.46	-36.26	113.24	175233.35	27122.10	13434.39
81	2127	600185	格力地产	C	44.88	0.3	8.82	3.25	0.12	0.13	71.36	18.55	0.27	6.41	-3.42	44.89	2733375.66	313013.29	62335.36
82	2141	002208	合肥城建	C	44.72	0.41	9.19	4.01	0.26	0.26	83.85	2.06	4.77	7.75	-43.72	125.26	1156800.17	275191.93	16637.03
83	2199	600732	ST 新梅	C	43.40	0.14	3.07	12.70	0.08	0.18	12.17	517.41	-77.06	15.13	-14.48	48.63	53088.18	4592.53	6128.89
84	2202	000620	新华联	C	43.42	0.45	4.25	4.13	0.16	0.22	84.03	2.45	-0.99	17.59	-29.54	66.46	5129536.99	744140.48	86276.99
85	2206	000809	*ST 新城	C	43.33	0.12	3.12	4.96	0.01	0.01	47.78	2.80	279.12	3.37	-33.19	87.22	594641.13	7972.37	10110.68
86	2224	600463	空港股份	C	42.69	0.05	-0.36	1.46	0.55	0.88	49.45	1.36	126.36	-0.93	-27.30	89.84	290625.78	160530.46	-219.93
87	2244	000918	嘉凯城	C	42.41	1.1	-40.24	12.78	0.04	0.05	78.46	3.56	-59.06	39.83	-8.24	40.07	2611926.81	125873.40	189315.76
88	2247	000046	泛海控股	C	42.32	0.56	9.48	3.47	0.05	0.06	85.36	2.91	-54.97	10.45	-18.14	47.46	18777506.27	838479.66	309259.78
89	2264	600604	市北高新	C	41.89	0.12	4.87	4.78	0.17	0.27	51.77	3.75	85.69	4.89	-32.85	96.41	1269914.20	219139.53	30456.94
90	2348	600665	天地源	C	40.11	0.29	8.56	1.77	0.19	0.20	85.74	19.88	6.16	6.26	-19.91	59.07	2157261.54	395470.91	25029.32
91	2358	600895	张江高科	C	39.91	0.3	3.91	4.41	0.07	0.15	54.51	3.04	-39.98	1.87	-18.75	34.08	1898322.43	125304.95	46182.28
92	2360	000608	阳光股份	C	39.89	0.2	4.40	6.43	0.06	0.19	49.01	2.25	-16.44	-0.35	-25.15	47.77	721534.30	53442.00	19018.80
93	2403	000534	万泽股份	C	38.92	0.18	-9.72	4.99	0.11	0.14	35.86	5.47	31.06	9.97	-12.11	70.11	241007.81	25515.24	7720.06
94	2406	600322	天房发展	C	38.65	0.2	4.83	1.90	0.18	0.19	85.54	3.11	79.81	-1.81	-0.49	81.05	3567907.73	634949.49	32516.36
95	2436	600077	宋都股份	C	37.92	0.12	3.32	3.34	0.20	0.23	77.75	2.98	-64.59	4.81	-35.27	89.77	1766556.30	274928.69	15771.87
96	2497	600568	中珠医疗	C	36.45	0.09	-0.72	3.71	0.14	0.20	15.48	25.66	-10.73	2.23	-10.00	32.48	727201.41	98102.38	16029.78
97	2528	000014	沙河股份	C	35.94	0.04	-0.10	1.79	0.30	0.34	47.64	2.12	-17.34	0.70	-50.04	91.32	152827.70	51314.10	1098.82

续表

行业排名	全部上市公司排名	股票代码	单位名称	评价等级	综合得分	每股收益（元）	净资产收益率	总资产报酬率（%）	总资产周转率（次）	流动资产周转率（次）	资产负债率（%）	已获利息倍数	营业收入增长率（%）	资本扩张率（%）	市场投资回报率（%）	股价波动率（%）	年末资产总额（万元）	营业收入（万元）	净利润（万元）
98	2544	600052	浙江广厦	C	35.41	0.22	6.53	4.16	0.17	0.25	56.22	5.89	-52.78	12.82	-45.17	124.67	527549.43	82163.39	18859.22
99	2560	600223	鲁商置业	C	34.84	0.11	5.76	0.67	0.18	0.18	93.96	8.56	-1.27	2.80	-30.88	81.30	4339489.89	754877.13	11595.03
100	2601	000514	渝开发	C	33.54	0.1	2.87	3.17	0.16	0.21	45.19	2.80	52.48	2.79	-49.78	163.40	630714.83	104085.28	9849.10
101	2616	000043	中航地产	C	32.94	0.23	-12.21	3.16	0.29	0.50	75.94	1.67	-6.79	-2.73	-17.68	56.86	1911409.77	589349.40	-3472.81
102	2628	600773	西藏城投	C	32.10	0.11	1.59	1.76	0.09	0.10	70.96	2.25	-64.93	17.91	-8.17	74.28	1106285.51	96485.22	7314.27
103	2633	600095	哈高科	C	31.85	0.06	1.60	4.28	0.20	0.34	30.22	4.09	-12.46	0.94	-51.95	179.77	109451.51	22256.63	2106.44
104	2649	000668	荣丰控股	C	31.49	0.07	1.67	2.19	0.13	0.13	69.18	1.85	1976.52	2.03	-40.27	123.94	226073.90	26998.68	1389.16
105	2656	600733	SST 前锋	C	31.22	0.04	-4.37	1.79	0.10	0.12	39.04	3.45	612.14	2.12	–	–	38471.08	3822.46	487.15
106	2657	600159	大龙地产	C	31.23	0.03	0.84	1.45	0.20	0.23	32.57	3.34	-43.65	1.70	-29.84	84.30	336739.69	62580.26	2105.32
107	2675	000558	莱茵体育	C	30.48	0.02	-2.89	4.73	0.52	1.15	45.74	3.27	-65.15	0.53	-49.63	153.39	255209.92	132424.91	4496.12
108	2688	600215	长春经开	C	30.02	0.02	0.39	0.87	0.13	0.19	23.54	3.51	-2.77	0.28	-28.60	83.17	318043.89	41721.82	900.58
109	2694	002305	南国置业	C	29.76	0.03	-1.53	0.99	0.14	0.15	78.40	7.71	9.21	-0.23	-9.39	72.43	2304425.37	316612.05	7535.32
110	2701	600649	城投控股	C	29.49	0.66	3.08	6.16	0.08	0.11	46.11	4.96	-66.07	-13.49	-56.73	245.19	3776962.08	321516.41	176658.86
111	2738	600791	京能置业	C	28.20	0.11	0.13	0.83	0.13	0.15	54.72	4.67	-2.50	40.84	-19.07	107.45	630119.06	74314.61	1463.98
112	2761	002077	大港股份	C	27.07	0.06	-0.25	1.63	0.18	0.35	46.77	2.09	-4.30	0.48	-18.01	122.94	731249.75	131068.66	2725.02
113	2765	600555	海航创新	C	26.86	0.04	-15.50	5.26	0.01	0.02	51.32	1.91	-14.60	3.93	-25.59	70.05	332075.73	3082.99	5511.30
114	2788	600225	*ST 松江	C	25.94	0.21	-45.37	6.74	0.10	0.12	87.23	1.45	-25.74	23.03	-24.26	73.70	1482087.41	147578.45	13865.99
115	2809	000961	中南建设	C	24.79	0.16	0.28	3.01	0.21	0.22	90.52	1.26	-11.29	2.43	-38.28	145.76	17500409.28	3055232.75	53767.09
116	2842	000573	粤宏远 A	C	23.23	0.06	1.93	1.90	0.20	0.29	41.57	3.11	-49.73	-0.09	-52.04	154.60	293915.46	56573.53	3162.54
117	2851	000506	中润资源	C	22.50	-0.48	-34.49	-14.86	0.27	0.42	57.66	-7.13	-5.30	-31.63	-31.39	64.42	254737.73	76908.22	-47541.60
118	2879	600724	宁波富达	C	20.85	-0.6	-30.59	-3.21	0.28	0.34	82.58	-1.98	-25.22	-27.31	-37.79	102.02	1432892.44	415720.96	-88830.13
119	2882	600647	同达创业	C	20.54	0.08	2.18	2.36	0.04	0.08	34.07	–	-68.67	-11.47	-59.62	152.53	55097.87	2368.67	869.61
120	2908	000616	海航投资	C	18.43	0.01	-3.78	2.31	0.01	0.01	57.22	1.12	-66.27	0.09	-36.79	82.24	1017606.38	9670.73	792.84
121	2926	600533	栖霞建设	C	16.72	0.05	-0.62	1.38	0.12	0.14	74.92	1.32	-41.23	-3.09	-14.04	47.26	1534227.34	170187.29	5677.04
122	2944	000691	亚太实业	C	14.59	-0.03	-9.95	-1.32	0.16	0.17	65.22	-1.18	-0.21	-9.25	-25.99	100.97	25298.77	4614.78	-896.34
123	2953	600807	天业股份	C	13.50	-0.26	-31.44	5.10	0.19	0.24	82.19	0.76	-12.46	-9.26	-27.09	123.29	981538.83	183677.88	-22804.89
124	2955	600716	凤凰股份	C	13.43	-0.16	-4.65	-0.91	0.15	0.16	59.20	-2.15	-26.14	-6.92	-28.32	103.12	824837.90	134311.23	-15675.16
125	2957	000979	中弘股份	C	12.96	-0.3	-25.38	-2.90	0.03	0.03	81.26	-0.77	-77.18	-17.05	1.88	11.82	4518156.92	101605.23	-253716.88
126	2973	000897	津滨发展	C	10.95	-0.07	-9.35	-1.59	0.15	0.16	77.83	-2.65	9.28	-14.32	-30.02	95.37	607996.38	97616.01	-13243.68
127	2990	000502	绿景控股	C	6.58	-0.45	-41.93	-14.86	0.04	0.06	71.59	–	-92.63	-41.43	-46.97	157.43	51808.03	2206.13	-8477.38

第十八章　环保行业上市公司业绩评价

随着政策体系的逐步构建，我国环保产业主体参与环保工作的内生驱动力正在快速释放，为整个环保产业的发展提供了巨大动能。十九大报告指出要统筹兼顾经济发展和环境保护之间的关系，做到发展和保护的并举并重，践行绿色发展、循环发展和低碳发展，中国环保产业开启进入全新发展时期。2017 年环保行业整体营收增速放缓，业绩稳中向好，但环保行业的股价指数变动与行业增长情况相悖，2017 年环保行业的股价指数下跌 3.89%。

一、环保行业上市公司业绩评价结果

截至 2017 年末，环保行业包括环保工程及服务、环保设备行业 A 股上市公司共 45 家，其中盈利 42 家。

环保行业的综合评价得分值为 54.96 分，高于全部上市公司的 54.09 分。有 2 家环保行业上市公司进入 2017 年上市公司业绩评价综合得分的百强名单。在 45 家环保上市公司中，业绩为 AA 级的有 1 家；业绩为 A 级的有 3 家；业绩为 BBB 级的有 3 家；业绩为 BB 级的有 6 家；业绩为 B 级的有 8 家；业绩为 CCC 级的有 3 家；业绩为 CC 级的有 6 家；业绩为 C 级的有 15 家。

2017 年全部上市公司为 3382 家，全部上市公司资产总额为 54.24 万亿元，环保行业上市公司资产总额为 0.36 万亿元，占全部上市公司资产总额的 0.6%；全部上市公司实现营业收入为 32.68 万亿元，环保行业上市公司实现营业收入为 0.13 万亿元，占全部上市公司营业收入的 0.3%；全部上市公司实现利润总额为 2.39 万亿元，环保行业上市公司实现利润总额约为 0.02 万亿元，占全部上市公司利润总额的 0.8%；全部上市公司实现净利润 1.90 亿元，环保行业上市公司实现净利润 0.01 亿元，占全部上市公司净利润的 0.52%；环保行业上市公司的市场投资回报率高于全部上市公司市场投资回报率；环保行业上市公司的股价波动率为 81.71%，低于全部上市公司 92.62% 的股价波动率。

2017 年，环保行业排名前十的上市公司见表 18-1。

表 18-1　2017 年度环保行业十强排行榜

名次	股票代码	股票简称	在全部上市公司中排名
1	300072	三聚环保	65
2	300070	碧水源	90
3	603568	伟明环保	170
4	600323	瀚蓝环境	182
5	000826	启迪桑德	250
6	300335	迪森股份	326
7	600803	新奥股份	388
8	300137	先河环保	562
9	002672	东江环保	563
10	002573	清新环境	564

基于对环保行业上市公司的整体评价，下面分别从财务效益状况、资产质量状况、偿债风险状况、发展能力状况、市场表现状况五个方面对环保行业上市公司进行具体分析。

（一）财务效益

从综合得分来看，2017 年环保行业上市公司财务效益略低于全部上市公司平均水平，也略低于同行业上年水平。表 18-2 列示了 2017 年环保行业上市公司财务效益状况评价结果。

与 2016 年的情况相比较，2017 年环保行业上市公司财务效益略有下降，但是幅度不大。从下表可以看出，在财务效益中，环保行业营业利润率比全部上市公司整体水平略低，但是盈利现金保障倍数高于全部上市公司整体水平。以上数据反映出环保行业虽然经营中产生了利润，但是状况却趋于稳定、略有下降。

在环保行业上市公司财务效益状况指标中，三聚环保的综合得分为 80.07，在环保行业排名第一。三聚环保主要从事催化剂、石化助剂和催化新材料的研发、生产、销售及相关的技术服务，产品广泛应用于炼油、化工、天然气、化肥等领域，经过多年发展，三聚环保形成了以市场为龙头、生产为基础、研发为后盾、人才和科技为核心的运行机制。基于以上原因，三聚环保在 2017 年取得良好业绩。

表 18-2　环保行业财务效益状况比较表

评价指标		2017 年上市公司平均值	2017 年行业值	2016 年行业值
基本指标	扣除非经常性损益净资产收益率（%）	2.49	7.43	8.94
	总资产报酬率（%）	6.73	6.27	7.08
	得分	19.70	20.34	23.93
修正指标	营业利润率（%）	9.67	6.93	14.04
	盈利现金保障倍数	-0.84	0.84	0.55
综合得分		17.76	18.19	19.57

（二）资产质量

从综合得分来看，环保行业上市公司资产质量低于全部上市公司平均水平，略低于同行业上年水平。

表 18-3 列示了环保行业上市公司资产质量状况评价结果。在环保行业上市公司资产质量状况指标中，总资产周转率、流动资产周转率、应收账款周转率及存货周转率

均大幅低于全部上市公司平均水平。由于2017年的整体规模增长较快，与2015年相比，除总资产周转率外，2017年各项周转率指标均有下降，行业的资产质量整体有所滑坡。

该项指标中，前三名为富春环保、南方汇通和三聚环保。

富春环保主营业务为垃圾发电、热电联产，通过早年的扩张发展和积累形成了一定的垄断优势，目前日处理垃圾能力和固废处置规模全国领先，公司围绕“热电联产模式”不断完成并购，2017年2月公司收购南通常安能源92%的股权，3月收购常州新港剩余30%股权，形成除富阳当地外，有衢州、常州、溧阳、南通四大基地。收购后的子公司盈利能力均有大幅度提升。

表 18-3　环保行业资产质量状况比较表

分析指标		2017年上市公司平均值	2017年行业值	2016年行业值
基本指标	总资产周转率（次）	0.65	0.40	0.38
	流动资产周转率（次）	1.25	0.89	0.76
	得分	8.47	6.81	6.95
修正指标	应收账款周转率（次）	16.30	4.21	2.75
	存货周转率（次）	9.11	6.08	2.36
综合得分		8.46	7.43	6.89

（三）偿债风险

从综合得分来看，2017年环保行业上市公司偿债风险状况好于全部上市公司平均水平，低于同行业上年水平。

表18-4列示了环保行业上市公司偿债风险状况评价结果。在环保行业上市公司偿债风险状况指标中，碧水源得分排名第一，资产负债率、获利倍数、速动比率等指标均好于全部上市公司及行业平均水平，这与其产品优势、经营状况有很大关系。

该项指标中，前三名为上海洗霸、先河环保和伟明环保。

表 18-4　环保行业偿债风险状况比较表

评价指标		2017年上市公司平均值	2017年行业值	2016年行业值
基本指标	资产负债率（%）	41.02	49.37	52.38
	已获利息倍数	40.01	7.18	6.45
	得分	10.13	9.12	9.63
修正指标	速动比率（%）	209.21	110.38	98.79
	现金流动负债比率（%）	19.50	8.27	6.21
	带息负债比率（%）	40.07	46.12	46.19
综合得分		9.15	8.38	8.83

上海洗霸工业用水需求上升，周期性行业复苏，水处理发展空间较大。从用水结构上看，工业用水比重有所上升，其中火力发电、钢铁冶金、石油化工等几个高用水行业取水量约占全国工业总取水量的50%~60%。随着钢铁冶金、石油化工等下游行业景气回升，水处理行业发展空间将进一步扩大。在“一带一路”方面，公司开展了埃塞俄比亚麦克雷项目，进一步扩展了海外项目。另外，厦门海绵城市建设项目也在有序地进行，为公司水环境治理及 PPP 建设方面提供了有效的经验。

由表 18–4 可见，2017 年，环保行业获利倍数与现金流动负债比例在 2016 年基础上均有了不同程度的下降，这反映出环保行业财务费用增长速度高于利润增长速度，同时由于应收账款回款期延长，环保行业现金流量状况略有退步。环保行业公司在宏观环境改善以及利好政策不断推出的情况下，业绩水平逐步提高，但由于其扩张比例较大，因此相应偿债风险也随之有所降低。

（四）发展能力

从综合得分来看，2017 年环保行业上市公司发展能力状况优于全部上市公司的平均水平，且高于同行业上年水平。

表 18–5 列示了环保行业上市公司发展能力状况评价结果。在环保行业上市公司发展能力状况指标中，碧水源得分 17.24，排名第一。2017 年，公司环保类主营业务继续保持稳健的经营态势，公司环保类各项细分业务经营业绩均保持了持续稳定的增长，在固废处置、水务运营、环卫一体化、再生资源以及环保设备制造方面都有了新的进展以及突破。

该项指标中，前三名为三聚环保、启迪桑德和新奥股份。

表 18–5　　环保行业发展能力状况比较表

分析指标		2017 年上市公司平均值	2017 年行业值	2016 年行业值
基本指标	营业收入增长率（%）	38.44	26.47	21.58
	资本扩张率（%）	30.84	20.35	21.05
	得分	11.30	12.08	13.65
修正指标	累计保留盈余率（%）	–5.55	31.85	36.18
	三年营业收入平均增长率（%）	19.98	31.94	22.32
	总资产增长率（%）	27.44	26.91	30.38
	营业利润增长率（%）	131.11	18.88	15.44
综合得分		10.30	8.38	13.72

2017 年环保行业上市公司营业收入增长率从 2016 年的 41.07% 降至 21.58%，同时三年营业收入增长率略有下降，由于 2016 年营业收入呈现大幅增长的态势。尽管随着国家利好政策的推出以及对环保行业支持力度的加大，环保行业迎来了重大的发展机遇，但由于历史基数大的原因，其增长率略有回落。

（五）市场表现

2017 年行业表现虽然劣于大盘的表现，

图 18－1　环保指数与大盘指数波动

但整体走势较好，明显强于 2016 年的市场表现。主要原因是环保行业 2017 年水处理板块和大气治理板块利润增速较快，固废板块利润增速下滑，监测板块净利润继续维持 40% 以上的增长。同时，并购和再融资提速，PPP 发展迅速。

从综合得分来看，环保行业上市公司市场表现状况劣于全部上市公司的平均水平。表 18–6 列示了环保行业上市公司市场表现状况评价结果。在环保行业上市公司市场表现状况指标中，新纶科技名列第一。

该项指标中，前三名为聚光科技、清新环境和万邦达。

聚光科技内生增长强驱动，环境监测和实验室分析业务均呈现高增长，公司在环境监测领域继续保持竞争优势，环境质量监测项目获得 PPP 模式的突破、工业园区环境监测在多个省份打开局面。在工业过程分析系统及水利水务智能化系统业务则因供给侧改革影响及生态环境部机构整合等因素影响下，聚光科技的投资回报率较高。

表 18–6　　**环保行业公司市场表现状况比较表**

分析指标	2017 年上市公司平均值	2017 年行业值	2016 年行业值
投资回报率（%）	–14.59	–10.91	1.33
股价波动率（%）	92.63	81.71	66.88
得分	8.42	10.38	8.66

二、2017 年环保行业业绩的影响因素分析

2017 年，环保行业继续保持了良好的增长态势，与 2016 年相比，营收实现增长，但增速略有放缓，分板块来看，水务和固废板块营业收入和净利润规模最大，从营收增幅来看，节能、固废处置和水处理排名前三，而大气治理板块的增幅最低；从归属净利润来看，节能、环境监测与固废同比增幅最高，而大气板块出现小幅下滑。

（一）水务板块盈利能力稳定

2017 年，受益于板块在项目的获取上具有先天优势，BOT 模式的污水处理厂建设、河道治理、黑臭水体等治理领域使得水务板块景气度依然向好，龙头公司保持了较快增长。

水务板块营收增速分别为 25.76%，归母净利润增速为 25.88%，2017 年该板块经营性现金流和投资性现金流都有所增长，水处理板块 2017 年实现毛利率 30.69%，净利率 14.56%，同比 2016 年有所下滑。其中中金环境、海峡环保、巴安水务毛利率均较高，分别为 45%、44%、44%；海峡环保净利率最高达到了 28%。

水处理板块 2017 年年收入增速较快的有国祯环保、博世科、环能科技；净利润增速较快的为博世科、兴源环境、国祯环保。兴源环境采用外延加内生的经营策略，导致业绩增长较快。博世科业绩快速增长受益于订单加速落地。国祯环保订单加速落地，业绩高速增长。行业整体 2017 年增速加快，预计随着“十三五”生活污水治理及流域治理全面铺开，行业增速仍较可观。

（二）固废板块区域业务发展不均

固废处理处置板块 2017 年的营业收入增速为 19.79%，但毛利与期间费用承压，净利润为 9.89%。2017 年收入增速较快有中国天楹、高能环境和伟明环保，净利润增速较快的有高能环境、业绩快速增长。中国天楹工程销售收入增加明显，但毛利水平有所下滑，加之期间费用有所提升，净利润增速平稳。高能环境在手土壤修复订单推进，并购危废业绩发力。伟明环保优质产能投产，生活垃圾焚烧板块寡头垄断趋势明显。

固废处理处置板块 2017 年实现毛利率 34.36%，净利率 5.02%；板块利润率均大幅高于行业平均值。土十条落地推进土壤修复和危废，固废相对景气。

同时，江苏、浙江、广东、山东等危废产生量比较多的经济强省核准的危废处理企业数最多。沿海等经济发达地区虽然危废产生量比较大，但是在政府的推动下，危险废物处理行业也快速发展。江苏、浙江、广东的危废处置企业数也是最多的。但是新疆、青海、湖南等地由于比较依赖采矿行业同时经济相对比较薄弱，因此危废生产量比较大，但是处理能力远远不足。另外，内蒙古由于处置成本比较低，很多企业将危废处理项目建设在内蒙古以降低危废处理成本。

（三）环境监测板块增速明显

环境监测板块受益环保督查，2017 年营业收入和净利润增速分别为 30.25% 和 26.67%，环境监测板块 2017 年收入增速较快的有汉威科技、盈峰环境、先河环保；净利润增速较快的同样是汉威科技、盈峰环境、先河环保。其中，盈峰环境环保业务快速提升，收入结构改善，增速较高。汉威科技外

延形成物联生态，燃气、水务及热力订单增加。先河环保受益京津冀大气污染防治及环保督查，网格化监测与VOCs业务均有发展。

2017年，环境监测板块公司实现毛利率34.82%，远高于行业平均水平，净利率11.67%。近其中先河环保、雪迪龙、聚光科技毛利率均接近50%，雪迪龙的净利率为板块最高达到了19%。

（四）大气板块分化明显

随着大气攻坚战开展，大气板块业绩增速改善，2017年营业收入和净利润增速为9.99%，收入增速较快为清新环境，净利润增速较快的清新环境。凭借优质处理技术加行业口碑，清新环境营业收入受益订单增加，快速增长。

2017年，大气板块3家公司实现毛利率24.35%，其中清新环境盈利水平较高，分别实现毛利率29%，净利率16%。2017年3月，环境保护部、国家发改委、财政部、国家能源局和北京市、天津市、河北省、山西省、山东省、河南省人民政府联合出台《京津冀及周边地区2017年大气污染防治工作方案》，确定了2+26个城市为京津冀大气污染传输通道城市，并对各地空气质量作出数据要求。2017年8月，环保部、发改委等16部门共同出台《京津冀及周边地区2017~2018年秋冬季大气污染综合治理攻坚行动方案》，要求切实做好2017~2018年秋冬季（2017年10月~2018年3月）大气污染防治工作，坚决打好“蓝天保卫战”。大气污染治理政策高密度发布，治理工作保持高压态势。

因此与以上地区相关的上市公司业绩较好。

三、2018年环保行业前景展望

从2018年一季度的数据看，环保板块龙头股明显超预期，收入和利润增速较高。预计在传统的环保项目的基础上，烟气治理市场和工业污水第三方运营以及再生资源回收成环保行业新增长点，危废处理业务预计也将在先有基础上有较为集中的发展。

（一）钢铁行业焦化、烧结烟气治理市场空间开始释放

焦化、烧结排放烟气是钢铁行业大气污染物排放的重要来源。焦化和烧结装置所排放的SO_2超过整个钢铁工业总排放量的2/3，排放的颗粒物超过整个钢铁工业的60%。

焦化和烧结工业脱硫脱硝改造对应约千亿投资空间。截至2017年，国内目前尚未完成脱硫脱硝改造的焦炉数量约1200座，若采用分步脱硫脱硝法进行改造，则对应投资空间接近600亿；若采用活性炭（焦）同步脱硫脱硝法改造对应投资空间接近360亿。另外，我国现有烧结装置约1240台，脱硫改造已基本完成，脱硝改造尚处于起步阶段，若采用活性炭（焦）法投资空间约400亿，若采用低温选择性催化还原法投资空间约200亿左右。

随着该部分设备改造的进行，该部分市场空间将被逐渐释放。

（二）工业污水第三方运营将成主要市场增长点

今年来，我国工业废水排放量逐年上升，随着工业废水环保标准的逐渐严格、环保督查的深入开展，导致以往达标排放的工业废水可能需要进一步处理，同时部分潜在的偷排、多排现象浮出水面。“十三五”期

间，我国工业废水的处理量会进一步上升，每单位工业废水的处理价格也会略有上浮。

总体来说，工业废水治理市场空间主要由新建工业企业配套的污水处理设施工程投资及污水处理运营服务两部分组成。在目前“去产能”政策的大背景之下，部分“退城进园”搬迁项目，以及新建能源化工项目将会带来工业水处理新增产能投资，但总量不会太多。未来一段时间内工业废水处理市场增长将主要来自工业污水处理运营。

工业污水处理设施建设标准较低、运营效果不达标在业内是普遍现象，监管日益趋严、社会舆论高度关注以及环境税正式开征在即等背景下，工业企业实施委托运营以保证稳定达标或是未来趋势。同时，根据国务院发布《关于推行环境污染第三方治理的意见》，在工业等领域推广环境污染第三方治理模式，希望借此解决工业企业的污染物超标排放问题，“第三方治理”模式有望不断得到推广。目前工业废水处理运营的总市场空间大致在1200亿，我们估计其中已经进行第三方模式运营的在150亿元左右。总体来看，工业污水处理第三方运营市场仍有较大增量空间。

工业污水处理第三方运营市场格局分散，集中度有望提升。工业污水处理的第三方运营模式尚属产业发展的兴起阶段，其中上海洗霸、麦王环保（2015年被国祯环保收购）已经是行业内的龙头企业。按照之前估计的目前每年150亿元第三方工业废水运营总市场空间计算，两家龙头企业的市场份额增长空间很大。这说明我国工业污水处理第三方运营的市场格局尚不明晰，全国范围内的优势企业尚未出现。预计未来，环保企业承接的工业污水第三方运营项目将更多地以工业园区为单位，而随着退城进园政策的推广，工业园区数量有望上升，这利于行业集中度的进一步提升。

（三）危废工业处理市场容量大，集中度有望提升

工业危险废物具有破坏生态环境、影响人类健康和制约可持续发展的严重危害性，受到国家的高度重视。国家《“十三五”生态环境保护规划》明确提出要合理配置危险废物安全处置能力、防控危险废物环境风险，提高危险废物处置水平;“土十条”对土壤质量的严标准和高要求，在促进土壤修复市场的同时，也会对污染源的把控趋严，对工业危废处置的要求也将日趋严厉，进而促进危废处理行业的发展。

危废处置市场容量大、增长迅速。根据公布的数据统计，2016年214个大中城市工业危险废物产生量为3344.6万吨，2015年246个大中城市工业危废产生量为2801.8万吨，排名前三的省份为江苏、山东和湖南，一年之间江苏省危废产量增长超过100万吨，跃升第一，而山东省的产生量则有所减少。而业内人士预测国内危废的实际产生量可能在1亿吨/年。产生量与处理能力分布不均，地域发展极度不平衡。江苏、山东等地的处置能力缺口仍旧很大。

由于处置产能不足，部分产废大省供不应求，危废处置价格维持高位，盈利能力较强。另一方面，目前危废行业尚处于散、小、弱格局，全国危废企业近3000家，持证企业平均资质规模不足3万吨/年，十大龙头企业总的市场占有率甚至不到10%。取得资质的大部分企业设施负荷率低，技术、

资金、研发能力弱。

行业发展趋势来看，行业并购增加，集中度有望提升；从技术看，无害化占比提高，焚烧项目落地加速，水泥窑协同处置作为一种补充处置模式受到政策推广。总体上，危废处置行业快速增长阶段已经来临，短期来看，虽然新进入者众多，但处置能力缺口巨大，行业呈现整体繁荣，中长期来看，随着产能缺口填补，竞争加剧，处置价格可能会高位回调，企业技术和运营管理的差距会逐步显现。我们更看好其中技术积淀深厚，具有先发和区位布局优势的公司。

（四）再生资源回收成环保行业新增长点

再生资源回收行业包括回收和利用两部分。整个产业链包含废旧物资收集－运输－回收－再循环（深加工）。品类主要有废钢铁、废有色金属、废塑料、废轮胎、废纸、废弃电器电子产品，报废汽车、报废船舶、废玻璃、废电池十大类。近年来，国家出台多项扶持政策推动行业发展。随着工信部、商务部、科技部出台《关于加快推进再生资源产业发展的指导意见》，发改委等 14 个部委联合印发《循环发展银龄行动》，提出到 2020 年，整体资源循环利用产业产值要达到 3 万亿左右的目标。之后国办正式发布《禁止洋垃圾入境推进固体废物进口管理制度改革实施方案》，提出将分行业、分种类制定禁止固体废物进口的时间表，分批、分类调整固体废物进口管理目录，大幅度减少进口种类和数量。

我国十大类别的再生资源回收总量同比增长 3.7%。其中，增幅最大的是废电池，同比增长 20%。再生资源回收总值为 5902.8 亿元。但是总体回收率仍然较低，拆解效率提升空间较大，主要工业废弃物的平均回收处理率不到 60%，废旧家电正规渠道拆解率只有 61%。报废汽车回收比例不到 30%。

分类投放、分类收集和分类运输的前提就是实现垃圾分类处理网和再生资源利用网的深度融合。根据商务部等国家六部委印发了《关于推进再生资源回收行业转型升级的意见》。强调推广“互联网＋回收”的新模式，促使再生资源交易市场由线下向线上线下结合转型升级，发改委、住建部发布《生活垃圾分类制度实施方案》，提出实施生活垃圾强制分类城市，2020 年底，回收利率达到 35% 以上。

目前，拆解类别还以“四机一脑”为主，而事实上，未来汽车拆解、手机拆解回收的巨大市场还有待挖掘。美国报废汽车拆解处理行业整体规模已经达到 700 亿美元左右，占美国循环经济整体产值的 1/3。而我国目前回收率仅占注销车辆的 30% 左右。国内的旧手机回收率则仅 1%~2%，相比欧美 30%~40% 的水平尚有极大提升空间。随着政策推动，行业的发展整顿，中长期拆解资质价值有望凸显，成为环保行业的新的增长点。

附表

2017 年度环保行业上市公司业绩评价结果排序表

行业排名	全部上市公司排名	股票代码	股票简称	综合得分（100 分）	每股收益（元）	总资产报酬率（%）	净资产收益率（%）	总资产周转率（次）	流动资产周转率（次）	资产负债率（%）	获利倍数	营业收入增长率（%）	资本扩张率（%）	市场投资回报率（%）	股价波动率（%）	年末资产额（万元）	营业收入净额（万元）	净利润（万元）
1	65	300072	三聚环保	80.10	1.43	15.78	28.58	1.02	1.19	58.64	7.33	28.22	61.16	9.98	64.28	2543881.82	2247773.30	265404.43
2	90	300070	碧水源	78.90	0.80	9.13	12.98	0.36	0.90	56.44	8.72	54.82	21.71	-2.20	58.09	4563693.89	1376728.61	259136.49
3	170	603568	伟明环保	76.40	0.74	16.07	23.25	0.28	1.00	41.18	56.00	48.51	20.58	-12.21	46.27	393179.50	102945.74	50686.22
4	182	600323	瀚蓝环境	76.00	0.85	7.96	10.99	0.31	2.15	56.79	5.73	13.87	10.08	10.56	27.99	1411268.53	420208.07	69732.90
5	250	000826	启迪桑德	74.00	1.27	6.92	10.26	0.33	1.03	54.77	4.43	35.30	80.01	-0.54	28.53	3331551.80	935838.47	126862.04
6	326	300335	迪森股份	71.90	0.59	11.06	18.64	0.64	1.43	55.24	11.20	81.09	21.47	-6.65	53.86	336973.63	192071.47	25531.49
7	388	600803	新奥股份	70.80	0.64	6.81	11.73	0.50	1.85	72.62	3.11	56.91	12.18	-0.10	45.16	2155462.87	1003563.29	69247.61
8	562	300137	先河环保	67.30	0.55	11.98	11.98	0.53	0.77	22.03	654.54	32.04	10.56	33.95	162.93	212099.63	104253.77	19955.51
9	563	002672	东江环保	67.30	0.55	8.35	13.28	0.36	1.08	53.23	6.91	18.44	11.80	-8.30	44.67	924014.74	309965.86	55335.60
10	564	002573	清新环境	67.30	0.61	8.23	14.42	0.34	0.68	63.31	4.97	20.63	15.90	24.41	61.50	1265594.47	409422.01	67353.54
11	678	300422	博世科	65.50	0.41	6.77	10.57	0.47	0.97	67.00	5.17	77.15	27.00	11.84	57.83	392137.21	146854.58	14493.41
12	694	300203	聚光科技	65.30	1.00	10.52	11.13	0.47	0.74	45.55	10.42	19.18	14.36	23.27	57.20	637799.87	279939.93	50181.14
13	720	000035	中国天楹	65.00	0.17	6.41	8.41	0.23	1.08	62.51	2.79	64.39	47.80	-11.23	43.50	813026.43	161181.41	22489.44
14	770	000040	东旭蓝天	64.30	0.41	3.77	4.72	0.35	0.48	60.01	2.94	115.48	5.43	13.12	55.84	2890353.17	813102.53	53994.01
15	908	000820	神雾节能	62.30	0.55	21.37	37.66	0.64	0.66	62.54	15.92	52.17	47.55	-6.49	105.20	288341.52	131678.82	34808.85
16	938	603588	高能环境	61.90	0.30	6.47	10.31	0.44	0.97	58.46	5.43	47.34	17.03	-15.15	63.92	596153.45	230524.01	24028.08
17	1020	002479	富春环保	60.80	0.43	10.86	12.39	0.65	2.85	37.47	8.31	23.13	-0.64	-33.43	68.83	510038.97	332359.46	40942.22
18	1023	000967	盈峰环境	60.80	0.32	7.15	5.61	0.69	1.20	45.37	5.27	43.77	29.39	-5.15	34.67	814664.90	489838.90	35304.67
19	1060	300055	万邦达	60.20	0.35	5.38	5.16	0.27	0.51	26.77	11.78	22.95	5.99	26.45	68.95	799800.40	207124.64	30631.49
20	1305	000920	南方汇通	56.80	0.27	9.67	12.16	0.60	2.20	46.70	9.01	7.28	7.47	-37.00	97.12	181864.99	108284.08	12702.33
21	1416	300190	维尔利	55.20	0.32	4.18	4.60	0.27	0.44	39.04	4.30	83.30	31.84	-27.18	59.81	613964.50	141776.54	14416.76
22	1450	300172	中电环保	54.80	0.23	7.80	7.62	0.36	0.54	38.42	60.78	4.97	8.81	-25.10	64.17	201842.22	68044.80	12350.93
23	1465	300425	环能科技	54.60	0.25	5.45	6.72	0.35	0.70	38.75	8.49	66.22	6.97	-29.50	87.03	260977.12	81119.51	9891.02
24	1546	600217	中再资环	53.40	0.16	9.56	15.48	0.58	0.71	64.98	3.20	64.26	56.01	-22.24	82.76	482432.50	233820.26	22013.88
25	1587	002341	新纶科技	53.00	0.34	4.75	3.46	0.32	0.63	48.63	2.53	24.48	0.84	37.51	115.94	650461.96	206442.45	16493.03
26	1761	603126	中材节能	50.50	0.22	4.91	6.93	0.51	0.83	43.73	0.00	12.48	5.11	-26.34	120.14	322923.64	168391.14	13938.52
27	1853	300187	永清环保	49.20	0.22	5.71	8.17	0.40	0.65	47.11	30.01	-19.99	9.66	-14.15	43.47	319234.72	122893.90	14538.11
28	1927	300263	隆华节能	48.10	0.05	2.10	1.67	0.31	0.58	29.12	19.28	31.54	5.09	-3.51	78.92	365475.69	106832.32	5614.72
29	1935	300156	神雾环保	48.00	0.36	8.01	12.78	0.46	0.52	60.98	5.48	-10.10	7.73	-6.41	100.77	712424.47	280939.35	35451.25
30	2152	000068	华控赛格	44.40	0.03	3.65	3.21	0.20	0.44	61.03	2.15	38.77	36.42	-41.00	90.71	280369.83	41292.97	3264.41

续表

行业排名	全部上市公司排名	股票代码	股票简称	综合得分（100分）	每股收益（元）	总资产报酬率（%）	净资产收益率（%）	总资产周转率（次）	流动资产周转率（次）	资产负债率（%）	获利倍数	营业收入增长率（%）	资本扩张率（%）	市场投资回报率（%）	股价波动率（%）	年末资产额（万元）	营业收入净额（万元）	净利润（万元）
31	2164	300332	天壕环境	44.10	0.10	3.11	2.15	0.25	0.89	56.04	2.31	17.51	2.77	−32.55	117.38	834995.99	198387.75	7417.72
32	2174	600292	远达环保	43.90	0.14	2.52	2.08	0.37	0.91	42.31	4.15	0.48	0.97	−29.59	61.37	904645.81	327682.63	11521.59
33	2211	300262	巴安水务	43.10	0.21	5.91	4.35	0.23	0.44	51.48	6.53	−11.65	6.66	−21.13	68.12	443613.36	91015.52	12992.21
34	2375	300056	三维丝	39.60	0.11	3.21	1.79	0.48	0.86	48.34	2.20	38.08	19.74	−57.28	190.16	272497.66	130910.35	3360.34
35	2722	000005	世纪星源	29.00	0.01	3.86	−3.96	0.20	0.50	51.77	2.23	10.18	3.62	−41.11	110.63	291210.00	53092.22	2293.60
36	2857	300334	津膜科技	22.30	−0.24	−1.62	−4.84	0.24	0.40	43.39	−1.26	−15.49	21.69	−22.29	162.25	291873.54	63311.73	−6336.44
37	2880	300152	科融环境	20.90	0.05	1.94	−4.16	0.21	0.36	54.13	3.13	−13.48	−4.20	−21.19	82.71	328674.56	66179.56	2878.12
38	2913	300125	易世达	18.10	−2.24	−15.32	−29.67	0.07	0.14	42.95	−9.97	−30.70	−24.30	−12.09	30.36	139773.95	11268.43	−26458.25
39	2971	300090	盛运环保	11.60	−1.00	−8.08	−24.71	0.11	0.21	71.40	−3.45	−13.65	−25.36	−23.95	59.33	1361045.40	135780.29	−132234.70
40		603200	上海洗霸	66.30	0.87	10.79	9.13	0.49	0.52	10.26	29114.09	1.57	91.67	−14.48	64.73	79339.22	30090.53	5750.57
41		601200	上海环境	62.50	0.72	6.74	8.72	0.21	1.29	49.06	6.42	0.59	8.13	−14.48	67.20	1238381.43	256602.99	60608.84
42		603817	海峡环保	57.70	0.23	6.85	8.05	0.19	1.67	27.60	7.99	5.57	56.80	−14.48	157.20	200857.21	34868.79	9937.84
43		300631	久吾高科	54.70	0.47	8.00	7.84	0.44	0.57	22.87	0.00	19.35	47.12	−14.48	109.51	75427.01	29353.87	4580.16
44		603177	德创环保	48.40	0.19	4.52	8.04	0.71	0.84	53.89	6.72	3.41	46.39	−14.48	165.30	116239.61	79910.59	3825.47
45		603603	博天环境	46.90	0.51	3.04	4.81	0.42	0.80	78.01	4.15	20.93	28.61	−14.48	140.56	869593.01	304603.88	15230.57

第三部分
中国上市公司税收分析报告

第十九章　上市公司税收负担率分析

一、2017年度我国税收环境及其变化

2017年度我国开征税种共17个，包括（1）增值税、（2）消费税、（3）企业所得税、（4）个人所得税、（5）资源税、（6）城镇土地使用税、（7）土地增值税、（8）房产税、（9）城市维护建设税、（10）车辆购置税、（11）车船税、（12）印花税、（13）契税、（14）耕地占用税、（15）烟叶税、（16）关税、（17）船舶吨税；2017年，以习近平新时代中国特色社会主义思想为指导，贯彻党的十九大精神，同时贯彻落实国务院"放管服"改革任务，税务总局深入推进优化纳税服务，为企业"松绑"，为市场"腾位"，营造良好的营商环境，紧紧围绕统筹推进"五位一体"总体布局和协调推进"四个全面"战略布局，全面推进依法治税，优化营商环境。2017年度税收体系建设有以下几个方面的变化。

（一）税收的"法律"本位主义得到有力体现

1. 依法征税原则。

习近平总书记在党的十九大报告中指出，必须坚持厉行法治，税收是国家财政收入的主要手段，税法是税收的法律保障，税收是在税法的规定和指导下组织收入，依法征税对税收的指导意义就在于"有税不收是违法"，收"过头税"也是违法，树立税收收入总量和质量协调发展的理念，认真执行好组织税收收入的原则。

税收收入管理方面的变化：逐步实现科学化、精细化和动态化管理，运用科技管税、评估稽查、打击违法、堵漏增收等征管理念做到应收尽收，体现税负公平，税收智能化。

2. 税收政策宣传日常化。

2017年税务总局共发布税收规范性文件63件，均同步进行政策解读，税务总局充分运用门户网站、微博、微信、手机客户端、税务总局公报、新闻媒体、中国税务年鉴等形式，及时主动向社会公布税收政策和税收数据等信息，全年发布各类涉税信息8415条，网站访问人次达到4061万人次，页面浏览量达9005万；通过税务总局微博发布信息1678条，关注量达452万；通过税务总局微信发布信息1856条，订阅数达109.2万；通过手机客户端发布信息331条，关注量达37.6万；借助中央主要媒体开展税收政策解读和新闻发布，报道量达1600余篇（次）；编发税务总局公报12期，发布信息

108 条，为企业提供了更多现代化、智能化的服务，随着我国税收改革的深入，税收宣传日常化将是常态，让更多人了解税收也是法治进步的表现。

（二）减税降负并实现了税收增长与经济增长的协同发展

1. 2017 年减税成果显著。

2017 年税收政策方面的减税力度依然强劲，出台了六项减税政策、研发费用加计扣除政策执行指引、“双创”税收政策等等利好政策，2017 年营改增共实现减税 9186 亿元，比 2016 年增加 3450 亿元，自 2017 年 7 月 1 日起，简并增值税税率结构，取消 13% 的增值税税率，仅这一项在 2017 年 7 月至 12 月累计减税 147 亿元。小型微利企业所得税减半征收扩围等税收优惠政策也取得明显成效，2017 年，税务部门实施小型微利企业所得税减半征收政策共减税 454 亿元，其中小型微利企业所得税减半征收范围从年应纳税所得额 30 万元扩大到 50 万元，减税 128 亿元。提高科技型中小企业研发费用税前加计扣除比例、开展创业投资企业和天使投资个人有关税收政策试点、商业健康险税前扣除政策试点以及部分延续实施的税收优惠政策合计减税 200 多亿元。税务部门认真落实党中央、国务院关于减税降负的决策部署，有力促进了供给侧结构性改革，助推经济高质量发展。

2. 2017 年税收收入与经济协调增长。

2017 年全国税务部门组织税收收入（已扣除出口退税）12.6 万亿元，同比增长 8.7%，扭转了近年来税收增长持续放缓的状况，比 2016 年提高 3.9 个百分点，税收弹性系数也就是税收收入增幅与 GDP 现价增幅的比值接近 0.8，处于合理区间。税收与经济增长的协调性明显增强。其中，第三产业税收收入增长 9.9%，占税收的比重为 56.1%，比第二产业高 12.3 个百分点。现代服务业税收保持快速增长势头，互联网和相关服务、软件和信息技术服务行业税收分别增长 55.1% 和 36%。在减税降费的方针政策下，税收依然保持了合理的增长，表明我国税收改革的成效显著，既提高了企业的活力也提高了税收的质量。

（三）税务系统进一步深化“放管服”改革

税务总局持续深化“放管服”，2016 年 2 月发布《税务系统简化优化纳税服务流程方便纳税人办税实施方案》，2017 年 5 月又发布《压缩办税时间优化营商环境改革实施方案》，创新征管、改进服务的新举措日益增多。

1. 行政审批事项大量缩减。

截至目前，税务部门只保留了 7 项税务行政许可：①企业印制发票审批；②对纳税人延期缴纳税款的核准；③对纳税人延期申报的核准；④对纳税人变更纳税定额的核准；⑤增值税专用发票（增值税税控系统）最高开票限额审批；⑥对采取实际利润额预缴以外的其他企业所得税预缴方式的核定；⑦非居民企业选择由其主要机构场所汇总缴纳企业所得税的审批；其余 80 项非行政许可审批事项已全部清理，使纳税人办税更加便捷。

2. 进一步深化国税地税联合办税。

为进一步深化国地税联合办税，2017 年 11 月 22 日国家税务总局发布《关于进一步深化国税地税联合办税的指导意见》（税总发〔2017〕136号），提出统筹谋划联合办税方式、持续拓展联合办税范围、合理配置联合办税窗口、探索创新联合办税形式等四方面举措，以期为纳税人提供更便利、更多样、更快捷、更优化的办税服务。全国截止2017年12月底，已有6500余个国地税联合办税服务厅，占办税服务厅总数的近70%。

国家税务局主要负责国内增值税，消费税，车辆购置税，央企及部分重要行业的企业所得税、资源税等税种的征收管理；地方税务局负责部分企业所得税，个人所得税，资源税，印花税，城市维护建设税，房产税，城镇土地使用税，耕地占用税，契税，土地增值税，车船税，烟叶税等税种的征收管理。国地税联合办公，无论企业涉及什么税种，都可以只进一个门，办多种税。

（四）2017年度新增税收法规

2017年度国税总局新发布税收法规有63项，主要集中在以下几个方面。

1. 与企业所得税有关的重要税收政策有以下几项，

（1）高新技术企业优惠管理——《国家税务总局关于实施高新技术企业所得税优惠政策有关问题的公告》（国家税务总局公告2017年第24号）。

新政策明确了：①获得高新技术企业资格的三年享受优惠问题：企业获得高新技术企业资格后，自高新技术企业证书注明的发证时间所在年度起申报享受税收优惠，并按规定向主管税务机关办理备案手续。②高新资格期满当年的预缴问题：企业的高新技术企业资格期满当年，在通过重新认定前，其企业所得税暂按15%的税率预缴，在年底前仍未取得高新技术企业资格的，应按规定补缴相应期间的税款。③高新资格复核：税务部门如在日常管理过程中发现其在高新技术企业认定过程中或享受优惠期间不符合《认定办法》第十一条规定的认定条件的，应提请认定机构复核。由认定机构取消其高新技术企业资格，并通知税务机关追缴其证书有效期内自不符合认定条件年度起已享受的税收优惠。

（2）研发费用税前加计扣除归集范围——《国家税务总局关于研发费用税前加计扣除归集范围有关问题的公告》（国家税务总局公告2017年第40号）。

新政策明确了①外聘研发人员的范围，强调实际支付给劳务人员的支出，包括临时用工人员以及签订劳务用工协议的劳务人员；明确了工资范围包括股权激励支出。②材料费用加计不包括企业研发活动直接形成产品或作为组成部分形成的产品对外销售的；③可以按照加速折旧或摊销额作为研发费加计扣除的基数；④其他费用中增加职工福利费、补充养老保险费、补充医疗保险费三项费用。

（3）企业境外承包工程税收抵免凭证问题——《国家税务总局关于企业境外承包工程税收抵免凭证有关问题的公告》（国家税务总局公告2017年第41号）。

新政策明确了企业以联合体方式中标境外工程的抵免凭证问题，联合体在境外缴纳的企业所得税税额可由主导方企业按实际取得的收入、工作量等因素确定的合理比例进行分配，开具《分割单（联合体方式）》，并将《分割单（联合体方式）》复印件提供给联合体各方企业，联合体各方企业据此申报抵免。

（4）完善企业境外所得税收抵免政策——《财政部国家税务总局关于完善企业境外所得税收抵免政策问题的通知》（财税〔2017〕84号）。

新政策明确了企业可以选择按国（地区）别分别计算［即“分国（地区）不分项”），或者不按国（地区）别汇总计算（即“不分国（地区）不分项”］其来源于境外的应纳税所得额，并按照财税〔2009〕125号文件第八条规定的税率，分别计算其可抵免境外所得税税额和抵免限额。

（5）全民所有制企业公司制改制企业所得税处理——《国家税务总局关于全民所有制企业公司制改制企业所得税处理问题的公告》（国家税务总局公告2017年第34号）

新政策明确了改制前后股东没有变化，财产权属没有变化，都是100%国家所有，满足法律形式的简单改变，可依照以下规定进行企业所得税处理：改制中资产评估增值不计入应纳税所得额；资产的计税基础按其原有计税基础确定；资产增值部分的折旧或者摊销不得在税前扣除。

（6）特殊行业企业广告费和业务宣传费支出税前扣除政策——《财政部税务总局关于广告费和业务宣传费支出税前扣除政策的通知》（财税〔2017〕41号）。

新政策明确了自2016年1月1日起至2020年12月31日，对化妆品制造或销售、医药制造和饮料制造（不含酒类制造）企业发生的广告费和业务宣传费支出，不超过当年销售（营业）收入30%的部分，准予扣除；超过部分，准予在以后纳税年度结转扣除。

（7）小型微利企业税收优惠——《财政部税务总局关于扩大小型微利企业所得税优惠政策范围的通知》（财税〔2017〕43号。

自2017年1月1日至2019年12月31日，将小型微利企业的年应纳税所得额上限由30万元提高至50万元，对年应纳税所得额低于50万元（含50万元）的小型微利企业，其所得减按50%计入应纳税所得额，按20%的税率缴纳企业所得税。

（8）北京2022年冬奥会和冬残奥会税收政策——《财政部税务总局海关总署关于北京2022年冬奥会和冬残奥会税收政策的通知》（财税〔2017〕60号）。

对企业、社会组织和团体赞助、捐赠北京2022年冬奥会、冬残奥会、测试赛的资金、物资、服务支出，在计算企业应纳税所得额时予以全额扣除。

2. 与增值税有关的主要税收政策有以下几项。

（1）增值税发票管理有关的税收政策：《国家税务总局关于进一步做好增值税电子普通发票推行工作的指导意见》（税总发〔2017〕31号）。

《国家税务总局关于开展鉴证咨询业增值税小规模纳税人自开增值税专用发票试点工作有关事项的公告》（国家税务总局公告2017年第4号）。

《国家税务总局关于使用印有本单位名称的增值税普通发票（卷票）有关问题的公告》（国家税务总局公告2017年第9号）。

《国家税务总局关于增值税发票开具有关问题的公告》国家税务总局公告2017年第16号，自2017年7月1日起，购买方为企业的，索取增值税普通发票时，应向销售方提供纳税人识别号或统一社会信用代码。

《国家税务总局关于增值税普通发票管理有关事项的公告》（国家税务总局公告2017年第44号）。

《国家税务总局关于水资源费改税后城镇公共供水企业增值税发票开具问题的公告》（国家税务总局公告2017年第47号）。

（2）增值税税率由4档税率兼并成3档税率:《关于简并增值税税率有关政策的通知》（财税〔2017〕37号）。

（3）增值税征收管理相关的政策:《国家税务总局关于调整增值税纳税申报有关事项的公告》（国家税务总局公告2017年第19号）。

《国家税务总局关于印发《增值税纳税申报比对管理操作规程（试行）》的通知》（税总发〔2017〕124号）。

《国家税务总局关于简化建筑服务增值税简易计税方法备案事项的公告》（国家税务总局公告2017年第43号）。

《国家税务总局关于调整增值税纳税申报有关事项的公告》（国家税务总局公告2017年第53号）。

《增值税一般纳税人登记管理办法》（国家税务总局令第43号）。

《国家税务总局关于进一步明确营改增有关征管问题的公告》（国家税务总局公告2017年第11号）。

（4）资管产品增值税政策:《财政部国家税务总局关于资管产品增值税政策有关问题的补充通知》（财税〔2017〕2号）。

《财政部税务总局关于资管产品增值税有关问题的通知》（财税〔2017〕56号）。

（5）其他税收政策:《国家税务总局关于纳税人转让加油站房地产有关土地增值税计税收入确认问题的批复》（税总函〔2017〕513号）。

《交通运输部国家税务总局关于收费公路通行费增值税电子普通发票开具等有关事项的公告》（交通运输部公告2017年第66号）。

《财政部税务总局关于租入固定资产进项税额抵扣等增值税政策的通知》（财税〔2017〕90号）。

《国家税务总局关于跨境应税行为免税备案等增值税问题的公告》国家税务总局公告2017年第30号。

3. 税收行政法规、法律落地。

《财政部税务总局水利部关于印发《扩大水资源税改革试点实施办法的通知》（财税〔2017〕80号）。

《中华人民共和国环境保护税法实施条例》国令第693号;

《中华人民共和国烟叶税法》2017年12月27日第十二届全国人民代表大会常务委员会第三十一次会议通过。

《国家税务总局国土资源部关于落实资源税改革优惠政策若干事项的公告》（国家税务总局国土资源部公告2017年第2号）。

二、企业税负影响因素分析

（一）制度因素

1. 税收法律。

毫无疑问，企业税收负担天然来源于国家指定的税收法律制度，税收制度体系的改变会带来税负的变化。1994年我国实行了分税制改革，2008年开始实施内外资企业的企业所得税两税合并，2009年开始实施增值税从生产型向消费型全面转型，2012年实施营业税改征增值税试点，2016年5月，“营改增”全面实现。从理论预期和政策目标来讲，上述改革措施有利于降低我国企业的税收负担水平，有助于我国经济结构的调整与优化。

2. 政治关联。

我国是一个处于经济转型的国家，市场制度尚未完善，社会资本等非市场力量有着重要的影响，税收制度作为政府宏观经济管理的工具，不可避免地带有不完善的色彩。国内相关研究发现，虽然在我国市场化进程中不同企业之间的制度、政策差异已经消除，但是非市场力量仍然发挥着作用（陆铭、李爽，2008）。作为非市场力量，企业寻求与政府的关系成为公司治理的一种重要外部机制，对公司业绩有着重要影响（李维安等，2010）。例如，它有助于企业获得贷款便利、税收优惠、政府补助等政策资源（白重恩等，2005；吴文锋等，2009；潘越等，2009）。除此之外，企业税负高低与具体征管过程中政策的执行程度密切相关，我国存在着较大的税收征管空间（高培勇，2006），意味着在实际税收征管中操作弹性很大。

（二）企业特征因素

1. 企业客观因素。

企业客观因素包括了企业所处的行业、地域、经营的业务类型等，这些会显著地影响企业的税收负担情况。就企业所得税而言，比较典型的区域税收差别是西部大开发适用15%税率的优惠政策，比较典型的行业税收差别是符合条件并履行了相关税收手续的，可减按15%的优惠税率；就消费税、资源税而言，其课税对象对应的是某些行业中特定的某种或某类对象，不在该范围内即不纳税，税负差异明显；就增值税而言，不同类别的业务所适用的销项税率也不尽相同，由生产经营规模等经营管理确定的增值税纳税人身份不同，对进项税的处理也大相径庭。

鉴于以上原因，在同样的政策环境和税收制度环境下，企业自身的一些“天然”特点将造成企业之间税收负担最原始的差异。

2. 经营管理状况。

企业的经营管理状况对税收负担率的影响主要反映在两个地方。一是由于企业自身的经营状况良好，财税管理合法合规，取得不同的纳税人身份而带来的税收负担的减轻或纳税便利降低的机会成本。最典型的莫过于增值税一般纳税人和小规模纳税人的纳税身份。另一个是由于企业内部管理和操作流程的规范合理，及更加重视经营过程中涉及到的税收处理，而使得应纳税额更加合理有效、税收风险降低减少的税收成本。

（三）时间因素

限于国家政策实施的时效性，一般而言，政策变动的效果并不能立刻显现出来，实际税负变化相比政策的发布和实施具有一定的滞后性、递延性，在本次研究的时间范围内，涉及2012~2016年之间处于营业税改征增值税，这将作为特定政策变动期间因素，对上市公司税收负担变化产生影响。

三、上市公司年度税负研究指标

（一）一般税负率评价指标

有效税率是企业实际税收负担的一个重要测度，即企业实际缴纳的税收占企业税前收益/利润总额的比例。许多学者尝试基于财务报告建立科学的计量企业有效税率的指标，这些指标主要包括两类：平均有效税率和边际有效税率，平均有效税率侧重于对税收负担的测量，边际有效税率侧重于税收对新增投资和劳动供应的刺激的分析。根据研究对象的不同进一步可以分为四类：宏观的平均有效税率、宏观的边际有效税率、微观的平均有效税率以及微观的边际有效税率。前两个概念主要是应用国家国民账户数据和税收统计数据对国家层面的税收负担进行测度，后两个概念则是应用企业的财务数据、税收数据进行企业税收负担的测度。

建立企业税负率评价指标时，除考虑资产负债表和利润表中的相关数据建立指标外，选取现金流量表中的对象建立指标也具有相当的实际意义。现金流量表是基于收付实现制基础编制而成的，它提供了会计期间企业实际支付的各项税费金额，是构建、计量税收负担指标最可靠的信息来源。本次对上市公司的税收负担分析指标体系即是主要依靠现金流量表的中“支付的各项税费”作为企业的税费来源，与上市公司的营业收入、利润总额、年度增加值和现金净流出额共同考察上市公司2017年度的税收负担情况。

（二）本次分析指标介绍

本次上市公司税收负担率综合以上税负评价指标的研究内容，基于税收中性原则，以公开的财务数据为基础，依据企业经营逻辑，特选择上市公司在一个会计年度内实际支付的各项税费为核心，考核税收成本在营业收入、利润总额、年度增加值以及经营活动现金流中所占比重来判断上市公司的税收负担程度。

指标体系涵盖收入、利润、增加值和现金流四大方面，建立了营业收入税收负担率、利润总额税收负担率、年度增加值税收负担率、经营活动现金流出税收负担率四个税收负担衡量指标。

1. 营业收入税收负担率。

收入税收负担率反映上市公司支付的各项税费在每一个经营年度内的财务账面收入中所占比例，即企业利润表中每获得100元营业收入中需支付的税费金额。

营业收入税收负担率＝现金流量表中支付的各项税费 ÷ 利润表中的营业收入 ×100%。

2. 利润总额税收负担率。

利润税收负担率反映上市公司支付的各项税费在每一个经营年度内的财务账面利润总额中所占比例，即企业利润表中每获得100元利润总额需支付的税费。

利润税收负担率＝现金流量表中支付的各项税费 ÷ 利润表中的利润总额 ×100%

3. 年度增加值税收负担率。

年度增加值税收负担率反映上市公司支付的各项税费在每一年度创造的增加值中所占的比例，即企业每获得100元增加值付出的税收成本。

年度增加值税收负担率＝现金流量表中支付的各项税费 ÷ 年度增加值 ×100%

其中：

①年度增加值＝利润＋人工成本＋折旧＋摊销＋税金

②利润＝利润表中的归属于母公司的净利润

③人工成本＝现金流量表中的支付给职

工以及为职工支付的现金

④税金：现金流量表中支付的各项税费

⑤折旧：现金流量表附表中的固定资产折旧、油气资产折耗、生产性生物资产折旧摊销、无形资产摊销。

4. 经营活动现金流出税收负担率。

经营活动现金流出税收负担率反映上市公司支付的各项税费在该年度经营活动现金流出总量中所占的比例，即企业在主营业务过程中支付的每 100 元付现成本中的税收金额。

经营活动现金流出税收负担率 = 现金流量表中支付的各项税费 ÷ 年度经营活动现金流出 ×100%

（三）本次研究指标体系的特点介绍

税收是为维持国家机器运转而在经济事项征收的一种额外的成本。在经济学上，税收具有“中性”原则。所谓中性原则首先要求税收尊重效率，以效率为前提，表面来看，绝对数值可能出现收入越大，税收越多的现象，但是税收与效率之间是呈现匹配关系的。因为税收中性的第二个原则是普适性，如企业所得税率，2008 年新的所得税法实施之后，居民企业不区分规模、不区分行业、不区分性质，法定税率为 25%。

指标具有考核的一致性和全面性。一致性体现在考核的核心指标是上市公司在一个会计年度和不同的会计年度中均采用了实际支付的各项税费为基础，该指标为上市公司现金流量表中的现金流出额；全面性体现在考核边界以年度为限，包括年度的流量指标和存量指标。年度的流量指标主要采信了利润表中的营业收入、现金流量中的经营活动产生的现金流量和统计口径下的年度经济增加值；存量指标采信了资产负债表中资产总额、归属于母公司的所有者权益以及股本。

（四）税收负担率各指标间的逻辑关系

从现代公司制企业来看，资本作为企业经营的第一要素，是股东投入的。资本是股份公司的最核心资源，是生产经营的最基础条件。资本的属性是增值，资本要求回报。股东具有投资偏好，同时也有风险偏好，根据金融学原理，资本回报与风险呈现出正相关关系，风险越大，资本要求的回报越高。但是现实是不以资本意志为转移的，投资在同一领域或者同一个行业内的资本具有相似的回报率。

资本在年度经营内得以积累的部分是留存收益，留存收益是企业年度经营成果分配后的结果，是企业能够再生产的投入资源。归属于母公司的所有者权益是股本与各年度留存收益之和（暂且把资本公积作为资本的溢价不予以考虑）。

自有资金与外来资金之和共同构成企业的资金来源，是企业生产的起点，企业开始使用资金，资金于是转化为资产，体现为各种生产要素，物体性的生产要素即产权能够转移的要素构成企业的资产负债表左侧的资产。作为生产中能够创造价值的要素——生产力，即人力资源，不构成企业的资产，其价值表现在运用资产创造效益中的“成本”。生产力驾驭生产要素在年度内形成企业的营业收入，购买生产要素的成本构成利润表中的成本，其中以现金支付的部分构成现金流量中经营活动产生的现金流量。

税收以资产的获取、保有和交易等各个环节征收流转税、所得税、财产税、行为税和特殊目的税，是生产经营的额外支出。

构建恰当的衡量指标，是使用数据对企业税收负担水平进行实证分析的基础，由于

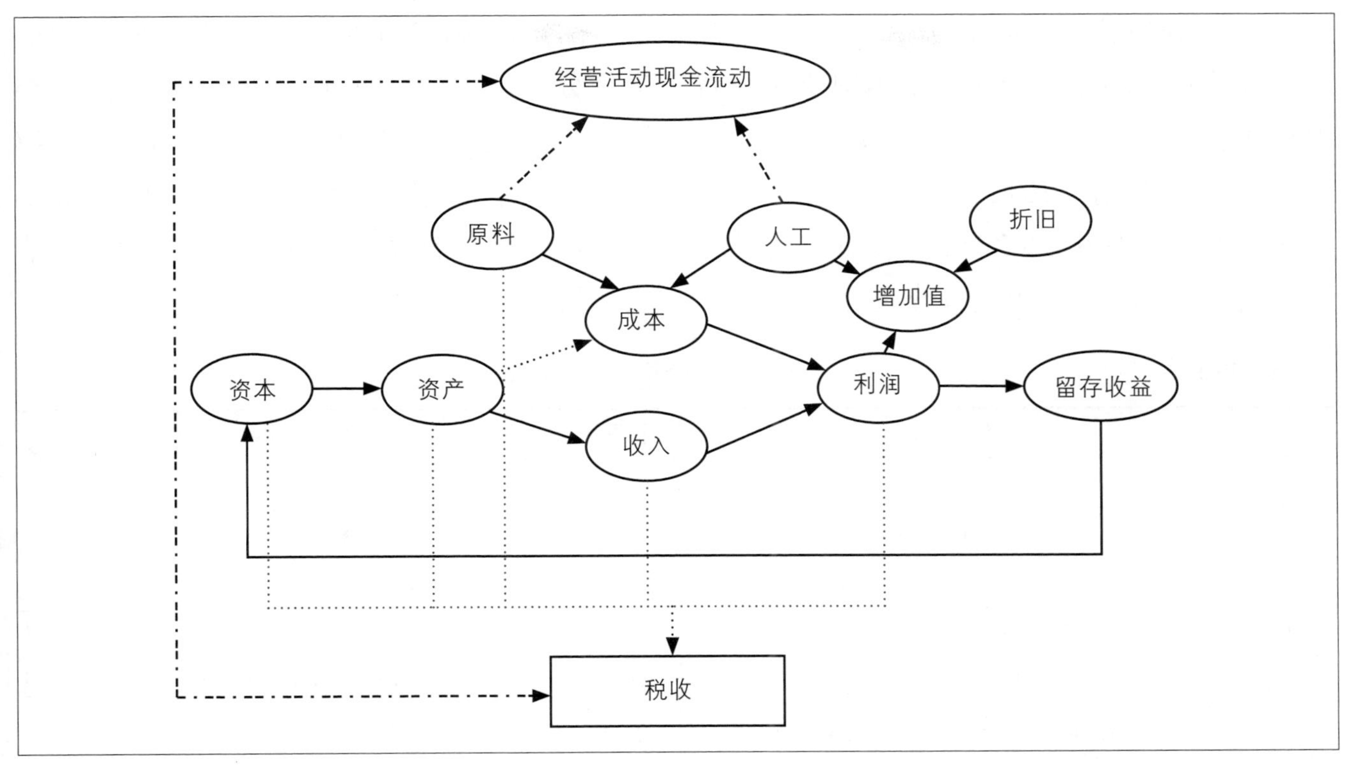

图 19－1　上市公司税收负担率指标体系关系图

本文主要采用上市公司和新三板企业的面板数据，因此，所能构建的指标受到企业财务报表内容的影响。目前我国上市公司分别在利润表中报告“所得税费用”和“营业税金及附加”，在现金流量表中报告“支付的各项税费”三个与企业税费负担相关的会计科目，根据数据对企业实际税收成本的涵盖程度和本文的分析目的，选取现金流量表中报告的“支付的各项税费”作为企业实际税收支出成本进行税收负担的测算。

四、2017 年度 A 股上市公司税收负担率分析

（一）研究范围介绍

本次研究选取 A 股上市公司（剔除 ST 企业）的合并报表数据，主要针对 2017 年度情况进行分析，并对 2013~2017 年度之间的变化进行比较。

A 股上市公司选取我国沪深两市 2013~2017 年度所有公布财报数据企业。其中 2013~2017 年 A 股上市公司历年数量和构成是有所不同的，具体为 2013 年 2618 家，2014 年 2643 家，2015 年 2842 家，2016 年 2704 家，2017 年 3422 家。

本章内容仅对 A 股上市公司的整体税负和各行业税负水平进行分析比较说明，由于数据来源问题，不考虑上市公司的地域特点和重大重组等经济行为给企业带来的税收负担影响，对上市公司的行业分类以证监会的行业分类为准。

（二）研究方法介绍

对 A 股上市公司的税负分析主要利用上市公司 2013~2017 年度的面板数据分析，从宏观层面上把握我国上市公司整体税收负担水平和各行业的差异之处，因此本次分析从以下两个方面进行研究：

全行业的整体税收负担分析；

收入增加值、利润增加值、年度增加值、经营活动现金净流出增加值对支出税费增幅的影响；

按照证监会〔2012〕31号公告《上市公司行业分类指引》（2012年修订）进行行业分类并对其税收负担进行分析。

行业以2012年度证监会行业分类指引进行分类，将全部A股上市公司分为18类汇总对制造业的29类细分，以序号1~47作为对应行业代码进行作图比较分析A股上市公司各行业的税收负担在年度间的变化情况。如表19-1所示。

表19-1 上市公司行业分类表

序号	行业名称	序号	行业名称
1	房地产业	25	橡胶和塑料制品业
2	住宿和餐饮业	26	仪器仪表制造业
3	综合	27	黑色金属冶炼和压延加工业
4	交通运输、仓储和邮政业	28	食品制造业
5	批发和零售业	29	铁路、船舶、航空航天和其他运输设备制造业
6	电力、热力、燃气及水生产和供应业	30	印刷和记录媒介复制业
7	制造业	31	木材加工和木、竹、藤、棕、草制品业
8	医药制造业	32	纺织服装、服饰业
9	专用设备制造业	33	文教、工美、体育和娱乐用品制造业
10	非金属矿物制品业	34	家具制造业
11	计算机、通信和其他电子设备制造业	35	废弃资源综合利用业
12	酒、饮料和精制茶制造业	36	皮革、毛皮、羽毛及其制品和制鞋业
13	其他制造业	37	租赁和商务服务业
14	金属制品业	38	建筑业
15	农副食品加工业	39	水利、环境和公共设施管理业
16	电气机械和器材制造业	40	文化、体育和娱乐业
17	石油加工、炼焦和核燃料加工业	41	采矿业
18	有色金属冶炼和压延加工业	42	信息传输、软件和信息技术服务业
19	化学原料和化学制品制造业	43	农、林、牧、渔业
20	纺织业	44	科学研究和技术服务业
21	汽车制造业	45	卫生和社会工作
22	通用设备制造业	46	教育
23	化学纤维制造业	47	金融业
24	造纸和纸制品业		

（三）研究数据来源

税收负担率的具体指标的分析、计算以A股上市公司年报中披露的合并资产负债表、合并利润表和合并现金流量表为基础。

2013~2017年度A股上市公司的审计报告大部分为标准无保留意见，审计报告类型情况统计见表 19–2：

表 19–2　　审计报告类型统计表

单位：%

类型	2013	2014	2015	2016	2017
标准无保留意见	97	96	95	96.7	97.6
带强调事项段的无保留意见	2	3	4	2.4	1.3
保留意见	1	1	0.3	0.6	0.8
无法表示意见	0	0	0.5	0.3	0.3
合计	100	100	100	100	100

本次研究分析是建立在外部独立审计机构审计的基础上，财务数据的质量是能够得以保证的。本次分析过程中对于保留意见的审计报告进行了分析，保留事项对于税收成本不构成重大影响，因此不影响本次研究的财务数据安全。

（四）A 股上市公司税收负担分析

1. 2017 年度国家总体税收情况。

根据中华人民共和国国家统计局发布的《中华人民共和国 2017 年国民经济和社会发展统计公报》，2017 年全年国内生产总值 827122 亿元，比上年增长 6.9%，增值率比上年上升 0.2%。2018 年 2 月 1 日国家税务总局公布了 2017 年全国税务部门组织税收收入的情况，2017 年，全年组织税收收入（已扣除出口退税）12.6 万亿元，同比增长 8.7%，扭转了近年来税收增长持续放缓的状况，税收与经济增长的协调性明显增强。根据 wind 资讯的面板数据统计，A 股上市公司剔除 ST 后的 3422 家上市公司，2017 年度共实现营业收入 38.94 万亿元，同比增长率 24.05%；共实现利润总额约 4.57 万亿元，同比增长率 24.18%，共支付的各项税费额为 2.99 万亿，同比增长率 8.73%，经营活动现金流出总额共计 52.19 万亿，同比增长率 18.16%，支付的各项税费增长率在几个指标的增长率中排名最低。从支付的各项税费占全国税务部门组织税收收入的比来看，2017 年度为 23.73%，与 2016 年 23.72% 基本一致，从上述指标可以看到税负率的变化近年来是降低的。近 5 年 A 股上市公司的营业收入、利润总额、年度经济增加值、支付的各项税费情况如表 19–3 所示：

表 19–3　　上市公司历年总体数据情况表

单位：万亿元

项目金额＼年度	2013	2014	2015	2016	2017
支付的各项税费	2.36	2.54	2.71	2.75	2.99
营业收入总额	27.2	28.84	29.32	31.39	38.94
利润总额	3.16	3.36	3.49	3.68	4.57
年度增加值总额	7.68	8.35	8.92	9.47	21.84
经营活动现金流出总额	36.88	38.39	46.62	44.17	52.19

根据上述数据得出各项目在 2013~2017 年度的增长率如表 19–4。

表 19–4　　上市公司历年总体指标，增值率表

单位：%

增长率	2013	2014	2015	2016	2017
支付的各项税费增长率	4.89	7.63	6.69	1.42	8.73
营业收入增长率	9.68	6.03	1.66	7.07	24.05
利润总额增长率	15.33	6.33	3.87	5.56	24.18
年度增加值总额增长率	10.66	8.72	6.83	6.20	130.62
经营活动现金流出总额增长率	7.80	4.09	21.44	–5.26	18.16

数据来源：wind 资讯。

根据中华人民共和国财政部 2018 年 1 月 25 日发布的《2017 年财政收支情况》，

2017 年度，全国一般公共预算收入 172567 亿元，比上年增长 8.16%。全国一般公共预算收入中的税收收入 144360 亿元，同比增长 10.47%。税收收入国内增值税收入 56378 亿元，消费税收入 10225 亿元，流转税占总税收收入的比例 46.14%，企业所得税收入 32111 亿元，个人所得税收入 11966 亿元，所得税占总税收收入的比例 30.53%，流转税与所得税占比合计 76.67%，比上年 65.54% 上升 11.13%。

2. 总体税负分析。

2017 年度全部 A 股上市公司（剔除 ST 企业及借壳公司），按照其已经公布的 2017 年度财务报表（合并口径）统计，支付的各项税费总额为 29857.71 亿元、营业收入总额 389385.66 亿元、利润总额 45709.72 亿元，年度增加值 218358.35 亿元。具体情况如表 19-5 所示。

表 19-5　　2013~2017 年度上市公司相关财务数据

单位：亿元

年度	数量	支付的各项税费	营业收入总额	利润总额	年度增加值总额	经营活动现金流出总额
2013	2618	23643.57	272030.61	31556.68	76820.84	368758.32
2014	2643	25391.09	288419.27	33623.46	83488.50	383911.38
2015	2842	27184.29	294236.51	34593.45	89198.19	467281.98
2016	2704	27485.82	313934.72	36839.57	94728.31	441666.36
2017	3422	29857.71	389385.66	45709.72	218358.35	521897.64

数据来源：wind 资讯。

根据前述本次税收负担率指标的计算方法计算得出，2017 年全行业的税收负担率，如表 19-6 所示。

表 19-6　　2013~2017 年度上市公司税收负担率总览

单位：%

年度	收入税收负担率	利润税收负担率	年度增加值税收负担率	经营活动现金流出税收负担率
2013	8.28	71.39	29.33	6.11
2014	7.81	67.01	26.99	5.87
2015	7.66	65.13	25.26	4.82
2016	7.18	61.16	23.78	5.1
2017	7.67	65.32	13.67	5.72
5 年平均	7.72	66.00	23.81	5.52

数据来源：wind 资讯。

2013~2017 年，A 股上市公司的收入、利润、年度增加值和经营活动现金流出四个税负率指标呈现如下结果：利润税负率＞年度增加值税负率＞收入税负率＞经营活动现金流出税负率。除了年度增加值税收负担率在 2017 年度有所降低外，其余指标的税收负担率都有所提升，跟近 5 年的平均值相比较，收入、利润和经营活动现金流出税收负

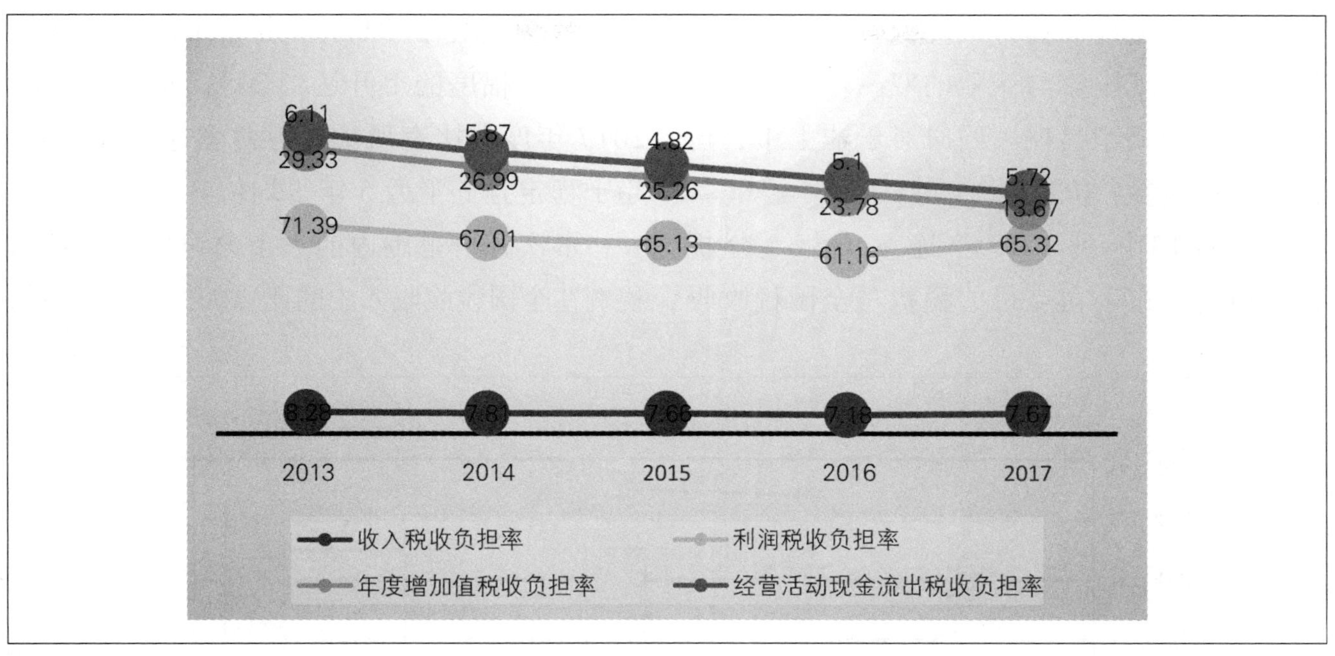

图 19－2 2013~2017 年上市公司税收负担率趋势图

担率都略低于平均值，经过 2016 年营改增后，2017 年度体现出的税负水平是趋于稳定的一个税负水平，接近于近 5 年平均水平。

可观察到：①从税负率值离散的角度看，图中离散程度低的指标是收入税负率、经营活动现金流出税负率和利润税收负担率。②利润总额税负率为最高比例，即相比收入、利润和经营活动现金流，企业每获得 1 元的利润总额所耗费的税收成本占成本 50%以上；③经营活动现金流出税负率最低，即税收费用在企业经营活动现金流出中所占的比重相对较小，税收支出对企业的日常经营活动现金流的影响较小。④从收入、利润、年度增加值、经营活动现金流出对上市公司税负程度的分析结果具有较高的一致性，即以 2013 年开始，2013 至 2016 年期间的税负率均呈下降趋势，且 2016 年度利润总额的税负率下降幅度较为明显，2017 年各项税负水平有趋于稳定的态势。

3. A 股上市公司税收收入和全国税收收入的对比分析。

A 股上市公司是我国经济发展的主要动力，对 A 股上市公司税收负担率的分析，旨在考量我国的整体税负水平，同时督导上市

19－7 2013~2017 年度上市公司支付税费情况表

单位：亿元

年度	上市公司支付的各项税费	上市公司户均支付税费	全国税收收入	上市公司支付税费在税收收入中占比
2013	23643.57	9.03	110530.70	21.39%
2014	25391.09	9.61	103768.00	24.47%
2015	27184.29	9.57	110604.00	24.58%
2016	27485.82	10.16	115878.00	23.72%
2017	29857.71	8.73	126000.00	23.70%
5 年平均	26712.50	9.42	113356.14	24.00%

数据来源：wind 资讯。

公司税法遵从度的提升，降低资本市场的涉税风险，实现国家与企业的双赢，促进我国经济进一步繁荣昌盛。同时对于非上市公司也有一定的参考价值。

从 2013 年到 2017 年连续五年，分析范围内的上市公司支付的税费与全国税收收入的比值稳定在 21% 以上，2014~2015 年有了较大幅度的上升达到 24% 以上，2016、2017 年度占比有所下降，两者值比较接近，趋于稳定且低于近 5 年平均值。

本次分析范围内的上市公司支付的各项税费在全国税收收入中的比重如图 19-3 所示。

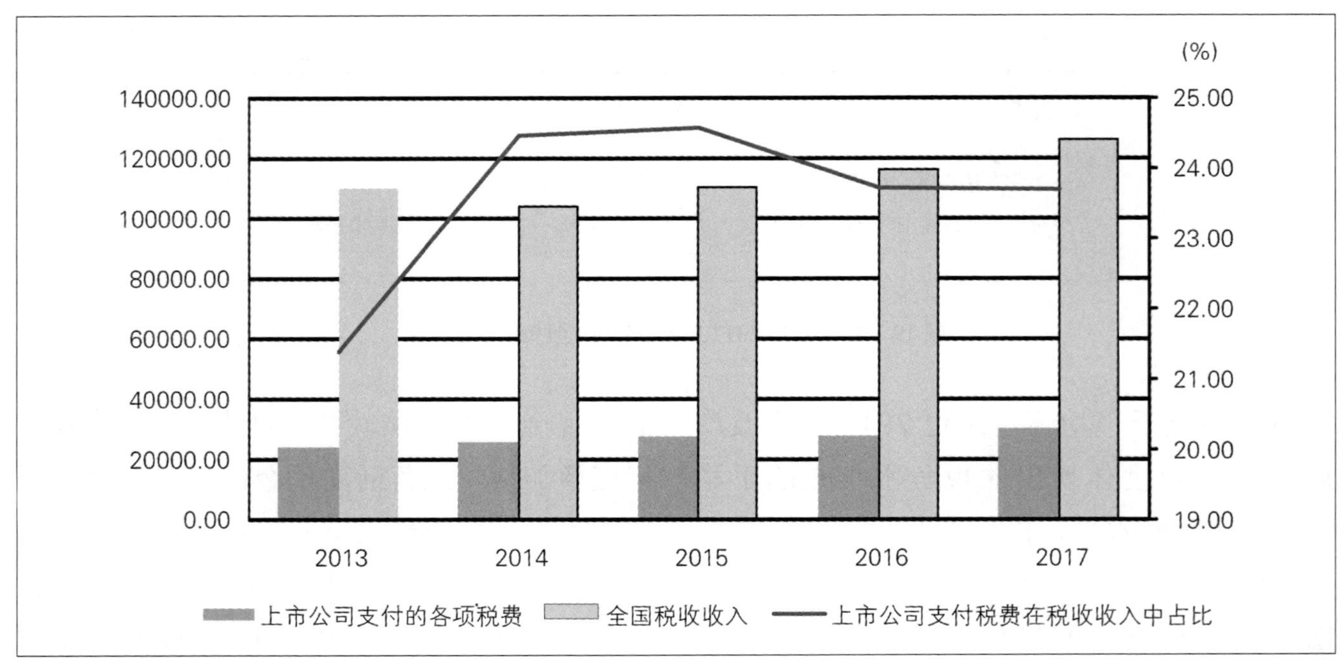

图 19－3　支付的各项税费与税收收入的比值图

上市公司创造的年度经济增加值、营业收入与我国 GDP 的比值在 2016 年下降后在 2017 年增长明显，主要得益于上市公司数量和质量的提升，营业收入占 GDP 的比重为 47.08%，略高于近 5 年平均值，年度增加值占 GDP 的比重为 26.40%，为近 5 年来最高，详见表 19-8。

表 19-8　营业收入及年度增加值对 GDP 的贡献程度

单位：亿元

年度	营业收入	年度增加值	我国 GDP	营业收入在 GDP 中占比	年度增加值在 GDP 中占比
2013	272030.61	76820.84	568845.00	47.82%	13.50%
2014	288419.27	83488.50	636463.00	45.32%	13.12%
2015	294236.51	89198.19	676708.00	43.48%	13.18%
2016	313934.72	94728.31	744127.00	42.19%	12.73%
2017	389385.66	218358.35	827122.00	47.08%	26.40%
5 年平均	311601.35	112518.84	690653.00	45.00%	16.00%

数据来源：wind 资讯。

历年增长率如图 19–4。

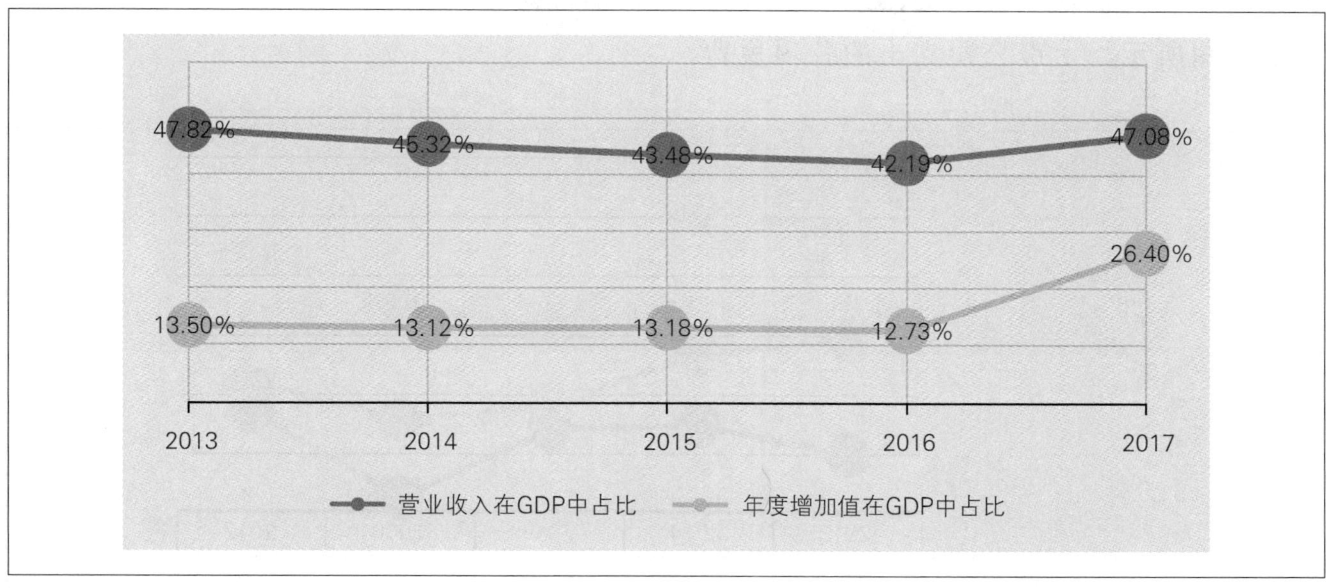

图 19 – 4 收入及年度增加值对 GDP 的贡献程度

经济增长是税收增长的基础，但影响税收增长的最主要因素是各税种对应税基的增长。由于 GDP 与各税种的税基增长速度不一致，GDP 的增长并非在任何条件下都与税收增长呈正相关关系。具体来讲，以销售额或销售量为税基的税种与 GDP 一般呈明显的正相关关系，如增值税、消费税、城建税、资源税。当经济处于上升期时，GDP 增长较快，这些税种的税基一般较快增长；当经济处于下行期时，GDP 增速减缓，这些税种的税基的增速一般也会减缓。另外，一些税种与 GDP 有一定的相关关系，但相关度比较小，如企业所得税，其税基是企业的利润，与经济发展的质量密切相关，但其增速与 GDP 增速的关联度很小；还有一些税种与 GDP 没有明显的相关关系，如财产税、行为税等税种，与财产的存量和行为发生的数量等密切相关，与 GDP 没有直接的数量对比关系。

当反映主要税种税基的经济指标［如工业增加值、社会消费品零售总额，交通运输、金融保险、邮电通讯、建筑业、文化体育业、娱乐业、房地产业等的营业收入，烟、酒、汽车、成品油等大宗消费品的销售量（额），企业利润，进出口额，证券交易额等］的增长速度高于 GDP 增长速度时，税收的增长速度就会高于 GDP 的增长速度。反之，税收的增长速度就会低于 GDP 的增长速度。

一般而言，在经济恢复增长或快速增长时期，反映税基的经济指标会快于 GDP 的增长。相应地，税收的增长速度也会高于 GDP 的增长速度。如 1999~2007 年，国家为应对亚洲金融危机而采取的调控措施逐步发挥作用，经济出现恢复性增长且增速逐年加快。这一时期，主要税种税基的增长速度高于 GDP 的增长速度，从而税收增长速度也高于当期的 GDP 增长速度。当经济增长放缓时，反映税基的经济指标的增长速度会低于 GDP 的增长速度，从而使税收的增长速度低于 GDP 的增长速度。在分析范围内支付的各项税费增长率与 GDP 增长率的关系如下图所示，上市公司支出的各项税费、我国税收收入的增长速度与我国 GDP 的增长幅度保持一致。

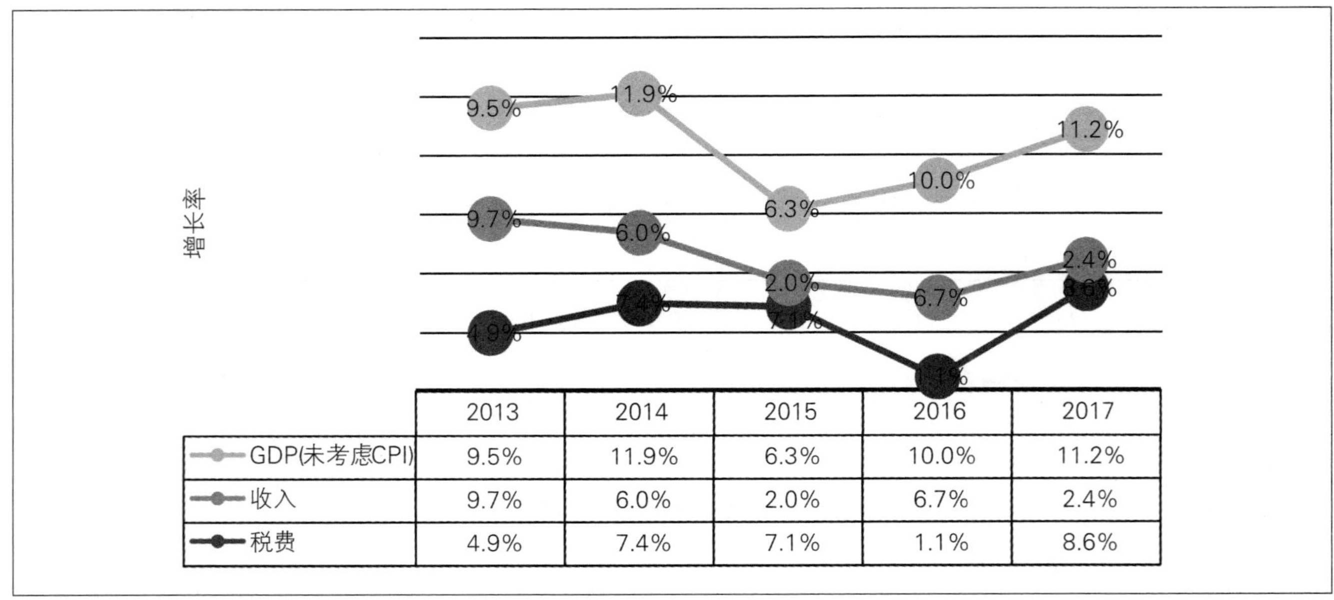

	2013	2014	2015	2016	2017
GDP(未考虑CPI)	9.5%	11.9%	6.3%	10.0%	11.2%
收入	9.7%	6.0%	2.0%	6.7%	2.4%
税费	4.9%	7.4%	7.1%	1.1%	8.6%

图 19－5　税费与 GDP 连续五年增长率比较图

4. 行业税收负担分析。

（1）收入税收负担率分析。

就全行业而言，2013 年到 2017 营业收入税收负担率整体表现为倒“U”形，2015 年最高为 9.24%，2017 年度最低，值为 7.67%，可以解释为与收入相关性较强税种，如增值税等税负在 2017 下降明显，尤其“营改增”所带来的变化在图 19-6 中是显而易见的。

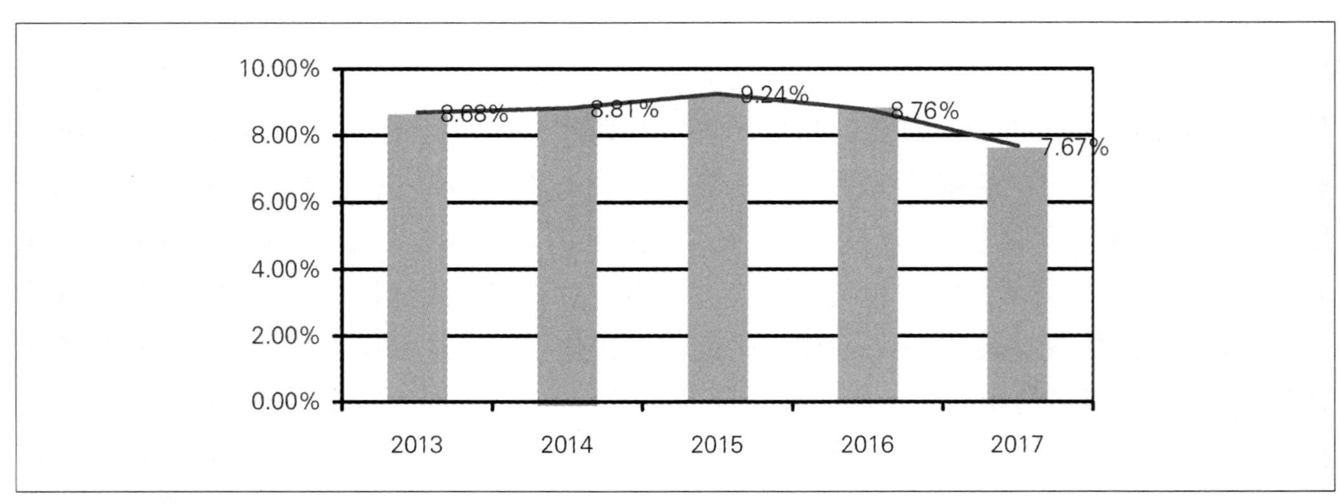

图 19－6　2013~2017 年收入税负率

就具体行业而言，2013~2017 年度收入税收负担率表现如表 19-9。

表 19-9　　**2013~2017 年度各行业营业收入税收负担率表**

单位：%

序号	行业	收入税收负担率					均值
		2013	2014	2015	2016	2017	
全行业		8.69	8.80	9.24	8.76	7.67	8.63
1	房地产业	16.41	16.59	14.04	13.41	15.33	15.16
2	住宿和餐饮业	9.68	9.84	9.81	9.02	6.71	9.01
3	综合	7.42	7.22	7.06	8.28	8.00	7.59
4	交通运输、仓储和邮政业	4.95	5.34	5.79	5.80	5.27	5.43
5	批发和零售业	2.83	3.03	2.96	2.71	2.30	2.76
6	电力、热力、燃气及水生产和供应业	10.31	9.04	13.81	13.15	9.09	11.08
7	制造业	5.24	5.33	5.71	5.70	5.56	5.51
8	医药制造业	9.72	9.57	10.48	10.40	10.39	10.11
9	专用设备制造业	6.40	5.85	6.16	6.26	5.97	6.13
10	非金属矿物制品业	9.13	9.00	9.34	9.45	9.38	9.26
11	计算机、通信和其他电子设备制造业	4.11	3.56	4.56	4.13	3.94	4.06
12	酒、饮料和精制茶制造业	29.58	25.16	27.91	28.57	28.12	27.87
13	其他制造业	2.85	3.20	2.98	3.58	3.73	3.27
14	金属制品业	3.46	3.15	4.15	3.89	4.21	3.77
15	农副食品加工业	2.87	2.81	3.26	2.99	3.02	2.99
16	电气机械和器材制造业	5.47	4.81	6.67	6.02	5.35	5.66
17	石油加工、炼焦和核燃料加工业	8.22	8.39	13.38	14.76	12.24	11.40
18	有色金属冶炼和压延加工业	2.73	3.61	2.75	2.52	2.76	2.87
19	化学原料和化学制品制造业	4.29	4.45	4.84	4.68	5.24	4.70
20	纺织业	4.97	4.67	5.87	5.15	4.80	5.09
21	汽车制造业	5.14	6.08	4.70	4.97	4.86	5.15
22	通用设备制造业	5.73	5.34	6.34	6.47	5.49	5.87
23	化学纤维制造业	1.21	2.81	1.95	2.07	1.69	1.95
24	造纸和纸制品业	5.07	5.75	5.62	5.90	6.17	5.70
25	橡胶和塑料制品业	4.54	4.04	5.08	4.93	4.39	4.60
26	仪器仪表制造业	8.81	8.38	9.03	8.77	8.46	8.69
27	黑色金属冶炼和压延加工业	2.46	2.85	3.11	3.35	3.68	3.09
28	食品制造业	7.03	6.32	6.97	7.17	7.16	6.93
29	铁路、船舶、航空航天和其他运输设备制造业	4.28	3.94	4.48	5.06	5.05	4.56
30	印刷和记录媒介复制业	11.02	10.78	11.54	11.85	9.72	10.98
31	木材加工和木、竹、藤、棕、草制品业	6.52	7.06	7.27	8.07	7.87	7.36
32	纺织服装、服饰业	9.53	7.73	7.98	7.83	7.95	8.20

续表

序号	行业	收入税收负担率					均值
		2013	2014	2015	2016	2017	
33	文教、工美、体育和娱乐用品制造业	5.93	5.54	7.36	6.84	5.96	6.33
34	家具制造业	6.67	5.46	7.84	8.36	7.41	7.15
35	废弃资源综合利用业	3.14	6.78	2.78	4.94	6.25	4.78
36	皮革、毛皮、羽毛及其制品和制鞋业	9.79	6.36	8.85	7.66	8.92	8.32
37	租赁和商务服务业	5.67	4.96	4.37	2.74	2.49	4.04
38	建筑业	4.31	4.44	4.68	4.73	4.08	4.45
39	水利、环境和公共设施管理业	13.68	15.48	14.68	14.91	7.59	13.27
40	文化、体育和娱乐业	5.90	5.14	4.79	4.67	4.45	4.99
41	采矿业	13.53	13.45	16.43	15.20	13.54	14.43
42	信息传输、软件和信息技术服务业	5.21	5.44	4.84	4.68	4.41	4.92
43	农、林、牧、渔业	1.31	1.52	1.04	1.12	1.25	1.25
44	科学研究和技术服务业	5.90	6.13	6.39	5.50	5.98	5.98
45	卫生和社会工作	5.42	5.24	4.08	4.81	5.23	4.96
46	教育	4.70	5.67	5.14	7.72	10.13	6.67
47	金融业	14.56	14.88	14.29	14.26	11.68	13.93

数据来源：wind 资讯。

可观察到，全行业中营业收入税收负担率最高的前几位分别是：酒、饮料和精制茶制造业（28.12%），房地产行业为（15.33%），采矿业（13.54%），石油加工、炼焦和核燃料加工业（12.24%），金融业（12.24%），较低的是农、林、牧、渔业（1.25%）及化学纤维制造业（1.69%），批发和零售业（2.30%）。

从表 19-9 可以看到，在制造业从整体上的收入税收负担率（5.51%）大大低于平均税收负担率的情况下，其细分出来的酒、饮料和精制茶制造业税收负担率高达 28.12%，超过平均值（8.63%）3 倍多，在全行业中位居第一，同在制造业中收入税收负担率最低的是化学纤维制造业（1.69%），制造业的收入负担率差异较大。

我们关注了与营改增相关的细分行业：住宿与餐饮业、租赁和商务服务业、建筑业和金融业，在 2017 年度我们可以看出其收入税负率均比历史水平低，其中建筑业最不明显，但也有所下降，其余三个细分行业均较为明显。

（2）利润税收负担率分析。

利润税收负担率指标的立脚点是从股东回报的角度来看，在股东获取 100 元利润总额的时候，企业为此支付的税收成本。从这个数据中可以看到同样的结果，2012 年、2015 年比例较高，在其他年度利润税收负担率相对低一些，2017 年度是近 5 年来最低值，利润总额可以在某种程度上代表企业所得税的计税基数，因此从 2017 年来看，所得税也取得了降低税负的一些成效。

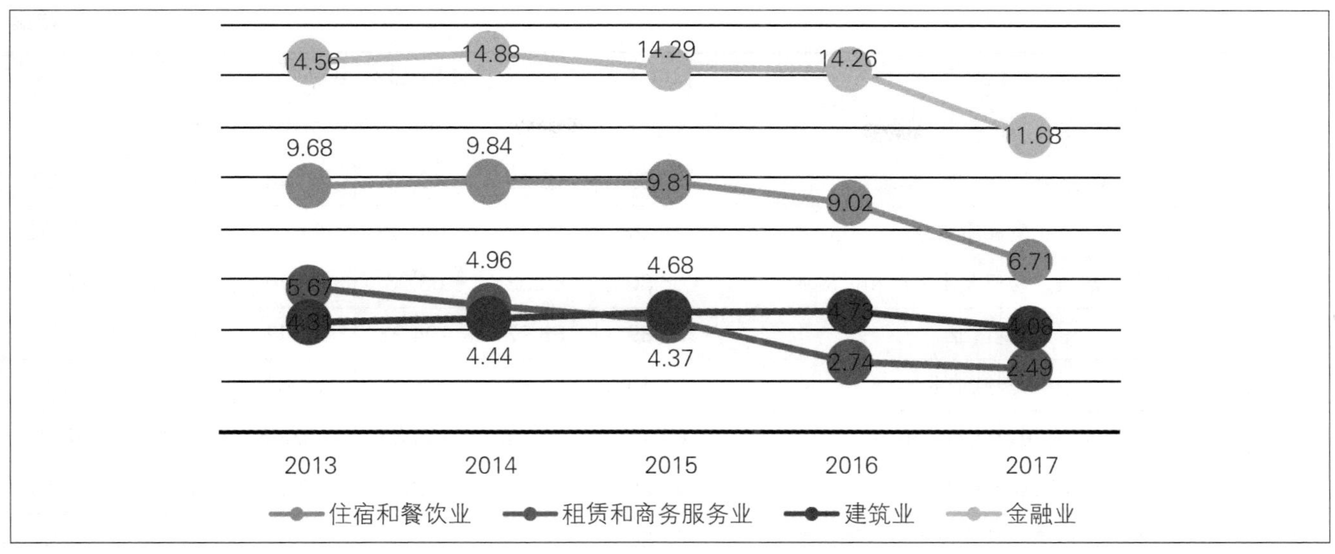

图 19 – 7　营改增相关行业收入税负率

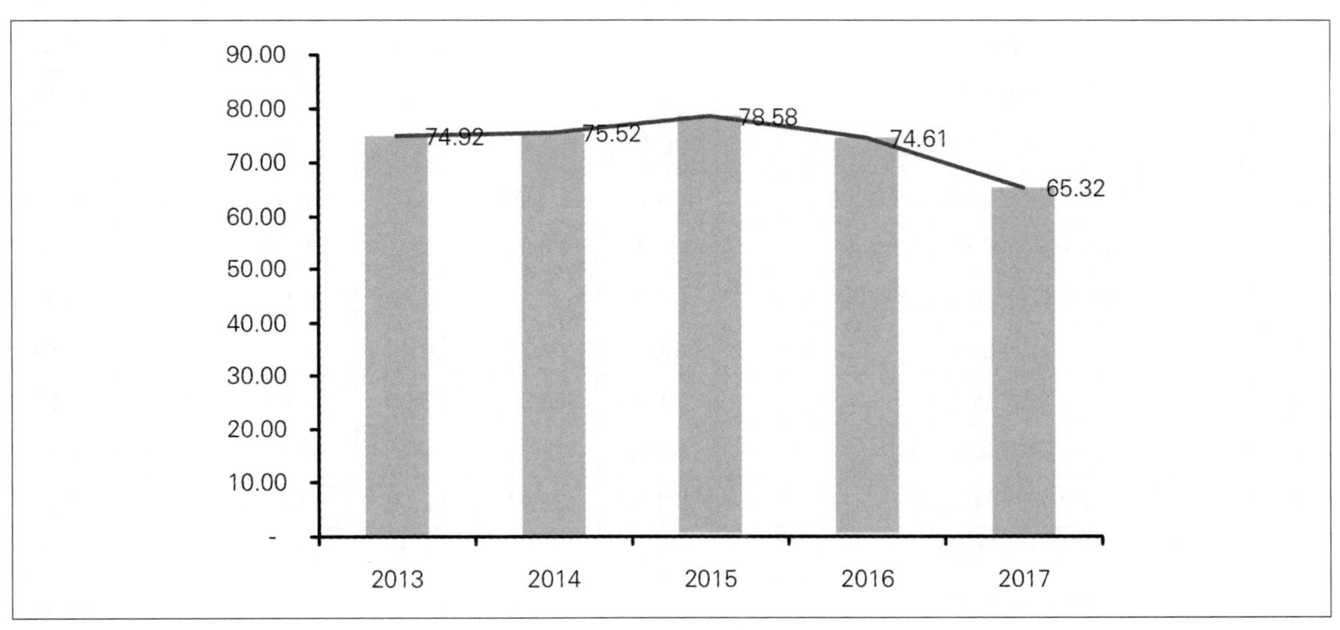

图 19 – 8　2013~2017 年利润税收负担率

不同行业 2013~2017 年度利润税收负　担率表现如表 19–10。

表 19–10　　2013~2017 年度各行业利润税收负担率表

单位：%

序号	行业	利润税收负担率					均值
		2013	2014	2015	2016	2017	
全行业		74.92	75.52	78.58	74.61	65.32	73.79
1	房地产业	88.24	92.55	101.92	92.48	89.26	92.89
2	住宿和餐饮业	162.45	429.39	83.49	130.10	74.84	176.05
3	综合	66.89	68.41	251.99	95.78	100.83	116.78

续表

序号	行业	利润税收负担率					均值
		2013	2014	2015	2016	2017	
4	交通运输、仓储和邮政业	51.08	46.15	46.46	52.48	37.92	46.82
5	批发和零售业	106.28	112.50	140.05	97.50	82.16	107.70
6	电力、热力、燃气及水生产和供应业	66.30	65.38	68.06	77.70	83.42	72.17
7	制造业	86.89	88.92	104.93	77.42	64.62	84.55
8	医药制造业	71.19	58.88	69.07	63.67	59.29	64.42
9	专用设备制造业	84.41	46.14	139.34	127.65	67.40	92.99
10	非金属矿物制品业	77.20	55.22	118.49	82.09	62.80	79.16
11	计算机、通信和其他电子设备制造业	67.86	60.75	71.97	67.61	51.68	63.97
12	酒、饮料和精制茶制造业	93.80	94.35	96.11	99.81	83.10	93.43
13	其他制造业	63.31	64.11	58.70	52.45	56.78	59.07
14	金属制品业	66.74	44.21	72.55	75.70	62.73	64.39
15	农副食品加工业	61.44	63.88	58.60	46.41	45.22	55.11
16	电气机械和器材制造业	76.10	59.53	72.73	61.49	62.16	66.40
17	石油加工、炼焦和核燃料加工业	614.39	210.54		182.79	170.25	294.49
18	有色金属冶炼和压延加工业	141.14	88.92		126.45	83.90	110.10
19	化学原料和化学制品制造业	91.96	55.17	91.40	90.89	54.44	76.77
20	纺织业	69.64	52.33	92.94	67.25	52.02	66.84
21	汽车制造业	69.25	68.30	65.25	69.88	73.38	69.21
22	通用设备制造业	83.49	62.71	105.71	63.10	72.16	77.43
23	化学纤维制造业	171.88	33.97	82.98	49.58	35.37	74.75
24	造纸和纸制品业	157.77	99.71	123.02	90.30	56.41	105.44
25	橡胶和塑料制品业	60.78	54.11	67.61	65.71	63.74	62.39
26	仪器仪表制造业	57.88	56.78	56.37	63.15	47.42	56.32
27	黑色金属冶炼和压延加工业	392.31	96.20		123.48	51.99	166.00
28	食品制造业	95.11	81.75	81.86	69.19	66.33	78.85
29	铁路、船舶、航空航天和其他运输设备制造业	74.04	61.81	134.64	91.64	80.04	88.44
30	印刷和记录媒介复制业	52.19	52.09	49.95	69.49	53.24	55.39
31	木材加工和木、竹、藤、棕、草制品业	143.93	117.16	94.39	72.18	68.66	99.26
32	纺织服装、服饰业	87.84	50.54	65.52	70.45	79.85	70.84
33	文教、工美、体育和娱乐用品制造业	53.20	43.09	50.76	54.90	71.16	54.62
34	家具制造业	59.34	49.63	52.62	63.99	60.17	57.15
35	废弃资源综合利用业	60.44	39.81	57.23	48.09	47.15	50.54
36	皮革、毛皮、羽毛及其制品和制鞋业	90.24	60.80	93.59	80.38	92.90	83.58

续表

序号	行业	利润税收负担率					均值
		2013	2014	2015	2016	2017	
37	租赁和商务服务业	75.72	75.20	89.74	41.97	38.48	64.22
38	建筑业	110.49	112.03	116.43	110.56	89.56	107.81
39	水利、环境和公共设施管理业	54.13	68.15	70.39	68.40	43.21	60.86
40	文化、体育和娱乐业	39.28	31.35	30.69	28.59	28.29	31.64
41	采矿业	207.07	256.36	518.35	412.78	256.03	330.12
42	信息传输、软件和信息技术服务业	74.06	65.39	53.00	63.89	71.45	65.56
43	农、林、牧、渔业	48.19	80.62	15.61	7.64	17.71	33.95
44	科学研究和技术服务业	48.12	51.22	55.37	64.33	52.97	54.40
45	卫生和社会工作	30.94	29.46	22.85	27.52	35.30	29.21
46	教育	101.14	92.43	137.19	47.74	59.87	87.67
47	金融业	36.40	38.31	38.72	41.81	35.09	38.07

数据来源：wind 资讯。

从表 19-10 中可看出，采矿业的利润税收负担率最高达 256.03%，石油加工、炼焦和核燃料加工业次之，值为 170.25%，农、林、牧、渔业的利润税收负担率最低为 17.71%；文化、体育和娱乐业相对较低，值为 28.28%。

我们同时关注了营改增相关的四个细分行业的利润税负率水平，在 2017 年均有不同程度的下降，如图 19-9。

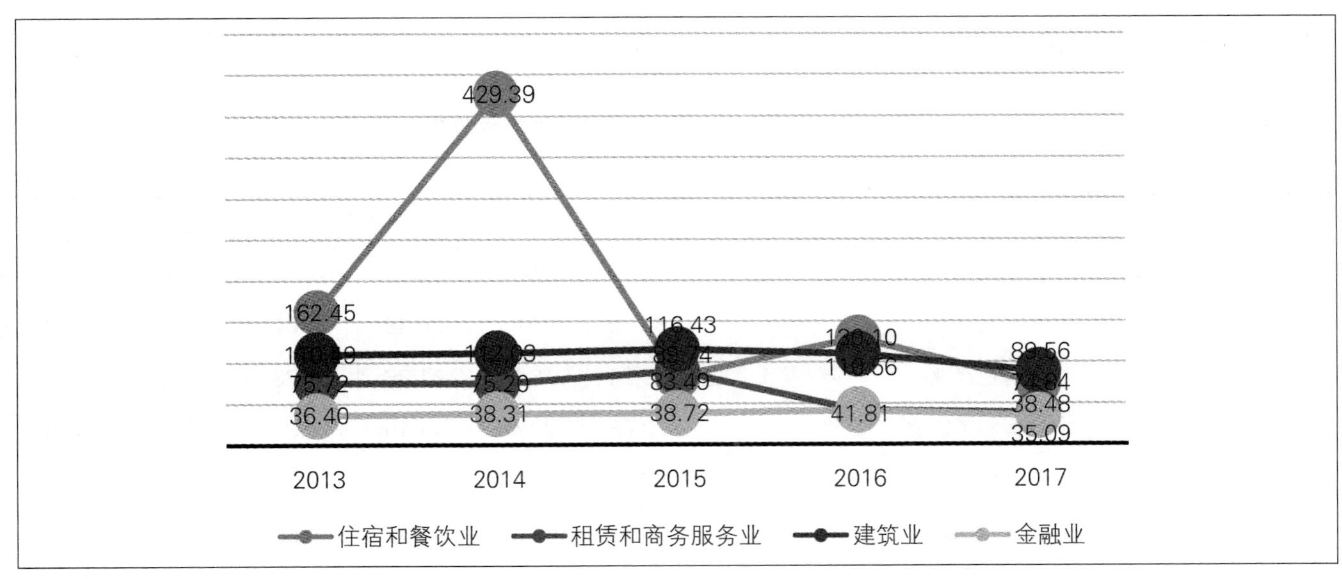

图 19－9　营改增相关行业利润税负率

（3）年度增加值税收负担率分析。

2013~2016 年连续 4 年该指标的整体水平相对稳定，在 2017 年下降幅度较大，年度增加值取值为支付的相关税费、支付给员工的现金等、净利润、折旧、摊销，在 2017 年分析的家数为 3416 家，2016 年为

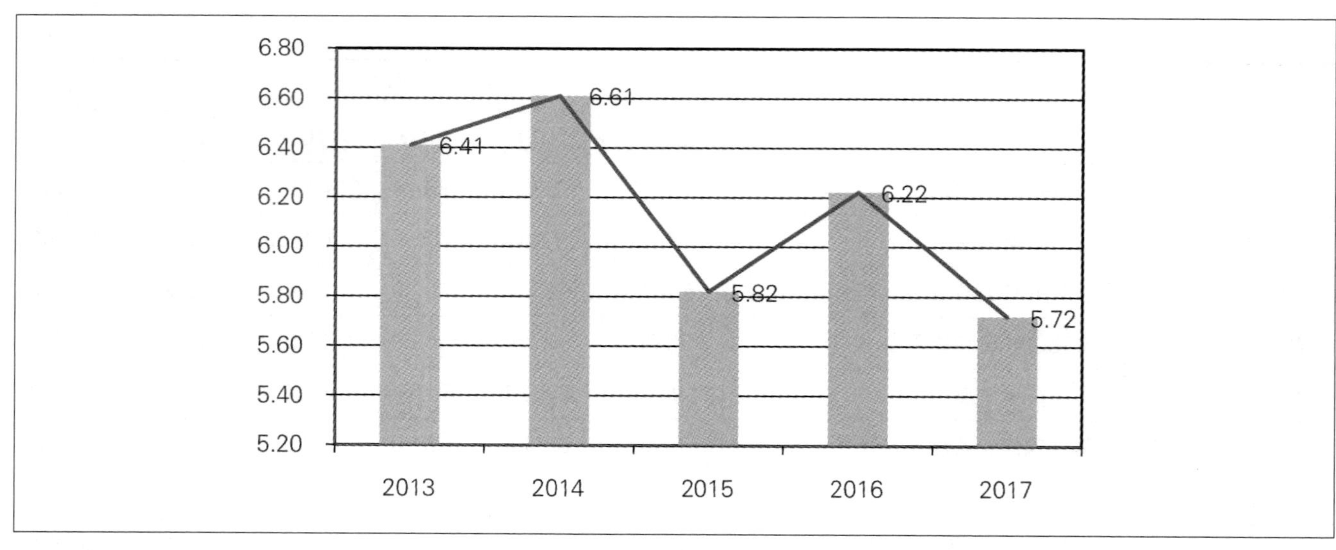

图 19－10　年度增加值与年度增加值税负率 5 年变化比较图

2704 家，但 2017 年整体上支付的相关税费并未增加太多，从 2016 年的 2.75 万亿到 2017 年的 2.99 万亿，而年度增加值却有了很大程度的增加，从 9.47 万亿增加到 21.84 万亿，导致 2017 年下降明显。

年度增加值反映企业在经营中创造价值并承担一定社会责任，年度增加值从 2013 年的 76820.84 亿元提高到 2017 年的 218358.35 亿元，税收成本在其中的份额在前 4 年基本能够保持在 30% 左右，这意味着企业新创造的 100 元价值中，其中三分之一是用来给国家缴纳税收的，该指标与经营活动现金流量的税负率体现的都是税收刚性约束。2017 年首次出现大幅下降，表现出来政府的减税效应，愿意让更多的利润留到企业中。

在行业分布上，各个行业的年度增加值税收负担率具体数据见表 19–11。

表 19–11　2013~2017 年度各行业经济增加值税收负担率表

单位：%

序号	行业	经济增加值税负率					均值
		2013	2014	2015	2016	2017	
全行业		30.78	30.41	30.48	29.02	13.67	26.87
1	房地产业	49.24	48.97	51.36	48.73	15.16	42.69
2	住宿和餐饮业	22.08	22.48	17.10	18.37	5.28	17.06
3	综合	27.82	25.83	30.44	29.50	3.68	23.45
4	交通运输、仓储和邮政业	14.71	13.90	14.45	14.81	4.06	12.39
5	批发和零售业	33.91	33.15	33.83	30.53	7.68	27.82
6	电力、热力、燃气及水生产和供应业	27.84	27.91	28.76	27.51	6.53	23.71
7	制造业	26.15	25.31	25.78	24.12	6.80	21.63
8	医药制造业	28.77	27.50	27.83	27.08	7.25	23.69
9	专用设备制造业	24.72	22.67	22.30	22.05	4.60	19.27

续表

序号	行业	经济增加值税负率					均值
		2013	2014	2015	2016	2017	
10	非金属矿物制品业	27.57	26.13	27.93	26.16	7.84	23.13
11	计算机、通信和其他电子设备制造业	17.74	19.16	18.14	16.77	4.36	15.23
12	酒、饮料和精制茶制造业	44.79	43.38	42.37	43.72	16.18	38.09
13	其他制造业	31.91	29.85	30.15	29.65	6.55	25.62
14	金属制品业	20.61	18.45	19.86	19.86	5.09	16.77
15	农副食品加工业	21.32	23.27	20.74	18.11	5.67	17.82
16	电气机械及器材制造业	26.97	26.35	27.25	24.47	7.19	22.45
17	石油加工、炼焦及核燃料加工业	50.42	44.12	63.41	50.62	20.24	45.76
18	有色金属冶炼及压延加工业	26.09	26.57	30.56	24.10	6.32	22.73
19	化学原料及化学制品制造业	23.69	21.80	23.00	22.77	6.09	19.47
20	纺织业	19.24	18.01	20.78	18.03	4.43	16.10
21	汽车制造业	28.55	32.95	24.08	24.49	8.58	23.73
22	通用设备制造业	24.71	24.36	26.28	25.11	4.91	21.07
23	化学纤维制造业	14.79	17.10	15.02	15.90	3.95	13.35
24	造纸及纸制品业	24.76	26.02	24.64	24.68	6.39	21.30
25	橡胶和塑料制品业	21.48	21.07	19.90	19.71	4.69	17.37
26	仪器仪表制造业	22.36	23.51	22.18	22.60	4.57	19.04
27	黑色金属冶炼及压延加工	20.32	19.85	31.17	18.70	6.47	19.30
28	食品制造业	28.18	27.84	25.31	24.39	8.85	22.91
29	铁路、船舶、航空航天和其他运输设备制造业	18.76	19.35	20.50	20.28	4.82	16.74
30	印刷和记录媒介复制业	24.77	25.63	24.04	26.69	5.52	21.33
31	木材加工及木、竹、藤、棕、草制品业	27.29	27.60	24.98	26.17	7.32	22.67
32	纺织服装、服饰业	30.65	24.34	25.37	26.42	8.02	22.96
33	文教、工美、体育和娱乐用品制造业	19.55	17.75	19.68	19.24	4.68	16.18
34	家具制造业	21.68	19.01	21.44	23.16	7.14	18.49
35	废弃资源综合利用业	17.03	17.57	15.81	18.79	5.45	14.93
36	皮革、毛皮、羽毛及其制品和制鞋业	29.30	24.16	25.58	24.06	6.21	21.86
37	租赁和商务服务业	32.44	31.85	32.58	21.08	4.91	24.57
38	建筑业	30.16	30.29	30.20	29.38	9.73	25.95
39	水利、环境和公共设施管理业	30.12	34.65	33.18	32.52	4.53	27.00
40	文化、体育和娱乐业	18.23	14.88	14.70	14.17	2.73	12.94
41	采矿业	48.80	49.43	51.49	47.89	17.15	42.95

续表

序号	行业	经济增加值税负率					均值
		2013	2014	2015	2016	2017	
42	信息传输、软件和信息技术服务业	13.16	12.68	11.50	11.84	3.39	10.52
43	农、林、牧、渔业	6.68	7.18	4.72	3.93	1.22	4.75
44	科学研究和技术服务业	17.45	17.99	15.72	14.48	4.62	14.05
45	卫生和社会工作	11.40	11.00	8.27	10.08	4.03	8.95
46	教育	16.84	11.63	9.32	11.31	5.82	10.98
47	金融业	23.64	24.76	25.20	25.48	4.86	20.79

数据来源：wind 资讯。

由以上数据看出，2017 年度增加值税收负担率指标明显下降，石油加工、炼焦和核燃料加工业，采矿业、饮料和精制茶制造业位居前三位，农、林、牧、渔业、信息传输、软件和文化、体育和娱乐业为最低的是三个行业。

（4）现金流量税负率分析。

现金流量税负率反映的是企业经营活动发生的付现成本中税收所占的比重。这个指标与其他指标相比有其独特性，因为只有该指标是从付现角度来衡量，其他指标都是以权责发生制为前提。在现代企业经营中，企业追求的不再是“纸面富贵”，而是“现金为王”。2008 年金融危机中破产的雷曼兄弟不是因为其资产质量恶化，而是因为其流动性发生了问题，在利润为正数的情况下出现了“黑字破产”。经营活动的现金流出代表的是企业在主营业务过程中支付的购买原料、支付员工薪酬等成本，税收也是其中的一个因素。该指标能够说明企业付现成本中税收成本的压力。相比以往年度，2017 年度该指标有大幅度的降低，2013 年到 2017 年该指标变化如图 19-11 所示。

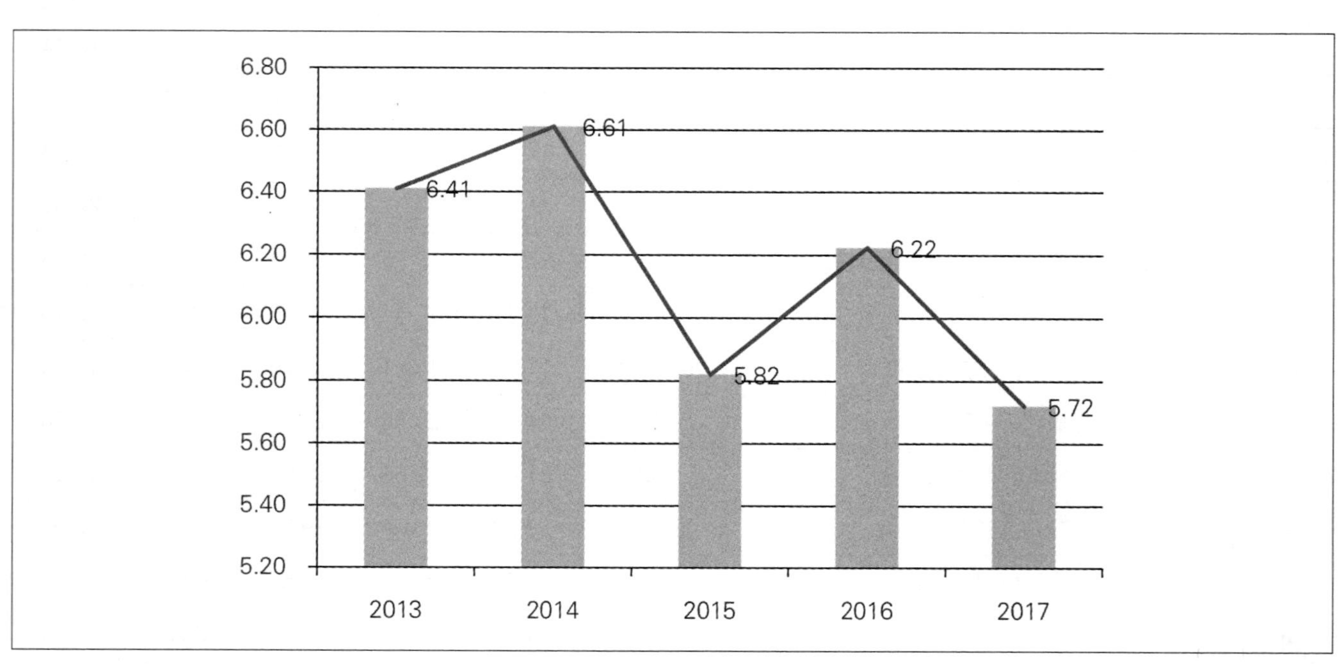

图 19－11　各年度经营活动现金流出税负率比较图

该指标在各行业比较中也表现出较强的行业特征，2013~2017 年度各行业经营活动现金流量税负率计算结果如表 19-12。

表 19-12　　2013~2017 年度各行业经营活动现金流出税收负担率表

单位：%

序号	行业	经营活动现金流出税收负担率					均值
		2013	2014	2015	2016	2017	
	全行业	6.41	6.61	5.82	6.22	5.72	6.16
1	房地产业	11.10	11.75	10.54	9.99	9.70	10.62
2	住宿和餐饮业	10.26	10.66	8.93	10.26	7.60	9.54
3	综合	6.54	6.79	6.01	7.76	7.79	6.98
4	交通运输、仓储和邮政业	–	5.34	5.21	6.32	5.61	5.62
5	批发和零售业	2.56	2.62	2.50	2.32	1.96	2.39
6	电力、热力、燃气及水生产和供应业	12.25	13.70	11.77	16.04	10.34	12.82
7	制造业	5.44	5.48	5.30	5.81	5.83	5.57
8	医药制造业	10.06	10.41	9.99	11.20	11.18	10.57
9	专用设备制造业	6.95	6.50	6.07	6.53	6.52	6.51
10	非金属矿物制品业	9.60	9.31	6.85	10.71	10.47	9.39
11	计算机、通信和其他电子设备制造业	4.15	3.53	4.23	4.16	3.97	4.01
12	酒、饮料和精制茶制造业	30.25	26.13	23.68	30.77	30.70	28.31
13	其他制造业	2.47	2.64	2.47	2.27	2.76	2.52
14	金属制品业	3.79	3.08	4.36	4.34	4.51	4.02
15	农副食品加工业	2.74	2.60	2.98	2.93	3.01	2.85
16	电气机械及器材制造业	6.78	5.77	6.34	6.59	6.00	6.30
17	石油加工、炼焦及核燃料加工业	7.88	8.09	12.14	15.13	13.14	11.28
18	有色金属冶炼及压延加工	2.53	3.31	2.42	2.43	2.68	2.67
19	化学原料及化学制品制造业	4.61	4.58	4.92	4.99	5.82	4.98
20	纺织业	4.86	4.41	5.39	5.13	4.65	4.89
21	汽车制造业	5.06	6.43	4.40	4.86	4.83	5.12
22	通用设备制造业	6.31	5.40	6.09	5.87	5.53	5.84
23	化学纤维制造业	1.31	3.42	1.62	1.80	1.67	1.96
24	造纸及纸制品业	5.52	5.92	5.73	6.61	7.07	6.17
25	橡胶和塑料制品业	4.86	4.10	4.85	5.29	4.92	4.80
26	仪器仪表制造业	9.26	8.57	9.16	9.45	9.15	9.12
27	黑色金属冶炼及压延加工	2.68	3.06	2.91	3.70	4.51	3.37
28	食品制造业	6.60	5.85	6.11	7.39	7.07	6.60

续表

序号	行业	经营活动现金流出税收负担率					均值
		2013	2014	2015	2016	2017	
29	铁路、船舶、航空航天和其他运输设备制造业	4.35	3.86	4.28	5.07	4.96	4.50
30	印刷和记录媒介复制业	12.39	11.12	10.33	12.88	10.35	11.41
31	木材加工及木、竹、藤、棕、草制品业	6.77	6.04	6.41	8.22	7.71	7.03
32	纺织服装、服饰业	9.85	7.42	7.08	7.31	7.16	7.77
33	文教、工美、体育和娱乐用品制造业	5.53	5.34	6.78	6.54	5.68	5.97
34	家具制造业	6.47	5.00	6.87	8.85	7.44	6.93
35	废弃资源综合利用业	2.82	3.97	2.63	4.88	6.27	4.11
36	皮革、毛皮、羽毛及其制品和制鞋业	8.76	5.98	7.41	7.43	8.68	7.65
37	租赁和商务服务业	4.54	3.94	2.97	2.16	1.99	3.12
38	建筑业	4.43	4.71	4.84	5.06	4.05	4.62
39	水利、环境和公共设施管理业	15.73	16.48	14.44	14.38	9.70	14.15
40	文化、体育和娱乐业	6.05	5.54	4.46	4.96	4.46	5.09
41	采矿业	12.92	13.04	14.15	15.00	13.53	13.73
42	信息传输、软件和信息技术服务业	6.65	6.92	4.43	5.07	4.64	5.54
43	农、林、牧、渔业	1.29	1.54	0.98	1.28	1.31	1.28
44	科学研究和技术服务业	7.51	8.01	7.14	6.34	6.67	7.13
45	卫生和社会工作	6.55	6.15	4.01	4.46	6.01	5.44
46	教育	4.15	5.61	4.22	7.87	10.16	6.40
47	金融业	4.42	4.95	3.94	4.46	3.96	4.35

数据来源：wind 资讯。

在全部行业中酒、饮料和电力、热力、燃气及水生产供应业和石油加工、炼焦及核燃料加工业经营活动现金流量税负率分别以30.70%、13.53%、13.14%位列前三；农、林、牧、渔业，化学纤维制造业，批发和零售业分别以1.31%、21.67%、1.96%排位最低，经营活动现金流出税负率最低。

下面我们以2012年度证监会行业分类，将全部A股上市公司分为18类汇总对制造业的29类细分，以序号1~47作为对应行业代码进行作图，从直观图中比较分析A股上市公司各行业的税收负担在年度间的变化情况。

（1）收入税收负担率年度变化比较。

从图19-12中可以看到，2017年度的收入税负率跟历年趋势非常契合，只是在个别行业中表现为降低，如行业2住宿和餐饮业，行业6电力、热力、燃气及水生产和供应业，行业37租赁和商务服务业，行业39水利、环境和公共设施管理业；表现为升高的行业为行业17石油加工、炼焦和核燃料加工业，行业35废弃资源综合利用业，行业45卫生和社会工作，行业46教育。

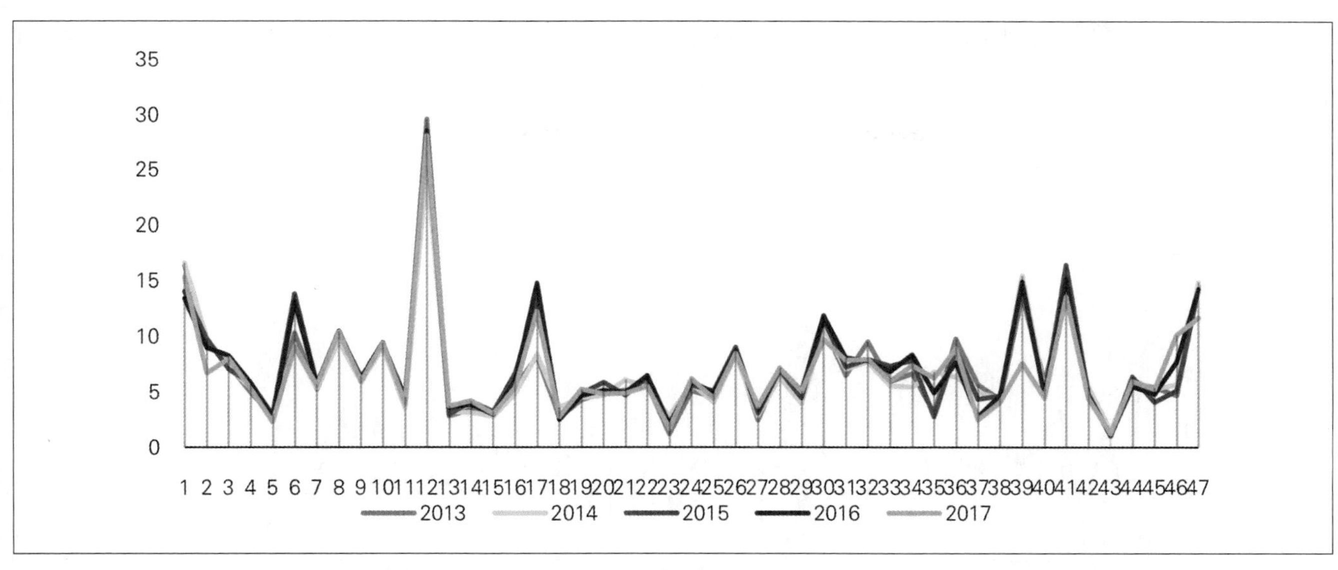

图 19－12　2013~2017 年收入税负率五年比较图图

（2）利润税收负担率年度变化比较。

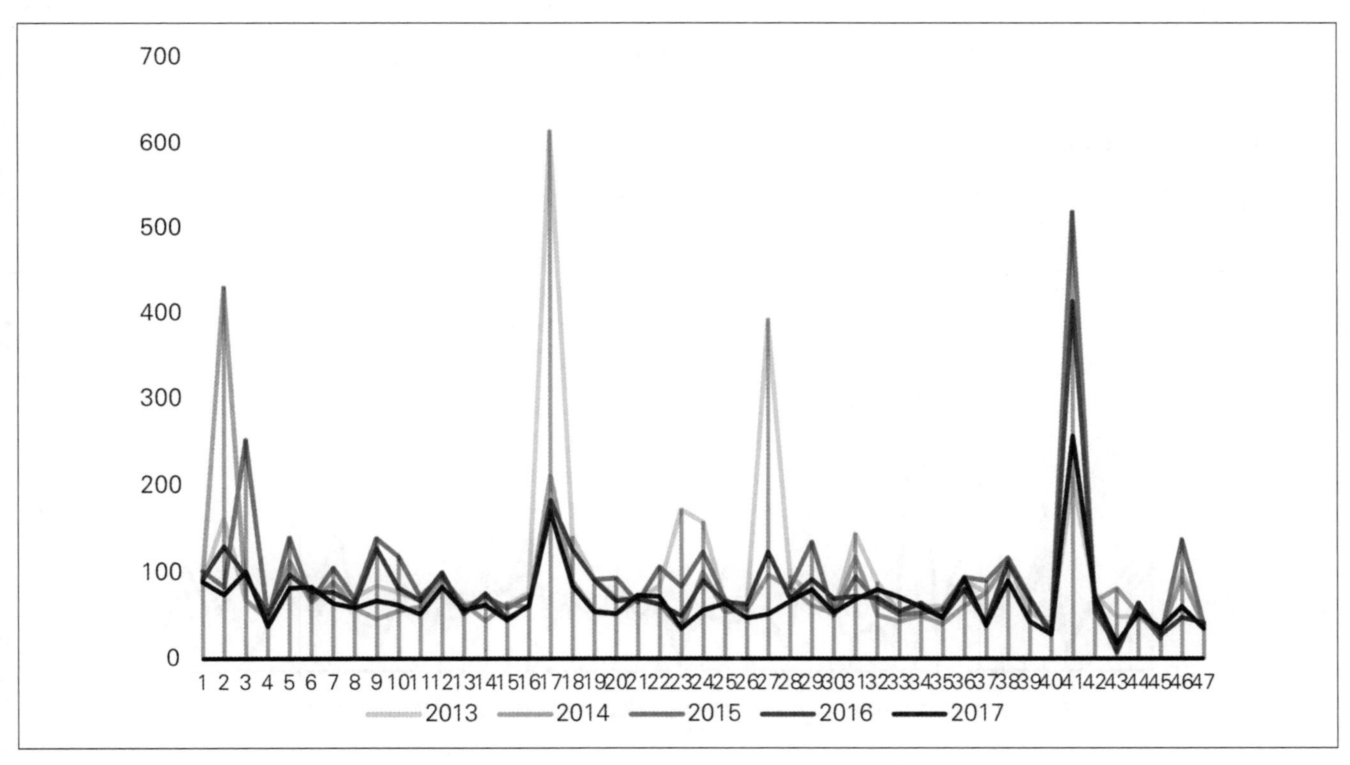

图 19－13　2013~2017 年利润税收负担率五年比较图

上述数据中剔除了利润总额整体为负值的个别行业个别年份数据，从图 19-13 中可以看到用利润考核税负率的离散程度要高于收入税负率，表明一些与收入直接相关的税种的税收刚性。从整体来看，利润税负率除行业 9 专用设备制造业，行业 14 金属制品业，行业 32 纺织服装、服饰业略高于历年最低水平外，其余行业均处于历年最低水平，利润税负率在一定程度上体现了企业所面临的税收环境正在发生有利的变化。

（3）年度增加值税收负担率年度变化比较。

2013~2017 年度各行业年度增加值税负率变化如图 19-14。

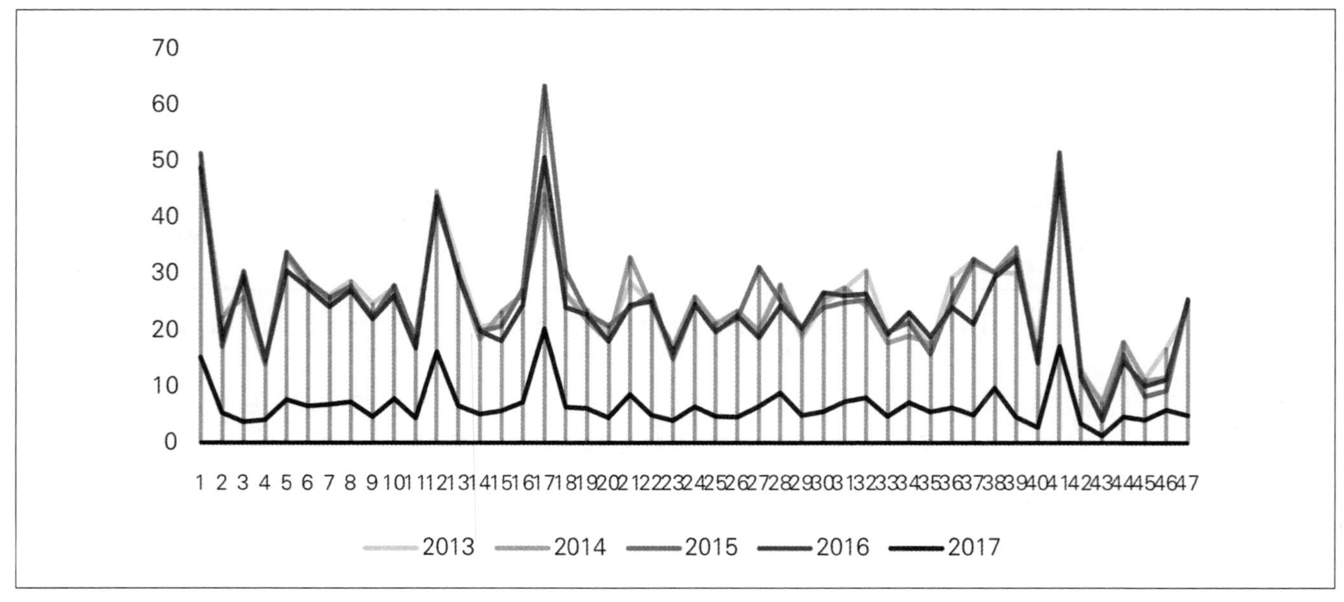

图 19－14　2013~2017 年度年度增加值税负率变化比较图

由图 19-14 可直观看到，2017 年度该指标明显下降，各年度变化趋势基本一致。

（4）经营活动现金流出税收负担率年度变化比较。

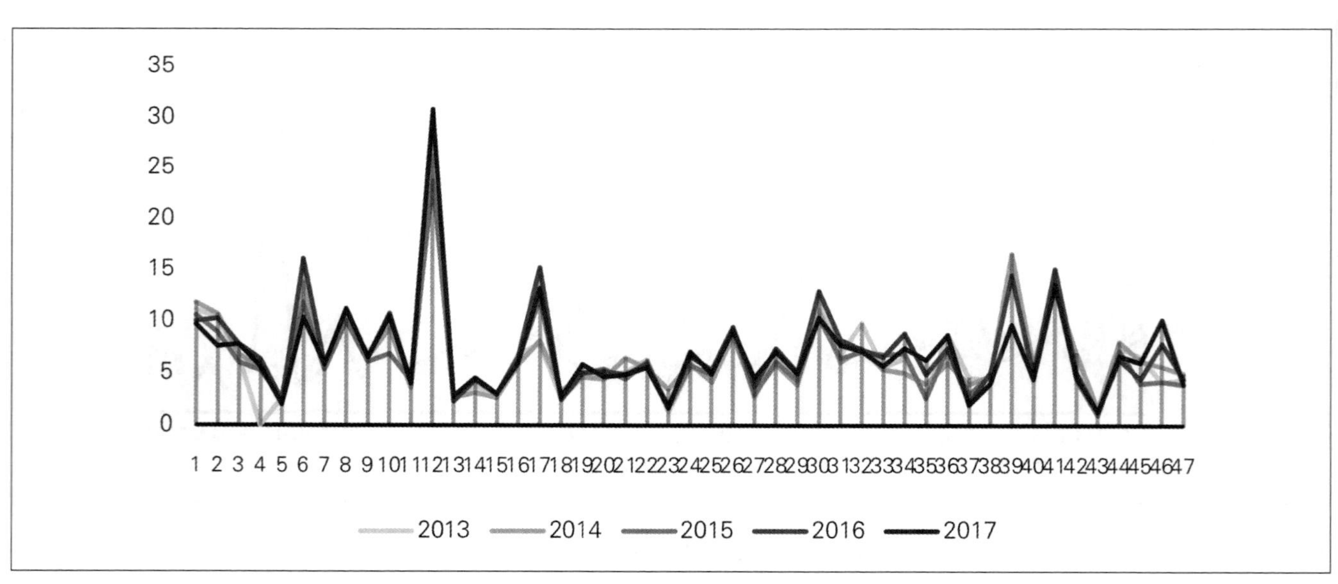

图 19－15　各行业经营活动现金流出连续 6 年税负率分布图

2013~2017 年度，整体行业现金流出税负率在各年基本保持了统一的趋势，其中 2017 年下降最为明显的是行业 6 电力、热力、燃气及水生产和供应业，行业 39 水利、环境和公共设施管理业；有所上升的是行业 17 石油加工、炼焦及核燃料加工业，行业 46 教育。

（五）新三板上市公司税收负担分析

1. 总体税负分析。

2013~2017 年，对新三板企业的收入、利润、年度增加值和经营活动现金流出四个税负率指标取平均值比较，呈现如下结果：利润税负率＞年度增加值税负率＞收入税负率＞经营活动现金流出税负率，各项利润税负率指标在 2013~2017 年间总体呈现下降趋势，利润税负率在 2015 年最低；从四个指标在 2017 年的表现来看，新三板的数据值均低于 A 股市场的数据值；经营现金流出税负率与收入税负率比较接近，与 A 股市场表现一致。

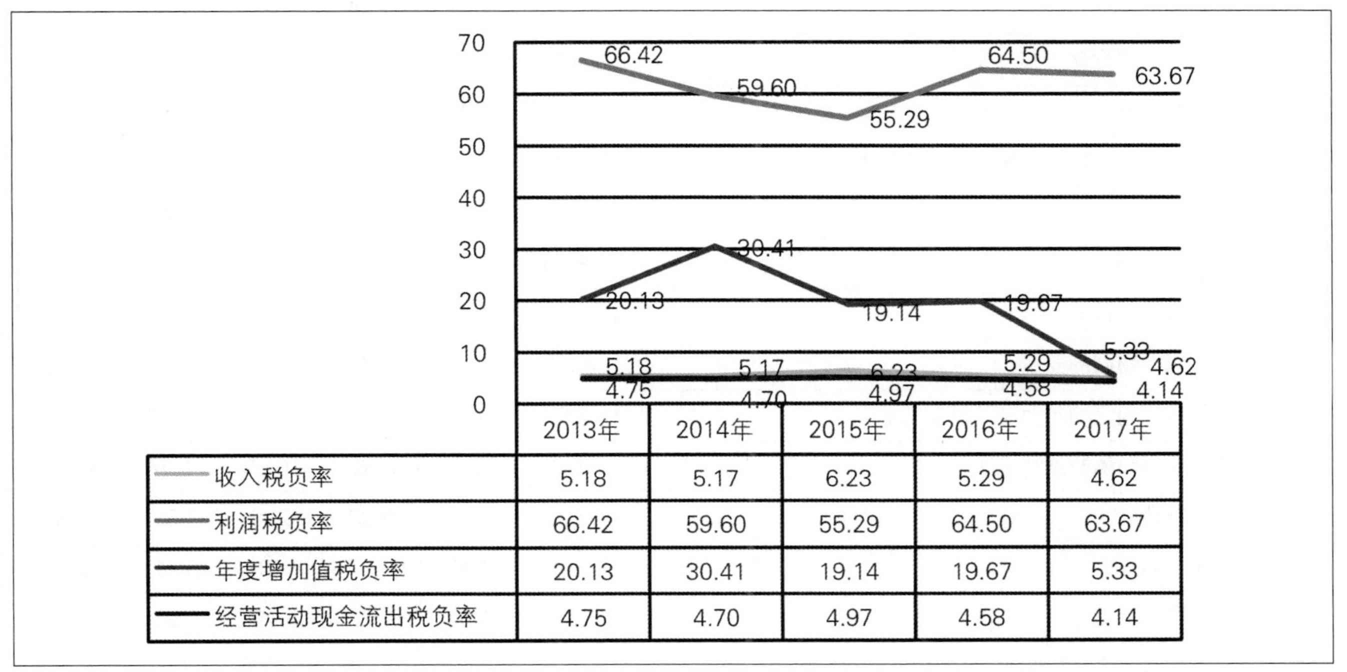

	2013年	2014年	2015年	2016年	2017年
收入税负率	5.18	5.17	6.23	5.29	4.62
利润税负率	66.42	59.60	55.29	64.50	63.67
年度增加值税负率	20.13	30.41	19.14	19.67	5.33
经营活动现金流出税负率	4.75	4.70	4.97	4.58	4.14

图 19－16　2013~2017 年度新三板企业税收负担率总览

数据来源：wind 资讯。

可观察到：与 A 股上市公司相比，新三板企业的税收负担率指标平均值较低，说明普遍来看，新三板企业的税收负担低于 A 股上市公司。与新三板公司直接相关的税收政策有研发费加计扣除的比例由 50% 提高至 75%，小微企业的企业所得税适用 20% 的低税率并减半征收，且小微企业的范围在扩大，由应纳税所得额 50 万元调整至 100 万元，这些减税政策对降低小微企业的税负率，创造良好的营商环境具有重要的意义。根据以上我们按行业对税收负担情况进行分析。

（1）收入税收负担率分析。

就全行业而言，2013 年到 2017 年营业收入税收负担率保持平稳下降趋势，均值为 5.3%，均值比去年下降 0.13%。2017 年全行业中收入税收负担率最高的前三位分别是：酒、饮料和精制茶制造业（10.78%）、采矿业（9.12%）和医药制造业（8.61%），最低的是农、林、牧、渔业（1.16%）、农副食品加工业（1.91%）和有色金属冶炼及压延加工（2.35%），与 A 股企业上市公司基本保持一致。

2013~2017 年度各行业收入税收负担率

表现如表 19-13。

表 19-13　　2013~2017 年度各行业收入税收负担率表

单位：%

序号	行业	收入税收负担率					均值
		2013	2014	2015	2016	2017	
全行业		5.18	5.17	6.23	5.29	4.62	5.30
1	房地产业	6.60	7.52	8.11	8.52	8.11	7.77
2	住宿和餐饮业	7.14	7.34	7.16	5.80	4.20	6.33
4	交通运输、仓储和邮政业	3.60	3.52	3.94	3.70	2.91	3.54
5	批发和零售业	2.26	2.12	2.77	2.65	2.39	2.44
6	电力、热力、燃气及水生产和供应业	7.00	7.66	5.28	7.14	6.35	6.69
7	制造业	5.61	5.77	5.43	5.70	5.23	5.55
8	医药制造业	8.89	8.85	9.04	8.81	8.61	8.84
9	专用设备制造业	6.52	6.47	7.32	7.94	7.49	7.15
10	非金属矿物制品业	6.19	7.41	7.74	7.98	6.79	7.22
11	计算机、通信和其他电子设备制造业	4.94	5.25	5.17	5.10	4.72	5.04
12	酒、饮料和精制茶制造业	18.31	18.77	11.84	10.67	10.78	14.08
13	其他制造业	6.23	6.23	6.03	6.99	4.93	6.08
14	金属制品业	3.21	4.14	5.01	5.59	5.17	4.62
15	农副食品加工业	1.43	1.64	1.77	1.77	1.91	1.71
16	电气机械及器材制造业	5.84	6.04	4.80	5.73	5.06	5.49
18	有色金属冶炼及压延加工	2.95	3.12	1.80	2.02	2.35	2.45
20	纺织业	6.13	5.48	4.91	4.62	4.06	5.04
21	汽车制造业	3.97	5.16	6.36	5.70	5.22	5.28
22	通用设备制造业	6.59	6.82	7.33	7.67	6.74	7.03
23	化学纤维制造业	2.56	2.76	5.95	4.27	4.72	4.05
25	橡胶和塑料制品业	4.28	4.69	5.52	5.79	4.67	4.99
26	仪器仪表制造业	8.97	9.11	9.53	9.00	7.98	8.92
27	黑色金属冶炼及压延加工	3.34	2.28	4.25	3.72	4.02	3.52
28	食品制造业	8.42	9.26	6.09	6.52	6.38	7.33
29	铁路、船舶、航空航天和其他运输设备制造业	8.32	7.98	9.12	8.91	7.72	8.41
30	印刷和记录媒介复制业	7.06	5.71	6.45	6.39	5.29	6.18
32	纺织服装、服饰业	9.77	8.18	6.68	7.59	4.98	7.44
33	文教、工美、体育和娱乐用品制造业	4.27	3.73	4.41	5.18	3.96	4.31
34	家具制造业	6.09	4.03	6.61	6.23	6.02	5.80
35	废弃资源综合利用业	3.49	3.43	4.18	4.86	4.59	4.11

续表

序号	行业	收入税收负担率					均值
		2013	2014	2015	2016	2017	
36	皮革、毛皮、羽毛及其制品和制鞋业	10.45	6.75	7.40	4.71	3.80	6.62
37	租赁和商务服务业	5.62	6.77	5.33	5.19	4.71	5.52
38	建筑业	4.64	4.11	4.30	4.86	3.94	4.37
39	水利、环境和公共设施管理业	5.74	7.48	6.48	8.13	8.00	7.17
40	文化、体育和娱乐业	4.36	5.60	7.92	7.56	6.42	6.37
41	采矿业	10.93	11.21	10.39	11.00	9.12	10.53
42	信息传输、软件和信息技术服务业	6.52	6.44	4.75	4.53	3.82	5.21
43	农、林、牧、渔业	1.17	1.33	1.34	1.05	1.16	1.21
44	科学研究和技术服务业	5.60	4.85	5.67	6.54	6.22	5.78
45	卫生和社会工作	3.54	4.50	5.93	3.96	3.76	4.34
46	教育	10.22	10.69	6.67	7.61	7.40	8.52
47	金融业	16.97	6.29	12.64	9.96	7.05	10.58

数据来源：wind 资讯。

（2）利润税收负担率分析。

我们在剔除了行业利润总额为负的数据后，不同行业2013~2017年度利润税收负担率表现如下表。从表中可看出，利润税收负担率较高的是：采矿业（111.63%）、印刷和记录媒介复制业（107.58%）和非金属矿物制品业（102.09%），排在后面几位的是农、林、牧、渔业（15.74%）、金融业（38.19%）和农副食品加工业（40.07%）。

表 19-14　　2013~2017 年度各行业利润税收负担表

单位：%

序号	行业	利润税收负担率					均值
		2013	2014	2015	2016	2017	
全行业		66.42	59.60	55.29	64.50	63.67	61.90
1	房地产业	66.85	110.67	62.65	62.63	65.10	73.58
2	住宿和餐饮业	202.49	301.85	299.70	102.76	57.27	192.81
4	交通运输、仓储和邮政业	63.13	80.18	84.75	58.35	53.41	67.96
5	批发和零售业	127.98	153.65	105.46	91.06	91.24	113.88
6	电力、热力、燃气及水生产和供应业	47.89	62.68	42.26	49.31	54.56	51.34
7	制造业	71.84	71.11	65.24	66.27	69.47	68.79
8	医药制造业	53.82	52.60	60.28	59.70	65.03	58.29
9	专用设备制造业	73.10	71.78	78.19	80.22	75.66	75.79
10	非金属矿物制品业	77.12	97.11	66.95	82.54	102.09	85.16

续表

序号	行业	利润税收负担率					均值
		2013	2014	2015	2016	2017	
11	计算机、通信和其他电子设备制造业	65.49	72.12	60.26	59.36	69.91	65.43
12	酒、饮料和精制茶制造业	845.50	271.57	57.74	80.83	85.89	268.31
13	其他制造业	71.08	89.72	65.79	76.82	79.66	76.62
14	金属制品业	65.16	73.31	70.83	73.13	73.57	71.20
15	农副食品加工业	50.14	29.06	33.42	31.59	40.07	36.86
16	电气机械及器材制造业	80.95	91.11	59.98	62.65	65.63	72.07
18	有色金属冶炼及压延加工	65.39	55.91	92.39	72.40	53.16	67.85
20	纺织业	117.07	379.44	49.98	57.43	73.45	135.47
21	汽车制造业	53.90	55.97	55.84	55.02	65.11	57.17
22	通用设备制造业	97.27	83.53	81.31	77.40	83.77	84.66
23	化学纤维制造业	53.79	54.97				54.38
25	橡胶和塑料制品业	58.68	67.56	65.23	59.01	63.92	62.88
26	仪器仪表制造业	66.37	66.62	63.54	73.88	70.98	68.28
27	黑色金属冶炼及压延加工	232.31	255.13	152.98	51.27	94.72	157.28
28	食品制造业	67.88	79.61	60.39	69.38	73.58	70.17
29	铁路、船舶、航空航天和其他运输设备制造业	81.47	64.99	70.90	84.39	67.87	73.92
30	印刷和记录媒介复制业	128.79	160.43	111.65	87.03	107.58	119.10
32	纺织服装、服饰业	84.21	130.55	109.73	122.34	100.42	109.45
33	文教、工美、体育和娱乐用品制造业	41.87	45.22	41.27	60.95	52.35	48.33
34	家具制造业	118.24	61.17	67.21	73.42	80.21	80.05
35	废弃资源综合利用业	132.37	55.53	88.10	83.94	89.06	89.80
36	皮革、毛皮、羽毛及其制品和制鞋业	111.97	75.74	116.97	77.07	71.96	90.74
37	租赁和商务服务业	51.52	43.43	41.05	60.36	63.92	52.06
38	建筑业	82.61	66.88	58.76	85.53	55.04	69.76
39	水利、环境和公共设施管理业	45.37	44.07	41.49	52.10	50.15	46.63
40	文化、体育和娱乐业	38.61	28.45	47.04	58.30	62.96	47.07
41	采矿业	88.07	102.79	144.94		111.63	111.86
42	信息传输、软件和信息技术服务业	63.58	59.60	59.57	86.54	75.60	68.98
43	农、林、牧、渔业	16.07	17.22	13.04	11.00	15.74	14.61
44	科学研究和技术服务业	53.46	38.94	38.05	51.44	53.42	47.06
45	卫生和社会工作	43.86	66.83	48.30	86.06	84.89	65.99
46	教育	65.25	53.51	32.77	48.26	75.91	55.14
47	金融业	44.72	11.72	29.94	39.99	38.19	32.91

数据来自：wind 资讯。

（3）年度增加值税收负担率分析。

2013~2017年，分析范围内的新三板上市公司年度增加值的税收负担率均值从去年的5年平均值19.76%下降到2017年的5年平均值16.67%，税收负担率下降趋势明显，2017年下降最为明显，2017年整体表现值为5.33%。行业具体数据见表19-15。

表19-15　　2013~2017年度各行业年度增加值税收负担率表

单位：%

序号	行业	年度增加值税收负担率					均值
		2013	2014	2015	2016	2017	
全行业		20.13	19.08	19.14	19.67	5.33	16.67
1	房地产业	12.30	13.45	12.33	13.12	6.85	11.61
2	住宿和餐饮业	21.27	22.30	20.87	15.85	5.57	17.17
4	交通运输、仓储和邮政业	17.91	16.51	20.45	19.00	5.08	15.79
5	批发和零售业	28.61	27.98	29.17	27.85	9.36	24.59
6	电力、热力、燃气及水生产和供应业	21.73	24.06	17.53	20.05	4.10	17.49
7	制造业	21.51	21.27	20.76	21.62	6.08	18.25
8	医药制造业	22.89	22.45	23.15	23.42	6.31	19.64
9	专用设备制造业	22.25	21.96	21.96	22.61	6.25	19.00
10	非金属矿物制品业	22.63	26.53	26.53	25.16	6.11	21.40
11	计算机、通信和其他电子设备制造业	17.71	18.07	18.07	17.46	5.60	15.38
12	酒、饮料和精制茶制造业	39.77	49.71	49.71	26.38	7.54	34.62
13	其他制造业	19.73	19.88	19.88	21.74	4.98	17.24
14	金属制品业	20.50	22.63	22.63	21.86	5.90	18.70
15	农副食品加工业	12.40	11.66	11.66	12.79	3.54	10.41
16	电气机械及器材制造业	22.35	23.04	23.04	22.40	6.22	19.41
18	有色金属冶炼及压延加工	17.82	17.05	17.05	21.68	6.43	16.00
20	纺织业	22.62	21.86	21.86	19.14	5.30	18.15
21	汽车制造业	14.44	16.07	16.07	18.73	6.43	14.35
22	通用设备制造业	21.76	20.75	20.75	22.28	6.26	18.36
23	化学纤维制造业	20.37	17.75	17.75	26.21	3.40	17.10
25	橡胶和塑料制品业	19.79	21.41	21.41	21.30	5.61	17.90
26	仪器仪表制造业	24.07	23.34	23.34	22.59	6.37	19.94
27	黑色金属冶炼及压延加工	28.60	17.07	17.07	18.91	5.33	17.40
28	食品制造业	26.20	26.16	26.16	21.93	6.80	21.45
29	铁路、船舶、航空航天和其他运输设备制造业	27.70	24.82	24.82	24.06	5.17	21.31
30	印刷和记录媒介复制业	21.77	18.00	18.00	20.56	6.62	16.99
32	纺织服装、服饰业	27.95	26.68	26.68	24.78	7.05	22.63

续表

序号	行业	年度增加值税收负担率					均值
		2013	2014	2015	2016	2017	
33	文教、工美、体育和娱乐用品制造业	14.07	13.38	13.38	20.61	6.01	13.49
34	家具制造业	18.15	13.15	13.15	21.27	7.03	14.55
35	废弃资源综合利用业	27.44	23.02	23.02	27.44	5.78	21.34
36	皮革、毛皮、羽毛及其制品和制鞋业	31.50	24.40	24.40	20.75	5.82	21.37
37	租赁和商务服务业	14.89	15.15	13.74	13.56	4.84	12.44
38	建筑业	23.98	21.12	23.09	25.57	6.36	20.02
39	水利、环境和公共设施管理业	19.00	19.54	18.76	19.21	5.45	16.39
40	文化、体育和娱乐业	14.31	14.59	17.17	18.35	4.04	13.69
41	采矿业	26.91	25.31	23.10	32.87	9.81	23.60
42	信息传输、软件和信息技术服务业	16.19	15.90	15.41	15.82	4.78	13.62
43	农、林、牧、渔业	7.37	7.13	5.73	4.72	0.98	5.19
44	科学研究和技术服务业	16.48	14.60	13.03	14.84	4.65	12.72
45	卫生和社会工作	11.15	10.33	13.98	9.72	3.74	9.78
46	教育	18.60	19.46	11.77	13.67	6.35	13.97
47	金融业	22.48	9.56	21.12	20.92	3.16	15.45

数据来自：wind 资讯。

由以上数据看出，年度增加值税收负担率指标中，指标率较高的前三位是：采矿业（9.81%）、批发和零售业（9.36%）和酒、饮料和精制茶制造业（7.54%），指标率较低的是：农、林、牧、渔业（0.98%）、金融业（3.16%）和化学纤维制造业（3.40%）。

（4）经营活动现金流出税负率分析。

2013 至 2017 年度新三板企业按行业分类其经营活动现金流出税负率计算结果如下。

表 19-16　　2013~2017 年度各行业现金流出税收负担率表

单位：%

序号	行业	现金流税收负担率					均值
		2013	2014	2015	2016	2017	
全行业		4.75	4.70	4.97	4.58	4.14	4.63
1	房地产业	6.36	7.32	7.28	7.38	7.50	7.17
2	住宿和餐饮业	6.72	7.69	6.65	6.04	4.07	6.24
4	交通运输、仓储和邮政业	3.30	3.22	3.42	2.95	2.49	3.08
5	批发和零售业	2.03	1.86	2.35	2.29	2.01	2.11
6	电力、热力、燃气及水生产和供应业	5.96	7.14	5.65	7.03	6.70	6.50
7	制造业	5.50	5.66	5.31	5.63	5.29	5.48

续表

序号	行业	现金流税收负担率					均值
		2013	2014	2015	2016	2017	
8	医药制造业	9.26	9.50	8.89	9.32	9.06	9.21
9	专用设备制造业	6.33	6.15	7.07	7.55	7.26	6.87
10	非金属矿物制品业	5.97	7.64	7.72	8.43	7.03	7.36
11	计算机、通信和其他电子设备制造业	4.80	5.08	5.08	5.11	4.73	4.96
12	酒、饮料和精制茶制造业	10.66	14.34	11.48	9.85	10.12	11.29
13	其他制造业	5.74	5.12	5.92	7.18	5.30	5.85
14	金属制品业	3.01	3.97	5.07	5.59	5.52	4.63
15	农副食品加工业	1.32	1.50	1.66	1.59	1.78	1.57
16	电气机械及器材制造业	5.65	5.88	4.91	5.78	5.51	5.55
18	有色金属冶炼及压延加工	2.87	3.29	1.68	1.76	2.18	2.36
20	纺织业	4.95	4.54	4.48	4.19	3.71	4.37
21	汽车制造业	4.09	5.51	6.67	6.34	5.98	5.72
22	通用设备制造业	6.31	6.41	7.57	7.81	6.97	7.02
23	化学纤维制造业	2.50	2.53	5.68	4.16	4.34	3.84
25	橡胶和塑料制品业	3.87	4.61	5.21	5.75	4.88	4.86
26	仪器仪表制造业	8.56	9.07	9.15	8.67	7.66	8.62
27	黑色金属冶炼及压延加工	6.10	4.88	5.67	3.92	3.95	4.90
28	食品制造业	8.15	8.93	5.09	6.15	6.13	6.89
29	铁路、船舶、航空航天和其他运输设备制造业	7.60	6.59	8.58	8.11	7.87	7.75
30	印刷和记录媒介复制业	6.03	5.46	6.23	6.21	5.23	5.83
32	纺织服装、服饰业	8.39	8.13	5.78	6.41	4.49	6.64
33	文教、工美、体育和娱乐用品制造业	3.77	3.30	4.07	4.62	3.44	3.84
34	家具制造业	4.85	3.67	6.01	5.85	5.73	5.22
35	废弃资源综合利用业	2.67	2.56	3.49	4.38	4.01	3.42
36	皮革、毛皮、羽毛及其制品和制鞋业	8.95	6.84	6.17	3.94	3.38	5.86
37	租赁和商务服务业	3.47	2.81	3.41	3.20	3.81	3.34
38	建筑业	3.78	3.72	4.22	4.58	3.87	4.03
39	水利、环境和公共设施管理业	5.52	7.97	7.31	8.87	9.05	7.75
40	文化、体育和娱乐业	3.83	5.39	6.70	5.98	5.08	5.39
41	采矿业	11.87	11.80	8.72	9.73	10.20	10.46
42	信息传输、软件和信息技术服务业	5.92	5.79	4.14	3.77	3.29	4.58
43	农、林、牧、渔业	1.04	1.10	1.41	1.06	1.16	1.15
44	科学研究和技术服务业	4.96	4.98	5.54	6.52	6.02	5.60

续表

序号	行业	现金流税收负担率					均值
		2013	2014	2015	2016	2017	
45	卫生和社会工作	3.79	4.94	5.52	3.74	3.88	4.38
46	教育	9.31	11.26	7.74	8.04	7.39	8.75
47	金融业	6.86	3.03	5.48	3.82	3.37	4.51

数据来源：wind 资讯。

2013~2017 年新三板上市公司经营活动现金流出税收负担率均值为 4.63%，行业间收入税负率差异较大，收入税负率较高的是酒、饮料和精制茶制造业（10.12%）、采矿业（10.20%）和医药制造业（9.06%）；经营活动现金流出税收负担率较低的是农、林、牧、渔行业（1.16%），农副食品加工业（1.78%）和批发和零售业（2.01%）。

从上述几张表中看到，四个指标均显示酒、饮料和精制茶制造业税负率较高，主要是税种差异引起的税负增加，对于特殊商品调节的消费税对此影响较大，另外税负率较高的行业是采矿业，对利用自然资源征收的资源税也会增加相应的税负，我们看到房地产业有特殊的环节征收的土地增值税，其税负并没有像前两个特别明显，我们也看到其四个指标均高于各个指标的平均值；农、林、牧、渔业和农副食品加工业相对的税负率较低，我们从以上信息中看到税收的调节功能，能够限制和鼓励某些行业或产品的生产和消费。

2. 各行业年度变化比较。

依照证监会行业分类，去掉 2013~2017 年度新三板企业不涉及的行业类型，并将行业按照顺序编码，有如下行业，各行业数量按照 2017 年底本次样本数量计算。

表 19-17　　2013~2017 年度新三板各行业分布表

单位：%

序号	行业分类	数量	序号	行业分类	数量
全行业		11323	11	计算机、通信和其他电子设备制造业	698
1	房地产业	90	12	酒、饮料和精制茶制造业	37
2	住宿和餐饮业	35	13	其他制造业	35
3	居民服务、修理和其他服务业	45	14	金属制品业	232
4	交通运输、仓储和邮政业	197	15	农副食品加工业	186
5	批发和零售业	524	16	电气机械及器材制造业	619
6	电力、热力、燃气及水生产和供应业	133	17	石油加工、炼焦及核燃料加工业	19
7	制造业	5589	18	有色金属冶炼及压延加工	92
8	医药制造业	300	19	化学原料及化学制品制造业	525
9	专用设备制造业	739	20	纺织业	82
10	非金属矿物制品业	263	21	汽车制造业	188

续表

序号	行业分类	数量	序号	行业分类	数量
22	通用设备制造业	466	35	废弃资源综合利用业	66
23	化学纤维制造业	19	36	皮革、毛皮、羽毛及其制品和制鞋业	19
24	造纸及纸制品业	58	37	租赁和商务服务业	593
25	橡胶和塑料制品业	227	38	建筑业	377
26	仪器仪表制造业	256	39	水利、环境和公共设施管理业	191
27	黑色金属冶炼及压延加工	24	40	文化、体育和娱乐业	260
28	食品制造业	114	41	采矿业	41
29	铁路、船舶、航空航天和其他运输设备制造业	77	42	信息传输、软件和信息技术服务业	2226
30	印刷和记录媒介复制业	55	43	农、林、牧、渔业	228
31	木材加工及木、竹、藤、棕、草制品业	33	44	科学研究和技术服务业	514
32	纺织服装、服饰业	51	45	卫生和社会工作	49
33	文教、工美、体育和娱乐用品制造业	68	46	教育	87
34	家具制造业	30	47	金融业	144

数据来源：wind 资讯。

依次将收入税收负担率、利润总额税收负担率（对利润为负的企业取绝对值）、年度增加值税收负担率和经营活动现金流出税收负担率做折线图，比较其在2013~2017年的变化趋势，图表依次如下所示。

从以下四个图中，整体上2013~2017年新三板企业的税负整体上呈现下降的趋势，2017年各项税收负担率跟历年情况走

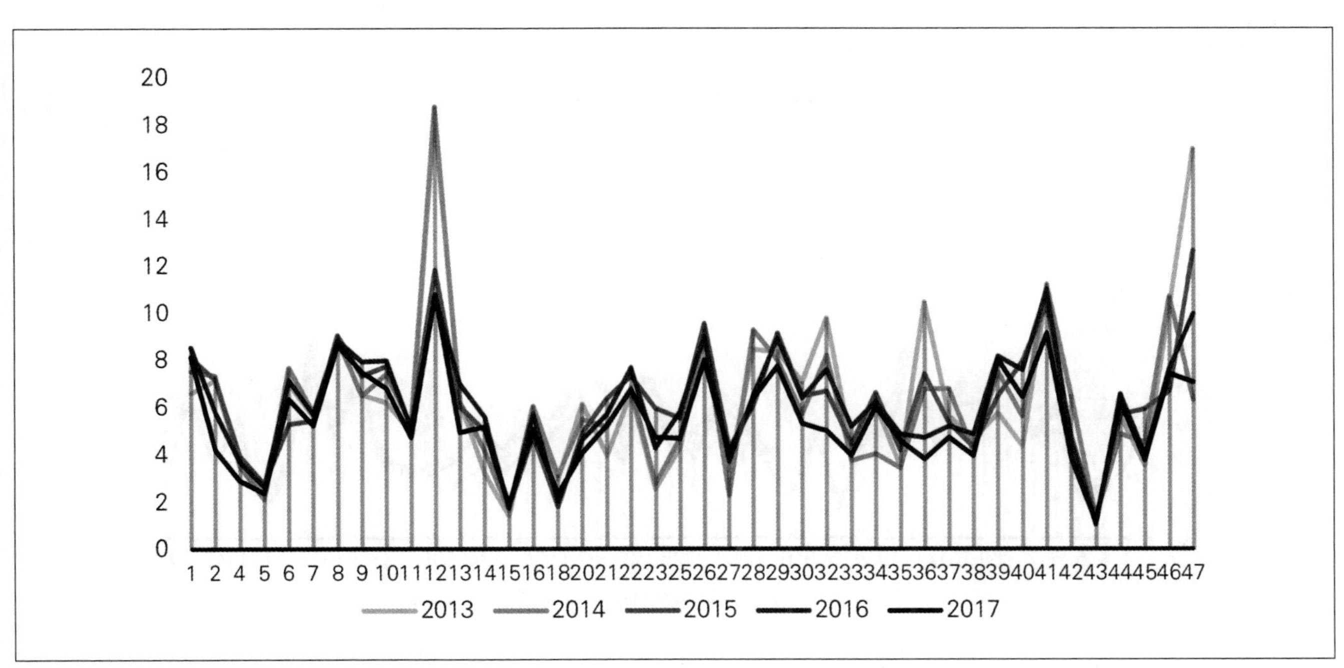

图 19－17　收入税收负担率年度比较

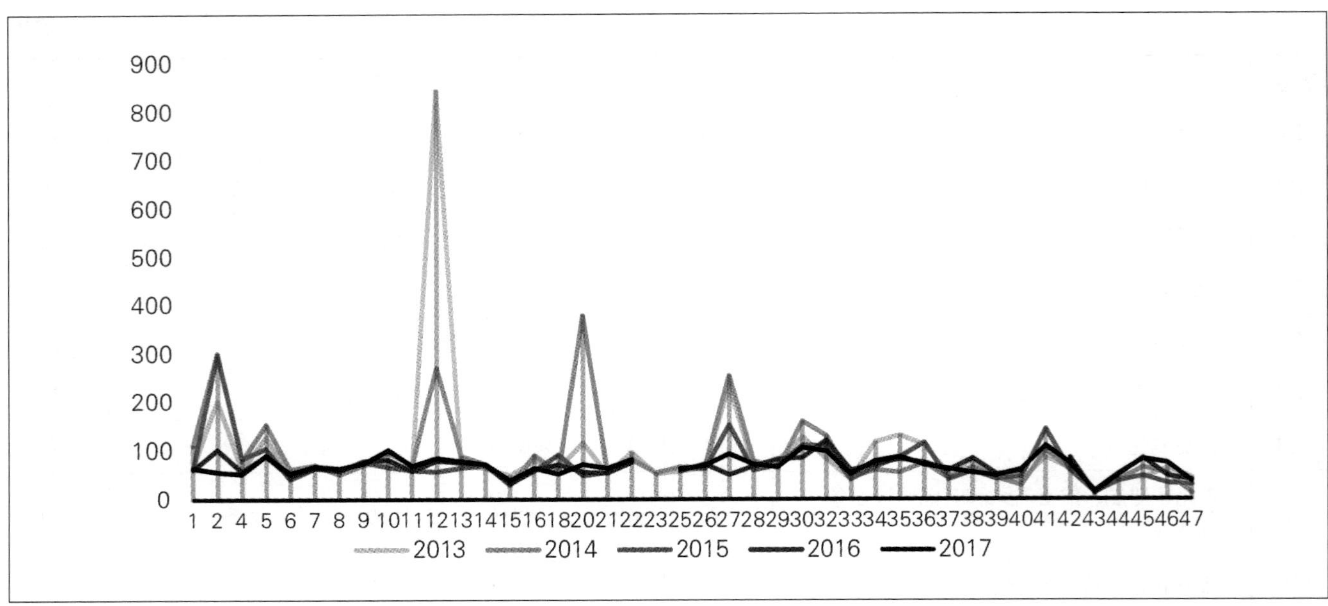

图 19 – 18 利润税收负担率年度比较

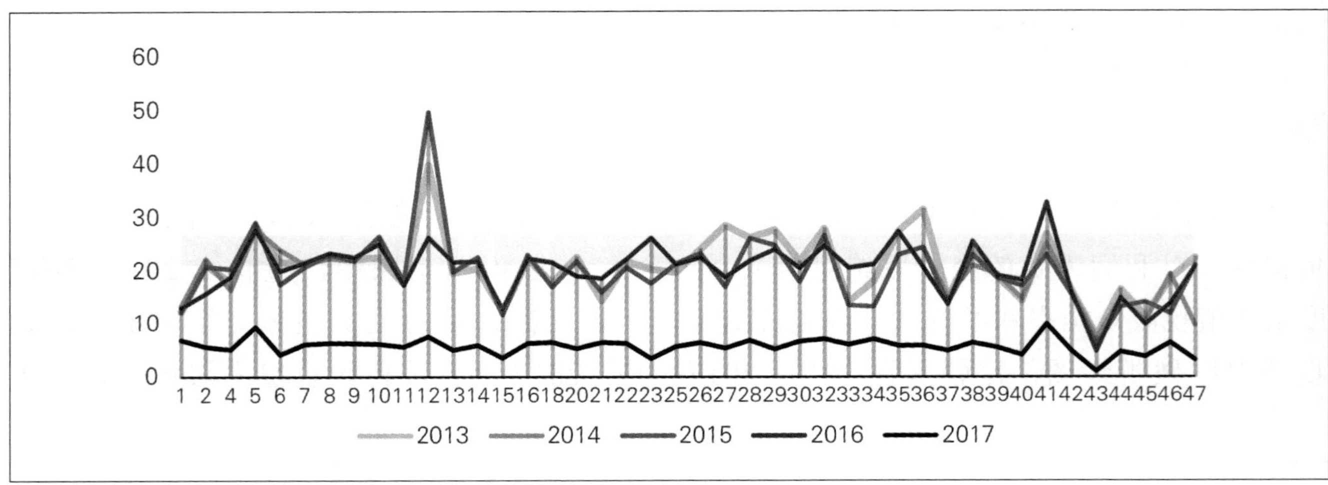

图 19 – 19 年度增加值税收负担率年度比较

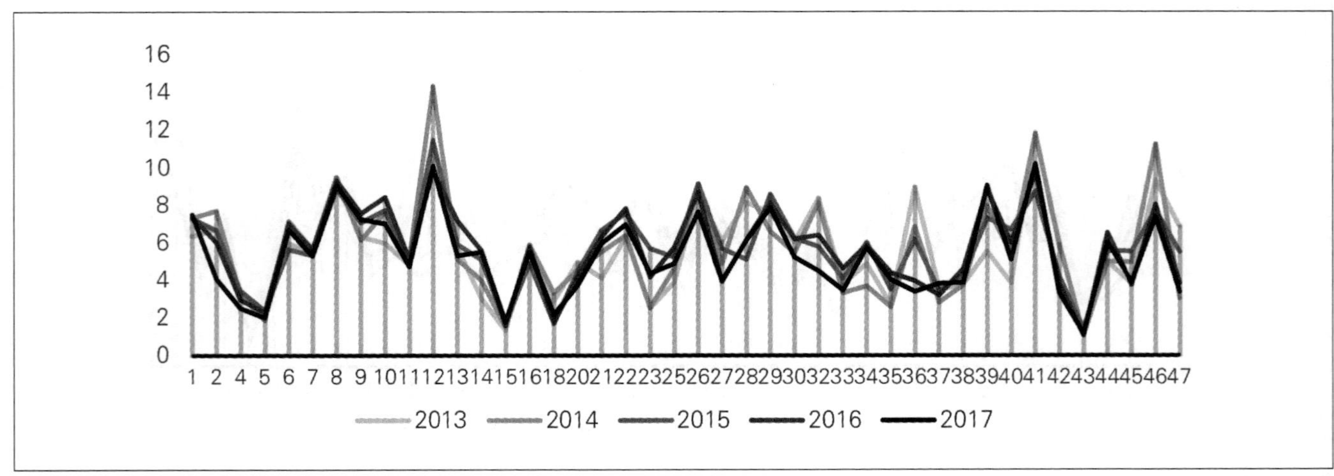

图 19 – 20 经营活动现金流出税收负担率年度比较

势基本一致，2017 年度税负在拟合以前年度的轨迹，说明在 2017 年税负有所降低的同时，税负率在一定程度上有稳定的迹象。

3. 新三板“营改增”相关行业的税收负担分析。

从 47 个行业分类中，与“营改增”政策相关行业，有房地产业（序号 1）、住宿和餐饮业（序号 2）、租赁和商务服务业（序号 37）建筑业（序号 38）、金融业（序号 47），我们队这五个行业的数据单独进行税负率分析，增值税属于流转税，跟收入有密切的关系，因此我们选择收入税负率指标，税负率变化情况如图 19-21。

从图 19-21 可以看出，房地产业的收入税负率在 2013~2017 年间没有降低，反而上升，这个跟房地产企业的土地开发成本及今年来土地增值不断攀升有关系，土地增值税的影响不可忽视，因此其营改增的效果不明显，单在其他行业均有很明显的变化，尤其金融业，从 2013 年的 16.96% 下降至 2017 年的 7.05%，其余三个行业的税负率均在 5% 以内，低于原营业税税率，同时也证明了政府在减税方面的力度和成效。

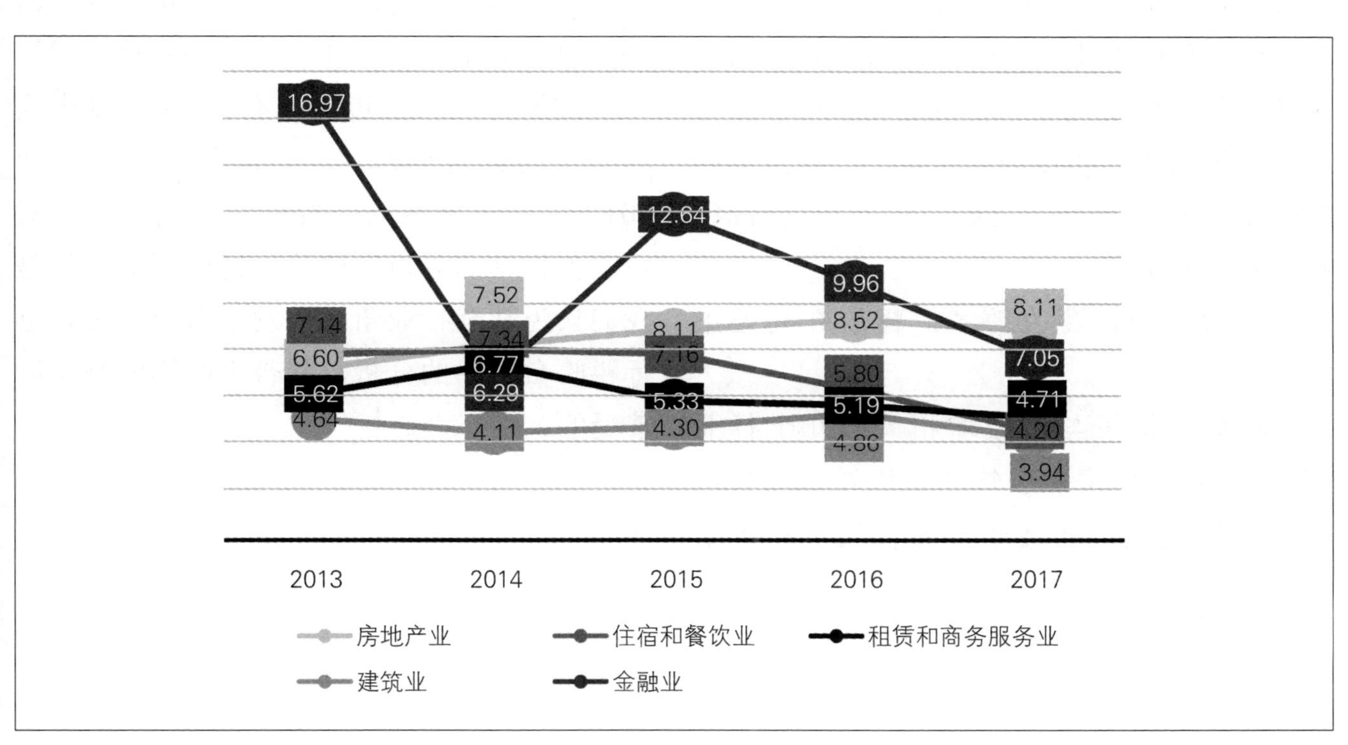

图 19 – 21　年度增加值税收负担率年度比较

五、结论小结

从分析结果来看，呈现出如下几个特点。

1. 各个行业的税负率水平体现了我国的税收政策，税收有显著调节经济的功能。

在本次分析中，从 2017 年收入税负率来看，税收贡献排名靠前的行业有：采矿业，酒、饮料和精制茶制造业，房地产业，教育，石油加工、炼焦和核燃料加工业，医药制造业和金融业；从 2017 年利润总额税负率来看，税收贡献排名靠前的行业有：采矿业，酒、饮料和精制茶制造业，房地产业，石油加工、炼焦和核燃料加工业，电力、热力、燃气及水生产和供应业，有色金属冶炼和压延加工业，皮革、毛皮、羽毛及其制品和制鞋业；从2017年年度增加值税负率来看，税收贡献排名靠前的行业有：纺织业，化学纤维制造业，水利、环境和公共设施管理业；从2017年现金流出税负率来看，税收贡献排名靠前的行业有：医药制造业，酒、饮料和精制茶制造业，石油加工、炼焦及核燃料加工业，教育，印刷和记录媒介复制业，采矿业，非金属矿物制品业。

2. 上市公司的税收成本是企业经营的刚性约束，上市公司的税法遵从度较高。

税收负担的4个指标在A股上市公司连续5个年度内变化基本在可控范围内，指标的离散度较小，年度间基本保持了稳定的趋势，说明我国上市公司的税法遵从度较高，财务信息质量较好。

3. 营改增的税收改革，释放红利效果明显

我们分析了与营改增相关的几个行业（房地产业、住宿和餐饮业、租赁和商务服务业、建筑业、金融业）的收入负担率水平，无论是A股上市公司还是新三板上市公司，除房地产业受土地增值税的影响较大，营改增效果不明显外，其余四个行业的收入税收负担率均明显下降，表明我国营商税收环境向好，在国家众多税收优惠政策叠加，减少企业负担方面，税收已经看到了实实在在的成果。

六、澄清与说明

由于上市公司税收相关数据的披露较为单一，从可操作的角度出发，本次对上市公司的税收负担的数据取自上市公司披露2017年度现金流量表中“支付的各项税费”，该项数据体现了上市公司在2017年度中实际支出的税费金额，与实际的归属于企业2017年度应缴纳的税费有一定的差异，对税收负担率的分析造成了一定的影响，但是我们认为从全行业角度出发来对上市公司进行税收负担率的分析，其带来的影响是可以接受的。

第二十章　研发费用与上市公司财务业绩研究

一、我国企业研究开发费用税收优惠政策简述

1995年5月6日，中共中央、国务院做出《关于加速科学技术进步的决定》，提出科教兴国战略。同年5月26~30日，在北京召开全国科学技术大会，指出科教兴国战略是总结历史经验和根据我国现实情况作出的重大部署。

1996年4月7日，财政部和国家税务总局联合发布《关于促进企业技术进步有关财务税收问题的通知》(财工字〔1996〕41号)，文件从研究开发费用归集范围、加计抵扣应纳税所得额，关键设备、测试仪器加速折旧，技术转让等多方面对我国国有、集体工业企业实施研究开发税收优惠，积极推进经济增长方式转变。该政策自1996年1月1日起执行，我国对研究开发费用加计扣除税收优惠正式拉开大幕。

同年9月3日，国家税务总局发布《关于促进企业技术进步有关税收问题的补充通知》(国税发〔1996〕152号)，明确加计扣除采取事前审批，亏损企业不享受、研究开发费用加计扣除限额以当年应纳税所得额为限、不结转抵扣，设备等加计扣除单位价值10万元。

1999年，企业研发费用加计扣除颁布第一个专门性文件——《企业技术开发费税前扣除管理办法》(国税发〔1999〕49号)。享受优惠企业范围扩大至国有、集体企业控股并从事工业生产经营的股份制企业、联营企业。对企业申请研发费用加计扣除的审批程序做了明确规定。该政策自1999年1月1日起执行。

2003年财政部、国家税务总局颁布《关于扩大企业技术开发费加计扣除政策适用范围的通知》(财税〔2003〕244号)，将研究开发费用加计扣除适用范围扩大至包括从事采矿业、制造业、电力、燃气及水生产、供应业的工业企业。该政策自2003年1月1日起执行，我国研发费用加计扣除政策税收优惠的第一次扩围成功。

2004年《国家税务总局关于做好已取消和下放管理的企业所得税审批项目后续管理工作的通知》(国税发〔2004〕82号)中取消税务机关审批改，由纳税人根据政策规定自主申报扣除。

2006年财政部、国家税务总局颁布《关于企业技术创新有关企业所得税优惠政策的通知》(财税〔2006〕88号)文，企业范围

扩大至财务核算制度健全、实行查账征税的内外资企业、科研机构、大专院校等，且可随年度企业所得是应纳税所得额结转至以后年度，加速折旧单位价值增长至30万元。该政策自2006年1月1日起执行。

2008年我国颁布新《企业所得税法》及《企业所得税法实施条例》，在法律层面确认我国研究开发费用加计扣除政策。2008年国家税务总局发布《企业研究开发费用税前扣除管理办法（试行）》（国税发〔2008〕116号），该文件针对研究开发费用界定、规范、归集、申报做了详细、专门规定，结束了研究开发费用加计扣除文件散乱、单行的状况。文件对研究开发活动、研究开发费用范围、研究开发形式、研究开发费用归集核算等做了详细的规范，并对申报资料、流程进一步明确。该政策从2008年1月1日起执行，我国研究开发费用加计扣除政策自此逐步系统化、体系化。

2013年初，国家决定在中关村、东湖、张江三个国家自主创新示范区和合芜蚌自主创新综合试验区开展扩大研究开发费用加计扣除范围政策试点。2013年9月，财政部、国家税务总局颁布《关于研究开发费用税前加计扣除有关政策问题的通知》（财税〔2013〕70号），对116号文中研究法发费用范围进行补充，并规定企业可以聘请具有资质的会计师事务所或税务师事务所，出具当年可加计扣除研发费用专项审计报告或鉴证报告等，并将试点政策推广到全国，研发费用加计扣除税收优惠享受主体第二次扩围成功。

2015年11月财政部、国家税务总局联合科技部颁布《关于完善研究开发费用税前加计扣除政策的通知》（财税〔2015〕119号），对研究开发活动、费用范围重新界定，明确不适用的行业，强调费用规范核算、分配，会计核算和后续核查。12月国家税务总局发布《关于企业研究开发费用税前加计扣除政策有关问题的公告》（国家税务总局公告2015年第97号），对119号文件中研究开发费用项目做进一步明确，申报、备案管理是其核心内容之一，随文件一同公布的还有研究开发支出辅助账。本次税收优惠在不改变可享受加计扣除优惠行业的基础上，放宽了享受优惠的企业研发活动及研发费用的范围，大幅减少了研发费用加计扣除口径与高新技术企业认定研发费用归集口径的差异，并首次明确了负面清单制度。

2017年5月2日，为进一步鼓励科技型中小企业加大研发费用投入，根据国务院常务会议决定，财政部、税务总局、科技部共同颁布《关于提高科技型中小企业研究开发费用税前加计扣除比例的通知》（财税〔2017〕34号），科技型中小企业研究开发费用加计扣除比例增至75%；2017年5月22日，国家税务总局颁布《关于提高科技型中小企业研究开发费用税前加计扣除比例有关问题的公告》（国家税务总局公告2017年第18号）对科技型中小企业开展研发活动实际发生的研发费用税前加计扣除做进一步规定。

2017年7月21日，科技部、财政部、国家税务总局共同颁布《关于进一步做好企业研发费用加计扣除政策落实工作的通知》（国科发政〔2017〕211号），切实加强地方各级人民政府科技、财政和税务主管部分对纳税人享受研究开发费用税前加计扣除税收优惠的事前事中事后管理和服务，明确税务被部分对企业享受加计扣除优惠的研发项目有异议的处理机制。

2017年10月18~24日，党的十九大在北京召开，习近平总书记在党的十九大报告中指出，创新是引领发展的第一动力，是建设现代化经济体系的战略支撑。党的十九大报告进一步明确了创新在引领经济社会发展中的重要地位，标志着创新驱动作为一项基本国策，在新时代我国发展的行程上，将发挥越来越显著的战略支撑作用。

2017年11月8日，国家税务总局颁布《关于研发费用税前加计扣除归集范围有关问题的公告》（国家税务总局公告2017年第40号）对研究开发费用税前加计扣除归集范围进一步规范、细化，扩大研究开发开发费用税前加计扣除的归集范围，更加强调可加计扣除的研发费用与研发活动的直接相关性。

2018年4月25日，国家税务总局发布《关于发布修订后的〈企业所得税优惠政策事项办理办法〉的公告》（国家税务总局公告2018年第23号），企业享受加计扣除税收优惠政策采取“自行判别、申报享受、相关资料留存备查”的办理方式，进一步降低了企业享受优惠的门槛。

二、2017年度研究开发费用税前加计扣除税收优惠政策介绍

科教兴国的发展战略这在我国税收政策上有充分体现。自我国提出科教兴国以来，研究开发费用加计扣除的范围、内容越来越多，申报、备案操作越来越简便。2015年《关于完善研究开发费用税前加计扣除政策的通知》（财税〔2015〕119号）和《关于企业研究开发费用税前加计扣除政策有关问题的公告》（国家税务总局公告2015年第97号）、2017年《国家税务总局关于研发费用税前加计扣除归集范围有关问题的公告》（国家税务总局公告2017年第40号），构成了我国研究开发费用税前加计扣除的规范归集指南，适用于2017及以后年度汇算清缴。

以上文件从研发形式，研究开发费用加计扣除税收政策内容围绕在可加计扣除的研究开发活动、研究开发活动费用、研究开发形式，加计扣除税收优惠享受申报、备案，核算规范、异议处理等方面做出了详细的规范规定。

（一）研发活动与加计扣除

1. 我国税法规定的研发活动。

不同领域对研发活动的界定各有不同，目前我国税收领域上对研发活动定义为：指企业为获得科学与技术新知识，创造性运用科学技术新知识，或实质性改进技术、产品（服务）、工艺而持续进行的具有明确目标的系统性活动。

从研发活动的本质进行探究，R&D活动的目的是探索和完善知识和技术、或探索知识和技术的新的应用（包括获得新知识、寻求新方法和技术，或将它们投入新的应用），具有创造性和新颖性，常常导致新的发现或发明，对预定目标的实现往往存在技术上的不确定性；非R&D活动只涉及技术的一般性应用或是一些常规性活动，不具有创造性和新颖性。在统计实践中，区分一项有计划的活动是否是研究与试验发展，主要是根据活动的性质或特点以及开展此项活动的直接目的或具体理由来进行判断。目前，

我国税法中将企业为获得创新性、创意性、突破性的产品进行创意设计活动而发生的相关费用，亦归为可按照规定进行税前加计扣除的范围［对创意设计活动定义为：指多媒体软件、动漫游戏软件开发，数字动漫、游戏设计制作；房屋建筑工程设计（绿色建筑评价标准为三星）、风景园林工程专项设计；工业设计、多媒体设计、动漫及衍生产品设计、模型设计等］。

综上，目前一般的知识性、技术性活动排除在税法规定的研发活动，如：企业产品（服务）的常规性升级；某项科研成果的直接应用，如直接采用公开的新工艺、材料、装置、产品、服务或知识等；企业在商品化后为顾客提供的技术支持活动；对现存产品、服务、技术、材料或工艺流程进行的重复或简单改变；市场调查研究、效率调查或管理研究；作为工业（服务）流程环节或常规的质量控制、测试分析、维修维护；社会科学、艺术或人文学方面的研究。

烟草制造业、住宿和餐饮业、批发和零售业、房地产业、租赁和商务服务业、娱乐业及财政部和国家税务总局规定的其他行业［上述行业以《国民经济行业分类与代码（GB/4754—2011）》为准，并随之更新］，也不在我国税法规定的研究开发费用加计扣除政策适用范围内。

2. 研发费用加计扣除。

我国税法规定，企业开展研发活动中实际发生的研发费用形成无形资产的，其资本化的时点与会计处理保持一致。根据《企业会计准则第 6 号——无形资产》及其应用指南（2006 年版）：企业内部研究开发项目的支出，应当区分研究阶段支出与开发阶段支出，并应当于发生时计入当期损益。企业应当根据研究与开发的实际情况加以判断，将研究开发项目区分为研究阶段与开发阶段。

加计扣除是企业所得税的一种税基式税收优惠，一般是指按照税法规定在实际发生支出数额的基础上，再加成一定比例，作为计算应纳税所得额时的扣除数额。如对企业的研发支出实施加计扣除，则称之为研发费用加计扣除。按照现行政策规定，企业发生研发费用未形成无形资产计入当期损益的，在按照规定据实扣除的基础上，另加成 50% 单独扣除；形成无形资产的，税前扣除的无形资产摊销金额按照无形资产成本的 150% 计算。对于科技型中小企业而言，以上加计扣除比例为 75%。

（二）研发开发形式

我国税收相关规定中，根据企业进行研发的形式不同，将研究开发活动研分为自主研发、委托研发、合作研发、集中研发四种形式，不同类型的研发活动对研发费用加计扣除和归集的要求不尽相同。

1. 自主研发，是指企业依靠自己的资源、技术、人力，依靠自己的意志，独立研究，并在研发项目的主要方面拥有独立的知识产权。自主研发发生的研发费用符合以上文件的规定即可 100% 作为加计扣除的基数。

2. 委托研发，是指被委托人基于他人委托而开发的项目。委托人以支付报酬的形式获得被委托人的研发成果的所有权或使用权。

（1）根据受托方来源可区分为境内受托企业和个人、境外受托企业和个人，企业委托境外研发所发生的费用不得加计扣除。境外机构是指依照外国和地区（含港澳台）法律成立的企业和其他取得收入的组织，境外个人是指外籍（含港澳台）个人。

（2）企业委托境内外部机构和个人开展研发活动的，受托方不得进行加计扣除，委托方实际发生并支付给受托方的费用可按照实际发生额的80%作为加计扣除基数，对应的费用应取得发票等合法有效凭证。

（3）根据受托方与委托方的关系又将受托方区分为委托方的非关联方和关联方，委托方委托关联方开展研发活动的，受托方需向委托方提供研发过程中实际发生的研发项目费用支出明细情况。

3. 合作研发，是指立项企业通过契约的形式与其他企业共同对项目的某一关键领域分别投入资金、技术、人力，共同参与产生智力成果的创作活动，共同完成研发项目。企业共同合作开发的项目，由合作各方就自身实际承担的研发费用分别计算加计扣除。

4. 集中研发，是指集团企业根据生产经营和科技开发的实际情况，对技术要求高、投资数额大，单个企业难以独立承担，或者研发力量集中在集团公司、由其统筹管理集团研发活动的研发项目进行集中研发。集中研发实际发生的研发费用，可以按照权利和义务相一致、费用支出和收益分享相配比的原则，合理确定研发费用的分摊方法，在受益成员企业间进行分摊，由相关成员企业分别计算加计扣除。

（三）研发开发可加计扣除费用归集范围

目前，可加计扣除的研究开发费用归集范围包括六大类，为：人员人工费用、直接投入费用、折旧费用、无形资产摊销费用，新产品设计费、新工艺规程制定费、新药研制的临床试验费、勘探开发技术的现场试验费，其他相关费用，费用归集、扣除的基本要求是与开展的研发活动是直接相关的。

1. 人员人工费用。

直接从事研发活动人员实际发生的、与研发活动相关的费用应归集至加计扣除人员人工费，费用区分归集主要从人员本身和费用范围两方面进行区分。

（1）从事研发活动的人员从来源上分为本单位职工和外聘人员、劳务派遣人员；按照研发人员负责的工作主要内容区分为研究人员、技术人员和辅助人员。

外聘研发人员包括与本企业或劳务派遣企业签订劳务用工协议（合同）和临时聘用的研究人员、技术人员、辅助人员。研究人员是指主要从事研究开发项目的专业人员；技术人员是指具有工程技术、自然科学和生命科学中一个或一个以上领域的技术知识和经验，在研究人员指导下参与研发工作的人员；辅助人员是指参与研究开发活动的技工。

（2）归集人员费用种类包括直接从事研发活动人员的工资薪金、基本养老保险费、基本医疗保险费、失业保险费、工伤保险费、生育保险费和住房公积金，以及外聘研发人员的劳务费用可计入研发费用范围。接受劳务派遣的企业按照协议（合同）约定支付给劳务派遣企业，且由劳务派遣企业实际支付给外聘研发人员的工资薪金等费用，属于外聘研发人员的劳务费用。

2. 直接投入费用。

研发活动中直接投入、支出的相关费用，可大致分为必要的直接性费用支出和相关资产运行所必须的花费。必要的直接性费用支出包括：研发活动直接消耗的材料、燃料和动力费用；用于中间试验和产品试制的模具、工艺装备开发及制造费，不构成固定资产的样品、样机及一般测试手段购置费，试制产品的检验费；相关资产运行所必须的花费包括：用于研发活动的仪器、设备（自有或经营租赁租入）的运行维护、调整、检验、维修等费用。

经营租赁租入的相关资产如同时用于其他活动的，应明确区分用于研发活动部分金额，与研发活动相关的租赁费可归集入可加计扣除的研发费用。企业应对其仪器设备使用情况做必要记录，并将其实际发生的租赁费按实际工时占比等合理方法在研发费用和生产经营费用间分配，未分配部分不得加计扣除。

若企业研发活动直接形成产品或作为组成部分形成的产品对外销售的，研发费用中对应的材料费用不得加计扣除。

3. 折旧费用。

折旧资产：用于研发活动的仪器、设备

折旧金额：企业所得税税前扣除的部分

用于研发活动的仪器、设备，同时用于非研发活动的，企业应对其仪器设备使用情况做必要记录，并将其实际发生的折旧费按实际工时占比等合理方法在研发费用和生产经营费用间分配，未分配的不得加计扣除。

企业用于研发活动的仪器、设备，符合税法规定且选择加速折旧优惠政策的，在享受研发费用税前加计扣除政策时，就税前扣除的折旧部分计算加计扣除。

4、无形资产摊销

摊销无形资产：用于研发活动的软件、专利权、非专利技术（包括许可证、专有技术、设计和计算方法等）

摊销金额：企业所得税税前扣除的部分

用于研发活动的无形资产，同时用于非研发活动的，企业应对其无形资产使用情况做必要记录，并将其实际发生的摊销费按实际工时占比等合理方法在研发费用和生产经营费用间分配，未分配的不得加计扣除。

用于研发活动的无形资产，符合税法规定且选择缩短摊销年限的，在享受研发费用税前加计扣除政策时，就税前扣除的摊销部分计算加计扣除。

5. 新产品设计、新工艺规程制定、新药研制的临床试验、勘探开发技术的现场试验过程中发生的与开展该项活动有关的各类费用。

6. 直接相关的其他费用。

技术图书资料费、资料翻译费、专家咨询费、高新科技研发保险费，研发成果的检索、分析、评议、论证、鉴定、评审、评估、验收费用，知识产权的申请费、注册费、代理费，差旅费、会议费，职工福利费、补充养老保险费、补充医疗保险费。

费用总额不得超过可加计扣除研发费用总额的10%。

7. 财政部和国家税务总局规定的其他费用。

（四）加计扣除研发费用归集注意事项

1. 研发费用加计扣除适用于会计核算健全、实行查账征收并能够准确归集研发费用的居民企业，企业研发费用各项目的实际发生额归集不准确、汇总额计算不准确的，税务机关有权对其税前扣除额或加计扣除额进行合理调整。

2. 失败的研发活动所发生的研发费用可享受税前加计扣除政策。

3. 自2016年1月1日起，企业申报享受研发费用加计扣除优惠，无需事前通过科技部门鉴定。企业自主研发的项目，需经过企业有权部门审核立项。

4. 归集单位。企业在一个纳税年度内进行多项研发活动的，应按照不同研发项目分别归集可加计扣除的研发费用。

5. 财政性资金。企业取得的政府补助，会计处理时采用直接冲减研发费用方法且税务处理时未将其确认为应税收入的，应按冲减后的余额计算加计扣除金额。企业取得作为不征税收入处理的财政性资金用于研发活动所形成的费用或无形资产，不得计算加计扣除或摊销。

6. 研发过程中形成的下脚料、残次品、中间试制品等取得的特殊收入，在计算确认收入当年的加计扣除研发费用时，应从已归集研发费用中扣减该特殊收入，不足扣减的，加计扣除研发费用按零计算。

7. 已计入无形资产但不属于文件规定中允许加计扣除研发费用范围的，企业摊销时不得计算加计扣除。

8. 不允许加计扣除的费用。法律、行政法规和国务院财税主管部门规定不允许企业所得税前扣除的费用和支出项目不得计算加计扣除。

（五）研发费用加计扣除税收优惠和后续管理

根据《国家税务总局关于发布修订后的〈企业所得税优惠政策事项办理办法〉的公告》（国家税务总局公告2018年第23号）规定，企业享受优惠事项采取“自行判别、申报享受、相关资料留存备查”的办理方式。企业应当根据经营情况以及相关税收规定自行判断是否符合优惠事项规定的条件，符合条件的可以按照《目录》列示的时间自行计算减免税额，并通过填报企业所得税纳税申报表享受税收优惠。同时，按照本办法的规定归集和留存相关资料备查。

企业年度纳税申报时，根据研发支出辅助账汇总表填报研发项目可加计扣除研发费用情况归集表，在年度纳税申报时随申报表一并报送。企业应并将下列资料留存备查。

1. 自主、委托、合作研究开发项目计划书和企业有权部门关于自主、委托、合作研究开发项目立项的决议文件。

2. 自主、委托、合作研究开发专门机构或项目组的编制情况和研发人员名单。

3. 经科技行政主管部门登记的委托、合作研究开发项目的合同。

4. 从事研发活动的人员和用于研发活动的仪器、设备、无形资产的费用分配说明（包括工作使用情况记录）。

5. 集中研发项目研发费决算表、集中研发项目费用分摊明细情况表和实际分享收益比例等资料。

6. 研发支出辅助账。

7. 企业如果已取得地市级（含）以上科技行政主管部门出具的鉴定意见，应作为资料留存备查。

8. 省税务机关规定的其他资料。

税务机关应加强对享受研发费用加计扣除优惠企业的后续管理和监督检查。每年汇算清缴期结束后应开展核查，核查比例不得低于享受该优惠企业户数的20%。省级税务机关可根据实际情况制订具体核查办法或工作措施。

税务机关对企业享受加计扣除优惠的研发项目有异议的，可以转请地市级（含）以上科技行政主管部门出具鉴定意见，科技部门应及时回复意见。企业承担省部级（含）以上科研项目的，以及以前年度已鉴定的跨年度研发项目，不再需要鉴定。企业符合研发费用加计扣除条件而在2016年1月1日以后未及时享受该项税收优惠的，可以追溯享受并履行备案手续，追溯期限最长为3年。

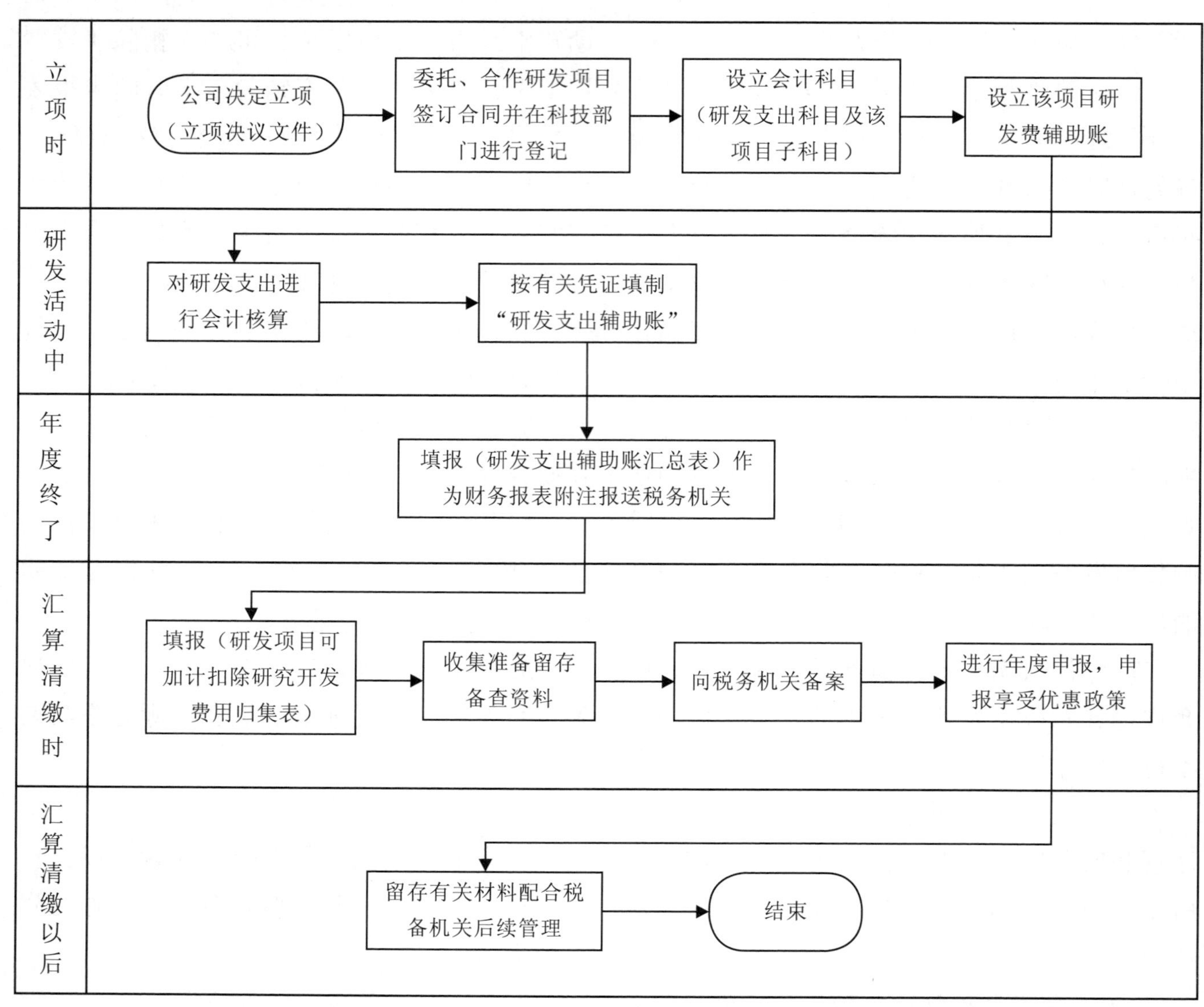

图20－1 享受研发费加计扣除政策基本流程

三、2017年研发费用加计扣除政策新亮点

2017年之前，我国发布的研发支出加计扣除税收优惠主要有《关于提高科技型中小企业研究开发费用税前加计扣除比例的通知》（财税〔2017〕34号）、《关于提高科技型中小企业研究开发费用税前加计扣除比例有关问题的公告》（国家税务总局公告2017年第18号）、《关于进一步做好企业研发费用加计扣除政策落实工作的通知》（国科发政〔2017〕211号）、《关于研发费用税前加计扣除归集范围有关问题的公告》（国家税务总局公告2017年第40号）四个文件，主要的政策变化点有如下几点。

1. 加大对科技型中小企业研发活动支持

力度。科技型中小企业开展研发活动中实际发生的研发费用，未形成无形资产计入当期损益的，在按规定据实扣除的基础上，在 2017 年 1 月 1 日至 2019 年 12 月 31 日期间，再按照实际发生额的 75% 在税前加计扣除；形成无形资产的，在上述期间按照无形资产成本的 175% 在税前摊销。

2. 归集内容更加强调直接相关原则，研发费用与研发活动相匹配，人员、设备等若非存在同时用于非研发活动的情况，企业应对其仪器设备使用情况做必要记录，并将其实际发生的费用按实际工时占比等合理方法在研发费用和生产经营费用间分配，未分配的不得加计扣除。

3. 加速折旧税收优惠与研发费用加计扣除税收优惠政策可叠加使用。2017 年度相关文件确定可归集至加计扣除研发费用中的资产折旧和摊销金额，享受加速折旧的可按照企业所得税税前扣除金额归集。

4. 进一步扩大可归集至加计扣除研发费用的范围，2017 年在人员人工费用中新增劳务派遣科研人员费用和股权激励支出，其他相关费用中增加了职工福利费、补充养老保险和补充医疗保险费用支出。

5. 进一步简化税收优惠享受手续，研发费用加计扣除税收优惠事项属于“自行判别、申报享受、相关资料留存备查”优惠事项，不再实行备案管理，由企业自行判断符合相关规定后自主申报享受，并根据规定留存备查相关资料。

2017 年年后研发支出加计扣除政策具体变化如表 20–1 所示。

表 20 – 1　　研发支出加计扣除政策对比表

项目		加计扣除（旧政策）	加计扣除（新政策）	新旧政策对比
法规依据		财政部国家税务总局科技部关于完善研究开发费用税前加计扣除政策的通知	国家税务总局关于研发费用税前加计扣除归集范围有关问题的公告	
		财税〔2015〕119 号	国家税务总局公告 2017 年第 40 号	
研发活动范围		为企业为获得科学与技术新知识，创造性运用科学技术新知识，或实质性改进技术、产品（服务）、工艺而持续进行的具有明确目标的系统性活动 下列活动不适用税前加计扣除政策 （1）企业产品（服务）的常规性升级 （2）对某项科研成果的直接应用，如直接采用公开的新工艺、材料、装置、产品、服务或知识等 （3）企业在商品化后为顾客提供的技术支持活动 （4）对现存产品、服务、技术、材料或工艺流程进行的重复或简单改变		

续表

项目		加计扣除（旧政策）	加计扣除（新政策）	新旧政策对比
研发活动范围		（5）市场调查研究、效率调查或管理研究 （6）作为工业（服务）流程环节或常规的质量控制、测试分析、维修维护 （7）社会科学、艺术或人文学方面的研究		
研发费加计扣除范围	1. 人员人工费用	直接从事研发活动人员的工资薪金、基本养老保险费、基本医疗保险费、失业保险费、工伤保险费、生育保险费和住房公积金，以及外聘研发人员的劳务费用。	指直接从事研发活动人员的工资薪金、基本养老保险费、基本医疗保险费、失业保险费、工伤保险费、生育保险费和住房公积金，以及外聘研发人员的劳务费用。 （1）直接从事研发活动人员包括研究人员、技术人员、辅助人员。研究人员是指主要从事研究开发项目的专业人员；技术人员是指具有工程技术、自然科学和生命科学中一个或一个以上领域的技术知识和经验，在研究人员指导下参与研发工作的人员；辅助人员是指参与研究开发活动的技工。外聘研发人员是指与本企业或劳务派遣企业签订劳务用工协议（合同）和临时聘用的研究人员、技术人员、辅助人员 接受劳务派遣的企业按照协议（合同）约定支付给劳务派遣企业，且由劳务派遣企业实际支付给外聘研发人员的工资薪金等费用，属于外聘研发人员的劳务费用 （2）工资薪金包括按规定可以在税前扣除的对研发人员股权激励的支出 （3）直接从事研发活动的人员、外聘研发人员同时从事非研发活动的，企业应对其人员活动情况做必要记录，并将其实际发生的相关费用按实际工时占比等合理方法在研发费用和生产经营费用间分配，未分配的不得加计扣除	（1）强调归集的研发费用与研发活动直接相关性和匹配性 （2）从职工内部种类明确了从事研发活动人员种类 （3）明确外聘研发人员具体规定 （4）增加了劳务派遣人员费用扣除规定 （5）增加了股权激励支出
研发费加计扣除范围	2. 直接投入费用	（1）研发活动直接消耗的材料、燃料和动力费用 （2）用于中间试验和产品试制的模具、工艺装备开发及制造费，不构成固定资产的样品、样机及一般测试手段购置费，试制产品的检验费 （3）用于研发活动的仪器、设备的运行维护、调整、检验、维修等费用，以及通过经营租赁方式租入的用于研发活动的仪器、设备租赁费	研发活动直接消耗的材料、燃料和动力费用；用于中间试验和产品试制的模具、工艺装备开发及制造费，不构成固定资产的样品、样机及一般测试手段购置费，试制产品的检验费；用于研发活动的仪器、设备的运行维护、调整、检验、维修等费用，以及通过经营租赁方式租入的用于研发活动的仪器、设备租赁费 （1）以经营租赁方式租入的用于研发活动的仪器、设备，同时用于非研发活动的，企业应对其仪器设备使用情况做必要记录，并将其实际发生的租赁费按实际工时占比等合理方法在研发费用和生产经营费用间分配，未分配的不得加计扣除 （2）企业研发活动直接形成产品或作为组成部分形成的产品对外销售的，研发费用中对应的材料费用不得加计扣除 产品销售与对应的材料费用发生在不同纳税年度且材料费用已计入研发费用的，可在销售当年以对应的材料费用发生额直接冲减当年的研发费用，不足冲减的，结转以后年度继续冲减	（1）强调归集的研发费用与研发活动直接相关性和匹配性 （2）经营租入资产研发活动与非研发活动租赁费的必要记录和分配 （3）增加了销售研发活动中产品对应该部分费用处理

续表

项目		加计扣除（旧政策）	加计扣除（新政策）	新旧政策对比
研发费加计扣除范围	3. 折旧费用	用于研发活动的仪器、设备的折旧费	用于研发活动的仪器、设备的折旧费 （1）用于研发活动的仪器、设备，同时用于非研发活动的，企业应对其仪器设备使用情况做必要记录，并将其实际发生的折旧费按实际工时占比等合理方法在研发费用和生产经营费用间分配，未分配的不得加计扣除 （2）企业用于研发活动的仪器、设备，符合税法规定且选择加速折旧优惠政策的，在享受研发费用税前加计扣除政策时，就税前扣除的折旧部分计算加计扣除	（1）强调归集的研发费用与研发活动直接相关性和匹配性 （2）资产研发活动与非研发活动租赁费的必要记录和分配
	4. 无形资产摊销	用于研发活动的软件、专利权、非专利技术（包括许可证、专有技术、设计和计算方法等）的摊销费用	用于研发活动的软件、专利权、非专利技术（包括许可证、专有技术、设计和计算方法等）的摊销费用 （1）用于研发活动的无形资产，同时用于非研发活动的，企业应对其无形资产使用情况做必要记录，并将其实际发生的摊销费按实际工时占比等合理方法在研发费用和生产经营费用间分配，未分配的不得加计扣除 （2）用于研发活动的无形资产，符合税法规定且选择缩短摊销年限的，在享受研发费用税前加计扣除政策时，就税前扣除的摊销部分计算加计扣除	（1）强调归集的研发费用与研发活动直接相关性和匹配性 （2）资产研发活动与非研发活动租赁费的必要记录和分配
	5. 新产品设计费、新工艺规程制定费、新药研制的临床试验费、勘探开发技术的现场试验费	新产品设计费、新工艺规程制定费、新药研制的临床试验费、勘探开发技术的现场试验费	新产品设计费、新工艺规程制定费、新药研制的临床试验费、勘探开发技术的现场试验费 指企业在新产品设计、新工艺规程制定、新药研制的临床试验、勘探开发技术的现场试验过程中发生的与开展该项活动有关的各类费用	强调归集的研发费用应与研发活动的开展具有相关性
	6. 其他相关费用	与研发活动直接相关的其他费用，如技术图书资料费、资料翻译费、专家咨询费、高新科技研发保险费，研发成果的检索、分析、评议、论证、鉴定、评审、评估、验收费用，知识产权的申请费、注册费、代理费，差旅费、会议费等。此项费用总额不得超过可加计扣除研发费用总额的 10%	指与研发活动直接相关的其他费用，如技术图书资料费、资料翻译费、专家咨询费、高新科技研发保险费，研发成果的检索、分析、评议、论证、鉴定、评审、评估、验收费用，知识产权的申请费、注册费、代理费，差旅费、会议费，职工福利费、补充养老保险费、补充医疗保险费。此类费用总额不得超过可加计扣除研发费用总额的 10%	增加了职工福利费、补充养老保险和补充医疗保险
	7. 财政部和国家税务总局规定的其他费用			

续表

项目		加计扣除（旧政策）	加计扣除（新政策）	新旧政策对比
外部研发费	1. 委托研发	（1）委托外部机构或个人发生的研发费用，按照费用实际发生额的 80% 计算加计扣除，受托方不得再进行加计扣除 （2）委托关联方研发，受托方应向委托方提供研发项目费用支出明细情况 （3）委托境外机构或个人发生的研发费不得加计扣除		
	2. 合作开发	企业共同合作开发的项目，由合作各方就自身实际承担的研发费用分别计算加计扣除		
	3. 集团集中研发	企业集团集中研发的项目，其实际发生的研发费用，可以在受益成员企业间进行合理分摊，由相关成员企业分别计算加计扣除		
不得加计扣除的行业		（1）烟草制造业 （2）住宿和餐饮业 （3）批发和零售业 （4）房地产业 （5）租赁和商务服务业 （6）娱乐业 （7）财政部和国家税务总局规定的其他行业		
会计核算		对享受加计扣除的研发费用按研发项目设置辅助账		
申报、备查资料		（1）企业年度纳税申报时，根据研发支出辅助账汇总表填报研发项目可加计扣除研发费用情况归集表，在年度纳税申报时随申报表一并报送 （2）研发费用加计扣除实行备案管理，除“备案资料”和“主要留存备查资料”按照本公告规定执行外，其他备案管理要求按照《国家税务总局关于发布〈企业所得税优惠政策事项办理办法〉的公告》（国家税务总局公告 2015 年第 76 号）的规定执行 （3）企业应当不迟于年度汇算清缴纳税申报时，向税务机关报送《企业所得税优惠事项备案表》和研发项目文件完成备案，并将下列资料留存备查		

续表

项目		加计扣除（旧政策）	加计扣除（新政策）	新旧政策对比
申报、备查资料		（1）自主、委托、合作研究开发项目计划书和企业有权部门关于自主、委托、合作研究开发项目立项的决议文件 （2）自主、委托、合作研究开发专门机构或项目组的编制情况和研发人员名单 （3）经科技行政主管部门登记的委托、合作研究开发项目的合同 （4）从事研发活动的人员和用于研发活动的仪器、设备、无形资产的费用分配说明（包括工作使用情况记录） （5）集中研发项目研发费决算表、集中研发项目费用分摊明细情况表和实际分享收益比例等资料 （6）“研发支出”辅助账 （7）企业如果已取得地市级（含）以上科技行政主管部门出具的鉴定意见，应作为资料留存备查 （8）省税务机关规定的其他资料		
异议处理		税务机关对企业享受加计扣除优惠的研发项目有异议的，可以转请地市级（含）以上科技行政主管部门出具鉴定意见，科技部门应及时回复意见。企业承担省部级（含）以上科研项目的，以及以前年度已鉴定的跨年度研发项目，不再需要鉴定		
其他事项			（1）企业取得的政府补助，会计处理时采用直接冲减研发费用方法且税务处理时未将其确认为应税收入的，应按冲减后的余额计算加计扣除金额。 （2）企业取得研发过程中形成的下脚料、残次品、中间试制品等特殊收入，在计算确认收入当年的加计扣除研发费用时，应从已归集研发费用中扣减该特殊收入，不足扣减的，加计扣除研发费用按零计算。 （3）企业开展研发活动中实际发生的研发费用形成无形资产的，其资本化的时点与会计处理保持一致 （4）失败的研发活动所发生的研发费用可享受税前加计扣除政策。 （5）国家税务总局公告 2015 年第 97 号第三条所称“研发活动发生费用”是指委托方实际支付给受托方的费用。无论委托方是否享受研发费用税前加计扣除政策，受托方均不得加计扣除 委托方委托关联方开展研发活动的，受托方需向委托方提供研发过程中实际发生的研发项目费用支出明细情况	新增内容
执行时间		本通知自 2016 年 1 月 1 日起执行	本公告适用于 2017 年度及以后年度汇算清缴	

三、上市公司研发费用支出分析

企业内部研究开发项目的支出，应当区分研究阶段支出与开发阶段支出。研究是指为获取并理解新的科学或技术知识而进行的独创性的有计划调查。开发是指在进行商业性生产或使用前，将研究成果或其他知识应用于某项计划或设计，以生产出新的或具有实质性改进的材料、装置、产品等。企业内部研究开发项目研究阶段的支出，应予以费用化，于发生时计入当期损益；企业的开发活动同时符合会计准则中规定确定无形资产标准的，可予以资本化。

我国“十二五”规划确定的R&D与国内生产总值之比发展目标是2.2%，2016年度中共中央国务院印发《国家创新驱动发展战略纲要》中提出到2020年我国进入创新型国家行列科技进步贡献率提高到60%以上，知识密集型服务业增加值占国内生产总值的20%，研究与试验发展（R&D）经费支出占国内生产总值比重达到2.5%。

国家统计局的数据显示，2014年全国R&D经费总量为13015.63亿元，研发经费投入强度（研发经费与国内生产总值之比）为2.02%；2015年全国R&D经费总量为14169.9亿元，研发经费投入强度2.06%，2016年全国R&D经费总量为15676.7亿元，研发经费投入强度2.11%；根据科技综合统计年快报初步测算，2017年我国研发经费投入总量为17500亿元，研发经费投入强度2.12%，较上年提高0.01个百分点，从全球来看，中国研发经费投入总量目前仅次于美国，居世界第二位。

我们选取2014~2017年度上市公司财务报表附注披露的研究开发费用信息，按照证监会行业分类，对A股上市公司研发费用支出情况进行占比分析，以反映我国A股上市公司研发支出情况。

根据财务报表附注中披露信息，剔除ST企业，2017年全部A股上市公司研发费

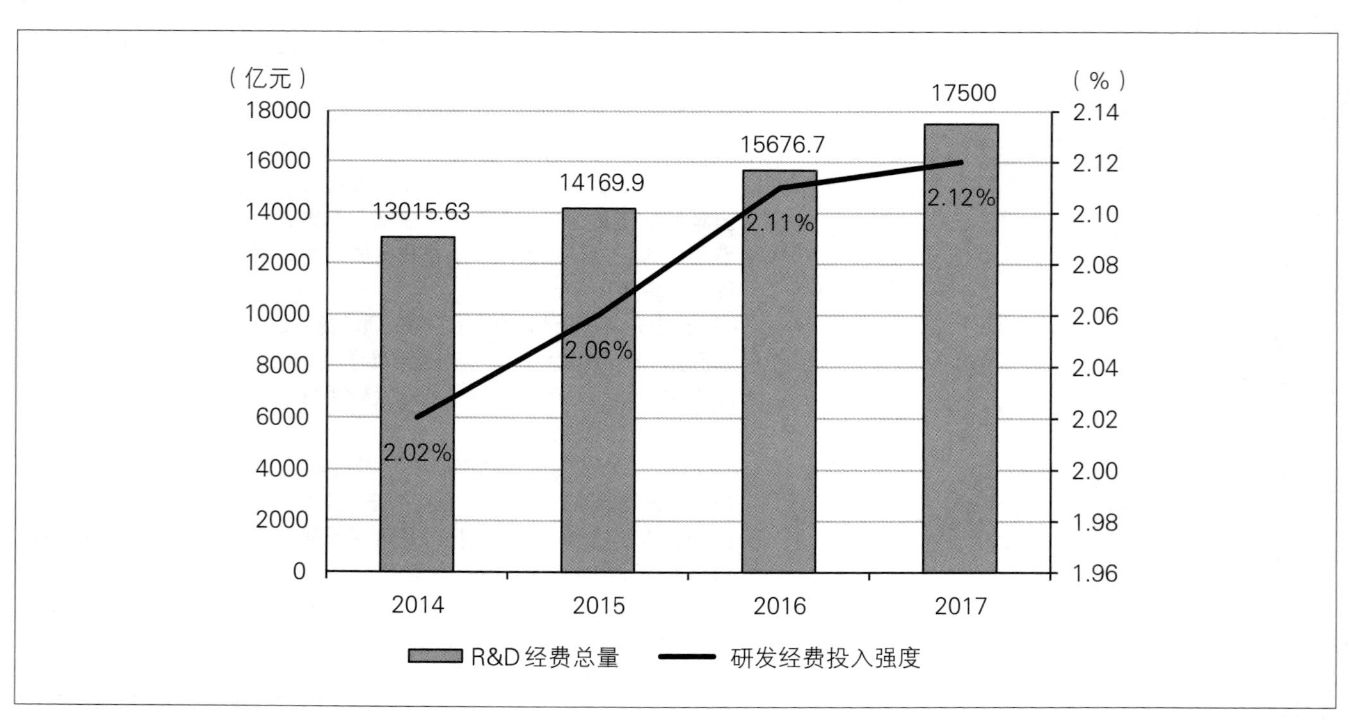

图20－2 2014~2017年度研发经费投入情况

用总支出51956985.7817万元，2940家A股上市公司中537家未发生研发支出，占全部A股上市公司18.27%。2016年全部A股上市公司研发费用总支出31479656.09万元，2703家A股上市公司中1150家未发生研发支出，占全部A股上市公司42.55%。2015年全部A股上市公司研发费用总支出34547064.89万元，2704家A股上市公司中1544家未发生研发支出，占全部A股上市公司57.12%。2014年全部A股上市公司研发费用总支出21229869.69万元，2704家A股上市公司中1544家未发生研发支出，占全部A股上市公司57.12%。

表20－2　2014~2017年度上市公司研发支出情况表

年份	总量	发生研发支出	发生占比（%）	未发生研发支出	未发生占比（%）
2014	2704	1160	42.90	1544	57.10
2015	2704	1160	42.90	1544	57.10
2016	2703	1553	57.45	1150	42.55
2017	2940	2403	81.73	537	18.27

（一）研发费用构成分析

根据年报披露信息，2017年度研发支出中41890142.9126万元费用化处理，5251766.7082万元资本化处理，研发支出费用化率80.62%，资本化率10.11%。2016年度研发支出中26236789.52万元费用化处理，3031765.68万元资本化处理，研发支出费用化率83.35%，资本化率9.63%。2015年度研发支出金额中30486279.17万元费用化，3287129.34万元资本化，研发

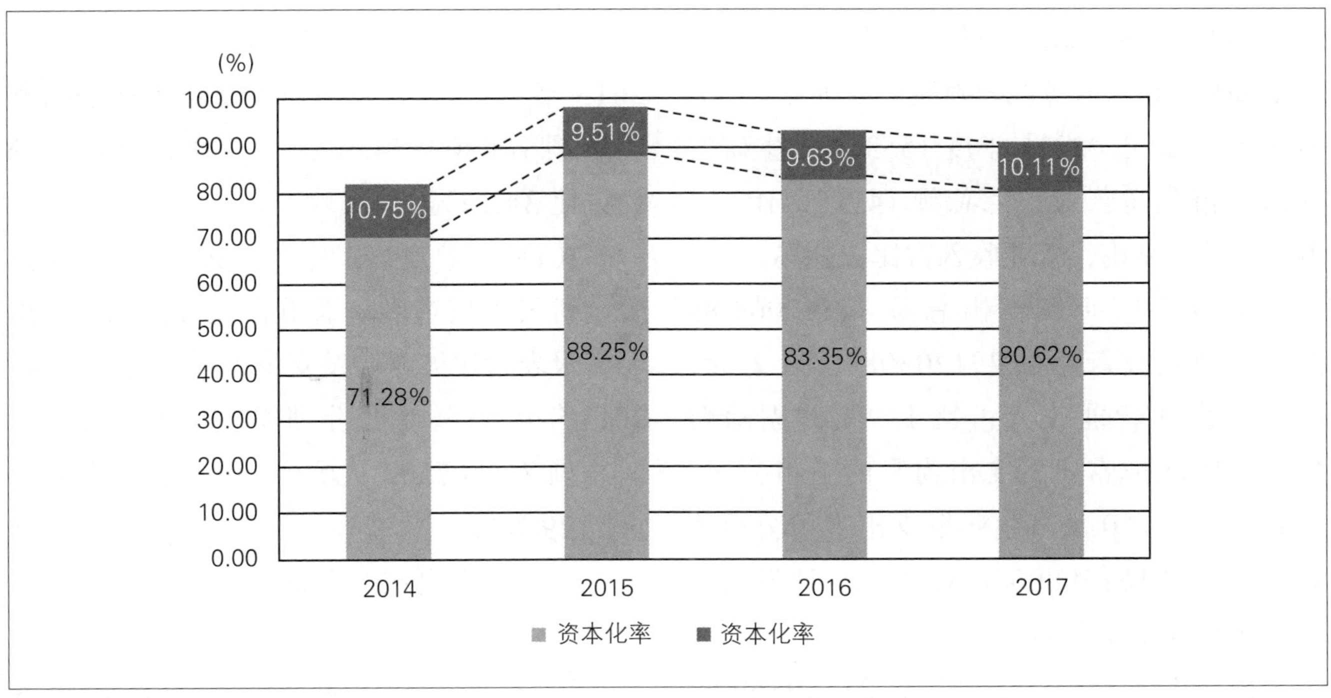

图20－3　2014~2017年度研发支出资本化率与费用化率情况

支出费用化率88.25%，资本化率9.51%%。2014年研发支出金额中15133662.43万元费用化，2282440.03万元资本化，研发支出费用化率71.28%，资本化率10.75%。A股上市公司研发支出中费用化比率连续三年在80%以上。

（二）研发支出占比分析

我们计算了研发支出在营业总收入、利润总额、经营活动现金流入、经营活动现金流出中占比情况，以对A股上市公司研发支出有初步了解。

1. 研发支出在营业收入占比。

2017年度A股上市公司研发支出总额51956985.7817万元，营业收入总额3811567998.61万元，研发支出在营业收入占比1.36%。剔除财务报表附注披露研发支出为零的上市公司，2017年度2403家发生研发支出上市公司营业收入总额2283762474.27万元，研发支出在营业收入占比0.23%。

2016年度A股上市公司研发支出总额31479656.09万元，营业收入总额3139347236.79万元，研发支出在营业收入占比1.00%。剔除财务报表附注披露研发支出为零的上市公司，2016年度1553家发生研发支出上市公司营业收入总额1417516102.71万元，研发支出在营业收入占比2.22%。

2015年度研发支出总额34547064.89万元，营业收入总额2912030896.83万元，研发支出在营业收入占比1.19%。剔除财务报表附注披露研发支出为零的上市公司，2015年度1160家发生研发支出上市公司营业收入总额1615080080.82万元，研发支出在营业收入占比2.14%。

2014年度研发支出总额21229869.69万元，营业收入总额2868324153.67万元，研发支出在营业收入占比0.74%。剔除财务报表附注披露研发支出为零的上市公司，2014年度1160家发生研发支出上市公司营业收入总额1141383745.03万元，研发支出在营业收入占比1.86%。

2. 研发支出在利润总额占比。

2017年度利润总额445064246.65万元，研发支出在利润总额占比11.67%。剔除财务报表附注披露研发支出为零的上市公司，2017年度2403家发生研发支出上市公司利润总额181071953.16万元，研发支出在利润占比2.90%。

2016年度利润总额368395683.95万元，研发支出在利润总额占比8.55%。剔除财务报表附注披露研发支出为零的上市公司，2016年度1553家发生研发支出上市公司利润总额99453998.03万元，研发支出在利润占比31.65%。

2015年度利润总额350027833.32万元，研发支出在利润总额占比9.87%。剔除财务报表附注披露研发支出为零的上市公司，2015年度1160家发生研发支出上市公司利润总额100802154.66万元，研发支出在利润占比34.27%。

2014年度利润总额339292951.89万元，研发支出在利润总额占比6.26%。剔除财务报表附注披露研发支出为零的上市公司，2014年度1160家发生研发支出上市公司利润总额71490750.21万元，研发支出在利润占比29.70%。

3. 研发支出在经营活动产生的现金流入占比。

2017年度经营活动产生的现金流入

5451782980.96 万元，研发支出在经营活动产生的现金流入占比 0.10%。剔除财务报表附注披露研发支出为零的上市公司，2017 年度 2403 家发生研发支出上市公司经营活动产生的现金流入 2412229744.93 万元，研发支出在经营活动产生的现金流入占比 0.22%。

2016 年度经营活动产生的现金流入 5109316479.79 万元，研发支出在经营活动产生的现金流入占比 0.62%。剔除财务报表附注披露研发支出为零的上市公司，2016 年度 1553 家发生研发支出上市公司经营活动产生的现金流入 1525135411.85 万元，研发支出在经营活动产生的现金流入占比 2.06%。

2015 年度经营活动产生的现金流入 4638406664.72 万元，研发支出在经营活动产生的现金流入占比 0.74%。剔除财务报表附注披露研发支出为零的上市公司，2015 年度 1160 家发生研发支出上市公司经营活动产生的现金流入 1758166211.45 万元，研发支出在经营活动产生的现金流入占比 1.96%。

2014 年度经营活动产生的现金流入 4316575109.05 万元，研发支出在经营活动产生的现金流入占比 0.49%。剔除财务报表附注披露研发支出为零的上市公司，2014 年度 1160 家发生研发支出上市公司经营活动产生的现金流入 1197444302.58 万元，研发支出在经营活动产生的现金流入占比 1.77%。

4. 研发支出在经营活动产生的现金流出占比。

2017 年度经营活动产生的现金流出 5124541774.33 万元，研发支出在经营活动产生的现金流出占比 1.01%。剔除财务报表附注披露研发支出为零的上市公司，2017 年度 2403 家发生研发支出上市公司经营活动产生的现金流出 2285498642.63 万元，研发支出在经营活动产生的现金流出占比 0.23%。

2016 年度经营活动产生的现金流出 4416663597.74 万元，研发支出在经营活动产生的现金流出占比 4.54%。剔除财务报表附注披露研发支出为零的上市公司，2016 年度 1553 家发生研发支出上市公司经营活动产生的现金流出 1378460526.25 万元，研发支出在经营活动产生的现金流出占比 2.28%。

2015 年度经营活动产生的现金流出 3791785505.17 万元，研发支出在经营活动产生的现金流出占比 4.08%。剔除财务报表附注披露研发支出为零的上市公司，2015 年度 1160 家发生研发支出上市公司经营活动产生的现金流出 1605680280.18 万元，研发支出在经营活动产生的现金流出占比 2.15%。

2014 年度经营活动产生的现金流出 3821471764.76 万元，研发支出在经营活动产生的现金流出占比 4.29%。剔除财务报表附注披露研发支出为零的上市公司，2014 年度 1160 家发生研发支出上市公司经营活动产生的现金流出 1109578172.51 万元，研发支出在经营活动产生的现金流出占比 1.91%。

（三）研发费用对收入的促进作用

根据财务报表附注披露研发支出信息，将 A 股上市公司区分为两大类：发生研发支出和未发生研发支出，根据 2013~2017 年度营业收入、利润总额，分别计算、比较 2014~2017 年度研发支出对营业收入、利润总额可能带来的影响。

2017 年度 A 股上市公司（不含 ST）共计 2940 家，其中 547 家未发生研发支出，2403 家发生研发支出。其中，2017 未发生研发支出企业所属行业汇总 2014~2017 营业收入增长率分别为 6.12%、0.90%、5.78%、23.65%，2017 发生研发支出企业所属行业汇总 2014~2017 营业收入增长率分别为 6.60%、2.32%、10.37%、20.20%。详情如下表所示。

表 20 - 3　　2014~2017 年度上市公司行业收入增长率

所属证监会行业名称	未发生研发支出企业行业收入增长率 %				发生研发支出企业行业收入增长率 %			
	2014	2015	2016	2017	2014	2015	2016	2017
采矿业	-0.81	-25.97	-4.83	23.65	3.53	-17.48	5.73	30.20
电力、热力、燃气及水生产和供应业	3.66	0.60	4.17	18.80	-2.39	-2.20	-3.55	15.95
房地产业	13.59	52.62	27.78	8.39	20.71	-3.70	40.11	1.99
建筑业	16.77	15.02	14.66	-3.52	9.99	5.23	5.82	11.37
交通运输、仓储和邮政业	4.49	-2.22	10.25	17.05	6.96	-1.22	6.12	18.26
教育	106.23	-0.03	19.27	7.84	-	-	-	13.81
金融业	15.77	16.21	0.68	-4.93	46.46	128.36	-23.12	28.87
科学研究和技术服务业	24.38	34.13	-3.29	48.53	10.06	-0.68	12.05	46.01
农、林、牧、渔业	-0.08	23.43	32.99	43.48	0.51	8.35	20.43	4.57
批发和零售业	2.90	23.36	12.06	5.63	-8.21	-4.29	9.88	25.87
水利、环境和公共设施管理业	28.56	8.52	22.98	18.66	15.98	14.43	16.67	46.41
卫生和社会工作	20.97	14.42	6.26	11.68	4.69	71.69	46.67	55.60
文化、体育和娱乐业	31.78	15.50	21.20	20.35	7.49	34.74	14.14	-0.54
信息传输、软件和信息技术服务业	10.96	50.00	17.39	40.25	2.35	9.08	15.25	16.67
制造业	3.07	-3.38	12.74	26.22	7.41	3.03	13.23	22.34
住宿和餐饮业	-2.13	10.97	105.59	-20.27	-3.43	-4.50	-3.39	207.95
综合	-18.48	6.87	6.89	24.44	7.73	-24.09	11.68	24.89
租赁和商务服务业	22.20	47.39	52.66	16.91	11.39	22.78	17.41	42.79
总计	6.12	0.90	5.78	23.65	6.60	2.32	10.37	20.20

2014~2017 年为发生研发支出企业利润总额增长率分别为 8.04%、3.24%、1.01%、14.38%，2017 发生研发支出企业所属行业汇总 2014~2017 年利润总额增长率分别为 5.32%、2.93%、18.73%、32.79%，详情如表 20-4 所示。

表 20－4　　　　**2014~2017 年度上市公司行业利润增长率**

所属证监会行业名称	未发生研发支出企业行业利润增长率 %				发生研发支出企业行业利润增长率 %			
	2014	2015	2016	2017	2014	2015	2016	2017
采矿业	−20.95	−52.09	20.38	14.38	−10.37	−54.79	−29.94	175.96
电力、热力、燃气及水生产和供应业	21.79	16.95	−9.07	−40.09	1.50	12.64	−29.28	−17.70
房地产业	2.15	25.97	30.06	29.29	4.32	−4.21	62.21	8.89
建筑业	5.89	7.08	13.51	−26.79	13.45	7.18	11.79	19.22
交通运输、仓储和邮政业	59.16	−5.96	5.19	30.24	1.54	31.69	−15.27	55.83
教育	172.02	−38.90	414.36	4.94	−	−	−	−13.05
金融业	12.26	9.91	−6.10	4.75	94.23	163.42	−52.01	18.30
科学研究和技术服务业	2.92	30.08	−42.33	−78.43	−7.45	−11.31	32.65	24.45
农、林、牧、渔业	−47.5	56.96	152.63	21.88	2646.45	96.43	167.89	−42.60
批发和零售业	0.84	2.43	25.58	8.55	−5.99	−64.45	326.28	43.37
水利、环境和公共设施管理业	21.74	30.37	16.44	31.29	3.78	5.57	24.43	41.82
卫生和社会工作	−100.85	−27603.	−154.3	1.63	22.28	76.91	97.20	15.77
文化、体育和娱乐业	38.41	24.95	19.61	63.58	23.60	20.33	25.46	1.29
信息传输、软件和信息技术服务业	10.99	74.18	15.38	107.12	18.10	14.79	−17.31	−12.29
制造业	5.00	−26.11	60.43	112.41	4.85	5.63	37.17	39.17
住宿和餐饮业	−15.51	26.67	10.50	44.98	−17.73	40.09	40.11	93.74
综合	−14.39	−8.56	−27.0	17.46	65.63	−113.48	−724.22	−21.84
租赁和商务服务业	13.50	56.35	51.12	7.92	−18.28	25.66	33.69	0.13
总计	8.04	3.24	1.01	14.38	5.32	2.93	18.73	32.79

总体来说，研发支出对企业收入增长、利润提高，获得高质量持续发展具有积极良好作用。发生研发支出的企业较无研发支出企业营业收入增长率高，利润增长力度更持久。

四、上市公司各行业研发支出分布状况

本次分析按照证监会分类，A 股上市公司 2014~2016 年研发支出在 2014~2015 年度增加，2016 年度下降后 2017 年大幅增加。详情如表 20-5。

表 20－5　　2014~2017 年度上市公司各行业研发支出分布

单位：万元

门类行业	2017	2016	2015	2014
采矿业	831930.10	509513.12	662565.48	714015.10
电力、热力、燃气及水生产和供应业	152478.38	80694.57	105148.51	45255.24
房地产业	117056.03	30853.32	36074.18	18389.63
建筑业	7718782.15	5577734.74	5449744.69	3637283.32
交通运输、仓储和邮政业	240801.51	79427.07	103778.54	44637.10
教育	3838.51	–	2011.50	3205.58
金融业	169405.28	49577.42	70948.87	20124.47
科学研究和技术服务业	235608.86	75598.82	115875.60	91071.57
农、林、牧、渔业	133123.95	44421.87	80560.59	53365.07
批发和零售业	629550.80	357026.25	287286.02	140339.00
水利、环境和公共设施管理业	157485.97	70235.84	80210.04	45700.98
卫生和社会工作	25945.22	14721.47	12635.85	9836.86
文化、体育和娱乐业	263559.80	173071.52	135134.27	50212.21
信息传输、软件和信息技术服务业	4029369.61	2232968.66	2223501.04	1398152.35
制造业	37037929.49	22101623.45	25090360.77	14924689.86
住宿和餐饮业	115.35	664.49	28.64	169.00
综合	84237.25	44353.97	48275.38	15577.82
租赁和商务服务业	125767.52	37169.53	42924.93	17844.52
总计	51956985.78	31479656.09	34547064.89	21229869.69

从表 20-5 看出 18 大门类中仅有住宿和餐饮业 1 个门类相比 2016 年度研发支出减少，其他行业 2017 年度研发支出总额较 2016 年度均有增加，其中房地产业、租赁和商务服务业、金融业、科学研究和技术服务业及交通运输、仓储和邮政业较 2016 年均有 200% 以上的增幅。

剔除未发生企业，取各行业 2014~2017 年研发支出总数与数量相比，求各行业研发支出均值做比较分析来看，2017 年发生研发支出企业共 2403 家，全部研发支出金额 51956985.78 万元，平均研发支出为 21621.72 万元 / 家，从 2014~2017 年上市公司各行业的研发支出不断增加，2017 年度中研发支出行业均值最高为建筑业，其次为信息传输、软件和信息技术服务业，制造业；研发支出行业均值最低为住宿和餐饮业，教育，电力、热力、燃气及水生产和供应业研发支出均值也较低。

表 20－6　　2014~2017 上市公司各行业研发支出发生情况

行业类别	2015			2016			2017		
	数量	金额	均值	数量	金额	均值	数量	金额	均值
采矿业	43	6625654802.93	154084995.42	31	5095131160.12	164359069.68	48	8319300978.43	173318770.38
电力、热力、燃气及水生产和供应业	33	1051485055.16	31863183.49	25	806945677.60	32277827.10	39	1524783808.96	39097020.74
房地产业	20	360741765.52	18037088.28	16	308533181.54	19283323.85	25	1170560253.42	46822410.14
建筑业	57	54497446896.15	956095559.58	41	55777347401.83	1360423107.36	75	77187821540.95	1029170953.88
交通运输、仓储和邮政业	24	1037785386.79	43241057.78	27	794270739.77	29417434.81	36	2408015060.86	66889307.25
教育	1	20115018.13	20115018.13	0	–	–	2	38385073.08	19192536.54
金融业	10	709488694.74	70948869.47	5	495774155.34	99154831.07	14	1694052848.05	121003774.86
科学研究和技术服务业	20	1158756014.94	57937800.75	13	755988157.94	58152935.23	29	2356088614.83	81244434.99
农、林、牧、渔业	30	805605884.45	26853529.48	17	444218683.79	26130510.81	31	1331239520.11	42943210.33
批发和零售业	44	2872860176.79	65292276.75	33	3570262472.12	108189771.88	56	6295508047.28	112419786.56
水利、环境和公共设施管理业	17	802100433.18	47182378.42	13	702358422.19	54027570.94	20	1574859683.46	78742984.17
卫生和社会工作	4	126358462.48	31589615.62	5	147214749.67	29442949.93	6	259452243.71	43242040.62
文化、体育和娱乐业	19	1351342696.10	71123299.79	17	1730715179.13	101806775.24	27	2635597965.17	97614739.45
信息传输、软件和信息技术服务业	162	22235010393.36	137253150.58	119	22329686579.76	187644425.04	209	40293696075.99	192792804.19
制造业	1586	250903607723.11	158198996.04	1170	221016234495.68	188902764.53	1748	370379294895.20	211887468.48
住宿和餐饮业	1	286400.00	286400.00	2	6644919.52	3322459.76	3	1153477.58	384492.53
综合	12	482753812.41	40229484.37	9	443539668.55	49282185.39	13	842372546.25	64797888.17
租赁和商务服务业	18	429249331.13	23847185.06	11	371695270.46	33790479.13	22	1257675183.57	57167053.80

1. 各行业研发支出在营业收入占比。

2014~2017年度A股上市公司研发支出在营业收入占比分别为0.74%、1.19%、1.00%、1.36%，整体呈攀升趋势。信息传输、软件和信息技术服务业研发支出在营业收入占比在2015~2017年度为最高，2014年度科学研究和技术服务业最高。2017年度住宿和餐饮业研发支出营业收入占比最低，2016年度教育行业研发支出营业收入占比最低，2015年度为住宿和餐饮业，2014年度为金融业。

表20－7　2014~2017年度上市公司各行业研发支出与营业收入对比

单位：%

门类行业	研发支出/营业收入（2017年）	研发支出/营业收入（2016年）	研发支出/营业收入（2015年）	研发支出/营业收入（2014年）
采矿业	1.43	0.11	0.14	0.12
电力、热力、燃气及水生产和供应业	0.26	0.10	0.13	0.06
房地产业	0.78	0.02	0.03	0.02
建筑业	2.12	1.47	1.53	1.09
交通运输、仓储和邮政业	0.33	0.09	0.13	0.05
教育	1.30	0.00	1.73	2.75
金融业	0.23	0.01	0.01	0.00
科学研究和技术服务业	5.36	2.30	3.72	3.26
农、林、牧、渔业	1.51	0.31	0.70	0.52
批发和零售业	0.37	0.15	0.13	0.07
水利、环境和公共设施管理业	1.77	0.86	1.17	0.75
卫生和社会工作	1.22	0.97	1.17	1.43
文化、体育和娱乐业	2.48	1.30	1.19	0.55
信息传输、软件和信息技术服务业	10.40	3.34	3.84	2.76
制造业	4.41	2.14	2.75	1.65
住宿和餐饮业	0.01	0.03	0.00	0.02
综合	1.66	1.24	1.47	0.44
租赁和商务服务业	0.56	0.09	0.16	0.09
总计	1.36%	1.00%	1.19%	0.74%

2、研发支出在利润总额占比

2014~2016年度A股上市公司研发支出在利润占比分别为8.55%、9.87%、6.26%。2016年度研发支出利润占比最高为信息传输、软件和信息技术服务业，2015年度制造业为研发支出在利润总额占比最高行业，2014年度为教育业务。2014–2016研发支出在利润总额占比最低行业分别为教育业、金融业、房地产业。

表 20－8 2014~2017 年度上市公司各行业研发支出与利润总额对比

单位：%

门类行业	研发支出 / 利润总额（2017 年）	研发支出 / 利润总额（2016 年）	研发支出 / 利润总额（2015 年）	研发支出 / 利润总额（2014 年）
采矿业	20.25	3.11	4.31	2.19
电力、热力、燃气及水生产和供应业	1.64	0.59	0.65	0.32
房地产业	1.67	0.14	0.22	0.13
建筑业	36.13	34.32	37.56	26.87
交通运输、仓储和邮政业	2.36	0.82	1.03	0.48
教育	10.00	0.00	46.07	44.85
金融业	0.41	0.03	0.03	0.01
科学研究和技术服务业	57.17	26.87	39.94	32.81
农、林、牧、渔业	20.46	2.13	10.18	12.44
批发和零售业	6.60	5.35	6.52	2.81
水利、环境和公共设施管理业	13.20	3.97	5.58	3.47
卫生和社会工作	6.77	5.58	7.23	12.21
文化、体育和娱乐业	17.00	7.94	7.58	3.46
信息传输、软件和信息技术服务业	90.16	45.58	41.71	33.30
制造业	76.28	29.05	46.77	27.06
住宿和餐饮业	0.07	0.44	0.02	0.17
综合	19.97	14.37	35.67	3.85
租赁和商务服务业	−1.48	1.40	2.37	1.46
总计	11.67	8.55	9.87	6.26

3. 研发支出在经营活动产生的现金流入占比。

2014~2017 年度 A 股上市公司研发支出在经营活动现金流入占比分别为 0.62%、0.74%、0.49%、0.95%，信息传输、软件和信息技术服务业连续四年占比排名第一、第二。2014~2016 年研发支出在经营活动现金流入占比最低行业分别为教育业、金融业、金融业，2017 年研发支出在经营活动现金流入占比最低行业为住宿和餐饮业。

表 20－9 2014~2017 年度上市公司各行业研发支出与经营活动现金流入对比

单位：%

门类行业	研发支出 / 经营活动现金流入（2017）	研发支出 / 经营活动现金流入（2016）	研发支出 / 经营活动现金流入（2015）	研发支出 / 经营活动现金流入（2014）
采矿业	1.29%	0.10%	0.12%	0.10%
电力、热力、燃气及水生产和供应业	0.27%	0.09%	0.11%	0.05%
房地产业	0.45%	0.01%	0.02%	0.02%
建筑业	2.59%	1.45%	1.59%	1.12%

续表

门类行业	研发支出/经营活动现金流入（2017）	研发支出/经营活动现金流入（2016）	研发支出/经营活动现金流入（2015）	研发支出/经营活动现金流入（2014）
交通运输、仓储和邮政业	0.31%	0.08%	0.11%	0.05%
教育	1.07	0.00	1.42	2.33
金融业	0.15	0.00	0.00	0.00
科学研究和技术服务业	5.43	2.44	4.09	3.74
农、林、牧、渔业	1.42	0.30	0.66	0.50
批发和零售业	0.29	0.12	0.11	0.06
水利、环境和公共设施管理业	2.24	0.76	1.17	0.82
卫生和社会工作	1.17	0.84	1.06	1.41
文化、体育和娱乐业	2.21	1.20	1.11	0.51
信息传输、软件和信息技术服务业	9.54	3.08	3.50	2.66
制造业	4.42	2.02	2.58	1.59
住宿和餐饮业	0.01	0.03	0.00	0.01
综合	1.53	1.07	1.32	0.39
租赁和商务服务业	0.54	0.07	0.11	0.06
总计	0.95	0.62	0.74	0.49

4. 研发支出在经营活动产生现金流出占比。

2014~2017年度A股上市公司研发支出在经营活动产生现金流出占比分别为0.71%、0.91%、0.56%、1.01%。2014~2017年度研发支出经营活动产生现金流出最高的均为信息传输、软件和信息技术服务业。2014~2017年研发支出在经营活动产生现金流出占比最低行业为教育业、金融业、住宿和餐饮业、批发和零售业。

表20－10　2014~2017年度上市公司各行业研发支出与经营活动现金流出对比

单位：%

门类行业	研发支出/经营活动现金流出（2017）	研发支出/经营活动现金流出（2016）	研发支出/经营活动现金流出（2015）	研发支出/经营活动现金流出（2014）
采矿业	1.59	0.11	0.14	0.11
电力、热力、燃气及水生产和供应业	0.40	0.12	0.17	0.07
房地产业	0.28	0.01	0.02	0.02
建筑业	2.38	1.57	1.69	1.15
交通运输、仓储和邮政业	0.36	0.10	0.15	0.06
教育	1.33	0.00	1.72	2.72
金融业	0.22	0.00	0.00	0.00
科学研究和技术服务业	5.86	2.65	4.44	4.16

续表

门类行业	研发支出 / 经营活动现金流出（2017）	研发支出 / 经营活动现金流出（2016）	研发支出 / 经营活动现金流出（2015）	研发支出 / 经营活动现金流出（2014）
农、林、牧、渔业	1.57	0.36	0.76	0.56
批发和零售业	0.29	0.13	0.11	0.06
水利、环境和公共设施管理业	2.26	0.83	1.23	0.83
卫生和社会工作	1.38	0.90	1.27	1.57
文化、体育和娱乐业	2.68	1.38	1.27	0.59
信息传输、软件和信息技术服务业	10.64	3.62	4.37	3.46
制造业	4.79	2.18	2.79	1.70
住宿和餐饮业	0.01	0.03	0.00	0.02
综合	1.73	1.16	1.33	0.40
租赁和商务服务业	0.60	0.07	0.11	0.06
总计	1.01	0.71	0.91	0.56

由于披露信息全面、准确性与企业实际发生情况有差异，本次研究分析供您参考之用。

附　录

附录一 中国上市公司业绩评价体系说明

为准确、科学评价上市公司的经营业绩，提高上市公司监管效率，更好地服务于广大投资者和促进提高上市公司经营管理水平。2001年中联财务顾问有限公司和中联资产评估有限公司组织评价领域有关专家成立“中国上市公司业绩评价课题组”，借鉴国内外企业绩效评价的体系与方法，结合上市公司的特点，研究制定了中国上市公司业绩评价指标体系。该评价体系从多角度反映上市公司的业绩，在衡量公司盈利能力的同时，兼顾公司的成长、风险、资产质量和市场表现，做到财务效益和债务风险、资产质量与公司成长的平衡。该评价体系旨在为广大投资者、政府监管机构、债权人、公司职工以及其他利益相关者了获取上市公司真实业绩的相关资料及信息，并提供一个有效的分析工具。现将该评价体系的基本内容说明如下：

一、中国上市公司评价体系的主要特点

在研究上市公司业绩评价体系过程中，我们充分借鉴了财政部、原国家经贸委、原中央企业工委、劳动保障部和原国家计委联合颁布《企业效效评价实施细则》和国务院国有资产监督管理委员会颁布的《中央企业绩效评价管理暂行办法》（国资委令第14号）的有关规定，根据公开披露的上市公司数据，紧密结合中国上市公司的特点，突出反映上市公司的市场表现，研究建立了中国上市公司业绩评价指标体系。归纳起来，主要有以下特点。

（一）充分体现了投入回报特性

企业的根本属性是以盈利为目的，不仅是短期盈利，更重要的是可持续的长期盈利。本评价体现以投入产出为核心，充分反映企业的盈利能力。在评价的五个方面中，有两个方面主要反映盈利能力，一个是从企业的角度反映企业的盈利水平，即盈利能力，占35%的权重；另一个是从市场角度反映股票的增值水平，即市场表现，占15%的权重。盈利能力主要从投资人和社会两个角度来反映，体现在净资产收益率和总资产报酬率上，增值水平主要体现在市场投资回报率上。而且。因此，本评价体系的核心是体现投入产出特性。

（二）构建了多层次的立体评价体系

本评价体系的评价指标包括基本评价指标和修正评价指标两个层次，两层次之间不是简单的并列关系，而是递进的修正和验证

关系，首先，通过10项基本评价指标计算出上市公司的业绩评价的得分，然后，通过13项评价指标对基本指标评价分数进行验证和修正，从而得出更加客观的评价结果。评价指标之间相互牵制，通过作假财务数据，一方面指标得分高了，另一指标可能得分低了，不会获得高分的，要想获得评价高分只有提高上市公司的竞争力和发展质量。

（三）首创了线性评价标准

对某一个评价指标而言，传统的评价标准只是一个数值，最多也只有满意值和不允许值等两个评价标准。而在本评价体系中，创立了线性评价标准，具体而言，每一评价指标分为优秀、良好、平均、较低、较差等五档标准，这五档标准反映在坐标轴上就是一条曲线，即评价标准线，线标准不仅能为评价计分提供准确地计算依据，而且，能描述不同评价指标的经济特性，不同的评价指标有不同类型的评价标准曲线，只有线标准才能实现更加科学的计分。

（四）具有较强的可操作性

在设计本评价体系时，我们将可操作性作为一项重要的目标，首先，要求所有的评价指标能够从公开的市场上能够获取；其次，评价标准要做到符合实际，既考虑到中国企业的普遍情况，又考虑到上市公司的实际特点；最后，还要设计一套上市公司业绩评价软件，通过软件自动评价中国上市公司的评价得分。

二、中国上市公司业绩评价指标体系

由于我国上市公司法人治理不完善、股权割裂、法制不健全等原因，上市公司出于市场融资、配合二级市场炒作、避免亏损、管理层骗取激励基金及政治追求等特别目的，人为进行盈余操纵，甚至财务欺诈的行为时有发生。因此，不能仅仅从实现利润情况评价上市公司的业绩，我们认为，上市公司的业绩应包括财务效益、资产质量、偿债风险、发展能力及市场表现等五个方面，对于每一方面，我们设置了若干财务指标反映其真实状况，具体分为基本指标和修正指标两个层次。只有五方面的有机结合，才能客观反映企业的真是业绩。

（一）中国上市公司业绩评价指标体系的设置原则

上市公司业绩评价指标体系的设置遵循以下几项原则：一是选定的指标应具有较强的横向、纵向可比性，尽可能排除偶然或异常事项的影响，如果不能完全剔除这些因素的干扰，则通过调整相关指标的权数以降低其对评价结果的影响程度；二是各项指标的设立在整体均衡的基础上应突出相互的制衡性，整个指标体系要具备“此消彼涨”的内在机制，提高操控整个指标体系的困难程度；三是指标体系的确定要充分考虑上市公司特点，而且所有财务指标的计算、取值只局限在上市公司公告的数据资料内，不尝试获得每家上市公司进一步的内部信息资料，即在现行法规框架下，通过对部分必要信息的分析判断取得尽可能公平合理的评价结果。

（二）中国上市公司业绩评价指标体系的主要特点

第一，突出股东回报，企业的根本属性就是实现股东价值最大化，本评价体系以投入产出为核心，从股东价值和企业价值两个角度来反映企业的盈利能力，主要采用扣除非经常性损益后的净资产收益率和总资产报酬率两个财务指标来体现，占35%的权重，核心是突出股东回报，体现股东价值最大化。扣除非经常性损益后的净资产收益率剔除了企业盈利的偶然因素，反映企业持续盈利能力，总资产报酬率反映企业占用总资产创造的总价值，包括对股东的回报和对债权人的回报。当然，反映企业盈利能力的财务指标还有很多，我们重点从经营活动创造的利润、盈利是否有现金保障、投入资本获得的收益等多角度对企业的盈利能力进行修正，目的是更加全面、完整、真实地反映企业的盈利能力。

第二，关注公司成长。上市公司的发展不仅需要短期盈利，更需要长期持久的健康发展，本体系从规模增长的角度反映企业的成长性，采用的主要指标是销售增长率和资本扩张率，权重占20%。销售增长反映企业的市场占有和业务发展状况，资本扩张反映企业的盈利中用于扩大再生产的状况。同时，还采用三年营业收入增长、总资产增长、营业利润增长和盈余保留等项指标对成长性进行修正。

第三、体现资产质量。企业资产是创造财富的源泉，资产质量的高低间接反映企业盈利能力。本体系从资产效率的角度反映资产运营水平，采用的主要指标是总资产周转率和流动资产周转率，权重占15%。总资产周转率反映总资产创造产品和服务的能力，体现总资产的运营效率，流动资产周转率反映企业流动资产的运营效率。同时，还采用应收账款周转速度和存货周转速度进行修正。

第四，反映债务风险。企业在发展的同时要防范债务风险，防止出现债务危机，要做到收益和风险的平衡。本体系从负债和流动性角度反映企业的偿债能力，采用的主要指标是资产负债率和已获利息倍数，权重占15%。资产负债率是国际通行反映企业债务水平的指标，已获利息倍数反映企业的盈利中偿还债务利息的能力。同时，还采用带息负债、现金流和速动资产比率进行修正。

第五，重视市场表现。尽管目前我国资本市场的股票价与上市公司业绩的相关性不强，仅股价不能完全反映上市公司的真实业绩，但从我们多年的研究结果看，上市公司的市场表现与业绩的相关性逐年提高，本课题很重视企业在资本市场上的表现，将市场表现作为企业业绩的重要内容，采用的主要指标是市场投资回报率和股价波动率，占15%的权重。市场投资回报率反映股票投资人在资本市场上获得的收益，包括股价上涨、分红、送股等，股价波动率反映股价的稳定性，对股价大起大落的公司适当减分。

（三）中国上市公司业绩评价指标体系的基本框架

中国上市公司业绩评价指标体系由财务效益状况、资产质量状况、偿债风险状况、发展能力状况以及市场表现等五部分指标构成，包括基本指标和修正指标两个层次，共23项评价指标。

附录表 1－1　　中国上市公司业绩评价指标体系与指标权数表

评价指标		基本指标		修正指标	
评价内容	权数 100	指标	权数 100	指标	权数 100
1. 财务效益状况	35	净资产收益率（%） 总资产报酬率（%）	20 15	营业利润率（%） 盈利现金保障倍数 股本收益率（%） 资产规模系数	7 8 8 12
2. 资产质量状况	15	总资产周转率（次） 流动资产周转率（次）	8 7	应收账款周转率（次） 存货周转率（次）	9 6
3. 偿债风险状况	15	资产负债率（%） 获利倍数	8 7	速动比率（%） 现金流动负债比率（%） 带息负债比率（%）	5 5 5
4. 发展能力状况	20	营业收入增长率（%） 资本扩张率（%）	10 10	累计保留盈余率（%） 三年营业收入增长率（%） 总资产增长率（%） 营业利润增长率（%） 资产规模系数	3 3 4 4 6
5. 市场表现状况	15	市场投资回报率（%） 股价波动率（%）	10 5		

（四）基本指标的内涵

基本指标是评价上市公司业绩的主要计量指标，是整个评价指标体系的核心。基本指标由净资产收益率、总资产报酬率、总资产周转率、流动资产周转率、资产负债率、已获利息倍数、营业收入增长率、资本扩张率、市场投资回报率以及股价波动率共 10 项计量指标构成。

1. 净资产收益率。

（1）基本概念。

净资产收益率是指企业一定时期内的净利润同平均净资产的比率。净平均净资产收益率充分体现了投资者投入企业的自有资本获取净收益的能力，突出反映了投资与报酬的关系，是评价企业资本经营效益的核心指标。

（2）计算公式。

净资产收益率 =（净利润 − 非经常性损益）/ 平均净资产 ×100%

（3）内容解释。

①净利润是指企业未作任何分配前的税后利润，为更好的评价企业业绩，反映上市公司的可持续盈利能力，本指标的净利润是指扣除非经常性损益后的净利润。

②平均净资产是企业年初所有者权益同本年所有者权益变动的平均数。净资产包括实收资本、资本公积、盈余公积和未分配利润等。

2. 总资产报酬率。

（1）基本概念。

总资产报酬率是企业在报告期内获得的可供投资者和债权人分配的经营收益占总资产的百分比，反映资产利用的综合效果，本指标剔除了财务杠杆对收益率的影响。

（2）计算公式。

总资产报酬率 = 息税前利润 / 年度平均

资产总额 ×100%

（3）内容解释。

①息税前利润是指企业利润总额＋利息支出。数据取值于《利润及利润分配表》和会计报表附注。

②年度平均资产总额指企业年平均占用的资产额，年度平均资产总额＝（资产总额年初数＋资产总额年末数）/ 2，数据取值于《资产负债表》。

3. 总资产周转率。

（1）基本概念。

总资产周转率是指企业一定时期主营业务收入净额同平均资产总额的比值。总资产周转率是综合评价企业全部资产经营质量和利用效率的重要指标。

（2）计算公式。

$$总资产周转率（次）=\frac{主营业务收入净额}{平均资产总额}$$

（3）内容解释。

①主营业务收入净额同上。

②平均资产总额是指企业资产总额年初数与年末数的平均值，平均资产总额＝（资产总额年初数＋资产总额年末数）/ 2 。数据取值于《资产负债表》。

4. 流动资产周转率。

（1）基本概念。

流动资产周转率是指企业一定时期主营业务收入净额同平均流动资产总额的比值。流动资产周转率是评价企业资产利用效率的另一主要指标。

（2）计算公式。

$$流动资产周转率（次）=\frac{主营业务收入净额}{平均流动资产总额}$$

（3）内容解释。

①主营业务收入净额同上。

②平均流动资产总额是指企业流动资产总额的年初数与年末数的平均值，平均流动资产总额＝（流动资产年初数＋流动资产年末数）/2。数值取值于《资产负债表》。

5. 资产负债率。

（1）基本概念。

资产负债率是指企业一定时期负债总额同资产总额的比率。资产负债率表示企业总资产中有多少是通过负债筹集的，该指标是评价企业负债水平和偿债能力的综合指标。该指标为逆向指标，实际值越低，得分越高。

（2）计算公式。

$$资产负债率=\frac{负债总额}{资产总额}\times100\%$$

（3）内容解释。

① 负债总额是指企业流动负债、长期负债和递延税款贷项的总和。少数股东权益不在负债总额中体现。数值取值于《资产负债表》。

②资产总额是指企业拥有各项资产价值的总和。数值取值于《资产负债表》。

6. 获利倍数。

（1）基本概念。

获利倍数是指企业一定时期的盈利偿还利息的能力。从偿还利息的角度来反映企业当期偿付债务的能力，也叫利息保障倍数。

（2）计算公式。

获利倍数＝（利润总额＋利息费用）/利息支出

（3）内容解释。

①由于 WIND 系统数据不断丰富，利息

支出取自WIND衍生报表中财务费用项下的“利息支出”。

7. 营业收入增长率。

（1）基本概念。

营业收入增长率是指企业本年营业收入增长额同上年营业收入的比率。营业收入增长率表示与上年相比，企业营业收入的增减变动情况，是评价企业成长状况和发展能力的重要指标。

（2）计算公式。

营业收入增长率（%）= 本年营业收入增长额 / 上年营业收入 ×100%

（3）内容解释。

①本年营业收入增长额是企业本年营业收入与上年营业收入的差额，本年营业收入增长额 = 本年营业收入－上年营业收入。如本年营业收入低于上年，本年营业收入增长额用“－”表示。有关数据取值于《利润及利润分配表》。

②上年营业收入指企业上年全年的主要经营活动所取得的收入减去折扣与折让后的数额。数据取值于《利润及利润分配表》。

8. 资本扩张率。

（1）基本概念。

资本扩张率是指上市公司本年股东权益增长额同年初股东权益的比率。资本扩张率表示企业当年资本的积累能力，是评价企业发展潜力的重要指标。

（2）计算公式。

$$资本扩张率 = \frac{本年股东权益增长额}{年初股东权益} \times 100\%$$

（3）内容解释。

①本年股东权益增长额是指企业本年股东权益与上年股东权益的差额，本年股东权益增长额 = 股东权益年末数－股东权益年初数。数值取值于《资产负债表》。

②年初股东权益指股东权益的年初数。数值取值于《资产负债表》。

9. 市场投资回报率。

（1）基本概念。

市场投资回报率是指上市公司本年在资本市场上投资股票所获的的收益同同年初股票投资成本的比率，反应上市公司股权在一年内的增值幅度。市场投资回报包括股票价格变动、企业分红派息、送配股等因素。市场投资回报率表示上市公司资本市场的增值能力，是评价上市公司市场表现的的重要指标。

（2）计算公式。

$$市场投资回报率 = \frac{本年股票投资收益}{股票投资成本} \times 100\%$$

（3）内容解释。

①本年股票投资收益是指在资本市场投资股票所获的的收益，本年股票投资收益 = 股票年末复权价格 - 股票年初复权价格

②股票投资成本是指年初投资股票时的复权价格。

9. 股价波动率。

（1）基本概念。

股价波动率是指上市公司每周股价同平均股价的标准平均方差，反映上市公司本年股票价格在股票市场上的波动情况。股价波动率主要体现上市公司的经营风险，以及稳定持续发展情况。该指标为逆向指标，实际值越低，得分越高。

（2）计算公式。

$$股价波动率 = \sqrt{\sum_{i=1}^{n}(\frac{xi}{x}-1)^2} \times 100\%$$

其中：xi 表示每周股票的复权开盘价。

$\bar{x}$ 表示一年股票的平均复权价。

$\bar{n}$ 表示一年的股票开盘周数。

（3）有关说明。

①为避免送配股、分红等对股价的影响，股价波动率采用股票的复权价格计算。

②考虑到股价对波动率的影响，在计算股价波动率时，对每周复权价和平均股价都除以平均股价。

（五）修正指标的内涵

修正指标是从多方面调整完善基本指标评价结果的计量因素，是整个评价指标体系的重要辅助部分。通过修正指标的分析评价，实现对基本指标评价结果的全面调整和修正，形成定量指标评价结果。修正指标由营业利润率、盈利现金保障倍数、股本收益率、资产规模系数、应收账款周转率、存货周转率、速动比率、现金流动负债比率、带息负债比率、累计保留盈余率、三年营业收入增长率、总资产增长率以及营业利润增长率共 13 项计量指标构成。

1. 营业利润率。

（1）基本概念。

营业利润率是指企业一定时期营业利润同营业收入的比率。它表明企业每单位营业收入能带来多少营业利润，反映了企业日常经营性业务的获利能力。

（2）计算公式。

营业利润率 = 本年营业利润 / 本年营业收入 ×100%

（3）内容解释。

①营业利润是指日常经营业务获得的利润，不包括投资收益、营业外收支等因素。数据取值于《利润及利润分配表》。

②营业收入额是指企业当期销售产品、商品、提供劳务等主要经营活动所取得的收入减去折扣与折让后的数额。数据取值于《利润及利润分配表》。

2. 盈利现金保障倍数。

（1）基本概念。

盈利现金保障倍数是企业一定时期经营现金净流量同净利润的比值。盈利现金保障倍数指标反映了企业当期净利润中现金收益的保障程度，真实地反映了企业盈余的质量。

（2）计算公式。

$$盈余现金保障倍数 = \frac{经营现金净流量}{净利润}$$

（3）内容解释。

①经营现金净流量指一定时期内，由企业经营活动所产生的现金及其等价物的流入量与流出量的差额。数据取值于《现金流量表》。

②净利润同上。数据取值于《利润及利润分配表》。

3. 股本收益率。

（1）基本概念。

股本收益率是指企业一定时期内获得的净利润与平均股本净额的比率。股本收益揭示了上市公司净资产中的股本获取净收益的能力。突出反映了股本与报酬的关系。

（2）计算公式。

$$股本收益率 = \frac{净利润}{平均股本净额} \times 100\%$$

（3）内容解释。

①净利润采用归属母公司的净利润

②平均股本净额是指企业股本净额年初

数与年末数的平均值，平均股本净额 =（股本净额年初数＋股本净额年末数）/ 2。数据取值于《资产负债表》。

4. 资产规模系数。

为准确反映不同规模企业的业绩增长难度，合理评价公司业绩，我们设置了资产规模系数。对于资产总额较大的企业，其盈利增长和发展能力增长空间较小，获得高速增长的难度较大，对于资产总额较小的企业，其盈利增长和发展能力增长空间较大，获得高速增幅相对容易。因此，我们用资产规模系数来修正盈利能力和发展能力状况的评价得分，以上市公司的平均资产总额为基准，依据上市公司的实际资产规模适当修正评价得分。原则上，上市公司的总资产规模越大，则其对基本得分的正方向修正力度就越大。

5. 应收账款周转率。

（1）基本概念。

应收账款周转率是企业一定时期内主营业务收入净额同应收账款平均余额的比率。应收账款周转率是对流动资产周转率的补充说明。

（2）计算公式。

$$应收账款周转率（次）= \frac{主营业务收入净额}{应收账款平均余额}$$

（3）内容解释。

①主营业务收入净额同上。

②应收账款是指企业因赊销产品、材料、物资和提供劳务而应向购买方收取的各种款项。应收账款是应收账款账面价值减坏账准备之后的净值。应收账款平均余额 =（应收账款余额年初数 + 应收账款余额年末数）/ 2。数据取值于《资产负债表》。

6. 存货周转率。

（1）基本概念。

存货周转率是企业一定时期主营业务成本与存货平均余额的比率。存货周转率是对流动资产周转率的补充说明。

（2）计算公式。

$$存货周转率（次）= \frac{主营业务成本}{存货平均余额}$$

（3）内容解释。

①营业成本是指企业销售产品、商品或提供劳务等经营业务的实际成本。数据取值于《利润及利润分配表》。

②存货余额是指企业存货账面价值与存货跌价准备之和，存货余额是存货账面价值减存货跌价准备之后的净值。存货账面价值指企业期末各种存货的历史成本。存货跌价准备指存货可变现净值低于存货成本的部分。存货平均余额是存货余额年初数与年末数的平均值，即存货平均余额 =（存货余额年初数 + 存货余额年末数）/2。数据取值于《资产负债表》。

7. 速动比率。

（1）基本概念。

速动比率是企业一定时期的速动资产同流动负债的比率。速动比率衡量企业的短期偿债能力，评价企业流动资产变现能力的强弱。

（2）计算公式。

$$速动比率 = \frac{速动资产}{流动负债} \times 100\%$$

（3）内容解释。

①速动资产是指扣除存货后流动资产的数额，速动资产 = 流动资产 − 存货。数据取

值于《资产负债表》。

②流动负债同上。

8. 现金流动负债比率。

（1）基本概念。

现金流动负债比率是企业一定时期的经营现金净流量同流动负债的比率。现金流动负债比率是从现金流动角度来反映企业当期偿付短期负债的能力。

（2）计算公式。

$$现金流动负债比率=\frac{年经营现金净流量}{年末流动负债}\times 100\%$$

（3）内容解释。

①年现金净流量指一定时期内，由企业经营活动所产生的现金及其等价物的流入量与流出量的差额。数据取值于《现金流量表》。

②流动负债指企业所有偿还期在一年或一个经营周期以内债务。数据取值于《资产负债表》。

9. 带息负债比率。

（1）基本概念。

带息负债比率是指带息负债与企业负债总额。带息负债包括短期借款 + 一年内到期的非流动负债 + 长期借款 + 应付债券 + 应付利息。该指标反映企业负债中承担利息负债的比率。该指标为逆向指标，实际值越低，得分越高。

（2）计算公式。

带息负债比率 = 带息负债 / 负债总额 × 100%

其中：带息负债 = 短期借款 + 一年内到期的非流动负债 + 长期借款 + 应付债券 + 应付利息

（3）内容解释。

①带息负债表示企业负债中需要承担利息的负债额度。数值取值于《资产负债表》。

②负债总额同上。数值取值于《资产负债表》。

10. 累计保留盈余率。

（1）基本概念。

累计保留盈余率是指企业盈余公积与未分配利润之和同平均股东权益的比率。累计保留盈余率反映了企业靠自身经营积累的发展能力大小。

（2）计算公式。

$$累计保留盈余率=\frac{盈余公积+未分配利润}{平均股东权益}\times 100\%$$

（3）内容解释。

①盈余公积是企业按照有关规定及程序从净利润中提取的。数据取值于《资产负债表》。

②未分配利润是企业净利润经过一系列利润分配程序之后的剩余额。数据取值于《资产负债表》。

③平均股东权益是指企业股东权益年初数与年末数的平均值，平均股东权益 =（股东权益年初数＋股东权益年末数） / 2 。数据取值于《资产负债表》。

11. 三年营业收入平均增长率。

（1）基本概念。

三年营业收入平均增长率表明企业营业收入连续三年的增长情况，体现企业的持续发展态势和市场扩张能力。

（2）计算公式。

$$\left(\sqrt[3]{\frac{当年主营业务收入净额}{三年前主营业务收入净额}}-1\right)\times 100\%$$

（3）内容解释。

①当年营业收入同上。

②三年前营业收入指企业三年前的营业收入数。数据取值于三年前《利润及利润分配表》。

12. 总资产增长率。

（1）基本概念。

总资产增长率是指企业资产规模的增长，反映企业的成长性。

（2）计算公式.

总资产增长率 = 本年资产总额增长额 / 上年资产总额 ×100%

（3）内容解释。

本年资产总额增长额 = 本年资产总额－上年资产总额。如本年资产总额低于上年，本年资产总额增长额用“－”表示。数据取值于《资产负债表表》。

13. 营业利润增长率。

（1）基本概念。

营业利润增长率是指企业本年营业利润增加额同上年营业利润的比率。

（2）计算公式。

营业利润增长率 =（本年营业利润 - 上年营业利润）/ 上年营业利润 ×100%

（3）内容解释。

①本年营业利润增长额 = 本年营业利润－上年营业利润。如本年营业利润低于上年，本年营业利润增长额用“－”表示。数据取值于《利润及利润分配表》。

②上年营业利润数据取值于上年的《利润及利润分配表》。

（六）评价指标权数的确定方法

在一个指标集合中，指标权数是其中每项指标占有的比重。每项指标对上市公司业绩的影响程度不同，其占有的权重应有所差别。不同的评价目的，评价指标权数的设置也有所区别。上市公司的财务效益状况是整个业绩评价指标体系的重点，该部分的指标权重就应相应加大。在权数设置上进行了分层处理，根据不同层次指标评价的需要，同时采用了德尔菲法（专家意见法）和相关性权重法来确定每个指标的权数。

1. 总权数与分层次权数的设置。

按照权重设计的习惯做法，将评价指标体系的总权数设定为 100，即所有指标都是最好的企业可得满分 100 分。同时，为便于不同层次指标的评价计分，先将基本指标和修正指标的权重均设定为 100，修正指标是对基本指标的评价结果的修正，再将不同层次的计分结果返回百分制。

2. 具体指标的权数设置。

对具体指标的权数设置综合运用了相关性权重法与德尔菲法。首先，根据测算的各评价指标之间的相关系数，确定指标之间的关联度，根据关联度赋予每个指标的权数。然后，运用德尔菲法将测算初定的权数分配表，分别发送有关部门、专家，征求他们的意见，在此基础上进行意见综合，形成具体指标的权数分配。

三、中国上市公司业绩评价标准

评价标准是评价三要素之一，是上市公司业绩评价体系中重要组成部分，如果没有合适的评价对比标准，就无法进行具体评价。为取得客观、公正、准确的业绩评价结果，需要根据评价目的和上市公司的特点制定评价标准。为了客观、准确地评价上市公司经营业绩，我们利用全部上市公司的数据，结合全社会平均水平测算制定出一个统一的标准值，以适应所有上市公司跨行业评价的需要，其中上市公司的行业特性和规模大小分别通过所属行业的行业系数和企业规模系数进行修正。

本次业绩评价在考虑行业、规模影响因素的基础上，进一步将评价标准分类细化，分为优秀、良好、平均、较低、较差五个档次。下表是根据上述原则制定的2017年度上市公司评价标准值。

附录表1－2　　2017年度中国上市公司业绩评价标准值

项目	优秀值	良好值	平均值	较低值	较差值
一、财务效益状况					
净资产收益率（%）	16.6	12.6	8	2	−2.1
总资产报酬率（%）	13.9	10.1	5.8	3.9	2.2
营业利润率（%）	25.8	19.3	7.1	3.9	2
盈余现金保障倍数	3.2	2.3	1.2	−0.3	−1.4
总股本收益率（%）	68.8	50.8	28.1	10.3	0.6
二、资产质量状况					
总资产周转率（次）	1.2	0.9	0.6	0.3	0.2
流动资产周转率（次）	2.7	2	1.2	0.5	0.3
存货周转率（次）	12.3	9.4	2.8	1.1	0.7
应收账款周转率（次）	28.8	14.9	7.9	3	1.9
三、偿债风险状况					
资产负债率（%）[逆向指标]	17.7	27.4	59.8	65.2	72.7
已获利息倍数	66.8	19.5	4.7	2.9	1.5
速动比率（%）	332.7	208.2	80.3	68.5	56.4
现金流动负债比率（%）	50	31.9	10.9	0.3	−9.6
带息负债比率[逆向指标]	7.5	29.4	48.7	61.7	72.7
四、发展能力状况					
营业收入增长率（%）	60.1	37.3	20	4.7	−5.6
资本扩张率（%）	56.2	26.3	13.7	1.7	−0.8
累计保留盈余率（%）	59.9	53.9	40.1	17.5	5.2
三年营业收入平均增长率（%）	47.5	28.2	8.6	0.7	−5
总资产增长率（%）	51	31.7	14.4	3.8	−2.1
营业利润增长率（%）	136.1	72.1	28	−6.8	−45.5
五、市场表现状况					
市场投资回报率（%）	19	2.2	−16	−34.2	−42.8
股价波动率（%）[逆向指标]	46.5	60.1	91.9	123.8	148.9

需要特别说明的是：在本评价体系中，所有上市公司采用上述相同的评价标准。有些人建议不同行业采用不同的行业标准，我们考虑，一是上市公司的具有行业选择的自主权；二是上市公司评价是更侧重于对投资人角度评价的，投资人关注的是上市公司的质量，而不是行业；三是国有资企业的评价侧重于企业经营者的业绩，国有企业的主业范围被限定，经营者只能在限定的范围经营，对企业经营者的评价更要考虑行业因素，在实践中通常不同行业采用不同的行业评价标准，以更加准确衡量企业经营着的业绩。

四、中国上市公司的行业分类

本次业绩评价参照中国证监会颁布的《上市公司行业分类指引》，对被评价的上市公司进行行业分类，并针对不同行业确定了不同的行业系数。

附录表 1-3　上市公司业绩评价的行业分类情况表

序号	行业名称	行业代码
1	全国所有企业	
2	农林牧渔业	A
3	采掘业	B
4	其中：煤炭	B01
5	制造业	C
6	食品、饮料	C0
7	纺织、服装、毛皮	C1
8	造纸、印刷	C3
9	石油、化学、塑胶、塑料	C4
10	电子	C5
11	金属、非金属	C6
12	机械、设备、仪表	C7
13	医药、生物制品	C8
14	其他制造业	C9
15	电力煤气及水的生产和供应业	D
16	建筑业	E
17	交通运输、仓储业	F
18	信息技术业	G
19	批发和零售贸易业	H
20	房地产业	J
21	社会服务业	K
22	传播与文化产业	L
23	综合类	M

在实践中，一些上市公司的上述行业分类填写不太准确，我们同时运用申银万国的行业分类标准进行行业分类，在一些行业分析中，我们使用的申银万国的行业分类标准进行统计汇总，并撰写分析报告的。

此外，我们根据上市公司的特点，分别依据上市地点、上市时间以及上市公司规模进行了分组。在本评价体系中，将各项分组汇总数据视同一户上市公司进行了业绩评价，目的是为了广大投资者在分析各上市公司业绩的同时，也能分辨不同行业的发展状况，从而更好地评判上市公司业绩状况。

五、中国上市公司业绩评价计分方法

上市公司业绩评价计分方法主要为功效系数法，分为基本指标计分方法、修正指标计分方法两种。

（一）基本指标计分方法

基本指标计分方法是指运用业绩评价的基本指标，将指标实际值对照相应的评价标准值，计算各项指标实际得分的方法。计算公式为：

基本指标总得分 = ∑单项基本指标得分

单项基本指标得分 = 本档基础分 + 调整分

本档基础分 = 指标权数 × 本档标准系数

调整分 = [（实际值 − 本档标准值）/（上档标准值 − 本档标准值）] ×（上档基础分 − 本档基础分）

上档基础分 = 指标权数 × 上档标准系数

对有关指标的分母为零或为负数时，作了相应的具体处理。

在每一部分指标评价分数计算出来后，要计算该部分指标的分析系数。分析系数是指企业财务效益、资产营运、偿债能力、发展能力四部分评价内容各自的评价分数与该部分权数的比率。基本指标分析系数的计算公式为：某部分基本指标分析系数 = 该部分指标得分 / 该部分权数

（二）修正指标计分方法

修正指标计分方法是在基本指标计分结果的基础上，运用修正指标对企业效绩基本指标计分结果作进一步调整。修正指标的计分方法仍运用功效系数法原理，以各部分基本指标的评价得分为基础，计算各部分的综合修正系数，再据此计算出修正指标分数。计算公式为：

修正后总得分 = Σ 四部分修正后得分

各部分修正后得分 = 该部分基本指标分数 × 该部分综合修正系数

综合修正系数 =Σ 该部分各指标加权修正系数

某指标加权修正系数 =（修正指标权数 / 该部分权数）× 该指标单项修正系数

某指标单项修正系数 =1.0+（本档标准系数 + 功效系数 ×0.2− 该部分基本指标分析系数）/2

功效系数 =（指标实际值 − 本档标准值）/（上档标准值 − 本档标准值）

该部分基本指标分析系数 = 该部分基本指标得分 / 该部分权数

在计算修正指标的修正系数时，对有关指标的单项修正系数作如下特殊规定。

（三）特殊修正指标计分方法

1. 资产规模系数。

由于上市公司的总资产规模差异较大，不同规模公司的盈利增长难度是不同的，大企业可以获得规模效益，但利润或资产的增长速度很难与小企业相比，为了客观、公正地评价上市公司业绩，因而在评价体系的财务效益状况部分设置资产规模系数修正指标，并制定相应的评价标准值。上市公司的总资产规模越大，则其修正系数也越大，具体方法如下。

当平均资产总额除以户均资产小于 0.1，该指标修正系数为 0.6。

当平均资产总额除以户均资产在 0.1（含）~0.5 之间，该指标的基本修正系数为 0.6~0.8。

当平均资产总额除以户均资产 0.5（含）~1.0 之间，该指标的基本修正系数为 0.8~1.0。

当平均资产总额除以户均资产在 1（含）~5 之间，该指标的基本修正系数为 1.0~1.2。

当平均资产总额除以户均资产在 5（含）~10 之间，该指标的基本修正系数为 1.2~1.4。

当平均资产总额除以户均资产在 10（含）~100 之间，该指标的基本修正系数为 1.4~1.6。

当平均资产总额除以户均资产大于 100，

该指标修正系数为1.6。

2. 行业系数。

本次评价采用了所有企业统一的标准值，由于上市公司有本行业的资产营运特点，为客观、公正地评价上市公司业绩，就需要通过设置行业系数来修正上市公司的行业差异。

取得行业系数的具体办法是：首先，根据企业绩效评价方法，采用统一的评价标准计算出全国所有企业资产营运状况得分；然后，分行业对资产营运状况得分进行汇总统计，计算出各行业的资产营运状况的平均得分；最后，根据各行业的平均得分测算出各行业相应的行业修正系数。

六、金融行业上市公司业绩评价方法

金融行业上市公司是中国证券市场的重要组成部分，金融行业上市公司的表现直接影响A股上市公司的总体表现，如何对金融行业上市公司业绩进行评价是一个重要课题。与其他行业企业不同，金融行业企业是经营特殊业务的企业，这种特殊性决定了不能采用一般行业企业的评价方法对之进行评价，主要表现在某些衡量指标差异较大，如金融行业企业资产负债率一般远高于其他企业，而总资产收益率则较低，无法与其他企业相比较，金融企业的安全性和资产质量方面有其独特的衡量指标。因此，不能将金融企业与其他企业合并起来一起进行评价，而必须单独对之进行评价。我们参考前面上市公司的评价方法同时考虑到金融企业的特殊性，建立了一套上市银行、证券公司的评价体系。

（一）金融行业上市公司绩效评价体系

结合目前金融行业上市公司的特点和我国上市公司的现状，我们对银行业、证券行业评价方法作了进一步完善，并初步建立了保险行业评价体系，以更能反映行业的整体财务状况。其他金融企业（主要是信托行业公司）由于经营特点与银行、保险、证券行业有差距，不能简单套用这些评价体系，同时由于这类上市公司数量较少，市值规模影响有限，我们准备在后期进行深入研究的基础上加以探讨。

参考上市公司的评价方法，考虑到上市银行、保险、证券公司经营效绩在盈利能力、资产质量、偿债风险、发展能力及股票市场表现上的要求，其评价体系的设计仍然围绕这五个方面来选择指标（考虑到金融行业的资产质量和偿债风险的相应指标均涉及公司的稳健性，部分指标难以准确划分其性质，因此设置了稳健性指标用以反映）。在比较了各个指标，同时参考了相应行业监管指标后，我们分别选取了相应指标用以衡量上述几个方面，同时考虑到指标的影响力，决定了其权重大小。

附录表1-4　上市银行简易评价体系

评价内容	基本指标	指标权重（%）
安全性	资本充足率	8
	不良资产比率	7
流动性	流动性比例	8
	流动性覆盖率	7
盈利能力	净资产收益率	20
	总资产收益率	15
发展能力	资本扩张率	8
	营业收入增长率	12
市场表现	投资回报率	10
	股价波动率	5

附录表 1－5　上市证券公司简易评价体系

评价内容	基本指标	指标权重（%）
稳健性指标	资本杠杆率	8
	流动性覆盖率	7
	风险覆盖率	8
	净稳定资金率	7
盈利能力	净资产收益率	20
	总资产收益率	15
发展能力	资本扩张率	8
	营业收入增长率	12
市场表现	投资回报率	10
	股价波动率	5

附录表 1－6　上市保险公司简易评价体系

评价内容	基本指标	指标权重（%）
稳健性指标	偿付能力充足率	15
	资产负债率	15
盈利能力	净资产收益率	20
	总投资收益率	15
发展能力	内含价值增长率	8
	一年新业务价值增长率	12
市场表现	投资回报率	10
	股价波动率	5

注：银行业资本充足率、不良资产比率、流动性比例、流动性覆盖率等指标，证券行业资本杠杆率、流动性覆盖率、风险覆盖率、净稳定资金率等指标，保险业偿付能力充足率总投资收益率内含价值增长率一年新业务价值增长率等指标均为行业监管指标，其计算方法均按照监管部门有关规定计算，公司年报也会按照规定披露。

此外，考虑到金融类上市公司规模差异较大，不同规模公司的盈利能力和发展能力指标不能用统一标准衡量，因此，参考一般企业的评价方法，设置了规模系数对盈利能力和发展能力指标进行调整，使行业内不同规模的企业标准能够相符。考虑到金融行业公司的资产规模普遍较大，不能简单地运用一般上市企业的规模系数，因此，分别针对银行、证券公司具体情况单独设置了规模系数。

（二）金融行业上市公司业绩评价标准

本次业绩评价考虑到行业特殊性、行业监管要求及上市公司整体情况三个因素，将评价标准分为优秀值和平均值两个档次，但是对应不同的指标，标准值的选取有所不同。

对于类似银行业的资本充足率、证券行业净资本指标、保险行业偿付能力充足率等监管指标，其评价标准值综合考虑监管标准及各公司实际指标情况，选取标准值，这些标准值既考虑到监管要求，同时也具有一定的区分度，能够衡量各公司间的相对水平。

对于净资产收益率、主营业务收入增长率、投资回报率、股价波动率等指标，由于在这些指标上金融行业公司与其他企业具有可比性，因此，选择所有上市公司对应指标的优秀值、平均值为标准计算。

其他指标则选取相应金融类上市公司对应指标的优秀值和平均值为标准计算。

（三）金融行业上市公司业绩评价计分方法

业绩评价计分方法仍然采用功效系数法。

指标计分方法是指运用业绩评价的指标，将指标实际值对照相应的评价标准值，计算各项指标实际得分的方法。计算公式为：

指标总得分＝∑单项基本指标得分

单项指标得分＝[0.6+（实际值－平均值）/（优秀值－平均值）×0.4]×权重

另外，对于部分行业监管部门规定

了相应监管值的指标，由于各上市公司相关指标均较好的满足了监管标准，反映了金融类上市公司的稳健性较好，为了体现这种情况同时也考虑到增加公司区分度的需要，我们在计算单项指标得分过程中对计算系数进行了微调：单项指标得分=[0.8+（实际值－平均值）/（优秀值－平均值）×0.2]×权重）

对有关指标的分母为零或为负数时，作了相应的具体处理。

附录二 2017年度上市公司业绩评价排序

排名	股票代码	公司名称	评价得分	排名	股票代码	公司名称	评价得分
1	601238	广汽集团	92.70	33	002468	申通快递	82.70
2	600585	海螺水泥	88.80	34	002078	太阳纸业	82.60
3	601006	大秦铁路	88.50	35	002415	海康威视	82.50
4	601318	中国平安	88.24	36	000858	五粮液	82.40
5	002110	三钢闽光	87.70	37	000338	潍柴动力	82.40
6	002120	韵达股份	87.30	38	600276	恒瑞医药	82.10
7	601225	陕西煤业	86.30	39	002016	世荣兆业	82.00
8	600036	招商银行	85.92	40	000069	华侨城 A	82.00
9	002027	分众传媒	85.80	41	600801	华新水泥	81.90
10	600188	兖州煤业	85.70	42	600519	贵州茅台	81.90
11	600782	新钢股份	85.30	43	603898	好莱客	81.50
12	600309	万华化学	85.30	44	002233	塔牌集团	81.40
13	600271	航天信息	84.60	45	601211	国泰君安	81.40
14	001979	招商蛇口	84.60	46	600230	沧州大化	81.30
15	603288	海天味业	84.30	47	000581	威孚高科	81.30
16	000333	美的集团	84.20	48	002833	弘亚数控	81.20
17	600019	宝钢股份	84.10	49	300433	蓝思科技	81.00
18	600406	国电南瑞	84.00	50	000786	北新建材	80.90
19	000651	格力电器	83.90	51	002601	龙蟒佰利	80.70
20	002142	宁波银行	83.83	52	002304	洋河股份	80.60
21	600167	联美控股	83.80	53	601678	滨化股份	80.50
22	600104	上汽集团	83.80	54	601021	春秋航空	80.50
23	601398	工商银行	83.80	55	600507	方大特钢	80.50
24	601888	中国国旅	83.70	56	600004	白云机场	80.50
25	600009	上海机场	83.60	57	002508	老板电器	80.50
26	300015	爱尔眼科	83.60	58	000423	东阿阿胶	80.50
27	002555	三七互娱	83.40	59	601939	建设银行	80.49
28	000568	泸州老窖	83.40	60	000776	广发证券	80.43
29	600688	上海石化	83.30	61	601012	隆基股份	80.40
30	002572	索菲亚	83.30	62	600030	中信证券	80.22
31	000537	广宇发展	83.30	63	601601	中国太保	80.21
32	600516	方大炭素	82.90	64	002597	金禾实业	80.20

续表

排名	股票代码	公司名称	评价得分	排名	股票代码	公司名称	评价得分
65	300072	三聚环保	80.10	110	600436	片仔癀	78.20
66	002466	天齐锂业	80.10	111	601111	中国国航	78.10
67	600380	健康元	80.00	112	600741	华域汽车	78.10
68	600690	青岛海尔	79.90	113	002372	伟星新材	78.10
69	601288	农业银行	79.82	114	600837	海通证券	78.08
70	600282	南钢股份	79.80	115	600823	世茂股份	78.00
71	002648	卫星石化	79.80	116	600160	巨化股份	78.00
72	002241	歌尔股份	79.80	117	002517	恺英网络	78.00
73	600273	嘉化能源	79.70	118	002019	亿帆医药	78.00
74	000895	双汇发展	79.70	119	603899	晨光文具	77.90
75	603816	顾家家居	79.60	120	600971	恒源煤电	77.90
76	600270	外运发展	79.60	121	600398	海澜之家	77.90
77	000022	深赤湾 A	79.50	122	002773	康弘药业	77.90
78	000538	云南白药	79.40	123	601166	兴业银行	77.84
79	601988	中国银行	79.38	124	600606	绿地控股	77.80
80	601088	中国神华	79.30	125	600567	山鹰纸业	77.80
81	300144	宋城演艺	79.30	126	600179	安通控股	77.80
82	002714	牧原股份	79.20	127	002001	新和成	77.80
83	002075	沙钢股份	79.20	128	601688	华泰证券	77.74
84	600887	伊利股份	79.10	129	603868	飞科电器	77.70
85	603885	吉祥航空	79.00	130	600426	华鲁恒升	77.70
86	603866	桃李面包	79.00	131	600062	华润双鹤	77.70
87	000513	丽珠集团	79.00	132	002677	浙江美大	77.70
88	603599	广信股份	78.90	133	000703	恒逸石化	77.70
89	600703	三安光电	78.90	134	601997	贵阳银行	77.62
90	300070	碧水源	78.90	135	601233	桐昆股份	77.60
91	601003	柳钢股份	78.80	136	600681	百川能源	77.60
92	600409	三友化工	78.80	137	600201	生物股份	77.60
93	002092	中泰化学	78.80	138	002043	兔宝宝	77.60
94	000825	太钢不锈	78.80	139	002008	大族激光	77.50
95	603160	汇顶科技	78.70	140	603589	口子窖	77.40
96	601155	新城控股	78.70	141	600438	通威股份	77.40
97	000418	小天鹅 A	78.70	142	300146	汤臣倍健	77.40
98	601818	光大银行	78.61	143	300418	昆仑万维	77.30
99	600763	通策医疗	78.60	144	600377	宁沪高速	77.20
100	603338	浙江鼎力	78.50	145	002450	康得新	77.20
101	600900	长江电力	78.50	146	000981	银亿股份	77.20
102	300347	泰格医药	78.40	147	601009	南京银行	77.12
103	600999	招商证券	78.34	148	600000	浦发银行	77.10
104	300571	平治信息	78.30	149	601636	旗滨集团	77.10
105	002310	东方园林	78.30	150	600566	济川药业	77.10
106	002128	露天煤业	78.30	151	002044	美年健康	77.10
107	000830	鲁西化工	78.30	152	002507	涪陵榨菜	77.00
108	603515	欧普照明	78.20	153	002061	浙江交科	77.00
109	600808	马钢股份	78.20	154	603808	歌力思	76.90

续表

排名	股票代码	公司名称	评价得分	排名	股票代码	公司名称	评价得分
155	601216	君正集团	76.90	200	300176	鸿特精密	75.60
156	000596	古井贡酒	76.90	201	002081	金螳螂	75.60
157	000036	华联控股	76.90	202	600233	圆通速递	75.50
158	601877	正泰电器	76.80	203	600660	福耀玻璃	75.40
159	600511	国药股份	76.80	204	300408	三环集团	75.40
160	000631	顺发恒业	76.80	205	002756	永兴特钢	75.40
161	000553	沙隆达 A	76.80	206	603993	洛阳钼业	75.30
162	600856	中天能源	76.70	207	600641	万业企业	75.30
163	600338	西藏珠峰	76.70	208	600258	首旅酒店	75.30
164	300349	金卡智能	76.70	209	601628	中国人寿	75.29
165	002713	东易日盛	76.70	210	600708	光明地产	75.20
166	000921	海信科龙	76.70	211	600028	中国石化	75.20
167	600987	航民股份	76.60	212	002032	苏泊尔	75.20
168	600487	亨通光电	76.50	213	601899	紫金矿业	75.10
169	300296	利亚德	76.50	214	002048	宁波华翔	75.10
170	603568	伟明环保	76.40	215	000951	中国重汽	75.10
171	600760	中航沈飞	76.40	216	002258	利尔化学	75.00
172	002624	完美世界	76.40	217	000910	大亚圣象	75.00
173	002460	赣锋锂业	76.40	218	000688	建新矿业	75.00
174	002034	旺能环境	76.40	219	600176	中国巨石	74.90
175	000898	鞍钢股份	76.40	220	600018	上港集团	74.90
176	600126	杭钢股份	76.30	221	002271	东方雨虹	74.90
177	002354	天神娱乐	76.30	222	002035	华帝股份	74.90
178	000999	华润三九	76.30	223	000002	万科 A	74.90
179	600711	盛屯矿业	76.10	224	600393	粤泰股份	74.80
180	600486	扬农化工	76.10	225	002493	荣盛石化	74.80
181	600522	中天科技	76.00	226	002146	荣盛发展	74.70
182	600323	瀚蓝环境	76.00	227	000938	紫光股份	74.70
183	002320	海峡股份	76.00	228	600197	伊力特	74.60
184	603167	渤海轮渡	75.90	229	600085	同仁堂	74.60
185	300482	万孚生物	75.90	230	002050	三花智控	74.60
186	000789	万年青	75.90	231	601699	潞安环能	74.50
187	603369	今世缘	75.80	232	600809	山西汾酒	74.50
188	600029	南方航空	75.80	233	002003	伟星股份	74.50
189	002739	万达电影	75.80	234	000813	德展健康	74.50
190	002440	闰土股份	75.80	235	601000	唐山港	74.40
191	002311	海大集团	75.80	236	300136	信维通信	74.40
192	002236	大华股份	75.80	237	002408	齐翔腾达	74.40
193	603986	兆易创新	75.70	238	600897	厦门空港	74.30
194	002294	信立泰	75.70	239	600787	中储股份	74.20
195	000060	中金岭南	75.70	240	600736	苏州高新	74.20
196	600919	江苏银行	75.62	241	300401	花园生物	74.20
197	600332	白云山	75.60	242	300124	汇川技术	74.20
198	600236	桂冠电力	75.60	243	000011	深物业 A	74.20
199	300298	三诺生物	75.60	244	603889	新澳股份	74.10

续表

排名	股票代码	公司名称	评价得分	排名	股票代码	公司名称	评价得分
245	603025	大豪科技	74.10	290	002148	北纬科技	72.70
246	601231	环旭电子	74.10	291	002088	鲁阳节能	72.70
247	300498	温氏股份	74.10	292	000723	美锦能源	72.70
248	300357	我武生物	74.10	293	601328	交通银行	72.69
249	600348	阳泉煤业	74.00	294	600885	宏发股份	72.60
250	000826	启迪桑德	74.00	295	002439	启明星辰	72.60
251	601127	小康股份	73.90	296	000016	深康佳A	72.60
252	600346	恒力股份	73.90	297	601998	中信银行	72.60
253	000932	华菱钢铁	73.90	298	600563	法拉电子	72.50
254	000429	粤高速A	73.90	299	002410	广联达	72.50
255	601169	北京银行	73.81	300	002222	福晶科技	72.50
256	603658	安图生物	73.80	301	000980	众泰汽车	72.50
257	600035	楚天高速	73.80	302	603788	宁波高发	72.40
258	300567	精测电子	73.80	303	600859	王府井	72.40
259	603306	华懋科技	73.70	304	600419	天润乳业	72.40
260	002832	比音勒芬	73.70	305	300003	乐普医疗	72.40
261	002626	金达威	73.60	306	002518	科士达	72.40
262	603766	隆鑫通用	73.50	307	000661	长春高新	72.40
263	600260	凯乐科技	73.50	308	600867	通化东宝	72.30
264	600183	生益科技	73.50	309	600056	中国医药	72.30
265	002327	富安娜	73.50	310	002365	永安药业	72.30
266	000923	河北宣工	73.50	311	000998	隆平高科	72.30
267	600600	青岛啤酒	73.40	312	000963	华东医药	72.30
268	002475	立讯精密	73.40	313	000524	岭南控股	72.30
269	600926	杭州银行	73.37	314	600115	东方航空	72.20
270	603818	曲美家居	73.30	315	000822	山东海化	72.20
271	300476	胜宏科技	73.30	316	000717	韶钢松山	72.20
272	002562	兄弟科技	73.30	317	002737	葵花药业	72.10
273	002821	凯莱英	73.20	318	002275	桂林三金	72.10
274	000915	山大华特	73.20	319	000900	现代投资	72.10
275	000001	平安银行	73.17	320	603799	华友钴业	72.00
276	603323	吴江银行	73.16	321	603203	快克股份	72.00
277	600835	上海机电	73.10	322	600612	老凤祥	72.00
278	600779	水井坊	73.10	323	300355	蒙草生态	72.00
279	300338	开元股份	73.10	324	002608	江苏国信	72.00
280	300327	中颖电子	73.10	325	600231	凌钢股份	71.90
281	300271	华宇软件	73.10	326	300335	迪森股份	71.90
282	002293	罗莱生活	73.10	327	002108	沧州明珠	71.90
283	002636	金安国纪	72.90	328	000625	长安汽车	71.90
284	000672	上峰水泥	72.90	329	603199	九华旅游	71.80
285	600518	康美药业	72.80	330	600682	南京新百	71.80
286	000708	大冶特钢	72.80	331	600196	复星医药	71.80
287	601666	平煤股份	72.70	332	300009	安科生物	71.80
288	600308	华泰股份	72.70	333	603660	苏州科达	71.70
289	600297	广汇汽车	72.70	334	600373	中文传媒	71.70

续表

排名	股票代码	公司名称	评价得分	排名	股票代码	公司名称	评价得分
335	600097	开创国际	71.70	380	002543	万和电气	70.90
336	600007	中国国贸	71.70	381	002262	恩华药业	70.90
337	002221	东华能源	71.70	382	002245	澳洋顺昌	70.90
338	000869	张裕 A	71.70	383	002191	劲嘉股份	70.90
339	601633	长城汽车	71.60	384	002101	广东鸿图	70.90
340	600872	中炬高新	71.60	385	000997	新大陆	70.90
341	600452	涪陵电力	71.60	386	000902	新洋丰	70.90
342	300054	鼎龙股份	71.60	387	600016	民生银行	70.84
343	002223	鱼跃医疗	71.60	388	600803	新奥股份	70.80
344	600743	华远地产	71.50	389	000950	*ST 建峰	70.80
345	600581	八一钢铁	71.50	390	300415	伊之密	70.70
346	600162	香江控股	71.50	391	002127	南极电商	70.70
347	002285	世联行	71.50	392	600668	尖峰集团	70.60
348	601919	中远海控	71.40	393	300274	阳光电源	70.60
349	002085	万丰奥威	71.40	394	002680	长生生物	70.60
350	000989	九芝堂	71.40	395	300038	梅泰诺	70.50
351	603416	信捷电气	71.30	396	002706	良信电器	70.50
352	600079	人福医药	71.30	397	002057	中钢天源	70.50
353	300258	精锻科技	71.30	398	000408	藏格控股	70.50
354	002757	南兴装备	71.30	399	603737	三棵树	70.40
355	002396	星网锐捷	71.30	400	601799	星宇股份	70.40
356	002056	横店东磁	71.30	401	601139	深圳燃气	70.40
357	000818	航锦科技	71.30	402	300042	朗科科技	70.40
358	600958	东方证券	71.27	403	300233	金城医药	70.30
359	600761	安徽合力	71.20	404	002247	帝龙文化	70.30
360	600221	海航控股	71.20	405	002179	中航光电	70.30
361	300395	菲利华	71.20	406	601336	新华保险	70.21
362	300113	顺网科技	71.20	407	600886	国投电力	70.20
363	002595	豪迈科技	71.20	408	600750	江中药业	70.20
364	603393	新天然气	71.10	409	600395	盘江股份	70.20
365	601689	拓普集团	71.10	410	300529	健帆生物	70.20
366	601668	中国建筑	71.10	411	002273	水晶光电	70.20
367	600023	浙能电力	71.10	412	002242	九阳股份	70.20
368	002174	游族网络	71.10	413	000887	中鼎股份	70.20
369	002136	安纳达	71.10	414	000089	深圳机场	70.20
370	601229	上海银行	71.05	415	000166	申万宏源	70.11
371	603377	东方时尚	71.00	416	603027	千禾味业	70.10
372	600618	氯碱化工	71.00	417	300441	鲍斯股份	70.10
373	600326	西藏天路	71.00	418	300219	鸿利智汇	70.10
374	000983	西山煤电	71.00	419	002067	景兴纸业	70.10
375	000030	富奥股份	71.00	420	000876	新希望	70.10
376	603886	元祖股份	70.90	421	603239	浙江仙通	69.90
377	600570	恒生电子	70.90	422	600298	安琪酵母	69.90
378	600031	三一重工	70.90	423	300036	超图软件	69.90
379	002558	巨人网络	70.90	424	603556	海兴电力	69.80

续表

排名	股票代码	公司名称	评价得分	排名	股票代码	公司名称	评价得分
425	300188	美亚柏科	69.80	470	002748	世龙实业	69.00
426	002717	岭南股份	69.80	471	002385	大北农	69.00
427	000488	晨鸣纸业	69.80	472	601566	九牧王	68.90
428	603989	艾华集团	69.70	473	600114	东睦股份	68.90
429	603188	亚邦股份	69.70	474	002726	龙大肉食	68.90
430	600966	博汇纸业	69.70	475	600642	申能股份	68.80
431	600466	蓝光发展	69.70	476	002567	唐人神	68.80
432	600012	皖通高速	69.70	477	002511	中顺洁柔	68.80
433	603223	恒通股份	69.60	478	002470	金正大	68.80
434	600993	马应龙	69.60	479	000883	湖北能源	68.80
435	600881	亚泰集团	69.60	480	000623	吉林敖东	68.80
436	300396	迪瑞医疗	69.60	481	000603	盛达矿业	68.80
437	300232	洲明科技	69.60	482	000059	华锦股份	68.80
438	002831	裕同科技	69.60	483	000012	南玻 A	68.80
439	603686	龙马环卫	69.50	484	603198	迎驾贡酒	68.70
440	300577	开润股份	69.50	485	603060	国检集团	68.70
441	300450	先导智能	69.50	486	600161	天坛生物	68.70
442	002690	美亚光电	69.50	487	300118	东方日升	68.70
443	002002	鸿达兴业	69.50	488	002279	久其软件	68.70
444	000671	阳光城	69.50	489	000888	峨眉山 A	68.70
445	601158	重庆水务	69.40	490	000885	同力水泥	68.70
446	300073	当升科技	69.40	491	601098	中南传媒	68.60
447	000501	鄂武商 A	69.40	492	600977	中国电影	68.60
448	600597	光明乳业	69.30	493	600475	华光股份	68.60
449	300383	光环新网	69.30	494	600048	保利地产	68.60
450	002753	永东股份	69.30	495	300127	银河磁体	68.60
451	002366	台海核电	69.30	496	300088	长信科技	68.60
452	002091	江苏国泰	69.30	497	002732	燕塘乳业	68.60
453	002038	双鹭药业	69.30	498	002195	二三四五	68.60
454	000725	京东方 A	69.30	499	002736	国信证券	68.58
455	600015	华夏银行	69.22	500	603585	苏利股份	68.50
456	600477	杭萧钢构	69.20	501	600299	安迪苏	68.50
457	002664	长鹰信质	69.20	502	002775	文科园林	68.40
458	002635	安洁科技	69.20	503	002749	国光股份	68.40
459	601607	上海医药	69.10	504	002419	天虹股份	68.40
460	600569	安阳钢铁	69.10	505	000402	金融街	68.40
461	600305	恒顺醋业	69.10	506	600845	宝信软件	68.30
462	300184	力源信息	69.10	507	300284	苏交科	68.30
463	002382	蓝帆医疗	69.10	508	300237	美晨生态	68.30
464	002039	黔源电力	69.10	509	002815	崇达技术	68.30
465	002007	华兰生物	69.10	510	603997	继峰股份	68.20
466	603883	老百姓	69.00	511	603968	醋化股份	68.20
467	600054	黄山旅游	69.00	512	601515	东风股份	68.20
468	300572	安车检测	69.00	513	600742	一汽富维	68.20
469	002768	国恩股份	69.00	514	002763	汇洁股份	68.20

续表

排名	股票代码	公司名称	评价得分	排名	股票代码	公司名称	评价得分
515	002727	一心堂	68.20	560	600352	浙江龙盛	67.30
516	002614	奥佳华	68.20	561	300434	金石东方	67.30
517	002217	合力泰	68.20	562	300137	先河环保	67.30
518	000726	鲁泰 A	68.20	563	002672	东江环保	67.30
519	600754	锦江股份	68.10	564	002573	清新环境	67.30
520	600480	凌云股份	68.10	565	002534	杭锅股份	67.30
521	300463	迈克生物	68.10	566	002398	建研集团	67.30
522	000546	金圆股份	68.10	567	002138	顺络电子	67.30
523	000598	兴蓉环境	68.00	568	000977	浪潮信息	67.30
524	601788	光大证券	67.94	569	603339	四方冷链	67.20
525	600884	杉杉股份	67.90	570	600661	新南洋	67.20
526	600315	上海家化	67.90	571	600252	中恒集团	67.20
527	600066	宇通客车	67.90	572	300014	亿纬锂能	67.20
528	300579	数字认证	67.90	573	002589	瑞康医药	67.20
529	300470	日机密封	67.90	574	000960	锡业股份	67.20
530	300197	铁汉生态	67.90	575	000065	北方国际	67.20
531	002185	华天科技	67.90	576	000039	中集集团	67.20
532	002042	华孚时尚	67.90	577	603900	莱绅通灵	67.10
533	000426	兴业矿业	67.90	578	600729	重庆百货	67.10
534	600684	珠江实业	67.80	579	600535	天士力	67.10
535	600328	兰太实业	67.80	580	002745	木林森	67.10
536	300457	赢合科技	67.80	581	002643	万润股份	67.10
537	300145	中金环境	67.80	582	002640	跨境通	67.10
538	002068	黑猫股份	67.80	583	002454	松芝股份	67.10
539	002051	中工国际	67.80	584	002100	天康生物	67.10
540	601928	凤凰传媒	67.70	585	000799	酒鬼酒	67.10
541	600828	茂业商业	67.70	586	603355	莱克电气	67.00
542	600123	兰花科创	67.70	587	603298	杭叉集团	67.00
543	300488	恒锋工具	67.70	588	600497	驰宏锌锗	67.00
544	300365	恒华科技	67.70	589	300180	华峰超纤	67.00
545	002370	亚太药业	67.70	590	002711	欧浦智网	67.00
546	002126	银轮股份	67.70	591	002186	全聚德	67.00
547	000719	中原传媒	67.70	592	000650	仁和药业	67.00
548	601965	中国汽研	67.60	593	600997	开滦股份	66.90
549	600521	华海药业	67.60	594	300429	强力新材	66.90
550	600277	亿利洁能	67.60	595	002611	东方精工	66.90
551	300438	鹏辉能源	67.60	596	002139	拓邦股份	66.90
552	600479	千金药业	67.50	597	603328	依顿电子	66.80
553	600279	重庆港九	67.50	598	600548	深高速	66.80
554	002705	新宝股份	67.50	599	002501	利源精制	66.80
555	002449	国星光电	67.50	600	002317	众生药业	66.80
556	002153	石基信息	67.50	601	601128	常熟银行	66.79
557	600598	北大荒	67.40	602	600850	华东电脑	66.70
558	300448	浩云科技	67.40	603	600138	中青旅	66.70
559	300087	荃银高科	67.40	604	600132	重庆啤酒	66.70

续表

排名	股票代码	公司名称	评价得分	排名	股票代码	公司名称	评价得分
605	300182	捷成股份	66.70	650	300285	国资材料	66.00
606	002402	和而泰	66.70	651	000681	视觉中国	66.00
607	002287	奇正藏药	66.70	652	601567	三星医疗	65.90
608	000780	*ST 平能	66.70	653	600715	文投控股	65.90
609	002807	江阴银行	66.65	654	600141	兴发集团	65.90
610	601377	兴业证券	66.61	655	002649	博彦科技	65.90
611	603919	金徽酒	66.60	656	002384	东山精密	65.90
612	600755	厦门国贸	66.60	657	002145	中核钛白	65.90
613	600667	太极实业	66.60	658	600648	外高桥	65.80
614	600629	华建集团	66.60	659	600508	上海能源	65.80
615	600242	中昌数据	66.60	660	600383	金地集团	65.80
616	300230	永利股份	66.60	661	002830	名雕股份	65.80
617	002212	南洋股份	66.60	662	002709	天赐材料	65.80
618	000517	荣安地产	66.60	663	002696	百洋股份	65.80
619	603018	中设集团	66.50	664	002359	北讯集团	65.80
620	601001	大同煤业	66.50	665	000525	红太阳	65.80
621	600173	卧龙地产	66.50	666	002563	森马服饰	65.70
622	300500	启迪设计	66.50	667	002536	西泵股份	65.70
623	002603	以岭药业	66.50	668	002444	巨星科技	65.70
624	000662	天夏智慧	66.50	669	600908	无锡银行	65.69
625	603798	康普顿	66.40	670	600720	祁连山	65.60
626	600153	建发股份	66.40	671	600572	康恩贝	65.60
627	300294	博雅生物	66.40	672	600415	小商品城	65.60
628	300204	舒泰神	66.40	673	600388	龙净环保	65.60
629	300122	智飞生物	66.40	674	600180	瑞茂通	65.60
630	000552	靖远煤电	66.40	675	600125	铁龙物流	65.60
631	000413	东旭光电	66.40	676	002777	久远银海	65.60
632	300409	道氏技术	66.30	677	600771	广誉远	65.50
633	300166	东方国信	66.30	678	300422	博世科	65.50
634	002718	友邦吊顶	66.30	679	300016	北陆药业	65.50
635	600990	四创电子	66.20	680	002080	中材科技	65.50
636	600490	鹏欣资源	66.20	681	002079	苏州固锝	65.50
637	002681	奋达科技	66.20	682	000756	新华制药	65.50
638	000637	茂化实华	66.20	683	603806	福斯特	65.40
639	000559	万向钱潮	66.20	684	601333	广深铁路	65.40
640	601801	皖新传媒	66.10	685	600057	象屿股份	65.40
641	601018	宁波港	66.10	686	300485	赛升药业	65.40
642	600529	山东药玻	66.10	687	002827	高争民爆	65.40
643	300373	扬杰科技	66.10	688	002281	光迅科技	65.40
644	300170	汉得信息	66.10	689	002155	湖南黄金	65.40
645	002203	海亮股份	66.10	690	603669	灵康药业	65.30
646	002171	楚江新材	66.10	691	601900	南方传媒	65.30
647	000639	西王食品	66.10	692	600640	号百控股	65.30
648	600525	长园集团	66.00	693	300481	濮阳惠成	65.30
649	600498	烽火通信	66.00	694	300203	聚光科技	65.30

续表

排名	股票代码	公司名称	评价得分
695	002602	世纪华通	65.30
696	002430	杭氧股份	65.30
697	002427	ST 尤夫	65.30
698	002064	华峰氨纶	65.30
699	000529	广弘控股	65.30
700	601100	恒立液压	65.20
701	600547	山东黄金	65.20
702	600337	美克家居	65.20
703	601677	明泰铝业	65.10
704	600219	南山铝业	65.10
705	300098	高新兴	65.10
706	002682	龙洲股份	65.10
707	000990	诚志股份	65.10
708	000975	银泰资源	65.10
709	603888	新华网	65.00
710	603017	中衡设计	65.00
711	603005	晶方科技	65.00
712	600658	电子城	65.00
713	600051	宁波联合	65.00
714	600020	中原高速	65.00
715	300342	天银机电	65.00
716	300259	新天科技	65.00
717	300178	腾邦国际	65.00
718	002482	广田集团	65.00
719	002448	中原内配	65.00
720	000035	中国天楹	65.00
721	600392	盛和资源	64.90
722	600120	浙江东方	64.90
723	300244	迪安诊断	64.90
724	002025	航天电器	64.90
725	603008	喜临门	64.80
726	601101	昊华能源	64.80
727	600093	易见股份	64.80
728	300451	创业软件	64.80
729	300394	天孚通信	64.80
730	300061	康旗股份	64.80
731	002406	远东传动	64.80
732	002377	国创高新	64.80
733	000797	中国武夷	64.80
734	300033	同花顺	64.70
735	002627	宜昌交运	64.70
736	002267	陕天然气	64.70
737	002244	滨江集团	64.70
738	002020	京新药业	64.70
739	000959	首钢股份	64.70
740	000425	徐工机械	64.70
741	000034	神州数码	64.70
742	603131	上海沪工	64.60
743	600723	首商股份	64.60
744	600673	东阳光科	64.60
745	600622	光大嘉宝	64.60
746	600449	宁夏建材	64.60
747	300508	维宏股份	64.60
748	002586	围海股份	64.60
749	002202	金风科技	64.60
750	000937	冀中能源	64.60
751	000796	凯撒旅游	64.60
752	603598	引力传媒	64.50
753	600195	中牧股份	64.50
754	300286	安科瑞	64.50
755	002716	金贵银业	64.50
756	002107	沃华医药	64.50
757	000545	金浦钛业	64.50
758	000541	佛山照明	64.50
759	603609	禾丰牧业	64.40
760	601933	永辉超市	64.40
761	600461	洪城水业	64.40
762	600060	海信电器	64.40
763	002798	帝王洁具	64.40
764	002707	众信旅游	64.40
765	600717	天津港	64.30
766	300523	辰安科技	64.30
767	300400	劲拓股份	64.30
768	300310	宜通世纪	64.30
769	002049	紫光国芯	64.30
770	000040	东旭蓝天	64.30
771	603939	益丰药房	64.20
772	002322	理工环科	64.20
773	000548	湖南投资	64.20
774	603688	石英股份	64.10
775	601188	龙江交通	64.10
776	601186	中国铁建	64.10
777	600089	特变电工	64.10
778	600068	葛洲坝	64.10
779	300585	奥联电子	64.10
780	300452	山河药辅	64.10
781	300410	正业科技	64.10
782	300207	欣旺达	64.10
783	300039	上海凯宝	64.10
784	002818	富森美	64.10

续表

排名	股票代码	公司名称	评价得分	排名	股票代码	公司名称	评价得分
785	002376	新北洋	64.10	830	000798	中水渔业	63.50
786	000761	本钢板材	64.10	831	300324	旋极信息	63.40
787	000683	远兴能源	64.10	832	002609	捷顺科技	63.40
788	600978	宜华生活	64.00	833	002491	通鼎互联	63.40
789	002803	吉宏股份	64.00	834	000985	大庆华科	63.40
790	002712	思美传媒	64.00	835	000828	东莞控股	63.40
791	002343	慈文传媒	64.00	836	000100	TCL 集团	63.40
792	000988	华工科技	64.00	837	000049	德赛电池	63.40
793	603858	步长制药	63.90	838	603678	火炬电子	63.30
794	601015	陕西黑猫	63.90	839	601898	中煤能源	63.30
795	600998	九州通	63.90	840	601717	郑煤机	63.30
796	300548	博创科技	63.90	841	300511	雪榕生物	63.30
797	300316	晶盛机电	63.90	842	002557	洽洽食品	63.30
798	300308	中际旭创	63.90	843	002074	国轩高科	63.30
799	002411	必康股份	63.90	844	000848	承德露露	63.30
800	002405	四维图新	63.90	845	603569	长久物流	63.20
801	000006	深振业 A	63.90	846	603567	珍宝岛	63.20
802	600739	辽宁成大	63.80	847	600995	文山电力	63.20
803	300468	四方精创	63.80	848	600694	大商股份	63.20
804	300320	海达股份	63.80	849	600674	川投能源	63.20
805	300241	瑞丰光电	63.80	850	600101	明星电力	63.20
806	002837	英维克	63.80	851	300575	中旗股份	63.20
807	600757	长江传媒	63.70	852	300510	金冠电气	63.20
808	600737	中粮糖业	63.70	853	300323	华灿光电	63.20
809	600549	厦门钨业	63.70	854	300037	新宙邦	63.20
810	300375	鹏翎股份	63.70	855	000685	中山公用	63.20
811	300067	安诺其	63.70	856	000666	经纬纺机	63.20
812	002700	新疆浩源	63.70	857	000498	山东路桥	63.20
813	002617	露笑科技	63.70	858	000062	深圳华强	63.20
814	603708	家家悦	63.60	859	603099	长白山	63.10
815	603608	天创时尚	63.60	860	300107	建新股份	63.10
816	600588	用友网络	63.60	861	000736	中交地产	63.10
817	002509	天广中茂	63.60	862	000301	东方市场	63.10
818	603128	华贸物流	63.50	863	601588	北辰实业	63.00
819	601857	中国石油	63.50	864	600637	东方明珠	63.00
820	601766	中国中车	63.50	865	600557	康缘药业	63.00
821	601222	林洋能源	63.50	866	600121	郑州煤电	63.00
822	600229	城市传媒	63.50	867	300179	四方达	63.00
823	300227	光韵达	63.50	868	000028	国药一致	63.00
824	300133	华策影视	63.50	869	601390	中国中铁	62.90
825	300121	阳谷华泰	63.50	870	600710	苏美达	62.90
826	300115	长盈精密	63.50	871	600636	三爱富	62.90
827	002540	亚太科技	63.50	872	300487	蓝晓科技	62.90
828	002102	冠福股份	63.50	873	601966	玲珑轮胎	62.80
829	002036	联创电子	63.50	874	601137	博威合金	62.80

续表

排名	股票代码	公司名称	评价得分	排名	股票代码	公司名称	评价得分
875	600986	科达股份	62.80	920	600420	现代制药	62.10
876	600362	江西铜业	62.80	921	300427	红相股份	62.10
877	600081	东风科技	62.80	922	300221	银禧科技	62.10
878	300097	智云股份	62.80	923	002531	天顺风能	62.10
879	300012	华测检测	62.80	924	002435	长江润发	62.10
880	603600	永艺股份	62.70	925	002345	潮宏基	62.10
881	600804	鹏博士	62.70	926	002308	威创股份	62.10
882	300194	福安药业	62.70	927	002238	天威视讯	62.10
883	002422	科伦药业	62.70	928	000096	广聚能源	62.10
884	002334	英威腾	62.70	929	600650	锦江投资	62.00
885	000155	川化股份	62.70	930	600022	山东钢铁	62.00
886	600246	万通地产	62.60	931	300570	太辰光	62.00
887	300376	易事特	62.60	932	300382	斯莱克	62.00
888	002516	旷达科技	62.60	933	300222	科大智能	62.00
889	002424	贵州百灵	62.60	934	002766	索菱股份	62.00
890	000669	金鸿控股	62.60	935	002152	广电运通	62.00
891	000078	海王生物	62.60	936	000582	北部湾港	62.00
892	603007	花王股份	62.50	937	000063	中兴通讯	62.00
893	601800	中国交建	62.50	938	603588	高能环境	61.90
894	600873	梅花生物	62.50	939	002790	瑞尔特	61.90
895	600340	华夏幸福	62.50	940	002503	搜于特	61.90
896	600088	中视传媒	62.50	941	002497	雅化集团	61.90
897	600917	重庆燃气	62.40	942	000008	神州高铁	61.90
898	002129	中环股份	62.40	943	000728	国元证券	61.82
899	000526	*ST 紫学	62.40	944	600499	科达洁能	61.80
900	000050	深天马 A	62.40	945	600293	三峡新材	61.80
901	601985	中国核电	62.30	946	300388	国祯环保	61.80
902	600076	康欣新材	62.30	947	300199	翰宇药业	61.80
903	300446	乐凯新材	62.30	948	002098	浔兴股份	61.80
904	300406	九强生物	62.30	949	002010	传化智联	61.80
905	300403	地尔汉宇	62.30	950	000682	东方电子	61.80
906	002314	南山控股	62.30	951	000987	越秀金控	61.71
907	002230	科大讯飞	62.30	952	603116	红蜻蜓	61.70
908	000820	神雾节能	62.30	953	603111	康尼机电	61.70
909	000601	韶能股份	62.30	954	600389	江山股份	61.70
910	000058	深赛格	62.30	955	002587	奥拓电子	61.70
911	600967	内蒙一机	62.20	956	002373	千方科技	61.70
912	600704	物产中大	62.20	957	002094	青岛金王	61.70
913	600657	信达地产	62.20	958	002014	永新股份	61.70
914	600633	浙数文化	62.20	959	000785	武汉中商	61.70
915	600190	锦州港	62.20	960	000629	*ST 钒钛	61.70
916	002658	雪迪龙	62.20	961	600033	福建高速	61.60
917	002456	欧菲科技	62.20	962	000807	云铝股份	61.60
918	000584	哈工智能	62.20	963	603518	维格娜丝	61.50
919	601996	丰林集团	62.10	964	603026	石大胜华	61.50

续表

排名	股票代码	公司名称	评价得分
965	600798	宁波海运	61.50
966	600211	西藏药业	61.50
967	300547	川环科技	61.50
968	300497	富祥股份	61.50
969	002812	创新股份	61.50
970	002686	亿利达	61.50
971	002581	未名医药	61.50
972	002553	南方轴承	61.50
973	002124	天邦股份	61.50
974	600693	东百集团	61.40
975	600116	三峡水利	61.40
976	300549	优德精密	61.40
977	002741	光华科技	61.40
978	002695	煌上煌	61.40
979	002237	恒邦股份	61.40
980	002022	科华生物	61.40
981	000823	超声电子	61.40
982	600350	山东高速	61.30
983	300393	中来股份	61.30
984	300341	麦迪电气	61.30
985	002823	凯中精密	61.30
986	002033	丽江旅游	61.30
987	601669	中国电建	61.20
988	600075	新疆天业	61.20
989	300467	迅游科技	61.20
990	300326	凯利泰	61.20
991	300229	拓尔思	61.20
992	002594	比亚迪	61.20
993	002166	莱茵生物	61.20
994	300428	四通新材	61.10
995	300017	网宿科技	61.10
996	002801	微光股份	61.10
997	002561	徐家汇	61.10
998	002082	万邦德	61.10
999	002063	远光软件	61.10
1000	000070	特发信息	61.10
1001	600010	包钢股份	61.00
1002	300495	美尚生态	61.00
1003	002083	孚日股份	61.00
1004	002013	中航机电	61.00
1005	603519	立霸股份	60.90
1006	603421	鼎信通讯	60.90
1007	603019	中科曙光	60.90
1008	600678	四川金顶	60.90
1009	600403	大有能源	60.90
1010	300432	富临精工	60.90
1011	300132	青松股份	60.90
1012	601388	怡球资源	60.80
1013	600985	雷鸣科化	60.80
1014	600844	丹化科技	60.80
1015	600240	华业资本	60.80
1016	600133	东湖高新	60.80
1017	300545	联得装备	60.80
1018	300525	博思软件	60.80
1019	300102	乾照光电	60.80
1020	002479	富春环保	60.80
1021	002362	汉王科技	60.80
1022	002340	格林美	60.80
1023	000967	盈峰环境	60.80
1024	603726	朗迪集团	60.70
1025	600874	创业环保	60.70
1026	600863	内蒙华电	60.70
1027	300559	佳发安泰	60.70
1028	300447	全信股份	60.70
1029	300398	飞凯材料	60.70
1030	002391	长青股份	60.70
1031	002143	印纪传媒	60.70
1032	002045	国光电器	60.70
1033	000615	京汉股份	60.70
1034	600959	江苏有线	60.60
1035	600483	福能股份	60.60
1036	600285	羚锐制药	60.60
1037	000587	金洲慈航	60.60
1038	000029	深深房 A	60.60
1039	603158	腾龙股份	60.50
1040	600697	欧亚集团	60.50
1041	600527	江南高纤	60.50
1042	600073	上海梅林	60.50
1043	000860	顺鑫农业	60.50
1044	600502	安徽水利	60.40
1045	600090	同济堂	60.40
1046	000665	湖北广电	60.40
1047	603601	再升科技	60.30
1048	603058	永吉股份	60.30
1049	601311	骆驼股份	60.30
1050	600596	新安股份	60.30
1051	300297	蓝盾股份	60.30
1052	002836	新宏泽	60.30
1053	002694	顾地科技	60.30
1054	002463	沪电股份	60.30

续表

排名	股票代码	公司名称	评价得分	排名	股票代码	公司名称	评价得分
1055	600814	杭州解百	60.20	1100	603077	和邦生物	59.50
1056	300558	贝达药业	60.20	1101	300340	科恒股份	59.50
1057	300453	三鑫医疗	60.20	1102	002820	桂发祥	59.50
1058	300075	数字政通	60.20	1103	002734	利民股份	59.50
1059	300065	海兰信	60.20	1104	000905	厦门港务	59.50
1060	300055	万邦达	60.20	1105	000636	风华高科	59.50
1061	002668	奥马电器	60.20	1106	000783	长江证券	59.48
1062	002549	凯美特气	60.20	1107	600727	鲁北化工	59.40
1063	002335	科华恒盛	60.20	1108	002802	洪汇新材	59.40
1064	000528	柳工	60.20	1109	002421	达实智能	59.40
1065	300474	景嘉微	60.10	1110	002332	仙琚制药	59.40
1066	002568	百润股份	60.10	1111	002246	北化股份	59.40
1067	002394	联发股份	60.10	1112	603729	龙韵股份	59.30
1068	600970	中材国际	60.00	1113	603699	纽威股份	59.30
1069	600746	江苏索普	60.00	1114	601618	中国中冶	59.30
1070	600593	大连圣亚	60.00	1115	600586	金晶科技	59.30
1071	300261	雅本化学	60.00	1116	300477	合纵科技	59.30
1072	002270	华明装备	60.00	1117	300083	劲胜智能	59.30
1073	000877	天山股份	60.00	1118	000676	智度股份	59.30
1074	601579	会稽山	59.90	1119	000417	合肥百货	59.30
1075	600639	浦东金桥	59.90	1120	603929	亚翔集成	59.20
1076	600317	营口港	59.90	1121	600820	隧道股份	59.20
1077	002645	华宏科技	59.90	1122	600261	阳光照明	59.20
1078	002254	泰和新材	59.90	1123	600111	北方稀土	59.20
1079	002158	汉钟精机	59.90	1124	300288	朗玛信息	59.20
1080	000811	冰轮环境	59.90	1125	300266	兴源环境	59.20
1081	000605	渤海股份	59.90	1126	002678	珠江钢琴	59.20
1082	000055	方大集团	59.90	1127	002515	金字火腿	59.20
1083	603987	康德莱	59.80	1128	002472	双环传动	59.20
1084	600256	广汇能源	59.80	1129	002401	中远海科	59.20
1085	300196	长海股份	59.80	1130	002268	卫士通	59.20
1086	300082	奥克股份	59.80	1131	000718	苏宁环球	59.20
1087	002685	华东重机	59.80	1132	000539	粤电力 A	59.20
1088	002461	珠江啤酒	59.80	1133	601811	新华文轩	59.10
1089	002206	海利得	59.80	1134	600706	曲江文旅	59.10
1090	000926	福星股份	59.80	1135	600017	日照港	59.10
1091	603309	维力医疗	59.70	1136	300439	美康生物	59.10
1092	600367	红星发展	59.70	1137	300246	宝莱特	59.10
1093	002770	科迪乳业	59.70	1138	000505	京粮控股	59.10
1094	002596	海南瑞泽	59.70	1139	603222	济民制药	59.00
1095	603368	柳州医药	59.60	1140	601002	晋亿实业	59.00
1096	300183	东软载波	59.60	1141	600171	上海贝岭	59.00
1097	300041	回天新材	59.60	1142	300214	日科化学	59.00
1098	002632	道明光学	59.60	1143	300112	万讯自控	59.00
1099	002434	万里扬	59.60	1144	002793	东音股份	59.00

续表

排名	股票代码	公司名称	评价得分	排名	股票代码	公司名称	评价得分
1145	002530	金财互联	59.00	1190	600113	浙江东日	58.40
1146	002478	常宝股份	59.00	1191	300444	双杰电气	58.40
1147	002673	西部证券	58.95	1192	300371	汇中股份	58.40
1148	600753	东方银星	58.90	1193	002047	宝鹰股份	58.40
1149	600098	广州发展	58.90	1194	002029	七匹狼	58.40
1150	300386	飞天诚信	58.90	1195	601117	中国化学	58.30
1151	002368	太极股份	58.90	1196	002742	三圣股份	58.30
1152	002028	思源电气	58.90	1197	002484	江海股份	58.30
1153	000800	一汽轿车	58.90	1198	000970	中科三环	58.30
1154	603869	北部湾旅	58.80	1199	603936	博敏电子	58.20
1155	603002	宏昌电子	58.80	1200	600603	广汇物流	58.20
1156	600655	豫园股份	58.80	1201	600582	天地科技	58.20
1157	600021	上海电力	58.80	1202	600283	钱江水利	58.20
1158	300519	新光药业	58.80	1203	300251	光线传媒	58.20
1159	300208	恒顺众昇	58.80	1204	600459	贵研铂业	58.10
1160	002157	正邦科技	58.80	1205	600226	瀚叶股份	58.10
1161	000709	河钢股份	58.80	1206	600216	浙江医药	58.10
1162	603066	音飞储存	58.70	1207	300044	赛为智能	58.10
1163	600965	福成股份	58.70	1208	002303	美盈森	58.10
1164	300527	华舟应急	58.70	1209	601368	绿城水务	58.00
1165	300149	量子高科	58.70	1210	600976	健民集团	58.00
1166	002619	艾格拉斯	58.70	1211	600559	老白干酒	58.00
1167	000935	四川双马	58.70	1212	600366	宁波韵升	58.00
1168	000889	茂业通信	58.70	1213	600008	首创股份	58.00
1169	000778	新兴铸管	58.70	1214	300543	朗科智能	58.00
1170	000156	华数传媒	58.70	1215	002738	中矿资源	58.00
1171	603611	诺力股份	58.60	1216	000739	普洛药业	58.00
1172	603030	全筑股份	58.60	1217	600705	中航资本	57.90
1173	600644	乐山电力	58.60	1218	600676	交运股份	57.90
1174	600386	北巴传媒	58.60	1219	300416	苏试试验	57.90
1175	300494	盛天网络	58.60	1220	300193	佳士科技	57.90
1176	300174	元力股份	58.60	1221	002701	奥瑞金	57.90
1177	603319	湘油泵	58.50	1222	002087	新野纺织	57.90
1178	603318	派思股份	58.50	1223	000407	胜利股份	57.90
1179	603108	润达医疗	58.50	1224	300109	新开源	57.80
1180	601600	中国铝业	58.50	1225	300013	新宁物流	57.80
1181	600979	广安爱众	58.50	1226	002232	启明信息	57.80
1182	600628	新世界	58.50	1227	002228	合兴包装	57.80
1183	600378	天科股份	58.50	1228	603313	梦百合	57.70
1184	600295	鄂尔多斯	58.50	1229	601199	江南水务	57.70
1185	600170	上海建工	58.50	1230	600879	航天电子	57.70
1186	300445	康斯特	58.50	1231	600488	天药股份	57.70
1187	300306	远方信息	58.50	1232	600368	五洲交通	57.70
1188	002106	莱宝高科	58.50	1233	600037	歌华有线	57.70
1189	600580	卧龙电气	58.40	1234	002496	辉丰股份	57.70

续表

排名	股票代码	公司名称	评价得分	排名	股票代码	公司名称	评价得分
1235	002389	南洋科技	57.70	1280	300430	诚益通	57.00
1236	002283	天润曲轴	57.70	1281	002135	东南网架	57.00
1237	603738	泰晶科技	57.60	1282	603566	普莱柯	56.90
1238	603085	天成自控	57.60	1283	603098	森特股份	56.90
1239	601595	上海电影	57.60	1284	600738	兰州民百	56.90
1240	600827	百联股份	57.60	1285	600702	舍得酒业	56.90
1241	600422	昆药集团	57.60	1286	600619	海立股份	56.90
1242	600269	赣粤高速	57.60	1287	600319	亚星化学	56.90
1243	300507	苏奥传感	57.60	1288	600208	新湖中宝	56.90
1244	300437	清水源	57.60	1289	300502	新易盛	56.90
1245	300292	吴通控股	57.60	1290	300426	唐德影视	56.90
1246	002532	新界泵业	57.60	1291	300367	东方网力	56.90
1247	002403	爱仕达	57.60	1292	300053	欧比特	56.90
1248	002383	合众思壮	57.60	1293	002747	埃斯顿	56.90
1249	000400	许继电气	57.60	1294	002729	好利来	56.90
1250	603928	兴业股份	57.50	1295	002429	兆驰股份	56.90
1251	600683	京投发展	57.50	1296	002024	苏宁易购	56.90
1252	600577	精达股份	57.50	1297	000803	*ST 金宇	56.90
1253	600510	黑牡丹	57.50	1298	000507	珠海港	56.90
1254	600500	中化国际	57.50	1299	600594	益佰制药	56.80
1255	600329	中新药业	57.50	1300	600059	古越龙山	56.80
1256	600280	中央商场	57.50	1301	002735	王子新材	56.80
1257	000795	英洛华	57.50	1302	002631	德尔未来	56.80
1258	601901	方正证券	57.45	1303	002615	哈尔斯	56.80
1259	601518	吉林高速	57.40	1304	002121	科陆电子	56.80
1260	002662	京威股份	57.40	1305	000920	南方汇通	56.80
1261	000711	京蓝科技	57.40	1306	000591	太阳能	56.80
1262	000021	深科技	57.40	1307	603456	九洲药业	56.70
1263	603909	合诚股份	57.30	1308	601991	大唐发电	56.70
1264	603663	三祥新材	57.30	1309	601020	华钰矿业	56.70
1265	601058	赛轮金宇	57.30	1310	300546	雄帝科技	56.70
1266	601007	金陵饭店	57.30	1311	300459	金科文化	56.70
1267	600039	四川路桥	57.30	1312	300455	康拓红外	56.70
1268	300343	联创互联	57.30	1313	000952	广济药业	56.70
1269	002015	霞客环保	57.30	1314	600728	佳都科技	56.60
1270	000735	罗牛山	57.30	1315	600067	冠城大通	56.60
1271	600675	中华企业	57.20	1316	000751	锌业股份	56.60
1272	300267	尔康制药	57.20	1317	600172	黄河旋风	56.50
1273	002721	金一文化	57.20	1318	300486	东杰智能	56.50
1274	002309	中利集团	57.20	1319	300091	金通灵	56.50
1275	002250	联化科技	57.20	1320	300031	宝通科技	56.50
1276	300530	达志科技	57.10	1321	002599	盛通股份	56.50
1277	002502	骅威文化	57.10	1322	002598	山东章鼓	56.50
1278	000042	中洲控股	57.10	1323	000731	四川美丰	56.50
1279	601107	四川成渝	57.00	1324	600699	均胜电子	56.40

续表

排名	股票代码	公司名称	评价得分	排名	股票代码	公司名称	评价得分
1325	600679	上海凤凰	56.40	1370	603069	海汽集团	55.90
1326	600482	中国动力	56.40	1371	603020	爱普股份	55.90
1327	600345	长江通信	56.40	1372	600523	贵航股份	55.90
1328	600284	浦东建设	56.40	1373	600330	天通股份	55.90
1329	600118	中国卫星	56.40	1374	300576	容大感光	55.90
1330	300461	田中精机	56.40	1375	002218	拓日新能	55.90
1331	300348	长亮科技	56.40	1376	002210	飞马国际	55.90
1332	002455	百川股份	56.40	1377	000698	沈阳化工	55.90
1333	002436	兴森科技	56.40	1378	603336	宏辉果蔬	55.80
1334	002117	东港股份	56.40	1379	600491	龙元建设	55.80
1335	002004	华邦健康	56.40	1380	300019	硅宝科技	55.80
1336	000415	渤海金控	56.40	1381	002829	星网宇达	55.80
1337	600363	联创光电	56.30	1382	002133	广宇集团	55.80
1338	600351	亚宝药业	56.30	1383	300360	炬华科技	55.70
1339	002781	奇信股份	56.30	1384	300226	上海钢联	55.70
1340	002650	加加食品	56.30	1385	300177	中海达	55.70
1341	002544	杰赛科技	56.30	1386	002349	精华制药	55.70
1342	002393	力生制药	56.30	1387	000150	宜华健康	55.70
1343	002116	中国海诚	56.30	1388	603258	电魂网络	55.60
1344	600109	国金证券	56.29	1389	300411	金盾股份	55.60
1345	603399	吉翔股份	56.20	1390	002097	山河智能	55.60
1346	600146	商赢环球	56.20	1391	000836	鑫茂科技	55.60
1347	300114	中航电测	56.20	1392	603010	万盛股份	55.50
1348	002675	东诚药业	56.20	1393	600446	金证股份	55.50
1349	002462	嘉事堂	56.20	1394	300314	戴维医疗	55.50
1350	000971	高升控股	56.20	1395	300236	上海新阳	55.50
1351	000038	深大通	56.20	1396	002783	凯龙股份	55.50
1352	601198	东兴证券	56.12	1397	002301	齐心集团	55.50
1353	603996	中新科技	56.10	1398	002187	广百股份	55.50
1354	603988	中电电机	56.10	1399	603168	莎普爱思	55.40
1355	300307	慈星股份	56.10	1400	600070	浙江富润	55.40
1356	300035	中科电气	56.10	1401	300225	金力泰	55.40
1357	002321	华英农业	56.10	1402	300026	红日药业	55.40
1358	002109	兴化股份	56.10	1403	002299	圣农发展	55.40
1359	000031	中粮地产	56.10	1404	002156	通富微电	55.40
1360	601999	出版传媒	56.00	1405	002500	山西证券	55.39
1361	600980	北矿科技	56.00	1406	603701	德宏股份	55.30
1362	600575	皖江物流	56.00	1407	603398	邦宝益智	55.30
1363	300532	今天国际	56.00	1408	600890	中房股份	55.30
1364	300478	杭州高新	56.00	1409	600718	东软集团	55.30
1365	300378	鼎捷软件	56.00	1410	600239	云南城投	55.30
1366	300120	经纬电材	56.00	1411	300240	飞力达	55.30
1367	002219	恒康医疗	56.00	1412	300201	海伦哲	55.30
1368	000544	中原环保	56.00	1413	002358	森源电气	55.30
1369	000027	深圳能源	56.00	1414	000903	云内动力	55.30

续表

排名	股票代码	公司名称	评价得分	排名	股票代码	公司名称	评价得分
1415	603016	新宏泰	55.20	1460	002644	佛慈制药	54.70
1416	300190	维尔利	55.20	1461	002551	尚荣医疗	54.70
1417	300099	精准信息	55.20	1462	002443	金洲管道	54.70
1418	002724	海洋王	55.20	1463	002147	新光圆成	54.70
1419	002583	海能达	55.20	1464	000657	中钨高新	54.70
1420	002224	三力士	55.20	1465	300425	环能科技	54.60
1421	002093	国脉科技	55.20	1466	002442	龙星化工	54.60
1422	000976	华铁股份	55.20	1467	601886	江河集团	54.50
1423	000716	黑芝麻	55.20	1468	601016	节能风电	54.50
1424	600790	轻纺城	55.10	1469	600110	诺德股份	54.50
1425	600725	ST 云维	55.10	1470	300501	海顺新材	54.50
1426	300505	川金诺	55.10	1471	002699	美盛文化	54.50
1427	300377	赢时胜	55.10	1472	002367	康力电梯	54.50
1428	300358	楚天科技	55.10	1473	002130	沃尔核材	54.50
1429	300242	明家联合	55.10	1474	600686	金龙汽车	54.40
1430	002728	特一药业	55.10	1475	600428	中远海特	54.40
1431	002215	诺普信	55.10	1476	300209	天泽信息	54.40
1432	002164	宁波东力	55.10	1477	300138	晨光生物	54.40
1433	601339	百隆东方	55.00	1478	002663	普邦股份	54.40
1434	600748	上实发展	55.00	1479	002026	山东威达	54.40
1435	600503	华丽家族	55.00	1480	000821	京山轻机	54.40
1436	600381	青海春天	55.00	1481	603299	井神股份	54.30
1437	600105	永鼎股份	55.00	1482	600988	赤峰黄金	54.30
1438	002182	云海金属	55.00	1483	600963	岳阳林纸	54.30
1439	000930	中粮生化	55.00	1484	600960	渤海活塞	54.30
1440	000802	北京文化	55.00	1485	600831	广电网络	54.30
1441	601113	华鼎股份	54.90	1486	600745	闻泰科技	54.30
1442	600797	浙大网新	54.90	1487	600210	紫江企业	54.30
1443	600758	红阳能源	54.90	1488	300309	吉艾科技	54.30
1444	300391	康跃科技	54.90	1489	300287	飞利信	54.30
1445	300206	理邦仪器	54.90	1490	002550	千红制药	54.30
1446	300007	汉威科技	54.90	1491	002445	中南文化	54.30
1447	002637	赞宇科技	54.90	1492	300496	中科创达	54.20
1448	002431	棕榈股份	54.90	1493	002697	红旗连锁	54.20
1449	300566	激智科技	54.80	1494	002537	海联金汇	54.20
1450	300172	中电环保	54.80	1495	002407	多氟多	54.20
1451	300154	瑞凌股份	54.80	1496	002357	富临运业	54.20
1452	002538	司尔特	54.80	1497	002084	海鸥住工	54.20
1453	002328	新朋股份	54.80	1498	000430	张家界	54.20
1454	000913	钱江摩托	54.80	1499	000686	东北证券	54.15
1455	000886	海南高速	54.80	1500	603006	联明股份	54.10
1456	603088	宁波精达	54.70	1501	601163	三角轮胎	54.10
1457	300049	福瑞股份	54.70	1502	600602	云赛智联	54.10
1458	300047	天源迪科	54.70	1503	300366	创意信息	54.10
1459	002809	红墙股份	54.70	1504	300255	常山药业	54.10

续表

排名	股票代码	公司名称	评价得分	排名	股票代码	公司名称	评价得分
1505	002683	宏大爆破	54.10	1550	603698	航天工程	53.30
1506	000564	供销大集	54.10	1551	600371	万向德农	53.30
1507	601866	中远海发	54.00	1552	300440	运达科技	53.30
1508	600143	金发科技	54.00	1553	300253	卫宁健康	53.30
1509	600055	万东医疗	54.00	1554	300165	天瑞仪器	53.30
1510	002559	亚威股份	54.00	1555	300160	秀强股份	53.30
1511	002131	利欧股份	54.00	1556	000892	欢瑞世纪	53.30
1512	300103	达刚路机	53.90	1557	000550	江铃汽车	53.30
1513	002762	金发拉比	53.90	1558	603696	安记食品	53.20
1514	002150	通润装备	53.90	1559	603311	金海环境	53.20
1515	603998	方盛制药	53.80	1560	600785	新华百货	53.20
1516	603667	五洲新春	53.80	1561	600513	联环药业	53.20
1517	601727	上海电气	53.80	1562	600509	天富能源	53.20
1518	300493	润欣科技	53.80	1563	300480	光力科技	53.20
1519	300384	三联虹普	53.80	1564	300435	中泰股份	53.20
1520	002065	东华软件	53.80	1565	300129	泰胜风能	53.20
1521	603990	麦迪科技	53.70	1566	300045	华力创通	53.20
1522	601918	新集能源	53.70	1567	002791	坚朗五金	53.20
1523	600996	贵广网络	53.70	1568	002787	华源控股	53.20
1524	600512	腾达建设	53.70	1569	002641	永高股份	53.20
1525	300158	振东制药	53.70	1570	002302	西部建设	53.20
1526	300143	星普医科	53.70	1571	002119	康强电子	53.20
1527	002661	克明面业	53.70	1572	603015	弘讯科技	53.10
1528	002656	摩登大道	53.70	1573	600635	大众公用	53.10
1529	000901	航天科技	53.70	1574	600505	西昌电力	53.10
1530	603636	南威软件	53.60	1575	600439	瑞贝卡	53.10
1531	600848	上海临港	53.60	1576	600327	大东方	53.10
1532	002523	天桥起重	53.60	1577	002826	易明医药	53.10
1533	002390	信邦制药	53.60	1578	002249	大洋电机	53.10
1534	002252	上海莱士	53.60	1579	002239	奥特佳	53.10
1535	000829	天音控股	53.60	1580	002144	宏达高科	53.10
1536	000667	美好置业	53.60	1581	000652	泰达股份	53.10
1537	000510	金路集团	53.60	1582	601011	宝泰隆	53.00
1538	601010	文峰股份	53.50	1583	600735	新华锦	53.00
1539	300560	中富通	53.50	1584	300339	润和软件	53.00
1540	300108	吉药控股	53.50	1585	300046	台基股份	53.00
1541	300027	华谊兄弟	53.50	1586	300021	大禹节水	53.00
1542	300024	机器人	53.50	1587	002341	新纶科技	53.00
1543	002520	日发精机	53.50	1588	603822	嘉澳环保	52.90
1544	002412	汉森制药	53.50	1589	603012	创力集团	52.90
1545	002404	嘉欣丝绸	53.50	1590	600531	豫光金铅	52.90
1546	600217	中再资环	53.40	1591	300473	德尔股份	52.90
1547	600064	南京高科	53.40	1592	300195	长荣股份	52.90
1548	600026	中远海能	53.40	1593	300094	国联水产	52.90
1549	002469	三维工程	53.40	1594	300050	世纪鼎利	52.90

续表

排名	股票代码	公司名称	评价得分	排名	股票代码	公司名称	评价得分
1595	002653	海思科	52.90	1640	300506	名家汇	52.30
1596	002282	博深工具	52.90	1641	002521	齐峰新材	52.30
1597	000520	长航凤凰	52.90	1642	600562	国睿科技	52.20
1598	000056	皇庭国际	52.90	1643	600168	武汉控股	52.20
1599	600400	红豆股份	52.80	1644	600163	中闽能源	52.20
1600	300492	山鼎设计	52.80	1645	300423	鲁亿通	52.20
1601	300243	瑞丰高材	52.80	1646	300317	珈伟股份	52.20
1602	002441	众业达	52.80	1647	002771	真视通	52.20
1603	000547	航天发展	52.80	1648	002612	朗姿股份	52.20
1604	000419	通程控股	52.80	1649	600841	上柴股份	52.10
1605	603067	振华股份	52.70	1650	300168	万达信息	52.10
1606	600982	宁波热电	52.70	1651	300068	南都电源	52.10
1607	300522	世名科技	52.70	1652	002828	贝肯能源	52.10
1608	300443	金雷风电	52.70	1653	002634	棒杰股份	52.10
1609	300353	东土科技	52.70	1654	002582	好想你	52.10
1610	002765	蓝黛传动	52.70	1655	002326	永太科技	52.10
1611	000766	通化金马	52.70	1656	002324	普利特	52.10
1612	000018	神州长城	52.70	1657	002114	罗平锌电	52.10
1613	000750	国海证券	52.69	1658	600893	航发动力	52.00
1614	600206	有研新材	52.60	1659	600038	中直股份	52.00
1615	300542	新晨科技	52.60	1660	300364	中文在线	52.00
1616	002316	键桥通讯	52.60	1661	300336	新文化	52.00
1617	002192	融捷股份	52.60	1662	300328	宜安科技	52.00
1618	002055	得润电子	52.60	1663	002356	赫美集团	52.00
1619	001696	宗申动力	52.60	1664	002040	南京港	52.00
1620	000965	天保基建	52.60	1665	603838	四通股份	51.90
1621	000511	*ST 烯碳	52.60	1666	601880	大连港	51.90
1622	601126	四方股份	52.50	1667	300289	利德曼	51.90
1623	600777	新潮能源	52.50	1668	002492	恒基达鑫	51.90
1624	002527	新时达	52.50	1669	002388	新亚制程	51.90
1625	002277	友阿股份	52.50	1670	600331	宏达股份	51.80
1626	002151	北斗星通	52.50	1671	300043	星辉娱乐	51.80
1627	000712	锦龙股份	52.46	1672	002822	中装建设	51.80
1628	600278	东方创业	52.40	1673	000090	天健集团	51.80
1629	300512	中亚股份	52.40	1674	000088	盐田港	51.80
1630	300484	蓝海华腾	52.40	1675	603918	金桥信息	51.70
1631	300417	南华仪器	52.40	1676	600333	长春燃气	51.70
1632	002746	仙坛股份	52.40	1677	300374	恒通科技	51.70
1633	002189	利达光电	52.40	1678	300231	银信科技	51.70
1634	002090	金智科技	52.40	1679	300217	东方电热	51.70
1635	000878	云南铜业	52.40	1680	600335	国机汽车	51.60
1636	000656	金科股份	52.40	1681	002698	博实股份	51.60
1637	000551	创元科技	52.40	1682	002173	创新医疗	51.60
1638	600843	上工申贝	52.30	1683	000919	金陵药业	51.60
1639	300561	汇金科技	52.30	1684	600789	鲁抗医药	51.50

续表

排名	股票代码	公司名称	评价得分	排名	股票代码	公司名称	评价得分
1685	600086	东方金钰	51.50	1730	603979	金诚信	51.00
1686	600050	中国联通	51.50	1731	600638	新黄浦	51.00
1687	300537	广信材料	51.50	1732	300100	双林股份	51.00
1688	300212	易华录	51.50	1733	002542	中化岩土	51.00
1689	002806	华锋股份	51.50	1734	000715	中兴商业	51.00
1690	002652	扬子新材	51.50	1735	603101	汇嘉时代	50.90
1691	002437	誉衡药业	51.50	1736	300419	浩丰科技	50.90
1692	002397	梦洁股份	51.50	1737	002592	八菱科技	50.90
1693	002216	三全食品	51.50	1738	002578	闽发铝业	50.90
1694	002118	紫鑫药业	51.50	1739	002196	方正电机	50.90
1695	002006	精功科技	51.50	1740	000411	英特集团	50.90
1696	000835	长城动漫	51.50	1741	603001	奥康国际	50.80
1697	000632	三木集团	51.50	1742	300563	神宇股份	50.80
1698	000403	ST 生化	51.50	1743	000933	神火股份	50.80
1699	601992	金隅集团	51.40	1744	000733	振华科技	50.80
1700	600846	同济科技	51.40	1745	000607	华媒控股	50.80
1701	600558	大西洋	51.40	1746	600630	龙头股份	50.70
1702	600011	华能国际	51.40	1747	600248	延长化建	50.70
1703	300389	艾比森	51.40	1748	300503	昊志机电	50.70
1704	300370	安控科技	51.40	1749	300029	天龙光电	50.70
1705	300311	任子行	51.40	1750	002584	西陇科学	50.70
1706	002666	德联集团	51.40	1751	002346	柘中股份	50.70
1707	000757	浩物股份	51.40	1752	002104	恒宝股份	50.70
1708	000635	英力特	51.40	1753	002103	广博股份	50.70
1709	000533	万家乐	51.40	1754	000793	华闻传媒	50.70
1710	603159	上海亚虹	51.30	1755	600795	国电电力	50.60
1711	600888	新疆众和	51.30	1756	600444	国机通用	50.60
1712	600731	湖南海利	51.30	1757	300462	华铭智能	50.60
1713	600094	大名城	51.30	1758	300215	电科院	50.60
1714	300385	雪浪环境	51.30	1759	002416	爱施德	50.60
1715	002351	漫步者	51.30	1760	002350	北京科锐	50.60
1716	002018	*ST 华信	51.30	1761	603126	中材节能	50.50
1717	000026	飞亚达 A	51.30	1762	600894	广日股份	50.50
1718	600853	龙建股份	51.20	1763	600307	酒钢宏兴	50.50
1719	600756	浪潮软件	51.20	1764	002556	辉隆股份	50.50
1720	002792	通宇通讯	51.20	1765	002526	山东矿机	50.50
1721	002418	康盛股份	51.20	1766	000732	泰禾集团	50.50
1722	002380	科远股份	51.20	1767	000565	渝三峡 A	50.50
1723	600356	恒丰纸业	51.10	1768	603268	松发股份	50.40
1724	300421	力星股份	51.10	1769	600136	当代明诚	50.40
1725	002776	柏堡龙	51.10	1770	300531	优博讯	50.40
1726	002590	万安科技	51.10	1771	300369	绿盟科技	50.40
1727	002433	太安堂	51.10	1772	300245	天玑科技	50.40
1728	002062	宏润建设	51.10	1773	002564	天沃科技	50.40
1729	000630	铜陵有色	51.10	1774	002348	高乐股份	50.40

续表

排名	股票代码	公司名称	评价得分	排名	股票代码	公司名称	评价得分
1775	000839	中信国安	50.40	1820	300081	恒信东方	49.80
1776	000151	中成股份	50.40	1821	000790	泰合健康	49.80
1777	603558	健盛集团	50.30	1822	000420	吉林化纤	49.80
1778	600961	株冶集团	50.30	1823	600626	申达股份	49.70
1779	600382	广东明珠	50.30	1824	600103	青山纸业	49.70
1780	600360	华微电子	50.30	1825	002360	同德化工	49.70
1781	600325	华发股份	50.30	1826	000738	航发控制	49.70
1782	300479	神思电子	50.30	1827	600780	通宝能源	49.60
1783	300304	云意电气	50.30	1828	600255	梦舟股份	49.60
1784	300140	中环装备	50.30	1829	002295	精艺股份	49.60
1785	300130	新国都	50.30	1830	002060	粤水电	49.60
1786	002750	龙津药业	50.30	1831	600839	四川长虹	49.50
1787	002565	顺灏股份	50.30	1832	600376	首开股份	49.50
1788	002512	达华智能	50.30	1833	600372	中航电子	49.50
1789	002315	焦点科技	50.30	1834	600182	S 佳通	49.50
1790	601555	东吴证券	50.23	1835	600122	宏图高科	49.50
1791	600460	士兰微	50.20	1836	300159	新研股份	49.50
1792	300331	苏大维格	50.20	1837	300078	思创医惠	49.50
1793	300198	纳川股份	50.20	1838	002137	麦达数字	49.50
1794	300123	亚光科技	50.20	1839	300390	天华超净	49.40
1795	300119	瑞普生物	50.20	1840	300018	中元股份	49.40
1796	002298	中电鑫龙	50.20	1841	002825	纳尔股份	49.40
1797	002031	巨轮智能	50.20	1842	002811	亚泰国际	49.40
1798	300456	耐威科技	50.10	1843	002574	明牌珠宝	49.40
1799	002265	西仪股份	50.10	1844	601718	际华集团	49.30
1800	002183	怡亚通	50.10	1845	600623	华谊集团	49.30
1801	603969	银龙股份	50.00	1846	600131	岷江水电	49.30
1802	603123	翠微股份	50.00	1847	300351	永贵电器	49.30
1803	601168	西部矿业	50.00	1848	002730	电光科技	49.30
1804	002541	鸿路钢构	50.00	1849	000833	贵糖股份	49.30
1805	002438	江苏神通	50.00	1850	000025	特力 A	49.30
1806	000925	众合科技	50.00	1851	603823	百合花	49.20
1807	601882	海天精工	49.90	1852	300260	新莱应材	49.20
1808	300275	梅安森	49.90	1853	300187	永清环保	49.20
1809	300200	高盟新材	49.90	1854	300128	锦富技术	49.20
1810	002805	丰元股份	49.90	1855	300117	嘉寓股份	49.20
1811	002752	昇兴股份	49.90	1856	300074	华平股份	49.20
1812	002251	步步高	49.90	1857	002817	黄山胶囊	49.20
1813	002176	江特电机	49.90	1858	002533	金杯电工	49.20
1814	000881	中广核技	49.90	1859	000851	高鸿股份	49.20
1815	600369	西南证券	49.83	1860	000695	滨海能源	49.20
1816	600135	乐凯胶片	49.80	1861	000404	华意压缩	49.20
1817	300535	达威股份	49.80	1862	603716	塞力斯	49.10
1818	300270	中威电子	49.80	1863	601958	金钼股份	49.10
1819	300248	新开普	49.80	1864	600589	广东榕泰	49.10

续表

排名	股票代码	公司名称	评价得分	排名	股票代码	公司名称	评价得分
1865	300151	昌红科技	49.10	1910	002510	天汽模	48.40
1866	300131	英唐智控	49.10	1911	002409	雅克科技	48.40
1867	300058	蓝色光标	49.10	1912	002086	东方海洋	48.40
1868	002800	天顺股份	49.10	1913	002053	云南能投	48.40
1869	601099	太平洋	49.07	1914	002009	天奇股份	48.40
1870	601908	京运通	49.00	1915	000401	冀东水泥	48.40
1871	600303	曙光股份	49.00	1916	000530	大冷股份	48.30
1872	600148	长春一东	49.00	1917	601969	海南矿业	48.20
1873	600080	金花股份	49.00	1918	601789	宁波建工	48.20
1874	002426	胜利精密	49.00	1919	600868	梅雁吉祥	48.20
1875	000590	启迪古汉	49.00	1920	600613	神奇制药	48.20
1876	600891	秋林集团	48.90	1921	600584	长电科技	48.20
1877	600614	鹏起科技	48.90	1922	002498	汉缆股份	48.20
1878	300565	科信技术	48.90	1923	002452	长高集团	48.20
1879	002795	永和智控	48.90	1924	000612	焦作万方	48.20
1880	002654	万润科技	48.90	1925	600975	新五丰	48.10
1881	603777	来伊份	48.80	1926	600834	申通地铁	48.10
1882	300472	新元科技	48.80	1927	300263	隆华节能	48.10
1883	300051	三五互联	48.80	1928	002782	可立克	48.10
1884	603218	日月股份	48.70	1929	002375	亚厦股份	48.10
1885	300281	金明精机	48.70	1930	002300	太阳电缆	48.10
1886	300185	通裕重工	48.70	1931	000555	神州信息	48.10
1887	002392	北京利尔	48.70	1932	600615	丰华股份	48.00
1888	600410	华胜天成	48.60	1933	300550	和仁科技	48.00
1889	300301	长方集团	48.60	1934	300346	南大光电	48.00
1890	002687	乔治白	48.60	1935	300156	神雾环保	48.00
1891	002548	金新农	48.60	1936	000153	丰原药业	48.00
1892	002240	威华股份	48.60	1937	600687	刚泰控股	47.90
1893	002099	海翔药业	48.60	1938	300539	横河模具	47.90
1894	000928	中钢国际	48.60	1939	300397	天和防务	47.90
1895	603828	柯利达	48.50	1940	300279	和晶科技	47.90
1896	601208	东材科技	48.50	1941	300110	华仁药业	47.90
1897	601179	中国西电	48.50	1942	002620	瑞和股份	47.90
1898	300057	万顺股份	48.50	1943	002361	神剑股份	47.90
1899	002622	融钰集团	48.50	1944	000540	中天金融	47.90
1900	002528	英飞拓	48.50	1945	000516	国际医学	47.90
1901	002313	日海通讯	48.50	1946	601611	中国核建	47.80
1902	600776	东方通信	48.40	1947	600769	祥龙电业	47.80
1903	600468	百利电气	48.40	1948	600740	山西焦化	47.80
1904	600157	永泰能源	48.40	1949	600611	大众交通	47.80
1905	300407	凯发电气	48.40	1950	600515	海航基础	47.80
1906	300305	裕兴股份	48.40	1951	300536	农尚环境	47.80
1907	300171	东富龙	48.40	1952	300490	华自科技	47.80
1908	300066	三川智慧	48.40	1953	300321	同大股份	47.80
1909	300064	豫金刚石	48.40	1954	002465	海格通信	47.80

续表

排名	股票代码	公司名称	评价得分	排名	股票代码	公司名称	评价得分
1955	600272	开开实业	47.70	2000	002566	益盛药业	47.10
1956	300278	华昌达	47.70	2001	002331	皖通科技	47.10
1957	002772	众兴菌业	47.70	2002	000561	烽火电子	47.10
1958	002722	金轮股份	47.70	2003	000099	中信海直	47.10
1959	002616	长青集团	47.70	2004	603861	白云电器	47.00
1960	603023	威帝股份	47.60	2005	603000	人民网	47.00
1961	601599	鹿港文化	47.60	2006	300276	三丰智能	47.00
1962	601028	玉龙股份	47.60	2007	002172	澳洋科技	47.00
1963	600565	迪马股份	47.60	2008	000861	海印股份	47.00
1964	600137	浪莎股份	47.60	2009	000557	西部创业	47.00
1965	300528	幸福蓝海	47.60	2010	600701	工大高新	46.90
1966	300268	佳沃股份	47.60	2011	000531	穗恒运 A	46.90
1967	002323	雅百特	47.60	2012	603959	百利科技	46.80
1968	002115	三维通信	47.60	2013	600826	兰生股份	46.80
1969	000936	华西股份	47.60	2014	600696	ST 匹凸	46.80
1970	000532	华金资本	47.60	2015	600339	中油工程	46.80
1971	603901	永创智能	47.50	2016	300413	快乐购	46.80
1972	601872	招商轮船	47.50	2017	300249	依米康	46.80
1973	600365	通葡股份	47.50	2018	002810	山东赫达	46.80
1974	300414	中光防雷	47.50	2019	002425	凯撒文化	46.80
1975	300412	迦南科技	47.50	2020	002413	雷科防务	46.80
1976	300387	富邦股份	47.50	2021	000958	东方能源	46.80
1977	002799	环球印务	47.50	2022	000791	甘肃电投	46.80
1978	002381	双箭股份	47.50	2023	300295	三六五网	46.70
1979	002255	海陆重工	47.50	2024	002691	冀凯股份	46.70
1980	000593	大通燃气	47.50	2025	002605	姚记扑克	46.70
1981	603999	读者传媒	47.40	2026	002160	常铝股份	46.70
1982	600833	第一医药	47.40	2027	603559	中通国脉	46.60
1983	600663	陆家嘴	47.40	2028	603227	雪峰科技	46.60
1984	600266	北京城建	47.40	2029	601519	*ST 智慧	46.60
1985	002761	多喜爱	47.40	2030	600713	南京医药	46.60
1986	002226	江南化工	47.40	2031	002545	东方铁塔	46.60
1987	002141	贤丰控股	47.40	2032	002274	华昌化工	46.60
1988	002012	凯恩股份	47.40	2033	603090	宏盛股份	46.50
1989	000931	中关村	47.40	2034	600435	北方导航	46.50
1990	600829	人民同泰	47.30	2035	600267	海正药业	46.50
1991	002369	卓翼科技	47.30	2036	300424	航新科技	46.50
1992	000838	财信发展	47.30	2037	002688	金河生物	46.50
1993	000600	建投能源	47.30	2038	002576	通达动力	46.50
1994	300040	九洲电气	47.20	2039	002132	恒星科技	46.50
1995	002037	久联发展	47.20	2040	603778	乾景园林	46.40
1996	603887	城地股份	47.10	2041	603618	杭电股份	46.40
1997	603389	亚振家居	47.10	2042	600353	旭光股份	46.40
1998	300329	海伦钢琴	47.10	2043	300509	新美星	46.40
1999	300238	冠昊生物	47.10	2044	300333	兆日科技	46.40

续表

排名	股票代码	公司名称	评价得分	排名	股票代码	公司名称	评价得分
2045	002588	史丹利	46.40	2090	000779	三毛派神	45.70
2046	002363	隆基机械	46.40	2091	600722	金牛化工	45.60
2047	002046	轴研科技	46.40	2092	600379	宝光股份	45.60
2048	000973	佛塑科技	46.40	2093	300363	博腾股份	45.60
2049	603878	武进不锈	46.30	2094	300213	佳讯飞鸿	45.60
2050	600796	钱江生化	46.30	2095	300010	立思辰	45.60
2051	600387	海越股份	46.30	2096	002253	川大智胜	45.60
2052	600220	江苏阳光	46.30	2097	002243	通产丽星	45.60
2053	002755	东方新星	46.30	2098	002076	雪莱特	45.60
2054	002054	德美化工	46.30	2099	000613	大东海 A	45.60
2055	000782	美达股份	46.30	2100	600616	金枫酒业	45.50
2056	600489	中金黄金	46.20	2101	300228	富瑞特装	45.50
2057	300573	兴齐眼药	46.20	2102	002284	亚太股份	45.50
2058	300436	广生堂	46.20	2103	000597	东北制药	45.50
2059	600259	广晟有色	46.10	2104	601929	吉视传媒	45.40
2060	300006	莱美药业	46.10	2105	002630	华西能源	45.40
2061	002751	易尚展示	46.10	2106	600909	华安证券	45.36
2062	002621	三垒股份	46.10	2107	603011	合锻智能	45.30
2063	002386	天原集团	46.10	2108	601116	三江购物	45.30
2064	002355	兴民智通	46.10	2109	600290	华仪电气	45.30
2065	300521	爱司凯	46.00	2110	002579	中京电子	45.30
2066	002731	萃华珠宝	46.00	2111	000729	燕京啤酒	45.30
2067	002447	晨鑫科技	46.00	2112	000009	中国宝安	45.30
2068	002318	久立特材	46.00	2113	600083	博信股份	45.20
2069	002307	北新路桥	46.00	2114	002379	宏创控股	45.20
2070	603779	威龙股份	45.90	2115	002193	如意集团	45.20
2071	603718	海利生物	45.90	2116	000609	中迪投资	45.20
2072	603606	东方电缆	45.90	2117	300475	聚隆科技	45.10
2073	600734	实达集团	45.90	2118	000978	桂林旅游	45.10
2074	600578	京能电力	45.90	2119	000831	五矿稀土	45.10
2075	300257	开山股份	45.90	2120	600810	神马股份	45.00
2076	300247	乐金健康	45.90	2121	600576	祥源文化	45.00
2077	002095	生意宝	45.90	2122	600551	时代出版	45.00
2078	600973	宝胜股份	45.80	2123	600456	宝钛股份	45.00
2079	600530	交大昂立	45.80	2124	002059	云南旅游	45.00
2080	600027	华电国际	45.80	2125	000906	浙商中拓	45.00
2081	002796	世嘉科技	45.80	2126	000768	中航飞机	45.00
2082	603977	国泰集团	45.70	2127	600185	格力地产	44.90
2083	603100	川仪股份	45.70	2128	002499	科林环保	44.90
2084	601500	通用股份	45.70	2129	002495	佳隆股份	44.90
2085	601005	重庆钢铁	45.70	2130	600370	三房巷	44.80
2086	600824	益民集团	45.70	2131	300568	星源材质	44.80
2087	300280	南通锻压	45.70	2132	002539	云图控股	44.80
2088	002715	登云股份	45.70	2133	002371	北方华创	44.80
2089	000909	数源科技	45.70	2134	002288	超华科技	44.80

续表

排名	股票代码	公司名称	评价得分	排名	股票代码	公司名称	评价得分
2135	000922	*ST 佳电	44.80	2180	002808	苏州恒久	43.80
2136	600862	中航高科	44.70	2181	002261	拓维信息	43.80
2137	600587	新华医疗	44.70	2182	600775	南京熊猫	43.70
2138	600546	山煤国际	44.70	2183	600751	天海投资	43.70
2139	300302	同有科技	44.70	2184	600495	晋西车轴	43.70
2140	002789	建艺集团	44.70	2185	600467	好当家	43.70
2141	002208	合肥城建	44.70	2186	600287	江苏舜天	43.70
2142	000758	中色股份	44.70	2187	600058	五矿发展	43.70
2143	000421	南京公用	44.70	2188	300562	乐心医疗	43.70
2144	603520	司太立	44.60	2189	300101	振芯科技	43.70
2145	300293	蓝英装备	44.60	2190	002125	湘潭电化	43.70
2146	002606	大连电瓷	44.60	2191	002378	章源钨业	43.60
2147	000705	浙江震元	44.60	2192	600774	汉商集团	43.50
2148	600768	宁波富邦	44.50	2193	300089	文化长城	43.50
2149	600692	亚通股份	44.50	2194	002778	高科石化	43.50
2150	600251	冠农股份	44.50	2195	002256	兆新股份	43.50
2151	300239	东宝生物	44.50	2196	002149	西部材料	43.50
2152	000068	华控赛格	44.40	2197	000955	欣龙控股	43.50
2153	600358	国旅联合	44.30	2198	601369	陕鼓动力	43.40
2154	002011	盾安环境	44.30	2199	600732	ST 新梅	43.40
2155	000509	华塑控股	44.30	2200	002669	康达新材	43.40
2156	603033	三维股份	44.20	2201	000659	珠海中富	43.40
2157	600590	泰豪科技	44.20	2202	000620	新华联	43.40
2158	300303	聚飞光电	44.20	2203	600624	复旦复华	43.30
2159	002446	盛路通信	44.20	2204	600312	平高电气	43.30
2160	000687	华讯方舟	44.20	2205	002779	中坚科技	43.30
2161	600981	汇鸿集团	44.10	2206	000809	*ST 新城	43.30
2162	600429	三元股份	44.10	2207	000700	模塑科技	43.30
2163	600250	南纺股份	44.10	2208	300526	中潜股份	43.20
2164	300332	天壕环境	44.10	2209	300020	银江股份	43.20
2165	002625	光启技术	44.10	2210	002467	二六三	43.20
2166	002485	希努尔	44.10	2211	300262	巴安水务	43.10
2167	002338	奥普光电	44.10	2212	002489	浙江永强	43.10
2168	603555	贵人鸟	44.00	2213	002111	威海广泰	43.10
2169	600228	*ST 昌九	44.00	2214	002464	众应互联	43.00
2170	300553	集智股份	44.00	2215	002169	智光电气	43.00
2171	002122	天马股份	44.00	2216	600664	哈药股份	42.90
2172	000812	陕西金叶	44.00	2217	300420	五洋停车	42.90
2173	600552	凯盛科技	43.90	2218	002610	爱康科技	42.90
2174	600292	远达环保	43.90	2219	002178	延华智能	42.90
2175	600288	大恒科技	43.90	2220	600257	大湖股份	42.80
2176	600063	皖维高新	43.90	2221	300483	沃施股份	42.80
2177	300085	银之杰	43.90	2222	002017	东信和平	42.80
2178	600583	海油工程	43.80	2223	000762	西藏矿业	42.80
2179	300086	康芝药业	43.80	2224	600463	空港股份	42.70

续表

排名	股票代码	公司名称	评价得分	排名	股票代码	公司名称	评价得分
2225	300181	佐力药业	42.70	2270	000519	中兵红箭	41.80
2226	002767	先锋电子	42.70	2271	600462	九有股份	41.70
2227	002266	浙富控股	42.70	2272	600145	*ST 新亿	41.70
2228	002211	宏达新材	42.70	2273	300034	钢研高纳	41.70
2229	000158	常山北明	42.70	2274	002725	跃岭股份	41.70
2230	600592	龙溪股份	42.60	2275	002651	利君股份	41.70
2231	002819	东方中科	42.60	2276	000755	*ST 三维	41.70
2232	002513	蓝丰生化	42.60	2277	603508	思维列控	41.60
2233	002344	海宁皮城	42.60	2278	600969	郴电国际	41.60
2234	002105	信隆健康	42.60	2279	600892	大晟文化	41.60
2235	603703	盛洋科技	42.50	2280	600470	六国化工	41.60
2236	600605	汇通能源	42.50	2281	600232	金鹰股份	41.60
2237	300359	全通教育	42.50	2282	600177	雅戈尔	41.60
2238	600875	东方电气	42.40	2283	600100	同方股份	41.60
2239	600212	江泉实业	42.40	2284	300205	天喻信息	41.60
2240	300250	初灵信息	42.40	2285	300011	鼎汉技术	41.60
2241	300069	金利华电	42.40	2286	002205	国统股份	41.60
2242	002788	鹭燕医药	42.40	2287	002165	红宝丽	41.60
2243	002451	摩恩电气	42.40	2288	002162	悦心健康	41.60
2244	000918	嘉凯城	42.40	2289	000759	中百集团	41.60
2245	600561	江西长运	42.30	2290	300252	金信诺	41.50
2246	600543	莫高股份	42.30	2291	600609	金杯汽车	41.40
2247	000046	泛海控股	42.30	2292	600320	振华重工	41.40
2248	603633	徕木股份	42.20	2293	300380	安硕信息	41.40
2249	600207	安彩高科	42.20	2294	002286	保龄宝	41.40
2250	300582	英飞特	42.20	2295	601106	*ST 一重	41.30
2251	002723	金莱特	42.20	2296	300466	赛摩电气	41.30
2252	002339	积成电子	42.20	2297	300399	京天利	41.30
2253	603166	福达股份	42.10	2298	002374	丽鹏股份	41.30
2254	600069	银鸽投资	42.10	2299	600129	太极集团	41.20
2255	002071	长城影视	42.10	2300	600108	亚盛集团	41.20
2256	600770	综艺股份	42.00	2301	002759	天际股份	41.20
2257	600053	九鼎投资	42.00	2302	000993	闽东电力	41.20
2258	002585	双星新材	42.00	2303	603031	安德利	41.10
2259	002325	洪涛股份	42.00	2304	002580	圣阳股份	41.10
2260	002058	威尔泰	42.00	2305	002471	中超控股	41.10
2261	002030	达安基因	42.00	2306	600882	广泽股份	41.00
2262	600811	东方集团	41.90	2307	600830	香溢融通	41.00
2263	600689	上海三毛	41.90	2308	300515	三德科技	41.00
2264	600604	市北高新	41.90	2309	300192	科斯伍德	41.00
2265	300449	汉邦高科	41.90	2310	002740	爱迪尔	41.00
2266	000571	新大洲 A	41.90	2311	000697	炼石有色	41.00
2267	300148	天舟文化	41.80	2312	600936	广西广电	40.90
2268	002758	华通医药	41.80	2313	600851	海欣股份	40.90
2269	000908	景峰医药	41.80	2314	300282	汇冠股份	40.90

续表

排名	股票代码	公司名称	评价得分	排名	股票代码	公司名称	评价得分
2315	002546	新联电子	40.90	2360	000608	阳光股份	39.90
2316	002457	青龙管业	40.90	2361	000566	海南海药	39.90
2317	603009	北特科技	40.80	2362	600883	博闻科技	39.80
2318	600336	澳柯玛	40.80	2363	600634	富控互动	39.80
2319	300555	路通视信	40.80	2364	600496	精工钢构	39.80
2320	300518	盛讯达	40.80	2365	300153	科泰电源	39.80
2321	300315	掌趣科技	40.80	2366	002607	亚夏汽车	39.80
2322	300095	华伍股份	40.80	2367	002225	濮耐股份	39.70
2323	002184	海得控制	40.80	2368	000880	潍柴重机	39.70
2324	300256	星星科技	40.70	2369	000045	深纺织 A	39.70
2325	002593	日上集团	40.60	2370	601226	华电重工	39.60
2326	002395	双象股份	40.60	2371	600662	强生控股	39.60
2327	601700	风范股份	40.50	2372	600493	凤竹纺织	39.60
2328	600793	宜宾纸业	40.50	2373	300325	德威新材	39.60
2329	600719	大连热电	40.50	2374	300096	易联众	39.60
2330	300513	恒泰实达	40.50	2375	300056	三维丝	39.60
2331	000157	中联重科	40.50	2376	300001	特锐德	39.60
2332	600106	重庆路桥	40.40	2377	002665	首航节能	39.60
2333	300581	晨曦航空	40.40	2378	002123	梦网集团	39.60
2334	300350	华鹏飞	40.40	2379	600984	建设机械	39.50
2335	000023	深天地 A	40.40	2380	600608	ST 沪科	39.50
2336	300254	仟源医药	40.30	2381	600311	荣华实业	39.50
2337	002330	得利斯	40.30	2382	600517	置信电气	39.40
2338	002259	升达林业	40.30	2383	600869	智慧能源	39.30
2339	000037	深南电 A	40.30	2384	002835	同为股份	39.30
2340	600671	天目药业	40.20	2385	002692	睿康股份	39.30
2341	300202	聚龙股份	40.20	2386	002154	报喜鸟	39.30
2342	002743	富煌钢构	40.20	2387	600200	江苏吴中	39.20
2343	002488	金固股份	40.20	2388	300272	开能环保	39.20
2344	002428	云南锗业	40.20	2389	300002	神州泰岳	39.20
2345	000523	广州浪奇	40.20	2390	002667	鞍重股份	39.20
2346	603789	星光农机	40.10	2391	002505	大康农业	39.20
2347	600765	中航重机	40.10	2392	000543	皖能电力	39.20
2348	600665	天地源	40.10	2393	603859	能科股份	39.10
2349	600241	时代万恒	40.10	2394	002628	成都路桥	39.10
2350	600218	全柴动力	40.10	2395	002227	奥特迅	39.10
2351	002483	润邦股份	40.10	2396	300556	丝路视觉	39.00
2352	000788	北大医药	40.10	2397	300460	惠伦晶体	39.00
2353	002276	万马股份	40.00	2398	300008	天海防务	39.00
2354	000752	西藏发展	40.00	2399	600822	上海物贸	38.90
2355	000680	山推股份	40.00	2400	600666	奥瑞德	38.90
2356	603117	万林股份	39.90	2401	300569	天能重工	38.90
2357	600992	贵绳股份	39.90	2402	000673	当代东方	38.90
2358	600895	张江高科	39.90	2403	000534	万泽股份	38.90
2359	600165	新日恒力	39.90	2404	300265	通光线缆	38.80

续表

排名	股票代码	公司名称	评价得分	排名	股票代码	公司名称	评价得分
2405	000521	美菱电器	38.80	2450	300469	信息发展	37.60
2406	600322	天房发展	38.70	2451	300224	正海磁材	37.60
2407	300164	通源石油	38.70	2452	002474	榕基软件	37.60
2408	002660	茂硕电源	38.70	2453	000020	深华发 A	37.60
2409	001896	豫能控股	38.70	2454	603528	多伦科技	37.50
2410	603819	神力股份	38.60	2455	603189	网达软件	37.50
2411	603022	新通联	38.50	2456	601069	西部黄金	37.50
2412	300030	阳普医疗	38.50	2457	600847	*ST 万里	37.50
2413	603366	日出东方	38.40	2458	600300	维维股份	37.50
2414	600537	亿晶光电	38.40	2459	600127	金健米业	37.50
2415	600520	文一科技	38.40	2460	000722	湖南发展	37.50
2416	002769	普路通	38.40	2461	000554	泰山石油	37.50
2417	603333	明星电缆	38.30	2462	002797	第一创业	37.43
2418	600691	阳煤化工	38.30	2463	600854	春兰股份	37.40
2419	300557	理工光科	38.30	2464	600536	中国软件	37.40
2420	300538	同益股份	38.30	2465	600306	商业城	37.40
2421	300464	星徽精密	38.30	2466	600222	太龙药业	37.40
2422	300052	中青宝	38.30	2467	603028	赛福天	37.30
2423	000957	中通客车	38.30	2468	600645	中源协和	37.30
2424	000606	神州易桥	38.30	2469	600213	亚星客车	37.30
2425	600235	民丰特纸	38.20	2470	000815	美利云	37.30
2426	002280	联络互动	38.20	2471	600812	华北制药	37.20
2427	600858	银座股份	38.10	2472	002414	高德红外	37.20
2428	600321	*ST 正源	38.10	2473	002319	乐通股份	37.20
2429	600262	北方股份	38.10	2474	000969	安泰科技	37.20
2430	300499	高澜股份	38.10	2475	000859	国风塑业	37.20
2431	002312	*ST 三泰	38.10	2476	300520	科大国创	37.10
2432	002073	软控股份	38.10	2477	300147	香雪制药	37.10
2433	600448	华纺股份	38.00	2478	300235	方直科技	37.00
2434	603118	共进股份	37.90	2479	002813	路畅科技	37.00
2435	603036	如通股份	37.90	2480	002689	远大智能	37.00
2436	600077	宋都股份	37.90	2481	002674	兴业科技	37.00
2437	300465	高伟达	37.90	2482	002231	奥维通信	37.00
2438	000810	创维数字	37.90	2483	000032	深桑达 A	37.00
2439	603322	超讯通信	37.80	2484	600838	上海九百	36.90
2440	600877	ST 嘉陵	37.80	2485	300381	溢多利	36.90
2441	600152	维科精华	37.80	2486	002618	丹邦科技	36.90
2442	002629	仁智股份	37.80	2487	002180	纳思达	36.90
2443	000996	中国中期	37.80	2488	000560	我爱我家	36.90
2444	601177	杭齿前进	37.70	2489	300541	先进数通	36.80
2445	600078	澄星股份	37.70	2490	300337	银邦股份	36.80
2446	300533	冰川网络	37.70	2491	002337	赛象科技	36.80
2447	002204	大连重工	37.70	2492	601258	庞大集团	36.70
2448	600187	国中水务	37.60	2493	600677	航天通信	36.70
2449	600184	光电股份	37.60	2494	000702	正虹科技	36.70

续表

排名	股票代码	公司名称	评价得分	排名	股票代码	公司名称	评价得分
2495	600815	*ST 厦工	36.60	2540	300135	宝利国际	35.50
2496	300175	朗源股份	36.60	2541	000948	南天信息	35.50
2497	600568	中珠医疗	36.50	2542	000518	四环生物	35.50
2498	002671	龙泉股份	36.50	2543	600617	国新能源	35.40
2499	000663	永安林业	36.50	2544	600052	浙江广厦	35.40
2500	300150	世纪瑞尔	36.40	2545	300273	和佳股份	35.40
2501	002719	麦趣尔	36.40	2546	300141	和顺电气	35.40
2502	000899	赣能股份	36.40	2547	000929	兰州黄河	35.40
2503	603003	龙宇燃油	36.20	2548	300126	锐奇股份	35.30
2504	601608	中信重工	36.20	2549	603577	汇金通	35.20
2505	600861	北京城乡	36.20	2550	000850	华茂股份	35.20
2506	600071	凤凰光学	36.20	2551	000576	广东甘化	35.20
2507	300059	东方财富	36.20	2552	601808	中海油服	35.10
2508	002353	杰瑞股份	36.20	2553	603843	正平股份	35.00
2509	002159	三特索道	36.20	2554	002213	特尔佳	35.00
2510	000949	新乡化纤	36.20	2555	600818	中路股份	34.90
2511	000599	青岛双星	36.20	2556	002786	银宝山新	34.90
2512	603800	道森股份	36.10	2557	002733	雄韬股份	34.90
2513	603308	应流股份	36.10	2558	000066	中国长城	34.90
2514	600865	百大集团	36.10	2559	600237	铜峰电子	34.80
2515	600405	动力源	36.10	2560	600223	鲁商置业	34.80
2516	002554	惠博普	36.10	2561	002220	天宝食品	34.70
2517	002181	粤传媒	36.10	2562	000753	漳州发展	34.70
2518	600855	航天长峰	36.00	2563	000655	*ST 金岭	34.70
2519	600006	东风汽车	36.00	2564	600825	新华传媒	34.60
2520	300354	东华测试	36.00	2565	600560	金自天正	34.60
2521	002453	天马精化	36.00	2566	600199	金种子酒	34.50
2522	000061	农产品	36.00	2567	300552	万集科技	34.50
2523	600375	华菱星马	35.90	2568	002134	天津普林	34.50
2524	600268	国电南自	35.90	2569	601890	亚星锚链	34.40
2525	300517	海波重科	35.90	2570	600889	南京化纤	34.40
2526	300093	金刚玻璃	35.90	2571	600227	赤天化	34.40
2527	002679	福建金森	35.90	2572	000819	岳阳兴长	34.30
2528	000014	沙河股份	35.90	2573	000004	国农科技	34.30
2529	601008	连云港	35.80	2574	603169	兰石重装	34.20
2530	600458	时代新材	35.80	2575	600149	*ST 坊展	34.20
2531	300084	海默科技	35.80	2576	300534	陇神戎发	34.20
2532	002638	勤上股份	35.80	2577	300405	科隆股份	34.20
2533	600189	吉林森工	35.70	2578	601777	力帆股份	34.10
2534	600169	太原重工	35.70	2579	601118	海南橡胶	34.10
2535	300362	天翔环境	35.70	2580	600794	保税科技	34.10
2536	000701	厦门信达	35.70	2581	600310	桂东电力	34.10
2537	600433	冠豪高新	35.60	2582	002278	神开股份	34.10
2538	000017	深中华 A	35.60	2583	600707	彩虹股份	34.00
2539	300352	北信源	35.50	2584	600391	航发科技	34.00

续表

排名	股票代码	公司名称	评价得分	排名	股票代码	公司名称	评价得分
2585	000619	海螺型材	34.00	2630	600860	京城股份	32.00
2586	600857	宁波中百	33.90	2631	000890	法尔胜	32.00
2587	600819	耀皮玻璃	33.90	2632	601616	广电电气	31.90
2588	600556	ST 慧球	33.90	2633	600095	哈高科	31.90
2589	300079	数码科技	33.90	2634	002399	海普瑞	31.90
2590	300322	硕贝德	33.80	2635	000592	平潭发展	31.90
2591	300269	联建光电	33.80	2636	600767	ST 运盛	31.80
2592	002676	顺威股份	33.80	2637	600898	国美通讯	31.70
2593	002333	罗普斯金	33.80	2638	002547	春兴精工	31.70
2594	600361	华联综超	33.70	2639	002522	浙江众成	31.70
2595	600166	福田汽车	33.70	2640	002506	协鑫集成	31.70
2596	300318	博晖创新	33.70	2641	600864	哈投股份	31.60
2597	300277	海联讯	33.70	2642	600096	云天化	31.60
2598	300173	智慧松德	33.70	2643	002760	凤形股份	31.60
2599	002703	浙江世宝	33.60	2644	002459	天业通联	31.60
2600	600573	惠泉啤酒	33.50	2645	000727	华东科技	31.60
2601	000514	渝开发	33.50	2646	600792	云煤能源	31.50
2602	300330	华虹计通	33.40	2647	600478	科力远	31.50
2603	002329	皇氏集团	33.40	2648	002229	鸿博股份	31.50
2604	000677	恒天海龙	33.40	2649	000668	荣丰控股	31.50
2605	300491	通合科技	33.30	2650	000586	汇源通信	31.50
2606	002571	德力股份	33.30	2651	002633	申科股份	31.40
2607	603300	华铁科技	33.20	2652	002481	双塔食品	31.40
2608	600158	中体产业	33.20	2653	300161	华中数控	31.30
2609	300291	华录百纳	33.20	2654	002477	雏鹰农牧	31.30
2610	300157	恒泰艾普	33.20	2655	002214	大立科技	31.30
2611	002041	登海种业	33.10	2656	600733	SST 前锋	31.20
2612	002066	瑞泰科技	33.00	2657	600159	大龙地产	31.20
2613	000882	华联股份	33.00	2658	600117	西宁特钢	31.20
2614	300300	汉鼎宇佑	32.90	2659	300392	腾信股份	31.20
2615	002198	嘉应制药	32.90	2660	002199	东晶电子	31.20
2616	000043	中航地产	32.90	2661	002364	中恒电气	31.00
2617	600418	江淮汽车	32.80	2662	300489	中飞股份	30.90
2618	600072	中船科技	32.70	2663	002535	林州重机	30.90
2619	300458	全志科技	32.70	2664	300344	太空智造	30.80
2620	002816	和科达	32.70	2665	300048	合康新能	30.80
2621	600186	莲花健康	32.60	2666	002306	*ST 云网	30.80
2622	600712	南宁百货	32.50	2667	000777	中核科技	30.80
2623	300162	雷曼股份	32.40	2668	300211	亿通科技	30.70
2624	300111	向日葵	32.40	2669	600620	天宸股份	30.60
2625	002708	光洋股份	32.40	2670	002519	银河电子	30.60
2626	000912	*ST 天化	32.30	2671	000856	冀东装备	30.60
2627	600876	洛阳玻璃	32.10	2672	300223	北京君正	30.50
2628	600773	西藏城投	32.10	2673	002591	恒大高新	30.50
2629	300313	天山生物	32.10	2674	000570	苏常柴 A	30.50

续表

排名	股票代码	公司名称	评价得分	排名	股票代码	公司名称	评价得分
2675	000558	莱茵体育	30.50	2720	002290	中科新材	29.00
2676	603021	山东华鹏	30.40	2721	002168	深圳惠程	29.00
2677	600416	湘电股份	30.40	2722	000005	世纪星源	29.00
2678	600192	长城电工	30.40	2723	002235	安妮股份	28.90
2679	300032	金龙机电	30.40	2724	000806	银河生物	28.90
2680	600130	波导股份	30.30	2725	600550	保变电气	28.80
2681	002209	达意隆	30.30	2726	000837	秦川机床	28.80
2682	000638	万方发展	30.30	2727	000504	南华生物	28.80
2683	600099	林海股份	30.20	2728	600355	精伦电子	28.70
2684	300155	安居宝	30.20	2729	000721	西安饮食	28.70
2685	002514	宝馨科技	30.20	2730	300442	普丽盛	28.60
2686	300551	古鳌科技	30.10	2731	002177	御银股份	28.50
2687	000713	丰乐种业	30.10	2732	000019	深深宝 A	28.50
2688	600215	长春经开	30.00	2733	601968	宝钢包装	28.40
2689	600501	航天晨光	29.90	2734	002642	荣之联	28.40
2690	300290	荣科科技	29.90	2735	000917	电广传媒	28.40
2691	002140	东华科技	29.90	2736	000589	黔轮胎 A	28.40
2692	600128	弘业股份	29.80	2737	002524	光正集团	28.30
2693	002577	雷柏科技	29.80	2738	600791	京能置业	28.20
2694	002305	南国置业	29.80	2739	600714	金瑞矿业	28.20
2695	000670	盈方微	29.80	2740	000678	襄阳轴承	28.20
2696	600481	双良节能	29.70	2741	600571	信雅达	28.10
2697	300471	厚普股份	29.60	2742	002096	南岭民爆	28.10
2698	002197	证通电子	29.60	2743	000893	东凌国际	28.10
2699	002005	德豪润达	29.60	2744	601218	吉鑫科技	28.00
2700	600817	*ST 宏盛	29.50	2745	000595	*ST 宝实	28.00
2701	600649	城投控股	29.50	2746	600107	美尔雅	27.90
2702	002613	北玻股份	29.50	2747	300191	潜能恒信	27.90
2703	600238	海南椰岛	29.40	2748	002387	黑牛食品	27.90
2704	600178	东安动力	29.40	2749	300540	深冷股份	27.70
2705	300092	科新机电	29.40	2750	000966	长源电力	27.70
2706	000690	宝新能源	29.40	2751	002529	海源机械	27.60
2707	300283	温州宏丰	29.30	2752	002487	大金重工	27.60
2708	300210	森远股份	29.30	2753	000007	全新好	27.60
2709	600343	航天动力	29.20	2754	603727	博迈科	27.40
2710	300105	龙源技术	29.20	2755	600880	博瑞传播	27.30
2711	002684	猛狮科技	29.20	2756	300431	暴风集团	27.30
2712	002480	新筑股份	29.20	2757	603958	哈森股份	27.20
2713	000611	天首发展	29.20	2758	300404	博济医药	27.20
2714	600766	园城黄金	29.10	2759	603029	天鹅股份	27.10
2715	002201	九鼎新材	29.10	2760	002646	青青稞酒	27.10
2716	600783	鲁信创投	29.00	2761	002077	大港股份	27.10
2717	600506	香梨股份	29.00	2762	002560	通达股份	27.00
2718	600203	福日电子	29.00	2763	002292	奥飞娱乐	27.00
2719	002659	凯文教育	29.00	2764	601989	中国重工	26.90

续表

排名	股票代码	公司名称	评价得分	排名	股票代码	公司名称	评价得分
2765	600555	海航创新	26.90	2810	600651	飞乐音响	24.70
2766	002490	山东墨龙	26.90	2811	600432	*ST 吉恩	24.60
2767	002486	嘉麟杰	26.90	2812	600155	宝硕股份	24.60
2768	600685	中船防务	26.80	2813	002458	益生股份	24.50
2769	600425	*ST 青松	26.70	2814	601798	*ST 蓝科	24.40
2770	002423	中原特钢	26.70	2815	600408	*ST 安泰	24.40
2771	002113	天润数娱	26.70	2816	002417	深南股份	24.40
2772	000737	*ST 南风	26.70	2817	000536	华映科技	24.40
2773	600455	博通股份	26.60	2818	600749	*ST 藏旅	24.30
2774	002604	*ST 龙力	26.60	2819	300116	坚瑞沃能	24.30
2775	600962	国投中鲁	26.50	2820	002494	华斯股份	24.30
2776	600539	*ST 狮头	26.50	2821	300071	华谊嘉信	24.20
2777	300516	久之洋	26.50	2822	300023	宝德股份	24.20
2778	300063	天龙集团	26.50	2823	002623	亚玛顿	24.20
2779	002170	芭田股份	26.50	2824	300142	沃森生物	24.10
2780	000610	西安旅游	26.50	2825	002400	省广集团	24.10
2781	002336	人人乐	26.40	2826	002569	步森股份	24.00
2782	600302	标准股份	26.30	2827	002297	博云新材	24.00
2783	600359	新农开发	26.20	2828	002112	三变科技	24.00
2784	600119	长江投资	26.20	2829	000962	东方钽业	24.00
2785	002161	远望谷	26.10	2830	000868	安凯客车	24.00
2786	600191	华资实业	26.00	2831	300189	神农基因	23.80
2787	002693	双成药业	26.00	2832	002639	雪人股份	23.80
2788	600225	*ST 松江	25.90	2833	000995	皇台酒业	23.80
2789	002272	川润股份	25.90	2834	600698	湖南天雁	23.60
2790	002167	东方锆业	25.90	2835	300220	金运激光	23.60
2791	600476	湘邮科技	25.80	2836	600744	华银电力	23.50
2792	600151	航天机电	25.80	2837	600726	华电能源	23.50
2793	000572	海马汽车	25.80	2838	600866	星湖科技	23.40
2794	600759	洲际油气	25.70	2839	600209	*ST 罗顿	23.40
2795	603315	福鞍股份	25.50	2840	002702	海欣食品	23.40
2796	600802	福建水泥	25.50	2841	002069	獐子岛	23.30
2797	300004	南风股份	25.40	2842	000573	粤宏远 A	23.20
2798	002263	*ST 东南	25.40	2843	600397	*ST 安煤	23.00
2799	000863	三湘印象	25.40	2844	600396	金山股份	22.90
2800	000720	*ST 新能	25.40	2845	002289	宇顺电子	22.90
2801	600579	天华院	25.20	2846	300218	安利股份	22.70
2802	300167	迪威迅	25.20	2847	002163	中航三鑫	22.70
2803	002264	新华都	25.20	2848	600423	*ST 柳化	22.60
2804	000852	石化机械	25.20	2849	300264	佳创视讯	22.50
2805	002342	巨力索具	25.10	2850	002432	九安医疗	22.50
2806	300299	富春股份	25.00	2851	000506	中润资源	22.50
2807	000953	*ST 河化	24.90	2852	600532	宏达矿业	22.40
2808	000972	*ST 中基	24.80	2853	600316	洪都航空	22.40
2809	000961	中南建设	24.80	2854	002780	三夫户外	22.40

续表

排名	股票代码	公司名称	评价得分	排名	股票代码	公司名称	评价得分
2855	002194	*ST 凡谷	22.40	2900	002023	海特高新	19.30
2856	000767	漳泽电力	22.40	2901	600871	*ST 油服	19.20
2857	300334	津膜科技	22.30	2902	300134	大富科技	19.10
2858	600313	农发种业	22.00	2903	002473	*ST 圣莱	19.10
2859	600243	青海华鼎	22.00	2904	002575	群兴玩具	19.00
2860	600538	国发股份	21.90	2905	002207	*ST 准油	19.00
2861	002655	共达电声	21.90	2906	300163	先锋新材	18.70
2862	600281	太化股份	21.80	2907	002072	凯瑞德	18.60
2863	002021	中捷资源	21.80	2908	000616	海航投资	18.40
2864	600805	悦达投资	21.70	2909	600821	津劝业	18.30
2865	600526	菲达环保	21.70	2910	300312	邦讯技术	18.30
2866	000626	远大控股	21.70	2911	600265	ST 景谷	18.20
2867	600112	*ST 天成	21.50	2912	600485	信威集团	18.10
2868	300005	探路者	21.50	2913	300125	易世达	18.10
2869	002089	新海宜	21.50	2914	000707	*ST 双环	18.10
2870	000792	盐湖股份	21.50	2915	002476	宝莫股份	18.00
2871	000628	高新发展	21.50	2916	000875	吉电股份	18.00
2872	600091	ST 明科	21.40	2917	000503	海虹控股	17.90
2873	600595	中孚实业	21.30	2918	600653	申华控股	17.70
2874	600983	惠而浦	21.20	2919	002052	同洲电子	17.70
2875	600540	新赛股份	21.20	2920	600806	*ST 昆机	17.30
2876	300402	宝色股份	21.20	2921	002657	中科金财	17.20
2877	603616	韩建河山	20.90	2922	002190	成飞集成	17.10
2878	600730	中国高科	20.90	2923	000982	*ST 中绒	17.10
2879	600724	宁波富达	20.90	2924	300379	东方通	16.80
2880	300152	科融环境	20.90	2925	300080	易成新能	16.80
2881	000692	惠天热电	20.90	2926	600533	栖霞建设	16.70
2882	600647	同达创业	20.50	2927	600074	ST 保千里	16.50
2883	600156	华升股份	20.50	2928	600747	*ST 大控	16.40
2884	002785	万里石	20.50	2929	600301	ST 南化	16.40
2885	300077	国民技术	20.40	2930	002504	*ST 弘高	16.40
2886	002269	美邦服饰	20.40	2931	600721	百花村	16.20
2887	000410	沈阳机床	20.40	2932	600084	中葡股份	16.20
2888	600275	*ST 昌鱼	20.20	2933	000816	*ST 慧业	16.20
2889	600150	*ST 船舶	20.10	2934	000428	华天酒店	16.10
2890	601558	ST 锐电	20.00	2935	002347	泰尔股份	16.00
2891	600082	海泰发展	19.90	2936	002420	毅昌股份	15.90
2892	600421	ST 仰帆	19.70	2937	000927	一汽夏利	15.60
2893	300234	开尔新材	19.70	2938	002570	*ST 因美	15.40
2894	600601	方正科技	19.50	2939	002260	*ST 德奥	15.40
2895	002552	宝鼎科技	19.50	2940	600249	两面针	15.20
2896	002234	民和股份	19.50	2941	002296	辉煌科技	15.10
2897	601038	一拖股份	19.30	2942	600198	*ST 大唐	15.00
2898	600289	*ST 信通	19.30	2943	300319	麦捷科技	14.70
2899	300104	乐视网	19.30	2944	000691	亚太实业	14.60

续表

排名	股票代码	公司名称	评价得分	排名	股票代码	公司名称	评价得分
2945	000633	合金投资	14.40	2990	000502	绿景控股	6.60
2946	300076	GQY 视讯	14.30	2991	002070	*ST 众和	5.20
2947	002291	星期六	14.20	2992	000585	*ST 东电	4.90
2948	600870	*ST 厦华	14.00	2993	600401	*ST 海润	4.50
2949	600354	敦煌种业	13.90	2994	600139	西部资源	4.20
2950	300106	西部牧业	13.90	2995	002200	云投生态	2.70
2951	002248	华东数控	13.60		601360	三六零	88.20
2952	000622	恒立实业	13.60		002352	顺丰控股	88.00
2953	600807	天业股份	13.50		603833	欧派家居	82.80
2954	300356	光一科技	13.50		603260	合盛硅业	80.70
2955	600716	凤凰股份	13.40		603225	新凤鸣	80.00
2956	600469	风神股份	13.40		601019	山东出版	79.90
2957	000979	中弘股份	13.00		300616	尚品宅配	79.60
2958	002188	*ST 巴士	12.90		603848	好太太	78.70
2959	300025	华星创业	12.80		603043	广州酒家	78.70
2960	000801	四川九洲	12.80		603103	横店影视	78.60
2961	600652	游久游戏	12.60		603113	金能科技	77.90
2962	300139	晓程科技	12.60		300628	亿联网络	77.50
2963	600778	*ST 友好	12.30		000710	贝瑞基因	77.50
2964	300368	汇金股份	12.30		603517	绝味食品	77.00
2965	600836	界龙实业	12.20		603801	志邦股份	76.90
2966	300169	天晟新材	12.20		603136	天目湖	76.90
2967	000679	大连友谊	12.00		600781	辅仁药业	76.90
2968	000010	美丽生态	12.00		002884	凌霄泵业	76.80
2969	000422	*ST 宜化	11.90		002905	金逸影视	76.60
2970	600385	山东金泰	11.80		603365	水星家纺	76.40
2971	300090	盛运环保	11.60		603326	我乐家居	76.40
2972	600193	创兴资源	11.20		603387	基蛋生物	76.30
2973	000897	津滨发展	11.00		300718	长盛轴承	76.00
2974	600784	鲁银投资	10.80		603730	岱美股份	75.80
2975	600234	ST 山水	10.80		603444	吉比特	75.80
2976	300062	中能电气	10.70		002841	视源股份	75.60
2977	300022	吉峰农机	10.50		603776	永安行	75.40
2978	600896	览海投资	10.40		603228	景旺电子	75.30
2979	000159	国际实业	10.40		603165	荣晟环保	75.30
2980	600800	天津磁卡	9.70		603040	新坐标	75.30
2981	600202	*ST 哈空	9.20		601952	苏垦农发	75.30
2982	300345	红宇新材	9.20		603096	新经典	75.10
2983	000911	南宁糖业	9.20		603757	大元泵业	74.90
2984	000862	银星能源	9.20		300668	杰恩设计	74.90
2985	002175	东方网络	8.70		603579	荣泰健康	74.70
2986	300028	金亚科技	8.60		300679	电连技术	74.70
2987	000760	斯太尔	8.60		603711	香飘飘	74.60
2988	600247	ST 成城	7.00		603337	杰克股份	74.50
2989	600654	*ST 中安	6.70		600933	爱柯迪	74.50

续表

排名	股票代码	公司名称	评价得分	排名	股票代码	公司名称	评价得分
	603180	金牌厨柜	74.30		002859	洁美科技	71.70
	002911	佛燃股份	74.30		603648	畅联股份	71.60
	603226	菲林格尔	74.10		603367	辰欣药业	71.60
	300661	圣邦股份	74.10		300720	海川智能	71.60
	300735	光弘科技	74.00		603938	三孚股份	71.50
	002900	哈三联	74.00		603383	顶点软件	71.50
	300595	欧普康视	73.80		300673	佩蒂股份	71.50
	603605	珀莱雅	73.70		002916	深南电路	71.50
	603329	上海雅仕	73.60		603380	易德龙	71.30
	603638	艾迪精密	73.50		002920	德赛西威	71.30
	300623	捷捷微电	73.50		002860	星帅尔	71.30
	300554	三超新材	73.50		603685	晨丰科技	71.20
	002898	赛隆药业	73.50		300689	澄天伟业	71.20
	300701	森霸传感	73.30		300687	赛意信息	71.20
	603283	赛腾股份	73.20		601858	中国科传	71.10
	603127	昭衍新药	73.20		300723	一品红	71.10
	600545	卓郎智能	73.20		002868	绿康生化	71.10
	300707	威唐工业	73.20		000968	蓝焰控股	71.10
	300685	艾德生物	73.20		603533	掌阅科技	71.00
	002878	元隆雅图	73.20		603138	海量数据	71.00
	603039	泛微网络	73.10		603813	原尚股份	70.90
	300705	九典制药	73.10		603639	海利尔	70.90
	300590	移为通信	73.00		603607	京华激光	70.90
	002912	中新赛克	73.00		603086	先达股份	70.90
	300642	透景生命	72.90		300630	普利制药	70.80
	300627	华测导航	72.90		002891	中宠股份	70.80
	300731	科创新源	72.80		300637	扬帆新材	70.70
	300709	精研科技	72.80		603619	中曼石油	70.60
	603357	设计总院	72.50		300659	中孚信息	70.60
	300662	科锐国际	72.50		603839	安正时尚	70.50
	300695	兆丰股份	72.40		603661	恒林股份	70.50
	300653	正海生物	72.30		603809	豪能股份	70.40
	002918	蒙娜丽莎	72.30		603656	泰禾光电	70.40
	603980	吉华集团	72.20		603232	格尔软件	70.40
	300690	双一科技	72.20		300717	华信新材	70.40
	002901	大博医疗	72.20		300584	海辰药业	70.40
	603535	嘉诚国际	72.00		300677	英科医疗	70.30
	603277	银都股份	72.00		300636	同和药业	70.30
	300725	药石科技	72.00		002883	中设股份	70.30
	002858	力盛赛车	72.00		603877	太平鸟	70.20
	603037	凯众股份	71.80		002892	科力尔	70.20
	300620	光库科技	71.80		603458	勘设股份	70.10
	002867	周大生	71.80		300606	金太阳	70.10
	603305	旭升股份	71.70		603890	春秋电子	70.00
	300613	富瀚微	71.70		603721	中广天择	70.00

续表

排名	股票代码	公司名称	评价得分	排名	股票代码	公司名称	评价得分
	300610	晨化股份	70.00		300699	光威复材	68.10
	300609	汇纳科技	70.00		002896	中大力德	68.10
	002880	卫光生物	70.00		300729	乐歌股份	68.00
	300732	设研院	69.90		002862	实丰文化	68.00
	603055	台华新材	69.80		002861	瀛通通讯	68.00
	603926	铁流股份	69.60		300607	拓斯达	67.90
	603659	璞泰来	69.50		002917	金奥博	67.90
	603360	百傲化学	69.50		300625	三雄极光	67.80
	603233	大参林	69.40		603655	朗博科技	67.70
	603179	新泉股份	69.40		300658	延江股份	67.70
	300633	开立医疗	69.40		603896	寿仙谷	67.60
	002871	伟隆股份	69.40		603038	华立股份	67.50
	603722	阿科力	69.30		300683	海特生物	67.50
	002840	华统股份	69.30		300650	太龙照明	67.50
	603976	正川股份	69.20		300700	岱勒新材	67.40
	603811	诚意药业	69.20		300688	创业黑马	67.40
	603466	风语筑	69.20		603183	建研院	67.30
	603595	东尼电子	69.10		300703	创源文化	67.30
	603181	皇马科技	69.10		300660	江苏雷利	67.30
	300652	雷迪克	69.10		002875	安奈儿	67.30
	300639	凯普生物	69.10		002838	道恩股份	67.30
	002870	香山股份	69.10		603617	君禾股份	67.20
	603912	佳力图	69.00		603106	恒银金融	67.20
	603612	索通发展	69.00		002888	惠威科技	67.20
	603197	保隆科技	69.00		002853	皮阿诺	67.20
	300684	中石科技	68.90		603826	坤彩科技	67.10
	300622	博士眼镜	68.90		603385	惠达卫浴	67.10
	603429	集友股份	68.80		603266	天龙股份	67.10
	300580	贝斯特	68.80		300612	宣亚国际	67.10
	603917	合力科技	68.70		002887	绿茵生态	67.10
	002866	传艺科技	68.70		603345	安井食品	67.00
	603960	克来机电	68.60		300656	民德电子	67.00
	601326	秦港股份	68.60		300599	雄塑科技	67.00
	300602	飞荣达	68.60		002922	伊戈尔	67.00
	603860	中公高科	68.50		603882	金域医学	66.90
	603728	鸣志电器	68.50		603679	华体科技	66.90
	603208	江山欧派	68.50		300632	光莆股份	66.90
	300640	德艺文创	68.50		603908	牧高笛	66.80
	300726	宏达电子	68.40		603129	春风动力	66.80
	002913	奥士康	68.40		300578	会畅通讯	66.80
	603933	睿能科技	68.30		002907	华森制药	66.80
	603626	科森科技	68.20		603578	三星新材	66.70
	300669	沪宁股份	68.20		603920	世运电路	66.60
	300514	友讯达	68.20		300667	必创科技	66.60
	002903	宇环数控	68.20		300722	新余国科	66.50

续表

排名	股票代码	公司名称	评价得分	排名	股票代码	公司名称	评价得分
	603499	翔港科技	66.40		603602	纵横通信	64.30
	603488	展鹏科技	66.30		603937	丽岛新材	64.20
	603359	东珠景观	66.30		603358	华达科技	64.20
	603289	泰瑞机器	66.30		603985	恒润股份	64.10
	603200	上海洗霸	66.30		300601	康泰生物	64.10
	300696	爱乐达	66.30		300643	万通智控	64.00
	002899	英派斯	66.30		002881	美格智能	64.00
	002897	意华股份	66.20		300648	星云股份	63.90
	603881	数据港	66.00		603689	皖天然气	63.80
	300713	英可瑞	66.00		603665	康隆达	63.80
	300641	正丹股份	66.00		603496	恒为科技	63.80
	002864	盘龙药业	65.70		300715	凯伦股份	63.80
	603500	祥和实业	65.60		002885	京泉华	63.80
	603110	东方材料	65.60		603707	健友股份	63.70
	300676	华大基因	65.60		603278	大业股份	63.70
	300596	利安隆	65.60		002882	金龙羽	63.70
	002873	新天药业	65.60		603586	金麒麟	63.60
	603078	江化微	65.40		603229	奥翔药业	63.60
	300712	永福股份	65.40		603178	圣龙股份	63.60
	002908	德生科技	65.40		300604	长川科技	63.60
	603196	日播时尚	65.30		001965	招商公路	63.60
	300670	大烨智能	65.20		603829	洛凯股份	63.50
	002909	集泰股份	65.20		603787	新日股份	63.50
	603758	秦安股份	65.10		603536	惠发股份	63.50
	002852	道道全	65.10		002906	华阳集团	63.50
	603320	迪贝电气	65.00		002879	长缆科技	63.50
	603079	圣达生物	65.00		603139	康惠制药	63.40
	300649	杭州园林	65.00		300727	润禾材料	63.40
	002919	名臣健康	65.00		300708	聚灿光电	63.40
	002851	麦格米特	65.00		603041	美思德	63.30
	603557	起步股份	64.90		603089	正裕工业	63.20
	002843	泰嘉股份	64.90		300721	怡达股份	63.20
	300603	立昂技术	64.80		300710	万隆光电	63.20
	300600	瑞特股份	64.80		603630	拉芳家化	63.10
	603507	振江股份	64.70		603615	茶花股份	63.10
	601949	中国出版	64.70		603527	众源新材	63.10
	300730	科创信息	64.70		603580	艾艾精工	62.90
	300588	熙菱信息	64.60		603856	东宏股份	62.80
	603676	卫信康	64.50		002890	弘宇股份	62.80
	603396	金辰股份	64.50		603303	得邦照明	62.70
	603081	大丰实业	64.50		603963	大理药业	62.60
	603063	禾望电气	64.50		603880	南卫股份	62.50
	300716	国立科技	64.40		601200	上海环境	62.50
	300681	英搏尔	64.40		300654	世纪天鸿	62.50
	300618	寒锐钴业	64.40		002915	中欣氟材	62.40

续表

排名	股票代码	公司名称	评价得分	排名	股票代码	公司名称	评价得分
	002849	威星智能	62.20		002872	天圣制药	59.70
	300691	联合光电	62.10		603825	华扬联众	59.60
	603378	亚士创能	62.00		300666	江丰电子	59.60
	300702	天宇股份	61.90		603978	深圳新星	59.50
	603906	龙蟠科技	61.80		603668	天马科技	59.40
	002893	华通热力	61.70		300678	中科信息	59.30
	603767	中马传动	61.60		300621	维业股份	59.20
	300693	盛弘股份	61.60		002857	三晖电气	59.10
	300682	朗新科技	61.60		300651	金陵体育	58.90
	603768	常青股份	61.50		300615	欣天科技	58.80
	300626	华瑞股份	61.50		300617	安靠智电	58.70
	002600	领益智造	61.50		002847	盐津铺子	58.70
	601366	利群股份	61.40		603966	法兰泰克	58.60
	002824	和胜股份	61.40		603683	晶华新材	58.60
	002845	同兴达	61.30		603321	梅轮电梯	58.60
	300706	阿石创	61.20		300608	思特奇	58.60
	002869	金溢科技	61.20		603991	至正股份	58.40
	603386	广东骏亚	61.10		603388	元成股份	58.40
	603286	日盈电子	61.10		300655	晶瑞股份	58.40
	601228	广州港	61.10		002889	东方嘉盛	58.40
	603186	华正新材	60.90		603050	科林电气	58.30
	300619	金银河	60.90		002865	钧达股份	58.30
	603922	金鸿顺	60.80		603076	乐惠国际	58.00
	603879	永悦科技	60.80		002774	快意电梯	58.00
	603677	奇精机械	60.80		600025	华能水电	57.90
	603133	碳元科技	60.80		300586	美联新材	57.90
	300675	建科院	60.70		002846	英联股份	57.90
	603505	金石资源	60.60		603903	中持股份	57.70
	300719	安达维尔	60.60		603817	海峡环保	57.70
	300638	广和通	60.60		603538	美诺华	57.70
	300598	诚迈科技	60.60		603331	百达精工	57.70
	603363	傲农生物	60.50		300686	智动力	57.60
	002902	铭普光磁	60.50		002850	科达利	57.60
	603157	拉夏贝尔	60.40		300692	中环环保	57.50
	603477	振静股份	60.20		300657	弘信电子	57.40
	603238	诺邦股份	60.20		603032	德新交运	57.20
	300671	富满电子	60.20		300583	赛托生物	57.20
	603083	剑桥科技	60.00		603803	瑞斯康达	57.10
	300711	广哈通信	59.90		603725	天安新材	56.90
	002921	联诚精密	59.90		603637	镇海股份	56.90
	601086	国芳集团	59.80		603316	诚邦股份	56.90
	600528	中铁工业	59.80		002910	庄园牧场	56.50
	002895	川恒股份	59.80		603717	天域生态	56.40
	603970	中农立华	59.70		300611	美力科技	56.30
	603855	华荣股份	59.70		002877	智能自控	56.20

续表

排名	股票代码	公司名称	评价得分	排名	股票代码	公司名称	评价得分
	300635	达安股份	56.10		300663	科蓝软件	52.10
	300605	恒锋信息	56.10		603501	韦尔股份	52.00
	300592	华凯创意	56.00		603330	上海天洋	52.00
	603916	苏博特	55.80		600903	贵州燃气	51.70
	002856	美芝股份	55.70		300589	江龙船艇	51.10
	603035	常熟汽饰	55.60		300672	国科微	50.90
	603335	迪生力	55.50		603797	联泰环保	50.10
	300665	飞鹿股份	55.50		603690	至纯科技	50.10
	002886	沃特股份	55.40		300698	万马科技	50.10
	603042	华脉科技	55.20		300680	隆盛科技	49.90
	300631	久吾高科	54.70		300593	新雷能	49.30
	600764	中国海防	54.60		603177	德创环保	48.40
	002842	翔鹭钨业	54.30		603603	博天环境	46.90
	300645	正元智慧	54.00		002863	今飞凯达	46.40
	300629	新劲刚	53.80		300591	万里马	46.00
	002876	三利谱	53.80		002855	捷荣技术	45.30
	603955	大千生态	53.70		601619	嘉泽新能	45.00
	300697	电工合金	53.70		600939	重庆建工	44.30
	603269	海鸥股份	53.60		603628	清源股份	44.20
	300597	吉大通信	53.40		601212	白银有色	37.70
	300587	天铁股份	53.20		002848	高斯贝尔	34.10
	300647	超频三	52.20				

注：2017 年当年上市和借壳上市的公司只进行业绩评价，不参与排序。

附录三　2017 年度中国上市公司分类财务指标

序号	单位名称	带息负债比率（%）	累计保留盈余率（%）	三年营业收入平均增长率（%）	总资产增长率（%）	营业利润增长率（%）	扣除非经常性损益净资产收益率（%）
1	全国 A 股上市公司	49.72	41.07	9.58	14.82	42.01	9.39
2	一、按证监会行业划分（根据行业代码排序）						
3	农林牧渔业 A	59.28	31.06	19.83	17.16	-28.96	8.07
4	采掘业 B	48.12	55.29	-3.21	3.76	88.36	6.36
5	煤炭 B01	61.04	48.76	6.58	6.11	154.34	12.23
6	制造业 C	51.65	39.11	11.69	15.85	57.95	10.84
7	食品、饮料 C0	37.54	58.67	8.39	15.41	31.67	15.51
8	纺织、服装、毛皮 C1	59.19	38.45	10.45	14.27	42.55	9.39
9	造纸、印刷 C3	63.52	35.44	16.41	18.57	89.9	11.25
10	石油、化学、塑胶、塑料 C4	60.07	34.47	14.79	16.52	73.12	10.35
11	电子 C5	54.19	28.19	21.38	22.11	82.55	9.74
12	金属、非金属 C6	63.36	34.49	6.68	10.64	173.77	10.84
13	非金属矿物制品业（建筑材料）C61	58.21	48.21	13.42	12.82	89.29	11.99
14	机械、设备、仪表 C7	42.03	40.86	12.14	16.28	40.12	10.36
15	普通机械、专用设备（装备制造）	48.53	30.53	3.91	13.04	259.66	5.82
16	交通运输设备制造业 C75	38.97	46.63	14.5	14.97	18.21	12.1
17	医药、生物制品 C8	49.89	44.79	13.23	18.5	31.08	11.75
18	医药制造业 C81	49.87	45.87	13.39	19.5	32.83	11.98
19	其他制造业 C9	63.4	36.65	18.33	22.3	-5.69	8.42
20	电力煤气及水的生产和供应业 D	75.96	31.89	5.9	8.18	-18.05	6.76
21	电力、蒸汽、热水的生产和供应业（D01）	77.15	31.46	5.18	7.65	-23.23	6.49
22	自来水的生产和供应业（D05）	62.25	37.29	14.6	15.23	60.35	9.13
23	建筑业 E	36.99	42.8	8.08	13.57	22.98	10.7
24	交通运输、仓储业 F	62.74	41.04	8.97	10.22	65.35	10.18
25	铁路运输业（f01）	27.25	54.98	4.94	3.93	74.44	10.86
26	公路运输业（f03）	64.55	42.46	48.1	10.44	30.28	10.92

续表

序号	单位名称	带息负债比率（%）	累计保留盈余率（%）	三年营业收入平均增长率（%）	总资产增长率（%）	营业利润增长率（%）	扣除非经常性损益净资产收益率（%）
27	管道运输业（f05）	0	0	0	0	0	0
28	水上运输业（f07）	83.65	12.95	3.29	8.28	0	8.63
29	航空运输业（f09）	50.2	39.62	7.1	12.2	91.36	10.05
30	信息技术业 G	39.41	26.24	13.02	12.77	17.81	6.02
31	通信及相关设备制造业（G81）	46.16	31.41	15.03	12.31	23.63	6.19
32	计算机及相关设备制造业（G83）	49.79	31.32	10.82	4.39	−47.5	5.07
33	计算机应用服务业（G87）	41.75	30.84	25.67	29.37	30.31	8.79
34	批发和零售贸易业 H	49.98	34.63	21.12	14.48	46.94	8.69
35	零售 H11	47.95	35.6	14.6	12.4	54.52	7.7
36	外贸 H21	47.77	37.81	19.98	21.22	35.58	9.32
37	房地产业 J	44.05	46.94	25	29.6	28.88	13.39
38	社会服务业 K	62.46	36.26	32.16	22.53	32.31	10.41
39	传播与文化产业 L	31.45	34.81	24.6	7.83	−50.39	3.31
40	综合类 M	69.13	33.95	24.34	17.45	52.45	7.77
41	二、按照申万行业代码分类（按照汉字分类）						
42	农林牧渔（申银）	58.99	32.07	8.57	15.84	−13.47	7.58
43	采掘（申银）	52.18	55	−1.51	2.58	160.31	5.65
44	化工（申银）	49.47	45.5	0.63	12.32	43.94	9.19
45	化工 + 石油（申银）	48.54	53.66	−1.02	7.56	37.66	6.37
46	化工 + 石油 + 油气钻采（申银）	47.5	52.49	−1.08	6.91	53.13	5.92
47	钢铁（申银）	62.3	29.29	5.15	8.96	429.62	14.09
48	有色金属（申银）	69.59	29	7.72	11.38	169.52	7.69
49	建筑材料（申银）	57.03	50.84	9.75	11.38	111.09	12.65
50	建筑装饰（申银）	36.44	43.85	7.08	11.68	23.82	10.81
51	电气设备（申银）	45.72	29.49	14.32	18.7	37.97	7.79
52	机械设备（申银）	47.98	33.94	12.98	14.01	157.74	6.94
53	机械设备 – 不包括金属制品（申银）	46.33	33.03	14.37	14.69	138.6	6.93
54	机械设备 + 非汽车交运设备 – 金属制品	46.33	33.03	14.37	14.69	138.6	6.93
55	电气设备 + 机械设备 + 国防军工	46.74	30.48	12.7	15.03	76.83	6.59
56	国防军工（申银）	45.51	22.57	8.01	10.25	13.35	2.87
57	汽车（申银）	45.5	49.62	15.4	17.73	18.6	13.15
58	汽车整车和零部件（申银）	41.41	51.28	14.82	18.69	17.41	13.53
59	家用电器（申银）	41.53	53.99	12.26	21.46	45.3	18.48
60	纺织服装（申银）	55.75	40.97	10.27	14.54	8.4	8.32
61	轻工制造（申银）	63.23	37.89	13.65	18.72	52.13	11.42
62	食品饮料（申银）	26.7	66.22	9.46	14.35	36.09	18.06
63	医药生物（申银）	47.29	45.07	16.88	21.13	34.14	12.25
64	休闲服务（申银）	55.88	34.82	24.79	8.66	38.82	10.08
65	电子（申银）	54.05	29.38	30.04	24.85	32.86	8.49
66	计算机（申银）	41.92	31.62	15.51	19.26	29.82	8.21

续表

序号	单位名称	带息负债比率（%）	累计保留盈余率（%）	三年营业收入平均增长率（%）	总资产增长率（%）	营业利润增长率（%）	扣除非经常性损益净资产收益率（%）
67	传媒（申银）	37.55	32.76	29.15	13.7	–23.18	6.33
68	通信（申银）	35.52	20.43	8.41	3.39	29.8	3.11
69	交通运输（申银）	60.65	40.8	23.43	11.47	55.53	10.35
70	房地产（申银）	43.62	47.05	25.02	29.69	32.47	13.29
71	商业贸易（申银）	42.25	33.91	8.6	11.52	51.25	7.37
72	公用事业（申银）	74.22	33.55	7.8	9.7	–13.93	7.05
73	电力（申银，公共事业其中项）	77.64	32.81	4.71	7.32	–24.42	6.42
74	非银金融（申银）	85	20.8	53.92	37.58	25.93	8.85
75	综合（申银）	60.37	28.16	42.68	8.19	14.94	5.36
76	煤炭（申银，包含煤炭两字的）	61.05	46.77	5.88	6.25	156.62	12.15
77	环保（申银，包含环保两字的）	49.13	36.09	29.57	25.13	24.85	9.4
78	节能（申银，包含节能两字的）	0	0	0	0	0	0
79	三、按资产规模划分						
80	100 亿元以上	50	44.1	9.06	14.53	44.1	9.94
81	50 亿 ~100 亿元	50.99	33.47	15.89	16.56	48.14	8.59
82	10 亿 ~50 亿元	43.5	30.61	9.68	15.7	20.78	6.83
83	10 亿元以下	27.36	14.37	5.49	21.63	28.95	6.96
84	四、按上市地点划分						
85	沪市（60 开头或 900）	48.77	43.59	7.12	11.5	44.43	9.23
86	深市（00 开头或 300）	51.66	36.6	16.11	21.73	37.98	9.68
87	其中：深圳普通版（000，001）	52.06	38.82	10.88	20.95	58.02	10.6
88	中小企业板（002）	51.49	36.39	21.06	21.13	33.19	9.81
89	创业板（300）	49.14	30.96	29.27	27.35	–5.37	6.83
90	五、按上市时间						
91	2017 年上市	51.29	40.1	12.45	31.69	30.08	13.54
92	2016 年上市	34.77	44.95	10.39	15.45	13.92	11.79
93	2015 年上市	52.94	40.8	18.72	28.23	29.98	12.96
94	2014 年上市	50.65	41.51	18.61	24.42	58.09	13.89
95	2013 年上市	46.87	50.2	16.24	30.59	4.49	16.28
96	2012 年前上市	49.73	40.97	9.21	13.88	44.15	8.99
118	六、按公司地点分类						
119	北京	45.69	45.39	1.61	7.68	22.62	7
120	天津	55.95	26.79	24.94	15.22	0	6.79
121	河北	51.32	37.15	10.24	20.71	26.3	8.98
122	京津冀地区	46.62	44.15	2.86	8.91	29.47	7.12
123	山西	66.62	43.41	2.52	6.11	206.09	9.58
124	内蒙古	57.28	32.2	13.36	11.72	110.7	10.33
125	辽宁	70.78	32.04	16.5	6.84	34.45	8.14
126	吉林	55.69	33.4	5.94	10.47	108.81	7.55
127	黑龙江	71.25	22.6	11.19	23.87	80.41	4.95
128	上海	45.5	45	13.49	14.32	27.61	11.6
129	江苏	46.11	35.95	20.08	21.59	37.16	9.45
130	浙江	51.29	40.01	21.21	20.01	28.6	10.8

续表

序号	单位名称	带息负债比率（%）	累计保留盈余率（%）	三年营业收入平均增长率（%）	总资产增长率（%）	营业利润增长率（%）	扣除非经常性损益净资产收益率（%）
131	安徽	54.2	44.27	10.55	19.54	91.18	10.45
132	福建	59.04	34.63	26.13	30.12	65.79	10.21
133	江西	55.43	46.94	4.67	12.08	89.53	9.4
134	山东	53.69	44.78	15.85	18.77	57.53	10.88
135	河南	62.83	31.53	9.47	13.44	74.02	9.45
136	湖北	52.5	34.69	17.55	20.16	60.45	8.72
137	湖南	60.06	31.07	14.59	11.87	104.92	7.72
138	广东	42.12	45.06	15.29	25.94	32.28	13.14
139	广西	68.7	32.57	14.15	8.13	96.65	10.46
140	海南	62.68	15.94	14.72	14.06	72.19	2.87
141	重庆	46.21	39.26	13.28	16.04	29.19	11.65
142	四川	44.53	42.52	5.22	9.15	71.81	10.31
143	贵州	59.24	68.49	13.18	20.09	52.33	21.04
144	云南	70.92	17.71	4.2	8.73	1551.36	6.72
145	西藏	65.89	38.84	7.92	12.97	38.67	14.21
146	陕西	49.83	22.31	14.37	20.99	111.52	8.96
147	甘肃	65.35	29.5	−3.09	19.27	189.76	9.7
148	青海	70.51	26.24	6.91	1.87	−153	−3.07
149	宁夏	68.79	−1.31	3.45	−0.75	0	1.98
150	新疆	66.14	25.72	22.16	18.22	58.12	7.85

附录四　新三板

2017年新三板各项制度改革有序展开，价值投资逻辑渐趋成熟。一级发行方面，新增挂牌公司2100家，挂牌股份总量累计951亿股，挂牌公司资产累计4496.31亿元；估值上，PE（市盈率）从1月初95倍下降到12月的71.76倍、但平均PB（市净率）从3月触底5.3倍后逐步攀升至年底的6.2倍；二级市场方面，做市指数全年盘跌，收于993.65点。2017年新三板表现出的忍耐和坚持，体现各方人士充分肯定了新三板扩容以来的巨大成就和不可或缺的重要地位。

2017年12月22日终于迎来了三板新政的组合拳。展望2018年，新三板市场将紧扣2017年中央经济工作会议所指出“促进多层次资本市场健康发展，更好地为实体经济服务，守住不发生系统性金融风险的底线”的政策方针。因此，2018年，新三板将继续砥砺前行，在加强金融服务实体经济的时代号角下，通过具有中国特色的制度供给，不断优化市场结构，释放更多的制度性红利，助力高创新、高成长的中小微企业成长，市场信心将不断恢复与提升，终将继续沿着既定的路线，坚定而沉稳地走向属于自己的“新时代”！

一、重点政策回顾

2017年，政府工作报告首次提出，要深化多层次资本市场改革，完善主板市场基础性制度，积极发展创业板、新三板。纵观全年，从中央到各部委，各个层面上都多次提及积极发展新三板，推动市场改革发展。

2017年12月22日，新三板一揽子制度改革方案，在市场各方的期盼中正式落地。这次改革确立了以市场分层为抓手，统筹推进发行、交易、信息披露、监管等各方面改革的总体思路。2018年1月15日，新三板将正式步入集合竞价和大宗交易时代。

附录表 4－1　　2017 年新三板相关政策

时间	部门	文件	主要意义
1 月 17 日	国务院	《关于扩大对外开放积极利用外资若干措施的通知》	支持外商投资企业挂牌新三板
1 月 19 日	证监会	《关于发挥资本市场作用进一步支持新疆经济社会发展的战略合作协议》	支持新疆企业挂牌新三板可享绿色通道
1 月 24 日	国务院	《"十三五"促进民族地区和人口较少民族发展规划的通知》	继续免征西藏、新疆等自治区挂牌费用
4 月 18 日	国务院	批转国家发改委《关于 2017 年深化经济体制改革重点工作意见的通知》	积极发展创业板、新三板，规范发展区域性股权市场
4 月 24 日	全国人大	《证券法》（修订草案）	新三板首次被写进证券法
6 月 21 日	股转公司	《全国中小企业股份转让系统股票挂牌业务操作指南》（试行）	有利于提高工作效率，进一步优化挂牌流程
6 月 28 日	股转系统	《全国中小企业股份转让系统投资者适当性管理细则》	自然人投资者最近 10 个转让日日均金融资产 500 万元以上等
8 月 09 日	股转系统	《全国中小企业股份转让系统公开转让说明书信息披露指引第 7 号》	进一步规范软件和信息行业新三板挂牌公司信息披露
8 月 24 日	股转公司	转股转通知（证券公司投资子公司投资母公司推荐的挂牌公司）	可依法投资母公司作为主办券商推荐挂牌的新三板挂牌公司股票
9 月 06 日	股转系统	《全国中小企业股份转让系统股票挂牌条件适用基本标准指引》（试行）	明确"营运记录"、"持续经营能力"、"公司治理机制健全"的标准、财务规范性等七大方面
9 月 8 日	国务院	《关于加快推进农业供给侧结构性改革大力发展粮食产业经济的意见》	支持符合条件的粮食企业在新三板挂牌
9 月 22 日	证监会	公开发行证券的公司信息披露内容与格式准则第 26 号	对"三类股东"做了具体的执行标准要求
10 月 17 日	股转系统	挂牌公司重大资产重组审查要点	提高新三板挂牌公司重大资产重组的审查效率和透明度
10 月 27 日	股转系统	《关于挂牌私募机构自查整改相关问题的通知》	明确了挂牌私募机构自查整改条件的计算口径等相关问题
12 月 08 日	证监会	《关于修改〈证券登记结算管理办法〉等七部规章的决定》	简化了新三板挂牌证券新品种及股转公司股东变更的行政审批
12 月 22 日	股转系统	《全国中小企业股份转让系统股票转让细则》、《全国中小企业股份转让系统挂牌公司信息披露细则》、《全国中小企业股份转让系统挂牌公司分层管理办法》和《全国中小企业股份转让系统股票转让方式确定及变更指引》	进一步完善市场定价功能，优化分层标准，提供分层配套差异化制度安排

资料来源：股转系统、海瀛新锐、WIND。

二、新三板市场概况

（一）市场规模

截至 2017 年底，新三板共有 11630 家挂牌公司、累计总股本 6657 亿股、流通股本 3429 亿股；较 2016 年分别增长了 14%、15%、43%，市场规模增速大幅度下降，说明新三板大规模扩容阶段已完成。

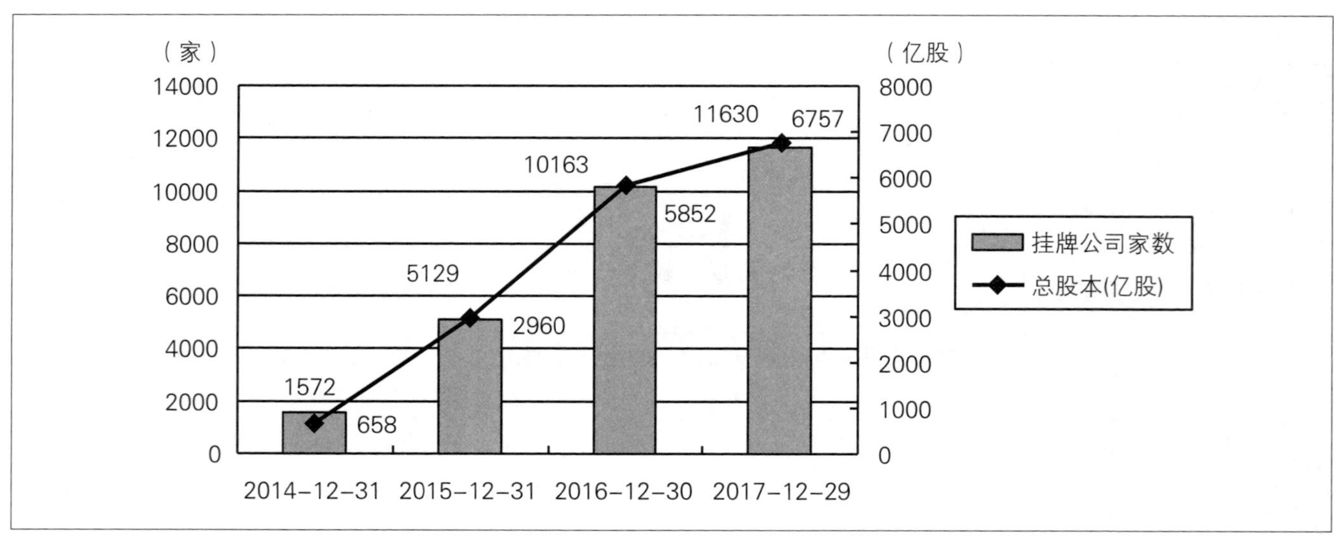

图附录 4－1　2014~2017 年挂牌家数及总股本

数据来源：海瀛新锐、WIND。

（二）地域规模

挂牌总数上，广东、北京、江苏排名前三甲；总资产均值上，甘肃、海南、山东排名前三甲；净资产、营业收入均值上，甘肃、海南、青海排名前三甲；净利润上，甘肃、西藏、海南排名前三甲。

附录表 4－2　　**地域规模挂牌家数前 15 名**

地域	总挂牌家数	家数占比（%）	总资产均值（万元）	净资产均值（万元）	营业收入均值（万元）	净利润均值（万元）
广东	1878	16.15	20171.73	10201.89	17474.02	1020.37
北京	1617	13.91	30088.78	14685.07	16286.43	1045.64
江苏	1390	11.95	28654.97	11804.13	17539.35	1092.36
浙江	1032	8.88	23156.73	10593.78	21155.51	1121.69
上海	990	8.51	18709.06	9958.07	23970.69	705.33
山东	636	5.47	61515.29	14793.16	19421.17	1421.32
湖北	406	3.49	19385.00	9335.11	14249.41	806.75
福建	405	3.48	25488.90	9753.97	18955.40	992.01
河南	377	3.24	23566.89	12152.05	13888.87	1166.48
安徽	358	3.08	35981.40	12884.29	16697.32	1284.66
四川	332	2.86	19919.41	10311.51	14120.69	757.35
河北	241	2.07	22298.52	11764.72	17160.37	1140.76
湖南	239	2.06	33820.30	14496.27	19566.82	1086.40
辽宁	234	2.01	21309.73	11810.11	12395.88	894.45
天津	205	1.76	21326.54	9932.23	18320.69	1026.40

资料来源：海瀛新锐，WIND。

（三）行业规模

按照 wind 一级行业统计，挂牌家数上，工业、信息技术排名前三甲，占挂牌总数的71.87%。但从总资产均值上，金融、公用事业、房地产排名前三甲；说明国内缺乏企业龙头、企业并购空间巨大。

附录表 4 – 3　　2017 年行业规模及均值

行业名称	总挂牌家数	做市转让家数	总资产均值（万元）	净资产均值（万元）	营业收入均值（万元）	净利润均值（万元）
工业	3368	352	20983.18	10053.29	15790.08	866.87
信息技术	3301	408	14683.03	8532.31	14829.42	721.86
可选消费	1689	146	19612.94	10018.30	18081.04	1013.73
材料	1409	162	26200.43	13382.77	23821.06	1301.79
医疗保健	685	90	18394.38	11506.66	12160.58	1165.11
日常消费	633	71	27681.87	13838.98	23227.09	1199.66
金融	158	24	544412.39	129987.00	57721.77	9886.24
公用事业	133	15	57700.37	23288.79	20460.28	1781.88
能源	105	21	31671.76	13559.04	26821.25	310.15
房地产	101	10	46366.90	19052.69	40920.11	2705.19
电信服务	47	8	13439.61	7720.36	14867.78	652.94

资料来源：海瀛新锐，WIND。

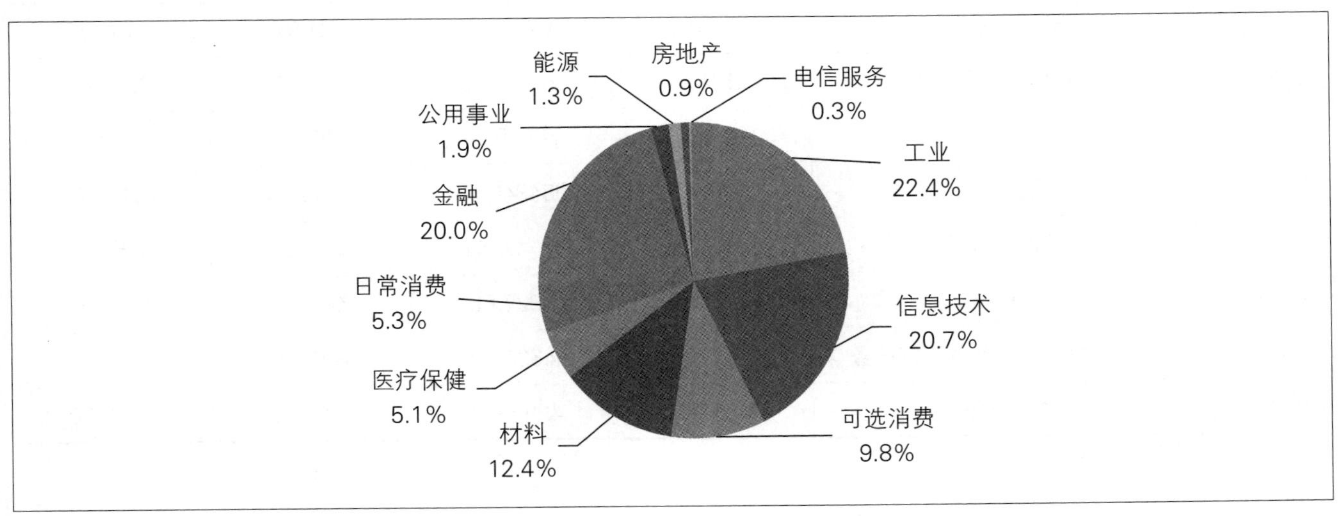

附录图 4 – 2　2017 年各行业挂牌股数

三、一级发行

（一）挂牌热情下降

1. 月新增挂牌公司 181 家。

根据 WIND 统计，截至 2017 年末，新三板市场共新增挂牌公司 2177 家，月均新增约 181 家，较 2015、2016 年新三板月均挂牌 299 家、424 家大幅度降低。

2. 做市企业极度萎缩。

2017 年新增挂牌公司选择做市转让的仅

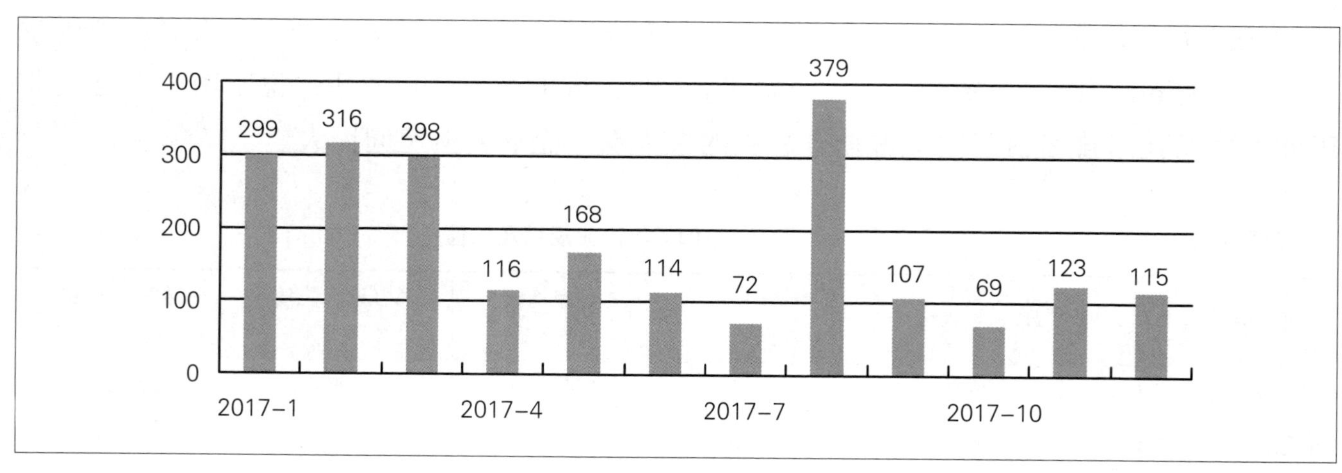

图附录 4－3 2017 月度新增挂牌公司家数

数据来源：海瀛新锐、WIND。

有 11 家，与做市商制度推出时受追捧时情 形大相径庭。

附录表 4－4 **2017 年新增做市转让挂牌公司的基本情况**

证券简称	主营产品	总资产（万元）	总营收（万元）	净利润（万元）	总股本（万股）
信隆行	专业咨询服务	1186.21	1385.28	-4858.16	2251.50
休恩科技	IT 产品销售、互联网服务	8719.11	10291.45	782.77	2800.00
武侯高新	物业出租和管理、专业咨询服务	286171.86	12347.81	3412.57	133429.26
精益达	塑料制品经销	5792.66	5259.39	421.97	3454.55
紫金股份	专用设备与零部件	26819.64	26547.50	-1119.97	9510.00
阖天下	奢侈饰品	10101.67	76596.24	800.35	5000.00
天士营销	药品经销	726363.76	984840.53	5008.46	10159.60
开创集团	互联网服务	25593.79	97420.42	5390.22	5750.00
鲁班股份	工业建筑	7795.66	5827.69	405.72	5800.00
联科云	运营平台系统、专业咨询服务	4879.62	4523.90	801.35	1200.00
华光源海	海运代理	24612.07	42858.18	1100.99	6112.00

资料来源：海瀛新锐，WIND。

3. 主办券商。

2017 年，共有 91 家券商参与挂牌业务，共计挂牌股份总量 951 亿股，挂牌公司资产累计 4496.31 亿元、净资产累计 1694.36 亿元、营业收入累计 3283.23 亿元，净利润累计 179.81 亿元。挂牌公司资产累计排名上，招商证券、兴业证券、中信证券排名前三甲；挂牌家数上，安信证券、开元证券、国融证券以 126、116、92 家排名前三甲。

附录表 4－5　　**2017 主办券商挂牌公司资产合计排名前 15 名**

主办券商	挂牌家数	股份总量（万股）	资产合计（万元）	净资产合计（万元）	营业收入均值（万元）	净利润均值（万元）
招商证券	60	445571	5958785	979109	34889	1948
兴业证券	73	398666	3544331	653758	9825	858
中信证券	23	679898	2559638	1132597	26069	4068
安信证券	126	488976	2327125	786888	28246	669
东方花旗	9	97711	1797402	188123	21666	1846
申万宏源	78	328686	1699140	674012	15450	961
中信建投	64	363161	1543636	856070	15396	1123
国元证券	28	276506	1429056	393215	39286	2013
国信证券	35	206829	1338983	393694	44115	1560
国融证券	92	338206	1312062	479429	13293	674
开源证券	116	362516	1223071	584985	10522	444
华鑫证券	8	314030	1193301	555699	47754	6017
光大证券	44	262552	920263	473213	14849	841
中泰证券	73	247729	896006	402162	12053	511
长江证券	68	226117	864403	380914	18262	686

资料来源：海瀛新锐，WIND。

（二）增发情况

1. 增发数量和募集资金。

2017 年，新三板增发实施完成 2479 次，较 2016 年 2645 次，大体持平；融资总额为 1141.02 亿元，相较 2016 年的 1268.11 亿元，同比下降 9%。

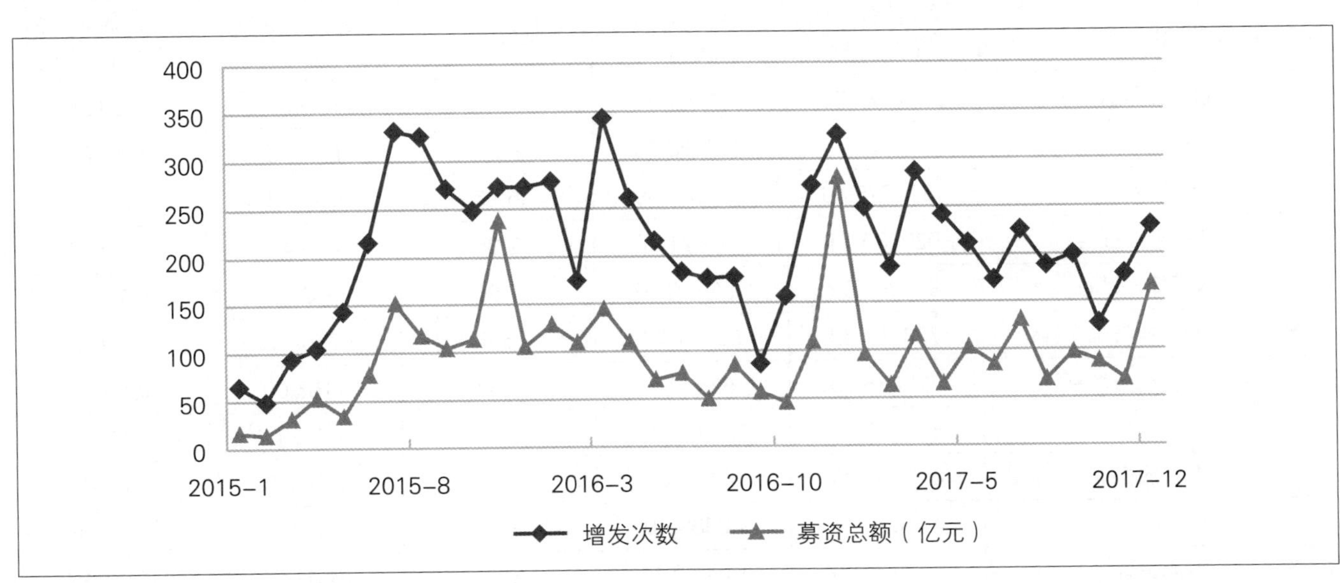

图附录 4－4　2015~2017 年，月度新三板增发实施完成次数、融资额

数据来源：海瀛新锐、WIND。

2、定增地区排名

2017 年，新三板增发完成募资总额地区前三名为北京、广东、上海。

表附录 4－6　　2017 年增发实施完成募资总额（亿元）前十名

地区	2017 增发实施完成			2016 增发实施完成		
	次数	家数	募资总额	次数	家数	募资总额
北京	389	352	244.76	468	411	292.73
广东	457	423	156.63	427	370	152.91
上海	224	208	106.54	84	76	19.22
江苏	273	247	96.01	262	233	70.05
山东	126	113	90.21	15	13	3.65
浙江	184	172	78.60	27	23	6.00
福建	91	88	34.95	104	92	27.64
湖北	86	79	32.28	89	79	22.86
安徽	66	57	32.22	95	78	45.70
陕西	40	37	30.54	246	218	98.13

资料来源：海瀛新锐，WIND。

3. 定增行业分析。

从定增实施来看（WIND 行业 II 级），实际募资总额前三名为软件与服务、材料 II、资本货物业；平均增发数量前三为银行、多元金融、公用事业 II 业；平均增发股价前三为消费者服务 II、电信服务 II、制药、生物科技与生命科学业。

附录表 4－7　　2017 年定增行业情况表

Wind 行业	实际募资总额（万元）	增发数量（万股）	平均增发价格	平均增发数量（万股）	平均大股东认购金额（万元）
软件与服务	2172722.36	271761.39	13.17	568.54	1183.25
材料 II	1337620.74	307498.30	6.27	1090.42	2653.85
资本货物	1319778.46	299141.89	6.06	749.73	1331.01
商业和专业服务	920539.34	183421.70	7.95	873.44	2170.97
技术硬件与设备	816967.93	138886.10	7.85	553.33	968.72
制药、生物科技与生命科学	733151.49	80861.73	16.99	735.11	7730.38
食品、饮料与烟草	722835.15	151528.49	6.37	1165.60	1954.32
银行	510050.15	133341.00	4.52	44447.00	56897.86
消费者服务 II	447991.99	67568.88	32.12	1107.69	8503.60
媒体 II	445628.46	48389.50	15.81	443.94	3029.78
多元金融	324529.90	148673.11	8.28	16519.23	46160.84
耐用消费品与服装	323323.54	65924.34	7.46	724.44	1291.78
汽车与汽车零部件	301366.38	64458.77	8.99	815.93	2417.97

续表

Wind 行业	实际募资总额（万元）	增发数量（万股）	平均增发价格	平均增发数量（万股）	平均大股东认购金额（万元）
公用事业 II	217889.19	118676.33	5.05	3042.98	3630.37
医疗保健设备与服务	200549.64	36377.26	8.34	542.94	580.92
零售业	141843.57	31655.95	8.51	833.05	2337.82
运输	134603.81	43135.92	4.44	1106.05	955.85
半导体与半导体生产设备	109989.42	24858.31	7.54	956.09	2928.58
食品与主要用品零售 II	96327.83	18176.20	9.11	1136.01	1501.66
房地产 II	87280.20	14846.45	6.99	674.84	1901.14
能源 II	56526.04	21262.28	3.64	1635.56	1508.64
保险 II	43531.00	3448.41	14	492.63	1068.00
家庭与个人用品	30517.83	3374.00	14.71	421.75	784.89
电信服务 II	23794.20	1653.39	30.94	183.71	403

资料来源：海瀛新锐，WIND。

4. 增发承销券商统计。

附录表 4－8　　2017 年增发承销券商实际募集资金排名前 20 名

	机构名称	承销家数	实际募集资金（万元）
1	招商证券股份有限公司	88	1143870.57
2	中国国际金融股份有限公司	15	822036.52
3	中信建投证券股份有限公司	100	655053.18
4	申万宏源证券有限公司	140	614713.19
5	国信证券股份有限公司	69	481525.09
6	广发证券股份有限公司	79	475189.24
7	中信证券股份有限公司	43	443996.75
8	安信证券股份有限公司	126	400612.13
9	中泰证券股份有限公司	86	381333.15
10	东北证券股份有限公司	73	356956.56
11	西南证券股份有限公司	67	356454.77
12	长江证券股份有限公司	74	332298.24
13	国金证券股份有限公司	46	327028.45
14	财达证券股份有限公司	18	284375.45
15	兴业证券股份有限公司	64	251794.53
16	东吴证券股份有限公司	70	246724.29
17	中国银河证券股份有限公司	11	243298.81
18	光大证券股份有限公司	48	241064.48
19	东莞证券股份有限公司	60	218863.80
20	天风证券股份有限公司	27	193608.25

资料来源：海瀛新锐，WIND。

（三）估值情况

1.2017 年新三板估值变化情况。

由于 2017 年新三板市场持续降温，整体估值一降再降，平均 PE 从 1 月初 95 倍下降到 12 月的 71.76 倍；同时，由于流动性的欠缺以及中小微企业抗风险能力较弱，新三板整体估值仍较 A 股中小板和创业板有较大折价。

与平均 PE 一降再降相反，新三板平均 PB 却呈触底反弹趋势，从 3 月触底 5.3 倍后逐步攀升至年底的 6.2 倍。说明新三板整体估值持稳，投资价值开始显现。

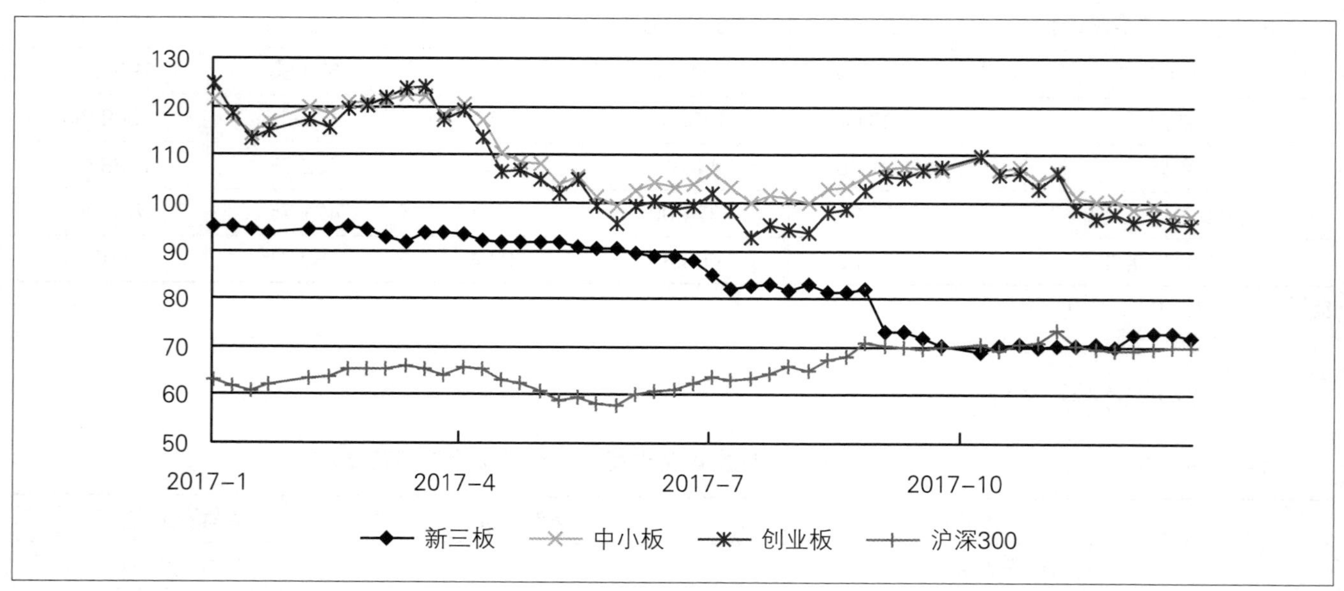

图附录 4－5　新三板、中小板、创业板、沪深 300 平均 PE 比较图

数据来源：海瀛新锐、WIND。

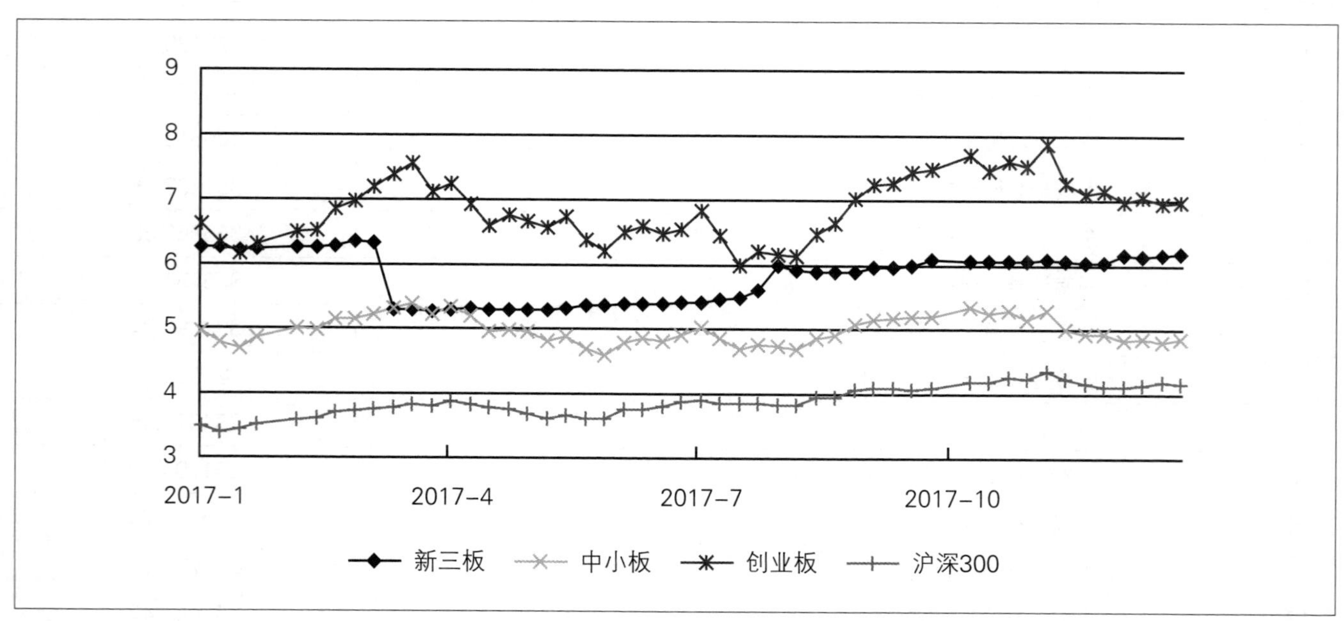

图附录 4－6　新三板、中小板、创业板、沪深 300 平均 PB 比较图

数据来源：海瀛新锐、WIND。

2. 行业估值。

电信服务、日常消费、金融在新三板享受较高估值，平均市盈率分别为 8266.7 倍、61.8 倍、36.4 倍。平均 PB 前三名的则为可选消费、电信服务、信息技术，分别为 6.14 倍、6.06 倍、5.64 倍。

附录表 4－9　　新三板、中小板、创业板平均 PE、PB 比较表

行业名称	新三板			中小企业板			创业板		
	公司家数	平均 PE	平均 PB	公司家数	平均 PE	平均 PB	公司家数	平均 PE	平均 PB
工业	3318	34.66	3.90	253	76.87	3.84	218	33.81	4.60
信息技术	3249	-82.11	5.64	158	67.74	5.00	248	56.49	5.12
可选消费	1651	10.30	6.14	154	26.16	1.95	65	44.37	4.49
材料	1389	-75.08	3.55	171	72.96	3.76	88	91.41	4.76
医疗保健	663	-0.52	4.68	72	49.83	4.53	79	57.25	6.00
日常消费	634	61.83	3.22	59	38.63	3.47	15	97.89	5.13
金融	160	36.42	4.24	11	16.64	3.04	2	62.04	3.61
公用事业	132	32.31	3.57	8	-129.52	4.24	1	359.44	1.76
能源	104	-114.09	4.00	12	37.99	3.19	5	23.76	3.64
房地产	95	11.26	4.07	12	63.88	2.55	0		
电信服务	44	8266.69	6.06	1	-14.62	3.26	1	92.49	8.54

资料来源：海瀛新锐，WIND。

（四）债券发行

根据 wind 以发行起始日统计，挂牌公司 2017 年发行债券 22 宗，较 2015、2016 年 3、6 宗大幅提高；累计债券融资 148.08 亿元，而 2015、2016 年债券融资仅 18、34.25 亿元；说明挂牌公司开始意识到使用债权性融资工具。

附录表 4－10　　2017 年债券发行一览

公司简称	债券简称	规模（亿）	期限（年）	债券评级	主体评级	利率（%）	公司简称	债券简称	规模（亿）	期限（年）	债券评级	主体评级	利率（%）
青天科技	17 青天债	0.1	2	-		6.50	旭杰科技	17 旭杰转	0.1	6	-		6.50
中投保	17 中保债	5.0	5	AAA	AAA	4.49	蓝天环保	蓝天转 S1	0.2	3	-		2.00
南通三建	17 南三 01	10.0	5	AA	AA	6.80	天图投资	17 天图 02	8.0	5	AAA	AA	6.00
天图投资	17 天图 01	10.0	5	AAA	AA	6.50	中国康富	17 康富 03	20.0	5	-	AA+	6.14

续表

公司简称	债券简称	规模（亿）	期限（年）	债券评级	主体评级	利率（%）	公司简称	债券简称	规模（亿）	期限（年）	债券评级	主体评级	利率（%）
苍源种植	17 苍源债	1.0	3	–		8.20	中投保	17 中保 Y1	20.0	3	AAA	AAA	5.30
旭杰科技	17 旭杰债	0.2	3	–		7.00	中投保	17 中保 Y2	5.0	5	AAA	AAA	5.49
中国康富	17 康富 01	10.0	5	–	AA+	5.98	中国康富	17 康富租赁 SCP005	10.0	1	–	AA+	5.39
圣泉集团	17 圣泉 01	1.0	3	AA	AA	7.00	颖泰生物	17 颖泰 01	12.0	5	AA+	AA	6.80
中国康富	17 康富 02	20.0	5	–	AA+	5.75	维泰股份	17 维泰 01	5.0	3	–	AA	7.00
图南电子	17 图南 01	0.1	2	–		6.00	乐米科技	17 乐米债	0.1	3	–		6.50
中国康富	17 康富租赁	10.0	1	–	AA+	4.99	丰电科技	17 丰电债	0.3	3	–		6.42

资料来源：海瀛新锐，WIND。

四、二级市场稳中有进

（一）新三板指数不断探底

2017 年一季度，在实行竞价交易的传言下，市场价格整体上扬；但 4 月份之后，由于政策长期未能出台，以及 2015 年设立的新三板基金开始集中到期，做市指数开始一路下跌。并于 4 季度跌破千点，全年做市指数收于 993.65 点。

图附录 4 – 7　2017 年新三板做市与创业板综指数走势

数据来源：海瀛新锐、WIND。

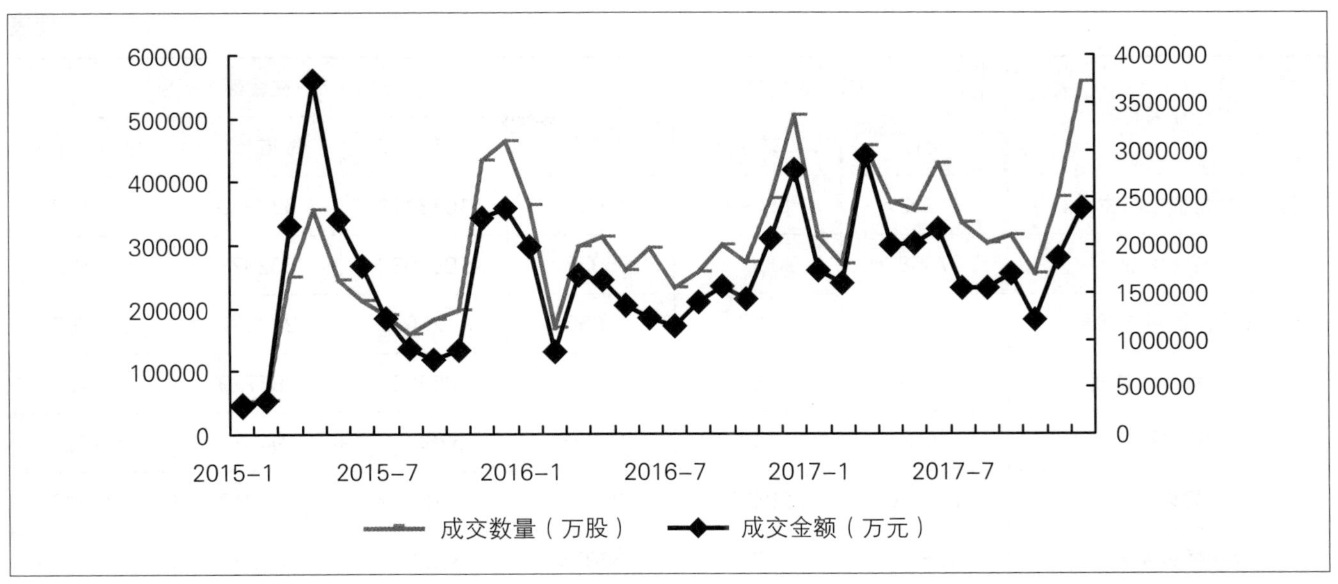

图附录 4－8　2017 年新三板成交数量与金额

数据来源：海瀛新锐、WIND。

（二）成交逐步放大

从年度数据来看，新三板 2017 年整体交易量达到 433.2 亿股，成交金额 2801.3 亿元；与 2016 年相较，两数据各增长 19.1% 和 18.8%；由于挂牌公司数量增幅不大，说明新三板二级市场已经开始活跃，2018 年可期。

从日成交股票数量来看，2017 年 2~3 月份有交易行为的股票数量较多，每日为 1200 家左右，随后每日有交易活动的股票数开始持续下跌至每日 800 家；2017 年 12 月，有交易的股票数量明显回升，最后一个交易日，成交股票数量为 1053 家。

此外，wind 统计显示，创新层交易情况总体较基础层更为活跃，截至 2017 年底，发生交易的 6351 家企业中，创新层有 1175 家，基础层有 5176 家，其中创新层公司中 87% 发生过交易，基础层公司中发生交易的占比 50%。

（三）行业成交表现

2017 年，新三板成交数量行业排名前三为多元金融、软件与服务、材料 II 业；成交金额行业排名前三为软件与服务、材料 II、多元金融业。

附录表 4－11　　2017 行业成交情况

行业名称	2017 成交数量（万股）			2017 成交金额（万元）		
	合计	转让	转让	合计	做市转让	竞价转让
软件与服务	572382	217047	355335	3793794	1397415	2396379
材料 II	455027	159749	295277	2605950	1201120	1404830
技术硬件与设备	308799	140981	167818	1752013	688718	1063295
资本货物	424513	127073	297439	2037076	646257	1390819

续表

行业名称	2017 成交数量（万股）			2017 成交金额（万元）		
	合计	转让	转让	合计	做市转让	竞价转让
制药、生物科技与生命科学	112927	55092	57835	1013411	628949	384462
多元金融	678583	309011	369572	2082933	502828	1580105
食品、饮料与烟草	219442	72878	146565	1125092	383327	741765
商业和专业服务	205835	56545	149290	1054221	287729	766492
消费者服务 II	52249	14473	37776	526357	194634	331723
媒体 II	110016	29433	80583	1070769	191843	878926
医疗保健设备与服务	72572	15717	56855	518287	143230	375057
电信服务 II	15963	11586	4377	148142	110676	37466
耐用消费品与服装	97556	19419	78137	565437	105724	459714
能源 II	44787	21572	23215	210551	79577	130974
运输	85746	46564	39181	252940	74117	178823
汽车与汽车零部件	55278	10789	44489	316020	58560	257460
零售业	28767	10165	18602	147724	38261	109463
半导体与半导体生产设备	31785	8486	23299	167135	30150	136984
公用事业 II	56556	11928	44628	263390	27168	236222
房地产 II	15909	1855	14054	86337	16099	70238
家庭与个人用品	14141	5307	8834	84150	15788	68362
食品与主要用品零售 II	25240	3030	22210	208867	9017	199850
保险 II	34424	0	34424	104236	3	104233
银行	36912		36912	96836		96836

资料来源：海瀛新锐，WIND。

（四）协议转做市表现

2017 年共发生竞价转做市 130 家（以做市起始日为准），做市后大部分出现了一定的上涨，其中，涨幅在 500% 以上的有 8 家、占比 6%；涨幅 0% 以上的有 78 家、占比 60%。

附录表 4－12 2017 年竞价转做市后市场表现

	做市后 20 日	做市后 60 日	做市后 120 日
涨跌幅均值（%）	77.20	73.94	73.08
换手率均值（%）	1.60	2.51	3.56
成交量均值（万股）	20.72	35.35	55.78
成交额均值（万元）	139.25	211.07	340.50

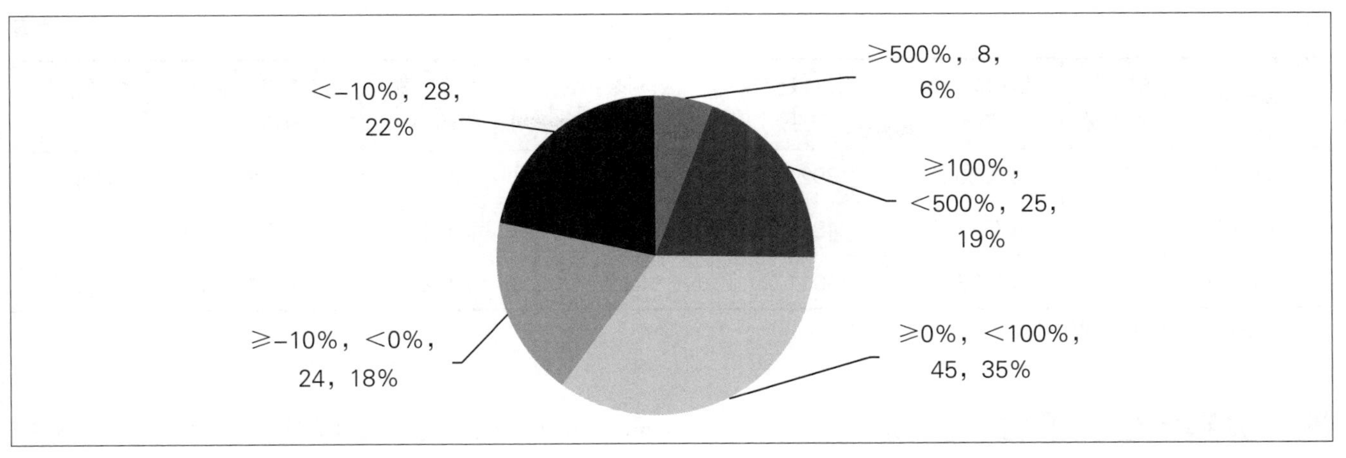

图附录 4－9　做市 120 日后涨幅统计

数据来源：海瀛新锐、WIND。

（五）做市券商排名

截至 2017 年 12 月 31 日，新三板做市商共有 84 家，共承担 6461 家股票的做市交易。2017 年，共成交股票 6239 家，累计成交量为 2364.7 亿股、成交金额 10133 亿元；日均成交 9.7 亿股、成交额 41.53 亿元。

附录表 4－13　　做市商累计成交额排名（前 20 名）

做市商	做市股票数量	累计成交额（万元）	累计成交量（万股）	区间换手率（%）	日均成交额（万元）	日均成交量（万股）	日均换手率（%）
国泰君安	231	3350575	643164	26.9	13732	2636	0.27
九州证券	201	3310116	670376	26.6	13566	2747	0.22
天风证券	174	3295769	657589	31.0	13507	2695	0.28
东北证券	143	3126680	616628	32.1	12814	2527	0.19
第一创业	104	3112616	545834	34.9	12757	2237	0.30
中信证券	141	3001762	482643	23.5	12302	1978	0.24
中泰证券	237	2985224	593850	22.4	12235	2434	0.23
兴业证券	247	2891683	685750	23.2	11851	2810	0.35
长江证券	176	2758976	514234	23.3	11307	2108	0.18
光大证券	131	2374131	522402	22.2	9730	2141	0.14
广发证券	154	2182244	253102	19.5	8944	1037	0.21
海通证券	133	2158669	554935	24.5	8847	2274	0.18
上海证券	206	2153307	650433	25.6	8825	2666	0.20
联讯证券	170	2084194	371704	22.4	8542	1523	0.62
西部证券	95	1888962	485858	29.5	7742	1991	0.19
招商证券	100	1838948	367135	19.5	7537	1505	0.20
东方证券	75	1776741	345214	19.2	7282	1415	0.16

续表

做市商	做市股票数量	累计成交额（万元）	累计成交量（万股）	区间换手率（%）	日均成交额（万元）	日均成交量（万股）	日均换手率（%）
东兴证券	70	1758051	392361	35.9	7205	1608	0.59
广州证券	150	1721132	481958	20.5	7054	1975	0.14
中山证券	174	1710809	501171	21.1	7012	2054	0.30

资料来源：海瀛新锐，WIND。

四、并购重组、退市、激励

（一）重大资产重组

根据WIND统计，2017年，新三板发生董事会披露资产重组预案并完成的有45宗，累计重组交易金额91.27亿元；其中协议收购11起，发行股份购买资产34宗。从重组目的上看，垂直整合、多元化战略、战略合作、其他、横向整合的家数分别为1、14、1、1、27。

附录表4－14　　2017年挂牌公司重大资产重组前15名

股票名称	重组事件	重组形式	交易总价值（万元）	评估方法	Wind行业
百合网	百合网支付现金购买百合时代资产100%股权	协议收购	168800.00	收益法	互联网软件与服务Ⅲ
合全药业	合全药业发行股份购买上海药明康德拥有的PDS部门全部资产及负债暨关联交易	发行股份购买资产	152000.00	收益法	制药
和君商学	和君商学以14亿收购汇冠股份23.08%股权	协议收购	136000.00		专业服务
青浦资产	青浦资产定增收购浦发银行0.1868%股权	发行股份购买资产	63483.53		商业服务与用品
瑞宝生物	瑞宝生物收购博浩生物93.593%股权	发行股份购买资产	55219.84	收益法	食品
商中在线	商中在线收购3家公司	发行股份购买资产	40020.00	收益法	互联网软件与服务Ⅲ
诺泰生物	诺泰生物发行股份购买三个标的方股权	发行股份购买资产	24431.68		生物科技Ⅲ
正保育才	正保育才收购网中网80%股权	协议收购	22100.00	收益法	综合消费者服务Ⅲ
炬光科技	炬光科技发行股份募集资金购买德国LIMO100%股权，LIMOImmo12%的财产份额和香港雷蒙对德国LIMO的债权	协议收购	22000.00		半导体产品与半导体设备
合建卡特	卡特股份发行股份及支付现金购买合建重科99.97%股权	发行股份购买资产	18599.62	收益法	机械
金芙蓉	金芙蓉定增收购江苏泰诺100.00%股权	发行股份购买资产	18100.00	收益法	制药

续表

股票名称	重组事件	重组形式	交易总价值（万元）	评估方法	Wind 行业
澎瀚机械	澎瀚机械发行股份购买沭阳新晖 100% 股权和金昌新阳光 100% 股权	发行股份购买资产	15265.00	收益法	独立电力生产商与能源贸易商Ⅲ
民祥医药	民祥医药定增收购泰士康 100.00% 股权	发行股份购买资产	15000.00	收益法	化工
新世纪	新世纪定增收购上海恩可埃 50% 股权	发行股份购买资产	14100.00	收益法	专业服务

资料来源：海瀛新锐，WIND。

（二）上市公司并购挂牌公司

2017 年，共有 301 宗上市公司并购挂牌公司，转让股数总计 59.6 亿股、涉及交易金额 644.13 亿元。从并购目的上看，资产调整的 13 宗、战略合作 13 宗、买壳上市 1 宗、获取做市库存股 108 宗、横向整合 100 宗、多元化 19 宗、垂直整合 6 宗、财务投资 16 宗、其他的 25 宗。

针对创新层的有 79 宗、基础层的 128 宗。

竞买方的企业性质上，民营企业、地方国有企业、公众企业、中央国有企业、外资企业、集体企业、其他企业分别为有 159、60、53、24、3、1、1 家。目标的企业性质上，民营企业、公众企业、地方国有企业、中央国有企业、外资企业、其他企业分别为有 262、12、11、6、3、7 家。说明民营企业仍是我国主要经济发动机，且开始横向整合。

表附录 4－15　2017 年上市公司并购挂牌公司交易金额前 20 名

竞买方公司名称	所属行业	受让后持股比例（%）	目标方公司名称	并购目的	支付方式	交易金额（万元）
南洋股份	资本货物	100.00	天融信（退市）	横向整合	股权＋现金	570000.0
ST 云维	材料Ⅱ	98.27	深装总（退市）	买壳上市	股权	481520.2
天泽信息	软件与服务	100.00	有棵树（退市）	多元化战略	股权＋现金	339997.1
华东重机	资本货物	100.00	润星科技（退市）	横向整合	股权＋现金	295000.0
宝新能源	公用事业Ⅱ	42.86	东方富海	横向整合	现金	252000.0
共达电声	技术硬件与设备	100.00	乐华文化（退市）	横向整合	股权＋现金	189000.0
三维通信	技术硬件与设备	100.00	巨网科技（退市）	横向整合	股权＋现金	134997.2
东方明珠	媒体Ⅱ		盖娅互娱	横向整合	现金	130000.0
嘉麟杰	耐用消费品与服装	50.47	德青源（退市）	多元化战略	现金	123449.1
广安爱众	公用事业Ⅱ		宣燃股份（退市）	多元化战略	股权	116300.0
海格通信	技术硬件与设备		驰达飞机	多元化战略	股权＋现金	110443.8
飞凯材料	材料Ⅱ	100.00	和成显示（退市）	横向整合	股权＋现金	106400.0
科大智能	资本货物		英内物联	横向整合	股权＋现金	103760.0
浔兴股份	耐用消费品与服装	65.00	价之链（退市）	战略合作	现金	101399.0

续表

竞买方公司名称	所属行业	受让后持股比例（%）	目标方公司名称	并购目的	支付方式	交易金额（万元）
新日恒力	资本货物		宁夏华辉	资产调整	现金	100931.9
南极电商	零售业	100.00	时间互联（退市）	横向整合	股权＋现金	95600.0
神州高铁	资本货物	99.56	华高世纪	横向整合	现金	92559.6
维科精华	耐用消费品与服装		维科电池（退市）	多元化战略	股权	90414.0
康跃科技	资本货物	100.00	羿珩科技（退市）	多元化战略	股权＋现金	90000.0
梦舟股份	材料Ⅱ	70.00	梦幻工厂（挂牌终止）	横向整合	现金	87500.0

资料来源：海瀛新锐，WIND。

（三）违规

2017年，新三板共有948家公司违规受到处罚，处罚金额为6881.5万元；而2016年仅有347家违规、处罚金额仅为1511.6万元；说明股转系统、政府各部门加大了执法力度，市场处于转型过程中。

附录表4－16　2016~2017年各类违规发生数量

类型	2017	2016
未依法履行其他职责	532	206
未按时披露定期报告	376	4
未及时披露公司重大事项	128	140
信息披露虚假或严重误导性陈述	38	24
业绩预测结果不准确或不及时	3	0

资料来源：海瀛新锐，WIND。

附录表4－17　2017年处罚类型及数量

处罚类型	2017	2016
出具警示函	508	124
公开处罚	320	95
责令改正	49	16
要求提交书面承诺	47	64
公开谴责	9	1
约见谈话	9	73
公开批评	8	3
内部通报批评	6	1

资料来源：海瀛新锐，WIND。

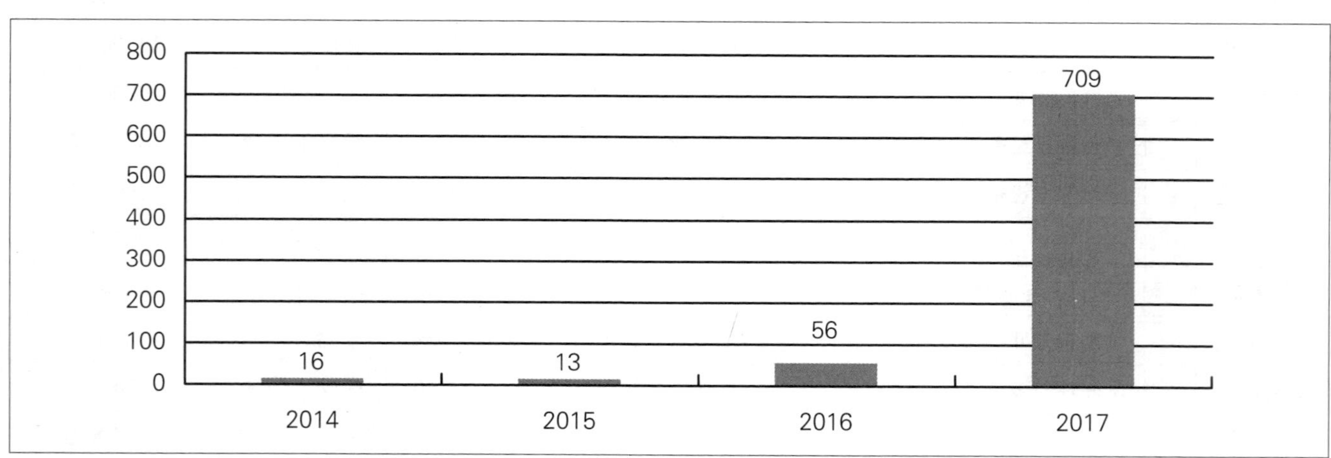

图附录4－10　2014~2017年退市家数

数据来源：海瀛新锐、WIND。

（四）退市

2017年，新三板退市公司数量大幅增加、达到709家，是2016年的12.6倍。退市原因中，公告明确拟IPO上市的公司有33家，平均净利润超过6000万元；有40家因“暂停上市后未披露定期报告”，其中22家最近的财务净利润为负值，其余18家公司净利润多在1000万元以上；吸收合并的有13家，平均净利润为3124万元；因“生产经营调整”的有268家，平均净利润为1601万元；剩余355家的退市原因是“其他不符合挂牌的情形”及“经营发展战略需要”。

（五）股权激励

2017年，共有100家挂牌公司实施了股权激励，较2016年的91家增长了10%。激励方式上，上市公司定向发行股票的有54家、股东转让股票的有42家、其他类型的4家。激励总数共计19850.21万股/万份，激励总数占当时总股本比例平均为5.64%，平均期权初始行权价格/股票转让价格为3.52元/股。

附录表4－18　股权激励总数占股本排名前15家

名称	激励方式	激励总数（万股）	占总股本比例（%）	初始行权价格	Wind行业
盛安资源	上市公司定向发行股票	2000	22.4	2.00	资本货物
同济设计	上市公司定向发行股票	1266	42.2	2.30	资本货物
沃田集团	上市公司定向发行股票	861	10.2	4.00	食品、饮料与烟草
食安科技	上市公司定向发行股票	640	9.9	3.20	资本货物
风帆科技	上市公司定向发行股票	591	22.7	1.50	材料Ⅱ
北京大源	上市公司定向发行股票	550	5.8	1.00	耐用消费品与服装
众至诚	上市公司定向发行股票	520	4.5	2.50	媒体Ⅱ
乐善智能	股东转让股票	500	16.5	1.81	资本货物
递家物流	上市公司定向发行股票	500	5.8	1.40	运输
来邦科技	股东转让股票	480	6.9	2.80	技术硬件与设备
农商通	上市公司定向发行股票	479	15.9	1.52	软件与服务
峰华卓立	股东转让股票	451	13.4	1.41	资本货物
博达软件	上市公司定向发行股票	410	18.6	1.60	软件与服务
力尊信通	上市公司定向发行股票	386	9.5	2.08	软件与服务
国源科技	上市公司定向发行股票	374	3.9	8.00	软件与服务

资料来源：海瀛新锐，WIND。

（五）分红送股

2017年，共有3115家次实施了分红送股：其中实施分红2070家次、累计分红金额290.88亿元；597家次实施送股、累计送股66.45亿股；1151家次实施转增股本，累计转增272.47亿股。

附录表 4 – 19　　2017 年挂牌公司行业分红送股情况（WIND 行业）

Wind 行业	派息税后（万元）	送股（万股）	转增（万股）
资本货物	388855	117029	329712
材料 II	381039	48214	305265
软件与服务	376444	131820	549145
多元金融	326194	3277	131282
技术硬件与设备	298134	99602	208852
制药、生物科技与生命科学	186878	24633	125819
食品、饮料与烟草	157312	27616	94857
商业和专业服务	149589	64754	321746
消费者服务 II	89694	11119	60980
媒体 II	87348	12411	157524
耐用消费品与服装	76020	19123	67620
汽车与汽车零部件	64310	17740	38260
银行	60123	19801	1848
房地产 II	50134	7274	86501
医疗保健设备与服务	46856	12508	133635
运输	36679	1434	11224
零售业	33415	9589	24177
能源 II	28676	7986	17655
公用事业 II	28229	17292	25542
半导体与半导体生产设备	19937	2475	12228
食品与主要用品零售 II	10150	2250	9902
电信服务 II	6778	1698	7065
家庭与个人用品	3413	304	2209
保险 II	2622	4530	1682
总计	2908827	664478	2724728

资料来源：海瀛新锐，WIND。

五、2018 年展望——政策红利释放、触底反弹在即

展望 2018 年，新三板市场将紧扣 2017 年中央经济工作会议指出的“促进多层次资本市场健康发展，更好地为实体经济服务，守住不发生系统性金融风险的底线”的方针，将继续砥砺前行，不断优化市场结构，释放更多的制度性红利；进而展现为企业服务实体形式百花齐放、市场信心不断恢复与

提升；新三板市场开启新阶段的新征程，迎来属于自己的“新时代”！

（一）优化分层制度

预计2018年将正式启动市场分层调整工作，将调整一系列的指标，预计将调低净利润指标，提高营收稳定性指标，新增竞价市值指标，并将“合格投资者人数不少于50人”、“最近12个月融资额不低于1000万元”设置为共同准入标准；在维持条件中，将取消原有的硬性财务标准，而改为以合法合规和基本财务要求为主，如应设立取得资格证书的董事会秘书并作为公司高级管理人员。预计2018年新三板市场创新层将维持千家左右规模，而2016年、2017年，进入创新层的挂牌公司分别有953、1376家，分别占全体数量约9%、12%。分层制度的优化，将更为精准倾向于优质企业，使其获得类似发行可转债、盘中多次集合竞价交易等差异化的制度性红利。

（二）做市商面临扩充，以满足市场交易的需要

做市商不足，是市场流动性严重分化，新三板市场存在着大量“零成交”企业的重要原因之一。美国纳斯达克市场，5000多家挂牌公司有500余家做市商；而中国逾万家挂牌公司，目前仅有不到100家做市商。2017年以来，新三板市场做市商退出市场的步伐也在悄然加快，加之做市指数不断下滑，因此做市商数量、做市意愿及投入不断下降。因此，展望2018年，新三板可能推出一系列政策，以改变做市机构少、做市意愿下降的局面，以满足市场交易、服务实体经济的需要。

（三）差异化交易制度出台，增加流动性

2018年新三板市场将推出一系列差异化交易制度，如在不同层次之间，根据风险程度调整投资者准入标准；预计基础层企业风险系数较高，将继续坚持500万的投资门槛；创新层目前500万金融资产准入的标准将会有所降低。此外，合并优化分层所要求的公众化指标、盈利稳定性等因素，预计创新层流动性将大为改观、市场投机行为将大幅减少，进而活跃市场气氛、实现市场定价功能。

（四）转板制度进一步优化

虽然新三板市场的转板制度提出时间较早，但截至目前，新三板转板渠道仍不十分畅通，挂牌公司若要在A股上市，仍存在先从新三板摘牌再重新申报IPO等繁琐障碍。因此，值此在2017年中央经济工作会议指出的“促进多层次资本市场健康发展”的方针下，以及挂牌企业逾万家、创新层初见成效，转板公司越来越多的情况下，优化转板制度时机已然成熟。因此，2018年预计将出台转板制度红利、转板公司将持续增长，进而活跃市场气氛。需要注意的是，由于新三板是多层次资本市场的组成部分，新三板各层级与创业板、中小板、A股间估值水平、流动性等差异仍将呈现梯级差异。

（五）退市实现常态化

自2014年以来，由于挂牌门槛偏低，新三板迎来了真正意义上的大扩容；但相当挂牌公司规范意识差，不能适应后续的监管规则。同时，维持挂牌成本、不断严格的信息披露要求和监管成为了企业的负担。

2016年10月21日，全国股转系统发布《挂牌公司股票终止挂牌实施细则》后，2017年退市企业达到709家；预计2018年，退市制度将进一步优化，以发挥退市的优胜劣汰、净化挂牌公司群体等作用；预计退市

企业维持在数百家左右，呈现常态化发展。

（六）融资进一步扩大

新三板是国家为战略型新兴企业打造的可进行股权融资的多层次资本场所之一，并可为创投机构提供的“价值投资”及退出的服务；但由于我国企业及投资机构长期以来缺少股权融资及资本运作的经验，新三板融资工作呈现不温不火的格局，难以支持实体经济发展。

预计新三板将进一步加大培育市场主体的工作力度，使得实体资本越发懂得产融结合；因此，预计2018年，新三板股权、债权性融资将连续稳定发展，并购、重组、转板等融投资行为不断增多；而良性的融投资，又将会刺激企业实现跨越性发展，进而进一步提升新三板的活跃度。

（七）探底反弹

2018年，中国GDP预计仍将维持6%左右的增长速度，但由于世界政治经济格局及国内产业调整等因素，预计制造业PMI等指标持续向好，呈现“L”型复苏迹象；资金层面，由于新三板2017年持续低迷形成了估值洼地，以及做市机构受政策红利吸引参与做市热情不断提高，预计资金将逐步回流入资本市场，给新三板市场带来良好的市场环境。

因此，在仍有相当投资产品到期的情况下，预计新三板市场将呈现探底反弹格局。

后记

《中国上市公司业绩评价报告》研究与编辑工作是由中国发展出版社与中联企业管理集团完成。中国发展出版社和中联企业管理集团组建了由国务院发展研究中心、国务院国资委等机构的专家组成的“中国上市公司业绩评价课题组”。课题组充分借鉴了财政部、国资委颁布的有关企业绩效评价办法，以财政部等五部委颁布的《企业绩效评价操作细则（修订）》为基础，结合中国上市公司的特点，构建了一套包含20多项财务指标的业绩评价体系。评价结果完全基于公开披露的上市公司信息。

2017年，面对错综复杂的国际经济环境，中国经济交出了一份提气的“年报”，经济实力再上新台阶，经济结构出现重大变革，经济更具活力和韧性，成为世界经济增长的主要动力源和稳定器。受益于国内良好的持续稳定的宏观经济政策环境，以及深化供给侧结构性改革的巨大红利，上市公司业绩与中国经济同步，实现了高质量、高速增长，2017年中国股票市场相对中国经济增长别具一格，各大指数分化明显，以贵州茅台、格力电器为代表的优质大盘股，股价屡创新高，“漂亮50”持续受到追捧，创业板讲故事、高估值的上市公司受到冷落，A股也正式被纳入MSCI，在走向国际化的路上迈出了一大步，价值投资成为市场主旋律，低估值、高分红、业绩稳健的蓝筹股进入连续上涨的通道。上证50指数（代码：000016）报收2860.44点，年上涨25.08%，上证综指（代码：000001）报收3307.17点，年上涨6.56%；深证成指（代码：399001）报收11040.44点，年上涨8.48%，深证综指（代码：399106）报1899.34点，年下跌3.54%；创业板指（代码：399006）报1787.38点，年下跌8.90%。

基于连续十七年对中国上市公司业绩深刻研究，通过对2017年中国A股上市公司的研究，形成了丰富的研究成果。通过对2017年国内外宏观经济背景的分析，2017年上市公司评价报告对上市公司的经营业绩进行综合评价，在此基础上，结合各界专家的意见，最终推选出中国资本市场权威、科学的“中联百强”。课题组还深入研究煤炭、石油石化、有色等15个重点行业，所选行业覆盖了产业规划重点扶持行业和投资者关注的市场特点板块，为了提升业绩评价报告研究深度，组织召开部分行业的研讨会。课题组还对新三板、上市公司年度税收负担率进行了研究分析，丰富了中国上市公司业绩评价报告的内容。

本书共分三部分及附录，其中第一部分第一章由穆东升、郑勇撰写；第二章由丁青超撰写；第三章由李向亮、洪方圆撰写。第二部分第四章由陶涛、刘春霖撰写；第五章由翟湘琳撰写；第六章由郝威、庞然撰写；第七章由潘明、穆雨杉撰写；第八章由金阳撰写；第九章由王菊青撰写；第十章由李业强、任喆撰写；第十一章由蒋霄骑撰写；第十二章由李怡民撰写；第十三章由楼洁宁撰写；第十四章由刘晨、阚敦慧撰写；第十五章由高峰撰写；第十六章由朱子敬撰写；第十七章由孙禄撰写；第十八章由田祥宇撰写；第三部分第十九章由张世超撰写；第二十章由朱淑珍撰写。附录四由陈丹旭撰写。穆东升、潘明、邓艳芬、金阳、唐章齐、刘松、鲁杰钢、韩荣、吴晓光、王大鹏负责审稿与统稿工作。孙庆红、刘志、洪方圆负责本书数据采集、处理和统计分析工作。

课题研究和编纂工作，得到了国务院国资委和国务院发展研究中心的大力支持。国务院国资委副主任孟建民和国务院国资委总会计师沈莹、国务院发展研究中心副主任隆国强等为研究工作提供了诸多指导，在此谨表谢意！